Wanderungen

Chaim Potok

WANDERUNGEN

Geschichte des jüdischen Volkes

Aus dem Amerikanischen von Margaret Carroux

Rainer Wunderlich Verlag Hermann Leins

ISBN 3 8052 0336 5

Erste deutsche Ausgabe 1980
 Printed in Germany. Gestaltung: Roman Geisler. Schrift 10° Sabon. Satz, Druck und Bindung: Freiburger Graphische Betriebe.

Inhalt

Den Vätern

Benjamin Max Potok
(1895 – 1958)

Max Isaak Mosevitzky
(1889 – 1968)

»Ich, der Herr, habe dich gerufen in Gerechtigkeit
und habe dich bei deiner Hand gefaßt und habe dich behütet
und habe dich zum Bund unter das Volk gegeben,
zum Licht der Heiden ...«

Jesaja 42,6

Vorwort

Ich bin Amerikaner und Jude. Früh in diesem Jahrhundert kam mein Vater aus Polen nach Amerika. Während des Ersten Weltkrieges hatte er in einer polnischen Einheit der österreichischen Armee gedient und erhielt bei der Heimkehr eine seltsame Belohnung: ein Pogrom.

Er überquerte den Atlantik, doch das Meer »brachte keine Änderung«, wie es in Shakespeares *Sturm* heißt. Niemals erfaßte er den wesentlichen Unterschied zwischen den Christen in Amerika und den Christen in Europa. Zwar bartlos und wie ein Mann des 20. Jahrhunderts gekleidet, war er doch ein frommer Jude. In den Augen der meisten amerikanischen Nichtjuden sah er sich als einen jüdischen Kaliban gespiegelt.

Oft sprach er von dem seltsamen Geschick unseres Volkes, das der transzendente Eine Gott für uns erwählt hatte, der den Menschen sich zum Bilde erschaffen und dadurch jeden von uns einzigartig und unendlich wertvoll gemacht hatte. Aus irgendeinem geheimnisvollen Grunde war Gottes Welt unvollkommen. Die Aufgabe des Menschen sei es, Gott zu helfen, sie vollkommen zu machen. Mein Vater bediente sich häufig einer militärischen Ausdrucksweise: Die Juden seien die Vorhut der Menschheit, die Spähtrupps, und daher den größten Verlusten ausgesetzt. Aber eines Tages werde es uns gelingen, das Reich Gottes auf Erden zu gründen. Daran zweifelte er nicht. Im Gegensatz zu dem englischen Historiker G. M. Trevelyan, der der Meinung war, die Geschichte habe weder Anfang noch Ende, sah mein Vater die Historie als den Pfad an, der von der Erschaffung der Welt durch Gott vor fast sechstausend Jahren zur Ankunft des Messias und zur Erlösung, zuerst der Juden und dann der ganzen Menschheit führe. Es sei die heilige Pflicht der Juden, den Menschen auf diesem Pfad voranzugehen; es sei die teuflische Absicht sündiger Nichtjuden, zu versuchen, uns zu töten, während wir diesen Weg beschreiten.

In den Schulen, die in den ersten Jahrzehnten meines Lebens tagsüber mein Heim waren, lehrte man mich das Judentum meines Vaters und die jüdische Geschichte: die als selbstverständlich angesehene Verpflichtung, Gottes Gebote zu befolgen; die Geschichte von der Schöpfung der Welt und vom Essen des Apfels, vom ersten Mord und von der Sintflut; ich hörte von Abraham und dem Bund mit Gott; in einer Geste des höchsten Glaubens wurde ein Sohn von seinem Vater fast geopfert (ich erinnere mich, wie ich zitterte, als ich diese bedrückende Geschichte zum erstenmal las); Patriarchen durchwanderten ein verheißenes Land; willensstarke Frauen liebten, haderten und schmiedeten Komplotte; Brüder stritten sich, und einer, den seine Brüder in die Sklaverei verkauften, wurde nach dem großen Pharao der Zweitmächtigste von Ägypten; dann die lange Versklavung und die Ankunft von Moses; Plagen; Freiheit; die Durchquerung eines in wunderbarer Weise geteilten Meeres und die Offenbarung auf einem einsamen Berggipfel; die Wanderung in der Wildnis; der Tod von Aaron und Moses; die Eroberung Kanaans durch Josua; kriegerische Stammeshäuptlinge, als »Richter« bezeichnet; der betagte Samuel; der tragische Saul; der heldenhafte David, der Jerusalem erobert; der weise Salomo, der den ersten Tempel erbaut; böse israelitische Könige und furchtlose Sprecher für Gott, Propheten genannt; die Vernichtung – wegen unserer Sünden; die Babylonische Gefangenschaft; die Rückkehr; Esra und der Neue Bund mit Gott; Nehemia und ein neues Jerusalem; das Zeitalter Alexanders und die hellenisierenden Syrier; die tapferen Makkabäer; dann Rom und Rabbiner und Blut und Tod und das lange Exil, in dem mein Vater und meine Mutter, meine Schwestern, mein Bruder und ich jetzt ein Glied in der Kette sind, die zum Messias führt.

Es war eine Geschichte reich an Idealen, geheiligt durch Märtyrer, gekennzeichnet durch eine innige Vertrautheit mit Gott, und immer wurde die verheißene Zukunft fest im Auge behalten. Ich studierte sie gründlich und fand es nicht schwierig, mich als ihr zugehörig zu empfinden – vor allem, als ich in den Jahren, in denen ich die modernen wissenschaftlichen Methoden der Erforschung alter Schriften zu schätzen und anzuwenden lernte, entdeckte, wie mit ihrem Fundamentalismus zu verfahren sei. Ich lebte behaglich im Schoße meines Glaubens.

Dann trat ich in die amerikanische Armee ein. Auch ich überquerte einen Ozean. In den zerstörten Dörfern von Korea, in den einzigartigen Tempeln von Japan, in den überfüllten Hütten von Hongkong, in den anrüchigen Gassen von Macao wurde die ganze klare, alte Harmonie meiner Vergangenheit zerstört.

Einmal räumten wir auf unserem Kasernengelände mit einer Planierraupe eine Schicht koreanischer Erde weg, um das Betonfundament für eine Nissenhütte zu legen, und entdeckten ein Massengrab von Kindern, die während des Koreakrieges niedergemetzelt worden waren. Immer wieder fanden wir solche Gräber in Korea. Niemand schien zu wissen, wer die Morde verübt hatte; niemand machte sich wirklich Gedanken darüber. Wir schaufelten die Gräber wieder zu und bauten anderswo.

Meine frühen Jahre hatten mich auf alles vorbereitet – nur nicht auf die beiden Erlebnisse, die ich tatsächlich haben sollte: die Begegnung mit einem gewaltigen Komplex von wunderbar ausgeglichenen Kulturen ohne Juden und Judentum und die Konfrontation mit dem Schönen und Entsetzlichen in der Welt der Orientalen. Es war nicht der Schmerz um mein eigenes Volk, der mich durchfuhr – ihn hatte ich mit der Zeit als Teil unseres Schicksals akzeptiert –, sondern die Lieblichkeit und das Leiden, das ich im Leben der Heiden sah.

Die jüdische Geschichte begann in einer heidnischen Welt; mein eigenes Judentum wandelte sich in einer weiteren derartigen Welt.

In den folgenden Jahrzehnten habe ich meinen Glauben allmählich umgestaltet. Ich habe das getan, indem ich Romane schrieb. Das ist meine persönliche Art und Weise, Gedanken Form zu verleihen. Die Romane handeln von bestimmten kulturellen Konflikten in der Gegenwart. Dieses Buch handelt von der Vergangenheit, die zu dieser Gegenwart führte.

Ich schreibe das Buch in Jerusalem und in einigen amerikanischen und europäischen Städten. Ich schreibe es in dem blutigsten Jahrhundert in der Geschichte meines Volkes, wahrscheinlich in der Geschichte der Menschheit. Wer in diesem Jahrhundert ein Jude ist, vermag die Möglichkeit des Endes der Menschheit ganz zu verstehen und gleichzeitig mit einem gewissen Vertrauen zu glauben, daß wir überleben werden. So vieles an der jüdischen Geschichte ist geheimnisvoll und verwirrend. Ich mache mir beim Schreiben keine Illusionen, daß ich zu plötzlichen Entdeckungen gelangen werde. Ich hoffe nur, daß etwas Licht auf eine bohrende

Frage geworfen wird: Wie kommt es, daß nach fast viertausend Jahren der spannungsgeladenen, befruchtenden und oft heftigen kulturellen Konfrontation – mit dem heidnischen Altertum, mit Griechenland und Rom, mit dem Christentum und dem Islam und in den letzten beiden Jahrhunderten mit dem modernen Säkularismus –, wie kommt es, daß es nach alledem noch Juden gibt, die, wie ich hier, versuchen, ihre Geschichte zu verstehen und zu interpretieren?

Robert Gottlieb vom Verlag Alfred A. Knopf in New York hatte angeregt, ich solle ein Sachbuch über die Juden schreiben. Obwohl ich im Jüdischen Theologischen Seminar von Amerika und anderswo bei großartigen Lehrern Geschichte studiert hatte, zögerte ich, mich aus der Welt der Phantasie in das rauhe Land der Fakten zu begeben. Aber die Verlockung wurde unwiderstehlich, als mir klar wurde, daß eine solche Arbeit mir helfen könnte, kühn das Gerüst zu errichten, das die Romane und alle meine Jahre des Engagements für mein Volk trägt. Ich begann konsequent zu lesen und zu studieren – und entdeckte von neuem die Wahrheit eines alten Axioms, das ich als Doktorand der Philosophie gelernt hatte: Was immer »Geschichte« ist, einfach ist sie nicht. Jedem Satz in diesem Buch könnten zehn weitere hinzugefügt werden, um den einander widersprechenden Ansichten beflissener Gelehrter Gerechtigkeit widerfahren zu lassen, die schwer um ihre Vorstellungen von der Vergangenheit der Menschheit ringen. Aber ich schreibe hauptsächlich in erzählender Form und mußte Auswahlen und Entscheidungen treffen, die ich nicht rechtfertigen will (und könnte). Nur wenn meine Geschichte in ein Faktenlabyrinth gerät, werde ich kurz abschweifen und die unterschiedlichen Ansichten der Wissenschaftler darlegen.

Die jüdische Geschichte war mit der Geschichte vieler Völker verknüpft. Aus dem vielfältigen, ganz unglaublichen Kompositum, das die Geschichte der Juden darstellt, habe ich eine Reihe fundamentaler Themen ausgewählt. Sie verfolge ich durch die sonnigen und dunklen Tage in der Vergangenheit meines Volkes – um mein eigenes Selbstverständnis ausfindig zu machen, um festzustellen, was von dieser Vergangenheit am stärksten in mir nachhallt.

Es gibt ganze Bibliotheken mit Material über jede der Perioden, über die ich schreibe, und in jeder dieser Bibliotheken könnte man ein Leben lang und noch länger lesen. Ich habe ausgiebig aus diesen Bibliotheken geschöpft, und alle Prioritätsansprüche von anderen auf Gedanken, die in diesem Buch dargelegt werden, erkenne ich an. Diejenigen unter meinen besten Freunden, deren Lebenswerk Geschichte ist, Geschichte aller Art, haben mir geholfen, meine Lektüre auf das Wesentliche zu konzentrieren und in die Grenzbereiche der heutigen wissenschaftlichen Forschung einzudringen, wo die Gebiete, über die ich schreibe, ständig sondiert werden.

Ich erinnere mich voll Dankbarkeit der vielen Gespräche mit Jonas Greenfield, Nahum Sarna, Moshe Greenberg und Yosef Yerushalmi. Auch vergesse ich nicht die Hilfe, die mir Thorkild Jacobsen, Solomon Grayzel, Hayim Tadmor, David Weiss Halivni und Arthur Hertzberg gewährt haben. Fachleute werden das Ausmaß dessen erkennen, was ich diesen Gelehrten schulde, ebenso Samuel Noah Kramer, Henri Frankfort, A. Leo Oppenheim, William W. Hallo, Sir Alan H. Gardiner, John A. Wilson, William Kelly Simpson, Ephraim A. Speiser, W. F. Albrigth, John Bright, George E. Mendenhall, Delbert R. Hillers, Roland de Vaux, Kathleen M. Kenyon, Avram Malamat, H. L. Ginsberg, Moshe Weinfeld, Raphael Sealey, M. Cary, N. G. L. Hammond, Moses Hadas, E. R. Dodds, Robert Flacelière, Menahem Stern, Jonathan A. Goldstein, Elias Bickerman, Martin Hengel, Victor Tcherikover, Abraham Schalit, Shmuel Safrai, Michael Avi-Yonah, Saul Lieberman, Judah Goldin, Jacob Neusner, Philip K. Hitti, Eliyahu Ashtor, Yitzhak Baer, Gerson D. Cohen, Bernard Lewis, Shalom Spiegel, David Flusser, Roland H. Bainton, Paul Winter, Yehezkel Kaufmann, Bernhard Blumenkranz, Cecil Roth, Isadore Twersky, Norman F. Cantor, Franklin H. Littell, Carolly Erickson, Irving A. Agus, Haim Hillel Ben-Sasson, Bernard D. Weinryb, Shmuel Ettinger, Jacob Katz, Gershom Scholem, Leo Strauss, Peter Gay, Alexander Altmann, Lucy S. Dawidowicz – und anderen. An manchen Stellen stützte ich mich stark auf den in der *Encyclopaedia Judaica*, der *Encyclopaedia Britannica* und der *World History of the Jewish People* gesammelten Wissensschatz. Der Mitarbeiterstab der Hebrew University Library hat mir in der Zeit, in der ich in Jerusalem arbeitete, beträchtlichen Beistand geleistet, ebenso Nessa Rapoport. Viele der Wissenschaftler, deren Werke ich studiert habe, sind großartige Schriftsteller, und es war ein besonderes Vergnügen, nicht nur mit ihren Gedanken, sondern auch mit ihren Worten zu arbeiten. Ich danke ihnen allen.

Erstes Buch

WÄHREND DES FRÜHEN HEIDENTUMS

Sumer

Die wandernden Mesopotamier

Wenn ich die Bibel zu Rate ziehe, erfahre ich, daß der Name meines Ahnen Abraham lautet. Er scheint aus der Stadt Ur im südlichen Mesopotamien gekommen zu sein. Er gab die in Ur – der ersten vom Menschen geschaffenen Zivilisation – übliche seßhafte Lebensweise auf und wurde ein Wanderer.

Er wanderte gen Norden durch Assyrien, gen Westen durch Syrien und gen Süden nach Palästina, entlang einem ungleichmäßigen Bogen von zumeist fruchtbarem Land, abgegrenzt durch Gebirge nach Norden und Osten und durch eine Wüste nach Süden. Diesen Bogen grünender Erde hat der amerikanische Historiker und Orientalist James Henry Breasted den »Fruchtbaren Halbmond« genannt. Es ist ein Gebiet, das sich auf Landkarten und in der Phantasie leichter erfassen läßt als in der Wirklichkeit. Eben, offen, hier und dort mit Stückchen unbebauten Landes gesprenkelt und nicht durch natürliche Schranken geschützt, war es Jahrtausende lang das lockende Wunschziel hungriger Nomaden und erobernder Heere.

Nördlich des Persischen Golfs fließen die Ströme Euphrat und Tigris in ein Delta aus schilfigem Marschland. Es ist ein fast regenloses Gebiet mit glühend heißen Sommern, wirbelnden Staubwolken und wolkenbruchartigen Wintergewittern. Manchmal überflutet der Golf die Schlammzonen und macht den Boden übermäßig salzig; das Süßwasser der Ströme fließt in seichten, gewundenen Betten, die oft Überschwemmungen hervorrufen, und dann bleiben Seen und Sümpfe und Verwüstungen zurück. Das Land hat wenig Gestein und Bäume.

Aber die Ströme und der fruchtbare Schlick, den sie von den Bergen herabbringen und auf dem Schwemmland, das das südliche Mesopotamien ist, ablagern, boten den Menschen, die dort vor etwa sechstausend Jahren lebten, zwei der notwendigen Voraussetzungen für eine frühe Zivilisation: Wasser und Ackerland.

Wir wissen nicht, wer diese Menschen waren; sie hinterließen keine Schrift. Die Archäologen werten die Artefakte, die die mesopotamische Erde von Iran bis Syrien freigab – bemalte Tonwaren, Werkzeuge und Waffen aus Stein und Kupfer, Musikinstrumente aus Bein in verschiedenen Stilen sowie Sicheln, Ziegel und Figürchen –, sorgfältig aus und nennen die Menschen das Obed-Volk nach dem Hügel oder Tell, der als el-Obed bekannt ist, einer Fundstätte in der Nähe der alten Stadt Ur. In der Zeit von 4300 bis 3500 v. Z. (vor der Zeitrechnung; diese Bezeichnung wird von vielen Nichtchristen anstelle von v. Chr., vor Christus, verwendet) errichteten die Menschen im ganzen südlichen Mesopotamien Dörfer und Städte. Alle großen Städte des alten Sumer entstanden aus diesen Dörfern. In einem Obed-Dorf war das bemerkenswerteste und bestgebaute Haus der Tempel.

Die Archäologen können nach anderen Stilen bei den Keramiken, Artefakten und Siegeln noch zwei weitere Kulturschichten in dieser Gegend unterscheiden. Diese Stile werden Warka- und Dschemdet-Nasr-Kulturen genannt; diese Epoche erstreckte sich von etwa 3500 bis 2900 v. Z.

Die Menschen, die während der Warka-Periode von etwa 3500 bis 3100 v. Z. dort gelebt haben, können die Subaräer gewesen sein, die aus einem noch unbekannten Grund aus dem nördlichen Mesopotamien hier eindrangen. Sie waren die ersten Bauern, Fischer, Viehzüchter, Tischler, Töpfer, Schmiede, Weber und Maurer in dieser Gegend. Einige Wissenschaftler behaupten das, weil die Menschen, die ihnen folgten – die Schöpfer der ersten Zivilisation – anscheinend Wörter aus einer anderen Sprache als ihrer eigenen für diese Berufe und auch für die Namen ihrer Städte gebrauchten. In ähnlicher Weise gebrauchen Amerikaner heute Wörter und Namen wie Ranch und Dakota und Engländer Namen wie London und Manchester – sie alle stammen von früheren Ansässigen, die nicht Englisch sprachen.

Mit Dschemdet-Nasr bezeichnen die Archäologen die Schicht, die die ersten Hinweise auf das Erscheinen einer neuen Kultur im südlichen Mesopotamien enthält; es ist der Name eines Hügels über den Ruinen einer Stadt zwischen Bagdad und Babylon, deren alten Namen wir immer noch nicht wissen. In Dschemdet-Nasr taucht zum erstenmal das Rollsiegel auf. Geräte bezeugen die Erfindung der Bronze. Die Steinzeit hatte ihr Ende gefunden.

Die Neuankömmlinge trafen nach Ansicht vieler Wissenschaftler etwa um das Jahr 3400 v. Z. im südlichen Mesopotamien ein. Allmählich unterwarfen sie die eingeborene Bevölkerung, dann verschmolzen sie ethnisch und kulturell mit ihr. In ihrer Sprache nahm das Wort Subaräer die Bedeutung Sklave an. Aber andere Wissenschaftler behaupten, es habe nie Neuankömmlinge im südlichen Mesopotamien gegeben, die Schöpfer der ersten Zivilisation der Welt seien schon immer da gewesen, und die seltsamen Namen ihrer Handwerker und Städte stammten vielleicht aus frühen Dialekten ihrer eigenen Sprache.

Durch die Sprache wurden diese kulturellen Neuankömmlinge vor etwa einem Jahrhundert wiederentdeckt, nachdem sie mehr als zweitausend Jahre lang aus dem Gedächtnis der Menschen verschwunden waren. Wissenschaftler, die an der Übersetzung der neuerlich gefundenen babylonischen und assyrischen Dokumente arbeiteten – nachdem Erfindungsgabe in jahrzehntelangen Bemühungen zur Entzifferung der Keilschrift der alten Welt geführt hatte –, waren verblüfft über einige seltsame Wörter. Die Sprache von Babylonien und Assyrien war semitisch gewesen; die rätselhaften Wörter schienen nicht semitisch zu sein.

Dann entdeckte jemand 1855 im südlichen Mesopotamien eine Tontafel, die in einer unbekannten Sprache beschriftet war. Die Gelehrten hielten sie für die älteste Sprache der Welt. Die Aussichten, sie zu entziffern, beurteilte niemand optimistisch; sie hatte keine Ähnlichkeit mit irgendeiner den Menschen bekannten Sprache.

Heute können Fachleute diese Sprache lesen – allerdings nicht ohne Meinungsverschiedenheiten untereinander über die Bedeutung vieler Begriffe –, und zwar dank der Hilfe eines assyrischen Königs, der seiner Eroberungen überdrüssig war und beschloß, eine Bibliothek anzulegen, in der er die schriftlichen Schätze seiner Welt systematisch sammeln wollte. Archäologen, die in dem mesopotamischen Hügel gruben, der alles war, was von der prächtigen assyrischen Hauptstadt Ninive übriggeblieben ist, entdeckten die Bibliothek von König Assurbanipal, der um 650 v. Z. herrschte, mit ihren fünfundzwanzigtausend Tontafeln. Einige dieser Tafeln waren Wörterbücher und Sammlungen von Redewendungen, als Hilfe für Semitisch sprechende Leser dieser unbekannten Sprache gedacht. Aber immer noch wußte niemand, wer diese Sprache gesprochen hatte.

Unter den aus der mesopotamischen Erde ausgegrabenen Texten befand sich eine Widmung für einen König, der sich »König von Sumer und Akkad« genannt hatte. Ein Wissenschaftler gab diesen geheimnisvollen frühen Bewohnern Mesopotamiens den Namen Akkader. Ein anderer nannte sie Sumerer. Wieder andere bestritten, daß es vor den Babyloniern und Assyrern dort ein nichtsemitisches Volk gegeben habe, und hielten die unbekannte Sprache für die Geheimschrift semitischer Priester.

Der Meinungsstreit wurde geklärt durch die Archäologen, denn bei Ausgrabungen im südlichen Mesopotamien um die Jahrhundertwende entdeckten sie sumerische Texte, die älter waren als die frühesten babylonischen Aufzeichnungen. Und die Ausgrabung in Warka von 1928-1931 förderte die ersten Anfänge des Schreibens zutage: Piktogramme, leicht erkennbare bildliche Darstellungen von Gegenständen. Zu jener Zeit konnten sich die Wissenschaftler schon ein recht gutes Bild von dem Volk machen, das die erste Zivilisation des Menschen geschaffen hatte.

Es war ein ganz anderes Bild als dasjenige, das Berossos, ein babylonischer Priester und Geschichtsschreiber des 3. Jahrhunderts v. Z., übermittelt hatte. Er berichtet von einem legendären Volk von Ungeheuern, halb Mensch, halb Fisch, das plötzlich aus dem Wasser des Persischen Golfs aufgetaucht sei und Kenntnisse auf dem Gebiet des Ackerbaues, der Metallbearbeitung und des Schreibens besessen habe. Es waren keine Ungeheuer, sondern ein erfinderischer Menschenschlag mit einer verblüffenden technischen Begabung – und bis zum heutigen Tage haben wir keine klare Vorstellung, woher sie kamen und welches der Ursprung der von ihnen gesprochenen Sprache war.

Die Subaräer sind nach Ansicht einiger Wissenschaftler das Volk, dem für die Erfindung der Bilderschriftzeichen Anerkennung gezollt werden sollte. Aber alle sind sich darüber einig, daß es die Sumerer waren, die aus diesen Bilderschriftzeichen die Keilschrift entwickelten. Und mit der Schrift weicht die Dunkelheit der Vergangenheit, und die Geschichte, die geschriebene Geschichte, das lebendige Zeugnis der Kulturen des Menschen, beginnt wirklich – ungefähr tausend Jahre vor Abraham.

Wir haben Zehntausende ihrer Tontafeln, und niemand weiß, wie viele Tausende noch im Boden des südlichen Mesopotamiens begraben sind. Wir haben viele ihrer Skulpturen, Schmucksachen, Werkzeuge und Waffen; wir können ihre Schreine, Tempel und Wohnhäuser rekonstruieren; wir wissen eine ganze Menge über ihre Städte, ihre Technik, ihre Götter, Könige, Gesetze, Kriege und ihre Literatur. Aber wir können nicht sicher sein, ob wir ihre Welt richtig interpretieren; wir sehen sie mit den Augen der westlichen Zivilisation und durch den verhüllenden Schleier von Jahrtausenden. Nur einzelne Episoden der fünfzehnhundertjährigen Zivilisation von Sumer werden durch die Archäologie und die Tontafeln erhellt. Große Teile der Vergangenheit liegen noch im dunkeln. Die meisten Wissenschaftler raten dringend zu Vorsicht und Zurückhaltung.

Was wir zuerst sehen, wenn wir das alte Sumer im Jahr 3000 v. Z. betrachten, ist ein Land etwa von der Größe Belgiens mit ungefähr einem Dutzend Städte, von denen viele in Sichtweite voneinander liegen. Deiche, Gräben und Kanäle sind gebaut worden, um das Wasser der beiden Ströme zu bändigen und die salzigen Fluten des Persischen Golfs zurückzuhalten – eine gewaltige, höchst koordinierte kommunale Entwässerungs- und Bewässerungsanlage, die Autorität und Macht in den Händen einiger Menschen an einigen Orten konzentrierte. Im Lauf der Jahrhunderte hatte sich eine Reihe blühender Dörfer zu großen Städten entwickelt; wohlhabende sumerische Grundeigentümer hatten, vielleicht um des Schutzes und des Prestiges willen, beschlossen, ihre Häuser in der Nähe der Tempel ihrer Götter zu bauen. Die Tempel, die in der Vergangenheit einen ziemlich einfachen Grundriß hatten und aus einem rechtwinkligen Raum mit einem Altar und einer Nische für die Statue des Gottes bestanden, waren jetzt riesige, gut geplante Gebäude aus verzierten Lehmziegeln, deren Errichtung wahrscheinlich durch die neuen Bronzewerkzeuge der Sumerer erheblich erleichtert wurde. Gleichzeitig machten Bronzewaffen das zweite Charakteristikum, das die frühe Stadt von den auf dem Land verstreuten primitiven Dörfern unterscheidet, notwendig: Befestigungen.

Die meisten Städte bestehen aus drei Hauptbezirken. Eine Mauer umgibt die eigentliche Stadt, die Innenstadt, in der sich zumindest ein Tempel, manchmal zwei befinden sowie der Palast des Königs, in dem auch königliche Beamte wohnen, und die Häuser der Bürger. Die Straßen sind schmal, gewunden und ungepflastert. Große und kleine Häuser stehen eng beieinander. Gassen, durch Planen geschützt und von offenen Buden gesäumt, scheinen zu beweisen, daß die sumerische Stadt die Geburtsstätte des orientalischen Basars war.

Die Innenstadt ist in Viertel unterteilt; das Verwaltungszentrum jedes Viertels befindet sich irgendwo in der Nähe des Tors in seinem Teil der Mauer. Dort sitzen Schreiber vor Gefäßen mit sauberem, tonhaltigem Lehm, bereit, eine Handvoll Ton herauszuschöpfen, ein Täfelchen zu formen und mit einem aus Schilfrohr geschnittenen Griffel einen Vertrag über einen Geschäftsabschluß aufzusetzen, der mit einem Aufdruck der hohlen, reichverzierten Rollsiegel unterzeichnet wird, die die Sumerer an einer Schnur um den Hals tragen. Da walten auch Richter ihres Amtes, die Bürger versammeln sich – aber den Richtern nicht zu nahe: »Sie holen einen als Zeugen, und schon wird man hineingezogen!« warnt jemand auf einer Inschrift – und der Bürgermeister widmet sich während seiner einjährigen Amtszeit den Angelegenheiten des Viertels oder der ganzen Stadt.

Jenseits der Mauer liegen die Bauernhöfe der äußeren Stadt mit ihren Feldern, Gärten und Viehhürden. Sie beliefern die Stadt mit Rohstoffen und Nahrungsmitteln. Schließlich gibt es am Fluß den Hafen, der als Handelszentrum der Stadt dient und sie mit ganz Sumer und der übrigen Welt verbindet.

Diese sumerischen Städte sind in Wirklichkeit Stadtstaaten, denn jede verleibt sich innerhalb einer geschützten Einflußsphäre die umliegenden Ländereien und Dörfer ein. Ihre wirtschaftliche Grundlage ist die Landwirtschaft, ihre soziale Grundeinheit die Familie. Ihre Bevölkerungszahl ist unbekannt; Schätzungen schwanken zwischen fünfunddreißigtausend für eine Stadt und ungefähr zweihunderttausend für andere. Auch ihre Größe ist unbekannt. Sie sind die einzigartige, kreative, noch nicht immer ganz erklärliche sumerische Reaktion auf den Albdruck wilder Flüsse und eines launenhaften Klimas, die die Welt des südlichen Mesopotamiens prägen.

Die Städte von Sumer sind das genaue Gegenteil des diffusen, nichtseßhaften Stammeslebens der Wüsten- oder Bergnomaden. An die Stelle von Stammes- und Verwandtschaftsloyalitäten tritt die Treue zum König, dem Oberhaupt des Heeres, das den Fortbestand der Stadt gewährleistet.

Die Zivilisation – ein vom lateinischen *civitas*, »Stadt«, abgeleiteter Begriff – beginnt mit den Städten von Sumer: Eridu, Ur, Erek, Lagasch, Nippur, Kisch und anderen. Alle späteren Zivilisationen des alten Nahen Ostens einschließlich derjenigen der Israeliten sind beeinflußt von der außerordentlichen Kreativität der sumerischen Stadtbewohner.

Sie selbst nannten sich nicht Sumerer. »Schumer« wurden sie von ihren semitischen Nachbarn im Norden genannt, den Akkadern. Niemand weiß, was das Wort Sumerer bedeutet oder warum die Akkader es gebrauchten. Die Sumerer nannten ihr Land Kengir und ihre Sprache Emegir. Auch was diese Wörter bedeuten, ist nach wie vor unklar; das letztere ist als »die fürstliche Sprache« übersetzt worden. Einige Wissenschaftler mutmaßen, daß Kengir im Akkadischen oder in einem sumerischen Dialekt vielleicht »Schumer« ausgesprochen wurde. Aber wir verstehen den Ausdruck, mit dem sich die Sumerer selbst bezeichneten: Saggiga, »die Schwarzköpfigen«.

Ich versuche sie mir an Hand der Artefakte ihrer Zivilisation vorzustellen. Die Männer sind untersetzt, kräftig gebaut, einige glatt rasiert, andere langbärtig, ihr langes dunkles Haar ist in der Mitte gescheitelt. Sie tragen ein kiltähnliches Gewand und gelegentlich einen weiten Mantel. In späteren Jahrhunderten wird der Kilt unmodern und durch einen langen Rock ersetzt; ein Schal wird über der linken Schulter getragen und um die Taille gewikkelt, wobei die rechte Schulter frei bleibt. Auch die Frauen scheiteln das Haar in der Mitte und flechten es zu einem Zopf, den sie zu einem Kranz aufstecken. Ihre Gewänder sind lange Schals, die sie von Kopf bis Fuß einhüllen. Die rechte Schulter bleibt frei.

Fast jeder, der über die Sumerer schreibt und dessen Buch ich gelesen habe, zollt ihrem technischen Können höchste Bewunderung. Besondere Bedeutung kommt ihrer Fähigkeit zu, Kupfer zu schmelzen und es mit kleinen Mengen von Zinn und Arsen zu legieren, um Bronze herzustellen, ein Metall, das viel härter ist als Kupfer und in Formen gegossen werden kann. Sie haben das Glas erfunden; sie haben Töpferscheiben und Öfen, um ihre Keramik zu brennen; sie benutzen Segelboote und von Tieren gezogene Pflüge und Fahrzeuge mit Rädern; sie können Bier aus Gerste brauen, das sie in Mengen konsumieren, was ihnen in der alten Welt eine besondere Reputation einträgt. (*Maz* ist der Ausdruck, mit dem sie die beschwingte Stimmung bezeichnen, die mit dem Trinken von zuviel Bier einhergeht.) Ihre Händler ziehen auf staubigen Karawanenstraßen durch Mesopotamien nach Syrien und in die Levante, und wahrscheinlich auch nach Ägypten. Sie kaufen Edelsteine, Gold, Silber, Kupfer, Blei, Holz und Gewürze; sie verkaufen Getreide, Datteln, Zwiebeln und Fertigwaren, Kleidung, Teppiche, Werkzeuge, Waffen, Schmuck.

Die Sumerer haben auch das Schreiben erfunden. Alle Handelsgeschäfte werden von den allgegenwärtigen Schreibern peinlich genau auf feuchtem Ton aufgezeichnet. Der Ton trocknet in der Sonne und erhärtet, wird im Ofen steinhart gebrannt und dann in einem Archiv aufbewahrt, das als eine Art Auskunftsstelle dient. Die Schreiber sind hochgebildete und hochgeachtete Personen. Ihre Buchhaltung ist eine Hauptquelle für unser Wissen vom alten Nahen Osten. Das sumerische Schreiben hat nichts mit Zauberei oder Geheimwissen zu tun. Sie brauchten eine Methode, um Bestandsaufnahmen und Geschäftsabschlüsse aufzuzeichnen und genau und sicher aufzubewahren, damit sie nicht den Launen des menschlichen Gedächtnisses überlassen blieben. Das Schreiben entwickelte sich allmählich, um den praktischen wirtschaftlichen Bedürfnissen der Datenspeicherung zu entsprechen, so wie es in unserer Zeit der Computer tut. Nachdem es die Schrift einmal gab, diente sie indes auch anderen Zwecken: der Kodifizierung von Gesetzen; der Kanonisierung von heiligen Texten; der Erhaltung von Namen und Taten von Königen in Annalen; der Aufzeichnung alter Wissensschätze – Mathematik, Astronomie, Astrologie, Medizin, Divination; der Schöpfung der Literatur.

Nahe dem Persischen Golf vereinigen sich Euphrat und Tigris zu einem einzigen Fluß. Wo der Fluß in den Golf mündet, vermischen sich Süß- und Salzwasser entlang einem mit Schlamm und kleinen Tümpeln bedeckten Ufer. Morgens hängt oft Nebel über der Küste, und Wolkenbänke verhüllen den Horizont. Erde, Luft, Meer und Himmel verschwimmen undeutlich, wäßrig, opalisierend. Im Sommer brennt die Sonne endlos, die Erde schrumpft und wird rissig, die Vegetation verdorrt und stirbt. Im Winter lassen heftige Gewitter die Flüsse anschwellen, reißend strömen sie durch die Ebene, und der Golf brandet gegen die sich wehrende Erde. Der Boden trägt nichts.

Die Sumerer hatten den Eindruck, daß die verschiedenen Teile ihrer Welt von furchteinflößender, lebenspendender und todbringender Macht erfüllt seien. Anu, Enlil, Enkil, Ninchursang – Himmel, Luft, Wasser, Erde. Das sind die Hauptgötter der Sumerer. Sie hatten drei zusätzliche Götter: Nanna, auch als Sin bekannt, der Mondgott; Nannas Sohn ist Utu, der Sonnengott; Nannas Tochter ist Inanna, eine Fruchtbarkeitsgöttin, die die Semiten dann Ischtar nennen. Viele Israeliten beteten sie später unter dem Namen Aschtoret an.

Es gibt noch andere große Götter, fünfzig an der Zahl, offenbar Kinder des Himmelsgottes Anu. Eine weitere, weniger bedeutende Gruppe von Göttern heißt Igigi.

Diese unsichtbaren Wesen lenken und kontrollieren jeden Winkel des Kosmos: vom Himmel bis zur Hölle; Mond, Sonne, Planeten; Sandsturm, Gewitter, Regen; Tal, Ebene, Berg, Fluß; und die kulturellen Errungenschaften des Menschen: Bauernwirtschaften, Deiche, Pflüge, Dörfer, Städte.

Die Wissenschaftler mutmaßen, daß diese Gottheiten ursprünglich Naturgötter waren und die Sumerer sie als identisch mit den Naturerscheinungen ansahen, die sie darstellten. Sie waren die innere Kraft, das vitale, antreibende Element, das die beängstigenden Schaustellungen der Natur entstehen ließ. Es gibt eine Göttin des Biers und eine Göttin des Schilfs. Auf Sumerisch ist Nanna sowohl der sichtbare Mond als auch der Name des Mondgottes; Utu sowohl die sichtbare Sonne als auch die unsichtbare Macht in ihr, der Sonnengott. An irgendeinem Punkt früh in ihrer Geschichte vollführten die Sumerer den Gedankensprung, der ihre Götter von den Naturerscheinungen trennte und ihnen menschliche Formen verlieh.

In ihrer unsichtbaren menschlichen Gestalt begegnen wir den Göttern des alten Mesopotamiens zuerst in den Mythen, Hymnen, Sagendichtungen, inständigen Gebeten und Klageliedern, die aus der Welt von Sumer auf uns gekommen sind. Die Götter sind unsterblich – sonst würde der Teil des Kosmos, den ein Gott lenkt, zugleich mit dem Tod des Gottes zugrunde gehen. Ihr Wohnsitz ist ein ferner Berg, an dem sich Himmel und Erde treffen. Sie wandern zu Fuß oder fahren in einem Boot oder Streitwagen oder auf den Wolken durch jene Teile des Kosmos, die ihrer Obhut unterstehen. Unsichtbar essen und trinken die Götter, lieben und streiten sich, schlafen, empfinden Eifersucht, Haß und Zorn, werden verwundet und getötet, kehren aber irgendwie ins Leben zurück, sind auf den Tod krank, erholen sich aber immer wieder. Sie erscheinen menschlich in allen Dingen, nur in einem Punkt nicht, den die Menschen am meisten fürchten: die letzte Dunkelheit, das heißt der Tod, kann sie niemals anfordern.

Die Sumerer trachten danach, diese Dunkelheit abzuwehren. Ihr großer Volksheld Gilgamesch, Heerführer und Herr von Uruk um 2600 v. Z., machte sich auf die Suche nach der Unsterblichkeit. Die einzige Unsterblichkeit, die er finden sollte, sind die Sagendichtungen über ihn, die nun ein Teil des Erbes der mesopotamischen Zivilisation sind. Sie lieben das Leben – die Welt nach dem Tode, in die der nackte Geist hinuntersteigt, ist düster und dunkel. Sie sind stolz auf ihre materiellen Besitztümer. Eine reiche Ernte, gefüllte Kornkammern, gute Ergebnisse bei Jagd und Fischfang, zum Bersten volle Viehhürden – all das wird hoch geschätzt. Sie haben eine Leidenschaft für Recht und Gesetz, die sich auf das Denken aller Mesopotamier in den nächsten dreitausend Jahren auswirken sollte: Grundstücksgrenzen müssen peinlich genau markiert und registriert, Wasserrechte gerecht verteilt, Streitigkeiten bereinigt werden; ohne Recht und Gesetz versinkt die Gesellschaft in Chaos. Sie versuchen, Barmherzigkeit und Mitleid walten zu lassen, werden aber meistens von einem aggressiven Drang nach Prestige und Erfolg motiviert und nehmen wenig Rücksicht auf die Zwänge ethischen Verhaltens. Der Sumerer lebt in einer Welt ständiger Furcht. Vor allem fürchtet er die Götter. Er hat eine heilige Scheu vor ihnen; manchmal liebt er sie und glaubt, sie hätten ihm Glück gebracht; er verehrt sie, bringt ihnen Geschenke dar, schüttet ihnen im Gebet sein Herz aus. Aber er weiß, daß er ihnen gegenüber hilflos ist, und tritt in höchstem Schrecken vor sie. Denn er weiß, daß er geschaffen wurde, um ihr Leibeigener zu sein; sie sind die Herren, er der Sklave. Er ist aus einem Erdenkloß gemacht; seine Aufgabe ist es, die Götter mit Essen und Trinken zu versorgen – Bier, viel Gerstenbier – und ihnen eine Unterkunft zu verschaffen, sonst werden sie schwach und nicht imstande sein, mit ihren göttlichen Tätigkeiten, ihrer Verwaltung des Kosmos, fortzufahren. Der Sumerer akzeptiert seinen Status, freier Wille ist ihm kein Begriff. Alles ist von den Göttern verfügt worden.

Meistens sind die Götter freundlich und ziehen es vor, wenn ein Mensch treu und nicht treulos ist, gerecht und nicht grausam. Aber sie sind auch unberechenbar; die Motive hinter ihren Taten bleiben unbekannt. Auch amtieren sie als eine gesetzgebende Körperschaft, als eine Ratsversammlung. Keiner der Götter kann für sich allein eine ungewöhnliche Tat vollbringen, sei sie gut oder schlecht, ohne die Billigung der anderen Götter. Daher kennen nicht einmal die Götter selbst im vorhinein das Schicksal, das sie einem Menschen bestimmen. Diese Demokratie im Himmel führt zu beträchtlicher Unsicherheit auf Erden.

Es ist immer ratsam, vorsichtig zu sein und nichts zu tun, was die Götter verdrießen könnte. Den Kult peinlich genau erfüllen; die vorgeschriebenen täglichen Opfergaben an tierischer und pflanzlicher Nahrung, an Wein, Wasser und Bier darbringen; an den vielen jährlichen Festtagen und den monatlichen Mondfesten mit ihren jeweiligen besonderen Riten teilnehmen; die vorgeschriebenen Gebete sprechen; gewissenhaft für den Tempel sorgen, denn er ist der Mittelpunkt des Kults und darf nicht verfallen; den Göttern gehorchen.

Es waren so viele Götter, Hunderte von Göttern.

Jede Stadt gehörte einem Gott. Der Tempel mit seiner riesigen Terrasse und dem emporstrebenden, abgestuften Turm wurde von den Sumerern weniger als ein Ort für den Gottesdienst, sondern als der Wohnsitz des Gottes angesehen, wann immer er beschloß, die fernen Berge zu verlassen und eine Zeitlang in seiner Stadt zu hausen, und als ein reales und symbolisches Bindeglied zwischen der Stadt und dem Himmel. Diese Tempel – Zikkurats nennen wir sie nach dem akkadischen Wort, das »hoch bauen« bedeutet – gehörten ebenso zur mesopotamischen Sakralarchitektur wie die Kathedrale zum mittelalterlichen Europa. Sie waren Gebete in Kalkstein und farbenprächtig verzierten Lehmziegeln, ein Griff furchtsamer Menschen nach den erhabenen, ewigen Göttern.

Die Götter setzten sich mit den Menschen durch Träume, Orakel und Omen in Verbindung. Was sonst konnte ein Traum sein als die Botschaft eines Gottes? Um ihn richtig zu deuten, dafür gab es besondere Priester und gelehrte Schreiber. Man erlebte die Welt damals nicht rational durch Ursache und Wirkung, sondern durch die pulsierenden Erscheinungen der Dinge ringsum: das Kräuseln des Rauchs, die Form tierischer Eingeweide, den Flug von Pfeilen, durch würfeln oder Lose ziehen, den sich ausbreitenden Ölfleck auf der Wasseroberfläche. Krankheit wurde von bösen Geistern hervorgerufen. Man betete zu seinem persönlichen Gott. Wenn er die Klage hörte und das Jammern sein Herz besänftigte, bewilligte er die dringende Bitte, und der böse Geist der Krankheit zog sich zurück.

Die Fürsorge für den Gott und den Tempel der Stadt war die Hauptaufgabe des Königs. In prähistorischer Zeit sollen sich – davon sind einige Wissenschaftler überzeugt – die Dörfer und Städte von Sumer durch eine Art primitiver Demokratie selbst regiert haben: Ein Rat freier Männer und Ältester versammelte sich und diskutierte und traf alle Entscheidungen. Dann brachen Kriege wegen Land- und Wasserrechten zwischen den immer größer werdenden Städten aus. Barbaren kamen herab von den Hügeln, nach städtischem Reichtum hungernd. Diskussion wurde ein Luxus, der den Tod zur Folge haben konnte. Die Stadt wählte also einen Mann aus ihrer Mitte zum *lugal*, »großer Mann«, König. Er bot die Streitmacht der Stadt auf, führte das Heer in die Schlacht, beschützte die Außenbezirke der Stadt und organisierte das Ausgraben ihrer Kanäle.

Das Amt war zuerst zeitlich begrenzt oder sollte nur so lange ausgeübt werden, wie die Lage kritisch war. Manchmal war die Lage in Sumer generationenlang kritisch, und so wurde das Königtum zu einer ständigen Einrichtung. Das war die Lage kurz nach Beginn der geschichtlichen Zeit.

Jede Stadt hat ihren König, der sich als Hirte seines Volks betätigt – »dein Hirtentum war gut für unsere Herzen«, heißt es in einer Dankeshymne. Der König ist der Vermittler zwischen dem Himmel und der Stadt; er ist der Statthalter des Gottes bei der Verwaltung der Stadt; er wahrt die unveränderlichen Gesetze des Staates, die mit der göttlichen Ordnung des Kosmos übereinstimmen und sie zum Ausdruck bringen: er ist nicht der Urheber des Gesetzes, sondern sein Diener und Ausführender; er ist durch das Gesetz ebenso gebunden wie sein geringster Untertan und den Göttern für dessen Einhaltung verantwortlich; er vollzieht den öffentlichen Kult, der die Gunst des Gottes gewährleistet und dem Gott die Kraft verleiht, sich für das Wohlergehen der Stadt einzusetzen. Der König hilft auch durch die Teilnahme an einer »Heiligen Hochzeit«, das Land alljährlich wieder lebendig zu machen.

Zweimal im Jahr steht das Land auf der Kippe zwischen Ordnung und Chaos. Im Winter schwindet der Vorrat an Lebensmitteln. Die zunehmende Leere des Lagerhauses sehen die Menschen voll Schrecken; es ist die Leere eines frisch ausgehobenen Grabes. Für das Volk von Sumer lagen auf den toten Monaten des späten Winters die Schatten von Hungersnot und Tod. Sie fühlten sich im Einklang mit den Zyklen der Natur und sahen die Veränderungen der Natur als Episoden im Leben ihrer Götter. Sie und die Natur und die Götter waren alle eng miteinander verbunden. Alles war lebendig; alles starb. Wie die sterbende Fruchtbarkeitsgöttin Inanna wiederbelebt und damit gewährleistet werden könnte, daß der Frühjahrsregen käme, die Flüsse steigen und die Wüstenränder und das Sumpfland grün würden, damit die Schafe grasen könnten und das Land wieder fruchtbar wäre und die Saat aufnehme – das war die schwere Verantwortung, die dem König oblag.

Früh in der Geschichte von Sumer wurde die Stadt Uruk von

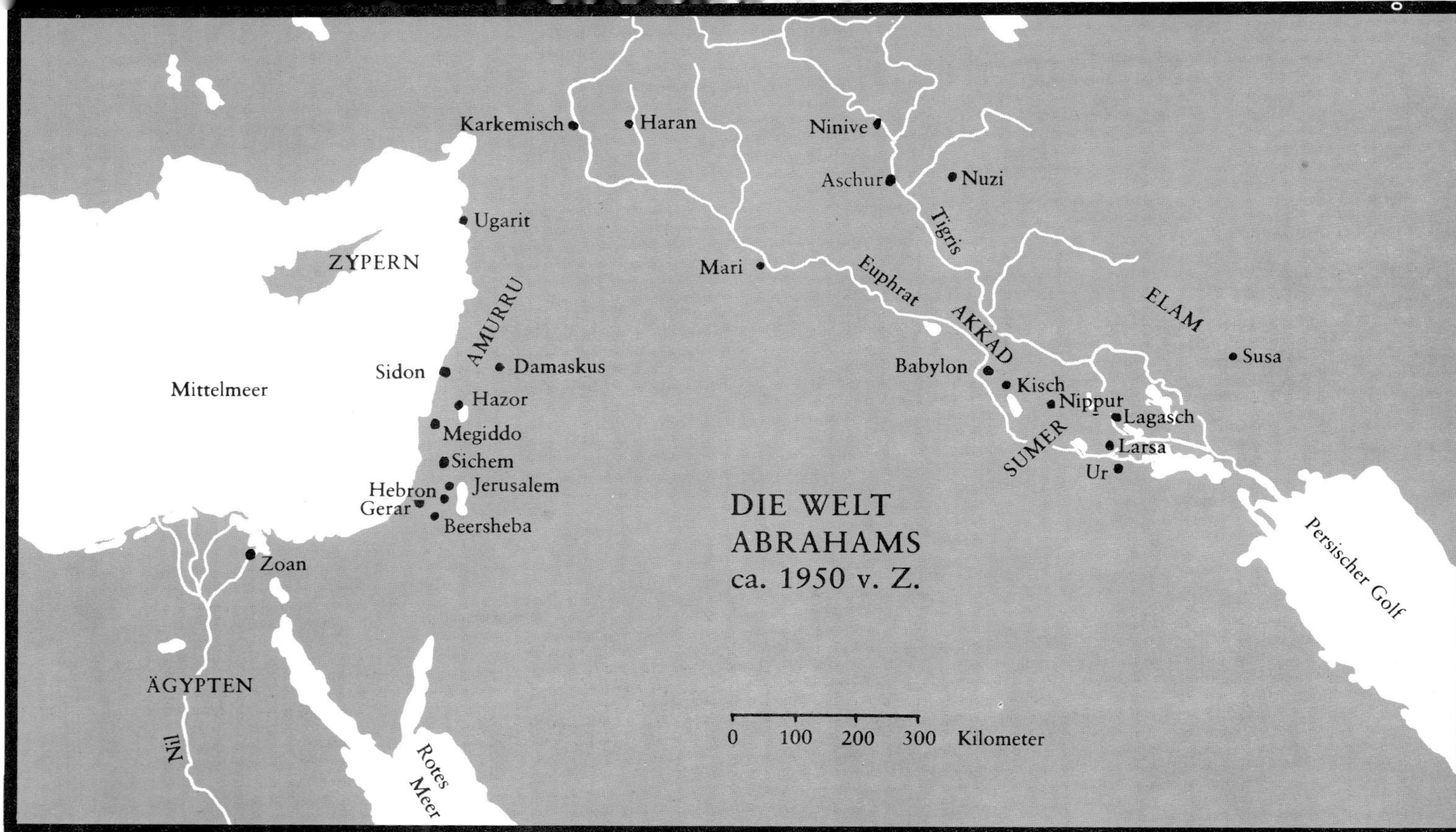
DIE WELT
ABRAHAMS
ca. 1950 v. Z.
Karkemisch
Haran
Ninive
Aschur
Nuzi
Ugarit
ZYPERN
Tigris
Mari
Euphrat
AKKAD
ELAM
AMURRU
Sidon
Damaskus
Mittelmeer
Babylon
Kisch
Susa
Nippur
Lagasch
Hazor
Megiddo
Sichem
SUMER
Larsa
Ur
Hebron
Jerusalem
Gerar
Beersheba
Zoan
Persischer Golf
ÄGYPTEN
0 100 200 300 Kilometer
Nil
Rotes Meer

einem König mit Namen Dumuzi regiert. Auf irgendeine geheimnisvolle Weise wurde er nach seinem Tod der Beschützer der Herden, der Hirtengott Dumuzi, der auch ein Gott der Fruchtbarkeit und Vegetation war. In der sumerischen Literatur gibt es viele Mythen über Inanna und Dumuzi, ihre Liebe und ihren Haß aufeinander, ihre seltsamen Reisen in die Unterwelt. Mit Inannas Hinabsteigen in die Welt der Toten kam der Winter über das Land. Das Hinabsteigen von Dumuzi brachte die mörderische Sonne des Sommers.

Um das Land nach dem Winter wieder aufleben zu lassen, stellten die Könige von Sumer, jeder in seiner eigenen Stadt, während des Frühlingsfestes des neuen Jahres den Gott Dumuzi dar. Jeder nahm an einer feierlichen »Heiligen Hochzeit« mit einer Priesterin des Tempels teil, die die Fruchtbarkeitsgöttin darstellte, und vollzog auf eine Weise, die uns noch nicht ganz klar ist, symbolisch oder tatsächlich, den Akt der Befruchtung. Ausgiebige Festlichkeiten folgten. Wenn sich die Götter zu Gunsten der Menschen entschieden hatten, setzte der Frühlingsregen ein, die Flüsse überschwemmten das Land, die erste Ernte wurde eingebracht, die erste Schur vorgenommen und die gemästeten Rinder geschlachtet.

Aber der Frühling ist kurz in Sumer. Bald überfällt der Sommer das Land. Tag für Tag brennt die Sonne unbarmherzig und dörrt den Boden aus. Das Land verschmachtet. Das wäßrige Filigran der Deltaflüsse trocknet aus und verschwindet. Oft gibt es Sandstürme, und die Luft ist braun. Alles, was einst grün und lebendig war, nimmt die Blässe des Todes an.

In Sumer war das die Zeit, da Dumuzi starb, der Hirtengott. Er war hinabgestiegen in die Unterwelt. Das gesamte Leben hing von seiner Rückkehr ab. Die Sumerer starrten auf den glühend heißen Himmel und warteten. Es gab Gebete und Hymnen und öffentliche Gottesdienste. Frauen beweinten das Schicksal des sterbenden Gottes. Ganz Sumer empfand sein Sterben als das eigene. In Gebet und Ritus schlossen sich die Sumerer ihm in seinem Kampf um die Wiederbelebung an. Es bestand nie Gewißheit über das Ergebnis; selbst die Götter wußten es nicht, bis sie sich versammelt und gemeinsam Sumers Schicksal für das kommende Jahr bestimmt hatten. Leben oder Tod? Nahrung oder Hungersnot? In manchen Städten fand eine zweite »Heilige Hochzeit« statt.

Irgendwann im Spätsommer oder Frühherbst hört im südlichen Mesopotamien die Hitze plötzlich, ganz plötzlich auf. Eine kühle, feuchte Brise weht von den fernen Bergen herab. Der trockene Geruch toter Erde verschwindet aus der Luft.

Festtage folgten der Periode des Trauerns und der »Heiligen Hochzeit«, um die erwartete Wiederbelebung von Dumuzi zu feiern. Aber es war eine vorübergehende Freude. Der Zyklus von Sterben und Wiederbelebung wiederholte sich Jahr für Jahr. Das Heil war vergänglich im alten Sumer.

Mehr als zweitausend Jahre lang eroberten und besiegten seßhafte und nomadische Völker, unter ihnen viele Semiten, immer von neuem Mesopotamien und wurden ihrerseits von der Kultur von Sumer besiegt, seinen Mythen, Legenden, Hymnen und seiner Keilschrift. Lange nach Sumers Ende wanderten seine Helden und Götter immer noch durch das Bewußtsein der mesopotamischen Zivilisation: Enki aß eine verbotene Frucht in einem Paradies mit Namen Dilmun; Ziusudra wurde vor der Flut gerettet, und ihm wurde ewiges Leben gewährt; der Hirte Etana flog auf den Schwingen eines Adlers zum Himmel, um die kostbare Gabe der Königswürde zu erhalten und sie auf die Erde herabzubringen; Gilgamesch strebte nach Unsterblichkeit durch Ruhm; Dumuzi schmachtete in der Welt der Toten. Die Semiten in Mesopotamien kannten Dumuzi unter dem Namen Tammus. Israelitische Frauen wehklagten über sein Sterben. »Und er führte mich hinein zum Tor an des Herrn Hause, das gegen Mitternacht steht«, schrieb der Prophet Hesekiel mehr als tausend Jahre nach Sumers Niedergang, »und siehe, daselbst saßen Weiber, die weinten über den Tammus.«

Die Tontafeln, Rollsiegel und Inschriften, die in unserem Zeitalter ans Licht kamen, nachdem sie zweitausend Jahre in der Erde des südlichen Mesopotamiens verborgen gewesen waren, geben keinen Hinweis darauf, daß die Sumerer glaubten, das Dasein könne ein grundsätzliches Ziel haben, eine ferne Erfüllung. Diese Art, den historischen Prozeß darzulegen, überstieg den Horizont ihres Denkens. Sie lebten im Rhythmus der wiederholten Zyklen der Veränderung, die sie an Himmel, Luft, Wasser und Erde mitansahen, und nahmen sie in völliger Hilflosigkeit hin.

Ihre Schreiber legten Listen an. Sie nahmen alles ringsum in Listen auf: Vögel, Tiere, Fische, Berge, Pflanzen, Sterne, Götter. Listen waren für sie dasselbe wie Enzyklopädien für uns. Sie führten Buch über Tempelbauten. Sie begannen die militärischen

Aktivitäten ihrer Könige aufzuzeichnen. Es gibt eine Urkunde über einen fünf Generationen währenden Krieg zwischen den Stadtstaaten Lagasch und Umma wegen ein paar Morgen Ackerland. Ein König schrieb eine Hymne, um den Wohlstand und die Sicherheit zu rühmen, die während seiner Regierungszeit vorherrschten. Ein anderer König schrieb über seine sozialen Reformen. Die Schreiber schrieben nicht nur auf Tontafeln, sondern auch auf Ziegel, Vasen, Tonstifte und Tonzapfen, Schüsseln, Statuen, Figürchen, Stelen. Sie begannen das Schreiben als ein mögliches Tor zur Unsterblichkeit anzusehen.

Irgendwann um 2000 v. Z. stellte ein sumerischer Schreiber eine Liste der Könige seines Landes auf. Dieser Liste hat später jemand eine Präambel hinzugefügt, die sich mit einem sehr frühen mystischen Zeitalter des sumerischen Königtums befaßt. Diese sumerische Königsliste, teils Legende, teils brauchbare Chronologie, gewährt uns einen kurzen Einblick in die verworrene und blutige Politik von Sumer.

> »Als die Königswürde vom Himmel herabgesenkt wurde, war die Königswürde zuerst in Eridu. In Eridu wurde Alulim König und herrschte 28 800 Jahre. Alalgar herrschte 36 000 Jahre. Die beiden Könige regierten es also 64 800 Jahre. Ich lasse das Thema Eridu fallen, denn seine Königswürde wurde nach Badtibira gebracht ... Enmengalanna herrschte 28 800 Jahre; der Gott Dumuzi, ein Hirte, herrschte 36 000 Jahre ...
> Ich lasse das Thema Bad-tibira fallen, denn seine Königswürde wurde nach Larak gebracht ... Ein König beherrschte es also 28 800 Jahre ...
> Ich lasse das Thema Larak fallen, denn seine Königswürde wurde nach Sippar gebracht ... Ich lasse das Thema Sippar fallen, denn seine Königswürde wurde nach Schuruppak gebracht ...
> Dies sind fünf Städte, acht Könige beherrschten sie 241 000 Jahre. Dann kam die Flut über die Erde.«

Es gibt wichtige archäologische Hinweise nicht nur auf eine allgemeine Flut, sondern auch auf gewaltige örtliche Überschwemmungen in prähistorischer Zeit, die der Menschheit zweifellos im Gedächtnis geblieben waren und dann zu dieser einen großen, verheerenden Flut zusammengefaßt wurden.

Bisher wurde nur eine einzige sumerische Tontafel gefunden, die diese alte Sintflut erwähnt, und sie ist stark beschädigt. Sie berichtet, daß die großen Götter Anu, Enlil, Enki und Ninchursang die schwarzköpfigen Menschen, die Pflanzen und die Tiere schufen. Sie senkten die Königswürde vom Himmel herab. Einer der großen Götter gründete fünf tugendhafte Städte als Kultstätten und gab jede einem Gott. Dann sprachen die Götter von der Flut. An dieser Stelle ist die Tontafel beschädigt, und den Grund für die Flut erfahren wir nicht. Es wird gesagt, daß einige der Götter über die bevorstehende Verwüstung weinten, und einer der Götter übernahm es, einen frommen König vor der Sintflut zu warnen. Der König baute eine Arche. Darin fuhr er sieben Tage und sieben Nächte auf den stürmischen Gewässern, die die Kultstätten und das Land überschwemmten. Dann hörte der Sturm auf und die Sonne schien, der fromme König öffnete ein Fenster der Arche, und Utu, der Sonnengott, schickte seine Strahlen hinein. Der König Siusudra, dessen Name »langes Leben« bedeutet, warf sich vor Utu nieder und brachte den Göttern Opfer dar. Ihm wurde ewiges Leben gewährt. Der Rest der Tontafel ist zerstört.

> »Nachdem die Flut die Erde überschwemmt hatte und als die Königswürde wieder vom Himmel herabgesenkt war, war die Königswürde zuerst in Kisch ...«

So heißt es in der Königsliste. Es folgte dann offenbar eine ruhige Zeit, in der sich Sumer unter der Vorherrschaft des Stadtstaates Kisch der Einigkeit erfreute. Das war im Jahr 2900 v. Z. In den nächsten beiden Jahrhunderten erlebte Sumer das, was die Historiker sein Goldenes Zeitalter der primitiven Demokratie nennen. In dieser Periode bedeutete Königtum die Herrschaft zeitweiliger Führer und die Ratsversammlungen von Freien und Ältesten.

In Kisch, am Nordrand von Sumer, lebten viele seßhafte Akkader – mit diesem Namen bezeichnen die Bibel, moderne Wissenschaftler und die Akkader selbst die semitischen Stämme, die aus den Grenzgebieten der arabischen Wüste in das südliche Mittelmesopotamien gekommen waren, und zwar etwa zu derselben Zeit, in der die Sumerer im äußersten Süden erschienen. Viele Namen der Führer von Kisch sind akkadisch.

Dann begannen die Bevölkerungen zu wachsen, die Städte dehnten sich aus, es kam zu Gebietsstreitigkeiten zwischen den Stadtstaaten, und Militarisierung, Kriege und Eroberungsversuche nahmen zu. »Kisch wurde mit Waffen geschlagen«, heißt es in der sumerischen Königsliste, »seine Königswürde wurde nach Uruk gebracht.« Jetzt verlassen wir das Goldene Zeitalter und gelangen zu der Periode, die die Historiker das Heroische Zeitalter nennen; es sind die Jahre 2700-2500 v. Z.

Die Städte wurden groß; die Tempel häuften Reichtum und Macht an; in vielen Städten war die hohe Priesterwürde wichtiger als die Königswürde; der blitzschnelle Überfall einer kleinen Bande von Kriegern, an einen erwählten Führer gebunden, der ruhmvolle Zweikampf, die unerwartete Belagerung – all das brachte Helden und Legenden hervor; Gilgamesch lebte zu dieser Zeit. Dann kamen elamitische Eindringlinge von Osten und eroberten das Land. Das Heroische Zeitalter nahm ein Ende. Die Elamiter wurden bald vom König der Stadt Adab vertrieben. Nach seinem Tod begannen die Stadtstaaten prompt einander wieder zu bekämpfen. Die Kriege hielten an. Das Königtum wurde eine feststehende Einrichtung. Wir befinden uns jetzt im Dynastischen Zeitalter von Sumer; es sind die Jahre 2500-2300 v. Z. Städte errangen Machtstellungen und verloren sie wieder. Dann nahm das Dynastische Zeitalter ein abruptes Ende. Ganz Sumer wurde von einem Akkader mit Namen Sargon – was »wahrer König« bedeutet – erobert, und das erste Großreich der Geschichte entstand um 2300 v. Z.

»In Agade herrschte Sargon, dessen Vater Gärtner war«, sagt die Königsliste kurz und bündig, »der Mundschenk von Urzababa, des Königs von Agade, der Agade erbaute, 56 Jahre als König ...«

Wenn es sich um Sargon handelt, ist es schwierig, Wahrheit und Legenden auseinanderzuhalten, so beeindruckt waren spätere Zeitalter von seiner bedeutenden Leistung. Wahrscheinlich war er von niedriger Geburt. In einem Bericht über sein Leben, der im 7. Jahrhundert v. Z. geschrieben wurde, heißt es, er habe seinen Vater nicht gekannt. Kurz nach seiner Geburt habe ihn seine Mutter in einem Schilfboot auf dem Euphrat ausgesetzt, und ein Mann, der Wasser holte, habe ihn gefunden und aufgezogen. Irgendwie gewinnt er die Liebe der Göttin Ischtar, dem semitischen Pendant zur sumerischen Inanna, obwohl Ischtar für die Semiten auch die Kriegsgöttin war. Er wird zum Mundschenk des Königs Urzababa ernannt – eine begehrte Stellung. Kurz nach Urzababas Tod wird er König von Kisch, baut irgendwo am Euphrat eine neue Stadt, die Akkad oder Agade heißt, und schickt sich an, ein Großreich zu schaffen, wobei ihm eine akkadische Erfindung erheblich hilft, ein mächtiger, weittragender, zusammengesetzter Bogen, der zu seiner Zeit ebenso revolutionär war wie das Schießpulver viertausend Jahre später.

Sargons Erfolge sind überwältigend. Er erobert ein riesiges Gebiet rings um Sumer und Akkad. Er nimmt die Städte von Sumer erst in den letzten fünf Jahren seines Lebens ein, und erst, nachdem sie sich gegen ihn erhoben hatten.

Es kam zu einer jähen kulturellen Entwicklung, als die Zentren der akkadischen und sumerischen Kultur miteinander verschmolzen. Sargon hinterließ eine Vision für alle zukünftigen Könige Mesopotamiens: ein geeintes Land mit dynastischer Erbfolge, regiert von einer einzigen königlichen Familie, deren Herrschaft göttliche Legitimation hatte.

Sargons Dynastie hielt sich vier Generationen lang. Unter seinem Enkel Naramsin blühten die bildenden Künste; es war der ernstzunehmende Beginn einer akkadischen Literatur. Viele Tempel wurden gebaut.

Bescheiden zuerst, beeinflußt durch die traditionelle sumerische Vorstellung von einem König als dem Statthalter des Stadtgottes und Hüter der von dem Gott erlassenen Gesetze, nannte sich Naramsin »König von Akkad«. Später legte er sich den Titel »König der vier Viertel (der Welt)« bei. Dann ließ er sich »Gott von Akkad« nennen und wurde der erste der sehr wenigen mesopotamischen Könige, die sich selbst vergöttlichten.

Zu seiner Zeit wurde der König noch wichtiger als die Götter. Und als ob es eine göttliche Strafe gewesen wäre – ein sumerischer Gottesgelehrter sah es so in seiner poetischen Erzählung *Der Fluch von Agade* –, verfiel das Großreich Akkad kurz nach Naramsins Tod. Städte erhoben sich gegen die akkadischen Garnisonen in ihren Mauern; der unzulänglich organisierte Verwaltungsapparat des Großreiches zerbrach; Nomadenstämme stießen auf die Grenzen vor: Elamiter, Churriter, Gutäer. Die Stadt Agade wurde so gründlich zerstört, daß ihr Standort bis heute unbekannt ist.

»Wer war König? Wer war nicht König?« fragt die sumerische Königsliste. Anarchie war König. »Agade war besiegt, und seine Königswürde wurde nach Uruk gebracht.«

Uruk wurde von barbarischen Gutäer-Horden aus den Bergen besiegt. Die Gutäer wurden besiegt, und die Königswürde kehrte nach Uruk zurück. »Uruk wurde mit Waffen geschlagen und seine Königswürde nach Ur gebracht.« Es ist das Jahr 2100 v. Z.

Eine kurze, aber außerordentliche sumerische Renaissance folgte jetzt unter Urnammu und Schulgi, den beiden ersten Königen von Ur. Gudea, der sumerische Stadtfürst von Lagasch, baute ungefähr fünfzehn Tempel in seiner Stadt wieder auf. Die Frömmigkeit, mit der er den zerstörten Tempel des Stadtgottes Ningirsu wieder errichtete, ist zutiefst ergreifend. Wir lesen darüber in seinen vielen Inschriften – die heute oft die erste ernsthafte Lektüre des angehenden Sumerologen in der Sprache von Sumer sind.

Urnammu, König von Ur, leitete in ganz Sumer ein gewaltiges Bauprogramm ein. In Ur errichtete er eine hochaufragende Zikkurat. Er stellte den Hafen der Stadt und die Bewässerungsanlagen wieder her. Der Handel nahm zu. Er errang die Loyalität der anderen größeren Städte von Sumer, und bei seiner Krönung, im vierten Jahr seiner Regierung, erhielt er den Titel »König von Sumer und Akkad«. Er gab das erste Gesetzbuch der Geschichte heraus, indem er rechtliche Präzedenzfälle sammelte, die zukünftigen Generationen als Richtlinie dienen konnten. Die Form des Kodex – Redewendungen wie »wenn ein Mann« oder »wenn die Frau eines Mannes« – wirkte beispielgebend für das gesamte spätere Rechtswesen im alten Nahen Osten und auch für das der Israeliten.

Urnammu fand offenbar den Tod auf dem Schlachtfeld. Schulgi wurde im Jahre 2003 v. Z. König von Ur und herrschte fast fünfzig Jahre lang. Die Heere von Ur weiteten die Grenzen Sumers bis zu denen des einstigen Großreichs Akkad aus. Mesopotamiens Wirtschaft blühte. Ur wurde reich durch Handel und Gewerbe. Schulgi teilte Sumer und Akkad in Provinzen ein, von denen jede einen Monat lang für die Durchführung des vorgeschriebenen Rituals in den Tempeln der heiligen Stadt Nippur verantwortlich war. Er gründete die Schreiberschulen in Nippur und Ur, große Institutionen, die ganze Generationen der mesopotamischen Kultur beeinflussen sollten. Nach seinem Tod bestieg sein Sohn Amarsin den Thron. Achtzehn Jahre später wurde Ibbisin König von Ur.

Fern von den städtischen Zentren Mesopotamiens lag der nördliche Rand der syrischen Wüste, eine große Fläche semiariden Hochlands. Das Gebiet war seit Jahrhunderten von einem halbnomadischen Volk bewohnt, das in Keilschriftquellen als Amurru bezeichnet wird, wahrscheinlich nach seinem führenden Stamm oder einem bestimmten Ort. Das Wort Amurru nahm die Bedeutung »Westländer« an, die Menschen westlich von Sumer und Akkad, Zeltbewohner der Berge, die weder Korn noch gekochtes

Fleisch kannten und ungeschlacht und kriegerisch waren. In der Bibel werden sie Amoriter genannt.

Etwa zur Zeit der Gründung des Großreichs von Sargon begannen sie allmählich nach Mesopotamien einzudringen. »Subartu erhob sich mit seiner Bevölkerung«, schreibt der Verfasser der *Sargon-Chronik*. »Sargon machte diese Nomadengemeinschaft seßhaft.« Die Hochland-Amoriter wurden nicht seßhaft gemacht. Wiederholt lieferten sie Sargons Heeren Scharmützel. Verstädterte, seßhafte Amoriter wohnten zur Zeit des Großreichs von Ur, in der Ära der Dritten Dynastie, in vielen Städten Sumers. Gleichzeitig setzten aber die kriegerischen Scheichs der halbnomadischen Amoriter ihre Raubzüge gegen die reichen Städte und das Weideland des verstädterten Mesopotamiens fort.

Kurz nach Schulgis Tod begann das Großreich Ur unter dem Druck der Elamiter und Subaräer im Osten und Norden und dem der Amoriter im Westen allmählich zusammenzubrechen. Im vierundzwanzigsten Jahr der Herrschaft von Ibbisin wurde Ur geplündert, sein prachtvoller Tempel ausgeraubt und zerstört.

Kein größeres Unglück konnte einer sumerischen Stadt widerfahren als die Zerstörung ihres Tempels. Jeder Ziegel und jedes Mauerstück, die Schüttung in den Fundamentgruben, die heiligen Pfähle, die ihn mit dem wäßrigen Reich des Gottes Enki verbanden, sein Altar und seine Statuen – der ganze Tempel war lebendig und geweiht durch die Anwesenheit des Stadtgottes. Seine Zerstörung war eine entsetzliche Katastrophe. Der Gott konnte nicht mehr in der Stadt wohnen.

Ibbisin wurde von den Elamitern in die Gefangenschaft geführt. »Ur wurde besiegt und seine Königswürde nach Isin gebracht«, sagt uns die sumerische Königsliste, die dann nach einigen zusätzlichen Zeilen endet.

»O Stadt, eine bittere Klage stimme an als dein Trauerlied«, sind die melancholischen Worte des Klagelieds über die Zerstörung von Ur, Jahrzehnte nach dem Fall der Stadt geschrieben. »Seine rechtschaffene Stadt, die zerstört worden ist – bitter ist ihre Klage: sein Ur, das zerstört worden ist – bitter ist seine Klage ... O Nanna, Ur ist zerstört worden, sein Volk wurde zerstreut.«

Ein Jahrhundert des Friedens folgte. Ur wurde wiederaufgebaut und blieb reich, aber unbedeutend. Die Raubzüge der Amoriter hielten an, und ein Jahrhundert lang führten amoritische Kleinstaaten gegeneinander Krieg. Im südlichen Mesopotamien wurden Sumer und Akkad schließlich von dem amoritischen König von

Babylon erobert. Sein Name war Hammurabi, und sein Reich hatte Bestand von etwa 1800 bis 1600 v. Z.

Sumer starb, und seine Königswürde ging auf die Amoriter über.

Abraham war wahrscheinlich ein Amoriter.

Die Bibel stellt die Patriarchengeschichten in eine Zone der Zeitlosigkeit – so scheint es jedenfalls. Die Bindeglieder zwischen dem Leben in der *Genesis* und der regen Welt Mesopotamiens sind offenbar schwach. Es gibt keine festgelegte Chronologie für die Patriarchen. Das bedeutet nicht, daß es die Erzväter nicht gegeben habe; das werden wenige ernsthafte Gelehrte heute behaupten. Es bedeutet nur, daß sie in einer Zeitspanne von etwa sechshundert Jahren – etwa zwischen 2000 und 1400 v. Z. – angesiedelt werden können, und wir wissen nicht genau, wo wir sie in diesen sechshundert Jahren einordnen sollen.

In letzter Zeit hat die Wissenschaft einige dürftige Überreste aus dem Leben, den Bewegungen und Siedlungsgewohnheiten der Menschen in der alten Welt wiederentdeckt, nach denen Abraham in die Jahre zwischen 2000 und 1900 v. Z. einzuordnen wäre. Ich werde dieser schwachen Chronologie hier folgen, wobei ich mir deren Brüchigkeit und Unzuverlässigkeit bewußt bin und weiß, daß einige heutige Gelehrte ihre Schlußfolgerungen in Zweifel ziehen. Ich möchte einfach einige der Erzvätergeschichten nacherzählen, im Ambiente ihrer eigenen Welt und unter Berücksichtigung dessen, was bis zur Wiederentdeckung in den letzten Jahrzehnten für uns völlig verloren war – ein Verlust, der bei Hunderten von Kommentatoren oft zu viel Verwirrung führte, wenn sie sich bemühten, scheinbar bizarre und verblüffende Geschehnisse im Leben der biblischen Menschen zu verstehen, die sie so hoch schätzten.

Abraham wurde wahrscheinlich in einem frühen Jahrzehnt des 20. Jahrhunderts v. Z., also vor viertausend Jahren, in der sumerischen Stadt Ur geboren. Sein ferner Vorfahr war Sem, Noahs Sohn. Vor ungefähr zweihundert Jahren hat ein Gelehrter eine Bezeichnung für Sems Nachkommen erfunden; er nannte sie Semiten.

Wir wissen nicht, welche Sprache Abraham schrieb oder sprach. In den Jahren, die er in Mesopotamien verbrachte, sprach er wahrscheinlich eine semitische Sprache – Amoritisch oder Akkadisch. Wenn er schreiben konnte, dann schrieb er Akkadisch wie alle des Lesens und Schreibens kundigen Semiten in Mesopotamien während und nach dem Niedergang Sumers, und zwar in einer Keilschrift, die auf der von den Sumerern erfundenen beruhte.

Abraham hatte zwei Brüder. Einer starb und hinterließ einen Sohn mit Namen Lot. Abraham heiratete. Seine Frau war unfruchtbar. Irgendwann in den späten Jahrzehnten dieses 20. Jahrhunderts v. Z. holte Tharah, Abrahams Vater, seine Familie zusammen und verließ Ur.

Sie zogen nach Norden, hinaus aus Šumer und Akkad, entlang dem Halbmond grüner Erde auf dem Weg in ein fernes Land. Aber sie hielten im mittleren Mesopotamien in der Stadt Haran an.

Uns wird nicht gesagt, warum sie ihre Reise unterbrachen und sich in Haran niederließen. Es ist bekannt, daß sowohl Ur als auch Haran bedeutende Pilgerstätten des Mondkultes waren. Abrahams Familie mag Ur nach der Zerstörung des Tempels verlassen haben. Jahrhunderte später soll Josua in einer Ansprache an die Stämme Israels in Sichem nach ihrer erfolgreichen Landnahme in Kanaan gesagt haben: »Eure Vorväter – Tharah, Abrahams und Nahors Vater – wohnten vorzeiten jenseits des Stroms und dienten anderen Göttern.«

Das akkadische Wort für Haran, *harranu*, bedeutet eine Karawane, eine Straße, eine Reise. Haran war ein mesopotamischer Knotenpunkt. Wer damals von Assyrien oder irgendeinem Ort am Tigris in eine der Handelsstädte an der Küste des Mittelmeers gelangen wollte, kam durch Haran; wenn man zu einer Karawane gehörte, die irgendwo am unteren Euphrat aufgebrochen und deren Ziel Anatolien war, dann kam man durch Haran.

Man ritt auf Eseln, denn das Kamel war noch nicht domestiziert worden; erst im 12. Jahrhundert v. Z. wurde das Kamel allgemein und regelmäßig als Reise- und Lasttier gebraucht. Die Kamele in den Patriarchenerzählungen sind eine Gedankenlosigkeit der Schreiber, ein Anachronismus wie die schlagende Uhr in Shakespeares *Julius Caesar*.

Wir erfahren nichts über Abrahams Leben in Haran; wir wissen nicht, was er dort tat. Einige Wissenschaftler meinen, daß er ein Eseltreiber war. Auf den Handelsstraßen war viel Verkehr, vor allem auf jenen nach Anatolien. Er könnte einer der »Staubigen« gewesen sein, wie diese Karawanentreiber angeblich genannt wurden. Andere Gelehrte spotten über diesen Gedanken und stellen ihn sich in einer mehr ländlichen Umgebung vor, als Scheich, der in halbnomadischer Weise von seinen Herden lebte.

Die Gegend von Haran war friedlich. Die Stadt und ihre Umgebung waren von Amoritern und einem Volk bewohnt, das Churriter genannt wurde und aus Armenien eingewandert war. In den Jahrzehnten, in denen Abraham dort lebte, gab es viele Churriter in Haran. Auch in der Stadt Mari im südlichen Mittelmesopotamien waren viele Churriter zu Gast.

In der näheren Umgebung von Mari lebte ein halbnomadischer Stamm, der in Keilschrift-Urkunden Ben-Yamini genannt wird, was »Söhne der Rechten« bedeutet – wahrscheinlich schlugen sie ihre Zelte rechts von der Stadt auf. Sie waren zahlreich und häufig störend; immer wieder kam es zu Reibereien zwischen den Städtern und den Zeltbewohnern. Unter Hammurabi, der Mari eroberte, beschäftigte die Stadt einen besonderen Beamten, der sich mit ihnen befaßte. Er trug den Titel »Sekretär für amoritische Angelegenheiten«.

Vor dem Zweiten Weltkrieg wurden in Mari Tontafeln entdeckt, die semitische Namen wie Abraham und Jakob anführen. Sie erwähnen auch Habiru – oder korrekter Hapiru –, eine weit verbreitete Klasse von Verfemten, die keiner bestimmten ethnischen Gruppe angehörten und in Scharen durch den Nahen Osten wanderten. Ihre Verwandtschaft mit den Hebräern – Hapiru und Hebräer klang im ursprünglichen Semitisch ähnlich, und Abraham wird in der Bibel ein Hebräer genannt – war für die Wissenschaftler lange Zeit ein Rätsel. Sind beide identisch, oder wurde die Bezeichnung den Patriarchen wegen ihrer unaufhörlichen Wanderungen beigelegt? Ist die Bezeichnung eine ethnische oder eine deskriptive? Das Rätsel ist noch nicht befriedigend gelöst worden.

In Mari wurden auch in churritischer Sprache geschriebene Texte gefunden. Ausgegrabene churritische Tontafeln berichten uns – wie wir gleich sehen werden – eine ganze Menge über das Leben im nördlichen Mesopotamien, der kulturellen Heimat der Patriarchen, der Region, die von der Bibel Padan-Aram oder Aram-Naharaim genannt wird. Jahrhundertelang haben wir die Erzvätergeschichten gelesen, ohne die Sitten und Bräuche des »alten Landes«, aus dem die Erzväter kamen, zu kennen. Es ist, als würde man die verschiedenen ethnischen Gruppen in Amerika betrachten, ohne die Länder zu kennen, aus denen sie eingewandert sind.

Abraham verließ Haran, als sein Gott ihn plötzlich dazu aufforderte. Das war von einer Generation zur anderen mündlich überliefert worden, bis es ein Schreiber während oder nach der Zeit von König David schriftlich niederlegte. Die Aufforderung war ein Befehl und eine Verheißung: Abraham sollte fortgehen in ein Land, das Gott ihm zeigen werde; und er werde aus ihm ein großes Volk machen.

»Abraham brach von Haran auf«, schreibt John Bright, »mit seiner Familie, seinen Schafen und Rindern, um Land und Samen zu suchen an dem Ort, den sein Gott ihm zeigen werde. Oder, anders ausgedrückt, es fand eine Wanderung nach Palästina statt von halbnomadischen Menschen, unter denen sich die Vorfahren Israels befanden. Damit begann jene Kette von Ereignissen, die für die Weltgeschichte so bedeutsam und erlösend – der Gläubige würde sagen, so von Gott gelenkt – war, die wir die Geschichte Israels nennen.«

Abraham war fünfundsiebzig Jahre alt. Sein Vater und sein Bruder blieben in Mesopotamien. Abraham wanderte westwärts, überquerte den Euphrat vielleicht bei Karkemisch, wo er bei Niedrigwasser durchwatet werden kann. Am rechten Flußufer hatten Ben-Yaminiten ihre Zelte aufgeschlagen. Der Pfad wand sich durch hügeliges Gelände, über das in Abständen Heiligtümer verstreut waren. Einige Kilometer südlich von Aleppo liegt noch heute ein Dorf mit Namen Benjamin an der Straße, die in das Gebiet der Hügel, Täler und der Küstenebene führt, das in der Bibel als das Land Kanaan bezeichnet wird.

Abraham und seine Familie kamen nach Kanaan und zogen durch das Land, bis sie nach Sichem gelangten. Dort erschien Abrahams Gott ihm wieder, und die in Haran in verschleierter Form ausgesprochene Verheißung wurde jetzt deutlich gemacht. »Deinem Samen will ich dies Land geben.« Abraham baute seinem Gott einen Altar, einen Hügel aus Stein und Erde, um den Ort der Begegnung zu kennzeichnen. Dann zog er mit seiner Familie weiter durch das hügelige Land zwischen Bethel und Ai. Er schlug sein Zelt auf und baute seinem Gott einen weiteren Altar. Von dort begann er langsam nach Süden zu wandern in Richtung Negev, der trockenen, fast regenlosen Region des Landes Kanaan, wo er blieb, bis eine Hungersnot ihn zwang, wiederum mit seiner Familie und seiner Habe weiterzuwandern. Er zog nach Ägypten, der Zivilisation am westlichen Ende des »Fruchtbaren Halbmonds«. Dann kehrte er nach Kanaan zurück.

Hungersnöte gab es häufig in Kanaan, einem Land, dessen unbestimmte Grenzen höchstens das Gebiet zwischen dem Taurus im Norden und dem »Bach von Ägypten« (Wadi Al-Arish) an der nordöstlichen Ecke der Sinai-Halbinsel im Süden, dem Mittelmeer im Westen und dem Jordan im Osten umschließen. Im Gegensatz zu Sumer hatte das Land keine langen Flüsse, nur den kurzen, seichten Jordan, der kaum sein eigenes schmales Tal bewässerte und nicht über die Bergketten gelangen konnte, die ihn einengten.

Auch die Topographie des Landes unterschied sich von der sumerischen: hier gab es kein ausgedehntes Schwemmland, sondern dicht bewaldete Berge, den Jordan-Graben, einen langen, schmalen Küstenstreifen, fruchtbares Tiefland, und in der Mitte eine felsige Bergkette, die in die Mondlandschaft des Negev übergeht. Zu Abrahams Zeit gab es im Süden wahrscheinlich mehr Regen als heute; das Tote Meer mag kleiner gewesen sein; die Wälder waren dichter. Damals wie heute war der Boden auf Tau, Bergquellen und Regen angewiesen. Wenn der Regen ausblieb, gab es Hungersnot. Das Land liegt am Rande einer riesigen Wüste. Allzu oft blieb der Regen in Kanaan aus.

Diese Abhängigkeit vom Regen als der einzigen Quelle des vegetativen Lebens und die bergige Beschaffenheit des Landes führten dazu, daß das lange vor Abraham dort lebende Volk entdeckte, die Anlage von Terrassen könnte das verschwenderische Ablaufen des Wassers verhindern, wenn es endlich regnete. Die terrassierten Hänge, die man noch heute sehen kann, sind das kanaanitische Gegenstück zu den Deichen und Kanälen von Sumer. Eine weitere Reaktion auf die entmutigende Abhängigkeit von Regen war die außerordentliche Betonung einer Fruchtbarkeitsreligion durch die Kanaaniter. Hier war die Gefahr einer Hungersnot weitaus größer als in Sumer; um so mehr Grund, die Naturgötter anzubeten, die man in jedem grünen Hain von Bäumen fand, in jedem Weizenkorn, in den Gewitterwolken, auf jedem Berggipfel in der Nähe des regenspendenden Himmels; um so stärker das Mitgefühl mit dem sterbenden Fruchtbarkeitsgott während des ausdörrenden, regenlosen Sommers und das Bedürfnis, ihn durch Opferriten und sakrale Prostitution wieder zu beleben, den Gott und das Land wieder fruchtbar zu machen.

Zweitausend Jahre lang wußte man wenig von der Welt Kanaans außer dem, was uns die Bibel und einige klassische Autoren – Lukian, ein griechischer Schriftsteller im 2. Jahrhundert, Philo von Byblos, Plutarch und andere – gesagt hatten. Die alten Israeliten führten mit den Kanaanitern nicht nur einen bitteren territorialen Krieg, der zweihundert Jahre währte, sondern auch einen siebenhundertjährigen kulturellen Krieg, den zu verlieren die Israeliten mehrmals dicht daran waren. Die Bibel unternimmt keinen Versuch, uns ein objektives Bild von der kanaanitischen Zivilisation zu vermitteln.

Unterstützt durch außerordentliche Funde in jüngster Zeit in der alten Stadt Ugarit – dem heutigen Ras Schamra – an der Küste des nördlichen Syrien, bieten uns Archäologen und Historiker jetzt ein Bild des alten Kanaan, das einige der mageren und oft unfreundlichen Angaben in der Bibel und bei klassischen Autoren ergänzt und klärt. Die Stadt Ugarit war bis etwa 1200 v. Z. ein wichtiges Einfuhrzentrum für Kupfererz und ein Bindeglied zwischen der mittelmeerischen, kanaanitischen, ägyptischen und mesopotamischen Welt. Bei den Ausgrabungen wurden Tempel, viele Artefakte aus Ägypten, Mesopotamien, Kreta und anderswo und eine Bibliothek entdeckt mit Inschriften in allen möglichen nahöstlichen Sprachen, einschließlich einer Sprache und eines Keilschriftalphabets, von denen niemand wußte, daß es sie gab. Diese Bibliothek enthielt mehrere Hundert Tontafeln. Das Alphabet wurde entziffert, und jetzt können wir die alte Zivilisation von Kanaan kennenlernen – mit Vorsicht, denn zahlreiche Tontafeln sind zerbrochen und viele Angaben so lückenhaft, daß man nur Mutmaßungen anstellen kann.

Die Archäologen versichern uns, daß es eine einheitliche Zivilisation gab von Ugarit bis zum südlichen Palästina und von der Küste des Mittelmeers bis zur syrischen Wüste. In dieser ganzen Region waren von etwa 1700 bis 1200 v. Z. dieselben Artefakte und Bauweisen in Gebrauch – Keramik, Werkzeuge, Waffen, Tempel, Befestigungen, Kunstgegenstände. Die Sprache weist nur geringe Variationen bei den verschiedenen Dialekten auf. Uns wird von den Archäologen und Historikern außerdem versichert, daß die Tontafeln von Ugarit, obwohl sie um 1400 v. Z. beschriftet wurden und unmittelbar eine städtische Kultur widerspiegeln, das Werk von Schreibern waren, die altes Material benutzten, das sie entweder kopierten oder bearbeiteten, und daß die Texte, die sie uns hinterließen – Mythen, Epen, Legenden –, bis zu einem gewissen Grad die Welt von Kanaan zeigen, die Abraham, Isaak, Jakob und Jakobs Söhne zwischen 1900 und 1700 v. Z. erlebten.

Es kann kein direktes Verbindungsglied zwischen Ugarit und den israelitischen Nachkommen der Patriarchen, die um 1240 v. Z.

nach Kanaan eindrangen, geben. Die Wissenschaftler nehmen an, daß Ugarit mit einiger Genauigkeit die kanaanitische Zivilisation widerspiegelt, auf die diese Israeliten stießen.

Zu Abrahams Zeit wurde das als Kanaan bekannte Land von Amoritern bewohnt. Über die Menschen, die vor den Amoritern dort wohnten, wissen wir fast nichts; sie hinterließen keine Schrift. Sie lebten von der Jagd und dem Fischfang; die Entdeckung eines Hundeskeletts in einer Höhle sagt uns, daß sie Tiere domestizierten; die Entdeckung von Sicheln sagt uns, daß sie Korn anbauten. Sie waren Semiten, denn der größte Teil der Ortsnamen – die Namen der Berge, des Jordans und seiner Nebenflüsse – ist semitischen Ursprungs. Sie bauten Dörfer und Städte und verwendeten Keramik und Kupfer und etwas Gold. Sie trieben ausgiebig Handel mit Mesopotamien, Anatolien und Ägypten. Die Städte Megiddo, Lachisch, Hazor, Bethel, Gaza und andere waren Jahrhunderte vor Abrahams Wanderung in das Land gegründet worden. Jericho bestand schon seit etwa sechstausend Jahren.

Irgendwann um 2100 v. Z. wurde das Land von einer hereinströmenden Welle von Menschen verwüstet – wahrscheinlich von den ersten Amoritern. Wir wissen das von den Archäologen, die die Zerstörungsschichten in der aufgegrabenen Erde deuten können. Langsam wurde das Land wiederaufgebaut, als die Amoriter seßhaft wurden.

Die Bibel sagt uns, daß Abrahams Gott es als ein amoritisches Land bezeichnete. Inmitten des Rauchs und der Flammen des Bundes, den er mit Abraham nach der Rückkehr des Patriarchen aus Ägypten machte, wurde das Land wieder den Nachkommen des betagten Wanderers versprochen. Häufig nannte die Bibel es auch Kanaan. Die Ägypter bezeichneten es ebenfalls als das Land der Amoriter und als Kanaan.

Der Name Kanaan wurde wahrscheinlich zuerst von denjenigen Bewohnern des Landes gebraucht, die an der Mittelmeerküste wohnten. Er mag sich von dem churritischen Wort *kinahhu* ableiten, das »Purpur« bedeutet. Eines der berühmtesten Erzeugnisse des Landes war Purpurwolle; den Purpurfarbstoff lieferte die Purpurschnecke, die in den Küstengewässern des östlichen Mittelmeers lebte. Die Menschen an der nordöstlichen Mittelmeerküste wurden in späteren Jahrhunderten von den Griechen aus demselben Grund Phöniker genannt – nach dem griechischen Wort *phoinix*, das »Purpur« bedeutet –, aus dem die Menschen an der südlicheren Mittelmeerküste Kanaaniter genannt wurden: Kanaan und Phönikien bedeuten auf churritisch und griechisch dasselbe. Wir nennen heute das ganze Land Kanaan, weil das der Name ist, mit dem die Bibel es am häufigsten bezeichnet. Es waren die Küsten-Amoriter und einige ihrer Siedlungen im fruchtbaren Jordantal, die die großen Kaufleute wurden, die die Städte im Tiefland wiederaufbauten und befestigten, die das Alphabet erfanden, gegen die Israeliten kämpften und die Zivilisation schufen, von der in Ugarit nichts als kümmerliche Reste gefunden wurden. Semitisten gebrauchen das Wort Kanaanitisch heute als linguistische Definition, die verschiedene Dialekte umfaßt: Ungaritisch, Moabitisch, Hebräisch und andere. Der einzige noch lebende kanaanitische Dialekt ist das Hebräische.

Es gab noch andere ethnische Gruppen in dem Land: ein Völkergemisch. Die geographische Ungleichheit des Landes verstärkte die ethnischen und ökonomischen Unterschiede unter der Bevölkerung. Im Tiefland blühte das landwirtschaftliche und städtische Leben in dichtgedrängten Ansiedlungen; das Bergland und die Wüstenränder waren rückständige Weidegebiete. Die kanaanitischen Stadtstaaten waren unabhängige kleine Königreiche mit Monarchen, Kaufleuten, Handwerkern, Berufssoldaten und Bauern, die als Hörige Ackerbau trieben. Diese Städte, mit Mauern umgeben und reich, waren noch weniger geneigt, sich zu vereinen, als die Städte von Sumer.

Kürzlich hat eine Ausgrabung in Nordsyrien in der Nähe des heutigen Aleppo die alte Stadt Ebla ans Tageslicht gebracht, die ein großes Handelszentrum mit einer Bevölkerung von etwa 250 000 Seelen und einer wirtschaftlichen Einflußsphäre von der Sinai-Wüste bis zur heutigen südlichen Türkei und von Zypern bis Sumer gewesen zu sein scheint. Ein Archiv mit etwa fünfzehntausend Tontafeln – wirtschaftliche Texte, ein Schöpfungsepos, Mythen, geographische und mathematische Listen – wurde dort 1976 entdeckt; es wird jetzt ausgewertet. Ihre Blütezeit hatte die Stadt von etwa 2400 bis 2250 v. Z., wurde dann eine militärische Bedrohung für das Großreich Akkad und von Sargons Enkel zerstört. »Der Gott Nergal erschloß dem mächtigen Naramsin den Weg und gab ihm Arman und Ebla ...« Ugarit und Ebla sind ein ausreichender Hinweis darauf, daß das Land, durch das Abraham wanderte, keine hinterwäldlerische Kultur war.

Die Menschen sind alle vom Ertrag des Bodens abhängig, denn selbst der wohlhabende Kaufmann, der in einem geräumigen, städtischen Haus wohnt, fürchtet die Möglichkeit von Dürre und

ı Sinai. Wie einst Abraham mit seiner Familie ziehen noch heute die Beduinen durch das Land.

abmal (Kenotaph) von Abraham in Hebron.

Das Bergland von Galiläa im Norden des biblischen Landes Kanaan.

Midbar-Gebirge am Nordrand des »Mittagslandes« (Negev) im Süden von Kanaan.

Hungersnot. Keine Stadt war so groß, daß man nicht die Felder außerhalb der Mauern und ihre lebenserhaltenden Erzeugnisse sah. Ebenso wie in Sumer waren die Städte von Ackerland umgeben. Eine Kalksteintafel aus dem 10. Jahrhundert, die in der Stadt Gezer gefunden wurde, etwa dreißig Kilometer nordwestlich von Jerusalem, trägt eine Inschrift, die das Jahr des Bauern schildert:

»Zwei Monate Ernte;
Zwei Monate pflanzen;
Zwei Monate spätes pflanzen;
Einen Monat Flachs hacken;
Einen Monat Gerstenernte;
Einen Monat Ernte, dann feiern;
Zwei Monate Weinbau;
Einen Monat sammeln der Sommerfrüchte.«

Die Kanaaniter beteten zu ihren Göttern um langes Leben und eine gute Ernte. Sie beteten zu El, ihrem betagten Hauptgott, den sie als den Vater der Menschen anredeten, den Gütigen, den Barmherzigen, den Schöpfer aller erschaffenen Dinge. Auf den in Ugarit gefundenen Tontafeln wird er *kadosh* genannt, »heilig«; die Wissenschaftler transkribieren das ugaritische Wort phonetisch in *qdš* – das Ugaritische hat keine Vokale, daher können wir nie ganz sicher sein, wie es auszusprechen ist. Das biblische Wort für heilig lautet auch *kadosh*. Eine der biblischen Bezeichnungen für Gott ist El. Es gibt eine Darstellung von El auf einer Stele. Er trägt eine gehörnte Krone, hat einen Bart und sitzt auf einem Thron.

Die Kanaaniter beteten vor allem zu Baal, ihrem jungen, kraftvollen Gott, der ewig in den Kampf mit den Kräften des Chaos verstrickt war. Er wurde »der Mächtigste der Helden« genannt, »der Fürst«. Zuweilen offenbarte er sich als Hadad, Gott des Sturms, des Donners und des Blitzes. Auf den Tontafeln von Ugarit wird er *rohev aravot (rbk · 'rpt)* genannt, »Reiter auf den Wolken«. Wenn der Name Baal in der Bibel in Verbindung mit einer Stadt erscheint – Baal-Sidon, Baal-Hazor u.a. –, dann fungiert er wahrscheinlich als Gott der Stadt, deren Namen er trägt. In ganz Kanaan wurde Baal als Fruchtbarkeitsgott verehrt.

Aschtart (oder Astarte) war die Göttin der Liebe, der Fruchtbarkeit und auch des Krieges. Die alten Semiten konnten die Leidenschaften, die bei Liebe oder Krieg beteiligt sind, nicht leicht auseinanderhalten.

Es gab Hunderte anderer Götter. Eine in Ebla gefundene Götterliste enthält fünfhundert Namen.

Nördlich von Ugarit war Baals Wohnort und die Versammlung der Götter – der Berg Zaphon. Er hatte für die Kanaaniter dieselbe Bedeutung wie der Olymp für die Griechen.

Mit ihren Göttern standen die Kanaaniter durch Gebet, Tieropfer und Wahrsagung in Verbindung. Ähnliche Opfer findet man in der Bibel. Es gab viele Priesterfamilien, Tempelsänger, Bildhauer, Töpfer, Schneider, Metzger, Wäscher. Die Wahrsagerei war in ganz Kanaan verbreitet. Priester beschauten die Eingeweide der Opfertiere, vor allem die Leber. In keiner kanaanitischen Urkunde fanden sich bisher bedeutsame Hinweise auf Propheten oder Prophetie. (Das Wort Prophet kommt vom griechischen *prophetes,* und damit ist jemand gemeint, der voraussagt, der eine Offenbarung verkündet, der eine Botschaft von einem Gott überbringt.)

In einer in Ugarit gefundenen Mythendichtung steigt der Gott Baal in die Unterwelt hinab, nachdem er die Schlange Lotan erschlagen hat. Warum er hinabsteigt, wird uns nicht gesagt. Die Unterwelt wird von Mot beherrscht, dessen Name Tod bedeutet. Dann bricht der Text ab. Wenn wir ihn wieder lesen können, ist Baal tot. »Der Fürst, Herr der Erde, ist umgekommen.«

El betrauert seinen Tod, steigt von seinem Thron herab, zerreißt seine Kleider und wirft sich in den Staub. »Baal ist tot«, klagt er. »Was wird aus dem Volk werden?« Anat, Baals Schwester, macht sich auf die Suche nach Mot und erschlägt ihn. »Sie packt den göttlichen Mot«, sagt der Text, »sie spaltet ihn mit dem Schwert... Vögel fressen seine Reste...« Hier ist eine weitere Lücke im Text. Wenn wir ihn wieder lesen können, ist Baal lebendig: »...der Fürst, der Herr der Erde, ist da.«

Mot verkörpert den mörderischen Sommer; El und Anat sind die herbstlichen Regenfälle.

Der Mythos wurde wahrscheinlich während eines Fruchtbarkeitsritus im Tempel am Ende des Sommers vor dem Beginn des Herbstregens rezitiert. Einige Wissenschaftler glauben, der Monarch habe vielleicht an einer »Heiligen Hochzeit« teilgenommen. Geschlechtsakte fanden statt, weil der kanaanitische Mensch damit seine Überzeugung zum Ausdruck brachte, er könne die Naturmächte unterstützen; sein eigener sakraler Befruchtungsakt werde entsprechende Kräfte im Boden wachrufen und die ersterbende und sterile Zeit des Landes beenden.

In Ugarit ausgegrabene Mythen und Epen berichten von einem Beginn aller Dinge aus dunkler, windförmiger Luft und einem sumpfigen Chaos. Baal kämpft mit Yam, dem Urmeer, um die Vorherrschaft in der Welt. »Die Keule saust herab in der Hand von Baal«, heißt es auf der Tontafel. »Sie trifft den Kopf des Fürsten Yam ... Yam bricht zusammen, stürzt zu Boden ...«

Dieses kanaanitische Bild von einer Gottheit in erbittertem Kampf mit dem Meer gelangte in die Kulturwelt Mesopotamiens und fand Ausdruck in dem großen babylonischen Schöpfungsepos *Enuma Elisch.* Dort wurde das chaotische Meer als die Göttin Tiamat personifiziert. Marduk, der Gott der Stadt Babylon, erschlägt Tiamat in einem heftigen Zweikampf und erschafft aus ihrer gewaltigen Leiche den Kosmos.

Das hebräische Wort für das Urmeer ist *tehom.* Die ersten Verse der *Genesis* lauten: »Am Anfang schuf Gott Himmel und Erde. Und die Erde war wüst und leer, und es war finster auf der Tiefe (*tehom*), und der Geist Gottes schwebte auf dem Wasser ...« Hier gibt es keine Mythologie; keine Götter, die andere Götter erzeugen oder mit Schlangen oder Meeren kämpfen. Der Kosmos ist seiner Götter beraubt; die Welt ist entmythologisiert worden. Alle Götter sind verschwunden, tot. »Und Gott sprach: Es werde Licht. Und es ward Licht.«

Die hebräische Schöpfungsgeschichte war in endgültiger Form wahrscheinlich um das 7. Jahrhundert v.Z. verfaßt worden. Zwischen dieser Zeit und den vorangegangenen Jahrhunderten, in denen die Patriarchen durch Kanaan und Mesopotamien gewandert waren, hatte es eine gewaltige kulturelle Verwandlung unter den Nachkommen von Abraham und Moses gegeben. Diese Verwandlung fand ihren Ausdruck dank Kanaans größtem Zivilisationsbeitrag: gewissen einzigartigen literarischen Formen, vor allem Poesie, die die Israeliten als ästhetische Gußformen benutzen, in die sie ihre eigene Moralvorstellung von der Welt gossen. Einige dieser Formen sind in den Tonscherben erhalten, die in Ugarit gefunden wurden. Man kann sie heute im Louvre sehen, alte literarische Schätze, die meisten angeschlagen und zerbrochen, blaß rötliche und beigefarbene Tontafeln, die unter Glas aufbewahrt werden wie Schmetterlinge.

Die Zeit ist zusammengedrängt worden; komplizierte Geschehnisse wurden vereinfacht; starke, auf der Kultur beruhende Anregungen und die angebliche mesopotamische Herkunft wurden verwischt. Dennoch erhielten sich Einzelheiten mit außerordentlicher Zuverlässigkeit durch mündliche Überlieferungen, die sehr frühzeitig kanonisiert – als unveränderlich und heilig angesehen – wurden und bei ihrer ersten Aufzeichnung nicht verfälscht werden konnten. Die schlicht, aber schön geschriebenen Berichte über Geschehnisse im Leben von Abraham, Isaak, Jakob und ihren Sippen sind fast sichtbar in der kulturellen Luft, die der westliche Mensch atmet. Und die grundlegenden Themen der hebräischen Bibel – Bund, Befreiung, Erlösung, das Streben, ein Universum zu verstehen, von dem angenommen wird, daß es sinnvoll sei – bleiben im wesentlichen dieselben, welchen biblischen Autor wir auch lesen.

Plötzlich ist Abraham ein kriegerischer Scheich. Er führt eine Schar von dreihundertachtzehn Gefolgsmännern gegen ein Bündnis von vier östlichen Königen, die in das Gebiet eingedrungen sind, um einen Aufstand von fünf kanaanitischen Königen niederzuwerfen. Die kanaanitischen Rebellen waren besiegt, Sodom und Gomorrha geplündert und Lot, Abrahams Neffe, der in der Nähe von Sodom gelagert hatte, gefangengenommen worden. Abraham setzt den Eindringlingen nach und besiegt sie in einer gewaltigen Schlacht nahe Damaskus. Lot wird befreit, die Beute den Feinden wieder abgenommen.

Als Abraham zurückkehrt, wird er voll Dankbarkeit von den kanaanitischen Königen von Sodom und Salem begrüßt. Der König von Salem war, wie uns berichtet wird, auch ein Priester des El Eljon, des höchsten Gottes, von dem wir jetzt wissen, daß er der Hauptgott der Kanaaniter war. »Gesegnet seist du, Abram, dem höchsten Gott«, sagt der Priesterkönig von Salem. Nach der israelitischen Überlieferung hat Abraham im Namen seines eigenen Gottes geantwortet. »Ich hebe meine Hände auf zu JHVH« – möglicherweise Jahwe ausgesprochen, nicht Jehova, doch sprechen fromme Juden diesen Namen niemals aus – »dem höchsten Gott ...«

Die Erzväter bezeichnen ihren Gott auch mit anderen Namen – El Schaddaj (Bedeutung unbekannt), El Ro'i (Gott der Vision), El Bethel (Gott von Bethel), Gott des Vaters, die Furcht Isaaks. Sie leben als freundliche Fremdlinge und ohne religiöse Spannung inmitten der Kanaaniter. Sie beten ihren eigenen Gott an und sehen nichts Anstößiges darin, daß der Kanaaniter seine verschiedenen Gottheiten verehrt. Ganz im Gegenteil, es wird geschildert, wie Abraham leidenschaftlich mit seinem Gott rechtet, um das verderbte Sodom und Gomorrha vor seinem Zorn zu retten. Wenn zehn Gerechte dort gefunden werden können, »wirst du, der du aller Welt Richter bist, doch nicht so richten?« Ein hebräischer Scheich, der sich bei seinem unsichtbaren Gott für kanaanitische Heiden verwendet …

Abraham setzt seine Wanderungen fort. Jetzt zieht er aus dem Hain von Mamre bei Hebron wieder zum Negev und hält zwischen Kades und Sur an. Dann läßt er sich in der Oase von Beersheba nieder, einige Meilen landeinwärts von Gerar.

Sara bleibt bis ins hohe Alter unfruchtbar. Sie und Abraham haben trotz des Versprechens ihres Schutzgottes die Hoffnung auf ein Kind aufgegeben.

Eine churritische Heiratsurkunde, die von Archäologen in den Archiven der mesopotamischen Stadt Nuzi gefunden wurde, lautet: »Wenn Gilimninu Kinder bekommt, soll Schennima keine andere Frau nehmen. Aber wenn Gilimninu keine Kinder bekommt, soll Gilimninu für Schennima eine Frau aus dem Land Lullu« – also eine Sklavin – »als Konkubine besorgen. In diesem Fall soll Gilimninu selbst Gewalt über die Nachkommen haben.«

Sara gibt Abraham ihre ägyptische Magd Hagar zur Konkubine. Hagar wird schwanger. Sara wird von Eifersucht verzehrt. Sie hat das Familiengesetz befolgt, aber das hindert nicht, daß sie sich ihrer Dienerin gegenüber unerträglich schmählich benimmt. Hagar flieht. Gott erscheint ihr. Ihr wird ein Sohn versprochen. Sie kehrt zurück, wird von Sara weiter schlecht behandelt und bringt dann einen Sohn zur Welt. Er wird Ismael genannt.

An diesem Punkt der biblischen Erzählung macht JHVH die Beschneidung – einen prähistorischen Ritus – zu einem Zeichen des Bundes mit Abraham. »Alles, was männlich ist unter euch, soll, wenn's acht Tage alt ist … beschnitten werden …«

Zur allgemeinen Verwunderung bekommt dann Sara ein Kind. Es wird Isaak genannt: »Lachen«, »Freude«. In einem Anfall von rasender Eifersucht veranlaßt sie Abraham, Hagar und Ismael zu verstoßen.

Obwohl Sara rechtlich Gewalt über Ismael hat – und nach dem mesopotamischen Gesetzeskodex von Lipitischtar, König von Isin um 1850 v.Z., auch das Recht besitzt, ihre Magd und deren Sohn freizulassen und damit ihre zukünftigen Erbansprüche aufzuheben –, ist ihr Vorgehen dennoch grausam. Die Bibel hält eindeutig fest, daß Abraham nur widerstrebend einwilligt. Einen Hörigen freizulassen bedeutete zu jener Zeit, ihn aus dem schützenden Kreis der Sippe zu entlassen. Oft konnte es den Tod bedeuten. Uns wird gesagt, daß der Junge in der Wildnis dem Tode nahe kommt. Aber Gott erscheint Hagar, als sie verzweifelt in einiger Entfernung von dem Kind sitzt, weil sie nicht ertragen kann, sein Sterben mitanzusehen. Gott verspricht, Ismael zum Vater eines großen Volkes zu machen. Der Junge wird gerettet. Arabische Völker behaupten, von Ismael abzustammen.

Dann erleidet Isaak fast den Tod. Gott befiehlt, ihn zu opfern. Abraham gehorcht und bekundet auf eine erschreckende Weise seinen Glauben, eine Geschichte, die zu allen Zeiten wieder erzählt wird und die sich auf die ganze Zukunft seiner Nachkommen auswirken sollte. Wir erfahren nicht, ob Sara den Zweck der Reise kannte. Isaak ahnt ihn, begleitet seinen Vater aber dennoch. Er wird auf einem Altar auf einem Berggipfel festgebunden und liegt unter dem Messer in der erhobenen Hand seines Vaters. Ebenso wie bei Ismael greift Gott ein, um den Knaben zu retten; ein Widder wird an seiner Statt geopfert. Und wie in der Geschichte von Ismael folgt auch in dieser Erzählung ein Bund: Gott segnet Abraham und verspricht, daß ein großes Volk aus seinem Samen hervorgehen werde. Abraham und Isaak kehren zusammen nach Beersheba zurück.

Sara stirbt. Die Legende besagt, diese schwere Prüfung habe sie umgebracht.

Nach Verhandlungen, die die damaligen Geschäftspraktiken im Nahen Osten genau widerspiegeln, erwirbt Abraham Land und eine Höhle in Hebron. Dort, in der Höhle, begräbt er Sara.

Abraham ist jetzt sehr alt. Er schickt seinen Knecht Elieser nach Mesopotamien, um eine Frau für Isaak zu suchen. Wir erfahren nichts über die lange Reise nach »Aram der zwei Ströme«, ein biblischer Name für das nördliche Mesopotamien. An einem Brunnen vor der Stadt Nahors trifft Elieser Rebekka, die Tochter von Nahor, Abrahams Bruder, der zurückgeblieben war, als der Patriarch seine Wanderung begann. Wir kennen die Geschichte dieser Begegnung, daß der durstige Wanderer und seine Kamele von Rebekka Wasser erhielten und daß sie nach Kanaan zurückwanderten.

Abraham stirbt etwa zu der Zeit, als Rebekka kam. Er wird in Hebron neben Sara begraben.

Die Bibel ist merkwürdig zurückhaltend, was Isaak betrifft; wenig wird von ihm berichtet. Er wandert weniger als sein Vater. Er macht einen Versuch mit der Landwirtschaft. Gott erscheint ihm und wiederholt das Abraham gemachte Versprechen. Er bekommt Zwillingssöhne: Esau, den Erstgeborenen, und Jakob.

Esau verkauft Jakob sein Erstgeburtsrecht. Es gibt eine Aufzeichnung in Nuzi über den Verkauf des Geburtsrechtes an einen jüngeren Bruder, der Preis war drei Schafe. Es war ein recht üblicher Brauch.

Isaak, blind vor Alter und erpicht darauf, seinen Erstgeborenen zu segnen, sagt zu Esau: »Siehe, ich bin alt geworden und weiß nicht, wann ich sterben soll.« Ein Text aus Nuzi, bei dem es sich um eine Erbschaft handelt, beginnt mit den Worten: »Nun, da ich alt geworden bin ...«

Isaaks Worte haben soziale und auch rechtliche Bedeutung; sie sind bindend und unwiderruflich. Esau hat sein Geburtsrecht an Jakob verkauft, aber Isaaks Segen auf dem Totenbett gibt ihm den Status wieder, den er in einem unbedachten Augenblick verschachert hat. »Was meinen Sohn Zirteschup betrifft«, heißt es auf einer Tontafel aus Nuzi, »so habe ich zuerst seine Beziehung für ungültig erklärt; aber jetzt habe ich ihm die Sohnesstellung zurückgegeben. Er ist der ältere Sohn und soll einen doppelten Anteil erhalten.«

Aber Esau fällt einem hinterhältigen Komplott zum Opfer. Angetrieben von Rebekka, die Jakob Esau vorzieht, listet ein widerstrebender und verkleideter Jakob einem blinden und verwirrten Isaak seines Bruders Segen ab. Esau, den sein Vater gebeten hatte, ihm ein Wildbret zu jagen und ein festliches Mahl zu bereiten, kommt jetzt zurück. Die anschließende Szene ist erfüllt von Angst und Schrecken, denn alle Beteiligten beginnen die Ungeheuerlichkeit der Täuschung zu erkennen. Esau vergießt bittere Tränen. »Segne mich auch, mein Vater.« Aber die von Isaak schon gesprochenen Worte können nicht rückgängig gemacht werden; ein Segen schließt eine Unverletzlichkeit und eine Willenskraft ein, die nicht widerrufen werden können. »Hast du mir denn keinen Segen vorbehalten?« Esau bittet und fleht. Isaak antwortet nicht. Esau weint. Isaaks Segen, als er ihn dann ausspricht, ist allzu knapp und unbefriedigend. Esau ist wütend. Er will seinen Bruder umbringen, sobald Isaak stirbt. Rebekka entdeckt seine Absicht und drängt Jakob, nach Haran zu ihrem Bruder Laban zu fliehen. »Warum sollte ich euer beider beraubt werden an *einem* Tag?« Würde Esau Jakob töten, würde das durch Blutrache oder andere Bestrafung auch Esaus Tod bedeuten.

Der von Isaak erlistete Segen verhieß Jakob landwirtschaftlichen Wohlstand. »Gott gebe dir vom Tau des Himmels und von der Fruchtbarkeit der Erde und Korn und Wein die Fülle.« Isaak hoffte, daß das Wandern ein Ende nehmen würde.

Jakob flieht nach Mesopotamien.

Zwanzig Jahre sollte er in der Fremde leben. An einem Brunnen nahe Haran trifft Jakob Rahel, Labans Tochter. Der leidenschaftliche Kuß, mit dem er sie begrüßt, wurde von Calvin als ein redaktioneller Lapsus von Moses angesehen.

Laban ist zuerst ein freundlicher Gastgeber, ein Muster an Familiensolidarität. Er umarmt Jakob, küßt ihn, führt ihn in sein Haus. »Du bist mein Fleisch und Blut«, sagt er.

Ein paar Wochen vergehen. Laban schmiedet einen hinterlistigen Plan. Jakobs sieben Dienstjahre werden mit einer unerwünschten Heirat mit Lea belohnt, Rahels älterer Schwester. Er bekommt auch Rahel gegen das Versprechen, Laban noch einmal sieben Jahre zu dienen. Es gibt unaufhörliche Streitigkeiten zwischen den beiden Schwestern in den weiteren sechs Jahren, in denen die Feindseligkeit zwischen ihm und Laban zunimmt. Auf diese Weise, das scheint die Bibel anzudeuten, wurde Jakob die Rolle heimgezahlt, die er bei dem Komplott gegen Esau gespielt hatte.

Jetzt beginnen Labans Söhne gegen Jakob zu intrigieren. Er nimmt seine Familie und seine Habe und flieht.

Rahel stiehlt ihres Vaters Hausgötter und versteckt sie in ihrem Sattelkissen. Nach den Bräuchen von Haran konnte der Besitz der Hausgötter den Rechtsanspruch auf eine Erbschaft bedeuten. Rahel weiß, ihr Vater wird Jakob die Bilder als formalen Beweis für Eigentumsübertragung nicht freiwillig geben.

Jakob und seine Familie überqueren den Euphrat und halten auf das bergige Land Gilead zu. Laban holt sie ein und spielt den gekränkten, aber gutwilligen Mann. Aber er ist hauptsächlich an diesen Hausgötterbildern interessiert. Jakobs Begleitung wird gründlich und wegen Rahels Schlauheit ergebnislos durchsucht. Laban schließt einen Pakt mit Jakob: Jakob solle sich keine anderen Frauen nehmen neben Labans Töchtern. »Und Jakob schwur ihm bei der Furcht seines Vaters Isaak.«

Laban küßt seine Töchter und Enkel und macht sich auf den

Rückweg nach Haran. Die Familien von Laban und Jakob sollten sich nie wiedersehen. Die Verbindung der Erzväter zu ihrer mesopotamischen Vergangenheit ist abgebrochen.

Ein gewandelter Jakob kehrt in das Land Kanaan zurück – ein Mann, kein Ränkeschmied mehr, ein Mann, auf dem die Erinnerung an zwanzig Dienstjahre in der Fremde lastet. Sein Persönlichkeitswandel wird in der Bibel durch den noch immer verblüffenden, gespenstischen Bericht über seinen geheimnisvollen nächtlichen Kampf mit einer unirdischen Gestalt veranschaulicht. Jakob geht aus diesem entsetzlichen Ringen mit einem neuen Namen hervor: Israel – dessen genaue Bedeutung den Gelehrten noch unbekannt ist; manche glauben, es könnte der Name eines anderen Patriarchen sein, der mit seiner Sippe von Mesopotamien nach Kanaan wanderte.

Und es ist ein gewandelter Esau, der jetzt Jakob begrüßt, ihn zärtlich umarmt, ihn küßt und vor Freude weint. Er wird von vierhundert Gefolgsleuten begleitet und ist offensichtlich ein wohlhabender Mann. Jakob bietet ihm Geschenke an, um seinen erwarteten Zorn zu beschwichtigen. »Ich habe genug, mein Bruder«, sagt Esau zu ihm. »Behalte, was du hast.« Jakob besteht darauf. Zu guter Letzt nimmt Esau die Geschenke an. Sie trennen sich herzlich.

Jakob zieht in die Stadt Sichem. Er kauft Land in der Nähe von Sichem von den Söhnen Hemors, die in Sichem wohnen. Er will sich auf diesem Land niederlassen und dem Wandern ein Ende bereiten. Aber seine einzige Tochter Dina wird von einem der Söhne Hemors geschändet. Um sie zu rächen, täuschen ihre Brüder Simeon und Levi die Söhne Hemors, dann töten sie alles, was männlich ist, in der Stadt und plündern sie. Jakob ist von bitteren Vorahnungen und Reue erfüllt. »Ihr habt Unglück über mich gebracht und mich bei den Einwohnern dieses Landes verhaßt gemacht.«

Sie verlassen Sichem und ziehen nach Bethel. Dort erscheint Gott Jakob und erneuert den Bund. »Das Land, das ich Abraham und Isaak gegeben habe, will ich dir geben und will's deinem Samen nach dir geben.«

Sie verlassen Bethel. Auf dem Weg nach Bethlehem stirbt Rahel bei der Niederkunft. Jakob errichtet eine Säule, um ihr Grab zu kennzeichnen. Das Kind wird Benjamin genannt.

Dann, so wird uns gesagt, »wohnte Jakob im Lande«.

Sein Greisenalter sollte nicht weniger kummervoll sein als seine

Jugend. Er mußte noch den Schmerz ertragen, den ihm die entsetzliche Nachricht vom »Tod« seines geliebten Joseph, Rahels Erstgeborenem, verursachte.

Jakob war erschöpft von Alter und Sorgen, als Kanaan von einer langwährenden Hungersnot befallen wurde. Seine Söhne haben Kinder gezeugt. Viele der Familien ziehen, da sie sich vor der Hungersnot fürchten, nach Ägypten, wie es Abraham und Sara getan hatten, und siedeln sich im Nildelta an. Andere blieben zurück, um das Ende der Hungersnot im verheißenen Land abzuwarten.

Jetzt sind Hebräer in Kanaan und in Ägypten seßhaft. Die Wanderungen der Erzväter sind beendet.

Ägypten

Der schweigende Nil

Über Jahrhunderten liegt Schweigen. Jakobs Nachkommen scheinen während der ersten Zeit ihrer Niederlassung in Ägypten in Frieden gelebt zu haben, zweifellos dankbar, wie jeder in diesem Flußtal, für die rhythmische Wohltat des Nils.

Von Khartum im Sudan fließt der Nil etwa dreitausend Kilometer nach Norden bis zu seiner Mündung ins Mittelmeer. Er wird gespeist durch den Weißen und den Blauen Nil, die ihrerseits Geschöpfe der tropischen Regenzeit in Äquatorialafrika sind. In den Hunderttausenden von Jahren, seit es ihn gibt, hat der Fluß ein an manchen Stellen kaum zwei Kilometer breites, an anderen Stellen ein nicht mehr als fünfzig Kilometer breites Tal durch die Sandstein- und Kalksteinwüste gegraben und sich in zwei – im Altertum in sieben – Flußarme geteilt, während er durch das Delta ins Meer strömt. Hohe Klippen türmen sich oft am Rand des Wassers auf, lassen der Landwirtschaft keinen Raum und fallen dann zur Wüste und der fernen, rosa schimmernden Hügelkette ab. Der Fluß spiegelt leuchtend das tiefe Blau des Himmels und die goldene Farbe einer heidnischen Sonne wider.

Aber wahrscheinlich hätte das fließende Band des Stroms allein die außerordentliche Welt des alten Ägypten nicht geschaffen. Diese Welt – diese Zivilisation – entstand als eine einmalige Reaktion einiger Menschen auf die gegebene Realität eines Flusses, der Jahr für Jahr zur selben Zeit langsam, fast sanft stieg und dann ebenso langsam wieder fiel und fruchtbaren Alluvialboden, schwarz von Bergschlamm, einem natürlichen Dünger, zurückließ. Die alten Ägypter nannten ihr Land Kemet, das »Schwarze Land«. Erst später nannten es die Griechen Ägypten, unter Verwendung eines Namens für das Gebiet von Memphis – Hi Ku Ptah, »Haus des Geistes des Gottes Ptah«.

Die Überschwemmung des Nils, die im Juli begann und im September zurückging, wurde hervorgerufen durch den jährlichen Regen, der auf das Land südlich des vierten Katarakts des Nils fiel, das Land, das wir heute Äthiopien nennen. Der Fluß schwoll langsam an und drängte nach Norden. »Ganz Ägypten wird ein Meer«, schrieb der griechische Historiker Herodot im 5. Jahrhundert v.Z., »und nur die Städte bleiben oberhalb des Wassers und sehen wie Inseln im Ägäischen Meer aus.«

In vorgeschichtlicher Zeit bestand Ägypten aus zwei Ländern, die getrennt regiert wurden. Jedes Land hatte seine Götter und seine Stämme. Der alte Ägypter nannte sein Land die »Zwei Länder«, denn er war sich immer des Unterschiedes zwischen der offenen, wäßrigen Welt des Deltas im Norden und der langen Strecke des Sandstein- und Kalksteinlandes im Süden bewußt. Im Flußtal befand sich Marschboden, in dem Papyrus und Schilf mehr als mannshoch wurden. Die Wadis wimmelten von wilden Rindern, Antilopen, Federvieh und Raubtieren. Archäologen, die Begräbnisstätten ausgraben, unterscheiden mehrere, zusammenhängende Kulturschichten während der Vorgeschichte Ägyptens.

Aus Gräbern erfahren wir, daß das Volk afrikanischer Abkunft ist; spätere Schriften sagen uns, daß ihre Sprache ein starkes semitisches Element enthielt. Wie es kam, daß ein hamitisches Volk – nach der Bibel die afrikanischen Nachkommen von Ham, Noahs Sohn – eine im Grunde semitische Sprache hatte, ist nach wie vor rätselhaft, stützt aber die Ansicht der Archäologen, die behaupten, in das prädynastische Ägypten sei ein semitisches Volk unbekannter Herkunft aus einem noch nicht identifizierten Land eingedrungen; durch die Verschmelzung mit älteren Einwohnern habe es dazu beigetragen, das Land auf den Weg der Zivilisation zu führen.

Die Menschen, die damals in Dörfern lebten und beunruhigt waren über die Bevölkerungszunahme, trafen eine ähnliche Entscheidung wie diejenige, die etwa zur gleichen Zeit von den frühen Sumerern im südlichen Mesopotamien getroffen wurde: Sie beginnen, das Marschland trockenzulegen und sich die Überschwemmungen des Nils nutzbar zu machen. Staubecken werden angelegt, um das Hochwasser zurückzuhalten; Kanäle werden ausgehoben; Bewässerungsgräben bringen der Erde noch Leben, wenn sie austrocknet, nachdem das Wasser gesunken ist.

Kriege werden zwischen dem Norden und dem Süden wegen Land- und Wasserrechten ausgefochten. Eine Zeitlang mag Unterägypten – die Deltaregion – Oberägypten beherrscht haben. Dann um 3000 v.Z. wurde das ganze Land plötzlich unter einem einzigen Herrscher geeint, einem König des Südens mit Namen Menes oder Narmer – die wenigen ägyptischen Königslisten, die bisher entdeckt wurden, stimmen darin nicht überein –, dem wahrscheinlichen Begründer der ersten Dynastie. Ebenso plötzlich wird viel geschrieben, und Ägypten überschreitet die Schwelle der Geschichte.

Etwa dreihundert Jahre und eine Dynastie später hatte Ägypten alle wichtigen Formen seiner Zivilisation voll entwickelt: ein durchorganisiertes Land, eine leistungsfähige Bürokratie, eine soziale Hierarchie, eine konventionelle Kunst, technische Fertigkeiten, eine Schrift, die oft in Bildern in Stein eingeritzt und von Priestern fast drei Jahrtausende lang unverändert beibehalten wird – wir nennen sie Hieroglyphen, »heiliges Gravieren« –, große Bauvorhaben und ein Herrscher, der ein Gott ist.

Die Plötzlichkeit dieser Entwicklung ist verblüffend. Rollsiegel und andere sumerische Kunstformen und -motive – ein Held, der zwischen zwei wilden Löwen steht, monumentale verzierte Ziegelbauwerke – sind in Ägypten entdeckt worden und der Periode unmittelbar vor der ersten Dynastie zuzuordnen. Nichts Ägyptisches ist bis jetzt im frühen Sumer gefunden worden. Das scheint die Sumerer zu einem der kulturellen Katalysatoren der ägyptischen Zivilisation zu machen – nicht durch Eroberung, sondern durch Handel. Mit dem Beginn der dritten Dynastie um 2700 v.Z. hatte jede kulturelle Verbundenheit mit Mesopotamien aufgehört, und die nun in Ägypten einsetzende Zivilisation sollte dreitausend Jahre Bestand haben.

Erst seit etwa 1500 v.Z., als die Dauer ihrer Zivilisation schon halb abgelaufen war, nannten die Ägypter ihre Herrscher Pharao. Das Wort bedeutet »Haus« und bezog sich ursprünglich auf den Palast und nicht auf dessen führenden Bewohner. Die frühen Ägypter hatten verschiedene Titel für ihre Herrscher: Horus, der Falkengott, eine Himmelsgottheit; König von Ober- und Unterägypten; Herr der »Zwei Länder«; der Sohn von Re, dem Sonnengott.

Es gab noch andere Titel. Ein ägyptischer Herrscher wurde nicht direkt mit dem Namen angeredet, den er als Prinz getragen hatte; selbst seinen Namen zu schreiben war ein Sakrileg; wurde er daher von Schreibern geschrieben, dann umgaben sie ihn mit einem ovalen Ring, einer Kartusche, um ihn von allen anderen Wörtern zu trennen.

Obwohl ganz Ägypten seiner absoluten Herrschaft unterstand, war der König kein Tyrann; die Ägypter waren nicht seine Sklaven. Er war ein Gott, der eingewilligt hatte, sie zu regieren. Indem sie ihm dienten, dienten die Ägypter sich selbst. Niemand weiß, wie viele Jahrhunderte es dauerte, bis sich diese Vorstellung vom Gott-König fest in der ägyptischen Zivilisation verwurzelt hatte. Zu Beginn der Geschichte der »Zwei Länder« war sie jedenfalls schon durchaus vorhanden.

Die frühen Ägypter hinterließen uns keine schriftlichen Geschichtswerke; sie hatten keinen Sinn für lineare Geschichte, für Zeit und Geschehnisse, die weitergingen in eine Zukunft. Wir haben Fragmente von Chroniken und Annalen, die eine Lebensspanne oder Regierungszeit behandeln: sie datieren die Jahre nach Ereignissen – »Geburt von zwei Kindern des Königs von Unterägypten«. Partielle Königslisten sind auf einem unvollständigen Stück Papyrus gefunden worden, das die Historiker jetzt den Turiner Königskanon nennen, und auf dem sogenannten Palermo-Stein. Die ägyptische Geschichte ist aus solchen kleinen Überbleibseln aus der Vergangenheit rekonstruiert worden.

Etwa um 300 v.Z., als Ägypten sich dem Ende seiner kreativen Geschichte näherte, schrieb ein ägyptischer Priester mit Namen Manetho eine Geschichte Ägyptens von der frühesten Zeit bis zum Jahr 323 v.Z., als das Land nach dem Tod Alexanders des Großen unter die Herrschaft der Ptolemäer geriet. Das Werk ist als *Ägyptische Geschichte* bekannt und nicht erhalten. Nur Bruchstücke davon sind in Zitaten überliefert, die sich in den Schriften anderer alter Historiker finden.

Jedes Buch, das ich über die alte ägyptische Geschichte gelesen habe, bedient sich des klaren, schematischen Aufbaues von Manetho als Gerüst. Dreißig Dynastien und dreitausend Jahre werden auf folgende Weise dargestellt. Die frühe dynastische Periode, die mit Menes oder Narmer beginnt, erstreckt sich von etwa 3000 bis 2700 v.Z. Dann gibt es drei Perioden relativer Stabilität, zwei der Depression und eine des langwährenden, allmählichen Verfalls: das Alte Reich (2700-2250 v.Z.), das Mittlere Reich (2000-1800 v.Z.) und das Neue Reich (1600-1100 v.Z.) sind gekennzeichnet durch monumentale Bauten, eine starke, zentralisierte Regierung und eine ägyptische Präsenz, sei es durch Handel oder Eroberung oder durch beides, weit jenseits der Grenzen Ägyptens; in den sogenannten Zwischenzeiten nach dem Alten und dem Mittleren Reich läßt die Bautätigkeit nach, die zentralisierende Herrschaft des Pharao verfällt, Adlige erringen in einzelnen Gebieten die Macht und zersplittern das Land, und die internationale Stellung Ägyptens ist geschwächt ; ein letzter, achthundert Jahre währender Niedergang setzt am Ende des Neuen Reiches ein, als Ägypten von fremden Pharaonen regiert und dann von Persien und Alexander erobert wird.

Zwei spätere Ereignisse konnte Manetho nicht voraussehen: im Jahre 30 v.Z. wird Ägypten von Rom erobert; ungefähr dreihundert Jahre später ist das Land christlich, und die Zivilisation des alten Ägyptens findet ihr Ende.

Nicht nur der Nil, sondern auch die Pyramiden, diese unglaublichen Grabmäler toter Pharaonen, sind für uns immer mit dem alten Ägypten verknüpft. Die monumentalen Pyramiden wurden von den Herrschern der dritten und vierten Dynastie von etwa 2660 bis 2500 v.Z. erbaut, also zu einer Zeit, da Sumer am anderen Ende des »Fruchtbaren Halbmonds« auf dem Höhepunkt seiner Zivilisation war. Einige der kleineren Pyramiden des Mittleren Reiches und die Gräber von Adligen, die in Siut, Bersche und Beni-Hassan in Mittelägypten gefunden wurden, waren zu der Zeit im Bau, als Abraham von Ur nach Haran und später nach Kanaan wanderte und dann nach Ägypten ging, um der Hungersnot zu entkommen; das Grabgemälde eines ägyptischen Adligen in Beni-Hassan zeigt Asiaten, die nach Ägypten kommen, um Nahrung zu erhalten. (Der ägyptische Ausdruck *'A'mu-hryw-š* wird von Gelehrten als der »'A'mu der im Sand wohnt« übersetzt; für die alten Ägypter war der Ausdruck eine geographische Bezeichnung für Asiaten oder Ostländer; die genaue Bedeutung von *'A'mu* ist den Gelehrten nicht klar.) Die Pharaonen des Neuen Reiches bauten riesige Tempelanlagen in und um Theben sowie neue Städte im Delta. Ein Großteil der Bauarbeiten in diesen Deltastädten wurde von Abrahams Nachkommen geleistet, den Hebräern, die sich in Ägypten niedergelassen hatten.

In Museen überall auf der Welt sehen wir die Ägypter des Alten Reiches in angehaltener Bewegung, klein von Gestalt und schmächtig, die Haut der Männer von tief dunkelbrauner Farbe, die der Frauen leicht gelblich. Wir sehen sie auf der Jagd in der Wüste, beim Schlachten von Vieh, bei der Geflügelzucht, Jungen und Mädchen beim Tauziehen. Im Grab eines Arztes sind Jugendliche dargestellt, die beschnitten werden. Kein Bild schildert private Gebete von geringeren Personen als dem König; auch gibt es in keinen Gräbern außer den Pyramiden Götterfiguren. Nur der Gott-König hat Zugang zur Welt der Götter. Andere konnten diese Welt nur durch ihn betreten.

Wir sehen Bauern beim Pflügen, Bewässern und Ernten. Die schwarze Erde ist so kostbar, daß die Ägypter keine ständigen Straßen darauf anlegen; sie befahren den Nil und seine Kanäle. Reisen werden zu Schiff unternommen. Pharaonen und Götterbilder segeln flußaufwärts und flußabwärts zusammen mit Adligen, Gaufürsten, Schreibern – und den Bauern, die in Dörfern überall im Lande wohnen.

Jahrhundertelang blieben diese Dörfer auf den Hügeln, auf denen sie ursprünglich gebaut worden waren; es wäre Verschwendung gewesen, sie anderswohin zu verlegen und den reichen Boden dafür zu opfern. Heute sind sie unter Schlamm begraben, der in einem Jahrtausend oder noch mehr Jahren angeschwemmt wurde. Die ägyptischen Häuser wurden aus Nilschlamm und hölzernen Stützen und mit Dachbalken aus Palmstämmen erbaut. Die Wände waren dünn, oft bunt bemalt, und vor den Fenstern hingen Matten. Die Häuser der Wohlhabenden waren leicht gebaut und luftig und enthielten Schlafzimmer, Badezimmer, Dienstbotenkammern, Hallen, Speisezimmer, Küchen und Vorratsräume. Es gab schattenspendende Bäume, grüne Pflanzen und gut gepflegte Gärten. Die Ägypter liebten Bäume, Parks und Blumen. Bäume waren die Vertrauten der Liebenden.

Fliegen und Mücken plagten die sich abrackernden Bauern des Niltals ebenso wie Steuereinnehmer, Richter von fragwürdiger Rechtschaffenheit, Fieber zur Zeit der Überschwemmung und Heuschrecken. Die Bauern lebten in elenden Hütten zusammen mit ihrem Vieh. Während der ganzen Saat- und Erntezeit war die Arbeit auf den Feldern schwer; aber auch damals konnte der Bauer einen Schluck aus dem Weinschlauch nehmen oder sich in der Mittagspause im Schatten ausruhen.

Wir haben die Privathäuser in den Städten von Sumer ausgegraben und können in ihnen herumlaufen. Die ägyptischen Städte waren vorwiegend kultische und Verwaltungszentren. Tempel und Grabstätten wurden aus Quadersteinen erbaut, aber nicht die Privathäuser der Bevölkerung, denn Stein war zu kostspielig und hielt außerdem die sommerliche Hitze des Niltals eher zurück, statt sie abzuwehren. Was uns einen Einblick in das häusliche

Leben des gewöhnlichen ägyptischen Volks gewährt hätte, ist in dem Boden, der tagtäglich sein Dasein sicherte, fast völlig vermodert.

Wir sehen dreitausend Jahre der ägyptischen Zivilisation durch die fragwürdige Optik zerfetzter schriftlicher Urkunden, beschädigter Kunst und zufälliger Entdeckung. Das ist alles, was uns von Ägypten blieb – amtliche Aufzeichnungen, Tempelruinen, geplünderte Gräber und fast keine Häuser, Städte oder Paläste. Mit noch größerer Vorsicht, als sie im Fall Mesopotamiens angebracht ist, gehen die Ägyptologen bei ihren Versuchen vor, das Innere der ägyptischen Zivilisation zu erforschen.

Wir müssen mit dem Nil beginnen und dem Gott, der sein jährliches Steigen und Fallen voraussagt und sicherstellt, dem Beherrscher Ägyptens, dem Herrn der »Zwei Länder«.

Ein Ägypter des Alten Reichs fühlte sich gesegnet von seinen Göttern. Hier in dieser unveränderlichen Welt gab es keine diskutierende Götterversammlung; keine Unschlüssigkeit hinsichtlich zukünftiger Geschehnisse. Jeden Tag ging die Sonne an einem blauen Himmel auf und unter. Der Nil stieg und fiel jedes Jahr, wie es der Sohn von Re vorausgesagt hatte. Es gab viel Armut, aber niemand hungerte – es sei denn, der Nil stieg nicht hoch genug. Dieses Volk war tatsächlich von seinen Göttern gesegnet.

Alles hing von dem Gott ab, der von dem großen Haus in Memphis aus über das Land herrschte. Ohne ihn würde die Welt wieder in das Chaos versinken, das sich zu Anbeginn überall befunden hatte. Wie war er entstanden, dieser Gott, der die »Zwei Länder« beherrschte?

Auf einem Hügel, wo die Vegetation zuerst aus den Fluten des Chaos auftauchte, erschien Atum, der erste der Götter. »O Atum-Cheprer, du warst hoch oben auf dem urzeitlichen Hügel«, lautet der Text, der als Weihinschrift für die Pyramiden der sechsten Dynastie im vierundzwanzigsten Jahrhundert v.Z. diente. Atum erschuf zwei Götterpaare: Schu, den Gott der Luft, und Tefnut, die Göttin der Feuchtigkeit; und Geb, den Gott der Erde, und Nut, die Göttin des Himmels. Geb und Nut erzeugten dann ihrerseits zwei Götterpaare: den Gott Osiris, der wahrscheinlich einst ein Gott der Vegetation gewesen, jetzt aber auch König und Richter der Toten war, und Isis, die Göttin der Fruchtbarkeit, Gattin des Osiris und Mutter von Horus, des Gottes, der Ägypten als Herr der »Zwei Länder« beherrschte; und den Gott Seth, Bruder und Mörder von Osiris, und Nephthys, die Göttin der Frauen. Nach einem ägyptischen Mythos, der an den sumerischen Dumuzi-Mythos erinnert, hat Isis den zerstückelten Leichnam des Osiris wieder lebendig gemacht.

Nach einer anderen Schöpfungsgeschichte war es Ptah, der Gott der Hauptstadt Memphis, der alle anderen Götter erschuf. Er erschuf sie durch Gedanken und Worte. »In Wirklichkeit ist die gesamte göttliche Ordnung durch das entstanden, was das Herz dachte und was die Zunge gebot«, heißt es in einer Urkunde, die 700 v.Z. datiert ist; die Gelehrten versichern uns, daß diese Urkunde aus einem um zweitausend Jahre älteren Text stammt. »Und so war denn Ptah zufrieden (oder so ruhte Ptah), nachdem er alles geschaffen hatte ...«

Es gibt Mythen über Streitigkeiten zwischen den Göttern um die Herrschaft in Ägypten, die die Kriege widerspiegeln, die geführt wurden, um das Land zu einen. Spätere Perioden brachten weitere Schöpfungsgeschichten und unterschiedliche größere und kleinere Gottheiten hervor. Dreitausend Jahre der ägyptischen Zivilisation haben uns ein verwirrendes Pantheon von Gottheiten beschert, da Pharaonen, Priester, Städte, Gaue und adlige Familien oft um die Macht wetteiferten. Aber das war Zukunft. Die Ägypter des Alten Reiches hatten keine derartigen Anliegen. Sie hatten das Gefühl, von ihren Göttern für die Gaben und Privilegien eines zivilisierten Lebens ausersehen zu sein.

Und das Leben war für sie ein einziges Kontinuum, eine fließende, harmonische Einheit. Keine Grenzlinien trennen die Natur, den Menschen und die Götter. Alles ist einfach da; alle sind Arten derselben unveränderlichen Materie; es gibt Unterschiede, aber sie sind nur gradmäßig; alle haben dieselben Bedürfnisse und müssen auf dieselbe Weise behandelt werden.

Die Götter lebten einst auf der Erde, erfuhren Glück und Unglück, heirateten, hatten Kinder und starben. Dennoch leben sie noch, haben Bedürfnisse und üben Macht über den Menschen aus; daher müssen sie ernährt, verehrt und beschwichtigt werden. Das ägyptische Wort für Tempel, *het-natjer,* bedeutet »Burg der Götter«.

Auch ein lebender Fürst hat Bedürfnisse. Er ist ein Gott. Sein Palast wurde *per en ankhyw* genannt, »Haus des Lebenden«.

Die ungezwungene Anmut, mit der sich ein Tier bewegt, die erschreckende Wildheit des Löwen, die Kraft in den Kiefern eines Krokodils, die Fruchtbarkeit des Widders – es ist klar, daß das Tier der natürlichen Ordnung der Wirklichkeit, der Welt der

Götter näher ist als der unbeholfene, linkische Mensch. Viele ägyptische Götter trugen Gesichter von Tieren, die im Land des Nils bekannt waren. Das Tier hat Bedürfnisse. Lebendige Tiere lebten luxuriös in bestimmten Tempeln: Krokodile, Katzen, Stiere. Wenn sie starben, wurden sie mumifiziert.

Zur Zeit der ersten Dynastie, kurz vor 3000 v.Z., begannen die Ägypter ihren Göttern menschliche Gestalt zu geben. Aber Traditionen sterben, wenn sie überhaupt sterben, mit der Langsamkeit eines schmelzenden Gletschers; und so wimmelt es auf ägyptischen Grabmälern von Göttern, die teils Mensch, teils Tier sind. Warum sollte das nicht so sein? Die ganze Welt war *eine* einzige Realität.

Und keine Grenzlinie trennte das Leben vom Tod und den Tod vom Leben nach dem Tode. Auch die Toten haben Bedürfnisse. Die alten Ägypter bezeichnen das Grab eines Menschen oft als *het ent enheh,* eine »Burg der Ewigkeit«.

Die Götter, die Menschen, die Natur, die Toten – verschiedene Erscheinungen desselben Lebensstroms.

Die Lebenden brauchen Nahrung und Kleidung; die Toten ebenso. Sterben ist einfach der Übergang von einem Zustand des Lebens in einen anderen. Man vollzog den Übergang mit Hilfe besonderer *hemu-ka,* »Priester« oder »Diener der Seele« (die höchste Priesterklasse hieß *hemu-natjer,* »Diener der Götter«), die einen durch Zaubersprüche und magische Gesten, die zum *wep-ro* gehörten, der Zeremonie des Mund-Öffnens, zum neuen Leben brachten. Aber keiner konnte sich darauf verlassen, daß andere sich um seine Bedürfnisse kümmern würden. Daher verbrachte der Ägypter ein gut Teil seines Lebens mit der Vorbereitung seines Grabes.

Der Ägypter hatte keine allzu große Furcht vor den Toten; auch verehrte er seine Vorfahren nicht. Er spürte, daß sein zweites Leben nicht wie das auf der Erde verbrachte sein würde. Aber er glaubte auch, daß er alle Bedürfnisse haben würde, die er in seinem ersten Leben empfunden hatte. Er lebte in Angst und Schrecken, daß er beim Übergang von einem Leben zum anderen womöglich etwas nicht richtig machen würde, und wenn er es geschafft hätte, daß er hungrig und durstig und nackt sein würde. Um diese Furcht zu verringern, bereitete er sein Grab vor. Ein gut ausgestattetes Grab gewährte Glück in beiden Leben. Mit der Aufzeichnung seiner Taten an den Wänden, seinem für die Ewigkeit zurechtgemachten Körper und den Papyrus-Schriftrollen mit

Zauberformeln war das Grab der entscheidende Brennpunkt während des Übergangs von einem Reich der Natur zum nächsten, vom Tod zum Leben nach dem Tode.

In diesem Leben nach dem Tode gesellt sich der Herr der »Zwei Länder« zum Gott der Sonne oder wird Osiris, der Herrscher der Toten; die beiden Vorstellungen verwirrten einen noch nicht logisch denkenden ägyptischen Verstand nicht, denn der war wie ein Lagerhaus, vollgestopft mit allen möglichen und verblüffend widersprüchlichen Ideen und Überzeugungen, die sich untereinander vertrugen und ihren Herrn und Gebieter nicht beunruhigten. Die Adligen, die dem König zu seinen Lebzeiten gedient hatten, würden das auch in ihrem eigenen Leben nach dem Tode tun. Bauern würden ihren Herren dienen. Manche Ägypter der Oberschicht hofften, das Leben fortzusetzen, das sie auf Erden geführt hatten. Grabgemälde schildern die von ihnen nach dem Tod ersehnte Welt: Bootsfahrten auf dem Nil, Picknicks mit Verwandten und Freunden, ein guter Schluck Wein in einem kühlen Garten. Andere verlangte es danach, sich zu Osiris in seiner Gestalt als Vegetationsgott zu gesellen und an der ewigen Wiederauferstehung der Erde im Frühjahr teilzunehmen. Wieder andere wollten Sterne werden.

Doch selbst nachdem Anubis, der schakalköpfige Gott der Mumifizierung, oder Horus oder Osiris – je nachdem, welches Grabgemälde man betrachtet – das Herz gegen die Hieroglyphenzeichen für Wahrheit abgewogen und beim Eingehen in die Ewigkeit geholfen hatte, wohnte der Ägypter weiterhin in seinem Grab. Sein konservierter, juwelenbedeckter, mumifizierter Körper, das Ergebnis eines langwierigen, geheimen Verfahrens – denn wenn der Körper verfiel, dann wäre es, als hätte es ihn nie gegeben –, muß für immer als physische Basis seines ewigen, unirdischen Daseins dienen. Und daher wurde das Grab so gebaut, daß es schön sei wie ein Heim, und damit es nicht ausgeraubt werde, unzugänglich wie eine verschlossene Höhle. Einige Gräber von Adligen der zweiten Dynastie hatten Badezimmer. Für ein reiches Grab wurde eine Stiftung gemacht und genau formulierte Verträge mit Ka-Priestern geschlossen, die, um den permanenten Übergang zum nächsten Leben zu sichern, regelmäßig die notwendigen Gebete sprechen und von Zeit zu Zeit dem hungrigen Toten Nahrung bringen sollten. Kein Ägypter konnte sich darauf verlassen, daß seine Verwandten ein solches Maß an loyaler Pietät bekunden würden.

Die Toten konnten angesprochen werden; oft wurden sie gebeten, sich bei den Göttern für die Lebenden zu verwenden. Ein toter Feind war die finsterste Quelle des Grauens. Er konnte zurückkommen und unsichtbar Unheil stiften. Es gab besondere Zaubersprüche gegen solche Schrecken, aber sie waren nicht immer wirksam.

Obwohl sie dem Tod eine so große Rolle einräumte, war es keine düstere Welt. Wenn man den Grabgemälden glauben kann, lebte der Ägypter des Alten Reiches in einem Übermaß an Selbstsicherheit und Wohlstand, einer durch Befriedigung über das Erreichte hervorgerufenen Arroganz und mit einem Gefühl von insularer Sicherheit dank den Wüsten, die ausländische Plünderer in Schach hielten. Es gab kein ständiges Heer. Wurden Truppen für einen Überfall oder einen Feldzug gegen Nubier oder Asiaten gebraucht, dann wurden sie ausgehoben. Die Schreiber zogen durch alle Provinzen und holten junge Männer. Die Frauen jammerten und weinten. Die Götter waren natürlich überall – es gab Dorf-, Stadt- und nationale Götter –, aber der Ägypter war in Übereinstimmung mit ihnen allen. Er hatte keine abstrakte Moralvorstellung, abgesehen von dem Grundsatz des *ma'at,* eines schwer zu übersetzenden Begriffs, der im Lauf von Jahrtausenden seine Bedeutung änderte; aber im Alten Reich bezog er sich auf das richtige, bestehende, unveränderliche Verhältnis des Pharaos zu den Göttern, des Herrschers zu den Beherrschten, des Menschen zur Natur, des Dieners zum Herrn. Jeder kannte seinen angemessenen Platz in der Ordnung der Gegebenheiten; aber Tüchtigkeit, Klugheit und harte Arbeit konnten Beförderung, Macht und Reichtum bringen. Und mit Reichtum konnte man ein großes Grab bauen, eine Stiftung machen und das ewige Leben erringen. Der Beruf des Schreibers, der allen Tüchtigen offenstand und entscheidend wichtig war für den Herrscher und den Adel, damit dieser gewaltige Komplex, das geeinte Ägypten, sich reibungslos verwalten ließ, war ein besonders verlockendes Sprungbrett, um die höchsten Stufen von Reichtum und Macht zu erklimmen. Wer schreiben lernte, unterschied sich von allen anderen Menschen und war ihnen überlegen.

Der alte Ägypter verband sein zeitweiliges Dasein mit der Zeitlosigkeit der Religion, der Zauberei und der Harmonie des Kosmos. Er war überzeugt, daß er sich mit seinem imposanten Grab, der Begräbnisstiftung, dem irdischen Erfolg und der Gunst des Gott-Königs die Unsterblichkeit erkauft habe. Wenn eine letzte Ruhestätte im Britischen Museum oder im Louvre ein Zeichen von Unsterblichkeit ist, dann haben einige dieser Kaufverträge, was ihre Langlebigkeit betrifft, wohl kaum ihresgleichen.

Ein Ägypter mit Namen Imhotep – Priester, Zauberer, Verfasser von Weisheitssprüchen, Arzt, Wesir und Architekt Djosers, des Herrn der »Zwei Länder« und wahrscheinlichen Begründers der dritten Dynastie – entwarf und errichtete um das Jahr 2700 v.Z. ein Steingebäude innerhalb einer rechtwinkligen Einfassung, die einen Umfang von mehr als anderthalb Kilometern hat. Es ist das früheste bekannte große Steingebäude, das von Menschen errichtet wurde. Eine rechtwinklige Granitkammer unter dem Gebäude sollte als das königliche Grab dienen. Es gab unterirdische Wohnräume für den Geist des Königs. Die terrassenförmigen Seitenwände erheben sich etwa sechzig Meter hoch. Das Bauwerk steht noch heute in der Wüste westlich von Memphis. Architektonisch stellt es den Übergang zwischen der alten Begräbnismethode, nämlich in einem plattformartigen Grab, das Mastaba genannt wurde, und den späteren glattseitigen Pyramiden dar. Es wird die Stufenpyramide genannt. Mit ihrem Bau begann das Zeitalter der Pyramiden.

Etwa ein Jahrhundert danach baute Chufu – den wir unter dem griechischen Namen, den ihm der Historiker Manetho gab, als Cheops kennen – die größte aller Pyramiden: 145 Meter hoch, besteht sie aus mehr als zwei Millionen Kalksteinblöcken, von denen jeder etwa zweieinhalb Tonnen wiegt. Die Arbeiter – Bauern, die während der Flutzeit des Nils, wenn das Land nicht bearbeitet werden konnte, dienstverpflichtet wurden – brachten die Blöcke auf Flößen vom Steinbruch bis zum Pyramidenbauplatz. Herodot berichtet, daß hunderttausend Mann dort zwanzig Jahre lang arbeiteten, um diese Pyramide zu bauen. Aber wahrscheinlich wiederholt er nur, was sein Reiseführer ihm sagte. Eine richtigere Zahl wäre wohl: viertausend Arbeiter, die in Gruppen von achtzehn bis zwanzig Mann drei Monate im Jahr – so lange dauerte die Nilüberschwemmung – arbeiteten. Wenn man die Tatsache berücksichtigt, daß der ägyptischen Technologie damals nur der Hebel, der Rollklotz, die schiefe Ebene und möglicherweise lange Kupfersägen zum Zerschneiden der Steinblöcke zur Verfügung standen, dann kann man sich die körperliche Mühsal, die der Bau dieses Grabmals mit sich brachte, nur unter Aufbietung einer höchst ausschweifenden Phantasie vorstellen. Dennoch waren die Arbeiter angeblich mit Freude bei der Sache. Ein Aufseher berichtete später, sie hätten gearbeitet, »ohne daß ein einziger Mann erschöpft war, ohne daß ein Mann dürstete, und sie kamen in guter Stimmung nach Hause, sattgegessen an Brot, trunken von Bier, als wäre es das schönste Fest eines Gottes gewesen.«

Wahrscheinlich hatten sie guten Grund zur Freude. Sie hatten teil am Sakrament der Unsterblichkeit, die das Geschick des Gottes war, unter dessen Herrschaft sie lebten. Gleichzeitig wurde durch diese gewaltige organisierte Anstrengung seitens des gesamten Volkes der Sinn für die Einheit der Nation als Ganzes gestärkt. Lokale Stammesloyalitäten wurden geschwächt. Der Pyramidenbau mag ein wohlberechnetes Mittel gewesen sein, um den Prozeß des Aufbaues der Nation im alten Ägypten zu beschleunigen – und das könnte die seltsame Bautätigkeit des Snofru erklären, des Begründers der vierten Dynastie, der anscheinend drei Pyramiden für sich bauen ließ. Es ist nicht sicher, in welcher der drei er schließlich begraben wurde.

Fast zweihundert Jahre lang, zur Zeit der dritten und vierten Dynastie, wurde eine gewaltige Pyramide nach der anderen gebaut. Jede war das Zentrum eines riesigen Friedhofkomplexes, in dem auch ein Tempel stand, wo zugunsten des begrabenen Herrschers, der nun auch als Gott verehrt wurde, Gebete gesprochen und Opfer dargebracht wurden. Die Pyramiden der späteren Dynastien waren kleiner; viele waren aus Lehmziegeln erbaut. Einst zog sich eine dichte Reihe Pyramiden vom Delta in der Nähe des heutigen Kairo nach Süden bis Khartum über eine Entfernung von mehr als 2400 Kilometer. Man weiß nicht sicher, wie viele Pyramiden gebaut wurden. Achtzig haben die Jahrtausende überdauert.

Um das Jahr 2250 v.Z. begann Ägypten in örtlich regierte Gaue und Städte zu zerfallen. Das Alte Reich fand ein Ende, gelähmt durch eine Reihe schwacher Herrscher der sechsten Dynastie und die wirtschaftlich verschwenderische Konzentration des Volksvermögens auf den Bau und die Unterhaltung von Pyramiden. Einbalsamierer, Sarghersteller, Priester der Toten, Steinmetzen, Baumeister, Handwerker, die Mannschaften der Boote, die die Steine auf dem Nil heranbrachten, Verwalter der Viehhürden und Vorratshäuser, Zehntausende von Arbeitern, die verpflegt und untergebracht werden mußten – der Tod eines Gott-Königs war kostspielig im alten Ägypten. Die beiden Faktoren, die dazu beigetragen hatten, das Alte Reich zu schaffen, zerstörten es letztlich: der Gott-König und sein Grab. Alle Aufzeichnungen hörten auf. Dunkelheit senkte sich auf Ägypten herab.

Der Nil verwandelte sich in Blut. Die Menschen dürsteten nach Wasser. Die Pest suchte das Land heim. Die Überschwemmungen des lebenspendenden Flusses hörten auf, und er versiegte. Zu Fuß gingen die Menschen durch das trockene Flußbett. Die Sonne schien nicht mehr. Es gab Mißernten. Menschen töteten die Kinder von Fürsten. Wilde Tiere strichen durch das Land; niemand konnte sie verjagen. Anarchie griff um sich. Die Menschen flohen aus den Städten in die Sicherheit der Friedhöfe.

So beschrieb die spätere ägyptische Literatur die beiden nicht ganz vollständigen Jahrhunderte, die der Auflösung des Alten Reiches folgten. Literatur hat die künstlerische Freiheit, zu übertreiben, um etwas hervorzuheben: das menschliche Chaos wurde auf ein empfundenes Chaos in der Natur übertragen. Der Nil überschwemmte immer noch; die Sonne schien. Aber die Anarchie war real. Die achte Dynastie in Memphis war zusammengebrochen. Neue Dynastien entstanden gleichzeitig in Theben und Herakleopolis. Das Land hatte Gott-Könige am Nord- und Südende von Oberägypten. Zeitweilig gab es Bürgerkrieg.

»Wer war König? Wer war nicht König?« fragte die sumerische Königsliste bei den Schrecken, die zur selben Zeit nach dem Zerfall des Großreichs Akkad im Jahre 2100 v.Z. im südlichen Mesopotamien geschahen.

Chaos war König.

Im Jahr 2000 v. Z. übernahm eine neue Dynastie die Macht in Theben. Die zwölfte Dynastie trat mit einem König in die ägyptische Geschichte ein, der den Gott Amun von Theben verehrte, dessen Name er als Teil des seinen trug. Er nannte sich Amenemhet, »Amun ist der Höchste«, und fügte seinem königlichen Titel die Worte Wehem-Meswet bei, »Wiederholer der Geburten«, womit er andeutete, daß er sich und seine Zeit als Vorboten einer Renaissance sah – etwa hundert Jahre, nachdem auch in Sumer unter der dritten Dynastie von Ur eine Renaissance begonnen hatte. Der Name des Gottes Amun, den er verehrte, bedeutete »verborgen« – ein unsichtbarer Gott, von dem zuweilen angenommen wurde, er sei der Odem, der allen Geschöpfen Leben verleiht.

Der neue König erkannte, daß es schwierig sein würde, sein großes Land von einer Stadt aus zu regieren, die in dessen südlichem Zipfel lag, und verlegte seine Residenz von Theben in ein Gebiet südlich von Memphis. Er war klug und listig, regierte gut und bis ins hohe Alter, belebte den Handel, stellte die Autorität des Throns wieder her und sicherte die Grenzen Ägyptens gegen die Nubier im Süden und gegen Beduinen und Überfälle zur See im Norden. Mit seiner Herrschaft beginnt die Periode des Mittleren Reichs. Das Chaos hatte ein Ende.

Im dreizehnten Jahr seiner Regierung, als sein ältester Sohn auf einem Feldzug in Libyen war, wurde er bei einer Haremsverschwörung von einem rivalisierenden Thronprätendenten ermordet; Harems waren nicht nur Nistplätze sinnlicher Jungfrauen, sondern auch Schlangengruben vipernähnlicher Mütter, von denen jede erpicht darauf war, daß ihr Sohn König werde.

Amenemhets Sohn Sesostris, der seit einem Jahrzehnt Mitregent seines Vaters gewesen war, kehrte mit dem Heer aus Libyen zurück, als Boten ihm die Nachricht vom Tod des Königs überbrachten. Ein junger Mann mit Namen Sinuhe, ein Beamter des königlichen Haushalts, hörte die Botschaft. Voll Angst vor dem drohenden Bürgerkrieg zwischen den Cliquen, die den jetzt leeren Thron beanspruchten – wir wissen den genauen Grund für seine Furcht nicht; vielleicht war er in die Verschwörung verwickelt –, verließ er das Heer und floh nach Süden über den Nil und durch die Sand- und Steinwüste, die die Ägypter Deschret nennen, das »Rote Land«, die Heimat böser Geister und der Toten. Im Jahr 1962 v.Z. gelangte er von Ägypten aus in das Land Kanaan, wahrscheinlich einige Jahrzehnte vor Abraham, der von Mesopotamien aus dort einwanderte. Der Bericht über seine Abenteuer, der auf Papyri gefunden wurde, ermöglicht uns, die Welt der Amoriter mit den Augen eines Ägypters zu betrachten.

Ihm wurde von einem Scheich geholfen. Er lag verdurstend irgendwo in der Wildnis in der Nähe des Großen Bittersees nördlich des Golfs von Suez. Asiatische Nomaden fanden ihn zufällig. Ihr Scheich, der in Ägypten gewesen war, erkannte ihn und gab ihm Wasser und abgekochte Milch. Er nahm den Ägypter in seinen Stamm auf.

Sinuhe zog von einem Gebiet ins andere und ließ sich schließlich in einem Nomadenland in Nordpalästina nieder; der Ort läßt sich nicht genau feststellen. Es war ein Ackerland mit Herden, und nicht allzuweit war eine Wüste, wo er jagen gehen konnte, und über eine Straße nahebei zogen ägyptische Sendboten. Er beschrieb die Gegend als »ein gutes Land, Jaa genannt. Feigen gab es da und Trauben. Es gab mehr Wein als Wasser. Reichlich war der Honig, und Oliven in Hülle und Fülle. Früchte jeder Art wuchsen auf den Bäumen ...«

Er berichtet uns, daß er bei einem Amoriterstamm lebte, dessen Scheich Gefallen an ihm gefunden und ihm seine älteste Tochter zur Frau gegeben hatte. Mit der Zeit wurde Sinuhe der Befehlshaber der Truppen des Scheichs. Die Amoriterstämme in jener Gegend waren unruhig. Es gab dauernd Scharmützel mit den Häuptlingen angrenzender Gebiete, und Sinuhe nahm an diesen Kämpfen teil. Er bezeichnete diese Häuptlinge als *hekauchasut* oder *hik-chase* – das geschriebene Ägyptisch ist ohne Vokale auf uns gekommen, und wir können nicht sicher sein, ob wir es richtig aussprechen. Der Ausdruck bedeutet »Häuptling« oder »Herrscher fremder Länder«. »Jedes fremde Volk, gegen das ich vorging, nachdem ich es angegriffen hatte, wurde von seinen Weiden und seinen Brunnen vertrieben. Ich plünderte sein Vieh, führte die Bewohner fort, nahm ihnen ihre Lebensmittel weg und erschlug Menschen mit meinem starken Arm, mit meinem Bogen ...«

Er forderte einen mächtigen Gegner zu einem langwährenden Zweikampf heraus – eine Geschichte, die an David und Goliath, Marduk und Tiamat und den mit Leichen übersäten Strand vor den Mauern Trojas erinnert. Er verbrachte ein gut Teil seines Lebens damit, das Leben anderer zu verkürzen.

Im Alter fürchtete er sich davor, auf fremdem Boden zu sterben. Wie konnte ein Ägypter, der sein Land liebte und sich nach dem verheißenen Leben nach dem Tode sehnte, nicht in einer Burg der Ewigkeit begraben werden?

Er hatte sich in bezug auf den Bürgerkrieg in Ägypten geirrt. Sesostris hatte die Verschwörung niedergeworfen und regierte Ägypten geschickt und energisch. Er verrückte die südliche Grenze der »Zwei Länder« bis zu dem Gebiet zwischen dem ersten und zweiten Katarakt, sicherte die Westgrenze gegen die Libyer, unterhielt einige diplomatische Beziehungen zu den Stammesfürsten und kleinen Königreichen in Kanaan, trieb ausgiebig Handel mit einem Großteil des Nahen Ostens, ließ aus den Steinbrüchen seines Landes Diorit und roten Granit für sechzig Sphinxe und einhundert Statuen brechen, schürfte Gold in der Nähe von Koptos, nördlich von Theben, verschönte und vergrößerte fast jeden Tempel in Ober- und Unterägypten und baute für sich einen großartigen Begräbniskomplex – Pyramide und Tempel –, der den während des Alten Reichs gebauten Burgen der Ewigkeit annähernd gleich kam. Er war ein großer König, und die meisten Könige des Mittleren Reichs, die ihm folgten, waren nicht weniger groß; die Statuen, die deutlich das abgehärmte Gesicht eines der Könige, Sesostris' III., zeigen, mögen ein Hinweis auf die großen Sorgen sein, die sie sich um ihr Volk machten.

Sinuhe wurde von Sesostris verziehen. Er kehrte nach Ägypten zurück und wurde mit Ehren wieder am Hof des Königs aufgenommen. Seine Geschichte war eines der beliebtesten klassischen Werke in der reichen Literatur des alten Ägyptens.

Das Ägypten des Mittleren Reichs war ein Land der Macht ohne übermäßige Grausamkeit, der Großzügigkeit ohne kraftlose Schwäche, des Einflusses ohne übertriebene Härte. Der Zerfall des Alten Reichs hatte die Welt des Jenseits demokratisiert. Begräbnisprozeduren, die einst dem Gott-König vorbehalten waren, wurden nun zuerst vom Adel und dann von jedem Ägypter übernommen, der es sich leisten konnte, den Preis der notwendigen Texte und Ausstattung zu bezahlen. Die großen Adelsgräber des Mittleren Reichs sind von Historikern, Museumsdirektoren und Dieben fast völlig ausgeräumt worden. Inschriften auf den Grabwänden von Gaufürsten zeigen deutlich, daß ihre Loyalität in erster Linie ihrer Provinz und erst in zweiter Linie dem König galt.

Amun, der unsichtbare, verborgene Gott von Theben, der Heimat des Gott-Königs, stieg zur Spitze des ägyptischen Pantheons auf und sollte diese Stellung in den restlichen zweitausend Jahren der ägyptischen Geschichte behalten. Er verschmolz mit dem Sonnengott und erhielt den Namen Amon-Re.

Jenseits der Grenzen zogen Ägypter fast überall hin. Sie waren stark vertreten im südlichen Sinai, wo sie die Kupfer- und Türkisgruben ausbeuteten. Daß sie gute Beziehungen zu den asiatischen Scheichen dieser wüsten Halbinsel hatten, bekunden bis zum heutigen Tage Denkmäler, auf denen stolze Beduinenhäuptlinge abgebildet sind. Die Namen der Scheiche sind in Hieroglyphen geschrieben, und hier haben wir vielleicht das Bindeglied zwischen der ägyptischen Schrift und dem, was schließlich ein semitisches Alphabet wurde.

Artefakte des Mittleren Reichs – Skarabäen, beschriftete Steinamulette in Form von Mistkäfern (Geschöpfe, die als sich selbst erzeugende Vertreter des Sonnengottes angesehen wurden), die als Siegel verwendet wurden; Statuen ägyptischer Beamter; Sphinxe von Königen; Statuetten von Männern und Frauen aus einfachen Verhältnissen; das Siegel des Schreibers des Wesirs; das Siegel eines Verwaltungsbeamten, des Aufsehers der Viehbestände; der Skarabäus eines Heeresschreibers und andere mehr – sind überall im heutigen Palästina und Syrien gefunden worden. Diese Funde weisen entweder auf politische Vorherrschaft oder auf intensive diplomatische und Handelsbeziehungen hin. Niemand weiß es genau, denn die Herrscher des Mittleren Reichs scheinen keine direkten Aufzeichnungen in Form von Inschriften über die Aktivitäten in Asien hinterlassen zu haben.

Ägyptische Beamte waren in Megiddo in Mittel-Kanaan, in Ugarit und Byblos an der Nordküste Syriens und in Qatna in Mittel-Syrien – und niemand weiß eigentlich, warum sie da waren. Diplomaten? Handelsmissionen? Militärische Präsenz? Man hat nicht das Gefühl, daß es während des Mittleren Reichs riesige Heere gab, sondern den Eindruck einer großen und ernsthaften Nation, die ihre Präsenz oft auf andere Weise als durch Blut und Kampf spürbar machte.

Viele Asiaten ließen sich während des Mittleren Reichs in Ägypten nieder. Sie arbeiteten als Diener in Privathäusern oder beim Tempeldienst. Wir wissen nicht, wie sie dort hingekommen waren; vielleicht war die Ursache ein Sklavenhandel, oder sie waren bei feindlichen Zusammenstößen mit Nomaden oder bei einem gelegentlichen Feldzug gegen die Wüstenbewohner in Gefangenschaft geraten. Wir werden an die Geschichte von Joseph erinnert.

In jener Zeit befleißigten sich die ägyptischen Herrscher eines Rituals, das aus dem Alten Reich stammte und später auch von den Griechen und Römern angewandt wurde. Wahrscheinlich wurde es routinemäßig betrieben; es bestand darin, daß ein Tonfigürchen von einem gefangenen und gefesselten Feind hergestellt und in roter Tinte mit Flüchen beschriftet wurde. Manchmal wurden die Flüche auch auf kleine Keramikschalen geschrieben. Die Figürchen oder Schalen wurden auf den Boden geworfen und zertrümmert und die Scherben dann in der Nähe der Grabstätten vergraben, im Süden in Theben, im Norden in Sakkara in der Nähe von Memphis.

Einige dieser zertrümmerten Schalen und Figürchen sind gefunden und wieder zusammengesetzt worden. Die Gelehrten nennen die Flüche auf ihnen jetzt Exekrationstexte. Die Schrift in roter Tinte ist entziffert worden.

Die Texte stammen aus einer Zeit etwa hundert oder zweihundert Jahre nach Sinuhe. Sie enthalten Listen von Menschen und Dingen, die als gefährlich für den König angesehen werden. Tote Ägypter gehören dazu; ihr Geist könnte zurückkehren und aus Böswilligkeit Unheil anrichten. Die Namen ausländischer Könige, Stämme und Völker werden angeführt; wer immer oder was immer eine Bedrohung für den Herrn der »Zwei Länder« bedeuten könnte, ist auf diesen feierlich zertrümmerten Schalen und Figürchen aufgeführt – mögen die Feinde des Königs zerschmettert werden! Es war eine Art Zauber, von dem man annahm, er könne nützlich sein, um Ränke, böse Gedanken und Taten wirklicher oder erdachter Feinde zu bannen.

Die Könige der kanaanitischen Städte Sichem, Beth-Schemesch, Akko, Tyrus werden verflucht. Jerusalem, zum erstenmal in der Geschichte erwähnt, wird verflucht: »Der Herrscher von Jerusalem, Yagar-Ammu, und alle Gefolgsleute, die bei ihm sind ..., die rebellieren mögen, die sich verschwören mögen, die kämpfen mögen, die vom Kämpfen reden mögen oder davon reden mögen, in diesem ganzen Land zu rebellieren.« Nubier und Libyer werden verflucht, Mitglieder der königlichen Familie werden verflucht; ägyptische Männer und Frauen, Adlige und Bürger, werden verflucht, jeder, »der rebellieren, Intrigen spinnen, Krieg führen oder Pläne schmieden könnte, Krieg zu führen oder zu rebellieren, und jeder Rebell, der in diesem ganzen Land zu rebellieren plant«.

Auf den Keramikschalen werden zwanzig verschiedene Länder in Kanaan genannt – das Gebiet, das heute ungefähr Südsyrien, Libanon und Israel ist; auf den Figürchen werden zweiundsechzig genannt. Zweifellos blieben andere ungenannt; nicht die ganze Welt Kanaans konnte es verdient haben, von den Königen Ägyptens verflucht zu werden. Oft wird ein Land oder eine Gebietseinheit einfach mit dem Namen ihrer beherrschenden Stadt angeführt: Askalon, Hazor und andere. Es wird uns das Bild eines Landes von halbnomadischen Stämmen und kleinen Stadtstaaten geboten, von denen viele dem Gott-König von Ägypten gegenüber nicht völlig loyal sind. Einige Namen beziehen sich in einem Text auf Länder und in einem anderen auf Stämme. Es ist ein Land, dessen Gestaltung sich durch die Ortsveränderungen der Nomaden und Halbnomaden ständig ändert. Das städtische Leben geht in einigen Bereichen zurück, dann nimmt es wieder einen plötzlichen Aufschwung. Die zerbrochenen Schalen und zerschmetterten Figürchen sind die einzigen Bekundungen, die Ägypten uns darüber hinterlassen hat, wie es das Eindringen der Amoriter in den »Fruchtbaren Halbmond«, die Unruhe und Verheerung, die die wandernden Stämme verursachten, und den Prozeß der Anpassung an ein seßhaftes Leben beurteilte.

Wir wissen, daß sie Amoriter waren; die Namen auf den Fluchlisten sind westsemitisch und von derselben Art wie die in mesopotamischen Keilschrifttexten, die voll Abscheu von den Amurru, den Westländern, sprechen. Auch ihre Götter sind die Götter nomadischer und seßhafter Westsemiten: Hadad, El, Schamasch, Anat, Baal und der Berggott Har, dessen Namen viele Angehörige eines Volkes führen, das bald zum Sturz des Mittleren Reichs von Ägypten beitragen wird.

Die Ägypter werden nervös. Diese Schalen und Figürchen ermöglichen uns, das Ausmaß zu erkennen, in dem die Stämme der Amoriter sich von Sumer aus nach Westen ausgebreitet haben, nachdem sie den letzten sumerischen Stadtstaat besiegt hatten. Es dauert keine hundert Jahre mehr und Hammurabi wird den Thron einer amoritischen Dynastie in Babylon besteigen. Irgendwo in diesem Wirrwarr umherziehender Stämme und sich verschiebender territorialer Einheiten sind die wandernden Patriarchen und ihre Familien.

Das Mittlere Reich begann sich um 1800 v. Z. aufzulösen. Die zweihundert Jahre der zweiten Zwischenzeit veränderten den Charakter Ägyptens für alle Zeiten.

Zuerst gab es eine Reihe schwacher Könige. Wieder einmal zerfiel das Land in zwei Teile. Die Grenzen konnten nicht gehalten werden.

Das alte Ägypten hatte drei traditionelle Feinde: die Nubier im Süden, die Libyer im Westen, die Asiaten im Osten. Nomadische Asiaten kamen zu kleinen Raubüberfällen über die Grenze, oder um ihre Herden zu weiden; andere Asiaten kamen als Händler.

Irgendwann während der Regierung von Sesostris II. (1897 bis 1878 v. Z.) hatte der Gaufürst Chnumhotep von Beni-Hassan einen Asiaten mit Namen Abischa und sein Gefolge als Gäste empfangen. Der Empfang ist auf einem Gemälde im Grab dieses Gaufürsten dargestellt; die Inschrift dazu lautet: »Die Ankunft mit

Augenschminke, die 37 Asiaten ihm bringen.« Ihr Anführer wird »Scheich des Hochlandes, Abischa« genannt. Sein Name könnte genausogut Iburum oder Yakub gewesen sein.

Jetzt, weniger als zweihundert Jahre später, drangen die Asiaten in großer Zahl im Delta ein. Sie hatten das Pferd und den Streitwagen, den zusammengesetzten Bogen, ein schweres Krummschwert und Brustpanzer. Wir wissen nicht, woher einige dieser neuen Waffen stammten; vielleicht aus dem fernen Asien. Aber die Menschen, die sie jetzt in Ägypten einsetzten, kamen aus Syrien und Palästina. Sie hatten semitische Namen wie Yakub-har und Samuken. Die ägyptische Miliz, die fast nackt und mit schwachen Bogen, kleinen Streitäxten und hinderlichen Schilden kämpfte, wurde einfach aufgerieben.

»Gott war mit uns unzufrieden«, wird Manetho von einem anderen klassischen Historiker zitiert, »und es kamen unerwartet Leute von unedler Herkunft aus den östlichen Gegenden, die dreist genug waren, einen Zug in unser Land zu unternehmen ... Und als sie unsere Herrscher in ihre Gewalt bekommen hatten, da brannten sie grausam unsere Städte nieder, zerstörten die Tempel der Götter und behandelten alle Einwohner auf höchst feindselige Weise, denn sie erschlugen einige und führten die Kinder und Frauen von anderen in die Sklaverei ...«

Um 1700 v. Z. saß ein Semit auf dem Thron des Gott-Königs. Das Land Ägypten, von den Göttern auserwählt, wurde jetzt von Fremden regiert. Das Ausmaß und die Art ihrer Herrschaft – wie weit nach Süden sie sich erstreckte, ob sie milde war oder grausam, wie spätere ägyptische Quellen und Manetho sie darstellen –, darüber streiten sich die Gelehrten.

Die Ägypter nannten sie *hik-chase,* Hyksos, »Häuptlinge fremder Länder«; der Ausdruck wurde seit dem Mittleren Reich auf Beduinen-Scheiche angewandt. Sie hielten die Hyksos für eine arrogante, barbarische Horde, haßten sie und waren so beschämt, von ihnen besiegt worden zu sein, daß keine aus der Eroberungszeit stammende Aufzeichnung auf uns gekommen ist. Kein ägyptischer Schreiber hätte sich bemüßigt gefühlt, einen Bericht über die Demütigung seines Landes durch elende Asiaten zu hinterlassen.

Sie waren keine Barbaren. Sie waren Semiten, die mühelos viel von der ägyptischen Kultur annahmen. Sie übernahmen die Hieroglyphenschrift. Ihre Könige nahmen ägyptische Namen an. Sie waren erfahrene Kaufleute und unterhielten eine große Flotte von

Lastkähnen. Gegenstände mit Hyksos-Namen haben die Archäologen überall im Nahen Osten gefunden.

Viele Wissenschaftler glauben, daß dies die Zeit ist, zu der Joseph in Ägypten war – etwa 1660 v. Z. Ein Hyksos-König hätte nicht gezögert, einen tüchtigen Semiten zu seinem Wesir zu machen und dessen Vater und Brüder einzuladen, aus dem von Hungersnot geplagten Kanaan in das reiche Weideland im Delta zu kommen. In ägyptischen Texten werden weder Joseph noch Israeliten in Ägypten erwähnt.

Mehr als ein Jahrhundert lang wurde das Land von Hyksos-Königen regiert. Wieder einmal, nun zum drittenmal, versuchte ein Ägypter aus dem Süden sein Land zu einigen. Etwa 1600 v. Z. fand ein thebanischer König die Anwesenheit fremder Eroberer unerträglich und begann einen Befreiungskrieg. Sein Name war Kamose, »Ka ist geboren«. Eine 1954 gefundene Stele gibt seine Worte wieder, die er an seinen Rat der Adligen richtete: »Niemand kann in Ruhe seinen Geschäften nachgehen, solange er durch die Abgaben an die Asiaten ausgeplündert wird. Ich werde mit ihm ringen, bis ich seinen Leib aufschlitze. Es ist mein Wunsch, Ägypten zu retten und die Asiaten zu schlagen.«

Die Hyksos wichen langsam zurück. Aber die Ägypter verfügten jetzt auch über Pferd und Streitwagen, den zusammengesetzten Bogen und das Krummschwert. »Mein tapferes Heer war vor mir wie ein Feuersturm.« Kamose trieb die Hyksos in die Nordostecke des Deltas. Sein Bruder und Nachfolger Ahmose nahm Auaris ein, vertrieb sie aus Ägypten und einigte das Land wieder. Das war die Geburtsstunde der achtzehnten Dynastie und des Neuen Reichs – die Periode, da »kam ein neuer König auf in Ägypten, der wußte nichts von Joseph«.

Der Krieg gegen die Hyksos dauerte Jahrzehnte. Thebanische Truppen und nubische Söldner überfielen Hyksos-Festungen in Kanaan. Ägypten war den Asiaten nicht durch die Miliz einzelner Provinzen abgejagt worden, sondern durch das Heer des Königs von Theben. Es war ein starkes Heer: eine Infanterie mit neuen Waffen, ein Streitwagen-Verband mit eigenen Offizieren und Söldnertruppen mit ihren Anführern. Nach der schließlichen Vertreibung der Hyksos war Ägypten eine bewaffnete Macht geworden.

Die achtzehnte Dynastie, die Ägypten von etwa 1570 bis 1300

v. Z. beherrschte, hatte nichts den Gaufürsten zu verdanken, die in der Vergangenheit mit den Königen des Landes um die Macht gewetteifert hatten. Ein Berufsheer stand jetzt neben dem Thron des Neuen Reichs. Am Ende der achtzehnten Dynastie gab es praktisch kein Privateigentum mehr in Ägypten. Etwa ein Fünftel des Landes gehörte den Tempeln; das übrige war Eigentum der Pharaonen. Bauern bearbeiteten den Boden fast wie Leibeigene.

Durch die Hyksos gedemütigt, des alten Gefühls der Sicherheit und des Selbstvertrauens beraubt, im Besitz einer Streitmacht, die allmählich im Land vorherrschend wurde – der »Führer der Soldaten« überwacht das Graben eines Kanals; ein Offizier des Streitwagen-Verbandes beaufsichtigt den Transport königlicher Monumente –, verwandelte sich Ägypten in eine disziplinierte Nation mit einem bleibenden Schatz an beschämenden und ärgerlichen Erinnerungen, einem ständigen Albdruck durch bedrohliche Asiaten und einer mächtigen, immer größer werdenden Armee. Ein nationaler Kessel, in dem als Zutaten die kollektive Scham, ein gemeinsamer Feind, das Gespenst der Grenzunsicherheit und das scharfe Gewürz einer großen Streitmacht brodeln, kocht oft über, und die Folge ist ein Streben nach Weltgeltung.

In den Jahrzehnten nach dem Sieg über die Hyksos stellten thebanische Könige – Amenophis I., Thutmosis I. und Thutmosis II. – die innere Ordnung wieder her und sicherten die absolute Herrschaft über das Land. Durch sporadische Überfälle und Feldzüge übten sie auch eine gewisse Vorherrschaft über Kanaan aus. Thutmosis I. wagte den Euphrat zu überschreiten, machte große Beute und vergnügte sich bei einer Elefantenjagd in Syrien, als er mit seinem Heer auf dem Rückweg nach Ägypten war.

In Ägypten gab es zuerst eine starke Opposition gegen jedes Weltmachtstreben; viele zogen die alten Methoden der diplomatischen, kulturellen und kommerziellen Vorherrschaft vor. In einer der höchst ungewöhnlichen Episoden der ägyptischen Geschichte bemächtigte sich die Frau von Thutmosis II. nach seinem Tod des Thrones. »Die ›Zwei Länder‹ waren in ihrer Gewalt«, schrieb ein Hofbeamter, »das Volk arbeitete für sie, und Ägypten beugte den Kopf.« Ihr Name war Hatschepsut, und sie herrschte als Gott-König – auftretend und gekleidet wie ein Mann – von etwa 1485 bis 1470 v. Z. Sie wurde unterstützt von den Anti-Imperialisten, und als sie starb und ihr Sohn, ein glühender Imperialist, den Thron bestieg, ließ er ihren Namen auf allen Gebäuden, Denkmälern und dem großen Tempel, den sie gebaut hatte, wegmeißeln –

eine nicht unübliche Praktik im alten Ägypten: Rache an den eigenen Verwandten, nachdem sie bestattet waren. Im Tod wurden sie auf ewig zum Schweigen gebracht.

Der neue Pharao war Thutmosis III. Um einen Aufstand zu unterdrücken, rückte er in Kanaan ein. Seine Absicht war, »den schädlichen Feind zu überwältigen und die Grenzen Ägyptens in Übereinstimmung mit dem Befehl seines Vaters Amon-Re vorzuschieben«. Eine Koalition von etwa dreihundert Fürsten – Beherrscher der Stadtstaaten – stellte sich ihm auf dem Schlachtfeld, jeder mit seinem eigenen kleinen Heer – ein eindrucksvolles Bild von der Zersplitterung außerhalb Ägyptens. Thutmosis erwies sich als kühner Befehlshaber, kluger Taktiker und Eroberer.

Sein Sohn war Amenophis II., der von etwa 1440 bis 1415 v.Z. regierte. Er setzte die imperialistische Tradition seines Vaters fort. »Er beherrschte die ›Zwei Länder‹, und jedes fremde Land wurde unter seinen Fuß gezwungen.« Als er von seinem zweiten Feldzug nach Asien zurückkam, brachte er »Fürsten von Retenu (Kanaan): 127, Brüder von Fürsten: 179, Apiru: 3600 ..., Kharu: 36 300 ..., insgesamt: 89 600 Mann ...« mit. Die Gelehrten vermuten, daß diese Zahlen übertrieben sind.

Das Wort Hapiru – von den Schreibern als Apiru wiedergegeben – erscheint jetzt zum erstenmal in ägyptischen Aufzeichnungen. Es bleibt unklar, ob der Begriff ein Adjektiv sein sollte, um weitverbreitete Gruppen von Wanderern, Abenteurern und Briganten zu beschreiben, die sich von Stadt und Stamm gelöst hatten, oder ein Substantiv, um ein bestimmtes Volk zu bezeichnen. Die Ägypter betrachteten die Hapiru eindeutig als ein getrenntes, zählbares Ganzes. Aber die Lösung des Rätsels von der Verwandtschaft zwischen den Hapiru und den Hebräern wird keineswegs durch die Bemühungen jener ägyptischen Heeresschreiber erleichtert, die Listen über die von den plündernden Truppen ihres Pharao in die »Zwei Länder« zurückgebrachte Beute aufstellten.

Einige Gefangene wurden Diener in den Häusern wohlhabender Familien; andere mußten Sklavenarbeit beim Bau von Tempeln und Begräbnisstätten leisten. Wahrscheinlich waren unter diesen Gefangenen Nachkommen des Stammes Jakob, deren Vorfahren etwa zwei Jahrhunderte zuvor beschlossen hatten, in Kanaan zu bleiben. Im Norden Ägyptens lebten bereits die Nachkommen der Familien, die die Reise ins Delta unternommen hatten.

Gold, Edelsteine, Vieh, kostbare Erzeugnisse aus Nubien und

Asien, aus Phönikien, Kreta und Mykene strömten unaufhörlich in die prächtige Stadt Theben. Nicht nur Waren, sondern auch Kunst, Architektur, Literatur, sogar die Götter zogen mühelos hin und her in dem von den Ägyptern geschaffenen Großreich. Asiaten beteten zu ägyptischen Göttern; Ägypter beteten zu asiatischen Göttern. Der Name Baals – wir haben Baal schon getroffen, den kanaanitischen Gott des Himmels, der Berggipfel und des Donners – wurde auf den Pharao angewandt: »Sein Schlachtruf ist wie der von Baal im Himmel.« Es gab Baal-Priester in Ägypten. Astarte und Anat wurden als Kriegsgöttinnen übernommen. Von Thutmosis II. hieß es, er sei »mächtig im Kampfwagen wie Astarte«. Ein Nebenprodukt des Großreichs war diese Einbürgerung asiatischer Götter in einem Land, das Fremde einst gehaßt hatte. Ägypten, sein Pharao, dessen Königin und die Adligen schwelgten in dem durch Eroberung gewonnenen kosmopolitischen Luxus.

Das Land war geordnet, diszipliniert. Wer jetzt starb, erlangte nicht so sehr durch sein anerkennenswertes Leben Zugang zur nächsten Welt, als vielmehr durch die von Priestern bewirkte Magie und Religion. Man wurde mit dem Totenbuch begraben, aus dem man rezitierte, wenn man die zweiundvierzig Götter traf, die den Wert des Verstorbenen beurteilten. »Ich habe meinen örtlichen Gott nicht verflucht ... Ich habe mich einem Gott bei seiner Prozession nicht in den Weg gestellt ... Ich habe nicht gestohlen ... Ich habe keinen Menschen getötet ... Ich bin nicht habsüchtig gewesen ...«

Das Großreich Ägypten, das war der Pharao, das Heer, die Priester, leibeigene Bauern, Handwerker, Händler und, wie in allen Ländern im Altertum, Sklaven.

Amenophis III. starb im hohen Alter, umgeben von Reichtum und einem Harem von Schwestern und Töchtern befreundeter oder eingeschüchterter Könige aus allen Teilen seines Großreichs und in engem brieflichem Kontakt mit den Fürstlichkeiten der asiatischen Welt. Die Sprache der internationalen Diplomatie war in jenen Tagen Akkadisch, in Keilschrift auf Tontafeln festgehalten. Die diplomatische Korrespondenz von Amenophis III. und seinem Sohn wurde im Jahr 1887 n. Z. von einer Bauersfrau entdeckt, die in den Ruinen von El Amarna, etwa 300 Kilometer südlich von Kairo, im Boden nach Dünger scharrte. Amenophis III. wurde in einem schönen, aber nicht außergewöhnlichen Grab bestattet. Aus irgendeinem Grund wurde seine Mumie dreieinhalb Jahrhunderte später von einem Hohenpriester in das Grab seines

Vaters überführt. Archäologen fanden sie und stellten fest, daß der alte König an akuten Zahnschmerzen gelitten hatte.

Der neue Pharao, Amenophis IV., bestieg um 1365 v. Z. den Thron. Er hatte einen langen dünnen Hals, der einen seltsam geformten, spitz zulaufenden Kopf trug, und ein schmales Gesicht mit einer langen Nase, aufgeworfenen Lippen und einem langen, rundlichen Kinn. Sein Bauch war vorgewölbt, als ob er ständig schwanger wäre; die Schultern waren schmal und die Brust eingesunken. Er hatte dünne, unmännliche Beine und dicke Oberschenkel. Auf Reliefs sitzt er lässig auf einem Polsterstuhl oder lehnt sich auf einem Ruhebett zurück, und sein mißgestalteter Körper wirkt wie eine träge Arabeske scheinbar gelenkloser Glieder. Seine Ellbogen sind so zart und spitz wie die seiner schönen Frau Nofretete. Er scheint schwach und krank zu sein. Aber riesige Standbilder in Karnak zeigen ihn mit dem starren, leidenschaftlichen Ausdruck des Fanatikers.

Die Religion des Landes, das er beherrschte, war jetzt mehr als fünfzehnhundert Jahre alt. Ich habe bei meiner Lektüre versucht, irgendeine Ordnung oder Form im ägyptischen Polytheismus zu finden, aber es gelingt mir nicht. Das Land brachte Götter hervor, wie es nach der Nilüberschwemmung Korn hervorbrachte. Wenn eine Stadt an Einfluß zunahm, überflutete der Gott das Land; ging ihr Einfluß zurück, sank auch der seine, und es blieben nur hier und dort gespenstische Echos seiner einstigen Größe, Kulte, für die sich nur noch hartnäckige Anhänger einer schwach erinnerten Vergangenheit einsetzten. Alte Stammesgötter; dynastische Dorfgötter; Stadtgötter, Provinzgötter; eine Katzengöttin; eine Kobragöttin; Volksgötter, die gegen Krankheit und böse Geister schützten und für Fruchtbarkeit und gefahrloses Gebären sorgten; Götter mit dem Körper eines Mannes und dem Kopf eines Reihers, eines Falken, eines Schakals, eines Esels, eines Krokodils, eines Pavians; der Falkengott mit unterschiedlichen Namen in verschiedenen Städten; Hathor, die Göttin des Tanzes, der Musik und der Liebe, war in einer Stadt eine Kuhgöttin, und in der Nähe einer anderen wohnte sie auf einer Platane; Schu, der über einer Stadt Himmel und Erde auseinanderhielt, war in einer anderen ein Kriegsgott; und so weiter, schwindelerregend, und alle lebten zusammen in einer riesigen, vollgestopften Dachkammer eines Glaubens, in dem die Natur dominierte.

Die ältesten nationalen Götter Ägyptens waren wahrscheinlich die Sonnengottheiten – sie alle, Re, Horus, Atum, Osiris, waren verschiedene Aspekte der goldenen Scheibe, die ewig über den Himmel wandert: der Sonne. Sie erhält das Leben; sie vertreibt die Nacht, geht abends zugrunde und kehrt in jedem Morgengrauen vom Tode zurück. Ganz Ägypten erkannte die zeitlose Helligkeit des Sonnengottes. Daher verschmolzen die Ägypter ihre lokalen Götter, die sie nicht aufgeben wollten, oft mit dem Gott der Sonne. Ein neutrales, alltägliches Wort war im Schwange, das einfach auf die Form der Sonne als Scheibe hinwies: Aton, die Sonnenscheibe. Kein wiederauferstandener Gott, keine tierköpfige, anthropomorphe Schar – nur die Scheibe, die ursprüngliche, natürliche Form des lebenspendenden Feuers am Himmel, eine reine und von Mythen freie Form. Zur Zeit von Amenophis III. hatte es in Theben einen Aton-Kult gegeben, und wahrscheinlich war Aton schon zwei Generationen vor Amenophis IV. verehrt worden. Inschriften deuten auf einen Windstoß in der gottgeschwängerten Luft Ägyptens hin, auf eine Bereitschaft, in die erstickende Vielfalt von Gottheiten Ordnung und Einheitlichkeit einzubringen.

Daß ein Stadtgott, einzigartig und allmächtig, mit den Göttern anderer Städte identifiziert wird, ist ein Hinweis auf die monotheistischen Regungen, die sich hier und dort im Land bemerkbar machten. Gleichzeitig gab es mächtige konservative Kräfte, die auf der Beibehaltung der getrennten lokalen Identität der Götter beharrten. Während sich Ägypten von den Anstrengungen der Eroberung ausruhte, wuchs tief in seinem Innern die Geschwulst einer gewaltsamen und fanatischen religiösen Revolution.

Der Fanatiker war der neue Pharao.

Fünf Jahre hatte er in Theben regiert, seinen Namen beibehalten und keinerlei Mißfallen über die zunehmende Macht der Priester und des Heeres geäußert, eine Macht, die offenkundig die Göttlichkeit des Gott-Königs schmälerte. Sein Name, Amenhotep oder Amenophis, bedeutete: »Amon ist befriedigt.« Der junge Pharao schien auch zufrieden zu sein.

Irgendwann in seinem fünften Regierungsjahr betete er in einem Steinbruch, aus dem Sandstein für den Tempelbau gebrochen wurde, zu Amon-Re und bezeichnete sich dabei als »der erste Prophet von Re-Harachte am Horizont jubilierend, mit seinem Namen Schu (dem Sonnenlicht), der Aton ist«. Wenn der Sonnengott als Re-Harachte dargestellt wurde, hatte er den Kopf eines Falken und einen menschlichen Körper; in dieser Gestalt war er seit frühester Zeit im Kult von Heliopolis verehrt worden. Über dem Kopf des Falken war die Sonnenscheibe. Der König wird gezeigt, wie er diesen Gott in derselben Haltung wie frühere Pharaonen verehrt.

Plötzlich macht die Kunst dieser Periode eine Wandlung durch. Eine der Darstellungen des falkenköpfigen Horus enthielt gewöhnlich eine Sonnenscheibe mit Flügeln. Diese geflügelte Scheibe verschwindet jetzt und wird durch eine goldene Sonne ersetzt. Die Strahlen der Sonne bescheinen glorreich den König und die Königin. Auf diesen neuen Bildern sind der Pharao, seine Königin und die Höflinge mit einer ungeheuren Natürlichkeit dargestellt, einer Lebendigkeit, die in völligem Gegensatz steht zu allen vergangenen Jahrhunderten der ägyptischen Kunst. Und alle Untertanen des Pharaos erhalten dieselbe merkwürdige Gestalt ihres Königs, als ob das, was hier hervorgehoben wird, besondere nicht-menschliche – göttliche – Eigenschaften seien, die eben der körperlichen Gestalt dieses Pharaos innewohnen. Aus diesen Darstellungen, von denen sich einige im Grab des Wesirs Ramose in Theben befinden, kann nur geschlossen werden, daß die Revolution begonnen hat und die Hofkünstler bereits der persönlichen Ästhetik ihres Königs Ausdruck verleihen. Die Reaktion der Amon-Re-Priester von Theben auf den neuen Kult und seine Kunst mag herbeigeführt haben, was dann geschah.

In seinem sechsten Regierungsjahr brach der König von Theben auf. Etwa auf halbem Wege zwischen Kairo und Luxor treten die Berge östlich des Nils vom Flußufer zurück und lassen Raum für eine Ebene in der Form einer Mondsichel, zwölf Kilometer lang und etwa fünf breit. Nach Westen erstreckt sich ausgedehntes Ackerland. Auf dem östlichen Ufer schlug Amenophis IV. sein prächtiges Zelt auf. Am Morgen fuhr er in einem goldenen Kampfwagen nach Norden. An einer bestimmten Stelle opferte er seinem Gott. Dann fuhr er nach Süden. Die schimmernden Sonnenstrahlen leiteten ihn zu dem Platz, an dem er anhielt und einen Eid ablegte. Er hatte die Grenzen einer neuen Stadt abgesteckt. Er gelobte seinem Vater, dem Aton, daß er diese Grenzen und die anderen nach Osten und Westen, die er bald abstecken wollte, nie verlassen würde. Er hielt eine Ansprache an seine Höflinge, von denen viele neu ernannt waren, und an die Heerführer. Es sei Atons Wunsch, daß die neue Stadt gebaut werde. Sie werde daher die Stadt des Aton sein und keinem anderen Gott und keinen anderen Priestern gehören. Die Höflinge und Heerführer gelobten ihrem Pharao Treue.

Die auf dieser Nilebene erbaute Stadt wurde Achetaton genannt, »der Horizont der Sonnenscheibe«. Der Horizont wurde als der Wohnsitz des Sonnengotts am Himmel angesehen. Der Pharao nahm einen neuen Namen an, Ach-en-Aton oder Echnaton, »Es steht gut mit Aton«. Das Zerwürfnis mit der offiziellen Amon-Re-Priesterschaft war vollständig – aber wir haben keine Quellen, die uns genau sagen, wie oder warum es zu diesem Bruch mit einer Staatsreligion von so erschreckender Macht kam, eine in der alten Welt beispiellose Maßnahme. Zweifellos konnten nach Ansicht des Pharaos die Kulte von Amon-Re und Aton nicht nebeneinander bestehen.

Der erste Schritt zur Tennung war die Gründung der neuen Stadt: ein großer, neuer Tempel, kleinere Heiligtümer, ein Palast für die königliche Familie, Verwaltungsgebäude, Kasernen, Lagerhäuser, Unterkünfte für Arbeiter und Handwerker und Gräberstätten. Priester wurden ernannt, ein Chefarzt, ein Hauptmann der Polizei, Aufseher für den königlichen Harem, ein Befehlshaber des Heeres, der Aufseher des Schatzamtes.

Der Apostel des neuen Glaubens, ein kränklicher Mann, stark gemacht durch die Überzeugung, daß er allein den wahren Glauben besitze, belohnte seine neuen Höflinge mit goldenen Halsketten und speiste sie an der königlichen Tafel. Wir wissen nicht, ob sie ihrem König aus Bequemlichkeit oder Überzeugung folgten. Einige waren sicherlich überzeugt. Eine Grabinschrift aus jener Zeit – eine unter vielen – lautet: »Wie glücklich ist der, welcher die Lehre des Lebens hört, und befriedigt, dich zu erblicken, und unaufhörlich sehen seine Augen jeden Tag Aton an.«

Im Grab von Ay, dem Oberaufseher aller Pferde des Königs, wurde die berühmte Hymne an Aton gefunden. Wahrscheinlich hatte Echnaton sie verfaßt, und Teile davon erinnern viele an den 104. Psalm, obwohl eine direkte Verbindung zwischen dem Ägyptischen und dem Hebräischen unwahrscheinlich ist.

»Schön erscheinst du am Horizont des Himmels,
O lebender Aton, Beginner des Lebens ...
Wie mannigfaltig sind deine Werke!
Sie sind verborgen vor dem Angesicht des Menschen.
O einziger Gott, dem kein anderer gleich ist!
Du schufst die Welt nach deinem Begehren ...«

Der neue Gott erhielt keine menschliche Gestalt. Im Gegensatz zu Amon-Re, dem unsichtbaren Gott, der tief im düsteren Inneren seiner Tempel angebetet wurde, wurde Aton als der allumfassende Erhalter der ganzen Menschheit und allen Lebens im Freien verehrt. Der Aton-Kult stellte an den Anbeter keine anderen ethischen Forderungen als liebevolle Dankbarkeit. Es war eine tiefempfundene Verehrung eines Aspekts der Natur: der Sonne. Die gelehrten Diskussionen über den genauen Charakter des Aton-Kults – war er ein reiner oder ein rudimentärer Monotheismus? – sind noch im Gange. Er scheint eine auffällige Eigenschaft späterer Monotheismen besessen zu haben: Intoleranz. Echnaton schickte Arbeiter durch das ganze Land, um mit Hammer und Meißel die Namen der vielen Götter Ägyptens auszumerzen.

Der König betete Aton an; die Höflinge und das Volk werden oft gezeigt, wie sie den König anbeten. Es ist nicht bekannt, wie tief der Atonismus die Massen durchdrang. Doch besteht wenig Zweifel, daß er sich bei einem Großteil der oberen Schichten der ägyptischen Gesellschaft verbreitete. Gleichzeitig mit dem Atonismus wurde die zentrale Stellung des Pharaonentums wiederhergestellt. Echnaton wurde bei diesen Bemühungen vom Heer unterstützt. Die Priester und die Zivilverwaltung in Theben schäumten. Es gab Aufstände. Das Land war dem Bürgerkrieg nahe. Das Heer hielt grausam und mit Mühe die Ordnung aufrecht. Leichen trieben den Nil hinab, den Krokodilen zum Fraß.

Es ist von diesem Aton-berauschten Pharao gesagt worden, er habe in seiner Besessenheit von seinem Gott das Großreich Ägypten verspielt. Verzweifelte Bitten befreundeter Fürsten um ägyptische Hilfe gegen angreifende Feinde sind ein Hinweis darauf, daß das Land Kanaan offenbar in Chaos verfallen war.

»Laß ... die Bogenschützen des Königs, mein Herr, vorgehen«, schrieb der Herrscher von Jerusalem. »Kein Land des Königs bleibt übrig. Die Hapiru plündern alle Länder des Königs ...«

Und in der Ferne, hinter dem nördlichen Kanaan und dem Puffer-Königreich Mitanni, waren vorbereitend, abwartend, die Hethiter, ein Bergvolk, das vor 2000 v. Z. von irgendwoher im Norden in das Gebiet der heutigen Türkei eingewandert war. Jetzt setzten sie sich in Bewegung – ein mächtiges Heer von Kampfwagen und Fußsoldaten. Sie waren ein kühnes, furchtloses Volk und sahen jede benachbarte Nation als einen natürlichen Feind an. Ihr König war ein absoluter Herrscher, ein Hoherpriester und Gott. Zehntausend hethitische Keilschrifttafeln wurden im ersten Jahrzehnt dieses Jahrhunderts von Archäologen gefunden. Die meisten Tontafeln waren von historischer Art; ihre Entzifferung warf Licht auf eine lange, dunkle Periode der Geschichte – die Jahrzehnte nach Echnaton, als der Armeebefehlshaber Haremheb Pharao wurde und auf ihn eine neue Dynastie folgte, die sich dem unerbittlichen Ansturm der nach Weltgeltung strebenden Hethiter stellen mußte. Irgendwann in dieser unruhigen Periode fand eine Flucht von Sklaven statt. Sie wurde von den ägyptischen Schreibern nicht aufgezeichnet.

Die letzten Jahre von Echnatons Regierung liegen aus Mangel an historischen Dokumenten im dunkeln. Er starb etwa 1350 v. Z.; sein Nachfolger war für kurze Zeit der Mann seiner ältesten Tochter, der jetzt in Theben lebte und den ketzerischen Aton-Kult aufgab. Sein Nachfolger war Tutanchamon, der berühmte König Tut, dessen Grab 1922 von Howard Carter entdeckt wurde. Er war ungefähr neun Jahre alt, als er den Thron bestieg, und achtzehn, als er starb. Dankbare Amon-Re-Priester sorgten für eine prächtige Bestattung, weil er Amon-Re wieder in den Mittelpunkt gestellt und Theben als Hauptstadt des Landes anerkannt hatte.

Achetaton wurde aufgegeben und sank in Trümmer. Echnatons Begräbnisstätte ist bis heute unbekannt. Vor einiger Zeit glaubten die Gelehrten, seine Mumie gefunden zu haben. Eine sorgfältige Untersuchung des Schädels ergab jedoch, daß es sich um den eines jüngeren Mannes als Echnaton handelte. Es ist denkbar, daß Echnatons Leiche von wütenden Amon-Re-Priestern in Stücke gerissen und den Hunden vorgeworfen wurde.

Dann kam um 1315 v. Z. eine neue Dynastie in Äygpten an die Macht, die neunzehnte: Ramses I., Sethos I., Ramses II. aus dem Norden. Der Begründer war Ramses I., »Re ist geboren«, der Haremhebs Wesir gewesen war. Ihre Verehrung galt den Göttern Nordägyptens: Re von Heliopolis, Ptah von Memphis, Seth vom Delta.

Die Pharaonen der neunzehnten Dynastie haben im Land Ägypten die Ordnung wiederhergestellt. Beutezüge nach Süd- und Mittelkanaan brachten einen Großteil dieses Landes, darunter Megiddo und die Küstenstädte, von neuem unter ägyptische Herrschaft und ließen die Zahl der Sklavenarbeiter durch zusätzliche Hapiru und andere Asiaten anschwellen. Blutige Kämpfe wurden mit den Hethitern ausgefochten, die meisten unentschieden – obwohl Ramses II. um 1280 v. Z. nach seiner Rückkehr von einer entscheidenden Schlacht bei Kadesch am Orontes laut seinen Sieg verkündete. Ägypten und die Hethiter unterzeichneten ein Abkommen – einen Friedensvertrag –, in dem sie sich verpflichteten, gegenseitig ihre Grenzen zu respektieren.

Wir sind jetzt in den Jahrzehnten zwischen 1300 und 1270 v. Z. Ramses II. ist Pharao. Ägypten hat sich noch nicht ganz von der religiösen Revolution erholt: Kunst, Literatur, die Kultur des Landes im allgemeinen, sind in Verfall geraten; alte Texte werden bedenkenlos kopiert; die Grabgemälde betonen die Gefahren des Lebens in der nächsten Welt, die beängstigende Beurteilung des Herzens vor Osiris; ein gut Teil der Leichtlebigkeit der Vergangenheit ist verschwunden. Die Tempelwände sind mit Kriegsszenen bedeckt. Die Priester sind reich und mächtig. Ramses II. baut überall in Ägypten, vom Delta bis zu den nubischen Wüsten; und was er baut, wird natürlich von Sklaven gebaut.

Es gibt jetzt viele Zehntausende von Sklaven im Delta – Beduinen, Hapiru, Kanaaniter; eine riesige Schar von Asiaten aus vielen verschiedenen Stämmen. Von der gewaltsamen Strömung des Großreichs erfaßt und in die Sklaverei gepreßt sind die Nachkommen des Patriarchen Jakob, die vor Jahrhunderten ins Delta gekommen waren, ihre Stammeseigenheiten bewahrt hatten und nicht in der ägyptischen Zivilisation aufgegangen waren. Irgendwann in der frühen Geschichte des Neuen Reichs waren diese Hebräer in die Trupps von Sklavenarbeitern hineingeraten, die die prächtigen und sogar noch heute in ihrem verfallenen Zustand erstaunlichen Städte und Tempel bauten. Ob diese Nachkommen Jakobs als Kriegsbeute angesehen wurden – die niedrigste Klasse von Sklaven – oder als ein Arbeiterreservoir, das unter militärischer Kontrolle in eigenen Häusern wohnte und bei Bedarf oder nach Lust und Laune zum Frondienst herangezogen wurde, ist schwer zu sagen.

Sklaven, die auf den Feldern und in den Steinbrüchen arbeiten, die Ziegel herstellen und Städte und Tempel bauen, sind Staatseigentum und gehören der Krone oder dem Tempel wie Vieh und Land. Sie werden als ein Teil des Heeres angesehen, werden von Standartenträgern geführt, die unter den Soldaten ausgewählt werden, und mit dem Siegel der Regierungsabteilung, die als »Haus des Silbers« bekannt ist, gebrandmarkt. Ihre Anführer werden oft aus ihren eigenen Reihen ausgewählt und haben unterschiedliche Grade. Sklaven müssen antreten und wie Soldaten zu ihren Arbeitsplätzen marschieren.

Ob die Sklaven nun arme Ägypter oder asiatische Kriegsgefangene sind, von den Schreibern werden sie verachtet, die der Meinung sind, sie seien ohne Verstand und müßten daher angetrieben werden wie Vieh. Ein Gedicht auf einem Papyrus lautet:

»Das arme Kind wird nur großgezogen,
Damit es den Armen seiner Mutter entrissen werden kann;
Sobald es das Mannesalter erreicht,
Werden seine Knochen geschlagen wie die eines Esels;
Es wird getrieben, es hat wirklich keinen Verstand in
seinem Körper.«

Unter Ramses III. streikten die Handwerker in Theben oft, weil sie ihr Deputat an Lebensmitteln und Öl nicht rechtzeitig erhielten. »Wir haben seit achtzehn Tagen gehungert«, klagen sie laut einem Dokument, das einen solchen Streik beschreibt. Während dieses Streiks marschieren sie zum Tempel von Ramses II. und dringen in das Gebäude ein. Die Priester versuchen sie zu beschwichtigen, aber die Arbeiter sind wütend. »Hunger und Durst haben uns hergetrieben; wir haben keine Kleidung, wir haben kein Öl, wir haben nichts zu essen. Schreibt darüber an unseren Herrn, den Pharao, und schreibt an den Statthalter, dem wir unterstehen, daß sie uns etwas für unseren Unterhalt geben.« Sie wurden bezahlt und kehrten zu ihrer Arbeit zurück.

Ramses III. regierte ein Jahrhundert nach der Zeit, über die ich jetzt schreibe. Aber wenn schon die Handwerker während der Regierung Ramses' III. in einer schwierigen Lage waren, dann finde ich es schwierig, mir den Hunger vorzustellen, die Dürftigkeit des Daseins, die man schon nicht mehr Armut nennen konnte, die endlose, zermürbende Plackerei, die völlige Hoffnungslosigkeit, die das Schicksal des Sklaven ist, der in der Sonne des Deltas schuftet, um die Städte von Sethos I. und Ramses II. zu bauen.

In den Tagen von Sethos II., dem Vorgänger von Ramses II., wurde dem Nil ein mit Erdpech und Teer gedichteter Weidenkorb übergeben, in dem ein drei Monate alter Junge lag. Die Hebräer, wird uns in der Bibel gesagt, »mehrten sich und wurden sehr viel, daß ihrer das Land voll ward.« Sethos I., der fürchtete, »sie möchten sich im Kriegsfalle unseren Feinden anschließen und gegen uns kämpfen«, hatte befohlen, alle neugeborenen hebräischen Knaben zu töten. Das Kind wurde seinem Schicksal überlassen.

Kinder wurden oft im Wasser des Nils ausgesetzt – von den Armen, die sie nicht ernähren konnten, von den Reichen, wenn sie im Ehebruch erzeugt waren, von Sklaven, die es nicht über das Herz brachten, ihre eigenen Nachkommen zu töten und sie daher entweder dem Tod durch die Hand eines anderen oder einem glücklichen Zufall überließen. Auch in den Flüssen Mesopotamiens wurden Kinder ausgesetzt – wir erinnern uns, daß nach dem Bericht über das Leben Sargons von Akkad seine Mutter ihn kurz nach seiner Geburt dem Euphrat übergab. Und in einem ägyptischen Mythos verbirgt die Mutter des Gottes Horus ihren Sohn im Säuglingsalter im Schilf, um ihn vor dem mörderischen Zorn des Gottes Seth zu schützen. Geschichten von Säuglingen, die den Flüssen preisgegeben werden, waren weitverbreitet im alten Nahen Osten. Die Geschichten spiegelten die Wirklichkeit wider, und die Wirklichkeit machte die Geschichten glaubwürdig. Es gibt keinen Grund, die Geschichte von Sargon oder die von Moses zu bezweifeln.

Eine Prinzessin des königlichen Hauses entdeckte das Kind, ließ es von einer hebräischen Sklavin nähren – der Mutter des Kindes, was die Prinzessin nicht wußte –, brachte den Jungen in den Palast und zog ihn als ihren Sohn auf. Ägyptische Frauen nährten ihre Kinder, bis sie drei Jahre alt waren, asiatische Frauen wahrscheinlich kürzer. In der Zeit des Neuen Reichs endete die Kindheit mit vier Jahren; dann begann das Knabenalter und die Erziehung.

Von dem ursprünglichen Namen des Jungen kennen wir nichts als Mosche, was auf ägyptisch »geboren von« oder »ist geboren« bedeutet; das hebräische Wort *mashah,* »herausziehen«, von dem sich sein Name vermutlich ableitet, entstammte späteren Stammesgeschichten oder ist ein Einfall des gewandten Schriftstellers, der versuchte, mit Hilfe der ihm zur Verfügung stehenden mündlichen und schriftlichen Überlieferungen den verschiedenen Berichten über die Herkunft des Retters seines Volkes eine endgültige literarische Form zu geben. Der Junge, dieser Adoptivsohn einer ägyptischen Prinzessin, wird wohl im Palast zusammen mit anderen fürstlichen Kindern und Kindern der Oberschicht erzogen worden sein. »Schenke dein Herz dem Lernen, und liebe es wie eine Mutter«, riet ein ägyptischer Vater seinem Sohn, »denn nichts ist so wertvoll wie Lernen.« Und er fügte hinzu: »Nur der gelehrte Mann beherrscht sich selbst.« Der Ägypter schätzte die Bildung, denn mit ihrer Hilfe konnte man vorwärtskommen, sie unterschied einen von der Masse der Ungebildeten, der Beherrschten, der Ignoranten, die wie »ein schwer beladener Esel« waren.

Der Knabe Mosche – oder Moses, wie wir ihn kennen – wird lesen und schreiben gelernt haben. Er wird in allen möglichen Sportarten und den Umgangsformen bei Hofe unterwiesen worden sein. Das durchschnittliche Lebensalter zu jener Zeit war fünfundzwanzig Jahre; mit zwölf oder vierzehn hatte ein ägyptischer Junge, der die Schreibkunst studierte, genügend Meisterschaft erworben, um den Behörden wirklich nützlich zu sein. Ein Prinz wird schließlich ein Mitglied des inneren Kreises der Höflinge geworden sein und über Kriege, Verträge und Intrigen Bescheid gewußt haben – den Wirbel königlicher Angelegenheiten um den göttlichen, allmächtigen Thron.

Der junge Mann Moses – gebildet, ein Prinz des königlichen Hofs von Sethos I. – wird wohl einen zeitweiligen Militärdienst in den Steinbrüchen geleistet oder zum Heeresaufseher seiner »Verwandten«, die im Delta arbeiteten, ernannt worden sein. Der Erzähler des Buches *Exodus* erinnert uns daran, daß die Hebräer seine Verwandten waren; wir wissen nicht, ob sich Moses darüber klar war. Was folgt, ist das Ergebnis von plötzlicher unbeherrschbarer Wut, Mitleid, Entsetzen und Empörung. Er erschlägt einen grausamen Ägypter. In der Erde des Deltas eine Leiche zu verscharren, ist einfach.

Ein hebräischer Sklave macht Moses darauf aufmerksam, daß er Zeuge des Mordes gewesen sei. Der junge Prinz zittert an allen Gliedern, denn er weiß, daß der Pharao ihm den Mord nicht durchgehen lassen wird. Auch der tote Ägypter mag ein Angehöriger des königlichen Haushalts oder der Sohn eines hohen Beamten gewesen sein. Strenge Bestrafung wird für Mord an ägyptischen Offizieren, Steuereinnehmern und königlichen Boten gefordert.

Der Prinz nimmt die Beine unter die Arme und flieht nach Süden und Osten und schlüpft über die Grenze – oder überquert sie wahrscheinlich ungehindert in seiner Prinzenkleidung, denn die Grenzposten sind vielleicht noch nicht verständigt worden und wissen nicht, wie sie ihn zurückhalten sollen. Er geht nicht nach Kanaan, denn er weiß, daß das Land von ägyptischen Truppen wimmelt. Vielmehr begibt er sich in die Wildnis des nördlichen

Sinai und wandert zum Land Midian, in der Gegend des heutigen Elath im Süden des modernen Israel.

Er hätte diese Strecke nicht zurücklegen können, wenn ihm nicht unterwegs Beduinen geholfen hätten. Sie werden ihm entweder aus Freundlichkeit, aus Angst oder in der Hoffnung geholfen haben, Geschenke zu erhalten. Die Midianiter, Nachkommen Abrahams durch seine Frau Ketura (*Genesis* 25), bieten ihm Unterkunft an; er wird in die Sippe eines Priesters aufgenommen, der ihm seine Tochter zur Frau gibt.

Diese Midianiter sind Nomaden, Beduinen der Wüste, mit einem vagen Anspruch auf Weideland auf der Halbinsel Sinai. Es wird uns nichts über den Gott oder die Götter des Priesters gesagt, dessen Name Reuel eine Verbindung mit der kanaanitischen Gottheit El beweist. Moses lebt mit der Sippe dieses beduinischen Scheich-Priesters und hütet Schafe in der Wildnis. Nach einiger Zeit gebar seine Frau einen Sohn. Der ägyptische Prinz nannte das Kind Gersom, was bedeutet: »Ich war ein Fremder in einem fremden Land.« Der Name besteht aus zwei semitischen Wörtern, *ger,* »Fremder«, und *shom,* »da«. Wir erfahren von Moses' Einsamkeit und seiner allmählichen Anpassung an dieses unfruchtbare Land, das so anders ist als sein reiches und mächtiges Ägypten.

»Ich bin dennoch ein Fremder, den niemand liebt«, schrieb zu einer anderen Zeit Sinuhe, der Ägypter, aus seinem Exil unter den Amoritern, »ebensowenig wie ein Beduine im Delta geliebt würde.«

Moses hütet die Schafe seines Schwiegervaters in der trostlosen Wildnis. Jetzt wird uns gesagt, sein Schwiegervater heiße Jethro. Die Kommentare versuchen tapfer, den Widerspruch zu bereinigen, indem sie Reuel zum Großvater machen. In Wirklichkeit haben wir hier die Schwelle zu einer weiteren Überlieferung überschritten, einer zweiten Quelle oder einem literarischen Dokument, einem weiteren Bericht über das Leben von Moses unter den Midianitern. Es ist die Geschichte von dem brennenden Busch.

Jahre sind vergangen seit der Flucht aus Ägypten. Der Prinz ist jetzt ein Beduine im staubigen Wüstengewand der Nomaden.Der unerschöpfliche schwarze Boden des Niltals, die riesigen Tempel, die vielen Götter, der goldene Palast des Pharaos, der Reichtum seiner Jugend – all das ist ein verschwundener Traum in der heißen, trockenen, bergigen Wildnis mit ihrem Sonnenschein und den violetten Schatten, den glühend heißen Tagen und den kühlen Nächten und bei der Schafherde, die an den niedrigen Blättern stachliger Büsche und dann und wann an wilden Gräsern nagt, die auf der rötlichen Erde wachsen.

Ich behaupte nicht, daß ich die geheimnisvolle menschliche Wandlung verstehe, den Augenblick, in dem die Reaktion eines Menschen auf seine Umwelt zu einer neuen und wunderbaren Erkenntnis vom Wesen der Menschheit führt und ihn an eine Zukunftsvision bindet, der er sein Leben weiht. Etwa ein Jahrhundert vor Moses stellte sich der Pharao eines durch die Siegesbeute des Großreichs aufgeblähten Ägyptens im Geist einen einzigen Gott vor, eine einzige Naturkraft, die auf die erstickende Vielfalt von Göttern und Menschen einwirkt. Angewidert von den unnachgiebigen Priestern und voll Abscheu vor Amon-Re, dem bluttriefenden Gott des ägyptischen Großreichs, verließ der König seine Welt, zog sich in eine Stadt zurück, die er selbst erschaffen hatte, und erwartete von der Sonne und ihrer symbolischen Darstellung als Scheibe eine wirksame Hilfe zur Unterstützung seiner Vision. Die Vision starb mit ihm. Sein Name wurde verflucht, sein Gott getilgt. Nichts anderes verbindet diesen Pharao mit dem Mann, der in der Wildnis Schafe hütete, als daß beide Menschen sind und beide nach Einheit strebten über das verdrießliche Kaleidoskop hinaus, dessen wir uns jeden Morgen beim Aufwachen bewußt werden.

Ich akzeptiere die folgenden Elemente des frühen Lebens von Moses als Wahrheiten: Er war als Hebräer geboren; er wuchs am Hof des Pharaos als Prinz auf; in einem Anfall von Wut erschlug er einen Ägypter; er floh und lebte bei den Midianitern. Ich akzeptiere diese Elemente, weil es keinen Grund gegeben haben konnte, sie zu erfinden, und weil jedes von ihnen ein wichtiger Bestandteil seiner Persönlichkeit ist; würde eines dieser Elemente fehlen, wären die Taten des Mannes unverständlich – wie wir sehen werden.

Da ich sie akzeptiere, stürmen Fragen auf mich ein. Warum hat Moses den Ägypter ermordet? In einem einzigen Augenblick unbeherrschbarer Wut hat er nicht nur einen Menschen umgebracht – und wie grausam der Ägypter auch gewesen sein mag, der Prinz Moses konnte nicht dazu berechtigt sein, ihn zu töten –, sondern verspielte auch seine ganze Zukunft am Königshof. Außerdem hat er sich während seines ganzen Aufenthalts bei den Midianitern kein einziges Mal an Kämpfen beteiligt, die Männer bei ihren Scharmützeln mit anderen Stämmen nicht begleitet und nichts getan, das an seine frühere militärische Ausbildung und seine Fähigkeit zu töten erinnert. In dieser Beziehung ist er ganz anders als Sinuhe, der sich am Kämpfen und Töten ergötzte. Er ist Manns genug, um zwei Söhne zu haben – aber als Beduine scheint er nichts anderes zu tun als durch die Wildnis zu wandern und die Schafe seiner neuen Familie zu hüten. Warum? Bei den Beduinen sind es die Frauen und Kinder, die sich regelmäßig um die Schafe kümmern; die Männer sind Krieger.

Das entsetzlichste Schicksal, das einem Ägypter widerfahren konnte, war, zu sterben und nicht bestattet zu werden; selbst die ärmsten Ägypter trachteten nach Mumifizierung und einem Grab, das vor den umherstreifenden Schakalen der Wüste Schutz bot. Ohne den Körper würde der Geist in einer Ewigkeit des Nichts verschwinden. Der von Moses erschlagene und im Sand verscharrte Ägypter ist mittlerweile aufgefressen, seine Knochen zerstreut und gebleicht. Wenn wir den Bericht über die zwei streitenden hebräischen Sklaven, die Moses zu beschwichtigen suchte und von denen der eine sich mit den Worten an ihn wandte: »Wer hat dich zum Obersten und Richter über uns gesetzt? Willst du mich auch erwürgen, wie du den Ägypter erwürgt hast?« als wahr akzeptieren – und warum sollten wir ihn nicht akzeptieren; als Erfindung trägt er nicht zum Ruhm der Hebräer bei, also warum sollte er erfunden sein; aber als Wahrheit hilft er uns, den Charakter von Moses besser zu verstehen –, wenn wir diese Geschichte akzeptieren, dann wird die Greueltat des Mordes zu einem endlosen seelischen Albtraum. Das Töten war sinnlos. Die Schreiber haben recht. Sklaven sind Geschöpfe ohne Verstand, die wie Vieh angetrieben werden müssen, wie die Herde, die er jetzt für seinen Schwiegervater hütet. Ein Mann, dessen Gemüt von derart bedrückenden Zweifeln umwölkt ist, kann kein Krieger sein, er kann nicht töten. Er kann nur Schafe hüten wie Kinder und Frauen.

Folgendes geschieht: Ein Mann vollbringt gedankenlos eine Heldentat oder begeht eine Greueltat und verbringt dann ein gut Teil seines Lebens mit dem Versuch, sich selbst zu erkennen und die verborgene Quelle seiner Tat herauszufinden. Oft gibt es keine andere Quelle als die Irrationalität, die der unterirdische Ozean ist, auf dem die Menschheit dahintreibt. Oft wird er eine Quelle erfinden, und sie wird sein schwaches Floß der Vernunft sein. Aber gelegentlich entdeckt er Gefühle und Gedanken, die tief in ihm begraben waren, erschreckende Gedanken, denn sie stehen im Widerspruch zu allem, was hochzuschätzen ihm beigebracht wurde, und die ihm dennoch irgendwie vor Wahrheit brennend und blendend erscheinen; er versucht, ihre Form zu erkennen, doch mögen sie noch formlos sein, obwohl er ihre Macht spürt und von ihrem Leuchten abwechselnd angezogen und abgestoßen wird. Dann zerrt er sie aus sich heraus und betrachtet sie voll Furcht und Staunen – wie Moses es jetzt in der Wildnis tut.

Er ist zu der Überzeugung gelangt, daß die Welt, in der er aufwuchs, entsetzlich ist, nicht sein Mord; daß Sklaven, wie abgestumpft ihr Verhalten auch sein mag, nicht wie die Schafe sind, die er hütet, sondern ebenso menschlich wie die jungen Ägypter, mit denen er erzogen wurde; und daß Sklaverei ein Greuel ist und alle Götter, die sie unterstützen, ein Greuel sind. Er starrt auf diese Wahrheit, die er an der Quelle seiner Mordtat entdeckt hat. Weil er in einer Welt lebt, die nur das Göttliche als Quelle neuer Gedanken kennt, erfährt er dann das religiöse Korrelat dieser plötzlichen Vision. Das religiöse Korrelat der als unmenschlich empfundenen Sklaverei ist das Gefühl der Unverletzlichkeit aller Menschen und der göttliche Imperativ, die Sklaven zu befreien. Das religiöse Korrelat des Abscheues vor den sichtbaren und zahlreichen Göttern, die diese Sklaverei unterstützen, ist die Überzeugung, daß alle diese Götter falsch sind.

Vielleicht kann mir an diesem Punkt die Freiheit des Romanschriftstellers zugestanden werden. Moses lebte jahrzehntelang unter den Midianitern. Wir können seine Denkweise zu jener Zeit nur unter Zuhilfenahme der Phantasie ergründen. In dem Bewußtsein, der Realität Gewalt anzutun, aber in der Hoffnung, zur Klarheit beizutragen, lege ich diese vereinfachte und schematische Darstellung seiner Gedanken vor, begradige die Kurven und Windungen und mache aus Jahrzehnten verlorener Spuren und neuer Pfade eine einzige gerade Straße.

In der damaligen Welt konnte die Ansicht, daß Sklaverei Unrecht sei, nur von einem Gott eingegeben sein. Von welchem Gott? Gewiß nicht von den Göttern Ägyptens. Von einem kanaanitischen Gott? El und Baal: Hasser der Sklaverei? Ein neuer Gott also. Ein Gott, der Ägypten verachtet; ein Gott, der die zwei Länder so verabscheut, daß er einem Menschen den Impuls einimpft, in seinem Auftrag Ägypter zu töten. Wo ist dieser Gott? Wie soll er genannt werden? Und warum hat er mich zum Werkzeug seines Vorhabens auserwählt? Gewiß ist Ägypten in seinen Augen ein Greuel – die einseitige Ausrichtung auf den Tod und auf Gräber, die riesigen Tempel, die Vielzahl der Götter. Er mußte ein Gott des Lebens sein, wenn er den Tod so verabscheut; er mußte ein Gott der Freiheit sein, wenn er die Sklaverei so verabscheut. Aber wie lautet sein Name?

Eine ägyptische Inschrift aus dem 14. Jahrhundert v.Z. erwähnt »ein Land der Beduinen von JHV« in der Nähe von Edom, dem Gebiet der Midianiter. Die Bibel bewahrt Echos von einer Gottheit mit Namen JHVH, die in dieser Gegend weilte: »JHVH ist vom Sinai gekommen und ist ihnen aufgegangen von Seir; er ist hervorgebrochen vom Berge Pharan...« (*Deuteronomium* 33,2); »JHVH, da du von Seir auszogst und einhergingst vom Felde Edoms...« (*Richter* 5,2); »Gott kommt von Teman, und der Heilige vom Gebirge Pharan.« Pharan und Seir sind in der Gegend der Midianiter. Moses scheint nicht zu wissen, daß der Ort, zu dem er gewandert ist, heilig ist. Immerhin wird ein schwaches Verbindungsglied zu einem Beduinengott angedeutet. Aber was immer diese Gottheit für jene Beduinen bedeutet haben mag, die Art und Weise, wie sie jetzt von Moses begriffen und erfahren wurde, konnte wenig damit zu tun haben.

Das ist der Punkt, an dem der Verstand eines Menschen eine Klippe umschiffen und auf ein neues, klares Bewußtsein stoßen mag – ein ebenso geheimnisvoller Schöpfungsakt wie das Leben selbst. Manche nennen es eine Epiphanie, einen Augenblick der Offenbarung; andere nennen es einen induktiven Sprung; wieder andere bezeichnen es als das Werk der Phantasie. Es ist nicht zu leugnen, daß manche Menschen sich als fähig erwiesen haben, sich über alte Schwellen hinwegzufühlen oder zu denken – und daß wir immer noch nicht begreifen, wie das vollbracht wird.

Was Moses betrifft, so ist uns die Antwort auf seine Fragen überliefert worden, etwa die Geschichte von dem brennenden Busch. In der flimmernden Hitze der Wildnis, in der glühenden Sonne, fangen die Blätter eines Busches die hitzige Glut der Sonnenstrahlen auf und scheinen in Flammen auszubrechen. Der Busch glüht und brennt und wird doch nicht verzehrt. Der Gott, den Moses gesucht hat, ist JHVH, der Gott seines Vaters, der Gott Abrahams, Isaaks und Jakobs. Ja, Sklaverei ist abscheulich. Dieser Gott wird die Israeliten retten und sie in das Land Kanaan bringen. »Ich will dich zum Pharao senden, und du sollst mein Volk befreien...«

Das Widerstreben von Moses, diese Aufgabe zu übernehmen,

und die literarische Form, in die es gekleidet wird, lassen den Dialog wie das Feilschen in einem orientalischen Basar klingen. Gott verspricht »allerlei Wunder«. Moses ist skeptisch. Gott tritt den Beweis an. Moses wendet ein, daß er nicht sehr beredt sei. Gott wird zornig. Aaron, des Moses Bruder, soll das Reden übernehmen. Widerstrebend nimmt Moses die Berufung an und verläßt Midian – nach *Exodus* 4,20 nimmt er seine Frau und seine Kinder mit; nach *Exodus* 18,2 läßt er sie zurück. Der Pharao Sethos I. und alle, die Moses nach dem Leben trachteten, sind nun tot. Aber dieser Apostel Gottes läßt nicht erkennen, daß er über die Aufgabe, die ihm übertragen wurde, sehr glücklich sei.

Echnaton hatte eine Vision und zog sich in egozentrische Einsamkeit zurück. Die Vision starb mit ihm. Moses hat eine Vision und macht jetzt, mit Furcht im Herzen, eine Lehre daraus, mit der er eine feindliche Welt angreifen will.

Das Kernstück des Erlebnisses beim brennenden Busch ist der Ruf Gottes, dem zuerst Widerstand geleistet und der dann befolgt wird. Es ist eine überwältigende Berufung zu einem Auftrag. Zukünftige Propheten werden auf ähnliche Weise gerufen, leisten Widerstand und gehorchen dann. Der Name JHVH stammt von dem hebräischen Verb *hvh,* »sein«; vielleicht nimmt der Name für Moses die Bedeutung »Gott des Lebens, der Bejahung, des Daseins« an; er, der zu sein veranlaßt – das genaue Gegenteil der ägyptischen Welt der Gräber und des Todes.

Aaron gelingt es, die Ältesten der Israeliten davon zu überzeugen, daß Gott sie befreien will. Aber der erste Versuch endet mit einer Katastrophe. Der neue Pharao, Ramses II., hat nie vom Gott der Hebräer gehört. »Moses und Aaron, warum wollt ihr das Volk von seiner Arbeit frei machen? Gehet hin an eure Dienste!« Den Hebräern wird das Stroh für die Ziegelherstellung vorenthalten. Aber die Zahl der Ziegel, die sie herstellen müssen, wird nicht gemindert. Die Israeliten wenden sich wütend an Moses und Aaron. Und Moses wendet sich an Gott. »Warum hast du mich hergesandt? ... Du hast dein Volk nicht errettet.«

Jetzt spricht Gott auf eine höchst seltsame Weise mit Moses. »Ich bin JHVH. Und ich bin erschienen Abraham, Isaak und Jakob als El Schaddaj, aber ich offenbarte ihnen meinen Namen JHVH nicht ... Sage dem israelitischen Volk: Ich bin JHVH, ich will euch von der Fron der Ägypter befreien ... durch außerordentliche Züchtigungen. Und will euch annehmen als mein Volk und will euer Gott sein ...«

Es kann kaum ein Zweifel bestehen, daß hier und in der Geschichte vom brennenden Busch ein neuer Anfang gemacht wird – ein Anfang zwischen dem Gott JHVH, seinem Apostel Moses und den Israeliten. Das ist der Beginn der Geschichte Israels. Das Vorkommen des Namen JHVH in den Patriarchenerzählungen ist ein Anachronismus. Das empfand schon der Kommentator Ibn Esra im Mittelalter, der es in seinen Ausführungen zu *Exodus* 6,3 erwähnt: »Die Patriarchen erreichten nicht ein so hohes Maß an Verdienst, das ihnen ermöglicht hätte, auf dieselbe Weise den Namen zu erfahren wie Moses, der Gott von Angesicht zu Angesicht kannte und der die Geschichte der Welt zu verändern vermochte ...« Wir sind jetzt im Zeitalter des Gottes von Moses, JHVH, eines leidenschaftlichen Gottes, der Ägypten haßt, der aus Liebe ein versklavtes Volk mit »allerlei Wundern« und »außerordentlichen Strafen« errettet und eine Kette von Ereignissen in Gang setzt, die zur Entstehung einer neuen Zivilisation im »Fruchtbaren Halbmond« führt – der einzigen Zivilisation jener Welt, die noch heute besteht und das Leben eines gut Teils der Menschheit beeinflußt.

Als die Zeit kam, die Art der Ereignisse, die die Sklavenflucht ermöglichte, in eine endgültige literarische Form zu bringen – etwas Chaotisches mußte in Ägypten geschehen sein, damit die Flucht gelingen konnte –, wurde geschrieben, der Nil habe sich in Blut verwandelt; Frösche, Ungeziefer und wilde Tiere schwärmten über das Land; schwarze Blattern befielen Menschen und Tiere (das fehlt in den Aufstellungen der Plagen in den Psalmen 78 und 105); Tiere und Ernten wurden vernichtet; die Sonne schien nicht mehr; die erstgeborenen Kinder wurden erwürgt. Einer großen Zahl Sklaven gelang die Flucht in das »Rote Land«, und am Schilfmeer entgingen sie durch ein Wunder den sie verfolgenden ägyptischen Streitwagen – die erste Massenflucht von Sklaven der Geschichte, von der wir wissen.

Wir wissen davon nur aus der Bibel. Ägyptische Schreiber sagen uns nichts über eine solche Flucht. Es ist nicht wahrscheinlich, daß sie sich bemüßigt fühlten, sie aufzuzeichnen.

Die Flucht scheint keine Auswirkungen auf die Fertigstellung von Per-Ramses gehabt zu haben. Ein Schreiber-Schüler schreibt an seinen Lehrer begeistert über die Stadt: »Ich bin im ›Haus-des-Ramses-geliebt-von-Amon‹ angekommen und fand es überaus prächtig ... Sein Feld ist voll von lauter guten Dingen ... Seine Teiche sind voll von Fischen und seine Seen voller Vögel ... Man frohlockt, wenn man dort weilt.«

Aber über die Flucht dieser Sklaven, über ihren Erfolg, als sie dem nachsetzenden ägyptischen Heer entkamen, über diese ersten Geburtswehen einer zukünftigen Nation durch ihre Erfahrungen mit außerordentlichen Geschehnissen statt mit Flüssen und Überschwemmungen, über all das schweigt das Land am Nil.

Kanaan

Die rivalisierenden Bünde

Es war ein jämmerlicher Haufen, eine Masse ängstlicher, streitsüchtiger Asiaten, die irgendwo östlich des Niltals durch die unbarmherzige Sand- und Steinwüste wanderten. Zu ihnen gehörten die Nachkommen der Söhne Jakobs. Beginnend mit den beiden letzten Kapiteln des Buches *Genesis* werden sie plötzlich Israeliten genannt. Der Übergang von Jakob zu Israel ist unklar. War Israel ein vierter Patriarch? Wir wissen es nicht. Die Nachsilbe »it«, *ites* auf griechisch, bedeutet Anhänger einer Partei, Angehöriger eines Stammes. Zusammen mit diesen Israeliten kam eine bunte Menge anderer Asiaten – Kanaaniter, Hapiru, Angehörige verschiedener Beduinenstämme, möglicherweise auch einige Hethiter und Mesopotamier.

Uns wird gesagt, unter ihnen seien mehr als sechshunderttausend waffenfähige Männer gewesen – aber das ist vielleicht eine Ausschmückung, die sich ein Volk erlaubt, wenn es sich eines glorreichen und beängstigenden Augenblicks seiner frühen Geschichte erinnert. Eine Streitmacht dieser Größe, selbst wenn sie schlecht bewaffnet gewesen wäre, hätte von den Streitwagen Ramses' II. wenig zu fürchten gehabt; und die Gesamtzahl einschließlich der Frauen, Kinder und Alten hätte dann mehr als zwei Millionen betragen und viel Raum gebraucht in der Wildnis, durch die sie wanderten.

Wie vielen Sklaven gelang die Flucht? Dreitausend? Dreißigtausend? Wir werden es wahrscheinlich nie erfahren. Jedenfalls waren es genug, um dem Ereignis und seinen Nachwirkungen einen so volltönenden Widerhall zu verleihen, daß daraus ein Volk entstehen konnte.

Uns wird auch gesagt, sie seien vom Delta zum Schilfmeer gezogen (nicht zum Roten Meer; die hebräischen Wörter *Yam Suf* bedeuten Schilfmeer) und dann weiter durch die Wüste Sur nach Rephidim, wo sie den räuberischen Amalekitern, die sie als eine leichte Beute angesehen hatten, eine heftige Schlacht lieferten. Nach dem Sieg über die Amalekiter wanderten sie zum Berg Sinai.

Sie gingen nicht direkt über die Küstenstraße nach Kanaan – den »Weg des Landes der Philister«, wie ihn der biblische Schriftsteller nennt, der sich an einen Jahrhunderte nach dem Ereignis lebenden Leserkreis wendet, als es die Philister tatsächlich im Land gab; doch zur Zeit der Sklavenflucht waren sie noch nicht dort. Die Küstenstraße, die *Via Maris*, war von Pharao Sethos I. stark befestigt worden. Wir wissen nicht, welchen Weg die entlaufenen Sklaven einschlugen. Die in der Bibel erwähnten Haltepunkte waren zeitweilige Lagerplätze, deren Lage heute nicht mehr festgestellt werden kann.

Wenn sie nach Norden zogen, dann hielten sie auf die Mittelmeerküste zu, und die Streitwagen der Ägypter blieben auf einer langgestreckten Sandbank im Manzala-See westlich von Port Said oder im Sirbonis-See stecken, dem heutigen Bardawil. Ich habe Bardawil besucht und beobachtet, wie die schmale Nehrung, die den See vom Meer trennt, verschwindet, wenn sie bei starkem Ostwind vom Mittelmeer überspült wird. Schilf wächst an beiden Seen. Eine Rettung vor den Streitwagen auf diese Weise muß ein wirklich außerordentliches Ereignis in den Augen von verängstigten Menschen gewesen sein, die auf einer schmalen Landzunge zwischen zwei Gewässern um ihr Leben liefen. Dann wandten sie sich nach Süden und Osten zum Berg Sinai, möglicherweise dem heutigen Dschebel Halal in der Nähe der großen Oase Kades-Barnea, etwa achtzig Kilometer südlich von Beersheba.

Wenn sie nach Süden zogen, als sie Ägypten verließen, dann hielten sie auf den Golf von Suez zu, wo der Unterschied zwischen Hoch- und Niedrigwasser etwa einen Meter achtzig beträgt; aber in der Gegend gibt es heute kein Schilf. Nachdem sie das Schilfmeer überquert hatten – vielleicht das schmale nördlichste Stück des Golfs –, zogen sie am östlichen Ufer weit in die Sinai-Halbinsel hinein zu einem Berg, der heute Dschebel Musa heißt. Ein byzantinisches Kloster liegt auf dem Osthang dieses Berges. Die griechisch-orthodoxen Mönche sind bärtig und freundlich. Der Berg ist eine Wallfahrtsstätte. Ich erstieg ihn eines Morgens, ich war noch in der Dunkelheit aufgebrochen, und sah die goldene Scheibe der Sonne über die Berglehne eines benachbarten Gipfels gleiten, während ich vorsichtig den steilen Pfad erklomm. Später stand ich auf der ebenen Bergkuppe, hatte nicht mehr als etwa fünfeinhalb Quadratmeter Stein unter den Füßen und einen sechs Meter hohen Felsblock an einem Ende der Bergspitze neben mir und betrachtete den klaren blauen Himmel, die weite Fläche des sandigen Tals unten, die Granitfelsen ringsum und eine riesige gelbe Wüste fern im Osten. In einem solchen Augenblick kann man sich über sich selbst hinausgewachsen fühlen, über die Welt erhaben – aber man kommt wieder zu Sinnen durch den Gedanken, daß dieser Berg vielleicht gar nicht der Berg Sinai ist trotz der Versicherungen der freundlichen Mönche, die einem Postkarten verkaufen, wenn man wieder unten am Kloster ist.

Wenn die fliehenden Sklaven einen mittleren Weg einschlugen, dann zogen sie von Unterägypten aus fast genau nach Osten zu den Bitterseen, einer Seenkette zwischen dem Delta und dem Golf von Suez. Schilf wächst an dem feuchten Ufer, und manchmal kann man eine schlammige Schwelle sehen, die das Wasser just über der Oberfläche teilt – genug, um eine Überquerung zu Fuß zu ermöglichen und die Räder eines Kampfwagens versinken zu lassen. Der Berg Sinai könnte der hohe Gipfel Dschebel Sinn-Bishr sein, etwa fünfzig Kilometer südöstlich von Suez. In der Gegend der Bitterseen lag zu einer anderen Zeit Sinuhe der Ägypter verdurstend, nachdem er aus seiner Heimat geflohen war, und wurde von einem asiatischen Häuptling gerettet.

Um 1280 v.Z., kurz vor oder nach der Sklavenflucht, unterzeichneten die Ägypter und Hethiter einen Vertrag, einen Nichtangriffspakt, in dem sie gelobten, gegenseitig ihre Grenzen zu respektieren. Wir haben auch Pakte oder Friedensverträge zwischen den Hethitern und Völkern, die sie zu besiegen vermochten. Sie werden Suzeränitätsverträge genannt – Abkommen zwischen einem Staat, der die politische Oberhoheit ausübt, und einem abhängigen Staat.

Zur Zeit der Sklavenflucht waren die Ägypter und die Hethiter die beiden Großmächte in den mittleren und westlichen Bereichen des »Fruchtbaren Halbmonds«; gemeinsam beherrschten und plünderten sie einen Großteil der damals bekannten Welt. Als ägyptischer Prinz im Palast des Pharaos Sethos I. aufgewachsen, wird Moses die hethitischen Suzeränitätsverträge gekannt haben.

Verträge sind so alt wie die Historie. Ein Stadtstaat konnte seinen Gesetzen durch die Androhung von Strafen oder Verbannung Geltung verschaffen. Menschen, die in einer Gemeinschaft zusammenlebten, waren hinsichtlich ihrer Existenz auf die Erfüllung von Verträgen oder Pakten und auf die Einhaltung des Gesetzes angewiesen. »Wenn ein Bürger Raub begeht und ergriffen wird«, heißt es im Gesetzeskodex von Hammurabi, »wird dieser Bürger getötet.« Und: »Wenn ein Bürger mit seiner Tochter schläft, soll dafür gesorgt werden, daß dieser Bürger die Stadt verläßt.« Wer aus seiner Stadt weggeschickt wurde, sollte des kommunalen Schutzes beraubt sein und ein Verfemter werden, ein Hapiru.

Aber wie steht es mit Verbrechen, die Stadtstaaten untereinander begehen? Mit Krieg und Frieden, Diplomatie, internationalen Beziehungen? Diese werden durch Verträge oder Pakte geregelt.

In einigen Sprachen des alten Nahen Ostens bedeutete der Ausdruck für einen Vertrag oder einen Pakt wörtlich übersetzt: »Flüche und Bündnisse«. Verträge enthielten zwei Abschnitte: ein Versprechen, etwas zu tun oder zu befolgen, und eine Verfluchung, daß die Rache der Götter über denjenigen kommen solle, der das Versprechen bricht. Sumerische Verträge aus der Zeit um 2500 v.Z. enthalten diese Abschnitte.

Die hethitischen Suzeränitätsverträge bestanden fast gleichbleibend aus den folgenden Teilen, wenn auch nicht immer in derselben Reihenfolge: 1) Präambel; 2) Vorgeschichte; 3) Forderungen oder Bedingungen; 4)Bestimmungen über die Hinterlegung des Textes und seine regelmäßig wiederholte öffentliche Verlesung; 5)eine Liste göttlicher Zeugen des Vertrages; 6) Segenssprüche und Flüche. Durch die Entzifferung der hethitischen Texte wurden Beispiele von Suzeränitätsverträgen bekannt. Und es hat sich gezeigt, daß sie eine außerordentliche Bedeutung für gewisse entscheidende Abschnitte der Bibel haben.

Präambel. »Dies sind die Worte des Sonnengottes Mursilis, des großen Königs, des Königs des Hatti-Landes, des tapferen ...« Der hethitische Herrscher ist der »große König«. Derjenige, der den Vertrag anbietet, der hethitische König, erklärt sofort, daß er ranghöher sei als derjenige, von dem erwartet wird, daß er den Vertrag annimmt.

Vorgeschichte. »Aziras war der Großvater von dir, Duppi-Tessub. Er rebellierte gegen meinen Vater, unterwarf sich meinem Vater aber wieder ... Als dein Vater starb, ließ ich dich gemäß deines Vaters Wort nicht fallen ... Ich suchte nach dir. Gewiß, obwohl du krank und leidend warst, habe ich, der Sonnengott, dich an die Stelle deines Vaters gesetzt und deine Brüder und Schwestern und das Land Amurru für dich in Eid genommen.« Es war keine Kleinigkeit für diesen leidenden Prinzen, daß er anstelle seiner ehrgeizigen Brüder zum König gemacht wurde. Die dem Vasallen vom Hethiterkönig erwiesenen Wohltaten werden stark betont. Es ist mehr als wahrscheinlich, daß an wahre Geschehnisse erinnert wird; nur solche Geschehnisse können den Vasallen mit dem Gefühl tiefer Dankbarkeit erfüllen, das dieser Abschnitt hervorrufen sollte. Der Vasall hatte kein Recht, diese Begünstigungen zu erwarten, aber sie wurden ihm dennoch zuteil. Daher kann er nicht umhin, dem Suzerän verpflichtet zu sein. Der Hethiterkönig spricht von sich als »ich« und redet den Vasallen mit »du« an. Diese Vertragsform bringt eine persönliche Beziehung zum Ausdruck statt einer formalen Aussage über die Rechtslage, die unpersönlich gehalten worden wäre – vielleicht »der König« und »der Vasall«.

FORDERUNGEN ODER BEDINGUNGEN. In diesem Abschnitt werden Punkt für Punkt die Verpflichtungen aufgeführt, die der König dem Vasallen auferlegt und die der Vasall akzeptiert. Einige Verpflichtungen untersagen Beziehungen zwischen dem Vasallen und jeder ausländischen Macht außer den Hethitern: »Richte deine Augen auf keinen anderen!« Einem Ruf des Hethiterkönigs zu den Waffen muß der Vasall sofort Folge leisten und »aus ganzem Herzen«. Der Vasall muß dem König vollauf und ohne Zögern vertrauen. Er darf niemals ein böses Wort gegen den König sagen; täte er das, wäre es der Beginn einer Rebellion und ein Vertragsbruch. »Wenn jemand unfreundliche Worte über den König des Hatti-Landes vor dir, Duppi-Tessub, äußert, sollst du seinen Namen dem König nicht vorenthalten …«

NIEDERLEGUNG DES TEXTES UND ÖFFENTLICHE VERLESUNG. Der Vertrag war heilig. Er sollte im Heiligtum oder Schrein des führenden Gottes des Königs und des Vasallen niedergelegt und sein Inhalt dem Volk des Vasallen bekanntgemacht werden. »In regelmäßigen Abständen sollen sie ihn in Anwesenheit der Söhne des Churrilandes verlesen.« Er wurde so in die Schreine gelegt, daß die Götter ihn lesen und sich seiner Bestimmungen und der vor ihnen geschworenen Eide erinnern würden.

DIE GÖTTLICHEN ZEUGEN. Menschen dienten als Zeugen bei Verträgen; die Götter dienten als Zeugen bei internationalen Abkommen – hethitische und Vasallen-Götter. »Bei Abschluß dieses Vertrages haben wir die Götter aufgerufen, sich zu versammeln, und die Götter der vertragschließenden Parteien, anwesend zu sein, zuzuhören und als Zeugen zu dienen ... Alle Götter und Göttinnen des Hatti-Landes, die Götter und Göttinnen des Landes Kizwatna, die Berge, die Flüsse Euphrat und Tigris, Himmel und Erde, die Winde und die Wolken ...«

SEGENSSPRÜCHE UND FLÜCHE. Der Vertrag ist heiliges Recht. Die Götter werden den Vasallen, der ihn bricht, verfluchen und Rache an ihm üben, und den Vasallen segnen, der ihn einhält. Und der Hethiterkönig wird sein Heer zu einer Strafexpedition gegen den Vasallen anführen – vielleicht als eine göttliche Zuchtrute, obwohl das ungesagt blieb. »Die Wörter des Vertrages und der Eid sind auf dieser Tafel aufgeschrieben – sollte Duppi-Tessub der Wörter des Vertrages und des Eides nicht eingedenk sein, mögen diese Götter des Eides Duppi-Tessub zusammen mit seiner Person, seiner Frau, seinem Sohn, seinem Enkel, seinem Haus, seinem Land und zusammen mit allem, was er besitzt, vernichten ...«

Der Vasall leistete einen Eid, den Vertrag einzuhalten. Dieser Eid gehörte zu einer Zeremonie, bei der die Parteien zusammen aßen und tranken, sich mit Öl salbten oder einen jungen Esel opferten. Der Vasall trank vielleicht Wasser, damit der Fluch in seinen Körper gelangte. Meistens wurde ein Tier zerlegt und derjenige, der den Eid leistete, durch irgendeine Geste, vielleicht einen Finger über der Kehle, als identisch mit den blutigen Stücken bezeichnet. Möge er geschlachtet werden wie dieses Tier, wenn er seinen Eid bricht ...

Irgendwann um das Jahr 1280 v.Z. kam im späten Frühjahr der Haufen asiatischer Sklaven, der vor sechs Wochen in Ägypten aufgebrochen war, am Fuße eines Berges irgendwo in der Wildnis von Sinai an. Dort lagerten sie und warteten. Der Berg, wird uns gesagt, war in dichte Wolken gehüllt.

Eine Wolke verdunkelt den Berg; Worte verdunkeln das Geschehnis. Die Erzählung von der Offenbarung am Berg Sinai ist ein Labyrinth dunkler Gänge, die sich durch abrupte Kehren winden und sich über plötzliche Abgründe hinwegstehlen. Wir gehen mit zunehmender Bestürzung weiter. Die Bibel erscheint ratlos angesichts des Geschehnisses und weiß nicht, wie sie es in Worte kleiden soll. Wir sind Zeuge entweder von etwas Unheimlichem oder vom Scheitern mißglückter literarischer Kreativität, oder von beidem.

Was sollen wir von dieser Erzählung halten?

Das Volk lagert am Fuß des wolkenverhangenen Berges in der kahlen Wildnis von Sinai. Moses steigt auf den Berg hinauf. »Ihr habt gesehen, was ich den Ägyptern getan habe«, sagt Gott zu ihm, »und wie ich euch getragen habe auf Adlerflügeln und habe euch zu mir gebracht. Werdet ihr nun meiner Stimme gehorchen und meinen Bund halten, so sollt ihr mein Eigentum sein vor allen Völkern; denn die ganze Erde ist mein. Und ihr sollt mir ein priesterlich Königreich und ein heiliges Volk sein.«

Moses kommt vom Berg herunter und wiederholt Gottes Worte vor den Ältesten des Volkes. Das ganze Volk antwortet mit einer Stimme und sagt: »Alles, was der Herr geredet hat, wollen wir tun.«

Moses steigt wieder auf den Berg und berichtet Gott, was das Volk gesagt hat. Gott teilt ihm mit, das Volk müsse jetzt gereinigt werden; die Kleider sollen gewaschen werden; sie sollen sich des Geschlechtsverkehrs enthalten. Am dritten Tag werde »der Herr vor allem Volk herabfahren auf den Berg Sinai.« Das Volk wird gewarnt, es dürfe den Berg nicht betreten. Dann wird gesagt, sie sollen zum Berg kommen, wenn ein Widderhorn lange ertönt.

Am dritten Tag ist der Berg in heiß aufwallenden Rauch gehüllt und bebt heftig. Die Hörner blasen immer lauter. Moses spricht. Gott antwortet laut und kommt hernieder auf den Berg. Gott ruft Moses von der Spitze des Berges. Moses steigt zu ihm hinauf. Gott sagt Moses, er solle hinuntergehen und das Volk warnen, es solle »nicht durchbrechen zum Herrn, ihn zu sehen, damit nicht viele von ihnen fallen.« Moses sagt zu Gott, das Volk könne nicht auf den Berg Sinai steigen, »denn du hast gesagt: Mache ein Gehege um den Berg und heilige ihn.« Gott befiehlt Moses dann, Aaron auf den Berg zu bringen; aber darüber wird uns nichts mehr gesagt.

Moses steigt den Berg viele Male hinauf und hinunter. Wie oft, bleibt unklar.

Jetzt steigt Moses hinunter und spricht zum Volk. Die Erzählung fährt dann fort: »Gott redete alle diese Worte«, und es folgen die Zehn Gebote, der Dekalog.

Moses kehrt zum Berg zurück und verschwindet in einer dichten Wolke. Die Ermahnung, keine Götzenbilder herzustellen, die in den Zehn Geboten enthalten war, wird jetzt von Gott wiederholt und durch eine kurze Anweisung über den richtigen Bau eines Altars ergänzt.

Es folgt ein umfangreicher Gesetzeskodex, der eher für ein seßhaftes Dorfleben als für das Wandern in der Wildnis geeignet ist. Die Gelehrten nennen ihn das *Bundesbuch* und halten ihn für die früheste Gesetzessammlung der Israeliten. Die Meinungen darüber gehen auseinander, ob er zusammen mit dem Dekalog zum Inhalt der Sinai-Offenbarung gehört oder vielmehr der Wüsten-, Eroberungs- und vormonarchischen Periode zuzuordnen ist, also der Zeit zwischen 1260 und 1000 v.Z. Die humane Behandlung, die in diesem Kodex dem Sklaven und dem Fremden zugestanden wird, bildet einen scharfen Kontrast zu der Erfahrung in Ägypten. Aufbau und Formulierung des Kodex (»Wenn ein Mann ..., dann ...«) haben viel gemein mit den Kodizes von Mesopotamien, vor allem mit dem von Hammurabi. Aber es gibt einzelne inhaltliche Unterschiede: im Gegensatz zum Hammurabi-Kodex bestraft das *Bundesbuch* kein Eigentumsdelikt mit dem Tode; im Gegensatz zu den assyrischen und hethitischen Gesetzessammlungen läßt das *Bundesbuch* nicht zu, daß ein Mord mit einer Vermögensübertragung gesühnt oder anstelle des Mörders ein anderer Mann getötet wird. Der Mörder kann der Todesstrafe nicht entgehen. Nach hethitischem Recht kann ein Mörder vom König begnadigt werden. Eine solche Bestimmung gibt es im biblischen Recht nicht. »Wer Menschenblut vergießt, des Blut soll auch durch Menschen vergossen werden; denn Gott hat den Menschen zu seinem Bilde gemacht«, heißt es in *Genesis* 9, 6. Keilschriftfunde zeigen, daß das mesopotamische Gesetz mit dem Vermögenswert verknüpft war, mit dem Erfolg und Wohlstand der Gemeinde; Leben ist ersetzbar durch ausreichende Güter. Im biblischen Recht ist die grundlegende Voraussetzung der unendliche Wert des menschlichen Lebens. Gott ist der alleinige Urheber des Gesetzes und des Lebens. Daher wird die Todesstrafe für Mord gefordert.

Zur biblischen Anerkennung eines Sklaven als eines Individuums mit Rechten, auch wenn er nicht den Status eines freien Mannes hat, gibt es kein Gegenstück in den Gesetzen Mesopotamiens. Dadurch, daß soziale und ethische Werte ein solches Anliegen für das *Bundesbuch* sind, unterscheidet es sich von allen nahöstlichen Gesetzen im Altertum. Es ist in fast jeder Hinsicht das genaue Gegenteil der Kodizes seiner Zeit und eine deutliche Reaktion auf die erinnerten Jahre im Delta.

Nach der Verkündung des Kodexes verlangt Gott, daß Aaron und die Ältesten des Volkes mit Moses auf den Berg kommen; sie dürfen sich von fern tief verbeugen; nur Moses darf Gott nahe sein. Das Volk darf überhaupt nicht heraufkommen.

Moses wiederholt dann vor dem Volk die Gebote Gottes. Das Volk antwortet mit einer Stimme: »Alles, was der Herr befohlen hat, wollen wir tun.« Dann schreibt Moses alle Gebote Gottes auf.

Am nächsten Morgen baut er am Fuß des Berges einen Altar. Aus dem Volk ausgewählte Abgeordnete opfern dort Stiere. Dann liest Moses dem ganzen Volk das *Bundesbuch* laut vor. Und das Volk antwortet: »Alles, was der Herr gesagt hat, wollen wir tun und gehorchen.« Moses nimmt etwas von dem Blut des Opfertiers, besprengt das Volk damit und sagt: »Das ist das Blut des Bundes, den der Herr mit euch gemacht über allen diesen Worten.«

Dann steigen Moses, Aaron und die Ältesten auf den Berg »und sahen den Gott Israels. Unter seinen Füßen war es wie Saphirplatten und der Himmel selber in seiner strahlenden Reinheit. Und er reckte seine Hand nicht aus wider die Obersten der Israeliten; sie sahen Gott und aßen und tranken.«

Dann befiehlt Gott Moses, wieder auf den Berg zu gehen, »daß ich dir die steinernen Tafeln gebe mit den Lehren und Geboten, die ich geschrieben habe, damit du sie lehren sollst.« Moses steigt auf den Berg – mit seinem Diener Josua. Sechs Tage lang ist der Berg in der Wolke verborgen. Über Josua wird uns weiter nichts gesagt. Moses bleibt vierzig Tage und vierzig Nächte auf dem Berg.

Dann folgen ausführliche Anweisungen Gottes über die Herstellung eines tragbaren Heiligtums und einer Lade. Moses wird gesagt, er solle den Pakt, den Gott ihm geben werde, in der Lade niederlegen. Weiter wird er darüber unterrichtet, wie er die heilige Kleidung für Aaron und seine Söhne anfertigen soll, die jetzt in den Priesterstand erhoben werden.

Dann übergibt Gott Moses die beiden Tafeln des Paktes, »steinerne Tafeln, beschrieben mit dem Finger Gottes« –, und diese Tafeln zerschmettert Moses in einem Wutanfall, als er entdeckt, daß das Volk mit Aarons Hilfe ein goldenes Kalb hergestellt hat, das es jetzt anbetet. Moses befiehlt denjenigen, die Gott noch treu sind, zu ihren Schwertern zu greifen und so viele der schmausenden Kalb-Anbeter zu erschlagen, wie sie nur können, obwohl er selbst sich vorher vor Gott für das Volk eingesetzt und verhindert hat, daß Gott sie in seinem Zorn über das Kalb vernichtet.

In dem Lager ist ein Zelt, das die »Stiftshütte« genannt wird. Moses läßt es außerhalb des Lagers aufschlagen. Wann immer

Moses mit Gott zu sprechen wünscht, geht er in das Zelt. »Der Herr aber redete mit Mose von Angesicht zu Angesicht, wie ein Mann mit seinem Freund redet.«

Eine Unterhaltung zwischen Moses und Gott wird berichtet, die offenbar auf dem Berg stattfand, denn Moses bittet: »Laß mich deine Herrlichkeit sehen.« Gott antwortet: »Du sollst auf dem Felsen stehen. Wenn denn nun meine Herrlichkeit vorübergeht, will ich dich in der Felskluft lassen stehen und meine Hand ob dir halten, bis ich vorübergehe. Und wenn ich meine Hand von dir tue, wirst du mich hintennach sehen; aber mein Angesicht kann man nicht sehen.«

Moses meißelt zwei neue steinerne Tafeln und steigt wieder auf den Berg. Gott sagt zu ihm: »Siehe, ich will einen Bund machen vor all deinem Volk und will Wunder tun, dergleichen nicht geschaffen sind in allen Landen und unter allen Völkern ... Hüte dich, daß du nicht einen Bund machest mit den Einwohnern des Landes, da du hineinkommst ... Ihre Altäre sollst du umstürzen und ihre Götzen zerbrechen und ihre Haine ausrotten. Denn du sollst keinen anderen Gott anbeten ... Du sollst dir keine gegossenen Götter machen ...«

Schließlich wird uns gesagt, daß Moses »bei dem Herrn vierzig Tage und Nächte war und kein Brot aß und kein Wasser trank. Und er schrieb auf die Tafeln die Worte des Bundes, die Zehn Gebote.«

Als Moses vom Berg zurückkommt, leuchtet sein Gesicht so strahlend, daß das Volk ihn nicht ansehen kann ...

Ja, wirklich, was sollen wir von dieser Erzählung halten?

Welche Beziehung hat man zu einem unsichtbaren Gott, der einen aus der Sklaverei und vor rächenden Streitwagen gerettet hat? Dieser Gott tat es nicht, weil man sich irgendein besonderes Verdienst erworben hatte, sondern aus lauter Güte. Das Wehklagen erregte sein Mitleid. Natürlich ist man ihm zu großem Dank verpflichtet. Welche Form sollte diese Verpflichtung annehmen?

Wie macht man aus einem Volkshaufen ein Volk? Man hat in der glühendheißen Wildnis eine undisziplinierte Schar entlaufener Sklaven bei sich, die sich über Nahrung und Wasser streiten, unzufrieden sind und ängstlich zusammenbleiben, um sich gegenseitig zu beschützen – vor allem nach dem Zusammenstoß mit den

'al des Schweigens« am Gipfel des Berg Moses am Sinai, wo Moses die zehn Gebote
npfangen hat.

· Jordan.

Jerusalem. Das Jaffa-Tor.

Altstadt von Jerusalem.

raubgierigen Amalekitern. Wie bringt man eine Verbundenheit zwischen ihnen zustande? Welche Form sollte diese Bindung annehmen?

Die Reaktion auf die Befreiung von Ägypten war der mosaische Bund – der Suzeränitätsvertrag von Sinai. Wir wissen nicht, ob sich diese Reaktion im Lauf einer gewissen Zeit entwickelte – was ihre radikale Originalität nicht mindert – oder sofort und spontan auf dem geheimnisvollen Berg entstand. Nirgends in jüdischen Quellen gibt es irgendeine Alternative zu dem überlieferten Glauben, daß die Geschehnisse an diesem Berg übernatürlich waren. Die ganze Zeit in der Wildnis wurde als eine Periode ungewöhnlicher Taten angesehen, wundersamer Augenblicke, erfüllt von numinoser Macht – die Geburtszeit des israelitischen Volkes. Und im Mittelpunkt dieser Zeit, hineingesetzt wie eine Flamme, ist das Drama am Berg Sinai. Dort, unter der Führung eines Mannes mit Namen Moses, gelobte ein durch Vertrag verbundener Volkshaufen feierlich, seiner Dankbarkeit gegenüber Gott, der sie gerettet hatte, Ausdruck zu verleihen. Während Moses der Vermittler zwischen JHVH und dem Volk war oder der göttlich inspirierte Urheber – der Unterschied zwischen den beiden Auffassungen ist gewaltig, und jeder von uns muß entscheiden, wie er die Begebenheit betrachten will –, nahm der Bund die Form eines Suzeränitätsvertrages an. Es muß Streitigkeiten gegeben haben, Verträge werden von Sippen und Stämmen nicht ohne weiteres eingegangen. Moses setzte sich durch. Schließlich hatte der Gott JHVH sein Versprechen gehalten. Er hatte sie befreit. Moses ging fort, um mit seinem Gott allein zu sein.

Erinnerte sich das Volk später jener weitschweifigen Szenarien, auf die die Gelehrten so oft die Aufmerksamkeit gelenkt haben, Vulkanausbrüche – das gab es in dieser Gegend um die Mitte des 13. Jahrhunderts v.Z. noch – oder ein plötzliches dunkles Wallen von Gewitterwolken, was in dieser Jahreszeit in der Wildnis merkwürdig war? Sind die Wolke, das Feuer, der Donner eine dramatische Zugabe des späteren Erzählers des Geschehens? Wir werden es nie erfahren.

Moses kam mit dem Vertragstext zurück. In welcher Sprache war er geschrieben? Mit welchen Schriftzeichen? Hieroglyphen auf Stein? Amoritisch in Keilschrift? In einem aramäischen Dialekt? Auch das werden wir wahrscheinlich nie erfahren.

Der Text war der Dekalog – ein Suzeränitätsvertrag mit JHVH als Suzerän und dem Volk als Vasall:

Präambel. »Und Gott sprach alle diese Worte ...«

Vorgeschichte. »Ich bin der Herr, dein Gott, der dich aus Ägyptenland geführt hat ...«

Forderungen oder Bedingungen. »Du sollst keine anderen Götter neben mir haben. Du sollst nicht ...«

Niederlegung des Textes und öffentliche Verlesung. Im Dekalog selbst sind keine Bestimmungen darüber enthalten. Aber später lesen wir in *Exodus* 25, 16: »Und sollst in die Lade das Zeugnis legen, das ich dir geben werde.« In *Exodus* 40, 20 heißt es: »Er nahm das Zeugnis und legte es in die Lade ...« In *Deuteronomium* 10, 5 wird berichtet, Moses habe geschrieben: »Und ich wandte mich und ging vom Berge und legte die Tafeln in die Lade, die ich gemacht hatte, daß sie daselbst wären, wie mir der Herr geboten hatte.«

Die göttlichen Zeugen. Es gibt keine anderen Götter neben JHVH – das ist eine grundlegende Veränderung im Denken und Glauben und eine abrupte Hinwendung der Menschheit zu einem neuen Horizont. JHVH steht über dem Menschen und der Natur, dennoch ist er voll Erbarmen und fürsorglich für sein Volk, kümmert sich um das Wohlergehen von Sklaven und Fremden. Es ist mir nicht gelungen, diese neue Auffassung vom Menschen und seiner Beziehung zum Kosmos durch eine Kette evolutionärer Kausalität, ein logisches Glied, mit früheren Vorstellungen in Verbindung zu bringen. Es ist eine Epiphanie, ein induktiver Sprung oder eine Kapriole der Phantasie – wie immer man es nennen will. Das Volk am Fuß des Berges und seine Nachkommen im Lauf von Jahrtausenden glaubten, der Bund sei ihnen von JHVH gegeben worden. Und weder JHVH noch sein Volk konnten andere Götter als Zeugen anführen. Dennoch werden in *Deuteronomium* 30, 19 für einen späteren Gesetzeskodex Himmel und Erde als Zeugen angerufen: »Ich nehme Himmel und Erde heute über euch zu Zeugen.« Und in *Deuteronomium* 32, 1 beginnt das Lied Mosis: »Merkt auf, ihr Himmel, ich will reden, und die Erde höre die Rede meines Mundes.« Wir erinnern uns der Formulierung in dem Hethitervertrag: »Alle Götter und Göttinnen des Hatti-Landes ... die Berge, die Flüsse ... Himmel und Erde ...« Mesopotamische Verträge hatten noch lange, nachdem die Hethiter verschwunden waren, eine ähnliche Terminologie.

Segenssprüche und Flüche. Vielleicht stellen die Worte »Ich der Herr, dein Gott, bin ein eifriger Gott, der da heimsucht der Väter Missetat an den Kindern ...« eine Art Fluch dar. Der Gesetzeskodex in *Deuteronomium* 30, 19 lautet: »Ich habe euch Leben und Tod, Segen und Fluch vorgelegt.«

DER FORMALE EID. »Wir werden es tun und gehorchen.«

DIE FEIERLICHE ZEREMONIE. Das Opfer der Stiere; das Besprengen mit Blut. Und die kurze Szene, als die Ältesten »Gott schauten und aßen und tranken«.

Die Sippen kamen überein, Vasallen von JHVH zu werden und sich miteinander zu verbinden durch einen geheiligten Vertrag. Sie behielten die Freiheit, über ihr Leben selbst zu bestimmen. Keine hatte die Vorherrschaft über eine andere.

Die ersten fünf Gebote sind etwas, das es nur in der biblischen Religion gibt, und zwar schon zu ihrem Beginn in der Wildnis von Sinai. Es bestehen unterschiedliche Meinungen über ihre genaue Aufzählung. Die zweite Gruppe von fünfen (»Du sollst nicht töten ...«) ist auch in anderen nahöstlichen Zivilisationen des Altertums verbreitet. »Ich bin nicht begehrlich gewesen ... Ich habe nicht gestohlen ... Ich habe keine Menschen getötet ... Ich habe keinen Ehebruch begangen«, heißt es im *Totenbuch*, dem Begräbnistext, der in Ägypten gebräuchlich war, als der junge Prinz Moses im Palast des Pharaos Sethos I. erzogen wurde und als das am Berg Sinai lagernde Volk ein Sklavendasein führte.

Wir wissen nicht, ob der Dekalog, der im Text von *Exodus* auf uns gekommen ist, tatsächlich der von Moses übermittelte ist oder ob er später eine endgültige Form erhielt. Er unterscheidet sich in mancher Hinsicht von dem Dekalog in *Deuteronomium* 5, 2—18. Beide Dekaloge mögen nach Ansicht von Gelehrten aus einer dritten, älteren und kürzeren Version hervorgegangen sein: »Dies sind die Worte von JHVH: Ich bin JHVH, dein Gott, der dich aus dem Ägypterland herausführte. Du sollst keine anderen Götter neben mir haben. Du sollst dir kein Götzenbild machen. Du sollst den Namen JHVH nicht mißbrauchen. Sei des Sabbattags eingedenk. Ehre Vater und Mutter. Du sollst nicht töten. Du sollst nicht ehebrechen. Du sollst nicht stehlen. Du sollst nicht falsch Zeugnis reden. Du sollst nicht begehrlich sein.«

Wir wissen auch nicht, wie der Dekalog im Lauf der Generationen überliefert wurde, bis er schließlich in der Erzählung von der Offenbarung, die wir im Buch *Exodus* finden, eine endgültige literarische Form erhielt. Es gibt so vieles, was wir nicht wissen ... Die rabbinischen Kommentatoren bemühten sich, die verschiedenen Passagen miteinander in Einklang zu bringen. Einige haben manche Passagen aus einem Abschnitt des Textes herausgenommen und einem anderen zugefügt. Es gab beträchtliche Diskussionen und Meinungsverschiedenheiten unter ihnen, als sie versuchten, diesen geheiligten Augenblick der israelischen Geschichte zu ergründen.

Der Verfasser, der dem Geschehnis am Sinai die endgültige literarische Form gab, war entweder nicht gewillt oder außerstande, irgendeine der verschiedenen Überlieferungen, die er vorgefunden hatte, fallenzulassen. Er behandelte sie so, wie die Autoren der endgültigen Fassung der Bibel es mit den Gesetzestexten hielten. Alle regionalen rechtlichen Überlieferungen, die nicht heidnisch waren, wurden aufgenommen – um dem Gesetz den größtmöglichen Spielraum zu geben und den Verfasser von der beängstigenden Verantwortung zu befreien, entscheiden zu müssen, welches Stammes- oder regionale Recht in Gottes Augen richtig oder falsch war. Es wurde kein Versuch unternommen, durch Bearbeitung des Textes Holprigkeiten der verschiedenen Rechtsüberlieferungen auszubügeln, wie das bei erzählenden Texten oft geschah. In ähnlicher Weise wurden alle Versionen der Offenbarung aufgenommen und nicht versucht, sie harmonisch zu verbinden – um eine möglichst weitgehende Reaktion auf dieses bedeutsame Geschehen zu ermöglichen und stichhaltig zu machen.

Die Herstellung des Heiligtums und der Lade, die Anfertigung heiliger Gewänder und die Erhebung von Aaron und seinen Söhnen in den Priesterstand – das waren grundlegende Elemente in der frühen Geschichte der Israeliten. Gewiß hatten sie ihren Ursprung am Sinai gehabt! Der Verfasser hielt sich an Erzählungen und damalige Dokumente – und nur verschwommen können die Wissenschaftler in den ausgearbeiteten Texten diese frühen Dokumente erkennen; und wie sie untereinander über ihre Erkenntnisse disputieren, wie es alle ernsthaften Erforscher der Herkunft irgendeines Volkes tun – der Verfasser jedenfalls brachte auch alle diese Erzählungen in seine Wortskulptur von der Offenbarung ein, die Version, die wir heute haben und von der nach wie vor unbekannt ist, wann sie verfaßt wurde. Zweifellos gab es eine Überlieferung, daß auch Aaron den Berg erstieg; der Verfasser nahm sie in seine Erzählung auf. Es gab eine Überlieferung, daß Josua und die Ältesten auf dem Berg waren; auch das wurde hinzugefügt. Aaron, Josua und die Ältesten waren Männer von hohem Ansehen, zusammen mit Moses die Führer des Volkes; Gewiß nahmen sie an dem Augenblick des Feuers und Donners teil, in dem JHVH sich seinem Volk offenbarte und es durch einen ewigen Bund an sich band, der die Form eines Suzeränitätsvertrages hatte und dessen Inhalt, vor allem seine ersten Abschnitte, unmittelbar – von JHVH? Moses? dem Volk? allen dreien? – am Sinai geschaffen war. Von allen dreien während der Wüstenwanderung? Spätere Geschichte? Alle dem Verfasser zur Verfügung stehenden Überlieferungen brachten diesen Bund mit Sinai in Verbindung, und so schrieb er es und machte alle gleich stichhaltig. Welches Recht hatte er, zu entscheiden, welche von ihnen richtig war und welche nicht? Er bot uns keine geradlinige Erzählung an, sondern eine prismatische, fast surrealistische, voller einzelner, ungleicher, unterbrochener Episoden, Wiederholungen, Auslassungen und Widersprüchen, und versuchte, den schwer faßbaren Kern des Geschehens mit Worten einzufangen, irgendwie seine unendlich mysteriösen Aspekte anzudeuten – womit er wahrscheinlich scheiterte, wie jetzt mein Versuch fehlschlägt, seine Bemühungen zu beschreiben. Das ist alles, was ich zur Zeit über diesen langen Augenblick in der Wildnis schreiben kann.

Vom Berg Sinai zogen die vertraglich gebundenen Familien und Sippen zu der Oase Kades-Barnea am südlichen Ende des Landes Kanaan.

Als Eselnomaden zogen sie durch eine große und schreckliche Wildnis aus zerklüfteten Bergen und Tälern, die von gewaltigen Granitfelsen eingefaßt waren. Oft war die Talsohle übersät mit Steinen und Felsbrocken, losgerissen von den Bergen durch winterliche Regenfälle und hinabgespült von Wildbächen, die plötzlich zu Flüssen anschwollen – jeder wie ein stürmischer Euphrat und Tigris – und mit gewaltiger Wucht durch die Schluchten brausten, die Berge aushöhlten und die Erde der Täler zerfurchten. Es war im Spätsommer, als sie aufbrachen. Eine trockene, unbarmherzige Hitze versengte die Tage. Die Sonne zerschnitt die Landschaft in geometrische Muster von Licht und Schatten. Die Nächte waren kalt. Es gab wenig Wasser. Zehn Tage nach ihrem Aufbruch vom Berg Sinai erreichten sie die Oase Kades-Barnea mit ihren lieblichen Quellen in der fruchtbaren Ebene, wie *Deuteronomium* 1, 2 anzudeuten scheint. *Numeri* 33, 37–38 berichtet uns, daß sie etwa vierzig Jahre nach der Flucht aus Ägypten in Kades-Barnea eintrafen. Der Zug durch die Wildnis war verständlicherweise die Quelle voneinander abweichender Überlieferungen.

Damals wurden überall an den Rändern des »Fruchtbaren Halbmonds« die nomadischen Stämme aus den unendlichen Sandmeeren der arabischen und syrischen Wüste immer unruhiger. Bevölkerungszunahme? Die unstillbare Verlockung, die feste Städte und grüne Erde auf die sonnengeblendeten Augen hungriger Beduinen ausüben? Wir wissen es nicht. Einige Stämme begannen nach Norden zu ziehen – Aramäer werden sie genannt. Tausend Jahre zuvor hatte eine andere Welle halbnomadischer Stämme den »Fruchtbaren Halbmond« überflutet und die Welt von Sumer, Akkad und Kanaan verschlungen. Das waren die Amoriter gewesen. Abraham und seine Familie waren auf den Spuren jener Amoriter nach Kanaan gekommen. Jetzt wohnten die Amoriter in festen Städten auf grüner Erde. Und die Aramäer hatten begonnen, in das Land zu drängen. Und inmitten dieser aramäischen Unrast war das Volk, das jetzt in Kades-Barnea lagerte, die Sippen der Israeliten.

Sie führten ein halbnomadisches Leben, beteten ihren Gott an und weideten ihre Herden – wie es Beduinen bis auf den heutigen Tag tun. Sie starrten begierig auf das reiche Land, das ihr neuer Gott ihnen versprochen hatte. Kundschafter wurden ausgesandt. Ein Angriff wurde unternommen, ein Versuch, von Süden her in das Land einzudringen. Er wurde von den amoritischen Einwohnern der Stadt Arad vereitelt. Von ihrem König angeführt, stürzten sie sich wie ein Bienenschwarm auf die unerfahrenen Israeliten. Die Schlacht war eine Katastrophe. Die Israeliten kehrten nach Kades-Barnea zurück und bestatteten ihre Toten – wahrscheinlich in primitiven Gruben, nur mit ein paar Steinen bedeckt – wie die Beduinen es auch heute noch tun. Und sie warteten.

Es ist nicht klar, wie lange sie in dieser Oase blieben. Aber es besteht wenig Zweifel, daß die fruchtbare Ebene von Kades-Barnea als Sammelpunkt der Sippen und als Nährboden für die frühen Institutionen der israelitischen Zivilisation – mit Ausnahme der Monarchie – diente. Hier, wo sie von Wildnis umgeben waren und die Quellen und das Weideland ihnen zu leben ermöglichten, entwickelte sich der Bundeshaufen – nicht ohne erbitterte Streitereien, wenn das Wasser sogar in der Oase knapp wurde oder gelegentlich Moses' Autorität auf eine harte Probe gestellt wurde – langsam zu einem Sippen- und Stammesverband, locker organisiert, aber hingebungsvoll ihren Gott verehrend, der sie von der Sklaverei erlöst hatte und dessen Vasallen sie bereitwillig geworden waren. Hier entstand in der Person von Moses das

Paradigma des israelitischen Propheten, des Einzelnen, mit dem Gott spricht und durch den er auf die Menschen einwirkt. Das Heiligtum, die Lade, das Priestertum, der Stamm Levi, ausersehen, die Priester zu unterstützen und das Heiligtum zu schützen, Kultformen, Feste und Opfer – das war der Beginn des alten Israel in dieser Oase achtzig Kilometer südlich von Beersheba.

Wahrscheinlich schlossen sich ihnen auch fremde Familien und Sippen an, die in ihnen aufgingen. Ihre Zahl wuchs. Unter Moses' Führung, der sich zweifellos seiner militärischen Ausbildung als ägyptischer Prinz erinnerte – vor wieviel Jahren? Vierzig? Sechzig? –, wurden sie sippenweise in militärischen Einheiten zusammengefaßt. Dieselbe Unrast, die die aramäische Welt erfaßt hatte, befiel jetzt sie. Sie verließen Kades-Barnea und begannen einen Treck durch die Wildnis. Eine lange Wanderung gehört zur Sage über die Anfänge vieler Völker.

Sie wanderten nach Süden und Osten. An einem Punkt zu Beginn der Wanderung verließen einige der Sippen das Gros und begaben sich nach Norden auf der Handelsstraße, die sich durch das noch unentwickelte Land östlich des Jordans hinzog und »Königsstraße« genannt wurde. Nach *Deuteronomium* 2, 2–14 stießen sie unterwegs nicht auf Schwierigkeiten. Die Orte, an denen sie rasteten und ihr Lager aufschlugen, lagen, wie festgestellt wurde, innerhalb des Gebiets von Moab. Auch diese Sippen behaupteten später, sie seien von Moses geführt worden. Das ist der Grund, warum die Bibel zwei Berichte über den Marsch der Israeliten durch Transjordanien enthält. Es ist nicht bekannt, welche Sippen es waren oder wann sie nach Kanaan kamen.

Die anderen Sippen blieben bei Moses. Als sie glaubten bereit zu sein, um die Eroberung Kanaans zu versuchen, war so viel Zeit verstrichen, daß auch andere wandernde Stämme östlich des Jordans ihre eigenen Länder begründet hatten, deren Grenzen gut geschützt waren. Die Edomiter widersetzten sich ihnen mit starken Kräften. Die Israeliten schreckten zurück. Dann starb Aaron und wurde am Berg Hor an der Grenze des Landes Edom begraben. Mirjam, Moses' Schwester, war schon vor Jahren gestorben und in Kades-Barnea begraben.

Nach *Numeri* 20, 17–21 und 21, 4–11 machten die wandernden Israeliten einen Bogen um die Länder Edom und Moab, weil sie eine Feindberührung fürchteten. Aber nördlich von Moab lag ein amoritisches Land, das einen schwachen König hatte und nur eine kleine Truppe Berufssoldaten. Die Israeliten lieferten ihre erste Schlacht seit Arad und besiegten den König von Hesbon. Dann kämpften sie gegen den König, der das Land nördlich von Hesbon beherrschte, den König Og von Basan, und besiegten ihn. Nun besaßen sie Weideland, auf dem einige der Sippen zu bleiben beschlossen, und ein Aufmarschgebiet für die Invasion von Kanaan. Angriffsbereit standen sie am Ostufer des Jordans. Es war um das Jahr 1240 v.Z.

Dann starb Moses. Irgendwo östlich des Jordans in den Ebenen von Moab wurde er begraben. Sein Grab ist unbekannt. Einige Jahre später, etwa 1230 v.Z., starb Ramses II. als alter Mann. Er wurde mumifiziert und begraben. Seine Mumie ist erhalten. Im Frühjahr 1977 n.Z. wurde sie von französischen Museumsexperten, die gebeten worden waren, die Mumie von ihrem Pilzbefall zu befreien, an Ägypten zurückgegeben.

Die Israeliten trauerten um Moses dreißig Tage. Jahrhunderte später, zur Zeit der Könige, beendete ein israelitischer Schriftsteller das Buch *Deuteronomium* mit folgenden Worten: »Und es stand hinfort kein Prophet in Israel auf wie Moses, den der Herr erkannt hätte von Angesicht zu Angesicht, zu allerlei Zeichen und Wundern, dazu ihn der Herr sandte, daß er sie täte in Ägyptenland an Pharao und an allen seinen Knechten, und an allem seinem Land, und zu aller dieser mächtigen Hand und den schrecklichen Taten, die Moses tat vor den Augen des ganzen Israel.«

Dann endete die Zeit des Trauerns. Unter Führung von Josua überquerten die Israeliten den schmalen Jordan und drangen in das Land Kanaan ein. Sie marschierten als das Heer von JHVH.

So wird es uns im *Buch Josua* gesagt. Sie marschierten, kämpften, eroberten, siedelten – rasch, mühelos, unterstützt von ihrem Gott.

Heute ist Jericho eine verschlafene Stadt ohne Festungsmauern, eine grünliche Fata Morgana in einer heißen, sandigen Ebene nicht weit von dem bläulichen Dunst des Toten Meeres im Süden und den hellbraunen Hügeln auf dem Weg nach Jerusalem im Westen. Nach der Bibel hatte die Stadt zu Josuas Zeit eine beachtliche steinerne Mauer, denn uns wird von einer List berichtet, von Märschen und Trompeten, und dann »fiel die Mauer um«. Einwohner und Vieh wurden getötet. Die Stadt wurde niedergebrannt. Plündern war verboten. Die Stadt wurde geächtet und JHVH geweiht als Darbringung der ersten Früchte der Eroberung.

Die Bibel sagt uns auch, daß Josua weiter ins Land marschierte und die Stadt Ai zerstörte. Er erschlug die Bewohner, plünderte die Stadt, brannte sie bis auf die Grundmauern nieder und pfählte ihren König.

Dann erschienen plötzlich Fremde in zerfetzten Kleidern im israelitischen Lager und behaupteten, aus einem fernen Land zu kommen. Sie hätten von der Macht der Israeliten und ihres Gottes gehört und wollten einen »Bund« – der hebräische Begriff *lichrot brit* wird für Verträge sowohl zwischen Menschen als auch zwischen Menschen und Gott gebraucht – mit den furchteinflößenden Israeliten schließen und sich unter ihren Schutz stellen. Der Bund wurde geschlossen. Drei Tage später entdeckten die Israeliten, daß es Gibeoniter gewesen waren, die Bewohner von vier Städten, darunter Gibeon, die alle in einem entscheidend wichtigen Gebiet auf ihrem Eroberungsweg lagen. Sie hielten den Bund ein, machten aber die Gibeoniter zur Strafe für ihren Betrug zu »Holzhauern und Wasserträgern«.

Dann verbündeten sich fünf südkanaanitische Städte und zogen gegen die Gibeoniter zu Felde. Sie wollten Gibeon einnehmen, die Gibeoniter bestrafen, weil sie sich mit den Israeliten verbündet hatten, und gleichzeitig den Süden vor dem israelitischen Vormarsch schützen. Josua hielt seinen Bund mit den Gibeonitern ein, legte die Strecke von seinem Lager in Gilgad bei Jericho nach Gibeon in einem mörderischen Nachtmarsch zurück und stürzte sich auf die Kanaaniter. Offenbar fürchtete er, er würde es nicht rechtzeitig schaffen, um wie geplant im Morgengrauen anzugreifen; daher der Ausruf: »Sonne, stehe still zu Gibeon, und Mond, im Tal Ajalon!« Gibeon liegt östlich von Jerusalem, und das Tal Ajalon westlich in der Nähe der Mittelmeerküste. Da die Sonne nicht im Osten untergeht, bat Josua sie, nicht aufzugehen, und den Mond, über Ajalon zu bleiben, damit er den Nachtmarsch nach Gibeon beendigen und im Morgengrauen angreifen könne. Mir ist nicht klar, wie spätere Schriftsteller und Kommentatoren die geographische Beschaffenheit des Landes außer acht lassen und Josuas Worte zu einem Ausruf am späten Nachmittag machen konnten.

Die Schlacht endete mit einer völligen Katastrophe für die Kanaaniter, die flüchteten und ums liebe Leben über die Bergpässe rannten. Die fünf Könige der kanaanitischen Städte, die sich verbündet hatten, wurden in einer Höhle entdeckt. Sie wurden von Josua erschlagen und ihre Leichen auf fünf Pfählen aufgepflanzt. Ebenso wie im Falle des Königs von Ai wurden sie am Abend heruntergenommen und begraben.

Überraschungsangriffe, kluge Kriegslisten, sorgfältige Planung, der Trick, die Verteidiger aus ihren Städten heraus und in einen Hinterhalt israelitischer Fußtruppen zu locken, das Vermeiden von Zusammenstößen mit den mörderischen Streitwagen der Kanaaniter – das war der Krieg, wie ihn Josua und die israelitischen Sippen unter seinem Kommando laut der Bibel führten. Sie wurden unterstützt durch die Unfähigkeit der ewig mißtrauischen und auf ihre Unabhängigkeit bedachten kanaanitischen Könige, dauernde Bündnisse untereinander zu schließen. Es war ein brutaler Territorialkrieg. Die Israeliten wollten Land haben – wie die Amoriter tausend Jahre zuvor zur Zeit von Abraham. Das zwölfte Kapitel des *Buches Josua* führt einunddreißig kanaanitische Städte auf, die unter Josuas Führung von den Israeliten eingenommen wurden.

»Also nahm Josua alles Land ein«, versichert uns der Verfasser des elften Kapitels des *Buches Josua,* »allem entsprechend, was der Herr zu Mose geredet hatte, und Josua gab es Israel zum Erbe, einem jeglichen Stamm sein Teil. Und der Krieg hörte auf im Lande.«

Aber da gibt es Rätsel. Wanderungen von Stämmen gingen selten reibungslos und geordnet vonstatten. Manchmal drangen Stämme friedlich in ein neues Gebiet ein, dann überschwemmten sie es langsam in einer steigenden Flut der Bevölkerungszunahme. Meistens gingen solche Entwicklungen indes in der Form vor sich, daß ganze Wellen von bewaffneten Räubern kamen, die sich einstehlen und dableiben wollten. Wenn sie mächtig genug waren, gelang es ihnen; wenn nicht, wurden sie vertrieben. Sofern man bei einer derartigen Neuordnung der Besiedlung überhaupt von Moral sprechen kann, beruhte sie auf dem menschlichen Bedürfnis, das Herumwandern zu beenden, Ackerbau zu betreiben, um die Familie zu ernähren, und die neu erworbene Sicherheit der Seßhaftigkeit gegen das Rauben anderer Wanderer auszunützen. Aber wie steht es mit der Unmoral der Grausamkeiten, die an der früheren Bevölkerung verübt wurden? Wandernde Stämme machen sich offenbar wenig Gedanken um ihren guten Ruf – wie Erdbeben. Von einigen Verfassern, die durch viele Generationen von dem Schmutz, dem Durcheinander und der nackten Brutalität der Geschehnisse getrennt waren, wurden die israelitischen Eroberungen einfach als rasche, ordentliche Schlachten dargestellt.

Doch der besonnenere Bearbeiter des Stoffes, der jetzt das dreizehnte Kapitel des *Buches Josua* bildet, läßt Gott zu Josua sagen: »Du bist alt geworden und hochbetagt, und des Landes ist noch sehr viel einzunehmen.« Die anschließende Liste ist lang.

Aber es gibt noch ein Rätsel. Das *Buch der Richter* – das in der Bibel unmittelbar auf das *Buch Josua* folgt – beschreibt eine davon völlig unabhängige Eroberung durch die Stämme Juda und Simeon, die den Jordan nördlich von Jericho überquerten, ein kanaanitisches Heer bei Besek, einer Stadt, die zwischen Sichem und Beth-Sean lag, besiegten, dann südwärts zu dem bergigen Land zwischen Jerusalem und Hebron vorstießen und Städte einnahmen, deren Eroberung das *Buch Josua* dem Josua zuschreibt. Der Stamm Simeon ließ sich in dem sandigen Gebiet von Beersheba nieder. Eine Reihe von Sippen, die möglicherweise mit dem Stamm Juda verwandt waren oder später von ihm aufgenommen wurden – die Keniter, die Kalebiter und Kenasiter – kam herauf aus der Wildnis im Süden und nahm das Gebiet von Arad und wahrscheinlich auch Hebron und Debir ein. Juda eroberte das Bergland und einige Ausläufer des Gebirges an der Küste südlich von Jerusalem, konnte aber »die Einwohner im Tal nicht vertreiben, weil sie eiserne Wagen hatten«. Josua wird bei diesen Eroberungen von Juda nicht erwähnt.

Es gibt noch mehr Rätsel. Die Archäologen unterrichten uns davon, daß Jericho zur Zeit der Eroberung keine Steinmauer hatte; in Wirklichkeit war es überhaupt keine Stadt, sondern eine kleine Siedlung, vielleicht mit einer Lehmmauer; keine Spur ist von jener Schicht aus der Geschichte der Stadt für die Erforschung durch die Archäologen erhalten geblieben. Regen und Wind haben alle Hinweise auf die israelitische Schlacht, die dort geschlagen wurde, ausgelöscht. Die Steinmauer, die wir heute im alten Jericho sehen, stammt aus einer älteren Zeit, Jahrtausende vor der Ankunft der Israeliten. Woher kommt dann das Marschieren, das Trompeten und das Einstürzen der Mauer? Stammesgeschichten? Die Erfindung eines Chronisten, der die Ruine der alten Mauer sah und ihren Einsturz Josua und Wundern zuschrieb? Wir wissen es nicht.

Die Stadt Ai war bis auf die Grundmauern niedergebrannt worden – aber nicht von den Israeliten. Die Archäologen sagen uns, daß Ai – das Wort Ai bedeutet »Ruine« – schon seit mehr als tausend Jahren vor der Ankunft der Israeliten eine Ruinenstadt war. Aber Bethel – ein oder zwei Kilometer westlich davon, wurde in der angenommenen Zeit der israelitischen Invasion durch ein Feuer zerstört, das bis zu einem Meter Schutt und Asche zurückließ. Vielleicht haben spätere Stammesüberlieferungen diese beiden Zerstörungen Josua zugeschrieben. Auch das wissen wir nicht.

Die Archäologen unterrichten uns weiter darüber, daß das Land in jener Zeit, als die Eroberung nach Ansicht der Historiker stattgefunden hat, von einer gewaltigen Umwälzung erschüttert wurde. Größere Städte – Lachisch, Hazor und andere – wurden verwüstet, und auf dem Schutt wurden offenbar kleine primitive Siedlungen von Halbnomaden errichtet, die zum seßhaften Leben übergingen. Wer zerstörte diese Städte? Ägyptische Truppen? Israelitische Stämme? Ein geheimnisvolles Volk, das vom Meer her einfiel? Über Kanaan liegt seltsame Dunkelheit von etwa 1320 bis 1200 v.Z. Die Archäologie erbrachte wenige Artefakte von einiger Bedeutung für diese Periode und kann wenig dazu beitragen, die Anwesenheit neuer Stämme in diesem Gebiet nachzuweisen.

Wie läßt sich all das zusammenreimen?

Es ist wahrscheinlich, daß Josua einen größeren Stamm anführte, das Haus Joseph, als er nach Kanaan eindrang. Diesem Stamm hatten sich vielleicht oder sogar wahrscheinlich Sippen oder kleinere Stämme angeschlossen. Die Wissenschaftler bezeichnen diese Gruppe als die Rahel-Stämme. In der Patriarchenzeit waren Joseph und Benjamin die Söhne von Rahel gewesen, Jakobs zweiter Frau; Ephraim und Manasse waren die Söhne von Joseph gewesen. Die entscheidende Schlacht gegen die kanaanitische Koalition bei Gibeon und der verblüffende israelitische Sieg ermöglichten den von Josua geführten Stämmen, auszuschwärmen und einen Großteil des Gebietes nördlich von Jerusalem zu besetzen, die Gegend am Berg Ephraim. Einige der Stämme zogen nach Norden und nahmen einen Teil von Galiläa bis Gilead ein. Die reiche Ebene Jesreel mit ihrem mächtigen Block kanaanitischer Städte vermochten sie nicht zu erobern. Obwohl Teile dieser Stämme wie Inseln in einem kanaanitischen Meer waren, war ein friedlicher Durchzug durch das Tiefland nicht ganz unmöglich. Es besteht wenig Grund, daran zu zweifeln, daß einige der kanaanitischen Städte, deren Überreste aus jener Zeit von den Archäologen entdeckt wurden, von Josua niedergebrannt worden waren.

Der Stamm Juda überquerte zusammen mit dem Stamm Simeon den Jordan nördlich von Jericho und nahm das bergige Land südlich von Jerusalem ein. Die Stadt Jerusalem wurde von Juda erobert; dann wurde sie aus irgendeinem unbekannten Grund aufgegeben. Ein Stamm, der als die Jebusiter bekannt ist, nahm die Stadt – wann und wie ist nicht bekannt. Die von Juda geführten Stämme – außer Simeon mögen es noch andere gewesen sein – werden von den Gelehrten die Lea-Stämme genannt. Lea war Jakobs erste Frau gewesen.

Noch andere Stämme mögen in einer dritten Welle gekommen sein und sich tief im oberen Galiläa und in Teilen des Westens angesiedelt haben. Einige Sippen des Hauses Joseph mögen sich nach der Invasion abgesondert haben und getrennte Stämme geworden sein; das war offenbar bei Benjamin der Fall. Einige der Stämme sind vielleicht auch friedlich ins Land gekommen und haben sich in entvölkerten Gegenden angesiedelt.

Die Diskussionen unter den Gelehrten haben uns noch kein klares Bild von der Reihenfolge der Invasionen gegeben. Einige meinen, Josua sei als erster gekommen; andere behaupten, es sei Juda gewesen. Die meisten scheinen sich darüber einig zu sein, daß die Invasionen zeitlich nicht weit auseinander lagen.

Daß einige der kanaanitischen Städte ihnen so mühelos in die Hände fielen, scheint das erfreuliche Ergebnis der Hilfe gewesen zu sein, die die Israeliten von Einwohnern erhielten, die keine Lust zum Kämpfen hatten oder Hebräer waren, Nachkommen der Familien, die nicht nach Ägypten gegangen waren und die angreifenden Stammesangehörigen als ihre Verwandten ansahen. Diese Vermutung wäre die Erklärung, warum so viele Städte als eingenommen aufgeführt werden, ohne daß ein Bericht über eine Schlacht vorliegt.

Es hat keinen Massenmord an der kanaanitischen Bevölkerung gegeben. Einige Städte wurden niedergebrannt; viele Einwohner wurden erschlagen. Das tat man in jener Zeit, um seinem Recht an einem Territorium Geltung zu verschaffen; in dieser Hinsicht hat sich die Menschheit nicht geändert. Dann wurde man das Töten leid, lebte sich ein und einigte sich entweder mit den neuen Nachbarn oder lebte mit ihnen in Spannung.

Die Israeliten siedelten in dem bergigen Land, wo sie den Wald rodeten und ihre ersten Städte bauten. In den nördlichen und mittleren Tälern lebte weiterhin die große, noch unbesiegte kanaanitische Bevölkerung hinter den dicken Mauern ihrer mächtigen

Städte, vor Feinden geschützt durch ihre Streitwagen und Berufssoldaten. Eine fast durchgehende Hügelkette erstreckt sich quer durch das Land von Jerusalem bis zur Stadt Geser, etwa fünfundzwanzig Kilometer von der Mittelmeerküste entfernt. Ein Großteil dieses bergigen Landes und sämtliche wichtigen Gebirgspässe sowie die Küstenebene und Geser blieben fest in kanaanitischer Hand. Das trennte Juda von den nördlichen Stämmen und sollte sich in der späteren Geschichte des Landes als verhängnisvoll erweisen, denn dadurch wurde das Land von Anfang an zu einer Nation von zwei Ländern.

Ein Beweisstück gibt es außerhalb der Bibel, das auf die Anwesenheit von Israeliten auf dem Boden Kanaans während dieser Zeit hinweist. Um das Jahr 1220 v.Z. verfaßte ein ägyptischer Schreiber eine Siegeshymne für Merenptah, den Pharao, der nach dem Tod Ramses' II. den Thron der »Zwei Länder« bestiegen hatte. Die in Theben entdeckte und im Jahr 1897 n.Z. veröffentlichte Hymne enthält eine Liste von Feinden, die von den Truppen des Pharaos vernichtet worden seien. Darin werden die Israeliten als ein fremdes Volk oder als fremder Stamm bezeichnet, nicht als eine fremde Nation; das könnte bedeuten, daß sie sich zwar in Kanaan aufhielten – wo genau, ist nicht klar –, aber noch nicht seßhaft waren, eine treffende Definition des zwielichtigen Status zwischen erfolgreichem Eindringen und endgültiger Niederlassung.

Es ist das einzige Mal, daß der Name Israel überhaupt in alten ägyptischen Schriften erwähnt wird, und wahrscheinlich wird auf ein Scharmützel zwischen ägyptischen und israelitischen Truppen irgendwo in der Nähe der Küste Kanaans angespielt. Der Nil brach sein Schweigen. Die Worte in der Hymne, die sich auf Israel beziehen, lauten: »Israel ist verwüstet, sein Samen aber nicht.«

Etwa ein Jahrzehnt vor 1200 v.Z. berief ein betagter Josua die Ältesten, Richter und Stammesvertreter in die Stadt Sichem. Von dieser Stadt, die auf einem Paß zwischen zwei hohen Hügeln liegt und auf eine fruchtbare Ebene hinabschaut, wird nirgends behauptet, daß sie von den Israeliten erobert worden sei; sie mag eine hebräische Enklave während all der Jahrhunderte des Frondienstes in Ägypten gewesen sein. Jakobs Worte in *Genesis* 48, 22: »... das ich mit meinem Schwert und Bogen aus der Hand der Amoriter genommen habe«, sind möglicherweise der Widerhall einer hebräischen Eroberung im Gebiet von Sichem zur Zeit der Patriarchen.

Ein dankbarer Führer und sein Volk schließen nun mit ihrem Gott, der sein Versprechen, ihnen das Land Kanaan zu geben, gehalten hat, einen Bund. Der Bund nimmt die Form eines Suzeränitätsvertrages an. Er bestätigt von neuem den mosaischen Bund und fügt gewisse Elemente hinzu, die nur dieser neue Bund enthalten kann.

Die Präambel. »So spricht der Herr, der Gott Israels.«

Vorgeschichte. »Eure Väter wohnten vorzeiten jenseits des Stroms ... und dienten anderen Göttern. Da nahm ich euren Vater Abraham jenseits des Stroms und ließ ihn wandern im ganzen Lande Kanaan ... Da sandte ich Moses und Aaron und plagte Ägypten ... Und ich führte ... eure Väter aus Ägypten ... Und ich habe euch ein Land gegeben, daran ihr nicht gearbeitet habt, und Städte, die ihr nicht gebaut habt ...« Im mosaischen Bund wurden die Patriarchen nicht erwähnt, denn dieser Bund richtete sich allein an diejenigen, die die Sklaverei in Ägypten erlebt hatten. Hier in Sichem war das ganze Volk vereinigt – diejenigen, die in Kanaan geblieben waren und sich noch deutlich an die patriarchalischen Traditionen erinnerten, und diejenigen, deren Vorfahren einst Sklaven gewesen waren und jetzt Geschichten über Ägypten mitbrachten, Erinnerungen an Moses und eine lange Wanderung und Wildnistraditionen.

Forderungen oder Bedingungen. »So fürchtet nun den Herrn und dienet ihm treulich und rechtschaffen und laßt fahren die Götter, denen eure Väter gedient haben jenseits des Stroms und in Ägypten, und dienet dem Herrn ...« Nur JHVH war Gott. Andere Götter hatten keine Rolle im Kosmos zu spielen; sie waren Nichtgötter, bloße Stücke Holz und Stein. Der jahvistische Israelit konnte die strahlende, ewige Verbundenheit nicht begreifen, die der Heide als bestimmt vorhanden empfand zwischen den Bildwerken, die er anbetete, und den beängstigenden Naturkräften, die sie darstellten; der gläubige Heide fand den israelitischen Glauben an einen bildlosen, transzendenten Gott völlig unverständlich, einen Gott, der an menschlichen Geschehnissen beteiligt war und ein kleines, hilfloses und nicht besonders ehrenwertes Volk zu seinem Instrument erwählt hatte bei einer sich entfaltenden, zielgerichteten geschichtlichen Entwicklung, die er und nur er lenkte. Offenbar konnte es keinen Berührungspunkt zwischen diesen beiden Weltanschauungen geben.

Niederlegung des Textes und Öffentliche Verlesung. Im vierundzwanzigsten Kapitel des *Buches Josua,* in dem die endgültige literarische Fassung dieses Vertragsabschlusses zu finden ist, wird uns gesagt, Josua »schrieb dies alles ins Gesetzbuch Gottes«. Der Inhalt dieses Buches – die zusätzlichen Vertragsbedingungen und Gesetze – ist unbekannt. Die Wissenschaftler glauben, es sei im Allerheiligsten in Sichem aufbewahrt und periodisch als Teil einer religiösen Zeremonie verlesen worden.

Die Göttlichen Zeugen. »Und Josua sprach zum Volk: ›Ihr seid Zeugen über euch, daß ihr den Herrn euch erwählt habt, daß ihr ihm dienet.‹ Und sie sprachen: ›Ja.‹« Das ist eine seltsame Neuerung in einer monotheistischen Situation, in der es keine göttlichen Zeugen geben kann. Josua nahm dann einen großen Stein und »richtete ihn auf daselbst unter einer Eiche, die bei dem Heiligtum des Herrn war, und sprach zum ganzen Volk: ›Siehe, dieser Stein soll Zeuge sein über uns; denn er hat gehört alle Rede des Herrn ...‹«

Segenssprüche und Flüche. »Wenn ihr den Herrn verlaßt und fremden Göttern dient, wird er sich wenden und euch plagen und euch umbringen ...«

Der Formale Eid. »Und das Volk sprach zu Josua: ›Wir wollen dem Herrn, unserem Gott, dienen und seiner Stimme gehorchen.‹«

Die Feierliche Zeremonie. Keine ist aufgezeichnet.

Dann ging das Volk weg, »ein jeglicher in sein Erbteil.«

Die Reaktion auf die Ereignisse der Eroberung war der Bund von Josua.

Die Annahme dieser Vertragsform, um eine einzigartige und wachsende Beziehung zwischen einem Volk und seinem einen, unsichtbaren Gott zum Ausdruck zu bringen, sollte das charakteristischste Element der Zivilisation des alten Israel werden. Der Vertrag änderte seine Form, um ganz und gar neuen Geschehnissen zu entsprechen. Aber die grundlegende Reaktion, wie ungewöhnlich oder traumatisch das Geschehnis auch sein mochte, würde immer ein Vertrag zwischen Gott und Israel sein. Die Suzeränitätsverträge von Moses und Josua beruhten eher auf gnädigem Wohlwollen und Überredung als auf nackter Gewalt. Das Volk erlangte die Würde, die eine Folge der freien Entscheidung ist, denn es hätte sich dafür entscheiden können, den Bund nicht anzunehmen. Gleichzeitig behielt Gott seine Freiheit und Souveränität; er legte keinen Eid ab; er konnte nicht zur Rechenschaft gezogen werden. Erst im *Buch Hiob,* das ungefähr tausend

Jahre nach Josua geschrieben wurde, wird der Gott Israels von einem Angehörigen der Zivilisation, die sich in das verwandelte, was wir heute Judentum nennen, zur Verantwortung gezogen.

Irgendwann nach der Versammlung in Sichem starb Josua und wurde in dem bergigen Land Ephraim begraben, dem Gebiet seines Stammes. Uns wird gesagt, daß die Gebeine Josephs, die die Israeliten auf dem ganzen Treck durch die Wildnis mitgebracht hatten, in Sichem auf dem Stück Feld begraben wurden, das Jakob Jahrhunderte zuvor gekauft hatte. Ein Kreis war dadurch geschlossen – nein, nicht ganz; eher eine Spirale, ein Punkt, der kreist und zu sich selbst zurückkehrt, aber eine Ebene höher als zu Beginn; denn die Israeliten, die sich jetzt in Kanaan aufhielten, waren zwar mit den Hebräern der Patriarchenzeit verwandt, aber doch ganz anders als sie.

Das Wandern der Israeliten hatte ein Ende genommen. Sie ließen sich in dem neu eroberten Land nieder. Sie bauten Bergstädte, legten auf den Hängen Terrassen an, trieben Ackerbau, weideten ihre Herden, arbeiteten als Handwerker. Die Städte – in Wirklichkeit Weiler und Dörfer – waren klein; jede hatte ein paar Hundert Einwohner; jede war nicht größer als der Londoner Trafalgar Square. Es gab nicht viel materielle Kultur. In allen materiellen und geistigen Dingen waren die Israeliten eine Pioniergesellschaft. Sie bildeten einen lockeren Verband von Familien, Sippen und Stämmen und waren durch die Verträge von Moses und Josua freiwillig auf die Verehrung von JHVH festgelegt.

Zwei oder drei Jahrzehnte vor 1200 v.Z. – etwa zu der Zeit, als Josua sich an die Vertreter der Stämme Israels in Sichem wandte – begannen im mittleren und östlichen Gebiet des Mittelmeeres ungestüme Wanderungen nördlicher Stämme, deren Identität und Herkunft noch immer nicht genau bekannt sind, die fortgeschrittene und luxuriöse spätbronzezeitliche Zivilisation des mykenischen Griechenland zu zerstören, die etwa 1600 v.Z. in der Stadt Mykene auf dem Peloponnes entstanden war. Ganz Griechenland geriet in Verwirrung und verwandelte sich im Lauf von zwei Generationen aus einem Land steinerner Paläste in ein dünn bevölkertes Gebiet mit Weilern und Dörfern. Große Bevölkerungsgruppen wurden verjagt. Zu Lande wanderten sie durch Kleinasien. Andere machten sich mit seetüchtigen Schiffen auf die Suche nach einer neuen Heimat. Eine Flut von Meeresnomaden näherte sich den Küsten Kleinasiens, Ägyptens und des nördlichen

Kanaan. Ihre erste Invasion Ägyptens im Jahre 1220 v.Z. aus der Richtung von Libyen wurde von Pharao Merenptha zurückgeschlagen. Östlich von den seit kurzem seßhaften Israeliten schickten sich einige Jahrzehnte nach Josuas Tod halbnomadische aramäische Stämme von den Rändern der arabischen Wüste an, die Welt Mesopotamiens anzugreifen.

Das hethitische Großreich erstreckte sich über die anatolische Hochebene bis zum Oberlauf des Euphrat oberhalb von Karkemisch und vom Taurus-Gebirge bis Damaskus. Einiges deutet darauf hin, daß Troja zu diesem Großreich gehörte und der in homerische Sagen gehüllte Trojanische Krieg ein Handelskrieg war, der ausgefochten wurde, um mykenischen Schiffen die Dardanellen zu öffnen; aber darüber sind sich die Gelehrten noch beileibe nicht einig, und die bisher entdeckten hethitischen Aufzeichnungen erwähnen einen solchen Krieg nicht. Troja mag während dieser Wanderung nördlicher Stämme durch Anatolien zerstört worden sein.

Die Hethiter waren hervorragende Krieger und geschickte Staatsmänner. Sie neigten zu Nachsicht bei ihren Gesetzen und zu Freundlichkeit – wenn dieser Ausdruck auf internationale Beziehungen angewandt werden kann – statt zu Grausamkeit im Umgang mit besiegten Völkern. Es war eine Zivilisation, die viel von kultischer Reinheit hielt und geradezu besessen war von der Sorge, körperliche oder geistige Verunreinigung während der Durchführung kultischer Riten könnte die Götter verärgern und Unannehmlichkeiten für die Menschen zur Folge haben. Die Hethiter bedienten sich einer von Mesopotamien entlehnten Keilschrift sowie auch ihrer eigenen Bilderschrift. Zur Zeit ihres Großreichs entwickelte sich ein objektiver, realistischer Stil der Geschichtsschreibung – eine Aufzeichnung von Taten und Leistungen des Königs wurde den Göttern unterbreitet, denen er für sein Handeln verantwortlich war. Die hethitische Kunst und Literatur waren stark von den Churritern beeinflußt, denen wir in den Tagen der Patriarchen begegnet waren.

Um 1230 v.Z. wurde das Land der Hethiter von einer Hungersnot heimgesucht. Pharao Merenptha schickte Korn. Seine Geste war nicht so sehr von Mildtätigkeit diktiert, als vielmehr eine Maßnahme, die Hethiter als Puffer zwischen Ägypten und der aus dem Norden drohenden Gefahr zu erhalten.

Die geheimnisvollen Stämme, die aus irgendeinem nördlich von Griechenland gelegenen Gebiet vorstießen und dabei die mykenische Welt ins Mittelmeer trieben, waren vielleicht selbst von gewaltigen zyklischen Klimaveränderungen, die Dürreperioden und Hungersnot hervorriefen, zum Aufbruch veranlaßt worden. 1200 v.Z. – nicht 1500 v.Z., wie einst angenommen wurde – erschütterte ein heftiger Vulkanausbruch Thera und zerriß diese Kykladeninsel in drei Teile. Das beängstigende Getöse des Ausbruchs, die Asche, die noch in einer Entfernung von Hunderten von Kilometern den Himmel verdunkelte, die Flutwelle, die folgte und an manchen Orten über hundertfünfzig Meter hoch war – all das kann die chaotische Lage, die damals rings um das Ägäische Meer herrschte, nur verschlimmert haben.

Im Jahr 1200 v.Z. hörte das Hethiterreich plötzlich auf zu bestehen. Es gab keine schriftlichen Aufzeichnungen mehr. Der Königspalast in Boghazköi wurde zerstört. Die eindringenden Horden – sie haben keine Namen, keine Gesichter – zogen nach Süden. Überall im Land kam es zu Mord und Vernichtung. Die großen Hafenstädte im nördlichen Kanaan – Ugarit, Arwad, Sidon, vielleicht auch Tyrus – wurden geplündert und niedergebrannt. Diese nördlichen Kanaaniter im Küstengebiet – Phöniker wurden sie später von den Griechen genannt – überlebten die Zerstörung ihrer Städte wahrscheinlich dadurch, daß sie sich mit ihren Schiffen aufs Meer retteten und erst zurückkamen, nachdem die Angreifer, die offenbar nicht seßhaft werden wollten, weitergezogen waren, um anderswo zu plündern.

Karkemisch, die Stadt, die eine wichtige Übergangsstelle über den Euphrat beherrschte – über die Abraham wahrscheinlich von Haran gekommen war –, wurde von den Eindringlingen erobert, ebenso Hamath und Tarsus. Das mächtige Volk Amurru verschwand für immer.

Als die Historie etwa ein Jahrhundert später in Anatolien wieder begann, wurden die Neuankömmlinge, die jetzt dort lebten, von den Griechen im Westen Phryger genannt und von den Assyrern im Osten Muschki und Tabal. Die Herkunft dieser Phryger ist nach wie vor unbekannt. Sie scheinen zum Teil Nomaden gewesen zu sein; jetzt lebten sie in primitiven Siedlungen. Die Grundlage ihrer Wirtschaft waren Ackerbau und Viehzucht. Sie waren ein kämpferisches Volk und hatten eine Vorliebe für Pferde. Einer ihrer zukünftigen Könige hieß Midas.

Die Horde flutete unablässig über Kleinasien und das Mittelmeer in Richtung auf Ägypten. Sie bestand aus einem verwickelten und sich wandelnden Bündnis aus vielen verschiedenen Völkern – Nomaden, Barbaren, Plünderern, vertriebenen Bevölkerungen. Die Ägypter gaben dieser ganzen in Bewegung befindlichen Völkermasse einen einzigen, allumfassenden Namen. Sie nannten sie die Seevölker.

Eine Inschrift aus dem achten Regierungsjahr von Ramses III. beschreibt die Ankunft dieser Konföderation von Völkern. »Die fremden Länder machten eine Verschwörung auf ihren Inseln ... Kein Land konnte ihren Waffen standhalten ... Sie kamen auf Ägypten zu ...« Diese Inschrift bietet uns den einzigen schriftlichen Hinweis auf die Zerstörung des hethitischen Großreichs. »Kein Land konnte ihren Waffen standhalten, von Hatti (Hethiter), Kode (Kilikien), Karkemisch ...«

An der Spitze dieser Allianz von Seevölkern waren die Peleschet. Wir kennen sie aus der Bibel als die Philister. Die Ägypter schilderten sie als groß, bräunlich, glatt rasiert. Sie trugen einen charakteristischen Lederhelm mit Federbusch, einem verzierten Stirnband und Kinnriemen. Sie hatten Speere, lange Schwerter und runde Schilde. Zu Land kämpften sie von Streitwagen aus, die mit drei Mann besetzt waren, zwei Kriegern und einem Fahrer. Ihre Familien folgten ihnen in von Ochsen gezogenen hölzernen Karren mit Scheibenrädern.

Diese Konföderation von Völkern versuchte um das Jahr 1185 v.Z. mit Gewalt nach Ägypten einzudringen. Die Seevölker wurden unter großen Verlusten für sie und die Ägypter aufgehalten. Viele wurden gefangengenommen. Einige ihrer Krieger traten als Söldner in das Heer Ramses' III. ein. Die Peleschet wurden nach Norden abgedrängt und begannen um 1180 v.Z.., sich an der Küste Kanaans in einer Reihe von Städten niederzulassen, die vorher, als sie und andere Seevölker nach Süden vorstießen, zerstört worden waren. Diese Städte – Gaza, Askalon, Asdod – hatten unter ägyptischer Vorherrschaft gestanden, und es ist nicht klar, ob die Peleschet sie sich einfach nahmen oder sie durch einen Vertrag mit Ramses III. oder mit seiner stillschweigenden und matten Zustimmung erhielten. Als er um 1150 v.Z. starb, sank das ägyptische Weltreich, ausgeblutet durch endlose Kriege, mit ihm ins Grab.

Die Waffen und Werkzeuge der Philister bestanden aus Eisen. Sie brachten die Technologie der Eisenbearbeitung mit, die sie wohl irgendwann während ihrer Raubzüge in Kleinasien erlernt und gemeistert hatten; die Hethiter hatten Eisen gekannt, es aber nie in Mengen hergestellt. Mit der Ankunft der Seevölker im Jahre 1200 v.Z. nahm die im Nahen Osten von den Sumerern etwa 3000 v.Z. eingeleitete Bronzezeit ein abruptes Ende, und die Eisenzeit begann.

Die Philister übernahmen die kanaanitische Sprache und die kanaanitischen Götter und wurden in allem außer ihrer Art der Kriegführung rasch Kanaaniter. Jede ihrer Städte unterstand einem König, der in der Bibel *seren* genannt wird nach der hebräischen Übersetzung des griechischen Wortes *tyrannos*, das »Herrscher« oder »König« bedeutete. Die Philister stammten wahrscheinlich aus Kreta. Ihre Könige waren durch Vertrag oder eine alte Tradition verpflichtet, sich zur Beratung zu versammeln und mit Stimmenmehrheit die Entscheidung über ein militärisches Vorgehen zu treffen. Dann handelten sie alle gemeinsam. Ihre Krieger trugen schwere Rüstungen nach Art der homerischen Helden. Weiter östlich überquerten die Aramäer den Euphrat und drangen nach Mesopotamien ein. Sie eroberten, plünderten, siedelten und splitterten den »Fruchtbaren Halbmond« in ein dunkles, barbarisches Durcheinander kleiner Königreiche auf. Assyrien und Babylonien kämpften Jahrzehnte, ja Generationen lang gegen sie. Die Aramäer hatten keine Schrift. Es war ihnen gelungen, das Kamel zu domestizieren, und sie waren die ersten, die sich die Beweglichkeit und Ausdauer dieses Tiers für Kriegszwecke zunutze machten.

Von irgendwo im Gebiet des Euphrats kam ein König mit Namen Kusan-Risathaim. Er hatte ein Heer aufgestellt, und um 1200 v.Z. während des Chaos, das die ethnische Zusammensetzung des alten Nahen Ostens veränderte, drang er tief nach Kanaan ein, möglicherweise in der Absicht, Ägypten zu unterjochen.

Nach seiner Niederlage durch den Pharao, als er sein Heer durch das südliche Kanaan zurückführte, mag König Kusan-Risathaim – ein bizarrer Name, den ihm wahrscheinlich die Israeliten gegeben hatten, denn er bedeutet »Kusan der doppelt Böse« – sich mit weiteren Plünderungen getröstet haben. Otniel, Sohn des Kenas, ein Angehöriger der Kalebiter-Sippe des Stammes Juda, fühlte sich plötzlich zum Handeln aufgerufen. »Und der Geist des Herrn kam auf ihn, und er ward Richter in Israel und zog aus zum Streit ...« Offenbar war er mächtig genug, um ein Stammesheer um sich zu scharen. Dem König aus dem Euphratgebiet verging die Lust am Plündern, und er eilte nach Hause.

Diese kurze Episode im *Buch der Richter,* immer noch rätselhaft und schwer deutbar – der Text sagt nichts über Ägypten; aber warum überfällt ein König aus einer so entfernten Gegend wie dem Euphrat die Sippen von Juda? –, diese Episode führt den ersten der israelitischen Richter ein.

Es ist nicht genau bekannt, welche Gesetze bei dem israelitischen Stammesverband wirklich in Kraft waren. In dem Bericht über den Josua-Bund wird beschrieben, wie Josua »ihnen Gesetze und Rechte vorlegte zu Sichem« und dann »dies alles ins Gesetzbuch Gottes« schrieb. Der Vertragskodex im Buch *Exodus* enthält einen Abschnitt (21, 1–22), der für eine rudimentäre Gesellschaft von Bauern und Hirten geeignet zu sein scheint. Das mögen die frühesten Gesetze der Stämme gewesen sein.

Wie immer die Gesetze auch waren, es besteht wenig Zweifel, daß es Richter gab, die Recht sprachen. Diese Richter konnten Stammesälteste sein oder Männer und Frauen, deren Weisheit hoch geschätzt wurde, oder Personen, die auf dem Schlachtfeld Mut und Fähigkeiten bewiesen hatten; schnelle, richtige Entscheidungen im Kampf wiesen manchmal auf einen Verstand hin, der auch in Rechtsfragen gerechte Entscheidungen treffen konnte.

In späteren Jahren sahen die Israeliten ihre ersten beiden Jahrhunderte in der heidnischen Welt von Kanaan als die Probezeit für den Stammesverband an. Von diesen frühen Stammesangehörigen sagten sie, sie taten »übel vor dem Herrn ... und dienten den Baalim und den Ascheroth«, und wahrscheinlich hatten sie recht. Der erste Kontakt mit der hohen Kultur von Kanaan, seinem materiellen Reichtum und vielfältigen Kult war verlockend, und zweifellos wurde viel Kulturelles übernommen. Wenn man von seinem Wanderesel absitzt und seßhaft wird auf einem Stück Land, von dessen Fruchtbarkeit das Leben abhängt, zögert man vielleicht nicht, einen heidnischen Gott oder eine Göttin anzurufen als zusätzliche Absicherung gegen die Gefahr einer Hungersnot. Auch gab es noch prämosaische Hebräer im Lande, die an die bildlose Anbetung von JHVH noch nicht gewöhnt waren. Zweifellos hielten diejenigen, denen es schwer fiel, allen Forderungen der Bünde von Sinai und Sichem zu entsprechen, an so manchem heidnischen Brauch fest, den sie in örtlichen Heiligtümern ausübten. Und deshalb sagten dann spätere Israeliten, daß »der Zorn des Herrn über Israel ergrimmte«. Der Herr gab sie in die Hand ihrer Feinde. Dann schrien sie zum Herrn, und der Herr erweckte einen Retter für die Kinder Israel. Diese Retter wurden Richter genannt.

Alle Retter im *Buch der Richter* waren Richter im normalen Sinne des Wortes: Rechtsprecher, richterliche Beamte; aber nicht alle Richter waren Retter. Das hebräische Wort für Richter im *Buch der Richter – shofet –* bedeutet »Schiedsrichter« oder »Richter am Gericht«, aber auch »Erlöser«.

Da es keine zentralisierte Obrigkeit oder Institution gab, wurde jeder Stamm von seinen Richtern regiert. In gewissen kritischen Situationen wurden einige dieser Richter außerordentliche Führer – richtende Retter, charismatische Herrscher. Plötzlich und unerklärlicherweise kam der Geist des Herrn über sie. Sie fühlten sich aufgerufen, in einer kritischen Zeit gegen den Feind des Volkes vorzugehen, entweder allein oder indem sie einen oder mehrere der Stämme von der Notwendigkeit einer kriegerischen Handlung überzeugten. Wenn sich die Kampfhandlung als erfolgreich erwies, dann waren die Stammesangehörigen überzeugt, daß der Geist des Herrn in der Tat über diesen Richter gekommen war.

Nicht alle Richter waren von derselben Art. Einer war ein Brigant; ein anderer war ein verschmitzter Schelm, der sich auf heidnischen Festen und mit Prostituierten vergnügte. Aber an irgendeinem Punkt in ihrem Leben waren sie alle Stammesrichter, richterliche Beamte, Ausleger des Bundeskodexes.

In Ägypten versuchten Pharaonen, als Götter verkleidet, die in endlosen Wellen herandrängenden Seevölker abzuwehren. In Assyrien und Babylonien versuchten Könige, die Stellvertreter der Götter waren, die aramäische Flut aus der arabischen Wüste einzudämmen. In dem israelitischen Zwölfstämmeverband gab es Richter – Menschen von unterschiedlicher Begabung, Charakter und Herkunft –, die plötzlich zur Führerschaft aufstiegen und erfolgreich Moabiter, Kanaaniter, Midianiter und Ammoniter zurückschlugen. Mit ihrem Kampf gegen die Philister scheiterten sie.

Die Periode der Richter war keine blutgetränkte Finsternis nicht enden wollender Krisen. Das idyllische *Buch Ruth,* das in der Frühzeit des Königtums geschrieben wurde, gibt ein gutes Bild von dem angenehmen und gesitteten Leben, das wahrscheinlich der

Hintergrund zu den Ausbrüchen von Gewalttätigkeit war. Die Krisen brachen nicht überall zur gleichen Zeit aus; an einem Ort herrschte Frieden, während der Krieg an einem anderen stattfand.

Keinem Richter gelang es, bei irgendeinem Anlaß sämtliche Stämme aufzubieten; entweder war der Anlaß nicht wichtig genug, oder kein Richter stand in so hohem Ansehen, daß er die Wehrfähigen aller Stämme auf einmal einberufen konnte. Das war der letzte Prüfstein der Führerschaft: Wie viele der Sippen- und Stammesältesten konnte man überreden, ihre *sarim,* »militärischen Führer«, und Truppen aufzubieten? Es gab kein stehendes Heer; wenn man die militärischen Führer der Sippen und Stämme nicht zusammen mit ihren Truppen zum Kampf aufrufen konnte, dann scheiterte man; und der Feind raubte einem die Ernte, plünderte die Dörfer, tötete das Volk.

Ein zweischneidiger Dolch war in jenen Tagen eine seltene Waffe; abgesehen vom Speer oder Wurfspieß war die übliche Waffe das Krummschwert. Dieser Dolch, den ein Mann mit Namen Ehud, Sohn des Gera, für einen bestimmten Zweck hergestellt hatte, war kurz und konnte leicht unter der Kleidung verborgen werden. Ehud schnallte ihn sich an die rechte Hüfte.

Auf dem Ostufer des Jordans hatten die Moabiter den Stamm Ruben besiegt, dann den Jordan überschritten, Jericho eingenommen und sich den Stamm Benjamin lehnspflichtig gemacht. Wir wissen das Datum dieser Geschehnisse nicht, aber wahrscheinlich ereigneten sie sich Anfang des 12. Jahrhunderts v.Z.

Ehud, Geras Sohn, gehörte zweifellos einer bedeutenden Familie an, denn er war der Leiter einer benjaminitischen Delegation, die nach Jericho kam, um dem Sieger, dem König Eglon von Moab, den jährlichen Tribut zu entrichten. Sie wurden auf Waffen untersucht, aber niemand dachte daran, nach der rechten Hüfte zu schauen; Waffen trug man auf der linken Seite des Körpers, um sie rasch mit der rechten Hand ziehen zu können. Ehud, Geras Sohn, der eine Waffe mit beiden Händen führen konnte, bat darum, mit dem König unter vier Augen zu sprechen.

Von einer geschickten Hand geführt, konnte ein zweischneidiger Dolch sein tödliches Werk rasch und wirkungsvoll vollbringen, denn er war ein hervorragendes Mordinstrument. König Eglon von Moab war ein fetter Mann, und vermutlich stieß Ehud ihm den Dolch so tief in den schlaffen Bauch, daß nicht nur die

Schneide, sondern auch das Heft eindrang, und vermied so äußere Blutungen, die womöglich sofort entdeckt wurden. Er verließ den König. Die Diener kamen ins Zimmer, glaubten, der König schlafe, und zogen sich leise zurück. Ehud, Geras Sohn, war weit weg, als der Mord entdeckt wurde.

Im Gebirge Ephraim blies er ein Widderhorn, »und die Kinder Israels zogen mit ihm vom Gebirge«. Die plötzlich führerlosen Moabiter gingen in heilloser Unordnung über den Jordan zurück. Wir wissen nicht, ob sie sich auch aus dem Gebiet von Ruben zurückzogen. Irgendwann während der Zeit der Richter wurden die Rubeniter durch Invasionen so dezimiert, daß sie als eigentlicher Stamm zu existieren aufhörten.

Ehud, Geras Sohn, war ein Richter.

Regen ist eine Waffe von zweifelhaftem Wert im Krieg, aber eine tödliche gegen Kampfwagen. Die Kampfwagen der Kanaaniter waren mit zwei Kriegern bemannt und wurden von gut abgerichteten Pferden gezogen. Jeder Kampfwagen war mit Metallplatten gepanzert und vermochte die Fußsoldaten der Stämme unbarmherzig niederzumähen.

Irgendwann um 1140 v.Z. beschlossen kanaanitische Könige, mit den mittleren und nördlichen israelitischen Stämmen in ihrer Mitte aufzuräumen. In der Jesreel-Ebene in der Nähe von Megiddo zogen sie ein großes Heer zusammen, ihm voran neunhundert Streitwagen. Die Israeliten riefen ihre Krieger zu den Waffen. Der größte Teil der israelitischen Miliz bezog Stellungen an den Berghängen am Rande des Tals, in Sicherheit vor den kanaanitischen Streitwagenkolonnen. Die Israeliten wurden von einem Mann mit Namen Barak und von einer Frau mit Namen Debora geführt.

Die Israeliten warteten ab. Ein heftiger Regen setzte ein. Die Israeliten griffen an. Die Erde im Tal verwandelte sich durch den Regen in Schlamm, die Streitwagen blieben stecken und waren nicht mehr manövrierfähig. Im Rücken der Kanaaniter füllte sich das Wadi Kischon plötzlich mit Wasser, das von den Bergen herabströmte. »Der Kischonbach schwemmte sie fort, dieser alte Bach, der Kischonbach«, heißt es im Lied der Debora. Niemals wieder wurden die Stämme Israels von den Kanaanitern ernstlich bedroht.

Debora war eine Richterin.

Widderhörner, Fackeln und Krüge scheinen überhaupt keine Waffen zu sein. Sie wurden von einem Mann mit Namen Gideon,

Sohn des Joas, vom Stamm Manasse gegen Scharen plündernder Nomaden eingesetzt. Jahr für Jahr überfielen sie das Land zur Erntezeit – nomadische Sippen aus der östlichen und südlichen Wüste, Amalekiter, Midianiter, Bene Kedem, die als Stammesverband auftraten und Kamele mitführten, vor denen sich die seßhaften Israeliten fürchteten. Mit einer sorgfältig ausgewählten Schar von dreihundert Stammesangehörigen stieg Gideon im Schein der Fackeln des Nachts auf die Berge. Als sie sich dann dem großen Lager der Räuberbande mit den stillen Zelten und den unruhigen Kamelen näherten, befahl er seinen Leuten, die Fackeln in den Krügen zu verstecken. Sie gingen von drei Seiten vor, bliesen die Hörner, zerbrachen die Krüge, um die Kamele in die Flucht zu jagen, riefen: »Das Schwert für den Herrn und für Gideon!« und steckten die Zelte in Brand. Voll Panik flohen die Räuber ums liebe Leben, wurden später von einer größeren israelitischen Truppe gestellt und hörten mit ihren Raubzügen gegen die Israeliten auf.

Gideon war ein Richter. Einige wollten ihn zum König machen. Er lehnte ab. »Ich will nicht über euch herrschen ... der Herr soll über euch herrschen.« Einer seiner Söhne, Abimelech, machte sich zum König von Sichem. Das Volk lehnte sich gegen ihn auf, und in einer blutigen Schlacht brannte er die Stadt nieder, verlor aber beim Kampf um eine andere Stadt das Leben. Die Waffe, die ihn erschlug, war ein Mühlstein, den eine Frau herunterwarf und der ihm den Schädel zertrümmerte. Das Land war noch nicht bereit für einen König.

Es gibt eine Liste von Richtern, die »aufstanden, um das Land zu retten« – aber von ihren Taten wird uns nichts gesagt.

Ein Gelübde ist eine seltsame Waffe, um sie gegen einen Feind einzusetzen. Ein Mann mit Namen Jephtha war der Sohn einer Hure. Seine Stiefbrüder warfen ihn aus dem Haus, damit er an ihrem Erbe nicht teilhabe. Er zog durchs Land mit lauter Taugenichtsen und wurde ein Brigant, ein Hapiru.

Die Ammoniter, die das Land zurückhaben wollten, das Moses einst Sihon und Og abgenommen hatte, stellten ein Heer auf. Das Volk bat Jephtha um Hilfe. »Da kam der Geist des Herrn über Jephtha« Er gelobte dem Herrn, wenn er im Kampf gegen die Ammoniter erfolgreich wäre, würde er dem Herrn als Brandopfer das darbringen, »was zu meiner Haustür heraus mir entgegen geht«. Die Ammoniter wurden geschlagen. Siegreich kehrte Jephtha zu seinem Haus zurück, und »siehe, da geht seine Tochter heraus ihm entgegen mit Pauken und Reigen; und sie war sein einziges Kind ...« Den Kommentatoren gefällt diese Geschichte nicht, und sie versuchen alles mögliche, um ihren Inhalt abzuschwächen. Aber der Text ist klar. »Er tat ihr, wie er gelobt hatte ...« Weitere Einzelheiten werden nicht angegeben.

Auch Jephtha war ein Richter.

Der Kinnbacken eines Esels ist eine verwunderliche Waffe. Sie wurde von einem starken Israeliten aus dem Stamm Dan benutzt, um Philister zu erschlagen. Er war jung, als »der Geist des Herrn anfing ihn zu treiben ...« In friedlichen Zeiten feierte er Feste mit den Philistern, heiratete eine ihrer Töchter, schlief mit ihren Prostituierten. In Zeiten der Spannung verbrannte er ihre Felder und erschlug ihre Männer.

Wer kennt Simson nicht? Wer hat die Geschichten von dem langhaarigen Mann und seiner gewaltigen Kraft nicht gehört, der mit bloßen Händen einen Löwen zerriß, die Tore einer Stadt auf seinen Schultern trug, von Delila betrogen und von den Philistern geblendet wurde, die seine kostspieligen Scherze leid waren, ihn fesselten und erniedrigten, und der schließlich über sich und einer großen Menge Philister einen Tempel zum Einsturz brachte mit dem Ruf: »Laß mich mit den Philistern sterben!«

Auch Simson war ein Richter.

Offenbar spezialisierten sich einige der Stämme auf bestimmte Waffenarten. Die Benjaminiter waren besonders geschickt mit der Schleuder, die Juditer gewandt mit Speer und Schild; der Stamm Sebulon konnte mit Waffen aller Art umgehen.

Ein blutiger Krieg brach aus, bei dem sich die Stämme ihre verschiedenen Waffenkünste zunutze machten – gegeneinander. Der Stamm Benjamin wollte einige seiner Angehörigen, die die Konkubine eines Mannes aus einem anderen Stamm belästigt und ermordet hatten, nicht zur Bestrafung ausliefern. Der Mann zerstückelte die Leiche der Frau, schickte die Teile an die Stämme im ganzen Land und verlangte Gerechtigkeit. Alle waren entsetzt. Als die Benjaminiter sich weigerten, ihre schuldigen Verwandten auszuliefern, wurde ihnen von den anderen Stämmen der Krieg erklärt. Blutige Schlachten folgten. Benjamin war zuerst erfolgreich, wurde aber zuletzt fast vernichtet.

Es gab keine Richter bei diesem bitteren Bürgerkrieg. Über ihn wird im *Buch der Richter* berichtet, um uns die Verwirrung des Stammesverbandes vor Augen zu führen und uns auf das kommende Königtum vorzubereiten.

Samuel war ein Richter, ein Seher, ein Priester und – nach Ansicht einiger Wissenschaftler – der Begründer der prophetischen Bewegung im alten Israel. Zu seiner Zeit begannen die Philister, sich Gebiete der Stämme anzueignen. Sie eroberten Juda im Süden, die Jesreel-Ebene und Teile des mittleren Berglandes. Sie hatten die Kontrolle über die Seewege zu ihren Küstenstädten erlangt; jetzt trachteten sie nach der Kontrolle der sogenannten *Via Maris,* die von Ägypten entlang der Meeresküste und landeinwärts nach Megiddo, Hazor und Damaskus führte, dann weit nach Norden und nach Osten bis Mesopotamien. Israelitische Sippen in Galiläa und jenseits des Jordans waren außerhalb der Interessensphäre der Philister und blieben unberührt vom eisernen Schwert. Aber von den besiegten Israeliten erhoben die Philister Tribut und errichteten ein Monopol für die Herstellung von Metall, indem sie die Überwachung aller Schmiede des Landes anordneten. Sie plünderten israelitische Kornspeicher, unterhielten Garnisonen in israelitischen Städten und bauten Festungen an strategisch wichtigen Punkten. Sie waren ein kriegerisches Volk, hervorragende Kämpfer, gut ausgerüstet und im Umgang mit Streitwagen bewandert, und die unerfahrenen israelitischen Truppen konnten ihnen im Kampf nicht standhalten.

Um 1050 v.Z. versuchten die Israeliten, die vordringenden Philister aufzuhalten. Sie lieferten ihnen eine kurze Schlacht, verloren sie und brachten die Lade aus ihrem Zentralheiligtum in Silo auf das Schlachtfeld in der Hoffnung, ihr Gott werde ihnen zu Hilfe kommen. In der Nähe von Aphek, etwa fünfzehn Kilometer östlich von Jaffa, schlugen die Philister das Heer der Stämme vernichtend, töteten die beiden Priester, die die Lade begleitet hatten, und erbeuteten die Lade. Später zerstörten sie Silo und das Heiligtum.

Bei diesem Heiligtum in Silo, einem kleinen Dorf im Gebirge Ephraim zwischen Bethel und Sichem, hatten sich die Stämme seit der Landnahme von Zeit zu Zeit getroffen, um JHVH anzubeten, Feste zu feiern, den Bund zu erneuern, die wunderbaren Taten ihres Gottes wieder aufzuzählen, von der Zeit der Patriarchen und der Erlösung aus der Sklaverei und der langen Wanderung in der Wildnis zu sprechen. Vielleicht erzählten sie auch von neuem die Schöpfungsgeschichte und die Sage von der Flut, die die Patriarchen aus Mesopotamien mitgebracht hatten – aber jetzt war es JHVH, der die Flut bewirkt und herbeigeführt hatte. Dieser Auffassung sind einige Wissenschaftler. Die Lade war der Mittelpunkt des Stammesverbandes gewesen. Nun, da die Lade erbeutet, das Heiligtum zerstört und die Richter hilflos waren, begann sich der unter dem unbarmherzigen Druck der Philister zusammengebrochene israelitische Zwölfstämmeverband aufzulösen.

Ein betagter, sorgenvoller Samuel, der nach der Zerstörung des Heiligtums in seine Heimatstadt Rama nördlich von Jerusalem zurückgekehrt war, fügte sich jetzt den Stammesältesten und salbte einen hochgewachsenen jungen Mann aus dem Stamm Benjamin zum König über Israel.

Nach der einen Darstellung der Salbung verläßt der junge Mann mit Namen Saul, Sohn des Kis, seine Vaterstadt Gibea nahe Jerusalem, wandert durch das Bergland von Benjamin auf der Suche nach den entlaufenen Eselinnen seines Vaters, trifft unterwegs Samuel und wird heimlich von ihm gesalbt. Später, als Samuel die Stämme in Mizpa versammelt, einer Stadt südlich von Bethel, und Sauls Wahl bekanntgibt, jauchzt das Volk Saul zu; aber einige unter ihnen, erbitterte antimonarchische Verfechter der Stammesunabhängigkeit, die die Königsmacht fürchten, spotten über ihn und gehen verärgert weg.

Nach einer anderen Darstellung verhält sich Saul wie ein rettender Richter. Die israelitische Stadt Jabes in Gilead jenseits des Jordans wird von Ammonitern belagert, und ihre Übergabebedingungen sind entsetzlich: »Euch allen soll das rechte Auge ausgestochen werden.« Saul ist beim Pflügen, als er das hört, und er reagiert in ausgesprochen charismatischer Weise. Er zerhackt die Ochsen, mit denen er gepflügt hatte, und schickt die Stücke mit Boten zu den Sippen, um sie zusammenzurufen. »Wer nicht ausziehet, Saul und Samuel nach, dessen Rindern wird man ebenso tun.« Diejenigen Sippen, die dazu in der Lage sind, schikken Truppen. Die Ammoniter werden geschlagen. Das Volk ist nun überzeugt, daß Saul vom Geist des Herrn erfüllt sei. Sie bringen ihn zu dem Schrein in Gilgad, wo Josua und die Israeliten bei der Eroberung einst lagerten, und dort rufen sie ihn zum König aus. Es ist etwa das Jahr 1020 v.Z.

Saul war ein gesalbter Richter mit charismatischen Eigenschaften, dessen Aufgabe es war, die Israeliten im Kampf gegen ihre Feinde anzuführen. Das Salben war eine heilige Maßnahme, die erkennen lassen sollte, daß der Gesalbte vom Geist Gottes erfüllt und nicht nur für die Dauer einer Krise, sondern lebenslang zum

Führer ausersehen sei. Es war das erste Mal in der Geschichte Israels, daß jemand zum Führer des Volkes gesalbt wurde. Die Salbung von Königen war in Kanaan und unter den Hethitern ziemlich verbreitet, aber nicht in Mesopotamien. Die Ägypter salbten Vasallenkönige und hohe Beamte des Pharaos, aber niemals den Pharao selbst. Vor Saul wurden nur heilige Gegenstände, die im Heiligtum gebraucht wurden, gesalbt, und möglicherweise auch Priester – was die Priester betrifft, so streiten sich die Gelehrten darüber. Die Wörter »Gesalbter« und »Messias« sind Synonyme – das erstere ist die Übersetzung, das zweite die Transkription ein und desselben hebräischen Wortes – *mashiach*.

Vielen Feinden sah sich der erste Gesalbte Israels gegenüber. Seine gesamte Regierungszeit verbrachte er kämpfend. Er kämpfte gegen die Philister, Moabiter, Ammoniter, Edomiter und Amalekiter. Er brach den alten, von Josua geschlossenen Bund mit den Gibeonitern aus einem uns unbekannten Grund, erschlug viele, vertrieb die anderen. Er lebte in seiner Heimatstadt Gibea in einem Palast, der eher eine primitive Festung war – mit einem Grundriß von dreißig auf sechzig Metern –, hatte keinen Harem, keinen Hofstaat, keinen Verwaltungsapparat. Sein Feldhauptmann war ein Verwandter mit Namen Abner, der den israelitischen Heerbann befehligte. Die Befugnis, den Heerbann einzuberufen, hatten einst nur die Stämme besessen; jetzt wurde sie Saul übertragen – wenngleich bezweifelt wird, ob diese Befugnis das Recht einschloß, die vielen Sippen von Juda zu den Waffen zu rufen. Es war von Anfang an eine Nation aus zwei Ländern.

Das Stammesheer konnte nicht ständig im Felde stehen. Jeder Soldat rüstete sich auf eigene Kosten aus, brachte seine Verpflegung und Waffen mit – Stachelstöcke, mit denen er sein Vieh antrieb, Knüppel, Äxte, Lanzen, hölzerne Bogen und einen Köcher voller Pfeile mit Steinspitzen; es war ein Heer von Bauern und Handwerkern. Die wenigen reichen Grundeigentümer hatten gute Waffen. Aber der Boden mußte gepflügt und besät werden. Nach einem Feldzug ging der Heerbann nach Hause. Aber die Kriege waren endlos.

Saul begann Söldner anzuwerben. Allmählich baute er eine Truppe von Berufssoldaten auf. Wenn er einen mutigen Mann sah oder von ihm hörte, forderte er ihn auf, in seine Dienste zu treten. Allzu viele konnte er nicht nehmen. Er hatte nicht viel Geld. Zu guter Letzt waren es dreitausend Mann.

Er zog seine eigenen Stammesangehörigen vor, Benjaminiter,

denen er Land schenkte in den Gebieten, die er den Philistern abgenommen hatte – ein neuer Brauch unter Israeliten, aber ein uraltes königliches Privileg im alten Nahen Osten. Doch heuerte er auch Männer aus anderen Stämmen an, und sogar Fremde. Ein Söldner mit Namen Doeg war ein Edomiter; ein in Dienst genommener junger Krieger mit Namen David kam aus dem Stamm Juda.

Die Kriege hielten an. Gelegentlich gab es Erfolge gegen die Philister – aus einem Großteil des zentralen Berglandes wurden sie vertrieben –, aber keiner war ein durchschlagender Sieg. Bei einem Raubüberfall gegen die Amalekiter behielt Saul Beute für sich zurück, obwohl Samuel befohlen hatte, alles zu zerstören – ein früher Funken des dann jahrhundertelang lodernden Feuers zwischen Propheten und Königen. Der betagte Seher brach mit dem König, verurteilte ihn öffentlich, ging heim und starb. Aber Saul herrschte weiter, und seine militärischen Erfolge erhöhten seine Popularität.

Die Kriegsjahre zogen sich in die Länge. Saul grübelte und wurde von Melancholie befallen, seine Seele verdüsterte sich durch die zunehmende Gewißheit, daß er in diesen Kriegen nie Erfolg haben und zuviel von ihm verlangt werde. Und in dieser düsteren Stimmung bekam er plötzlich rasende Anfälle von Eifersucht auf die Männer in seiner Umgebung, denen eine Schlacht vielleicht Erfolg und Ruhm eintragen würde. Zu Beginn seiner Laufbahn hatten ihn die Israeliten *nagid* genannt, »Befehlshaber«; dann hatten sie ihn *melech* genannt, »König«; jetzt sahen sie ihn als einen gequälten, fehlerhaften Menschen.

Und das schrieb ein Israelit über ihn: Befehlshaber, König, fehlerhafter Mensch. Dieser Israelit, unbekannt wie die meisten Chronisten und Schreiber im alten Nahen Osten, bediente sich der Schrift der Kanaaniter, die es schon ungefähr dreihundert Jahre vor der Eroberung gegeben hatte und die die Israeliten, kaum daß sie im Land seßhaft geworden waren, ebenso übernommen hatten wie die kanaanitischen, mesopotamischen und ägyptischen Formen der Literatur – Poesie, Psalmen, Sprichwörter, Annalen. Er schrieb auf Holz, Leder oder Papyrus mit einem Griffel oder Federkiel und farbiger Tinte. Er schrieb in seiner eigenen Sprache, Hebräisch, eine Mischung aus der Landessprache und der Sprache, die möglicherweise mit dem Aramäischen verwandt war und die die das Land erobernde Generation aus der Wildnis mitgebracht hatte – wodurch das Hebräische zu einem Dialekt des

Kanaanitischen wurde. Die historische Erzählungsform mag er entlehnt oder erfunden haben; wir wissen es nicht. Aber er war der erste Schriftsteller, der erkannte, daß auch Charakter Schicksal ist.

Dieser Bericht über Saul, den wir in der Bibel haben, wurde während oder kurz nach seiner Regierung geschrieben; er scheint auf eine unbarmherzige Weise die Wahrheit widerzuspiegeln, hat einen fast grausamen Klang von Echtheit, als ob der Chronist Augenzeuge der Schlachten und der Wutanfälle gewesen wäre, gesehen hätte, wie der Wurfspieß vor Eifersucht geschleudert wurde, die stumme Melancholie besiegter Größe gespürt hätte, die erfolglose Verfolgung des jungen Kriegers durch die südliche Wildnis miterlebt hätte, dem vorgeworfen wurde, er wolle den Thron stehlen, als hätte er beobachtet, wie die heimliche Verrücktheit langsam von einem verbitterten Mann Besitz ergriff, der einst, als er hochgewachsen und jung war, auf der Suche nach seines Vaters Eselinnen durch die Berge und Täler seines Stammes gewandert und als König zurückgekommen war.

Dies ist das erste Porträt der Geschichte, das die Menschlichkeit eines Königs schildert, seine Charaktereigenschaften, die ihn nicht den Göttern, sondern der Menschheit zugehörig machen.

Das gerade, zweischneidige eiserne Schwert gehörte zur Standardausrüstung der philistäischen Krieger. Das israelitische Schwert war eine einschneidige Bronzewaffe, gebogen wie ein orientalisches Krummschwert. Es ist nicht bekannt, was für ein Schwert Saul trug. Nachdem sein Stammesheer am Fuß des Berges Gilboa durch kluge philistäische Strategie wider Willen in eine Schlacht verwickelt und von mörderischen Bogenschützen und Streitwagen dezimiert worden war, stürzte sich ein verzweifelter und besiegter Saul in sein Schwert. Drei seiner Söhne starben mit ihm an jenem Tag, ebenso der Stammesverband. Es war kurz vor dem Jahr 1000 v.Z.

Die Philister schlugen ihm den Kopf ab und zogen damit triumphierend durch ihre Städte. Seine Leiche und die seiner drei Söhne hängten sie an der Stadtmauer von Beth-Sean auf und ließen sie dort vor den Augen aller Vorübergehenden schmählich verwesen und vergehen.

Das Stammesheer war vernichtend geschlagen. Seine Reste zerstreuten sich und kehrten in die Städte und Dörfer der besiegten Israeliten zurück. Die Philister beherrschten das Land unangefochten und schienen entschlossen, der Anwesenheit der Israeliten in Kanaan ein Ende zu bereiten.

Der Zwölfstämmeverband hatte zweihundert Jahre bestanden. Krisen waren durch rettende Richter überwunden worden. Die Niederlage bei Aphek um 1050 v.Z. hatte den Stammesverband erschüttert und ihn unter die Botmäßigkeit der Philister gebracht. Dann tauchten plötzlich Banden israelitischer Ekstatiker im Land auf, sie streiften umher und prophezeiten in derwischartiger Verzückung, begleitet von Schellentrommeln und Flöten. Wir wissen nicht, woher sie kamen oder warum sie zu jener Zeit erschienen; vielleicht schlossen sie, von Samuel ermutigt, eine Lücke, die das Niederbrennen des Heiligtums in Silo gerissen hatte und die nicht einmal wieder gefüllt wurde, als die Philister nach weniger als einem Jahr die in der Schlacht bei Aphek erbeutete Lade zurückgaben, weil sie ihr eine Seuche zuschrieben, die in ihren Städten ausgebrochen war. Man weiß, daß ähnliche Banden von Ekstatikern auch durch Kanaan, Anatolien und Mesopotamien gewandert sind. Bei den Israeliten dienten sie als eine Art Reaktion auf die philistäische Eroberung und als direkte Fortsetzung der Reihe charismatischer Richter. Diese frühen ekstatischen Propheten hielten den Willen des Volkes und seinen Widerstand gegen die Philister aufrecht. Den Inhalt ihrer Prophezeiungen kennen wir nicht. Oft führte ihre Ekstase dazu, daß sie voll Verzückung tanzten und sangen und sich unbekleidet auf der Erde wälzten.

Die Führungsfolge gabelte sich in einer zweiten Richtung – auf den Richter-König hin, der von einem Priester-Propheten gesalbt und vom Volk akklamiert wurde. Jetzt war der erste der Könige tot, und das Land war wehrlos gegenüber dem Volk, das vom Meer gekommen war. Nur ein kleines Heer von sechshundert Mann gab es noch in ganz Israel, eine Privatarmee von Briganten, die durch die südliche Wildnis von Juda zogen. Sie wurde angeführt von einem Verfemten, einem Hapiru mit Namen David.

Seit Jahren war er von dem halbverrückten Saul gejagt worden, der ihm Verrat an dem Gesalbten von JHVH vorwarf.

Sein Vater Isai war ein Ältester des Stammes Juda, als der Knabe David heimlich von dem verbitterten Samuel gesalbt worden war, dessen Enttäuschung über Saul ihn zu der Prophezeiung veranlaßt hatte, daß Israels erster Gesalbter keine Dynastie gründen werde. Eine unheilvollere Weissagung konnte einem König wohl kaum gemacht werden.

Es ist nicht klar, auf welche Weise David in Sauls Dienst trat.

Nach einem Bericht wird der König auf ihn als einen guten Musiker aufmerksam gemacht, der die Verzweiflung lindern könne, die des Königs Augen umwölkt; der Junge spielt und singt, und die Stimmung des Königs bessert sich. Ein anderer Bericht bringt ihn auf das Schlachtfeld im Tal Elach, wo er in einem Zweikampf, der an Sinuhe den Ägypter und seine Jahre unter den Amoritern erinnert, den hämischen Goliath erschlägt. David tritt in Sauls Dienst, wird Anführer einer Söldnertruppe – nicht des Stammesheers –, die in den ständigen Grenzkämpfen mit den Philistern eingesetzt wird, und er ist so erfolgreich, daß der König, als er hört, wie er für seine Tapferkeit im Kampf gerühmt wird, beginnt, in ihm eine Bedrohung des Thrones zu sehen. Die Freundschaft zwischen dem jungen Krieger und des Königs Sohn Jonathan verstärkt das Mißtrauen des grübelnden Saul: Der junge Krieger plant, seinem arglosen und freundlichen Sohn, der in seiner Blindheit die listigen Ränke von Isais Sohn nicht durchschaut, den Thron zu stehlen.

Saul versuchte, David von den Philistern erschlagen zu lassen. Im Austausch gegen die Hand seiner zweiten Tochter Michal verlangte er von David eine absonderliche Morgengabe: Die Vorhäute von hundert Philistern. »Denn Saul trachtete, David zu fällen durch der Philister Hand.«

Es mag Sauls Absicht gewesen sein, David in den sicheren Tod zu schicken, als er ihn an den Philistern, die er tötete, dieselbe Art von Verstümmelung vornehmen ließ, die die Ägypter bei den Seevölkern angewandt hatten. Außerdem wollte Saul sicher sein, daß David nur Philister tötete – ein weiterer Grund, warum er ihre unbeschnittenen Genitalien sehen wollte. Man konnte nicht so leicht hundert Philister auf einmal erschlagen; man tötete zehn bei einem Überfall, zwanzig bei einem anderen im harten und mühsamen Nahkampf. David war sich gewiß bewußt, um wieviel gefährlicher seine Schlachten durch die Forderung des Königs wurden. Wie müssen die Philister gewütet und gekämpft haben, wenn sie ihre verstümmelten Gefallenen sahen und sich über die ihnen zugefügte Demütigung klar wurden. Und was für eine unverblümte und unausgesprochene Erwiderung auf Sauls indirekten Mordversuch war es, als der junge David ihm zweihundert Vorhäute von Philistern brachte! Von diesem Augenblick an war es Saul selbst, der, von regelrechtem Wahnsinn befallen, wann immer er an den Sohn Isais dachte, seinen Schwiegersohn umbringen wollte.

David floh, um das nackte Leben zu retten, als Saul Männer schickte, die ihn umbringen sollten; mit Hilfe seiner Frau Michal, Sauls Tochter, hatte er sich durch das Fenster heruntergelassen und war waffenlos in die Nacht gelaufen. Nun begannen die Jahre der Flucht und des Wanderns, von Gibea nach Rama, wo er den betagten Samuel in Gesellschaft von Ekstatikern traf; von Rama zum Heiligtum des Hofes in Nobe, wo ihm der Priester Ahimelech, der nicht wußte, daß David vom König verfolgt wurde, Nahrung und Goliaths Schwert gab, das hinter dem Ephod aufbewahrt wurde – eine Art Orakelgewand oder Bild; was es wirklich war, können die Gelehrten nicht genau feststellen. David wußte nicht, daß Goliaths Schwert im Heiligtum war – was seltsam ist. Man stellt sich vor, daß er es in all den Jahren des Wanderns und der Freibeuterei, die folgten, trug; und man beginnt zu verstehen, wie es kam, daß Goliaths Name mit David in Verbindung gebracht wurde und warum es zuletzt David zugeschrieben wurde, Goliath erschlagen zu haben, denn nach dem zweiten *Buch Samuel* 21,19 war es in Wirklichkeit ein ganz gewöhnlicher Soldat mit Namen Elhanan, der diesen heroischen Zweikampf bestanden hatte und dessen Name durch einen späteren Zufall der Historie verdunkelt wurde.

Der Priester büßte für seine in Unkenntnis geübte Großzügigkeit. Saul befahl, ihn, seine Familie und das ganze Dorf Nobe – ein Priesterdorf – zu erschlagen. Die israelitischen Soldaten weigerten sich, den Befehl ihres Königs auszuführen. Die Aufgabe wurde von dem edomitischen Söldner Doeg erledigt.

Voll Verzweiflung floh David in die philistäische Stadt Gath; aber er wurde erkannt, und da er fürchtete, getötet zu werden, spielte er einen Verrückten, Schaum besudelte seinen roten Bart, seine Finger krallten sich in die Wände; als er dann vor den König gebracht wurde, der die damals übliche Angst vor Geisteskranken hatte – man glaubte, sie seien von den Göttern besessen –, befahl der König, ihn aus der Stadt zu jagen.

Das Wandern ging weiter. Jetzt tief im Bergland von Juda, kam er zur Höhle Adullam, einige Meilen nordöstlich von Hebron. Dort schlossen sich ihm seine Familie und eine Gruppe Unzufriedener an – »allerlei Männer, die in Not und Schulden und betrübten Herzens waren; und er war ihr Oberster, daß bei vierhundert Mann bei ihm waren.«

Er brachte seine Eltern in Moab jenseits des Toten Meers vor Saul in Sicherheit. Dann kehrte er in das Land Juda zurück.

Er wanderte mit seinen Gefolgsleuten durch die Wildnis von Juda zwischen Hebron und dem Toten Meer, ein Land schieferbedeckter Hügel und brennender Hitze. Saul verfolgte ihn unbarmherzig. Die Sippen von Juda, die Saul treu waren, gewährten ihrem eigenen Verwandten keine Unterstützung. Zu dieser Zeit starb Samuel, »und das ganze Israel versammelte sich und trug Leid um ihn ...«

David und seine Leute flohen in die Wüste Pharan tief im Süden, das Land, durch das vor mehr als zweieinhalb Jahrhunderten flüchtende Sklaven gezogen waren. Er und seine Gruppe lebten davon, daß sie den Sippen von Juda Schutz gegen die Überfälle der Amalekiter boten. Er nahm sich Frauen aus einigen dieser Sippen. Schließlich bot er dem König Achis von Gath seine Dienste an. Der Philister war entzückt. Welche bessere Möglichkeit gab es, Juda vom übrigen Israel zu trennen, als einen so berühmten judäischen Soldaten in sein eigenes Heer aufzunehmen – zusammen mit vierhundert anderen Israeliten, von denen die meisten aus Juda stammten!

Er gab David und seinem kleinen Heer die südliche Stadt Ziklag als Wohnort und Operationsbasis. Davids Aufgabe war es, die philistäische Südgrenze gegen die judäischen Sippen und die räuberischen Amalekiter zu schützen, während sich die Philister mit dem ernsthafteren Geschäft befaßten, die Israeliten in Sauls Heer zu töten.

Über ein Jahr lang erfüllte David seine Aufgabe gern und gewandt. Er führte Überfälle gegen die Amalekiter aus, wodurch er sowohl die Philister als auch die Sippen von Juda schützte. Klug teilte er seine Beute nicht nur mit Achis von Gath, sondern auch mit den führenden Familien von Juda. Sein Heer zählte jetzt sechshundert harte Kämpfer, und Achis wollte es in einem philistäischen Feldzug gegen Saul einsetzen. Aber die Könige der anderen philistäischen Städte äußerten laut ihre Zweifel an Davids Loyalität, und er und seine Leute wurden nach Ziklag zurückgeschickt. Das Glück hat David in seinem Leben oft gelacht; die Sumerer hätten gesagt, er habe einen persönlichen Gott. Wir ahnen nicht, welche Entscheidung er getroffen hätte, wäre er gezwungen worden, als philistäischer Vasall gegen Saul zu Felde zu ziehen. Es war die Schlacht, in der Saul starb und das Bundesheer sich auflöste.

Als David die Nachricht von Sauls und Jonathans Tod erhielt, gab er seiner Trauer in einem ergreifend lyrischen Klagelied

Ausdruck: »Deine Zierde, O Israel, liegt auf deinen Höhen erschlagen! Wie sind doch die Mächtigen gefallen!« Dann sammelte er seine Truppen und zog mit seinen Frauen und Kindern und seinem Hab und Gut, zweifellos mit Zustimmung seines philistäischen Lehnsherrn, nach Hebron, der wichtigsten Stadt des Stammes Juda. Dort lagerte er und wartete ab.

Wir werden nie wissen, ob er tatsächlich nach der Königswürde trachtete, solange Saul lebte; höchstwahrscheinlich; und ebenso wahrscheinlich ist, daß er nichts gegen den König unternommen hätte, um sie zu erhalten. Er war ein äußerst frommer Mann und hätte nie die Hand gegen den Gesalbten von JHVH erhoben. Aber er besaß eine unheimliche Fähigkeit, Geschehnisse zu deuten, die Zukunft vorauszuahnen, sich bereitzuhalten und geduldig auf ihr Kommen zu warten. Wie er jetzt in Hebron wartete.

Die Ältesten von Juda – und, wie wir annehmen können, auch diejenigen des kleinen Stammes Simeon und anderer südlicher Sippen – blickten nach Norden auf die durch Sauls Tod entstandene Lücke. Sie blickten nach Hebron auf das kleine Heer von David. Man kann sich die Versammlungen dieser Ältesten vorstellen, die Gespräche, bei denen jeder seine Meinung äußerte. Sollten sie den beispiellosen Schritt tun, sich über die Ältesten der nördlichen Sippen hinwegzusetzen und eine getrennte Führung anzustreben? Zu guter Letzt boten sie David die Königswürde von Juda an, die er annahm. Die Philister sahen das unbekümmert mit an. Ihr Mann war nun König des lästigen Stammes Juda und der verschiedenen anderen Sippen in dessen Territorium geworden.

Im Norden herrschte ein überlebender Sohn von Saul, Esbaal (wie er im ersten *Buch Chronik* 8, 33 richtig genannt wird); er war vierzig Jahre alt und herrschte von der Stadt Mahanaim jenseits des Jordans aus. Abner, Sauls Feldhauptmann des Stammesheeres, der dem Gemetzel bei der Schlacht am Berg Gilboa entronnen war, hatte ihn zum König gemacht. Aber der Norden war ein geschlagener Trümmerhaufen von Stämmen, und Esbaal war ein untüchtiger Schwächling. Zwangsläufig brach ein Krieg zwischen Davids Anhängern und denjenigen aus, die Abner und Sauls Haus noch treu waren.

Nach zwei Jahren des Bürgerkrieges, den die Philister zweifellos mit Vergnügen beobachteten, begannen in aller Stille Verhandlungen zwischen Abner und David. Noch während dieser Verhandlungen erschlug Davids Feldhauptmann, sein Neffe Joab, ein brutaler, gefühlloser Mensch, aber ein hervorragender Truppenführer, seinen potentiellen Rivalen Abner unter dem Vorwand der Blutrache: Abner hatte Joabs Bruder in der Schlacht getötet. Die Ältesten der nördlichen Stämme waren wütend. David verurteilte Joab, bestritt jede Beteiligung an der Angelegenheit, begrub Abner ehrenvoll in Hebron, betrauerte ihn öffentlich – und wartete.

Zwei Männer erschlugen Esbaal in Mahanaim und brachten David seinen Kopf in der Erwartung, belohnt zu werden. Entsetzt verurteilte David ihre Tat und ließ die beiden Männer töten. Esbaals Kopf wurde neben dem Grab von Abner bestattet. David wartete.

Verhandlungen zwischen David und Vertretern der Ältesten des Nordens wurden wieder aufgenommen. Zu guter Letzt kamen die Ältesten nach Hebron, schlossen mit ihm einen Bund und »salbten David zum König über Israel«.

Er war dreißig Jahre alt. In Hebron hatte er siebeneinhalb Jahre über Juda geherrscht. Jetzt waren der Süden und der Norden in seiner Person vereint; er war König der zwei Länder Juda und Israel.

Er hatte die Königswürde nicht durch eine charismatische Tat erlangt, die gezeigt haben könnte, daß er vom Geist des Herrn erfüllt sei, sondern durch die schmutzigen Realitäten von politischer und militärischer Macht und die geschickte Anwendung von Diplomatie. Für die vielen Sippen, die in dem ausgedehnten Gebiet von Juda lebten, endete die charismatische Führung, als David die Königswürde erhielt. Es ist nicht ganz sicher, ob sie auch für die Stämme des Nordens endete.

An diesem Punkt beginnen die Geschehnisse in der biblischen Erzählung zu verschwimmen – als ob der Kern des Berichts in Wirklichkeit Davids Aufstieg wäre und alles, was noch geschehen sollte, wenig Bedeutung hätte. Die Fülle von Einzelheiten, die geschickte Darstellung, die die frühe Geschichte Davids zu einer unvergeßlichen Begegnung mit Menschen und ihren Emotionen machen – der Schrecken eines unerfüllten Daseins; ein gefeites Leben, das den Gipfel der Macht erklimmt; Liebe und Haß; Heldentum, Mut, Ruhm und Tod – all das wird jetzt undeutlich hinter einem chronologischen Dunstschleier. Klarheit tritt erst wieder mit einem Zyklus von Geschehnissen ein, an denen neue Gestalten beteiligt sind: Nathan, der Prophet, Bathseba, Amnon und Thamar, Absalom, Adonia, Salomo …

Das Land hatte zwei Hauptstädte, Hebron und Mahanaim, was

politisch trennend wirkte. Die Hügelkette, die die natürliche Barriere zwischen Nord und Süd gewesen war, verlockte David jetzt zu einem kühnen Schritt. Er brachte sein kleines Heer nach Norden, und durch ein plötzliches Manöver, das nach wie vor unerklärt ist, obwohl manche behaupten, sie verstehen, wie es durchgeführt wurde – ein rasches Erklimmen der Mauern, ein Überraschungsangriff durch eine unterirdische Wasserleitung –, nahm er die jebusitische Stadt Jerusalem ein. Die Archäologen sagen uns, daß sie eine Fläche von ungefähr 45 500 Quadratmetern hatte – etwa 380 Meter von Nord nach Süd und 120 Meter von Ost nach West. Die kleinen Häuser standen dicht beisammen; die Straßen waren schmal und winklig. Wichtig war für eine Stadt im Altertum nicht der Komfort, der genügend Raum bietet, sondern der Schutz durch Mauern. Jerusalem hatte dicke Mauern und lag auf einem Berggrat, der etwa V-förmig war. David erlaubt den kapitulierenden Jebusitern, in der Stadt zu bleiben, und zog mit seinem Gefolge ein. Es war seine Stadt, mit seinen eigenen Truppen eingenommen. Sie beherrschte eine lebenswichtige Gebirgsstraße, die die nördlichen und südlichen Landesteile verband. David war keinem Stamm für die Eroberung der Stadt zu Dank verpflichtet. Sie wurde umbenannt und hieß nun die Stadt Davids. Er machte sie zur Hauptstadt des vereinigten Königreichs von Juda und Israel.

Die Philister wachten auf. Ein vereinigtes Juda und Israel war eine Bedrohung. Es ist nicht klar, ob sie gegen ihren Vasallen David zu Felde zogen, ehe er die unbezwingliche Stadt Jerusalem genommen hatte oder nachher. Sie marschierten in das Tal Rephaim südlich von Jerusalem mit der Absicht, die nördlichen Stämme von Juda abzuschneiden. Zwei große Schlachten wurden in diesem Tal geschlagen. Nach ihrer ersten Niederlage kamen die Philister noch einmal, kämpften und wurden wieder geschlagen. Sie zogen sich in ihre Städte zurück. Zweifellos wurde eine Art Friedensvertrag zwischen ihnen und David geschlossen. Sie behielten ihre Selbständigkeit, waren aber nie wieder eine ernstliche Bedrohung für Juda oder Israel. Philister traten als Söldner in Davids Heer ein.

Die Lade von JHVH war in all diesen Jahren unbeachtet in dem Dorf Kirjath-Jearim geblieben. Jetzt brachte David sie in einer freudigen Prozession nach Jerusalem. Er selbst führte die Prozession an und tanzte in zügelloser Ekstase vor der Lade. Die Stadt Jerusalem – seine Stadt – wurde in den Rang eines kultischen

Zentrums der vereinigten Monarchie erhoben. Stadt, Sippen, Lade und Königswürde waren nun miteinander verbunden.

David hatte ein machtvolles Heer, eine Hauptstadt, ein geeintes Land. Er schickte sich an, die noch verbliebenen kanaanitischen Regionen in den Vorbergen an der Küste einzunehmen, in der Ebene Scharon zwischen Jaffa und dem Karmel-Gebirge und in den nördlichen Tälern; es mag sein, daß sie ihm nach dem Zusammenbruch der philistäischen Macht widerstandslos in die Hände gefallen waren. Man nimmt an, daß die kanaanitische Intellektuellenschicht, was immer das damals gewesen sein mag – Schreiber, Höflinge, hohe Beamte verschiedener Art –, sich die plötzlich lebensprühende und sich ausdehnende Kultur des Volks von JHVH zu eigen machte. Ich würde auch annehmen, daß diese Kanaaniter ihre aufgezeichneten Urkundensammlungen mitbrachten, die nun in die Hände der Israeliten übergingen: diplomatische Korrespondenz, Mythen, Epen, ägyptische und mesopotamische Literatur. Kanaan hörte innerhalb des Stammesgebiets zu existieren auf. Die Kanaaniter gingen nicht in den Stämmen auf, sondern wurden Untertanen der Krone. Mit der Zeit wurden viele staatliche Sklaven. Nirgends äußert sich die Bibel klar über diese Eroberung; aber es ist unvorstellbar, daß David sich angeschickt hätte, ein Großreich zu schaffen, solange Enklaven feindseliger Kanaaniter im Lande waren.

Die Eroberung ging mit einem Schwung vor sich, als ob sie sich selbst Stoßkraft verliehe. Niemand war da, der sie verhindern konnte: Ägypten hatte mit inneren Unruhen zu tun, und das ferne Assyrien, dessen kurzem Streben nach einem Großreich unter Tiglatpilesar I. von etwa 1115 bis 1075 v.Z. Einhalt geboten worden war, wurde jetzt von eindringenden Aramäern in die Mauern von Assur, seiner Hauptstadt, zurückgetrieben. David nahm Moab und massakrierte dessen Heer grausam. Damals gab es im Norden ein aramäisches Königreich, dessen Gebiet sich bis zum Euphrat erstreckte. David besiegte es und wurde der Beherrscher dieser riesigen Region. Der König des fernen Hamath schickte ihm Geschenke, um seine Oberhoheit anzuerkennen. David eroberte Edom und Elath. Er kontrollierte jetzt die beiden wichtigsten Handelsstraßen von Ägypten und Arabien durch sein Land und konnte deren Benutzer besteuern; es waren die Küstenstraße, die *Via Maris,* auf der entlangzuziehen flüchtende Sklaven einst nicht gewagt hatten, und die im Inland verlaufende »Königsstraße«, auf der einige dieser Sklaven und ihre Kinder später gewandert waren und die wieder andere vermieden hatten auf ihrem Weg in das Land, das Gott, mit dem sie am Sinai einen Bund geschlossen hatten, ihnen verheißen hatte. David nahm auch das ferne Tadmor ein, das später Palmyra hieß, eine an sich uninteressante Stadt auf halbem Wege zwischen Damaskus und dem Euphrat, die aber als Karawanenstation Einkünfte abwarf.

Moab, Ammon, Edom, das aramäische Zoba und das aramäische Damaskus verloren ihre Selbständigkeit – die genaue Reihenfolge der Eroberungen ist unklar –, zahlten David hohen Tribut und sanken auf den Status von Vasallen herab. Etwa zwanzig Jahre nach Sauls Tod war das vereinigte Königreich Juda und Israel unter Führung von König David, Isais Sohn, das bedeutendste Großreich im alten Nahen Osten.

Er lebte in Jerusalem in einem neuen Palast, dessen Wände mit Zedernholz verkleidet waren. Auch kanaanitische Könige hatten einst in solchen Zedernpalästen gewohnt. Während einer Pause zwischen den Kriegen erkundigte er sich bei dem Propheten Nathan, ob es jetzt nicht Zeit sei, eine ständige Behausung für die Lade von JHVH zu bauen.

Nachts hatte der Prophet eine Vision, über die er den König rasch unterrichtete. Irgendwo an dem geschäftigen Königshof – einem Zentrum des Großreichs, das von Heerführern, Verwaltungsbeamten, Schreibern, Botschaftern, einem großen Harem, vielen Kindern und Inhabern hoher Ämter wimmelte wie dem des königlichen Herolds *(mazkir)* und des königlichen Schreibers *(sopher)*, die wahrscheinlich dem ägyptischen Beamtenapparat nachempfunden waren –, irgendwo an diesem Hof war ein Chronist, der den Bericht über die Vision aufzeichnete. Wir wissen nicht, ob die Erzählung im zweiten *Buch Samuel* 7 die seine ist oder noch durch andere Hände ging; wahrscheinlich erhielt sie ihre annähernd endgültige Form früh in der Periode des vereinigten Königreichs.

Die Vision ist uns überliefert worden als ein privater Bund zwischen JHVH und David. Nein, nicht David wird eine ständige Behausung für die Lade von JHVH bauen; Erinnerungen an das Heiligtum in Silo und die wandernde Lade sind auch nach zwei Jahrhunderten des seßhaften Lebens noch zu frisch. Der Erbe des Throns wird die Behausung für JHVH bauen. »Ich werde deinen unmittelbaren Nachkommen, der aus deinem Leibe hervorgeht, aufstellen und sein Königtum bestätigen. Er wird in meinem Namen ein Haus bauen, und ich werde seinen Königsthron für immer befestigen.« JHVH verpflichtet sich David gegenüber in einem ewigen Bund. »Vater will ich ihm sein, und er soll mir Sohn sein. Wenn er unrecht tut, werde ich ihn mit der Rute der Menschen strafen und mit dem Leid der Sterblichen; aber meine Gnade werde ich ihm nicht entziehen, wie ich sie Saul entzogen habe ... Dein Haus und dein Königreich sollen beständig sein ewiglich vor dir, und dein Thron soll ewiglich bestehen.« David antwortet in ergreifender Demut. »Wer bin ich, o Herr JHVH, und was ist mein Haus, daß du mich bis hierher gebracht hast? Doch selbst das, o Herr JHVH, erschien dir zu wenig, denn du hast auch für die Zukunft vom Haus deines Knechtes gesprochen ... Denn keiner ist wie du, und es gibt keinen anderen Gott als dich, wie wir immer gehört haben. Und wo ist ein Volk auf Erden wie dein Volk Israel ... das Gott als sein Volk erlöst hat ...«

Die Israeliten sahen jede der wichtigen Begegnungen zwischen Gott und dem Menschen unter dem filternden Aspekt von Vertragsbeziehungen. Gott gelobte Noah, nie wieder die Welt durch eine Flut zu verwüsten. Gott gelobte Abraham, seinen Nachkommen das Land Kanaan zu geben. In ähnlicher Weise gelobte Gott jetzt David, ihm eine ewige Dynastie zu bewilligen. Weder für Noah noch für Abraham oder David entstanden infolge von Gottes Versprechen irgendwelche Verpflichtungen. Im Gegenteil, Gott verpflichtete sich, dessen eingedenk zu sein. Der Regenbogen ist ein Symbol des Bundes mit Noah, ebenso wie die Beschneidung ein Symbol des Bundes mit Abraham ist. Königliche Landzuweisungen im alten Nahen Osten mögen als Vorbilder für diese Art von Vertragsbeziehungen gedient haben.

Es ist eine völlig andere Art von Beziehung als diejenige, die das Gerüst für den mosaischen Bund und dessen spätere Wiederholung durch Josua in Sichem bildet mit seiner festen Verankerung in historischen Ereignissen, seinen Forderungen, Warnungen und Drohungen und der kollektiven Anerkennung durch ein dankbares Vasallenvolk, das auf immer seinem Suzerän JHVH zu Dank verpflichtet ist, weil er es aus der Sklaverei und vor mörderischen Streitwagen gerettet hat.

Jede israelitische Familie konnte aus eigener Wahl am mosaischen Bund teilhaben; Väter gaben Erinnerungen und Verpflichtungen an ihre Söhne weiter; die Ältesten erzählten davon auf Sippenversammlungen; öffentliche Erklärungen über anhaltende

Bundestreue wurden auf Festen abgegeben. Der davidische Bund war ein privates Versprechen. Wahrscheinlich wurde er von Propheten als Orakel verkündet und als Teil der kultischen Riten vor der Lade in Jerusalem zelebriert. Die Psalmisten schrieben darüber, wobei sie sich auf die poetische Bildersprache heidnischer Mythen stützten statt auf die wunderbare Geschichte rettender Geschehnisse (Psalm 89, 110); die Historie war öffentlich und dem ganzen Volk gewährt, aber dieser Bund war privat und nur einer Familie gewährt. Gewiß, es war eine königliche Familie, von deren anhaltender Stabilität die Zukunft der Nation abhing. Aber das Volk war bestenfalls Zuschauer; es konnte an dem Bund nur durch den König teilhaben. Der mosaische Bund verlangte von jeder Familie, daß sie eine gewisse Beziehung zu JHVH herstelle; der davidische Bund war ein Schritt in Richtung auf das Ziel, den König und den Staat zu Vermittlern zwischen dem Volk und JHVH zu machen. Er wurde ein Dogma im Süden und erregte Abscheu und Spott im Norden.

Und jetzt plötzlich, da der Bund geschlossen und die Dynastie begründet ist, wendet sich der Erzähler mit fast ironischer Verachtung von David ab, dem herrlichen Jüngling, dem Verfasser erlesener lyrischer Dichtung, dem verwegenen Banditen, dem König und Eroberer. Uns wird ein David von kalter menschlicher Schwäche dargeboten. Ferne Staaten sind seine Vasallen, und Dummheiten vor der Haustür gereichen ihm zum Verderben. Vom Dach seines Palastes im enggebauten Jerusalem erspäht er eine badende Frau. Seine ehebrecherische Beziehung zu ihr veranlaßt ihn, dafür zu sorgen, daß der Mann der Frau in der Schlacht fällt. Uria, der Hethiter, war ein loyaler Krieger und David selbstlos ergeben. Vielleicht erinnerte sich der erfolgreiche König, daß ein gescheiterter König ihn einst nach Vorhäuten der Philister ausgeschickt hatte. Uria, der Hethiter, starb im Kampf, und der erste Sohn von Bathseba und David, die Frucht der ehebrecherischen Verbindung, starb in der Kindheit. Der zweite Sohn von Bathseba wurde Salomo genannt.

Wir sind jetzt zu dem Zyklus von Geschehnissen gelangt, der zur Nachfolge Salomos führt. Davids ältester Sohn Amnon vergewaltigt seine Halbschwester Thamar. Ihr Bruder Absalom, der zweite Anwärter auf den Thron, läßt Amnon erschlagen, dann flieht er in die ferne Stadt Gessur östlich des Jordans, die Heimat seiner Mutter, wo er drei Jahre bleibt. David ist untröstlich über die Vergewaltigung und den Mord, sehnt sich aber nach Absalom, den er innig liebt. Lieben und geliebt werden – das waren die größten Bedürfnisse und die schwersten Fehler des lyrischen und unbeugsamen Charakters, der David war. Er ließ Absalom nach Jerusalem zurückbringen, verbannte ihn aber in sein Haus und wollte ihn nicht sehen wegen seiner entsetzlichen Tat. Erst nach zwei Jahren versöhnten sich der König und sein Sohn.

Das Großreich Juda und Israel blühte und gedieh. Aber es gab viel Unzufriedenheit. Die Stammesältesten waren verbittert, weil sie ihre Autorität an die kraftvolle, magnetische Macht des Königtums verloren hatten. Die Grundeinheit eines Stammes ist die Familie: der Vater, seine Frau oder Frauen, die unverheirateten Kinder, verheiratete Söhne mit ihren Frauen und Kindern, und die Diener. Eine Gruppe von Familien ist eine Sippe, die von ihren Familienoberhäuptern oder Ältesten geführt wird. Eine Gruppe von Sippen bildet einen Stamm mit einem Oberhaupt, das immer gemeinsam mit seinen verschiedenen Sippen-Oberhäuptern handelt. Blutsverwandtschaft, ob real oder eingebildet, verbindet die Angehörigen eines Stammes. Die ersten Anfänge der Vorfahren, auch sie mögen real oder eingebildet sein, lassen die Sippen zusammenhalten. Wenn die Welt, in der man lebt, eine Wildnis aus Sand und Steinen ist, eine Wüste mit Skorpionen, Schakalen, Schlangen und feindlichen Stämmen, dann braucht man eine enge, auf Blutsbanden beruhende soziale Organisation, um zu überleben und Schutz zu finden. Zur Zeit der Richter hatten viele Stämme kein Oberhaupt; die Ältesten übten die Autorität aus. Damit war bereits ein Schritt getan, der sie von der Organisation in der Wildnis entfernte; es war der Anfang der Auflösung der Stämme. Zur Zeit des Königtums begann die Autorität des Ältesten zu schwinden. Nun, da David in Jerusalem lebte, richteten sich die Loyalitäten auf den Hof und den Thron – und die Ältesten schäumten.

Absalom, der schöne Absalom, pflegte früh aufzustehen und am Tor der Stadt zu stehen, um die Besucher seines Vaters abzufangen. Sie kamen von überall im Land. »Eure Sache ist gut und recht«, sagte er zu denjenigen, die sich beschweren wollten. »Aber niemand ist vom König beauftragt, euch anzuhören.« Und er fügte hinzu: »Wenn ich zum Richter im Land gemacht würde, dann könnte jedermann, der einen Prozeß oder Grund zur Klage hat, zu mir kommen, und ich würde ihm zu seinem Recht verhelfen.«

Murrende Älteste hörten sich das an. Er katzbuckelte vor ihnen und »stahl also das Herz der Männer von Israel«.

Dann gab es welche, die immer noch dem Haus Saul und dem letzten männlichen Überlebenden dieses tragischen Königs treu waren, dem hinkenden Sohn von Jonathan. Sie hätten gern das Ende von Davids Königtum erlebt. Andere waren verärgert über die von David angeordnete Volkszählung, die seine Kontrolle über das Land zum Zweck der Besteuerung und Einberufung zum Wehrdienst gefestigt hatte. Überall herrschte jetzt Unmut – im Norden und im Süden.

Nach vier Jahren sorgfältiger Planung, in denen er sich beliebt gemacht und die Unzufriedenheit geschürt hatte, ging Absalom nach Hebron, ließ sich zum König salben und marschierte an der Spitze eines großen Stammesheeres nach Jerusalem. Der alternde David, der völlig überrumpelt war, fand es klüger, zu fliehen statt zu kämpfen.

Er floh nach Osten über den Jordan in die in einem schmalen Tal gelegene Stadt Mahanaim, von der aus ein Sohn Sauls einst schwächlich den Norden regiert hatte. Seine Söldnertruppe stieß rasch zu ihm, während sich Absalom in Jerusalem mit den Konkubinen seines Vaters vergnügte, eine der traditionellen Methoden, um neu gewonnene Autorität zu bekunden. Das kostete ihn das Leben, denn Davids Heer war zu der Zeit, da Absalom schließlich zur Schlacht bereit war, voll organisiert. David befahl seinen Heerführern öffentlich, seinen Sohn nicht zu töten. Die Schlacht war eine Katastrophe für die Stammeskrieger. David weinte bitterlich, als er Absaloms Tod erfuhr, den Joab kaltblütig erschlagen hatte.

Eine zweite Rebellion folgte fast unmittelbar auf die erste; sie entbrannte, weil nördliche und südliche Truppen darüber stritten, wer David im Triumph zurück nach Jerusalem geleiten sollte. David zog das Volk Juda vor und stützte seine Herrschaft jetzt ein für allemal auf eine permanente Machtbasis im Süden. Der Norden reagierte wütend. Unter Führung eines Benjaminiters mit Namen Seba, Sohn des Bichri, wurde die Fahne der Revolte gehißt. David entsandte seine Berufssoldaten. So, wie die Dinge lagen, brach die Revolte zusammen. Der Benjaminiter wurde bis zu einer Stadt weit im Norden verfolgt, deren Bewohnern der Sinn nicht nach Rebellion stand. Sie warfen den abgeschlagenen Kopf des Rebellen über die Mauer, und die Truppen gingen nach Hause.

Der alternde König schien nicht imstande zu sein, seinen Nachfolger zu wählen. Vielleicht liebte er alle seine Söhne; vielleicht fürchtete er, die Liebe derjenigen zu verlieren, die er nicht erwählte. Das Großreich wurde von seinen Truppen kontrolliert; die Stammesgebiete, in zwölf Distrikte aufgeteilt, wurden gut verwaltet; aber am Hof, dem Heim des Königs, wurden Ränke geschmiedet.

Er war jetzt alt, ans Bett gefesselt, fröstelnd und verzagt – dieser kraftlose Mann, einst ein Kämpfer und Dichter, war nur noch ein Schatten des großen David. Eine Palastintrige brachte fast einen anderen Sohn, Adonia, auf den Thron. Aber Nathan, der Prophet, trat für Salomo ein – und Salomo war es, den David schließlich in einem Gegenzug, der den die Luft am Königshof vergiftenden Ränken ein Ende bereitete, zu seinem Erben bestimmte.

David starb etwa 965 v.Z., und Salomo bestieg den Thron. Das Volk mag ihm zugejubelt haben, aber wenige haben wohl diesem neuen Herrscher begeisternde Eigenschaften zugeschrieben. Es ist nicht aufgezeichnet, daß er im Norden getrennt gesalbt wurde. Er hatte das Heer und das Großreich. Er war König. Es wird geschätzt, daß damals etwas weniger als eine Million Israeliten im Lande lebten.

Dies sind nun die Leistungen von Salomo, Davids Sohn, König von Juda und Israel.

Alle, die seinen Thron bedrohten, wurden weggeschickt oder erschlagen. Adonia wurde hingerichtet wegen eines letzten, verzweifelten und ungeschickten Versuchs, den Thron zu erlangen: Er hatte den Wunsch geäußert, die Konkubine zu heiraten, die den betagten, sterbenden David gepflegt und mit ihm geschlafen hatte. Der Priester Abjathar, der Adonia unterstützt hatte, wurde in sein Dorf nördlich von Jerusalem verbannt. Joab, der sich ebenfalls für Adonia eingesetzt hatte, wurde auf Salomos Befehl bis in das Heiligtum verfolgt und am Altar erschlagen. Ein Mann mit Namen Simei, ein Anhänger der Saul-Partei, der, als er vor Absalom floh, David verflucht hatte, wurde in seinem Haus eingesperrt und später getötet. »Und das Königtum war fest in Salomos Hand.«

Er hatte ein Großreich von seinem Vater geerbt. Es gibt keinen Hinweis darauf, daß er je an einem Feldzug teilnahm. Er sah es als seine Aufgabe an, den Frieden Israels, den seines Vaters Heer errungen hatte, aufrechtzuerhalten und auszunutzen. Das tat er, indem er Bündnisse mit nahen und fernen Völkern schloß und das Imperium in ein Emporium verwandelte.

Bündnisse wurden nicht nur durch Verträge, sondern auch durch Ehen geschlossen. Salomos Harem füllte sich mit Ehefrauen, die ihm politische Verbindungen einbrachten. Die vornehmste unter seinen vielen Ehefrauen war die Tochter des Pharaos Siamun – ein Hinweis auf den hohen internationalen Rang des Königs von Juda und Israel und das gesunkene Prestige des Königs von Ober- und Unterägypten. Nicht einmal die Könige von Babylon und des Mitannireichs hatten Königstöchter vom Land des Nils erhalten. Die Morgengabe war die Stadt Geser, die der Pharao zusammen mit seiner Tochter darbot, womit er den Gelehrten ein weiteres Rätsel hinterließ. Wann hatten die Ägypter Geser eingenommen? Von wem? Den Philistern? Den Kanaanitern? Die Stadt in der Nähe der Küste hatte eine Schlüsselstellung zwischen dem Norden und Süden von Israel. Warum gaben sie die Stadt her? Salomo ließ für die Tochter des Pharaos außerhalb der Stadt Davids einen eigenen Palast und auch einen Tempel bauen, in dem sie ihre ägyptischen Götter verehren konnte.

David hatte mit Hiram, dem König von Tyrus, ein Bündnis geschlossen. Es wurde von Salomo erneuert und erweitert. Die meisten Küstenstädte im nördlichen Kanaan – wir wollen es von jetzt an Phönikien nennen, obwohl noch Jahrhunderte vergehen sollten, bis ihm die Griechen diesen Namen gaben – waren wieder aufgebaut worden, nachdem die wie Heuschreckenschwärme eingefallenen Seevölker ihr Zerstörungswerk vollendet hatten und woanders hingegangen waren. Diese Küstenstädte waren jetzt alles, was von Kanaan übriggeblieben war; in den kommenden Jahrhunderten breiteten sie sich nach Westen aus und gründeten Kolonien auf den Inseln Sardinien und Zypern, in Spanien und Nordafrika. Eine dieser Kolonien war Karthago.

Salomo lieferte Hiram von Tyrus Olivenöl und Weizen und erhielt von ihm Holz aus den Wäldern des Libanon für seine Bauvorhaben. Dreißigtausend Israeliten hatte Salomo zum Frondienst ausgehoben, damit sie beim Fällen der Bäume halfen. »Und sandte sie auf den Libanon, je einen Monat zehntausend«, lesen wir in der Bibel. »Einen Monat waren sie auf dem Libanon und zwei Monate daheim.«

Er verwandelte die böse zugerichteten Ruinen alter Städte – Hazor, Megiddo, Geser und andere, von denen manche nur primitive Barackenstädte gewesen waren – in mächtige Festungen, die seinen potentiellen Feinden Trotz boten und von der Verlokkung zu Rebellion oder Invasion abschreckten. Seinem Berufsheer fügte er jetzt eine kanaanitische Besonderheit hinzu: eine ständige Streitwagentruppe. »Er hatte 1400 Wagen und 12 000 Reiter.« Er brauchte die Mannen des Stammesheers nicht mehr zum Krieg; vielmehr setzte er sie beim Frondienst ein, in zum Dienst gepreßten Arbeitsgruppen, die die Städte wieder aufbauten und befestigten.

Nachdem das Großreich gesichert war, verfolgte er die klassischen Ziele mächtiger Könige des alten Nahen Ostens: Reichtum, Luxus, Kultur. In jenen Tagen war der größte Teil des Außenhandels ein königliches Monopol – Kaufleute vermochten selten genug Kapital zusammenzubringen für riskante internationale Geschäfte. Unterstützt von den Phönikern, baute Salomo eine Handelsflotte, die regelmäßig Seereisen ins ferne Ophir unternahmen, irgendwo an der Küste des südlichen Arabiens. Die Reisen dauerten länger als ein Jahr und brachen das midianitische Monopol auf Karawanen, die auf der großen Handelsstraße Waren aus Arabien brachten; gleichzeitig erhob er Abgaben von den Karawanentreibern, die das lange Stück der Straße, das unter seiner Kontrolle war, benutzten. Salomos Schiffe fuhren über das blaugrüne Wasser des Meeres und des Golfs von Ophir bis zu der Hafenstadt, die Salomo Ezeon-Geber nannte, irgendwo in der Gegend des modernen Elath; sie brachten Gold, seltene Hölzer, Edelsteine, Silber und Affen für seinen Privatzoo mit – königliche Zoos waren ein übliches monarchisches Vergnügen in vielen Ländern des alten Nahen Ostens.

Es ist nicht bekannt, was Salomo nach Ophir lieferte – vielleicht Kupfer und Eisen, die von staatlichen Sklaven in der Mondlandschaft des südlichen Negev geschürft wurden. Das biblische Recht bezieht sich nur auf Haussklaven, nicht auf diese Klasse ständig versklavter Menschen, die sich hauptsächlich aus Kriegsgefangenen zusammensetzte. In dieser Hinsicht unterschied sich Salomo nicht von den anderen Herrschern im alten Nahen Osten. Die Klasse der staatlichen Sklaven im alten Israel blieb bestehen bis zur Zerstörung des judäischen Königreichs etwa dreihundert Jahre nach Salomos Tod.

Er nahm Wegezoll für die Benutzung der vielen wichtigen Handelsstraßen unter seiner Kontrolle. Er fungierte als Vermittler bei dem unerhört ertragreichen Handel mit Pferden aus Kilikien und mit Streitwagen, die in Ägypten hergestellt wurden. »Ein

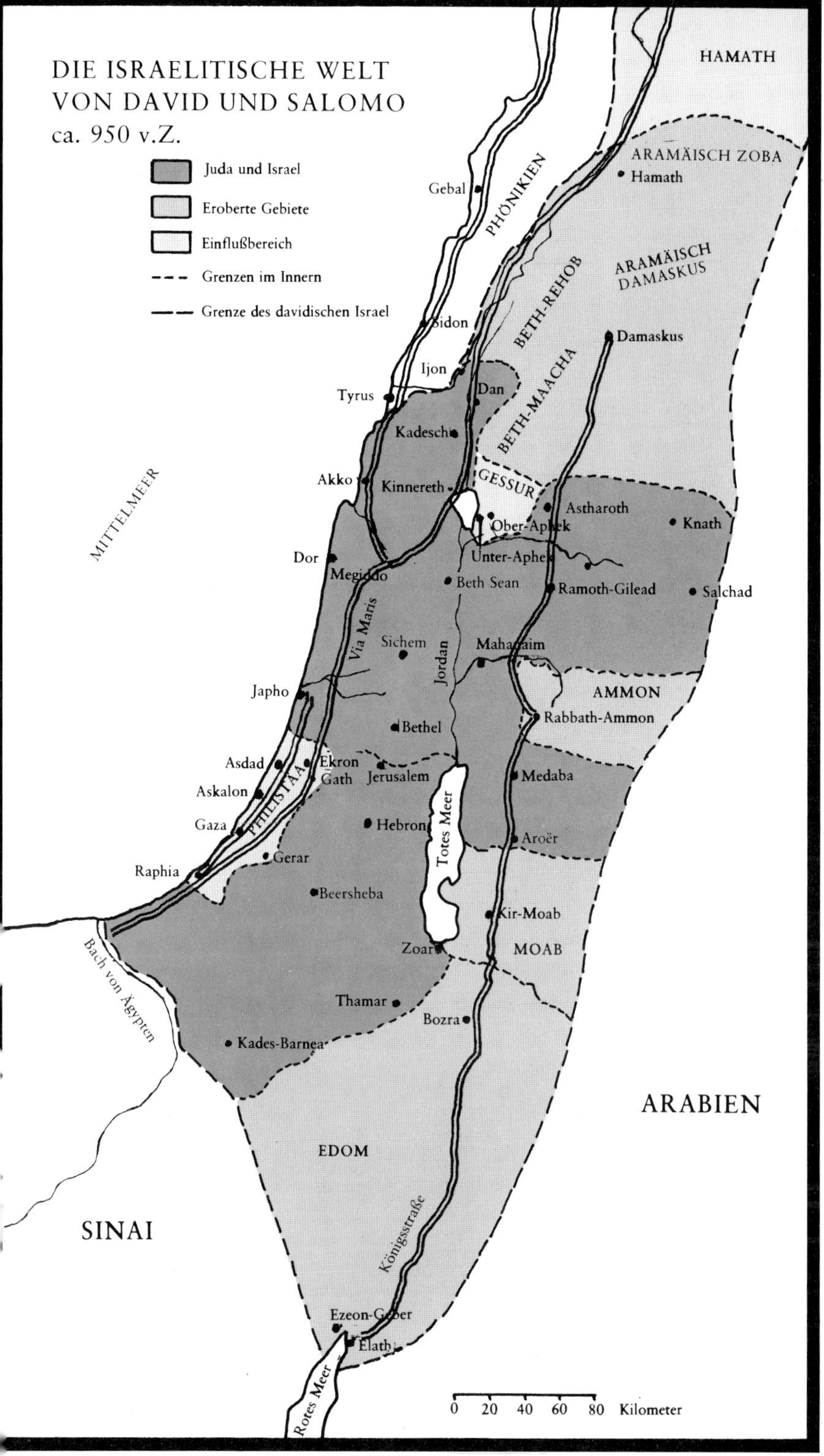

DIE ISRAELITISCHE WELT
VON DAVID UND SALOMO
ca. 950 v.Z.
Juda und Israel
Eroberte Gebiete
Einflußbereich
Grenzen im Innern
Grenze des davidischen Israel
HAMATH
ARAMÄISCH ZOBA
Hamath
Gebal
PHÖNIKIEN
ARAMÄISCH DAMASKUS
BETH-REHOB
Sidon
Damaskus
BETH-MAACHA
Ijon
Tyrus
Dan
Kadesch
MITTELMEER
Akko
Kinnereth
GESSUR
Astharoth
Knath
Ober-Aphek
Dor
Unter-Aphek
Megiddo
Beth Sean
Ramoth-Gilead
Salchad
Via Maris
Sichem
Jordan
Mahanaim
Japho
AMMON
Rabbath-Ammon
Bethel
Asdad
Ekron
Gath
Jerusalem
Medaba
Askalon
Totes Meer
Gaza
PHILISTÄA
Hebron
Aroër
Gerar
Raphia
Beersheba
Kir-Moab
Bach von Ägypten
Zoar
MOAB
Thamar
Bozra
Kades-Barnea
ARABIEN
EDOM
SINAI
Königsstraße
Ezeon-Geber
Elath
Rotes Meer
0 20 40 60 80 Kilometer

Wagen aus Ägypten erbrachte sechshundert Silbersekel, und ein Pferd hundertfünfzig.«

Der Besuch der Königin von Saba aus dem fernen südöstlichen Arabien – dem Land der Sabäer, ungefähr auf dem Gebiet des heutigen Jemen – war eine Geschäftsreise. Sie hatte Gewürze, Edelsteine und Gold; Salomo kontrollierte die Karawanenstraßen; Königreiche in Mesopotamien und Anatolien brauchten diese Gewürze und Edelsteine. Zweifellos trafen Königin und König ein lukratives Handelsabkommen.

Alles stand gut im Land. »Juda und Israel«, schrieb der biblische Chronist der Regierungszeit Salomos, »deren war viel wie der Sand am Meer, und sie aßen und tranken und waren fröhlich.«

Dank seinem Reichtum und mit Hilfe der phönikischen Handwerker und israelitischen Arbeitskräfte und mit dem von Hiram von Tyrus geschickten Baumaterial erweiterte Salomo die Mauern der Stadt seines Vaters und baute JHVH einen Tempel. Sieben Jahre dauerte der Tempelbau. Es war der letzte – nicht der erste – israelitische Tempel, der zur Zeit der Richter und Könige gebaut wurde. Ungefähr zwölf Tempel – Gebäude mit Altären an geweihter Stätte – waren früher in Dan, Bethel, Silo und anderswo errichtet worden. Sie alle wurden durch den Tempel in Jerusalem in den Schatten gestellt. Seine Architektur war ähnlich wie die des kanaanitischen Tempels, den Yigal Yadin 1957 in der Schicht der jüngeren Bronzezeit (1550-1200 v.Z.) in Hazor entdeckte. Er war etwa dreißig Meter lang, zehn Meter breit und fünfzehn Meter hoch; die Außenseite bestand aus rautenförmig behauenem weißem Kalkstein; innen waren die Wände mit Zedernholz verkleidet. Das Gebäude lag nach Osten, und vor ihm erhoben sich zwei hohe Bronzesäulen. Es bestand aus einer Vorhalle und einem großen Heiligtum, erhellt durch hohe, schmale Fenster, und an der Rückseite befand sich ein kleiner dunkler Raum in kubischer Form und fensterlos. Dort in der Finsternis wurde die heilige Lade aufgestellt, und die Gegenwart von JHVH ruhte erhöht auf zwei riesigen, geflügelten Geschöpfen mit Menschenköpfen und Löwenkörpern, die Cherubim genannt wurden. In anderen Kulturen der damaligen Zeit, wo sich diese Figuren auch fanden, wurden sie mit anderen Namen bezeichnet. Wir kennen sie auch als Sphinxe.

Die Israeliten, die aus ihren Bergdörfern im Norden kamen und nach Jerusalem pilgerten, starrten ehrfürchtig und bestürzt auf dieses Haus von JHVH. Der Tempel war ein sichtbarer Brennpunkt kultureller Konfrontation. Seine Architektur und dekorativen Motive waren im Grunde Äußerungen des kanaanitischen Heidentums, die lebendige Realität des kanaanitischen Kultes und Mythos: die Lebenszyklen ihrer Fruchtbarkeitsgötter; die Schlachten und Leidenschaften, die ihr Pantheon erfüllten; ihre Vorstellung von der Schöpfung, dem Menschen und Leben und Tod; die unentwirrbare Verbindung mit der lebendigen, entsetzlichen, göttlichen, pulsierenden Welt der Natur. Die kanaanitische Kultur war reich an Kunstformen, die von Ägypten und Mesopotamien entlehnt waren; die Hafenstädte des kosmopolitischen Phönikien dienten als kulturelle Pipelines für die mittelmeerische Welt. Ein gut Teil der phönikischen und ägyptischen Kunst – Schnitzwerk mit sich öffnenden Blüten, Palmen, Granatäpfeln, Ochsen, Löwen und Sphinxen – bevölkerte die Zedernwände des Tempels in Jerusalem, ausgeführt von den geschickten Handwerkern aus Tyrus, die die Wände dann mit Gold überzogen.

Bei seiner Begegnung mit dem Wesentlichsten des israelitischen Glaubens wurde der kanaanitische Kosmos seiner Göttlichkeit entkleidet; der Himmel, bis jetzt mit Göttern übersät, wurde das Werk von JHVH; die Götter starben; der lebendige Mythos wurde zu poetischen Metaphern und dekorativen Motiven; die Formen wurden mit neuem Inhalt gefüllt. So wird uns von vielen Gelehrten gesagt. Aber mir scheint, daß wir uns einfach nicht vorstellen können, was ein Israelit der damaligen Zeit empfand, wenn er das riesige Becken im Tempel betrachtete, das das »Eherne Meer« genannt wurde – es hatte einen Durchmesser von mehr als vier Metern und war zwei Meter hoch; es stand auf zwölf Rindern, und sein Rand war wie eines Bechers Rand, wie eine aufgegangene Lilie, »und gingen darein zweitausend Bath«. Sah er Yam, das urzeitliche Gewässer des kanaanitischen Mythos, oder sah er einfach ein großes Wasserbecken, das aufgestellt worden war, damit die Besucher sich reinigen konnten, ehe sie das Heiligtum betraten? Wenn er die hohen freistehenden Säulen betrachtete, sah er dann *matzevot*, die aufgerichteten Steine – vielleicht Fruchtbarkeitssymbole? – des kanaanitischen Heidentums, oder einfach schön gestaltete Säulen? Wir wissen es nicht.

Das aber wissen wir: der salomonische Tempel war bilderlos. Die Israeliten waren aufgerufen, ihrem allmächtigen und unsichtbaren Gott Opfer darzubringen, dem Gott, der in Kanaan und am Sinai mit ihren Vorfahren Bünde geschlossen hatte und dessen Versprechen, das er den Patriarchen gemacht hatte, eindeutig erfüllt war – der Beweis dafür war das Großreich des vereinigten Königreichs und der glitzernde Glanz von Salomos neuem Jerusalem. Sie sollten ihre Opfer in Jerusalem darbringen, wenn Hungersnot, Dürre oder Krieg herrschten, für ihre Sünden, bei Festen. Salomos Tempel war ein religiöses und politisches Unterpfand, das die Beziehung zwischen der Stadt Davids und dem Volk Israel vertiefte. Nichts von diesem Tempel ist erhalten geblieben.

Für sich selbst baute Salomo einen Palast in Jerusalem; über dessen Standort ist man nicht sicher. Dreizehn Jahre wurde an diesem Palast gebaut. Der Thron bestand aus Elfenbein und Gold. Der Palast mag dicht beim Tempel gelegen haben und konnte nicht sehr weit entfernt gewesen sein vom Palast seiner angesehensten Frau, der Tochter des Pharaos. Von beiden Palästen ist nichts geblieben.

Reichtum strömte in die Stadt und brachte eine Geschmacksverfeinerung mit sich, höfisches Verhalten – Weisheit nennt es die Bibel; die kalkulierte, gesittete Ausnützung der eigenen Geschicklichkeit, um Erfolge zu erreichen. Die einst kleine Bergfestung war jetzt ein wohlhabendes internationales Kultur- und Handelszentrum. Im geeinten Land, von Salomo in Verwaltungsbezirke aufgeteilt, die nicht alle dieselben Grenzen erhielten wie die alten Stammesgebiete, lief alles glatt unter der Leitung von hohen Beamten, die der König ernannte. Jeder Bezirk mußte die Lebensmittel und Gelder für die Unterhaltung des königlichen Hofes während eines Monats aufbringen – eine gewaltige Last. Es gab Unruhen in einigen Randgebieten des Großreichs; Damaskus gelang es offenbar, die israelitische Oberhoheit abzuschütteln. Aber die Karawanenrouten wurden davon nicht betroffen. »Also ward der König Salomo größer an Reichtum und Weisheit denn alle Könige auf Erden«, schreibt unser biblischer Chronist. »Und alle Welt begehrte Salomo zu sehen, daß sie die Weisheit hörten, die ihm Gott in sein Herz gegeben hatte.«

Sein Vater hatte in dem Ruf gestanden, ein begabter lyrischer Dichter zu sein; die schriftstellerischen Talente von Salomo waren wohl eher prosaischer Art. In einem nüchternen, aphoristischen Stil gab er praktische Ratschläge, wobei er sich vielleicht die *Unterweisung des Amenemope* zum Vorbild genommen hatte, ein ägyptisches Weisheitsbuch. Die Ägypter fanden Gefallen an Sammlungen weiser Aussprüche, an Werken, die einem den Weg zu einem erfolgreichen Leben wiesen. Das war für sie die Bedeutung von »Weisheit«. Die ältesten dieser Spruchsammlungen gingen auf die fünfte Dynastie in der Zeit des Alten Reiches zurück. Darin pflegt ein betagter Ratgeber den Sohn, der ihm nachfolgen soll, darüber zu unterrichten, wie man sich so verhält, daß es für einen selbst und den Pharao am nützlichsten ist: »Wenn ein Sohn annimmt, was sein Vater sagt, dann schlägt kein Plan von ihm fehl ...« – »So höre, mein Sohn, und nimm an meine Rede«, lesen wir in dem *Buch der Sprüche,* das Salomo zugeschrieben wird.

Weisheitsliteratur gehörte zu der kulturellen Luft, die ein Großteil des alten Nahen Ostens atmete. Ob sie direkt aus Ägypten oder indirekt aus der Schnittpunkt-Kultur Phönikiens in die aufblühende Zivilisation der Israeliten gelangte, ist eine Frage, über die sich die Gelehrten noch nicht schlüssig sind. Doch ist kaum zweifelhaft, daß unter Salomo das kleine Volk ehemaliger Wanderer tief in die Hauptströmung der alten nahöstlichen Kultur eindrang.

Dieser kulturelle Kontakt trug reiche Frucht. Eine bedeutende israelitische literarische Kreativität begann in der Zeit des vereinigten Königreichs. Was mit Chronisten und Schreibern unter dem Patronat des Handelsherrn und Königs von Juda und Israel begann, sollte mit der Zeit eine Flutwelle der Kreativität werden, die besondere Begabung der Israeliten, als ob die ganze Kraft ihrer künstlerischen Fähigkeiten, die in der bildenden Kunst nicht vollen Ausdruck finden konnte wegen der im Bund gestellten Bedingung, keine Gottesbilder anzufertigen, sich einen Weg in anderer Richtung bahnte: Schöpfung mit Worten. Und zwar Schöpfung einer bestimmten Art – erzählende Geschichte, die so gegliedert war, daß sie einen Sinn ergab und die anhaltende Beziehung zwischen JHVH und seinem auserwählten Volk deutlich machte. Das Volk war aus einem historischen Ereignis hervorgegangen – dem Auszug aus Ägypten. Zur Zeit des vereinigten Königreichs, als das alte Israel seine Einheit zu empfinden begann, schickte es sich an, die komplexen soziokulturellen Charakteristika seiner Vergangenheit in Worte zu fassen.

Ein Großteil von dem, was wir jetzt die *Bücher Josua* und *Samuel* nennen, wurde damals geschrieben, ebenso der Bericht über Salomos Thronfolge. Und ein unerhört talentierter Schriftsteller irgendwo im Land, über alle Maßen begabt mit einer Reinheit des erzählenden Stils und einem geschärften Blick für das moralische Zusammenspiel zwischen JHVH und dem Menschen, begann die erinnerten, oft unterschiedlichen Stammesüberlieferungen von den Patriarchen, den Wanderungen und Eroberungen wachzurufen, alte Berichte von der Schöpfung, einem Garten der Götter, einer gewaltigen Flut, unvergängliche Erinnerungen an den wunderbaren Auszug aus Ägypten, an die Rettung vor den Streitwagen, an den Bund am Berg Sinai. Bei alledem sah er durch die vergrößernde Kraft seiner persönlichen Betrachtungsweise deutlich die leitende Hand von JHVH. Diese erinnerten Geschehnisse, das kollektive Erlebnis seines Volkes, waren der Rohstoff für seine Kreativität. Um ihm Ausdruck zu geben, bediente er sich jeder verfügbaren literarischen Form, die er aus der ganzen Welt des alten Nahen Ostens übernahm. Manchmal wiederholte er bewußt Texte aus alten Mythen und ersetzte die naturverwurzelte, kultfordernde und oft launische Gefühllosigkeit der Götter durch die moralischen und ethischen Gebote von JHVH. An anderen Stellen verwandte er nur die Konturen alter Geschichten und füllte sie mit israelitischem Inhalt. Oft, zum Beispiel bei dem Bericht über die Opferung Isaaks, ist uns kein Vorbild bekannt, und uns wird eine anscheinend originale Erzählung mit unendlichen Dimensionen der Bedeutung geboten, die die Phantasie der unterschiedlichsten Angehörigen der Menschheit zu fesseln vermag.

Wir kennen den Namen dieses Schriftstellers nicht. Abgesehen von Ägypten, wo die Namen von Schreibern in Gräbern gefunden werden können, und einigen wenigen mesopotamischen und phönikischen Schreibern, deren Namen wir haben, schrieben im alten Nahen Osten Schriftsteller nicht als Individuen, sondern als Angehörige einer Gemeinschaft. Insbesondere israelitische Autoren sahen ihre Aufgabe als eine Stammesangelegenheit an; ihre Worte waren der Widerhall des reinen Glaubens des Volkes von JHVH; sie schrieben für das Volk, für Hirten, Bauern und Handwerker. Der Schriftsteller, der die Teile der Bibel gestaltete, die von den Wissenschaftlern die *Jahvistischen Dokumente* genannt werden, mag ein Schreiber gewesen sein, ein Hirte, ein Bauer, eine Frau. Er oder sie schrieb für das ganze Volk aus dem Verständnis der Einheit der israelitischen Erfahrung heraus, die sich in dem vereinigten Königreich und der zentralen Lage Jerusalems und des Tempels von JHVH widerspiegelte. Der Jahvistische Bericht ist wahrscheinlich geschrieben worden, um regelmäßig, vielleicht auf Pilgerfesten, im Jerusalemer Tempel laut verlesen zu werden. Wir können nicht sicher sein, ob das der ursprüngliche Zweck war. Wenn ja, dann erfüllt er diesen Zweck noch heute an jedem Sabbat, Fest- und Feiertag, wenn in Synagogen in vielen Teilen der

Welt aus der Bibel vorgelesen wird, fünfundzwanzig Jahrhunderte, nachdem der erste Jerusalemer Tempel bis auf die Grundmauern niederbrannte.

Aber der Preis, der für die grandiose Welt von Salomo gezahlt werden mußte, war sehr hoch. Es kam der Punkt, an dem er einfach nichts mehr von dem hatte, was immer er an Geld gebrauchte, und König Hiram von Tyrus das Baumaterial nicht bezahlen konnte. Er trat dem Phöniker einen Abschnitt der israelitischen Küste in der Nähe von Akko ab, zu dem ungefähr zwanzig galiläische Städte gehörten. Offenbar hat sich niemand bei den Israeliten in diesem Gebiet erkundigt, wie ihnen zumute war, als sie plötzlich Untertanen von Phönikien wurden. Soviel ich weiß, wird Salomo nirgends in der Bibel dafür getadelt, daß er einen Teil des verheißenen Landes weggegeben hat.

In den letzten Jahren seiner Regierung wurde der Preis immer höher. So war es immer, wenn Monarchen herrschten: Nur einige wenige hatten teil am Reichtum und der Kultur eines Königshofes. Unter den Israeliten herrschte bitterer Groll über die Demütigung der Fronarbeit, die hohen Steuern und das blutsaugerische Beamtentum, vor allem im Norden, wo alte Stammesloyalitäten und die Anhänglichkeit an den mosaischen Bund, nach dem nur JHVH König sein konnte, in Erinnerung waren und vor der glitzernden Großartigkeit des salomonischen Königtums nicht verblaßten. Es gibt einige Hinweise darauf, daß dem Süden eine Vorzugsstellung eingeräumt wurde – Könige konnten so etwas tun – und er von den Lasten des Frondienstes und der Steuern befreit war. Das hätte dann den Unmut im Norden weiter angeheizt.

Es kam zu einem Aufstandsversuch, angeführt von einem Aufseher einer Fronarbeitergruppe aus dem Norden. Der Versuch scheiterte, und der Aufseher, Jerobeam, Sohn des Nebat, ein Ephraimiter aus dem mächtigsten der nördlichen Stämme, floh nach Ägypten, wo er herzlich aufgenommen wurde. Ein neuer Pharao herrschte jetzt in Ägypten. Im Gegensatz zu seinem Vorgänger blickte er mit mißgünstigen Augen auf das Großreich Juda und Israel.

Zuletzt fiel Salomo selbst der heidnischen Welt, die er nach Jerusalem gebracht hatte, zum Opfer. »Seine Frauen neigten sein Herz fremden Göttern zu, und sein Herz war nicht ganz mit dem Herrn, seinem Gott, wie das Herz seines Vaters David.« So berichtet uns der biblische Chronist.

Das waren die Leistungen von Salomo, Davids Sohn, König von

Juda und Israel. Er starb etwa 925 v.Z. und wurde in der Stadt Davids, seines Vaters, begraben.

Die Mutter von Salomos ältestem Sohn war eine ammonitische Prinzessin. Jetzt wurde ihr Sohn Rehabeam, ein eitler und absolut unfähiger Bursche, König von Juda. Er zog nach Sichem, um die Königswürde des Nordens in Empfang zu nehmen.

Älteste aus dem Norden, die sich mit Rehabeam in einer feierlichen Versammlung in Sichem trafen, baten um eine Lockerung des Frondienstes und eine Senkung der Steuern. Mit beißendem Spott lehnte Rehabeam ab. Zorn flammte auf. Diese Ältesten waren gekommen, um den Erben der Dynastie Davids bereitwillig zu akzeptieren. Aber seine verächtlichen Worte, wie eine abgedroschene Redensart ausgesprochen: »Mein kleinster Finger soll dikker sein denn meines Vaters Lenden ... Mein Vater hat euch mit Peitschen gezüchtigt, ich will euch mit Skorpionen züchtigen« erzürnte sie. Sie stimmten den alten Ruf nach Selbständigkeit und Revolte an. »Was haben wir für Teil an David? ... In deine Zelte, Israel!« Rehabeams Befehlshaber der nördlichen Truppen wurde zu Tode gesteinigt. Salomos Sohn floh in einem Streitwagen nach Jerusalem.

Im Jahr 922 v.Z. spaltete sich die Nation in zwei Länder: Juda im Süden, die elf Stämme Israel im Norden. Jerobeam, Nebats Sohn, war aus Ägypten zurückgekehrt und wurde jetzt durch Akklamation König des nördlichen Landes. Das Stammesgebiet Benjamin, das zwischen Juda und den großen Stämmen des Nordens lag, wurde der Schauplatz eines immer wieder aufflackernden Krieges; ein Großteil seines Gebiets verleibte sich Juda ein, so daß nur noch zehn Stämme zum Norden gehörten.

Das Großreich löste sich so schnell auf, wie es vor sechzig Jahren von David geschaffen worden war. Vasallen, die an ihren Ketten zerrten und feststellten, daß ihre bisherigen Oberherren mit inneren Angelegenheiten und Vorbereitungen zum Bürgerkrieg beschäftigt waren, hörten einfach auf, Tribut zu zahlen, und erlangten wieder die Kontrolle über ihre Handelsrouten.

Etwa fünf Jahre, nachdem Nord und Süd zwei Länder geworden waren, fiel der Pharao Sisak von Ägypten, ein Libyer, in Juda und Israel ein und hinterließ in einem breiten Kielwasser geplünderte Städte, von Ramat Matred oberhalb von Kades-Barnea im Süden bis Sichem und Megiddo im Norden. Er zerstörte Ezeon-

Geber, um die Handelsverbindung zwischen Juda und Arabien zu unterbrechen. Er bedrohte Jerusalem, und ihm wurde Tribut angeboten; er nahm »die Schätze im Hause des Herrn und die Schätze im Hause des Königs« und verhinderte damit den Beginn des Krieges, den Rehabeam plante, um das Land wieder zu einen.

Jerobeam machte Sichem zu seiner Hauptstadt und befestigte es. Er verwandelte die Städte Dan und Bethel, die nahe der nördlichen und südlichen Grenze seines Königreichs lagen, in Kultstätten, um Jerusalem zu übertreffen. In jedem dieser Heiligtümer stellte er ein goldenes Kalb oder einen Stier auf – nicht als Gegenstand der Anbetung, sondern als Sockel für den unsichtbaren Gott Israels; kein semitisches Volk des Altertums hat je einen hohen Gott in Tiergestalt dargestellt. Er hätte das im mosaischen Norden nur tun können, wenn es eine irgendwie geartete Tradition gegeben hätte, die diese Form der Anbetung erlaubte – und wir haben uns einen klaren Hinweis auf eine solche Tradition, die auf die Wüstenperiode zurückgeht, in dem Bericht über das goldene Kalb am Sinai bewahrt. Wir halten das Ereignis jetzt für ein Moment der Abtrünnigkeit, ebenso wie Jerobeams Kälber von den Chronisten des Südens als Greuel angesehen wurden. Aber es muß eine Tradition vom Kalb als einer legitimen Kultform gegeben haben, sonst wäre es in den Heiligtümern des Nordens nicht geduldet worden.

Jerobeam führte ein Erntedankfest im Herbst ein als eine Gegenmaßnahme zu dem Fest im Süden, das eng mit dem davidischen Königtum verknüpft war. Mit dieser Taktik erreichte er, daß der Norden nicht mehr auf den Süden angewiesen war, und lenkte die nördlichen Stämme von Jerusalem ab. Die Stadt Davids spielte nicht mehr die Hauptrolle, sondern schlüpfte in den stillen Schatten einer Bergkultur, war nur entfernt mit der Kultur des westlichen Asien in Berührung und in Unfrieden mit der gärenden Welt von Hügel, Tal und Küstenebene jenseits seiner Grenzen. Juda war ärmer und kleiner als der Norden; seine Bevölkerung war homogen; geographisch war es relativ isoliert. Der Norden war groß, reich und dem Wesen der alten Stammesgewohnheiten näher; aber er hatte einen großen kanaanitischen Bevölkerungsanteil. Die ganze Wucht der kulturellen Konfrontation verschob sich nach dem mosaischen Norden mit seinen vielen ethnischen und Stammesgruppierungen und seinen gemeinsamen Grenzen mit der Welt Phönikiens und Mesopotamiens.

Jerobeam, ein tüchtiger König und gehaßt vom Süden und den

Chronisten der biblischen Geschichte aus dem Süden – wir haben nur die südliche Version der Geschichte des Nordens; praktisch kann von keinem offiziellen Dokument mit Sicherheit behauptet werden, daß es aus dem Norden auf uns gekommen ist –, Jerobeam starb. Das Prinzip der dynastischen Nachfolge war im Norden noch nicht eingeführt worden. Jerobeams Sohn Nadab wurde im Jahr 901 v.Z. König und zwei Jahre später ermordet. Sein Mörder, ein Heerführer mit Namen Basea, bestieg den Thron und brachte Jerobeams ganze Familie um.

König Rehabeam von Juda war 915 v.Z. gestorben, und ohne Gewalttätigkeit folgte ihm sein Sohn Abia. Er starb 913 v.Z., und ihm folgte sein Sohn Asa, der laut dem biblischen Chronisten im Gegensatz zu seinem Vater und Großvater es sich angelegen sein ließ, alle kanaanitischen Praktiken zu verbieten. Er herrschte bis zu seinem Tod im Jahre 873 v.Z.

Fern im Osten hatte Assyrien auf dem Boden der geschwächten Welt des alten Sumer und Akkad begonnen, sich zu einem neuen Leben aufzuraffen nach dem langen Kampf mit wandernden Aramäern, die nun in selbständigen Staaten seßhaft wurden, sich mit Handel beschäftigten, durch die Karawanenrouten reich wurden, die sie rings um Assyrien kontrollierten, und sich gegenseitig bekämpften.

Wer war König? Wer war nicht König? Im Norden waren Usurpatoren König.

Rebellionen gegen das vereinigte Königreich von Salomo waren von Propheten unterstützt worden, die Salomo verübelten, daß er keine Rücksicht auf die Selbständigkeit der Stämme nahm, und seine kulturellen Kontakte mit der Außenwelt als eine Verfälschung des israelitischen Glaubens und einen Bruch des alten Bundes mit JHVH ansahen. Sie waren keine Mystiker, diese Propheten; sie erhoben nicht den Anspruch auf eine direkte und enge Verbindung ihres Daseins mit dem Dasein Gottes. Sie waren Sprecher von JHVH, gewöhnliche Sterbliche, über die auf unerklärliche Weise der göttliche Geist gekommen war und sie zu Verkündern von Gottes Wort gemacht hatte. Von den Wissenschaftlern waren sie nach dem griechischen Wort *ekstasis,* mit dem im klassischen Griechenland plötzliche Stimmungsumschwünge, eine abrupte Abkehr vom normalen Verhalten beschrieben wurden, Ekstatiker genannt worden. Die Propheten waren vom Geist von JHVH besessen; nur in diesem Sinne waren sie Ekstatiker. So geheimnisvoll, wie der Geist über sie gekommen war, konnte er sie auch verlassen, und dann kehrten sie zu ihrem normalen Leben zurück, oft mit einem Gefühl der Erleichterung. Diese Propheten in Juda und Israel – Gad, Nathan, Elia und andere – haben eine gewisse Ähnlichkeit mit den *apilum,* »Antwortenden«, die in Keilschrifturkunden erwähnt sind, die in der Stadt Mari gefunden wurden: sie richten dem König das Wort Gottes aus und verlangen, daß er es befolge. Im Gegensatz zu den Botschaften der späteren, klassischen Propheten Israels ist indes die Botschaft der Propheten von Mari kultisch und politisch und ohne jeden ethischen oder sozialen Inhalt.

Als König Jerobeam von Israel starb und sein Sohn Nadab ermordet wurde, ging die Königwürde auf Basea über; er gehörte dem Stamm Isachar an und beherrschte den Norden fast fünfundzwanzig Jahre lang. Er führte Krieg gegen König Asa von Juda, gewann einiges Gebiet zurück, das in einem früheren Feldzug verloren worden war, und nahm sogar die südliche Festung Rama ein. Basea starb, und die Königswürde ging auf seinen Sohn Ela über, der ungefähr zwei Jahre lang regierte.

Basea war zum König designiert worden durch den Propheten Jehu; derselbe Prophet verwarf ihn zuletzt und verhinderte dadurch wieder einmal die Begründung einer dynastischen Nachfolge. Im Norden, einem Land widerstreitender Loyalitäten, trug die alte Stammestradition der Führung durch Männer oder Frauen, die von dem Geist von JHVH erfüllt waren, jetzt das Gewand des Königtums: wer König werden wollte, mußte denjenigen beseitigen, der ihm im Weg stand.

Ein Streitwagen-Hauptmann mit Namen Simri wünschte König zu werden. Ela betrank sich eines Tages, und Simri brachte ihn um, bemächtigte sich des Throns und ermordete Baseas Familie. Er regierte in der Stadt Thirza, einige Meilen nördlich von Sichem. Aber Simri hatte weder die Designation eines Propheten, noch unterstützte ihn das Volk. Der Befehlshaber des Heeres, ein Mann mit Namen Omri, griff Thirza an und nahm die Stadt ein. Simri steckte das Königshaus in Brand und kam in den Flammen um – sieben Tage, nachdem er den Thron bestiegen hatte. Rivalisierende Heereseinheiten strebten nach der Königswürde. Vier Jahre lang kämpfte die Partei von Omri gegen eine Partei, die sich für einen Mann mit Namen Tibni einsetzte, wahrscheinlich einen anderen Heerführer.

Wer war König? Wer war nicht König? Usurpatorische Heerführer waren König. Zuletzt ging die Königswürde an Omri. Er bestieg den Thron 876 v.Z., drei Jahre, ehe König Asa von Juda starb. Es ist nicht bekannt, ob er die Designation eines Propheten hatte.

Er gründete die erste Dynastie des Nordens. Er drückte dem Land einen so kräftigen Stempel auf, daß die Assyrer den Norden anderthalb Jahrhunderte lang als »das Land des Hauses Omri« bezeichneten. Doch der zum Süden gehörende Chronist des ersten *Buchs der Könige* berichtet über die Thronbesteigung und Regierung Omris in knappen dreizehn Versen. Uns wird lediglich gesagt, daß Omri siegreich aus einem Kampf mit Heerführern hervorging, den Thron bestieg und die Hauptstadt von Thirza auf einen Berg verlegte, den er dem Besitzer für zwei Talente Silber abgekauft hatte. Er baute eine Stadt auf diesem Berg, etwa zehn Kilometer nördlich des heutigen Nablus, die er nach dem Vorbesitzer Semer Samaria nannte – eine fragwürdige Etymologie. Dann wird uns mitgeteilt, daß Omri »tat, was dem Herrn übel gefiel«, schließlich starb und in Samaria begraben wurde.

Der Chronist des Südens hatte nämlich nicht die Absicht, ein politisches Geschichtswerk zu schreiben. In einem solchen Geschichtswerk wären Loyalität und Identität auf Stammeshäuptlinge, Priester, Könige, Städte, Völker und Großreiche ausgerichtet gewesen. Er schrieb eine Geschichte der kulturellen Konfrontation zwischen dem Glauben an JHVH und der Welt des Heidentums. Seine Loyalität konzentrierte sich auf JHVH; sein Blick war allein auf die bei dieser Konfrontation gewonnenen und verlorenen Schlachten gerichtet. Die Regierung von Omri war eine verlorene Schlacht, denn er »wandelte in allen Wegen Jerobeams, des Sohnes Nebats ... durch die er Israel sündigen machte ...« Der Chronist schrieb eine Geschichtsphilosophie und siebte aus den Fakten in den nördlichen Hofannalen, die ihm zur Verfügung standen, ein Bedeutungsschema heraus, das ihm hervorragend klar zu sein schien: wann immer Israel den Bund brach, ließ JHVH dessen Flüche wirksam werden. Er verweist uns ständig auf seine Quellen: »Was aber mehr von Omri zu sagen ist, und alles, was er getan hat, und seine Macht, die er geübt hat, ist das nicht alles im *Buch der Chronik* der Könige Israels geschrieben?« Wie hätte er sich vorstellen können, daß die Hofannalen, der vordergründige Bericht, wie alles wirklich war, nicht erhalten bleiben würden?

Omri machte aus dem Norden eine gefestigte Nation. Er beendete die Kriege mit Juda, die beide Länder zugrunde richteten. Er erneuerte die Handelsbeziehungen mit Phönikien. Tyrus war damals auf dem Gipfel seiner Macht und wurde von Ethbaal, dem Priester der Göttin Astarte, regiert. Omri besiegelte ein Bündnis mit König Ethbaal, indem er seinen Sohn Ahab mit Ethbaals Tochter Isebel verheiratete. Seine neue Hauptstadt Samaria war ein prächtiges Gegenstück zu Jerusalem, wie die Archäologen kürzlich entdeckt haben. Aus einer anderen archäologischen Entdeckung, die im August 1868 gemacht wurde – einer beschrifteten Tafel, etwa 1,20 m hoch, 60 cm breit und 25 cm dick, die als Mesa-Stele bekannt ist und etwa aus dem Jahr 830 v.Z. stammt – erfahren wir in einer Sprache, die mit dem biblischen Hebräisch fast identisch ist, daß Omri Moab zurückerobert hatte: »Omri, König von Israel, bedrängte Moab viele Tage ...« Manche bezeichnen Omri als den David des Nordens.

Im Süden eroberte König Josaphat von Juda Edom zurück. Jetzt kontrollierten Israel und Juda zusammen wieder eine entscheidend wichtige Strecke der sogenannten »Königsstraße« von Elath nach Damaskus.

Sehr früh während der Herrschaft von Omri war das ferne Land Assyrien wieder ganz wach geworden. Zwei Jahrhunderte lang, von den Tagen Tiglatpilesars I. bis jetzt, hatte der westliche Bogen des »Fruchtbaren Halbmonds« Assyriens Anwesenheit nicht gespürt. Im ersten dieser beiden Jahrhunderte war es verheerend geschlagen worden von aramäischen Stämmen, die durch ganz Mesopotamien schwärmten. Ungefähr zur selben Zeit drangen Chaldäer nach Babylonien ein, ein semitischer Stamm, der mit den Aramäern verwandt war. Die Invasionen erfolgten in endlosen Wellen. Die alten Zentren der mesopotamischen Zivilisation wurden verwüstet. Babylonien versank in Chaos. Assyrien überlebte mit knapper Not. Es verging ein weiteres Jahrhundert, während dessen die Invasionen aufhörten und die Stämme seßhaft wurden, ehe Assyrien seine Macht wieder festigen konnte. Es war das Jahrhundert – 1000 bis 900 v.Z. –, das den Aufstieg des vereinigten Königreichs Juda und Israel zu internationaler Größe erlebte.

Assyrien war immer ein Land ohne große natürliche Hilfsquellen gewesen, immer im Kampf mit Tieren und Menschen, neigte zu Trübsinn, Aberglauben, Angst vor bösen Geistern, Wahrsagerei und war fanatisch einer Religion ergeben, die auf Furcht beruhte. Es hatte ein eigenständiges Recht, und die Strafen waren oft grausam – abgeschnittene Nasen oder Ohren, Kastration. Verheiratete Frauen gingen verschleiert. Der assyrische Gott Assur war ein Sonnengott, der das Volk und den König in Krieg und Frieden führte und dem Gefangene geopfert wurden. Das Sinnbild von Assur war eine geflügelte Scheibe, in der der Gott zu sehen ist, wie er Truppen in den Kampf führt oder dem vom Volk gewählten König die Befugnis zum Herrschen verleiht.

Eingeengt durch zahllose aramäische Königreiche, die durch Blut verbunden und durch politische und Stammesgrenzen getrennt waren, fand Assyrien seine Lage jetzt katastrophal. Das gesamte Euphrattal war für seine Karawanen gesperrt; es konnte nicht mit dem Westen Handel treiben, denn dieser Handel war nun in den Händen der kommerziell überaus begabten Aramäer. Assyriens Haupterzeugnisse, Metalle und Gewebe, konnten nicht befördert werden. Das Land war nicht mehr militärisch bedroht, aber sein Gebiet war kleiner geworden, sein Handel spärlich, und das Volk litt unter großer Armut.

Dann erschien eine Reihe starker Herrscher, die allmählich das Territorium erweiterten. Am Ende des 10. Jahrhunderts v.Z. waren große Bauvorhaben im Gange. In jener Zeit finanzierte man den Bau seiner Städte, indem man die Städte anderer plünderte und die Handelsstraßen unter seine Kontrolle brachte. Von etwa 910 bis 890 v.Z. marschierte und plünderte König Adadnerari. Langsam verschoben sich die Grenzen; die Länder rings um Assyrien wurden ein immer größeres Jagdrevier für die fast alljährlichen Raubzüge seines wachsenden Heers.

Spätere Herrscher verfolgten eine konsequente Politik der Plünderung und Eroberung. Sechzig Jahre lang hielten die Assyrer fast alljährlich eine Heerschau ab, gewöhnlich im Frühjahr, und marschierten dann im Sommer auf den heißen, staubigen Straßen von Mesopotamien oder über die gefährlichen Berge, wo wilde Stämme lebten.

876 v.Z., zwei Jahrhunderte, nachdem Assyrien von den Aramäern fast vernichtet worden wäre, marschierte ein assyrisches Heer, nach den verschiedenen Waffengattungen gegliedert, ihm voran eine starke Streitwagentruppe, unter Führung von Assurnasirpal II. unangefochten durch das nördliche Mesopotamien in die Stadt Karkemisch, kassierte Tributzahlungen und hob Truppen aus in den Königreichen, durch die der Weg führte. Dann umging das Heer das mächtige Königreich Aramäisch-Damaskus, mit dem

es anscheinend noch nicht zu kämpfen wünschte, und machte Halt am Ufer des Mittelmeeres nördlich von Sidon und Tyrus. »Zu jener Zeit nahm ich den ganzen Bereich des Libanon-Gebirges und erreichte das Große Meer des Amurru-Landes«, brüstete sich Assurnasirpal. »Ich reinigte meine Waffen im tiefen Meer ...« Er behauptete, er habe von den Städten an der westlichen Küste Tribut erhalten. »Der Tribut von der Meeresküste – von den Bewohnern von Tyrus, Sidon, Byblos, Mahallata, Maiza, Kaiza, Amurru und von Arwad, einer Insel im Meer: Gold, Silber, Zinn, Kupfer, Kupfergefäße, Leinengewänder mit vielfarbigem Besatz, große und kleine Affen, Ebenholz, Buchsbaumholz, Elfenbein von Walroßstoßzähnen ...«

Zuerst hatte er das aramäische Bergvolk in der Nähe seiner eigenen Grenzen unterworfen. Herrschern, deren Widerstand hartnäckig war, wurde bei lebendigem Leibe die Haut abgezogen – eine Tortur, die Assurnasirpal jedem zuteil werden ließ, der ihm Schwierigkeiten bereitete. Terror und Brutalität – Pfählen, Schinden, Köpfen, Massenverbrennung von Gefangenen – wurden von diesem assyrischen König zur Grundlage der staatlichen Politik gemacht. Die Humanität, die wir in den Kriegen unserer Zeit zu praktizieren zumindest vorgeben, konnte man sich damals noch nicht vorstellen, aber Assurnasirpal scheint alle an Brutalität und Terror übertroffen zu haben und freute sich noch dazu hämisch über seine Taten. »Ich baute eine Säule gegenüber dem Stadttor und zog allen Führern, die sich aufgelehnt hatten, die Haut ab, und ich überzog die Säule mit ihrer Haut ... Einige pfählte ich auf dieser Säule ... Und den Heerführern schnitt ich die Glieder ab ... Viele ihrer Gefangenen verbrannte ich ... Einigen schnitt ich die Nasen, die Ohren und die Finger ab, und vielen stach ich die Augen aus ...«

Nach seinem triumphalen Marsch zum Mittelmeer kehrte er in die Heimat zurück, von Reichtum geschwellt, aber er ließ keine dauerhafte Eroberung zurück. Dennoch war der ganze alte Nahe Osten von einem bedrückenden Grauen gepackt.

Omri starb 869 v.Z. Sein Sohn Ahab folgte ihm ohne Gewalttätigkeit auf dem Thron.

Die Königin von Israel war jetzt Isebel, Tochter des Ethbaal, einst Priester der Göttin Astarte, jetzt König der Sidonier. Ihr Mann Ahab, der den Bau von Samaria vollendete, es zu einer herrlichen Stadt machte, deren Gebäude mit Elfenbein verziert waren, und die salomonischen Befestigungen von Hazor und Megiddo durch massive Mauern ersetzte, die den neuen, von den Assyrern entwickelten Belagerungstechniken besser standhalten würden, fand Geld, Sklaven und tyrische Handwerker für den Bau eines Tempels für Baal Melqart im königlichen Viertel in Samaria, in dem die Königin ihre Andacht verrichten konnte. Baal Melqart, dessen Name »Baal, Herrscher der Stadt« bedeutet, war der Gott von Tyrus. Sidonier ist ein biblischer Name für die Phöniker.

Isebel war eine Ausnahme unter den Heiden – eine leidenschaftliche Missionarin für ihren Gott. Bei meiner ganzen Lektüre bin ich nur noch auf einen gestoßen, der ihr darin gleich war – Pharao Echnaton. Isebel kam aus Tyrus, der kosmopolitischsten aller Städte, dieser Küsteninsel, die ein reicher Treffpunkt von Handel und Kultur war, und Isebel betrachtete die Kargheit und Einfachheit der bildlosen JHVH-Verehrung voll Verachtung. Es war ihre Absicht, den Hof des Königs zum Kult ihres Gottes zu bekehren. Das übrige Land, glaubte sie, werde dann folgen, und Baal und seine Gemahlin Astarte würden über Israel herrschen.

Sie hatte Erfolg. Sie holte Baalpriester nach Samaria, deren fremdländisches Gehabe und heidnischer Lebensstil bald von den hohen Beamten in Israel nachgeahmt wurden. Ihr Mann widersetzte sich ihren Bemühungen nicht, obwohl er selbst, zumindest äußerlich, ein Anhänger von JHVH blieb. Im Norden, bevölkert von Nachkommen der von David besiegten Kanaaniter, gab es eine Menge zögernder Anhänger von JHVH. Viele gingen jetzt mühelos zum Fruchtbarkeitskult von Baal und Astarte über. Für die meisten verschmolz JHVH mit Baal, und sie verehrten beide gleichzeitig, indem sie entweder JHVH als Baal oder Baal als JHVH ansahen.

Einige leisteten Widerstand. Propheten zogen durch das Land und predigten gegen die heidnische Königin. Voll Zorn ließ Isebel einige von ihnen erschlagen. Zum erstenmal in der Geschichte des Landes wurden Propheten dafür getötet, daß sie Treue zu JHVH predigten. Viele wurden von Angst gepackt. Die prophetische Bewegung zersplitterte. Aus Schwäche oder Angst traten Propheten in den Dienst des Hofes und sprachen nur aus, was der König und die Königin hören wollten. Es sind diejenigen, die von den wenigen, die der alten Auffassung vom Bund treu blieben, als falsche Propheten verurteilt wurden. Dieser bittere Antagonismus zwischen den Propheten des Hofes und denjenigen, die die einzigen Sprecher für JHVH zu sein behaupteten, hielt an, bis das Königtum in Israel ein Ende fand.

Irgendwann in der zweiten Hälfte von Ahabs Regierung wurde das Land von einer Dürre befallen. Auch die Aufzeichnungen von Tyrus erwähnen eine Dürre zu dieser Zeit. Von dem biblischen Chronisten wird uns gesagt, das Ausbleiben des Regens sei von dem schärfsten Gegner von Königin Isebel prophezeit worden, einem Propheten mit Namen Elia aus der Familie Thisbit, die sich in der Gilead-Region jenseits des Jordans am Rande der Wüste niedergelassen hatte. Mit einem härenen Mantel und einem Lederschurz bekleidet, streifte er wie ein Gespenst durch das Land und erschien einmal hier und einmal dort. Wo immer er auch hinging, überall wetterte er gegen das Heidentum, das sich von seinem Zentrum am Königshof über ganz Israel ausgebreitet hatte und jetzt die Existenz des JHVH-Glaubens bedrohte.

Die Dürre wütete weiter und führte zu einer Hungersnot. Viele verkauften sich in die Sklaverei, um nicht zu verhungern. Auf dem Höhepunkt der Hungersnot, im dritten Dürrejahr, erscheint Elia plötzlich vor Ahab auf dem Karmelgebirge. Vierhundert Propheten von Baal sind da, wahrscheinlich in einem natürlichen Amphitheater in der Nähe des Gipfels, und auch viele Israeliten. Der Prophet prangert sie alle an. »Wie lange wollt ihr noch zwischen zwei Meinungen zögern? Wenn der Herr der Gott ist, folgt ihm nach; aber wenn's Baal ist, dann folgt ihm.« Es ist eine Kriegserklärung von JHVH an die heidnische Welt der Fruchtbarkeitskulte und Götterbilder – und wir werden an jene ferne Zeit erinnert, als die von Josua geführten Sippen zur Invasion Kanaans bereitstanden. Die Antwort der Menge ist Schweigen.

Elia verspottet die Propheten von Baal, verhöhnt sie, drängt sie, einen Stier zu opfern und ihren Gott zu bitten, das Holz auf dem Altar zu entflammen. Sie tanzen um den Altar herum, schreien laut und »ritzten sich mit Messern und Pfriemen nach ihrer Weise, bis daß ihr Blut herabfloß.« Aber das Feuer kam nicht.

In der Nähe ist ein Altar von JHVH, der niedergerissen worden war. Elia und das Volk bauen ihn jetzt wieder auf. Elia betet zu JHVH um ein Feuer, das das Holz entflammen soll, auf das er Stücke des Ochsen gelegt hat. »Da fiel das Feuer des Herrn und fraß das Brandopfer.« Das von ehrfürchtiger Scheu ergriffene Volk ruft: »Der Herr ist Gott, der Herr ist Gott!« Sie zerren die Propheten von Baal zum Bach Kischon, ein Fußweg von fünfzehn Minuten, und Elia erschlägt sie. »Der Kischonbach schwemmte sie fort«, hatte die Richterin und Prophetin Debora einst gesungen nach einem Sieg über kanaanitische Streitwagen, die im Schlamm eines plötzlichen Regens steckengeblieben waren. »Dieser alte Bach, der Kischonbach. Tritt, meine Seele, auf die Starken …«

Jetzt betet Elia auf dem Karmelgebirge um Regen. »Spanne deinen Wagen an und fahre hinab«, sagte er zu Ahab, »daß dich der Regen nicht ergreife.« Eine kleine Wolke bildet sich über dem Meer, wächst und verdunkelt den Himmel. Plötzlich kommt ein Wind auf und ein großer Regen. Ahab fährt im Regen in die Stadt Jesreel, nördlich von Sichem, und in einer dieser anmutigen biblischen Skizzen, die sich dem Sinn des Lesers für immer einprägen, »gürtet Elia seine Lenden« und läuft wie ein Vasall durch Wind und Regen vor dem königlichen Streitwagen her bis zum Stadttor von Jesreel, um seinen Respekt für den König und das Königtum seines Landes zu bekunden.

Wir sind durch eine Geschichte voll rätselhafter Klangfarben und plötzlicher Wunder gewandert. Viele der Berichte über Elia und seinen Nachfolger Elisa haben diesen schauererregenden Charakter des Wunderbaren, wie unvermutete Blitze an einem schwarzen Himmel. Wunder in der Bibel sind oft ein Barometer für die Angst des Volkes von JHVH.

Elias Sieg auf dem Karmelgebirge war unbedeutend und vergänglich. Als Isebel vom Tod ihrer Propheten erfuhr, trachtete sie ihm nach dem Leben. Er floh nach Süden in das Bergland von Juda und zog dann weiter durch die Wildnis zum Berg von JHVH, dem Berg Sinai. Dort, von Hilflosigkeit und Verzweiflung über die Macht der Königin gepackt, lebte er allein in einer Höhle und entdeckte von neuem JHVH, nicht in erschreckenden Äußerungen der Natur, etwa einem verheerenden Sturm, einem Erdbeben, einem plötzlichen Feuer, sondern in der leisen Stimme, die die unbeugsame Kraft jedes Visionärs ist. Nicht in der äußeren Welt der Natur, sondern durch das innere, unfaßbare, unsichtbare Tasten des Menschen nach geistiger und moralischer Bewußtheit ist JHVH zu finden. Wir werden an Moses erinnert, wie er allein in der Wildnis nach Gott forschte, von dem er glaubte, daß er ihm befohlen habe, den Ägypter zu erschlagen, und an den Busch, der in der Sonne feurig glühte. Jetzt wird der mosaische Bund durch den fanatischen, fast unheimlichen, mantelbekleideten Mann von JHVH erneuert und bestätigt.

Wir wissen nicht, wie lange er in der Wildnis blieb. Als er wieder auftauchte, zog er nach Norden und fand einen Bauern mit

Namen Elisa, Sohn des Saphat, einen stämmigen, kahlköpfigen Mann, der ein Feld pflügte. Er warf seinen Mantel auf ihn und designierte ihn damit zu seinem Nachfolger. Von Elisa begleitet, zog er dann weiter nach Norden. Die übrigen Taten von Elia – auch seine widerhallende Ermahnung, als er erfuhr, auf welche Weise sich die Königin einen Weinberg verschaffte, den der König begehrte, nämlich indem sie Naboth, dem der Weinberg gehörte, fälschlich hatte verurteilen und ermorden lassen –, sind sie nicht im *Buch der Könige* zu finden? Zur Zeit seines Todes war der Kampf gegen das kanaanitische Heidentum noch unentschieden.

Während der Herrschaft von Ahab fühlten sich die Assyrer stark genug, gegen das Kernland des heutigen Syrien zu Felde zu ziehen, ein Gebiet, das sie vorher umgangen hatten. Sie wurden aufgehalten durch zwölf Könige, die sich verbündet hatten und ihnen 853 v.Z. bei Qarqar im Norden, oberhalb von Byblos und Hamath, eine entscheidende Schlacht lieferten. Die Bibel sagt uns nichts darüber. Eine assyrische Inschrift zählt auf, daß Ahab mit zweitausend israelitischen Kampfwagen und zehntausend Mann Fußvolk in diese Schlacht zog. Aus diesen Zahlen geht eindeutig hervor, daß Ahab und Isebel einen machtvollen Staat geschaffen hatten.

Nachdem er neunzehn Jahre König gewesen war, wurde Ahab auf dem Schlachtfeld bei einem Gefecht gegen das aramäische Königreich Damaskus, gegen das er fast während seiner ganzen Regierungszeit immer wieder Krieg geführt hatte, durch einen Pfeil getötet. Er wurde in Samaria begraben.

Der Sohn, der nun den Thron bestieg, Ahasja, starb zwei Jahre später nach einem unglücklichen Sturz aus dem Fenster. Ein zweiter Sohn, Joram, erwies sich als unfähig, verlor Moab und wurde in einer Schlacht leicht verwundet. Er kehrte nach Jesreel zurück. Isebel, die als Königinmutter regierte, übte die wahre Königsmacht aus und beherrschte das Land durch ihren Sohn.

Der Prophet Elisa, der durch das Jordantal streifte und mit dem Königshaus ebenso vertraut war wie mit Bauern, schickte plötzlich einen aus der Schar der Propheten in das Hauptquartier des Heeres. Dort, in einem abgeschlossenen Raum, salbte der Bote den Heerführer Jehu, Sohn des Nimsi, zum König von Israel. »So sagt der Herr, der Gott Israels: Ich habe dich zum König über das Volk des Herrn gesalbt ... Und du sollst das Haus Ahabs, deines Herrn, schlagen, daß ich das Blut meiner Diener, der Propheten, räche ...« Der Bote floh.

Die Heerführer bestätigten Jehu durch Zuruf. Ein Gefühl des Abscheues gegen die Königin und die Dynastie von Omri hatte sich über das Land ausgebreitet.

Jehu bestieg einen Streitwagen und raste nach Jesreel. Er tötete Joram mit einem Pfeil. Als Isebel erfuhr, was geschehen war, schminkte sie sich gelassen und schaute aus dem Fenster. Als Jehu unten erschien, spottete sie verächtlich: »Ist es Frieden, du Mörder deines Herrn?«

Jehu ließ sie aus dem Fenster stürzen. Sie lag da in ihrem Blut und wurde von Pferden zertrampelt. Sie hatte dreißig Jahre regiert und einen mächtigen kulturellen und politischen Einfluß auf das Land ausgeübt. Ihre Leiche wurde von Hunden gefressen.

Eine blutige Säuberung folgte. Jehu metzelte Ahabs ganze Familie nieder, zerstörte den heidnischen Tempel, brachte die Priester um und reinigte das Land von Baalsverehrern. Es war der blutigste Akt in der Geschichte des Nordens, der im Gegensatz zum konservativen Süden immer zwischen den Extremen des überhandnehmenden Heidentums und der hingebungsvollen Verehrung von JHVH hin- und herpendelte. Jehu bestieg 842 v.Z. den Thron, ungefähr vierhundert Jahre, nachdem Josua den Jordan überschritten hatte.

Ein Jahr später warf er sich dem König Salmanassar III. von Assyrien zu Füßen und bot ihm Tribut an.

Das assyrische Heer war durch Mesopotamien marschiert, hatte Städte zerstört und Tribut genommen und dann an der Mittelmeerküste haltgemacht, entweder am Karmelgebirge, das damals die südliche Grenze der Sidonier war, oder an einem Vorgebirge nördlich des heutigen Beirut, an der Nordgrenze der Sidonier. »Ich erhielt Tribut von den Bewohnern von Tyrus, Sidon und von Jehu, Sohn des Omri«, lesen wir in den Annalen von Salmanassar III. Dann zog sich das assyrische Heer zurück.

Ein fast zwei Meter hoher, vierseitiger schwarzer Kalkstein-Obelisk wurde von Salmanassar III. auf dem Hauptplatz der assyrischen Stadt Kalach aufgestellt, dem heutigen Nimrud. Auf einem seiner Felder ist Jehus demütigende Unterwerfung unter den assyrischen Sieger abgebildet. Die Keilschriftgravierung lautet: »Der Tribut von Jehu, Sohn des Omri: Silber, Gold, eine goldene Schale, eine goldene Vase, goldene Becher ...« Jehu ist mit einem ärmellosen Mantel über einer knöchellangen Tunika bekleidet. Er ist bärtig. Auf dem Kopf trägt er eine spitz zulaufende Kappe oder einen Turban mit abgebogener Spitze. Es ist die einzige existierende Abbildung eines israelitischen Königs aus dem Altertum. Das Denkmal ist heute unter dem Namen »Der schwarze Obelisk von Salmanassar III.« bekannt und kann im Londoner British Museum besichtigt werden.

Das Land Israel befand sich in einem Zustand der Erstarrung, ausgeblutet nach den Säuberungsaktionen. Der gesamte Hof und die Mehrzahl der hohen Beamten waren umgebracht und der Staat damit in gefährlicher Weise seiner administrativen Führung beraubt worden. Wir können annehmen, daß die Handelsbeziehungen mit den Sidoniern unterbrochen, wenn nicht gar abgebrochen waren – selbst die auf Geld erpichten Kaufleute von Tyrus werden wohl über den Tod von Isebel und die Auslöschung des Kultes ihres Gottes nicht ganz hinweggesehen haben. Aber dem mosaischen Bund war Genüge getan worden; das Land war gereinigt. Zweifellos frohlockten die Propheten.

Die Dynastie von Jehu hielt sich etwas weniger als hundert Jahre. Von seinen drei Nachkommen, die nach seinem Tod im Jahre 815 v. Z. nacheinander den Thron bestiegen, regierte der erste, Joahas, bis 801 v.Z.; der zweite, Joas, herrschte bis 786 v.Z. und hätte fast Samaria an belagernde Aramäer verloren; und der dritte, Jerobeam II., Jehus Urenkel, machte sich eine Periode assyrischer Schwäche zunutze und eroberte zusammen mit König Usia von Juda verlorene Gebiete und Handelsrouten zurück, so daß das Land wieder so groß wie zu Zeiten Davids war. Er bescherte dem Land vierzig Jahre des Wohlstandes und der Stabilität und wurde derweil der beste Kunde der Kaufleute von Tyrus. Der Reichtum, der durch den Handel und aus tributpflichtigen Städten ins Land strömte, erweiterte die Kluft zwischen den Reichen und den Armen. Die herrschende Elite schwelgte im Wohlstand, die beherrschten Armen versanken immer tiefer im Elend. Gleichzeitig griffen heidnischer Götzendienst und der Fruchtbarkeitskult um sich; Scherben, die im Gebiet von Samaria gefunden wurden und aus dieser Zeit stammen, enthalten fast so viele Personennamen, die mit Baal verknüpft sind, wie mit JHVH. Es war jetzt das heidnische Ziel des Staatskultes, JHVH immer wieder durch Ritual und Opfer zu beschwichtigen, um seinen Zorn nicht auf sich zu laden.

Es war in der Regierungszeit Jerobeams II., da zog ein Hirte aus einer Stadt im Süden gen Norden und verdammte mit zornigem

Herzen die Verderbnis, die er ringsum sah, denn der König, die Priester und die Reichen erwiesen dem Kult von JHVH nur Lippendienst und nahmen von dem Leiden des Volkes keine Notiz – und nichts in der Geschichte des Volkes von JHVH war wieder so wie einst. Er erscheint plötzlich vor einer Menge, die zu einem Fest im Heiligtum von Bethel versammelt war, dieser Hirte – manche sagen, er sei Viehzüchter gewesen – aus Tekoa in dem Bergland von Juda südlich von Bethlehem in der Nähe des Toten Meeres. Ich sehe die verblüfften Gesichter der Priester und der versammelten Menge vor mir, als er den sorgfältig geplanten Opferdienst unterbricht: »Höret, was der Herr mit euch redet, ihr Kinder Israel, mit allen Geschlechtern, die ich aus Ägyptenland geführt habe: Aus allen Geschlechtern auf Erden habe ich allein euch erkannt; darum will ich euch heimsuchen in all eurer Missetat ... Ich bin euren Feiertagen gram und verachte sie und mag eure Versammlungen nicht riechen ... Tut nur weg von mir das Geplärre eurer Lieder; denn ich mag euer Psalterspiel nicht hören ... Es soll aber das Recht offenbart werden wie Wasser und die Gerechtigkeit wie ein starker Strom ...« Auf die allgemeine volkstümliche Überzeugung, daß ein Tag des Herrn kommen werde, an dem Israel unbeeinträchtigt herrschen werde, antwortet der Prophet mit bitterem Sarkasmus. »Wehe denen, die des Herrn Tag begehren! Was soll er euch? Denn des Herrn Tag ist Finsternis und nicht Licht ... Die ihr euch weit vom bösen Tag achtet und trachtet immer nach Frevelregiment und schlaft auf elfenbeinernen Lagern und pranget auf euren Ruhebetten ... Darum sollen sie nun vorangehen unter denen, die gefangen weggeführt werden ... Denn der Herr Gott hat geschworen, spricht der Herr, der Gott der himmlischen Heerscharen: Mich verdrießt die Hoffart Jakobs und bin ihren Palästen gram; und ich will die Stadt ausliefern mit allem, was darin ist ...«

Amazja, der Priester zu Bethel, geht zu König Jerobeam und klagt Amos des Aufruhrs an. Uns wird nicht gesagt, was der König antwortete. Der Priester befiehlt dem Propheten dann, das Land Israel zu verlassen. »Weissage nicht mehr zu Bethel; denn es ist des Königs Heiligtum und des Königreichs Haus.« Wir wissen nicht, wie diese Konfrontation zwischen Priester und Prophet endete.

Hosea, annähernd ein Zeitgenosse von Amos, predigte eine ähnliche Botschaft. Er sah den Bund als eine Ehe zwischen Israel und JHVH an. Dadurch, daß Israel andere Götter anbetete, habe es Ehebruch begangen und Scheidung, Verderben und Untergang zu erwarten. Die Flüche des Bundes würden auf das Volk herabkommen, weil es seinen Treueid für JHVH gebrochen habe. Und noch ein Prophet, Micha, weissagte: »Ich will Samaria zum Steinhaufen im Feld machen, daß man ihre Steine um die Weinberge legt ...« Es kann nicht angenehm gewesen sein, diesen Propheten zuzuhören. Sie sind eine Klette am Rücken, ein Feuer an unsichtbaren Stellen in uns, die wir lieber im dunkeln lassen und vergessen.

Amos war der erste, der von einer drohenden Verbannung als Strafe für den Bruch des Bundes sprach; und obwohl er den Bund als solchen nicht erwähnt, geht das aus all seinen Worten hervor. Er schwankt besorgt zwischen Prophezeiungen des schlimmsten Schicksals für das korrupte Israel und der Hoffnung, ein Rest werde überleben, der nach dem Herrn trachtet und gerettet wird. Er ist der erste, der die Bedeutung der sozialen Ethik hervorhebt; und obwohl er den Kult verurteilt, sagt er nirgends, JHVH dürfe nicht durch Ritual und Opfer verehrt werden. Aber er ist überzeugt, daß die Verehrung von JHVH niemals getrennt werden könne von Mitleid und Gerechtigkeit. Außerdem werde das Schicksal des Volkes von JHVH durch sein moralisches Verhalten bestimmt. Amos sagte explizit, was im mosaischen Bund implizit war; hier ist kein Bruch mit der Vergangenheit, sondern eine gewaltige Verschiebung der Betonung, die praktisch von allen Propheten, die ihm folgten, aufgegriffen und akzentuiert wurde und mit der Zeit der Grundgedanke einer neuen hebräischen Zivilisation werden sollte.

Amos war weder ein Ekstatiker, noch gehörte er einer Prophetengilde an. Er kennzeichnete eine neue Entwicklung der Prophetie, eine einzigartige israelitische Reaktion auf die Korruption des Glaubens und die sozialen Zustände zu jener Zeit. Er war der erste Prophet, der seine Worte schriftlich niederlegte, obwohl das Werk, das jetzt seinen Namen trägt, viel Bearbeitung erfahren hat und nur ein Bruchteil von dem sein mag, was er schrieb. Wahrscheinlich schrieb er sowohl aus Hoffnung als auch aus Verzweiflung: vielleicht würde eine kommende Generation die Worte lesen und sich zu Herzen nehmen, die seine Generation nicht hören wollte. Vor ihm schrieben vermutlich schon andere; seine Fassung und die von ihm gebrauchten Bilder sind zu ausgefeilt und scharf gezeichnet, als daß er ganz ohne Vorgänger gewesen sein konnte. Wer sie waren, wissen wir nicht. Wo hat er schreiben gelernt? Tekoa war bekannt für seine weisen Männer; vielleicht wurde er von einem von ihnen unterrichtet. Wir irren uns, wenn wir jeden Hirten für einen ungebildeten Hohlkopf halten. Amos wurde vermutlich in Tekoa beerdigt, und in der byzantinischen Zeit haben fromme Christen ihm zu Ehren dort eine Kirche gebaut. Ihre Reste sind noch heute zu sehen.

Im Jahr 746 v.Z. starb König Jerobeam II. Etwa zur selben Zeit bemächtigte sich Tiglatpilesar III. des Throns von Assyrien. Er baute das assyrische Großreich auf.

Einige Wissenschaftler glauben, daß Tiglatpilesar III. ein assyrischer Heerführer mit Namen Phul war, ehe er den Thron usurpierte. Spätere assyrische Könige erinnerten sich an sein Verhalten und verstümmelten seine Annalen – eine ungewöhnliche Schändung und ein Zeichen des Hasses zwischen zwei mächtigen Familien, die um die Herrschaft in diesem Land kämpften.

Jetzt richtete der neue König seinen Sinn auf ein Großreich. Das assyrische Heer bestand hauptsächlich aus Sklaven und Bauern, die der König für die Dauer eines Feldzuges von den Grundbesitzern erhielt. Nun wurde das zwangsweise ausgehobene Heer zu einem stehenden Heer und rekrutierte sich aus Völkern, die unter assyrische Vorherrschaft gerieten: iranische Reiter, arabische Kameltreiber, anatolisches Fußvolk. Tiglatpilesar III. begnügte sich nicht damit, bloß Tribut einzuziehen. Er marschierte, eroberte, nahm Tributzahlungen entgegen von denjenigen, die sich unterwarfen, vernichtete jene, die es nicht taten, und ließ Garnisonen und Statthalter zurück, um seine Eroberungen dauerhaft zu machen. Rebellion wurde mit den normalen Greueln des assyrischen Brutalitätsarsenals bestraft und mit der Methode der Massendeportation, die ersonnen war, um alte Bündnisse zu sprengen und vom Krieg verwüstete Gebiete wieder zu bevölkern. Eroberte Gebiete wurden zu Provinzen gemacht als Strafe für diejenigen, die nach Tiglatpilesars Worten »meinen Bund vergaßen«.

Im Jahr 732 v.Z. schickte Tiglatpilesar sein Heer nach Samaria. Der Tod von König Jerobeam II. von Israel hatte diesem Königreich die Unbeständigkeit einer Bananenrepublik eingetragen. In den folgenden zehn Jahren saßen fünf Könige auf Israels Thron, und das Ganze wäre eine komische Königsoper, hätte das Volk nicht darunter gelitten. Jedesmal, wenn ein Heer marschiert, Städte belagert und Gebiete unterworfen werden, werden Menschen zu Krüppeln gemacht, verstümmelt und getötet, eine Lawine der Zerstörung überrollt unseren Planeten, und der Gestank des Todes dringt uns in die Nase. Nichts ist komisch an den letzten Jahren von Israel, abgesehen von der unglaublichen Dummheit einiger seiner Könige. Wir betrachten dieses Drama mit einem düsteren Grauen im Herzen, denn eine Zivilisation geht zu Ende.

König Sacharja, der Sohn Jerobeams II., herrschte sechs Monate und wurde von Sallum, Sohn des Jabes, ermordet, der seinerseits einen Monat später von Menahem, Sohn des Gadi, ermordet wurde, der 738 v.Z., als der assyrische König sein Heer nach dem Westen führte, Tiglatpilesar Tribut zahlte. Menahem starb, und die Königswürde ging auf seinen Sohn Pekahja über, der rasch von Pekah, dem Sohn Remaljas, ermordet wurde, einem Heerführer. Er bestieg den Thron und rebellierte gegen Assyrien, indem er den jährlichen Tribut verweigerte. Sein Vorgehen war unverständlich und die Reaktion der Assyrer voraussagbar. Sie marschierten los und eroberten Galiläa, Jesreel, die Scharon-Ebene und Gilead. Hazor und Megiddo wurden zerstört. Ich muß mich selbst daran erinnern, was diese Worte in Wirklichkeit bedeuten, daß nämlich Tausende litten und starben. Die Archäologen haben eine ein Meter dicke Aschenschicht in Hazor entdeckt. Die Stadt muß tagelang gebrannt haben. Nur die Gegend um Samaria wurde verschont. Der Prophet Hosea verkündete den Untergang des degenerierten Staates. Aber Gott werde Israel wiederherstellen. »Ich will sie (er spricht von Israel als einer Hure) locken und will sie in eine Wüste führen und freundlich mit ihr reden ... So will ich ihre Abtrünnigkeit wieder heilen; gerne will ich sie lieben ...«

Dann strebten König Pekah von Israel und König Rezin von Aramäisch-Damaskus ein Bündnis mit König Ahas von Juda gegen Assyrien an. Ahas lehnte ab. Sie zogen gemeinsam gegen ihn zu Felde und gedachten, ihn durch einen Marionettenkönig zu ersetzen, den sie mühelos manipulieren könnten. Angegriffen und von allen Seiten belagert, wandte sich der verzweifelte König Ahas an die Assyrer um Hilfe. Er schickte Tiglatpilesar ein hübsches Geschenk. Der Assyrerkönig hatte inzwischen eingesehen, daß er die Herrschaft über Syrien nur behalten könne, wenn er die Oberhoheit über Israel erlangte, und so marschierte er nach Samaria. König Pekah wurde von Hosea, Elas Sohn, ermordet, der sich sofort ergab und die Stadt und ihre Umgebung rettete.

Dann starb Tiglatpilesar. Er hatte nur achtzehn Jahre gebraucht, um das assyrische Großreich zu schaffen. Seinem Nachfolger Salmanassar V. enthielt Hosea den Tribut vor und erwartete von Ägypten Hilfe durch ein Bündnis gegen Assyrien. Das assyrische Heer schleppte sich über die mesopotamischen Straßen und belagerte Samaria.

Die Stadt hielt drei Jahre stand. Während der Belagerung starb Salmanassar oder wurde ermordet.

Ein Usurpator, über dessen Herkunft wenig bekannt ist, bestieg den Thron Assyriens. Er nannte sich Sargon II. nach Sargon, dem legendären akkadischen Eroberer von Sumer.

Dann fiel Samaria im Jahr 722 v.Z.

Ein gut Teil seiner Bevölkerung – Beamte, Schreiber, Heeresangehörige, Handwerker – wurde in verstreut liegende Gebiete des assyrischen Großreichs deportiert und an ihrer Stelle besiegte Völker aus Babylonien, Hamath, Midian und arabische Nomaden aus der fernen Wüste im Land angesiedelt. Diese Menschen verschmolzen mit der Zeit mit den zurückgebliebenen einheimischen Israeliten und wurden das Volk, das wir heute als die Samariter kennen.

Wer war König? Wer war nicht König? In Israel war niemand König. Das Land war eine assyrische Provinz. Israel hörte auf zu bestehen, und seine Königswürde ging an die Assyrer über.

Manche haben gesagt, es sei bloß eines von vielen kleineren Königreichen gewesen, das einem Großreich im Wege war und geschluckt wurde, wie ein Hai eine Elritze verschlingt. Andere waren anderer Ansicht. Es sei geschehen, »denn die Kinder Israel sündigten wider den Herrn, ihren Gott, der sie aus Ägyptenland geführt hatte aus der Hand des Pharaos, des Königs in Ägypten, und fürchteten andere Götter ...« So sagt es uns der biblische Chronist. Israel brach den Bund. JHVH ließ die Flüche wirksam werden.

Etwa dreißig Kilometer südlich von dieser neuesten Provinz Assyriens lag die Stadt Jerusalem.

Im Jahr 738 v.Z., als König Menahem von Israel Tiglatpilesar III. einen hohen Tribut entrichtete, lebten im Norden wahrscheinlich annähernd achthunderttausend Menschen. Viele Tausende waren im Kampf gefallen und bei Vergeltungsmaßnahmen der Assyrer für Rebellion umgebracht worden. Weitere Zehntausende wurden deportiert. Andere flohen wahrscheinlich in die Städte Phönikiens. Die Archäologen sagen uns, daß Jerusalem, das nach Salomos Tod eine relativ verschlafene Stadt geblieben war, nach

Samarias Ende mit einemmal zu wachsen begann. Ich lasse meiner Phantasie wohl nicht gefährlich freien Lauf, wenn ich annehme, daß Bewohner des nördlichen Landes in die Stadt strömten, als die Assyrer in Israel wüteten.

Viele waren zweifellos Angehörige der herrschenden Elite, verarmte Erben der hartherzigen reichen Familien, die Amos und Hosea einst verurteilt hatten. Einige waren Handwerker oder Schreiber; andere waren Bauern, deren Äcker verwüstet, deren Häuser niedergebrannt und deren Bäume von den Assyrern gefällt worden waren. Ich sehe sie durch die von Menschen wimmelnden, engen Straßen von Jerusalem wandern und durch das ausgedehnte königliche Viertel, wo sie den weißen Kalksteintempel von Salomo, die prächtigen Paläste und Regierungsgebäude bestaunten. Mir fällt es nicht schwer, zu vermuten, daß sie die Annalen ihrer Könige und andere Schriften des Nordens mitgebracht hatten. Die zehn Stämme des Nordens verschwanden – im Großreich Assyrien und im Königreich Juda.

Nun, nach dem Fall Samarias, war das Königreich Juda alles, was noch zwischen dem Großreich Assyrien und dem Land Ägypten lag: das eine riesig, unersättlich; das andere betagt, altersschwach und dennoch irgendwie ehrfurchtgebietend, und sei es nur wegen seines Alters und der gelegentlich überraschenden Fähigkeit, wieder lebendig zu werden. Die davidische Dynastie hatte zwei Jahrhunderte lang unangefochten existiert, abgesehen von einer kurzen Periode, als die Königinmutter Athalja sich 842 v.Z. des Throns bemächtigt hatte.

Davids Dynastie war in Juda tief verwurzelt. Spätere Könige, ob sie nun stark oder schwach waren – Joas, Amazja, Usia, Jotham; die Herrschaft von Usia, 783-742 v.Z., war eine ruhmreiche in der Geschichte Judas –, vertieften diese Wurzeln noch. Die Dynastie blieb unerschüttert, selbst nachdem sich König Ahas 732 v.Z. in das Heerlager vor der kürzlich eroberten Stadt Damaskus begab, um den Treueid auf Tiglatpilesar III. abzulegen und einen Suzeränitätsvertrag für die Hilfe, die ihm die Assyrer geleistet hatten, anzunehmen.

In Damaskus sah er einen Bronzealtar, der ihn faszinierte. Er ließ eine Zeichnung davon anfertigen und nach Jerusalem schikken, und eine Kopie des Altars wurde hergestellt und erhielt einen Platz im Tempel. An diesem heidnischen Altar verehrte er JHVH; der Altar war nur für ihn persönlich und stand in der Nähe des von Salomo errichteten Bronzealtars, an dem Priester weiterhin

JHVH die gewohnten Opfer darbrachten. Zum erstenmal in der Geschichte des Landes war ein Element aus dem Innersten des kanaanitischen Heidentums in das Innerste der Religion Judas eingedrungen. Doch niemand hob eine Hand gegen den König, den legitimen Erben von Davids Thron.

König Ahas von Juda führte die Welt des aramäischen und assyrischen Heidentums in seinem Land ein. Die Wissenschaftler sind jetzt ziemlich sicher, daß die Assyrer ihre Götter niemals den von ihnen besiegten Völkern aufzwangen. Daraus kann nur geschlossen werden, daß Ahas das Heidentum bereitwillig annahm und wahrscheinlich von einer einflußreichen Clique der herrschenden Klasse unterstützt wurde – ganzen Familien, die gleich dachten und handelten und nach kulturellem Kontakt mit der Welt jenseits der judäischen Berge hungerten.

Unvermeidlich sickert die Kultur des Siegers in die Kultur des Besiegten ein. Wahrscheinlich hat die aramäische Sprache, die an die Stelle des Akkadischen als internationale diplomatische Sprache des assyrischen Großreichs getreten war, schon früher begonnen, nach Juda einzudringen. Zur Zeit Tiglatpilesars III. waren die assyrische und die aramäische Kultur so miteinander verschmolzen, daß die Assyrer die Aramäer für Assyrer hielten; selten werden sie Aramäer genannt. Diese verschmolzene Kultur war vorherrschend. Der Verfasser der *Bücher der Chronik* teilt uns mit, daß Ahas die Götter von Aram (Syrien) anbetete. »Und er sprach: die Götter der Könige von Syrien helfen ihnen; darum will ich ihnen opfern, daß sie mir auch helfen.«

Die Archäologen haben kürzlich in Jerusalem zwei Höhlen entdeckt, bei denen alles darauf hindeutet, daß sie einst Lagerräume für ein blühendes Kulturzentrum etwa aus der Zeit Ahas' waren. Sie enthielten Fruchtbarkeitsfigürchen und Bruchstücke von kleinen Pferdeskulpturen mit Scheiben auf den Stirnen. Die Tiere waren vermutlich Miniaturen der Sonnenpferde, die vor den Wagen des Sonnengottes Schamasch, den die Assyrer verehrten, gespannt waren. »Weiße Pferde … fuhren aus mit dem Wagen«, lautet ein assyrischer Text, der den Kult des Sonnengottes beschreibt. Nach einer Schätzung lag das Kulturzentrum etwa dreihundert Meter entfernt von der südöstlichen Ecke der Mauer um den Tempel von JHVH.

Ahas starb 715 v.Z. Sein Sohn Hiskia bestieg den Thron. Er war ein Reformator. Für die heidnischen Götter Judas begannen bald schlechte Zeiten.

Auch Sargon erlebte zu Beginn seiner Herrschaft bald schlechte Zeiten und schreckliche an deren Ende. Jeder assyrische König mußte das Großreich in ein Blutbad stürzen, wenn er den Thron bestieg. Durch Tributzahlungen geschröpfte Vasallen glaubten dann, sie hätten wenig zu verlieren, wenn sie die Stärke eines neuen mesopotamischen Monarchen auf die Probe stellten.

Der Prophet Jesaja fand, das kleine Königreich Juda würde einen zu hohen Preis zahlen, wenn es die Freiheit erringen wollte. Er hatte seine prophetische Laufbahn im Todesjahr von König Usia von Juda begonnen, etwa 742 v.Z. Offenbar gehörte er zur königlichen Familie, denn er ging am Hof des Königs aus und ein. König Ahas hatte nicht auf ihn gehört, der König, der sich um Hilfe an Assyrien gewandt und mit diesem Schritt Juda in die bedrückende Lage eines Vasallen gebracht hatte. Wie Jesaja den lässigen Wohlstand haßte, den er ringsum sah; wie sehr er die Qual der Armen empfand; wie er die mechanische Einhaltung des Kultes von JHVH verachtete, die nicht von Herzen kam, eine seelenlose Moralität! Assyrien war die Zuchtrute des Zorns von JHVH; Böses werde getan, um Böses zu bestrafen. Juda solle weder gegen Assyrien rebellieren noch Bündnisse mit Ägypten oder anderen schließen. Die übermäßigen Übeltaten von Assyrien würden letztlich bestraft; JHVH werde es auf den Bergen von Juda vernichten, und die ganze Welt werde den Gott Israels als den Herrn der Historie anerkennen. Ein wiederbelebtes und erfolgreiches Juda werde von einem idealen König beherrscht. Der Prophet Micha sprach von dem Schicksal Jerusalems, dem gepflügten Feld, das Zion eines Tages sein werde wegen der abscheulichen Unmoral seines Volkes und der schändlichen Einhaltung des Kultes. Er drängte das Volk von Juda, »gerecht zu sein und Liebe zu üben und demütig vor deinem Gott zu sein«. Aber Jesaja glaubte, Jerusalem sei unzerstörbar, und verlangte, es solle sich nicht auf ausländische Verwicklungen einlassen.

Ahas, der leidenschaftliche Bewunderer heidnischer Bräuche, hatte Jesaja wenig Beachtung geschenkt. Aber Hiskia, der Anhänger von JHVH, war geneigt, ihn anzuhören. Und der Prophet drängte den König, sich der Rebellion nicht anzuschließen, die andere Königreiche im westlichen Bogen des »Fruchtbaren Halbmonds« planten. Hiskia schwankte, dann beherzigte er Jesajas Rat, und so blieb ihm die Rache des assyrischen Heeres erspart, das 712 v.Z. plötzlich im Westen erschien, nachdem Babylonien und Urartu unterworfen waren.

Im Jahr 705 v.Z. fiel Sargon im Kampf gegen barbarische Horden an der Nordgrenze Assyriens. Zuerst konnte seine Leiche nicht geborgen werden – ein schreckliches Omen. Im Großreich brach die Rebellion aus, von Babylon bis Jerusalem.

Nachfolger Sargons wurde sein Sohn Sanherib, der, wie es eine assyrische Inschrift ausdrückt, »im Zorn des Herzens« am zwanzigsten Tag des Schewa, unseres Februars und im elften Monat des assyrischen Jahres sein Heer aus der Stadt Assur hinausführte. Die Stadt Babylon ergab sich rasch. Beute wurde gemacht, aber die Bevölkerung geschont. Dann marschierte Sanherib nach Süden, besiegte die Chaldäer, nahm achtundachtzig ihrer befestigten Städte und alle großen Städte Babyloniens ein. Unangetastet ließ er die Stadt Ur.

Hiskia hatte Juda von aramäischen und assyrischen Göttern gereinigt. Um eine weitere Verschmelzung von JHVH mit heidnischen Göttern zu verhindern, wurde angeordnet, alle örtlichen Altäre zu beseitigen, eine neue Politik, von der man nicht weiß, ob sie zu Hiskias Lebzeiten Erfolg hatte. Heidnische Götter zu vertreiben und das Joch des Vasallentums abzuschütteln, waren die religiösen und politischen Seiten einer rebellierend erhobenen Hand.

Im vierten Regierungsjahr von König Hiskia hatte Sargon II. Samaria zerstört. Sanherib war nun König. Hiskia »rebellierte gegen den König von Assyrien und diente ihm nicht«, wozu ihn zweifellos eine starke antiassyrische Gruppe an seinem Hof drängte.

Er ließ neue Befestigungen um Jerusalem anlegen. Jahrtausendelang war an der Stadt auf diesem Hügel gebaut worden, weil unterirdische Bäche unablässig eine Quelle mit Wasser versorgten, die in der Bibel Gihon genannt wird und in dem Tal unmittelbar östlich lag. Jetzt begannen zwei Schürfgruppen von einander gegenüberliegenden Seiten des Berges zu graben und sich den Weg durch dreihundertsechzig Meter festes Gestein zu bahnen. Ein Mann von jeder Gruppe hieb und hackte, die anderen schleppten die herausgebrochenen Felsstücke in Körben weg. Der schmale Tunnel verlief gewunden durch den Berg und weist uns damit heute auf Korrekturen des Grabungswinkels hin. Nach sechs oder sieben Monaten trafen sich die beiden Gruppen, die ohne Kompaß oder sonstige ausgeklügelte Richtungshilfsmittel arbeiteten, in der Mitte des Berges. Vielleicht waren sie einer Felsspalte gefolgt, durch die Wasser von einer Seite des Bergs zur anderen gesickert war. Jedenfalls ist es eine der erstaunlichsten technischen Leistungen des Altertums. Der Tunnel leitete die freigelegte Quelle östlich des Bergs zu einem Punkt genau außerhalb der westlichen Stadtmauer, der damals wohl getarnt oder befestigt war. Heute liegt er offen unter der Sonne und dem Himmel und wird der Teich Siloam genannt.

Einer der Arbeiter hinterließ eine Inschrift, die ihre Mühen schildert. Sie war auf Hebräisch in dem kursiven phönikischen Alphabet eingeritzt, und ein junger Architekturstudent entdeckte sie eines Tages im Juni 1880, als er in dem dunklen, kniehoch mit Wasser gefüllten Tunnel ausrutschte. Als er wieder auf die Beine kam, sah er die Inschrift auf einem geglätteten Teil der Wand, ungefähr einen Meter über dem Tunnelboden in der Nähe des westlichen Endes. »So also ging der Durchbruch vor sich ... Es mußten noch drei Ellen gebohrt werden, da war die Stimme eines Mannes zu hören, der seinem Nebenmann etwas zurief, denn rechts war eine Spalte im Fels. Als nun der Tunnel durchgeschlagen war, hauten die beiden Schürfer drauf und standen sich Hacke gegen Hacke gegenüber, und das Wasser begann von der Quelle in die Staubecken zu fließen.« Ich sah diese Inschrift kürzlich im Alt-Orientalischen Museum in Istanbul, fünfundsiebzig Zentimeter Text, in einen weißlichen Stein mit glatter Oberfläche eingeritzt. Sie liegt unter Glas. In einer Vitrine in der Nähe kann man die kleine Inschrift sehen, die der Geser-Kalender genannt wird, der Aufsatz eines Schuljungen über das Arbeitsjahr des Bauern; sie ist etwa zur Zeit Salomos geschrieben worden, wahrscheinlich als Übung, und wurde 1908 entdeckt. »Zwei Monate Ernte; zwei Monate pflanzen; zwei Monate spätes pflanzen ...« Diese und ungefähr hundert andere, kleinformatige Inschriften, zum größten Teil Ostraka – beschriftete Scherben – sind das gesamte schriftliche Material aus biblischer Zeit, das die Erde von Juda und Israel bis jetzt hergegeben hat.

Im Jahr 701 v.Z. marschierte Sanherib gen Westen. Babylonien war zum Schweigen gebracht. Jetzt zog das gewaltige assyrische Heer – Reiter, Streitwagen, Rammböcke, Sturmtruppen, Bogenschützen, Schleuderer, Lanzen- und Schildträger – die phönikische Küste entlang. Vasallenkönigreiche, die zur Rebellion aufgerufen hatten, als Sanherib den Thron bestieg, kuschten jetzt und boten Tribut an, als sein Heer sich näherte. Ammon, Moab und Edom ergaben sich. Er marschierte nach Philistäa und nahm Jaffa ein. Askalon ergab sich, nachdem es kurz standgehalten hatte, und sein König wurde mit seiner ganzen Familie deportiert. Sanherib belagerte Ekron. Die Ägypter, die den Rebellen Unterstützung versprochen hatten, kamen jetzt mit einem Heer.

Einige Meilen östlich von Geser liegt das Tal Elteke. Dort trafen sich die beiden Heere und lieferten sich eine unentschiedene Schlacht. Die Ägypter – zum größten Teil Nubier – zogen sich zurück und wurden nicht verfolgt.

Sanherib nahm Ekron, tötete die Beamten, die an der Rebellion beteiligt gewesen waren, und spießte ihre Leichen auf Pfählen rings um die Stadt auf. Dann lesen wir in seinen Annalen, einem Tonprisma, auf das seine Schreiber in Keilschrift schrieben:

> »Was Hiskia, den Juden, betrifft, so unterwarf er sich meinem Joch nicht. Ich belagerte sechsundvierzig seiner festen Städte, mit Mauern versehene Festungen, und unzählige kleine Dörfer in ihrer Nachbarschaft und eroberte sie mit Hilfe ... von Rammböcken ... in Verbindung mit dem Angriff des Fußvolks, das unterirdische Gänge anlegte und Breschen schlug. Aus ihnen heraus trieb ich 200150 (nach Ansicht der Gelehrten handelt es sich bei dieser Zahl um einen Schreibfehler; sie müßte 2150 lauten) Menschen, junge und alte, Männer und Frauen, Pferde, Maultiere, Esel, zahlloses Groß- und Kleinvieh und betrachtete alles als Beute. Ihn selbst machte ich zum Gefangenen in Jerusalem, seiner königlichen Residenz, wie einen Vogel im Käfig ...«

Dieser Krieg gegen Juda zeitigte eines der monumentalsten und bedrückendsten Kunstwerke des Altertums: die Schilderung der Belagerung von Lachisch, einer befestigten Stadt südwestlich von Jerusalem, die von allen Städten des Westens den hartnäckigsten Widerstand leistete. Ein assyrischer Künstler machte die Belagerung zum Thema einer Reihe eindrucksvoller Basreliefs in Sanheribs Palast in Ninive. Ich sah sie an einem verregneten Londoner Morgen in der Assyrischen Abteilung des British Museum, eine Wand nach der anderen mit Steintafeln, auf denen der Künstler und seine Gehilfen das Grauen, die Brutalität und Unbarmherzigkeit eines assyrischen Krieges festgehalten hatte. Ein Epigraph auf einem dieser Reliefs enthält die Worte: »Sanherib, König der Welt, König von Assyrien, saß auf einem Thron und inspizierte das aus Lachisch stammende Beutegut.« Kürzlich wurde in der Nähe von Lachisch eine große Grube entdeckt mit den Überresten von fünfzehnhundert Leichen und den Knochen von Schweinen. Es war der Müllabladeplatz des assyrischen Heeres.

Jerusalem fiel nicht. Die assyrischen Annalen sagen uns, daß Hiskia kapitulierte und viel Tribut zahlte, darunter seine eigenen Töchter für Sanheribs Harem. Die Bibel sagt uns, daß das assyrische Heer plötzlich abzog. Eine Seuche? Unruhen im fernen Osten? Wir wissen es nicht. Die Unstimmigkeit hat den Gelehrten ein weiteres Rätsel aufgegeben. Als die Einwohner von Jerusalem erstaunt über die Mauer auf die plötzlich leeren Täler unten blickten, sahen sie es als ein Wunder von JHVH an. Der Prophet Jesaja, der Hiskia versichert hatte, die Stadt werde nicht eingenommen werden, brachte seinen Abscheu vor der Leichtfertigkeit und den Feiern nach dem Abzug der Assyrer zum Ausdruck.

Wir wissen wenig über Hiskias letzte Regierungsjahre. Er starb 687 v.Z., und reibungslos folgte ihm sein Sohn Manasse auf dem Thron. In der dritten Woche des assyrischen Monats Tevet, unserem Januar, des Jahres 681 v.Z. wurde Sanherib in Ninive ermordet. Ein Bürgerkrieg brach aus. Assarhaddon, als jüngerer Sohn nicht der eigentliche Thronfolger, bezwang seine Gegner und begann 680 v.Z. als König der Welt, König von Assyrien, zu herrschen.

König Manasse in Jerusalem hatte den Thron im Alter von zwölf Jahren bestiegen. Er regierte ungefähr fünfzig Jahre und wurde der bestgehaßte und verfluchteste König in der Geschichte Judas.

Assyrien war damals auf der Höhe seiner Macht. Die ganze mesopotamische und westliche Welt war ihm untertan. 671 v.Z. eroberte es auch das ägyptische Delta, und Assarhaddon starb 669 v.Z. während eines weiteren Feldzuges gegen das Land des Nils.

In Juda herrschte Assyrien nicht nur politisch, sondern auch kulturell. Seine Kulte, Götter und Moden wurden von Manasse eingeführt. Es war das Goldene Zeitalter der Astrologie und Weissagung in Assyrien, und während der Herrschaft von Assarhaddon erfüllten Priester und Astrologen den Hof mit ihren Omina und Prophezeiungen. So sahen wir die Welt damals – durch die Wanderungen von Planeten und die Veränderungen von Lebern und Eingeweiden, durch Orakel und den Wurf heiliger Würfel – ehe wir, vor nicht allzu langer Zeit, begannen, sie durch

Ursache und Wirkung zu sehen. Die aramäisch-assyrischen Götter waren eindeutig den Göttern aller anderen Länder überlegen, denn alle Königreiche waren Vasallen des Gottes Assur. Die Astralgötter Assyriens – Ischtar, Schamasch, Adad – wurden überall auf den Dächern verehrt.

Assyrische kultische Texte beschreiben die Riten genau. »Man säubert das Dach vor Ischtar, sprengt mit reinem Wasser, stellt einen Räucheraltar auf, schüttet Mehl aus, stellt Honig und Butter bereit und schenkt Wein aus als Trankopfer.« – »Man säubert das Dach, sprengt mit reinem Wasser, legt vier Backsteine hin ... man schichtet Scheite von Pappelholz auf, steckt sie an, schüttet Wacholder darüber, schenkt Bier als Trankopfer aus, wirft sich zu Boden und sieht sich nicht um.« – »Ich habe für dich, Ischtar, einen reinen Kuchen hingestellt, in Asche gebacken.«

Propheten, die die schändlichen Einflüsse verurteilten, die in den Tagen von Ahas und Manasse das Land verseuchten, sprachen von »jenen, die das Heer des Himmels auf den Dächern anbeten«, und sagten: »Die Kinder lesen Holz, Väter zünden das Feuer an, und die Weiber kneten den Teig, daß sie der Himmelsgöttin Kuchen backen.« Der aus dem Süden stammende Verfasser des zweiten *Buchs der Könige* spricht von jenen, die »Baal, der Sonne, dem Mond und den Konstellationen und allem Heer des Himmels Räucherwerk opferten«.

Manasse machte Juda mit einer durch Überzeugung und Willenskraft gespeisten Zähigkeit heidnisch. Einflußreiche Anhänger von JHVH schlachtete er ab. Nach einer hartnäckigen Überlieferung versteckte sich der Prophet Jesaja auf der Flucht vor Manasses Truppen in dem hohlen Stamm einer Zeder. Der Baum wurde abgesägt, während der Prophet noch drinnen war.

Manasse fand Gefallen an allem Abergläubischen, Verderbten und Obszönen in der Kultur der Außenwelt. Ganze Elemente vom Kern und der Peripherie der assyrischen Welt überspülten die Berge von Juda und hinterließen Götter und Göttinnen unter belaubten Bäumen, auf hohen Hügeln, in Hainen, auf Dächern. Der Chronist aus dem Süden sagt uns: »Er baute wieder die Höhenheiligtümer, die sein Vater Hiskia hatte zerstört, und richtete dem Baal Altäre auf ... und betete an alles Heer des Himmels und diente ihnen. Und baute Altäre im Haus des Herrn ... Und ließ seinen Sohn durchs Feuer gehen und hielt Wahrsager und Zeichendeuter ...«

Kaum mehr als einen Kilometer von dem Ort entfernt, an dem

ich diese Worte schreibe, liegt das Tal Hinnom außerhalb der Mauern der alten Stadt Jerusalem. Dort wurden bei Trommelklang, während Rauch und Flammen emporstiegen, dem Gott Moloch Kinder geopfert. Moloch war ein anderer Name für den König des Himmels. Das griechisch klingende Wort Gehanna, »Hölle«, kommt von diesem Ort her: *ge* –»Tal« auf hebräisch – Hinnom. Auch in Assyrien wurde die Zeremonie des Verbrennens außerhalb der Stadt vorgenommen auf einem Platz, der *hamru* genannt wurde, der heilige Bezirk von Adad. »Sein ältester Sohn wird verbrannt werden im *hamru* des Gottes Adad ...«

Im Tempel Salomos blühten der Fruchtbarkeitskult und die »heilige Prostitution« – der Geschlechtsverkehr mit Priesterinnen, der das Land fruchtbar machen sollte – als integrale Bestandteile des staatlichen Kultes, den das Volk von JHVH praktizierte. Auch auf dem Land verehrte die Bevölkerung JHVH neben heidnischen Gottheiten. Wahrscheinlich hätte das mit der Zeit JHVH zum Ersten des Pantheon gemacht wie El auf den Schreibtafeln von Ugarit. Die Sünden von Manasse gerieten niemals in Vergessenheit.

Während seiner ganzen langen Regierungszeit herrschte Friede zwischen Juda und Assyrien. Die Stelle im zweiten *Buch der Chronik,* die besagt, daß Manasse in Ketten nach Babylon verschleppt worden sei, ist den meisten Wissenschaftlern unverständlich.

Der Tod Assarhaddons im Jahre 669 v.Z. brachte Assurbanipal auf den Thron Assyriens. Auch er regierte lange – bis 627 v.Z. Seine ersten Jahre waren behelligt durch Rebellionen, die er niederschlug. Er vollendete die Eroberung Ägyptens und nahm 663 v.Z. Theben. Als Ägypten 651 v.Z. rebellierte und sich lossagte, schien es ihm gleichgültig zu sein; selbst für Assyrien war Ägypten ein zu großer Brocken, und der Reichtum, den es als besiegter oder Vasallenstaat einbringen sollte, stellte sich als übertrieben heraus und lohnte nicht die erforderliche Mühe, es unter Kontrolle zu halten. Statt dessen scheinen sich die beiden Länder in einem Friedensvertrag zugesichert zu haben, ihre jeweiligen Grenzen zu respektieren und sich gegenseitig zu Hilfe zu kommen.

Nach mehr als einem Jahrzehnt des Krieges hatte das assyrische Großreich unter Assurbanipal Frieden; im ganzen »Fruchtbaren Halbmond« herrschte fast dreißig Jahre lang Ruhe.

Der König der Welt, der König von Assyrien, wandte seine Aufmerksamkeit der Erschaffung des Schatzes zu, der fünfundzwanzig Jahrhunderte nach seinem Tod die Wiederentdeckung der mesopotamischen Zivilisation ermöglichen sollte – einer Bibliothek.

Er hatte Schreiben und Lesen gelernt. Besonders stolz war er darauf, daß er nicht nur zu kopieren, sondern auch in Keilschrift auf wachsüberzogenen Tontäfelchen zu dichten verstand. Schon vor ihm hatten andere Könige Texte gesammelt, aber er ließ das ganze Reich nach dessen literarischen Werken durchstöbern; einige wurden ihm vorgelesen. Diese in Ninive angelegte riesige Sammlung von Tontafeln – in Wirklichkeit waren es zwei Bibliotheken – trug so sehr den Stempel seines persönlichen Geschmacks, ebenso wie die Kunst in seinem Palast, daß viele Historiker die Zeit dieses Königs nach ihm benannt haben – das Zeitalter Assurbanipals, ein Markstein in der Kulturgeschichte. Also ist es kaum verwunderlich, daß das kleine Königreich Juda in den gewaltigen Sog dieses Großreichs geriet.

Dann ging etwas schief; wir sind nicht sicher, was es eigentlich war. Die letzten Jahre des Königs waren von Traurigkeit erfüllt. Eines seiner Gebete ist erhalten: »Warum haben mich Krankheit, körperliche Beschwerden, Kummer und Unglück befallen? Ich kann den Hader im Land und die Zwietracht in meiner Familie nicht beseitigen. Leiden der Seele und des Fleisches drücken mich nieder; wehklagend verbringe ich meine Tage ... Wie lange noch, o Gott, willst du so mit mir umgehen?«

König Manasse von Juda war 642 v.Z. gestorben. Sein Sohn Amon wurde auf geheimnisvolle Weise zwei Jahre später umgebracht, und Amons Sohn, der achtjährige Josia, wurde König von Juda. Er war vierzehn, als Assurbanipal 627 v.Z. starb.

In Assyrien brach ein Bürgerkrieg aus, als zwei Brüder erbittert um die Thronfolge kämpften. Der Krieg wütete vier Jahre und spaltete das Großreich in zwei Länder auf. Das schreckliche assyrische Heer begann sich langsam selbst zu vernichten. Erst bemächtigte sich ein Sohn des Throns, dann ein zweiter.

Babylon rebellierte und sagte sich los, ihm folgten Phönikien und Medien. Jetzt wandten sich die Babylonier und Meder gemeinsam und voll Zorn gegen das Großreich, das sie mehr als ein Jahrhundert lang in demütiger Knechtschaft gehalten hatte.

Im Land Juda verleibte sich König Josia, der jetzt etwa zwanzig Jahre alt war, friedlich und ohne Blutvergießen einen Teil der südlichen Region von Samaria einschließlich Bethel ein. Die Provinz war offenbar von Assyrien aufgegeben worden. Eine nationale Reformbewegung machte sich nun in Juda offen bemerkbar. Der junge König begann das Land von den heidnischen Kulten zu säubern, die sein Großvater eingeführt hatte. Er war Ende Zwanzig, als er anordnete, daß der durch Alter und Belagerung beschädigte Tempel repariert werden solle.

Auf der anderen Seite des »Fruchtbaren Halbmonds« verbündeten sich jetzt die Skythen, ein starker Nomadenstamm aus dem weiten Hochland nördlich von Mesopotamien, mit den Babyloniern und Medern. 614 v.Z. nahmen die Meder Assur; es war das erste – und das letzte – Mal in der Geschichte Assyriens, daß ihre alte Hauptstadt fiel. Archäologen haben Beweise für die Grausamkeit entdeckt, mit der diese Stadt geplündert wurde. 612 v.Z. schlossen sich die Skythen den Medern und Babyloniern bei dem Überfall auf Ninive an. Nach drei erfolglosen Angriffen fiel die Stadt – die Stadt, deren Name sagenhaften Reichtum und Macht bedeutete. »Im Monat Abu«, heißt es in der babylonischen Chronik, »wurde die Stadt erobert und eine große Niederlage ... der ganzen Bevölkerung zugefügt. An jenem Tag ... führten sie unzählige Gefangene weg. Die Stadt verwandelten sie in Ruinenberge und Trümmerhaufen.« Weniger als dreihundert Jahre später sollte das Heer Alexanders des Großen ganz in der Nähe vorbeiziehen, und niemand erinnerte sich, daß es Ninive je gegeben hatte.

Etwa zehn Jahre zuvor hatte der Hohepriester Hilkia bei den Reparaturarbeiten am Tempel in Jerusalem irgendwo auf dem Tempelgelände eine alte Schriftrolle entdeckt. Er las sie und brachte sie rasch zu Saphan, dem königlichen Schreiber. Auch er las sie und brachte sie sofort dem jungen König.

Der Schreiber las dem König die Schriftrolle vor. Es waren die Worte von Moses, die er sprach, als die Stämme am Ufer des Jordans standen. »Höre, Israel, die Gebote und Rechte, die ich heute vor euren Ohren rede, und lernt sie und behaltet sie, daß ihr danach tut! Der Herr, unser Gott, hat einen Bund mit uns gemacht am Horeb ...« Die Schriftrolle erinnerte den Hörer an die historische Verpflichtung, die vor Jahrhunderten eingegangen worden war. »Ich bin der Herr, dein Gott, der dich aus Ägyptenland geführt hat ...« Gewisse Bedingungen ergaben sich aus dieser Verpflichtung. »Du sollst keine anderen Götter haben neben mir. Du sollst dir kein Bildnis machen, keinerlei Abbild von dem, das oben im Himmel, noch von dem, das unten auf Erden, noch von dem, das im Wasser unter der Erde ist ...« Das Geschehnis der Offenbarung wurde von neuem erzählt, kurz und ohne die

Abschweifungen, die wir in *Exodus* finden. Es folgt ein umfangreicher Gesetzeskodex, dem die Ermahnung vorangestellt ist:

> »Du sollst den Herrn, deinen Gott, lieben von ganzem Herzen, von ganzer Seele, mit all deiner Kraft ... Du sollst den Herrn, deinen Gott, fürchten und ihm dienen und bei seinem Namen schwören. Und sollst nicht anderen Göttern nachfolgen, den Göttern der Völker, die um euch her sind ... Und wenn ihr diese Gesetze hört und sie haltet und darnach tut, so wird der Herr, dein Gott, auch halten den Bund und die Barmherzigkeit, die er deinen Vätern geschworen ... Nun, Israel, was fordert der Herr, dein Gott, von dir? Daß du den Herrn, deinen Gott, fürchtest, daß du in allen seinen Wegen wandelst ... So sollst du nun den Herrn, deinen Gott, lieben und sein Gesetz, seine Weise, seine Rechte und seine Gebote halten ... Zerstört alle Stätten, an denen die Völker, deren Erbe ihr antretet, ihren Götter gedient haben, es sei auf hohen Bergen, auf Hügeln oder unter grünen Bäumen. Und reißet nieder ihre Altäre ... zerschlagt die Bilder ihrer Götter und vertilgt ihren Namen von jener Stätte. Verehrt den Herrn, euren Gott, nicht auf diese Weise, sondern sucht nur die Stätte auf, die der Herr, euer Gott, unter allen euren Stämmen als seine Wohnung erwählt ... Hüte dich, daß du nicht deine Brandopfer an allen Orten opferst, die du siehst, sondern an dem Ort, den der Herr erwählt in einem eurer Stammesgebiete ... Doch wann immer du es begehrst, magst du schlachten und Fleisch essen in allen deinen Siedlungen ... «

Dann wurden sorgfältig Gesetze über verbotene Nahrungsmittel, gewisse Formen der Besteuerung und die Einhaltung von Festen aufgezählt. Eine zusätzliche Gruppe von Vorschriften über Gesetzesübertretungen, Bestrafungen, Verhalten im Kriege und andere Dinge folgte – und schloß mit folgenden Worten:

> »Wenn du aber nicht gehorchen wirst der Stimme des Herrn, deines Gottes, daß du hältst und tust alle seine Gebote und Gesetze, die ich dir heute gebiete, so werden alle diese Flüche über dich kommen und dich treffen: Verflucht wirst du sein in der Stadt und auf dem Land ... Der Herr wird dir Unglück, Angst und Mißerfolg schicken bei allem, was du unternimmst ... Der Herr wird dir die Pestilenz anhängen ... Dein Leichnam wird eine Speise sein allen Vögeln des Himmels und

allen Tieren auf Erden ... Der Herr wird dich und deinen König, den du über dich gesetzt hast, treiben unter ein Volk, das du nicht kennst noch deine Väter ... Alle diese Flüche werden über dich kommen und dich verfolgen und treffen, bis du vertilgt werdest, darum daß du der Stimme des Herrn, deines Gottes, nicht gehorcht hast, daß du seine Gebote und Gesetze nicht hieltest, die er dir vorgeschrieben hat ... Der Herr wird ein Volk über dich schicken von ferne ... ein grausames Volk, das den Alten keine Achtung und den Jungen keine Gnade erweist ... Der Herr wird dich zerstreuen unter alle Völker von einem Ende der Welt bis ins andere ... Dies sind die Worte des Bundes, den Moses nach dem Gebot des Herrn mit den Israeliten im Lande Moab schloß zusätzlich zu dem Bund, den er schon mit ihnen am Horeb geschlossen hatte.«

Als der Schreiber zu Ende gelesen hatte, reagierte der König mit Schrecken und Entsetzen auf die Schriftrolle. Seine ganze Bemühung um eine Reform war fehlgeleitet gewesen. Die davidische Dynastie war nicht ewig, sondern davon abhängig, daß der König und das Volk diesen neu entdeckten zweiten mosaischen Bund einhielten. JHVH wollte nicht nur, daß die Götterbilder zerstört würden; er wollte auch, daß Jerusalem das Zentrum seines Kultes sei. Nur wenn die außerhalb liegenden Heiligtümer geschlossen würden, könnte der Krieg gegen das Heidentum gewonnen werden. Unwissentlich hatte König Josia erlaubt, daß die Schreine und Höhenheiligtümer als örtliche Kultstätten erhalten blieben. Er hatte gefehlt. JHVH würde die Flüche wirksam machen! Der König zerriß seine Kleider und befahl, daß die Schriftrolle der Prophetin Hulda vorgelesen werde. Ihre Reaktion war heftig. »Sagt dem Mann, der euch zu mir gesandt hat, so spricht der Herr: Siehe, ich will Unglück über diese Stadt und ihre Einwohner bringen, alle Worte des Gesetzes, die der König Judas hat lesen lassen ...«

König Josia berief eine Versammlung der Ältesten Judas in den Tempel ein. Er las die Schriftrolle. »Und der König stand auf dem Podium und machte einen Bund vor dem Herrn, daß sie sollten wandeln dem Herrn nach und halten seine Gebote ...« Das Volk nahm den Bund an. Nach *Exodus* 20, 21–23 war die Vielzahl örtlicher Altäre ein akzeptierter Stammesbrauch. Aber das war jetzt eine neue Betrachtungsweise der Beziehung von JHVH und seinem Volk, eine Reaktion auf den anscheinend endlosen und aussichtslosen Kampf gegen das Heidentum. Den ganzen Gottesdienst in Jerusalem zentralisieren. Rituales Opfern überall verbieten außer im Tempel. Das Essen von Fleisch am Wohnort erlauben, ohne daß ein Teil davon JHVH geopfert werden muß – eine bedeutsame notwendige Neuerung. Vor allem aber sollte der Kult in der alleinigen Verantwortung des Tempels sein und Götzendienst ein eindeutig mit dem Tode zu bestrafendes Verbrechen.

In ganz Juda wurden die örtlichen Heiligtümer zerstört. Ihre Priester wurden aufgefordert, nach Jerusalem zu kommen und ihren Dienst im Tempel auszuüben. Das Heiligtum in Bethel mit den Kälberstatuen wurde niedergerissen und die Priester erschlagen. Die Zentralisation des Kultes in Jerusalem stärkte überdies die Verbundenheit des Volkes mit der Stadt Davids.

Ursprung und Verfasser der Schriftrolle sind unbekannt. Es findet sich darin ein Widerhall des eifernden Erbarmens von Amos und den Reformatoren aus dem Norden, die seine Anhänger waren. Wie verleiht man seiner absoluten Überzeugung Form, daß eine neue Beziehung zwischen dem Volk und JHVH nötig ist, wenn das Volk überleben soll? Welche Wörter gebraucht man? Wie formuliert man seine Gedanken so, daß sie einleuchtend sind und von allen verstanden werden? Gewiß muß diese neue Beziehung zu JHVH die Form eines Bundes annehmen, denn alle Beziehungen zwischen JHVH und seinem Volk sind vertraglich festgelegt. Welche Vertragsform würde diese neue Beziehung am genauesten zum Ausdruck bringen und sie dem Volk am wirkungsvollsten klarmachen? Und wer in Juda wäre genügend vertraut mit literarischen und diplomatischen Unterlagen, die für einen solchen Vertrag als Vorbild dienen könnten? Nur die königlichen Schreiber hatten Zugang zu diesen Dokumenten. Wenn wir lesen, daß Saphan, der Schreiber, eine Schlüsselfigur bei der Entdeckung der Schriftrolle war, dann können wir nicht allzusehr fehlgehen, wenn wir die Hände der Schreiber als einen der richtunggebenden Faktoren in der Reformbewegung ansehen.

Zur Zeit Hiskias, zu Beginn der Reform, fing man an, alte Dokumente aus der Vergangenheit – Gesetzeskodizes, einen Bericht über die Offenbarung, Gedichte – in einmaliger Weise auf Schriftrollen aus Papyrus oder Leder niederzulegen. In den schrecklichen Tagen von Manasse wurden diese Rollen versteckt und dann entdeckt – ob mit Absicht oder durch Zufall, ist nicht sicher –, als die Reformbewegung zur Zeit von Josia wieder an die Öffentlichkeit trat.

Der Text der Rolle hat einen zwingenden und vertrauten Klang. Es waren Formulierungen aus internationalen Verträgen. »Du sollst JHVH, deinen Gott, aus ganzen Herzen lieben« ist eine Forderung des deuteronomischen Bundes. »Du wirst Assurbanipal wie dich selbst lieben« ist eine Forderung in einem assyrischen Suzeränitätsvertrag. Auch die Form war leicht erkennbar aus internationalen Verträgen – Vorgeschichte, Forderungen, Segenssprüche und Flüche –, die seit über tausend Jahren im alten Nahen Osten verbreitet war. Das war ein gemeinsames Erbe jener Welt, Aufbau und Formulierungen, deren sich alle Länder und Völker bei Vertragsabschlüssen bedienten – und jetzt wurden sie von den Schreibern Judas angewandt.

In Suzeränitätsverträgen stammten die Flüche von den Assyrern – in einem 1956 entdeckten Vertrag von Assarhaddon heißt es: »Mögen sie (die Götter) euren Boden wie Eisen machen ...« *Deuteronomium* erklärt: »Die Erde unter dir soll eisern sein.« – »Möge ein fremder Feind all deine Güter teilen«, sagt der Vertrag von Assarhaddon. »Die Früchte deines Landes ... wird ein Volk verzehren, das du nicht kennst«, sagt *Deuteronomium.* »Möge Sin, die Leuchte von Himmel und Erde, dich mit Aussatz bedekken ... Möge Schamasch, das Licht des Himmels ... dich des Augenlichts berauben«, lautet es im Vertrag von Assarhaddon, und in *Deuteronomium:* »Der Herr wird dich schlagen mit Geschwüren ... und Krätze ... Der Herr wird dich mit ... Blindheit schlagen.«

Das Volk von JHVH schüttelte die Herrschaft von Assyrien ab, indem es öffentlich diesen neuen Vasallenvertrag mit JHVH annahm.

Und neu war er, denn dieser Vertrag änderte das Verhältnis des Volkes zu JHVH für immer. Der Inhalt der Schriftrolle, den die Gelehrten jetzt als die Kapitel 5–26 und 28 des Buches *Deuteronomium* erkennen – die einführenden und abschließenden Kapitel sind spätere Zusätze –, wurde die Verfassung von Juda. Zu dieser Zeit formulierte ein Schriftsteller die Geschichte seines Volkes, gestaltete die ihm zur Verfügung stehenden Annalen und Dokumente unter dem Aspekt, den er in *Deuteronomium* fand, und hinterließ uns das Werk, das die Grundlage für die *Bücher der Könige* wurde. Eine ganze Literaturschule wurde von diesen Schreibern und ihren Nachfolgern geschaffen – die deuteronomische Schule, ein liebloser Name (Deuteronomium heißt »zweites Gesetz« auf griechisch), den Akademiker erfunden haben. Er wird kaum dem begeisternden Wendepunkt gerecht, den das Volk von Juda jetzt erlebte.

Der Kult wurde in Jerusalem zentralisiert. Die Israeliten durften JHVH nicht mehr außerhalb des Tempels Opfer darbringen. Die kultische Bindung begann von den örtlichen Opferaltären, die es überall im Land gab, auf den Tempel in Jerusalem überzugehen. Da der größte Teil des Stammes Juda außerhalb von Jerusalem lebte, ermöglichte diese Reform die schließliche Bindung an einen Kultmodus, der sich auf ein Buch konzentrierte, den Bund, und auf eine Liturgie ohne Opferung.

Die Schreiber der deuteronomischen Bewegung glaubten nicht, daß JHVH im Jerusalemer Tempel wohnte. Heiden glaubten, daß ihre Götter in ihren Tempeln wohnten. JHVH wohnte im Himmel; sein Name, seine geistige Substanz war im Tempel. Das Gebäude repräsentiert JHVH, es ist nicht seine Wohnstätte.

Das Gesetzbuch *Deuteronomium* schwenkt vom Wunderbaren zum Rationalen um. Der Sabbat ist seines frühen Ursprungs in der Schöpfung entkleidet worden; er ist nicht mehr der Ruhetag Gottes, sondern der Ruhetag des Menschen, als solcher verfügt, weil Gott die Israeliten aus der Knechtschaft befreite; daher müssen sie und ihre Diener an diesem Tag ruhen. Die Historie dringt in die heiligen Feiertage des israelischen Jahres ein. Das Passah-Opfer bewahrt nichts von seinen alten, quasi-magischen Elementen – auf Schwelle und Türpfosten geschmiertes Blut; das im Ganzen mit Kopf, Beinen und Innereien gebratene Lamm; kein Knochen des Lamms darf gebrochen sein, und es muß im Haus verzehrt werden – all das sind charakteristische Merkmale eines Wunderritus. Der neue Bund machte aus dem Passah-Ritual ein Gemeinschaftsopfer, das wie jedes andere Opfer in Jerusalem darzubringen ist.

Die Feste, die vor der Reform von Josia in lokalen Heiligtümern gefeiert wurden und jetzt auch in Jerusalem gefeiert werden konnten – das Erntedankfest mit Prozessionen mit Früchten und Pflanzen und Garben – sind im *Deuteronomium* namentlich erwähnt; aber die Rituale, die nur in örtlichen Heiligtümern vollzogen werden konnten, weil die Weiden und Blumen, die zu gewissen Feiern gehörten, nicht drei Tagesreisen durch die heißen Berge von Juda nach Jerusalem überstehen konnten, ohne unterwegs zu verwelken, werden überhaupt nicht erwähnt.

Die Gesetze des *Deuteronomiums*, die die menschlichen Beziehungen regeln, sind entschieden humaner als ihre Gegenstücke in früheren Quellen. Sie enthalten die höchsten religiösen Grundsätze des Volkes: unaufhörlicher Kampf gegen das Heidentum, und gleichzeitig ein sanfter, fast traumhafter Utopismus, der das ganze Werk durchdringt. Du sollst den Ochsen nicht knebeln, wenn er Korn tritt; du sollst aus einem Vogelnest nicht die Mutter mit den Jungen herausnehmen; schütze den Armen, den Bedürftigen und den Fremdling; Schulden sind alle sieben Jahre zu erlassen; die Nachlese auf deinem Acker sollst du für die Armen und Landlosen zurücklassen. Der Mensch wird beschützt, ebenso die Familie und die Familienwürde. Das Volk soll heilig sein durch Trennung von anderen Völkern und die Befolgung der von JHVH zur Bedingung gemachten ethischen und rituellen Gesetze. Viel wird unmittelbar über das Gewissen des einzelnen gesagt. Und großer Wert wird darauf gelegt, daß die Kinder über den Bund unterrichtet werden – nach der von der Weisheitsliteratur angewandten Art, dem Humanismus des Altertums.

Die im Tempel gefundene Schriftrolle verschmolz zwei alte Bünde, zwischen denen Widersprüche bestanden: den mosaischen Bund mit seinen Forderungen und den davidischen oder abrahamischen Bund mit dem bedingungslosen Versprechen: »Nicht hat euch der Herr angenommen und euch erwählt, darum daß ihr mehr wäret als alle Völker«, las Saphan, der Schreiber, an jenem Tag König Josia vor, »denn du bist das kleinste unter allen Völkern. Sondern darum, daß er euch geliebt hat und daß er seinen Eid hielte, den er euren Vätern geschworen hat, hat er euch ausgeführt mit mächtiger Hand und hat dich erlöst von dem Hause des Dienstes ... So sollst du nun wissen, daß nur der Herr, dein Gott, Gott ist, ein treuer Gott, der den Bund und die Barmherzigkeit hält denen, die ihn lieben und seine Gebote halten, bis ins tausendste Glied, es aber sofort denen heimzahlt, die ihn ablehnen, und sie vernichtet ... So halte nun die Gebote und Gesetze und Vorschriften, die ich dir heute gebiete.« Die materielle Belohnung für die Einhaltung der Gebote wird stark betont.

Die Schriftrolle wurde 622 v.Z. entdeckt, und Juda sowie die Gebiete, die es eingenommen hatte – vom Bezirk Megiddo im Norden bis hinter Beersheba im Süden und von Gilead im Osten bis zu den Küstenstädten Jaffa und Dor – wurden gesäubert. Der Fall von Assur, Ninive und Haran in den folgenden Jahren erschien wie eine wunderbare Vernichtung eines gehaßten Feindes. 609 v.Z. zogen sich Reste des assyrischen Heers nach Karkemisch zurück und warteten auf Hilfe von ihrem ägyptischen Verbündeten.

Das ägyptische Heer hielt Wort und brach unter Führung von Pharao Necho auf. Die Marschroute führte über die *Via Maris* und dann landeinwärts durch die Ebenen bei Megiddo. Es lag nicht im Interesse Judas, daß Assyrien irgendwelche Hilfe erhielt. König Josia sammelte sein Heer und stellte sich den Ägyptern bei Megiddo. In dem anschließenden Kampf wurde er durch einen Pfeil verwundet und in seinem Streitwagen vom Schlachtfeld gebracht.

Er starb. Das von Schmerz gepackte Volk von Juda begrub ihn in Jerusalem. Er war damals in seinen Dreißigern, und die verwaist zurückgebliebene Bevölkerung konnte den Tod des Königs, der so rechtschaffen auf den Wegen von JHVH gewandelt war, nicht verstehen. Zuletzt schoben sie die Schuld auf die bösen Taten seines Großvaters Manasse. Der Chronist des Südens schreibt: »Doch ließ der Herr nicht von der Grimmigkeit seines großen Zorns ab ... wegen all der Kränkungen, mit denen Manasse ihn gereizt hatte.«

Das ägyptische Heer marschierte weiter nach Karkemisch, wo es von den Babyloniern geschlagen wurde. Weitere Schlachten – die Ägypter gingen immer wieder zurück, denn sie fürchteten ein Großreich der mächtigen Babylonier mehr als eines der schwachen Assyrer – wurden 605 v.Z. bei Karkemisch und Hamath ausgefochten. Die Ägypter wurden geschlagen.

Assyrien starb. Sein ganzes Volk wurde versklavt. Das Großreich verschwand und hinterließ keine erkennbare dauerhafte Einwirkung auf die Zivilisation der Menschheit.

Immer mehr deutet darauf hin, daß in Juda während der assyrischen Vorherrschaft die Zahl der Analphabeten abnahm. Im alten Israel scheint die Fähigkeit zu lesen ziemlich verbreitet gewesen zu sein, aber nur Schreiber und Priester beherrschten die Kunst des Schreibens. Das änderte sich in Juda in der assyrischen Zeit. Die Archäologen entdecken noch immer Scherben aus dieser Periode, auf denen Steinmetzen, Bauern, Weingärtner und andere Beweise dafür hinterlassen haben, daß sie in zunehmendem Maße die kursive Buchstabenschrift beherrschten. Nichts dergleichen scheint anderswo im »Fruchtbaren Halbmond« gefunden worden zu sein.

Der neue internationale Brigant war Babylonien. Kein Prophet hatte etwas darüber gesagt, daß es plötzlich an die Macht gelangen würde, und das Volk von Juda war bestürzt. König Nebukadnezar von Babylonien streifte nach Belieben durch Syrien, Phönikien und Philistäa und plünderte und kassierte Tribut. Der »Fruchtbare Halbmond« hatte einen königlichen Dieb gegen einen anderen eingetauscht. Im Gegensatz zu den Assyrern gaben sich die Babylonier nicht mit dem Bevölkerungsaustausch ab. Gebiete, aus denen die Bevölkerung weggeführt wurde, blieben leere Trümmerhaufen.

Als König Josia starb, wurde sein Sohn Joahas vom »Volk im Land« zum König gemacht, der beherrschenden Gruppe in Juda, den Landeigentümern, die die davidische Dynastie stark unterstützten. Bloß um ihre Macht über das winzige Königreich zu bekunden, setzten die Ägypter ihn ab und schickten ihn ins Exil nach Ägypten. Der neue König war Jojakim, ein älterer Bruder von Joahas.

Der Prophet Jeremia diktierte seinem Schreiber Baruch eine Prophezeiung. Nebukadnezar sei das Werkzeug des Zorns von JHVH. Die Chaldäer würden die Länder bestrafen, die dem Herrn getrotzt hatten. Jeremia empfahl dringend die Kapitulation. Der Schreiber las dem König die Worte vor, der ihm die Schriftrolle aus den Händen riß, sie mit einem Messer zerschnitt und ins Feuer warf. Jeremia fürchtete, er werde wegen Hochverrats hingerichtet, und versteckte sich. Selbst seine Mitbürger in seiner Heimatstadt Anatot nördlich von Jerusalem wandten sich wütend gegen ihn. Gegen seinen Willen hatte JHVH seine Lippen berührt und ihm scharfe Worte in den Mund gelegt, Worte, die die kalte und seelenlose Weise verdammten, wie die Reformen von Josia rein formal befolgt wurden – und sein Leben war ein Sumpf von Angst und Abscheu geworden, erfüllt von Hochverratsbeschuldigungen, und zahllos waren jene, die ihn zum Schweigen bringen wollten.

Jojakim akzeptierte wahrscheinlich den Vasallenstatus gegenüber Babylonien; wir können nicht sicher sein. Er glaubte fest an die Macht Ägyptens; Babylonien schien zu plötzlich die Oberhand über die Welt erlangt zu haben, als daß es von Dauer sein könnte. Unter Einsatz von Fronarbeitern, womit er sich den Haß Jeremias' und des Volkes von Juda zuzog, baute er außerhalb von Jerusalem einen prächtigen Palast als Garnison für eine große Heeresabteilung, die die Stadt schützen sollte. Als die Babylonier 601 v.Z. eine Niederlage durch die Ägypter einstecken mußten, schüttelte er das Vasallentum ab.

Im Jahre 598 v.Z. erschien ein babylonisches Heer vor Jerusalem. Jojakim starb zu Beginn der Belagerung, möglicherweise durch Mord. Sein achtzehnjähriger Sohn Jojachin bestieg den Thron und kapitulierte sofort. Die babylonische Chronik von Nebukadnezar sagt uns: »Im siebenten Jahr, im Monat Kislev, belagerte der König von Akkad (Babylon) die Stadt Judas, und am zweiten Tag des Monats Adar eroberte er die Stadt und nahm den König gefangen.«

Der Preis der Rebellion war hoch. Zusammen mit seinem Hof und ungefähr zehntausend anderen – Schreibern, Heeresangehörigen, Handwerkern, Propheten und Priestern – wurde der König nach Babylonien deportiert. Ich weiß nicht, welchen Weg sie einschlugen. Vermutlich nahmen sie einige Schriften mit, die sie für wichtig hielten. Jojachins Onkel Zedekia wurde zum Regenten ernannt.

Unabhängigkeitsfanatiker setzten ihr militantes Eintreten gegen Babylonien fort. Jeremia empfahl dringend, Babylonien gegenüber loyal zu sein, und ihm schlossen sich viele der führenden Familien Judas an. Hananja, ein anderer Prophet, drängte auf Rebellion und sah die Vernichtung Babyloniens voraus.

594 v.Z. eilten Sendboten zwischen den Königreichen im Westen hin und her, als sich die Nachricht von einer Rebellion in Babylonien verbreitete. Sie trafen sich heimlich in Jerusalem und beschlossen zu rebellieren. Der neue Pharao Psammetich versprach Hilfe. Zedekia schloß ein Bündnis mit Ägypten, das jetzt wieder einmal auflebte, und wurde wahrscheinlich sogar ägyptischer Vasall. Dann marschierte Nebukadnezar gen Westen. Zedekia versicherte ihn rasch seiner Loyalität.

Der Regent von Juda war jetzt der Vasall von zwei Herrschern – eine ebenso unmögliche Situation, wie ein Vasall von JHVH und Baal zu sein. Ermutigt durch die Hilfsversprechen von Ägypten, rebellierte Zedekia schließlich gegen die Babylonier.

Im Jahr 589 v.Z. starb Pharao Psammetich. Nebukadnezar fiel in Juda ein.

Jerusalem wurde im Winter 587 v.Z. belagert. In die Mauern konnten keine Breschen geschlagen werden. In der Stadt verschlechterte sich die Lage. Sklaven wurden freigelassen, wahrscheinlich als fromme Geste. Die Ägypter hielten Wort und schickten ein Heer, um die Stadt zu entsetzen. Die Babylonier zogen ab, um sich den Ägyptern zu stellen. Die befreiten Sklaven wurden von ihren Herren wieder eingefangen. Die Ägypter wurden besiegt und die Belagerung wieder aufgenommen.

Die Stadt Aseka, etwa dreißig Kilometer südwestlich von Jerusalem, wurde von den Babyloniern erobert. Unter achtzehn Inschriften in schwarzer Tusche auf Scherben, die 1935 und 1938 in den Ruinen von Lachisch gefunden wurden, jener stark befestigten Grenzstadt von Juda, die nach ihrer Zerstörung durch die Assyrer wieder aufgebaut worden war und nun von den Babyloniern zerstört werden sollte, befindet sich eine, die von dem Fall Asekas und dem Erlöschen der Signalfeuer berichtet. »Laßt meinen Herrn wissen, daß wir auf das Leuchtfeuer von Lachisch achten nach allen Hinweisen, die mein Herr gegeben hat, denn wir können Aseka nicht sehen.« Aseka lag etwa fünfzehn Kilometer nordöstlich von Lachisch.

Jerusalem hielt der Belagerung immer noch stand. Jeremia drängte weiter auf Übergabe; besser ein aramäischer oder chaldäischer Suzerän als ein ägyptischer Verbündeter. Er wurde ins Gefängnis geworfen. Pest und Hungersnot wüteten im Sommer 586 v.Z. in der Stadt. In die Mauer wurden Breschen geschlagen, und im babylonischen Monat Duzu, unserem Juli, wurde die Stadt eingenommen.

Zedekia floh und wurde in der Nähe von Jericho gefangen. Er erhielt die durch Vasallenvertrag vorgeschriebene Strafe: Seine Kinder wurden vor seinen Augen abgeschlachtet; dann wurde er geblendet und in Ketten nach Babylon geführt, wo er starb.

Etwa drei Wochen danach befahl der König von Babylonien, Jerusalem den Flammen zu übergeben. Ein Heerführer mit Namen Nebusaradan kam aus Babylon nach Jerusalem. Er beraubte den Tempel seiner Schätze, brach das »eherne Meer« und die beiden hohen Bronzesäulen ab und schickte alles nach Babylon. Am neunten Tag des babylonischen Monats Abu, unseres August, »verbrannte er das Haus des Herrn und das Haus des Königs und alle Häuser zu Jerusalem ...« Was in den königlichen Archiven geblieben war – Gesetzestexte, kommerzielle Aufzeichnungen, literarische Schätze –, verbrannte zweifellos ebenso. Die Stadtmauern wurden geschleift. Abgesehen von den Armen und den Bauern wurden die Einwohner nach Babylon deportiert.

Die Bevölkerung Judas hatte ungefähr zweihunderttausend Seelen betragen. Nach der Deportation von 586 v.Z. blieben in Juda insgesamt ungefähr zwanzigtausend Menschen. Tausende waren vorher nach Ammon, Moab, Edom, Ägypten, Tyrus, Sidon und Kleinasien geflohen.

Nicht erwähnt wird die heilige Lade, die seit Salomos Zeit im

Tempel gewesen war. Die Demütigung ihres Verlustes mag so schmerzlich gewesen sein, daß sie nicht in Worte gefaßt werden konnte. Wir hören nie wieder von ihr.

Jeremia wurde von den Babyloniern erlaubt dazubleiben. Die Babylonier ernannten Gedalja, den Sohn Ahikams und Enkel Saphans, des Schreibers, zum Statthalter in Mizpa über das, was von Juda noch übrig war. Mizpa war die kleine Stadt nahe Jerusalem, wo Saul einst zum König ausgerufen worden war. Gedalja war ein Führer der gemäßigten Richtung, die nach Frieden mit Babylonien getrachtet hatte, und einige Zeit nach seiner Ernennung wurde er von Ismael, dem Sohn Nethanjas, ermordet, einem Fanatiker, der ihn wahrscheinlich für einen Verräter hielt.

Aus Furcht vor babylonischer Vergeltung floh jetzt ein großer Teil der zurückgebliebenen Bevölkerung nach Ägypten, und sie nahmen den betagten und widerstrebenden Jeremia und seinen Schreiber Baruch mit. Jeremia lebte lange genug, um zu hören, wie Jerusalemer Frauen in Ägypten die Zerstörung des Tempels dem Zorn von Astarte zuschrieben, weil ihr Bildnis während der Reform des Josia zerstört worden war.

Ein annähernd zeitgenössischer Dichter beklagte den Verlust der Stadt Davids. »Wie liegt die Stadt so wüst, die voll Volks war ... Bitterlich weint sie des Nachts, ihre Wangen sind naß von Tränen ... Jerusalem hat schwer gesündigt, daher ist es verfemt ... Ach, Herr, sieh doch mein Elend ... Sieh doch, o Herr, wie betrübt mein Herz ist!«

Jerusalem war ein Haufen dachloser Gebäude, von Ratten wimmelnd. Schakale durchstreiften die toten Straßen. Große Teile Judas waren verwüstet.

Ein jämmerlicher Volkshaufen schlug sich mühsam durch in den Trümmern des zerstörten Landes. Siebenhundert Jahre waren vergangen, seit ein anderer Volkshaufen aus der Sklaverei in Ägypten geflohen war.

Babylonien

Die neuen Mesopotamier

Sie waren traurig und untröstlich. Fremde Länder sahen sie als unrein an, und sie fühlten sich besudelt, diese neuen Mesopotamier, die von Juda nach Babylonien verschleppt worden waren. In drei Gruppen waren sie gekommen. Die erste, die 597 v.Z. zusammen mit König Jojachin nach Babylonien gebracht worden war, war überzeugt, ihre Lage sei vorübergehend, und erwartete eine baldige Rückkehr in die Heimat. 586 v.Z. traf die Nachricht von der Zerstörung Jerusalems ein. Zu der Zeit kam die zweite Gruppe von Gefangenen. Eine dritte Deportation erfolgte 582 v.Z. Insgesamt waren es etwa fünfzehntausend Menschen. Fünfzehntausend. Der Rest von Israel und Juda. Es war eine neue Knechtschaft. Sie lebten in Mesopotamien und träumten von Jerusalem. Die Verzweiflung war überwältigend.

Sie waren nicht auf ein riesiges Großreich verstreut worden wie die nördlichen Stämme aus Israel. Sie lebten in großen Gruppen. Einige siedelten sich am Chebar an, einem Nebenkanal des Euphrat, in einem Gebiet, das Tel-Aviv hieß, nicht weit von Nippur und Ur. Andere wohnten in der Stadt Babylon.

Durch diese prunkvolle Stadt floß der Euphrat, ein »wilder Nil«, von sechs Brücken überspannt. Jahrhundertelang hatten sich die babylonischen Könige als Hüter der Zivilisation von Sumer und Akkad gesehen; jetzt brachte Nebukadnezar die Ernte des Großreichs ein und baute die Städte des südlichen Mesopotamien wieder auf, vor allem seine Hauptstadt Babylon. Es war eine riesige Stadt nach den Maßstäben des Altertums mit einer Fläche von fast zweitausend Hektar, mehr als tausend Tempeln, über hunderttausend Einwohnern, einer mächtigen Mauer um die Stadt selbst und einer sechzehn Kilometer langen Außenmauer zum Schutz des Landes im Bereich des Ortsrechts der Stadt. Acht Tore führten durch die innere Mauer in die Stadt; eines von ihnen, das Ischtar-Tor, war sehr prächtig mit blauglasierten Ziegeln verkleidet, in die rote und weiße Abbildungen von Stieren und Drachen eingelassen waren. Eine Allee von ungewöhnlicher Schönheit ging vom Tor aus – fast zwanzig Meter breit und mit weißen und roten Steinen gepflastert. Zwei dicke Mauern, mit sechzig großen Keramik-Löwen geschmückt, begrenzten die Allee. Der Palast von Nebukadnezar, ein riesiges Gebäude, das fünf hintereinanderliegende Höfe umschloß, stand in der Nähe des Tors. Südlich vom Königspalast erhob sich auf einem großen, offenen Platz eine mächtige Zikkurat, der Tempel des Stadtgottes Marduk, einer alten, obskuren Gottheit, die Bedeutung erlangte, als Hammurabi, der Amoriter, im 18. Jahrhundert v.Z. König von Babylon wurde und die Stadt zum ständigen kulturellen Zentrum Mesopotamiens machte. Das Volk von Juda wanderte durch die Stadt, bestaunte ihre Macht und ihren Reichtum, saß an den Ufern des Flusses, dachte an Jerusalem und weinte.

Mit der Zeit ließen sich einige von dem Glanz Babylons und der Macht seiner Götter beeinflussen. Hatten diese Götter nicht JHVH besiegt, seine Stadt und seinen Tempel in einen Schutthaufen verwandelt und sein Volk zu Gefangenen gemacht? Für sie verblaßte Jerusalem und verging.

Die meisten konnten nicht vergessen. Sie durften sich Häuser bauen, Landwirtschaft betreiben, ihr Handwerk ausüben, sich den Lebensunterhalt nach Belieben verdienen. Viele arbeiteten bei den Bauvorhaben von König Nebukadnezar. Diejenigen, die sich in Tel-Aviv am Chebar niedergelassen hatten, bestellten den fruchtbaren Boden der südmesopotamischen Ebene. Andere begannen Handel zu treiben. Die Babylonier erlaubten ihnen, sich zu versammeln. Ich kann mir vorstellen, wie sie sich oft in kleinen Gruppen trafen und von der Welt sprachen, die sie verloren, weil sie ihren Gott erzürnt hatten. So sahen wir alle es damals: das Gute und das Schlechte wurde von den Göttern bewirkt als Reaktion auf unser Verhalten. Die Babylonier hatten die Zerstörung Babylons durch die Assyrer im Jahre 689 v.Z. damit erklärt, daß sie eine Folge von Marduks Zorn über die Sünden seines Volkes war. Sie hatten den Kult vernachlässigt, der Gott hatte die Stadt verlassen, die Stadt war zerstört worden. Für den kläglichen Rest von Juda waren jetzt die Sünden von König Manasse der Grund für die Zerstörung Jerusalems. Die Warnung war im Bund klar ausgesprochen: für die Sünden ihrer Väter konnten Kinder bis ins dritte oder vierte Glied bestraft werden. Die Zerstörung war nicht völlig überraschend gekommen; wiederholt waren sie von ihren Propheten gewarnt worden. Aber als sie dann den ausgebrannten, ausgeraubten Tempel und die Trümmer ihrer Stadt tatsächlich sahen, da war es ein betäubender, entsetzlicher Schock. Jetzt hatten sie das Gefühl, ihre mißliche Lage sei hoffnungslos.

Unter den Gefangenen lebte ein Mann mit Namen Hesekiel. Er war mit der ersten Gefangenengruppe aus Jerusalem gekommen. Er stammte aus einer bedeutenden Priesterfamilie. In Babylonien lebte er als Einsiedler in einem Haus in Tel-Aviv am Ufer des Chebar. Fünf Jahre lang wagte er sich nicht hinaus, sah fast niemanden und schwieg. Eines Tages, sieben Jahre vor dem endgültigen Fall Jerusalems, spürte er plötzlich einen Nordwind und sah eine große Wolke und blitzendes Feuer und hatte eine Vision von Gottes Saphirthron, der wie ein Streitwagen aussah und begleitet war von geflügelten Geschöpfen. Das war seine Berufung zum Propheten.

Er prophezeite die Zerstörung von Juda und Jerusalem. Während all der Jahre vor der Belagerung warnte er vor dem Schicksal, das dem Land beschieden sei wegen des Götzendienstes und der Besudelung, die das Volk ihm zugefügt habe. »Darum, so wahr ich lebe, sagt der Herr Gott, weil du mein Heiligtum mit all deinen Greueln ... verunreinigt hast, will ich auch dich zerschlagen ..., und ich will nicht gnädig sein.« In einer tranceähnlichen Vision wird Hesekiel nach Jerusalem versetzt. Er sieht die abscheulichen Dinge. Frauen, die den Tod von Tammus beweinen, jenes Fruchtbarkeitsgottes, dessen Herkunft sich in der Welt des frühen Sumer verliert. Männer, die verstohlen und heimlich Götzenbilder anbeten. Er ist Zeuge, als die Gegenwart Gottes den Tempel und die Stadt verläßt. »Daher prophezeie gegen sie, prophezeie, o Menschensohn.«

Er ist ein Hüter, ein Wächter, warnt sein Volk vor der Strafe, die der Sünde folgt, und dringt auf Bußfertigkeit. Die Menschen werden nicht durch das Gute von anderen gerettet, aber auch nicht für das Böse von anderen bestraft. Jeder werde gerichtet werden, wie er es verdiene. Hesekiel lehnt die mosaische Behauptung ab, daß Kinder für die Sünden ihrer Eltern bestraft werden können; nur diejenigen, die sündigen, werden bestraft, und Reue wird auch ihnen Vergebung eintragen. Nebukadnezar von Babylon solle die Geißel des Volkes von JHVH sein. Aber das verdorrte Gebein des Volkes werde wieder lebendig werden. Seine Vision von dem wiederhergestellten Opferkult eines neuen Jerusalem ist so verblüffend anders als der Priesterkodex, der sich im Pentateuch findet, daß das Buch Hesekiel fast aus dem hebräischen Kanon weggelassen worden wäre, und es stellt ein immer noch ungelöstes Rätsel dar. Er ist ein Prophet erstaunlicher Extreme und fast apokalyptischer Visionen: nymphomane Ehebrecherinnen, riesige Adler, bedrückendes Schweigen; der Prophet verzehrt einen auf heißer Asche und menschlichem Kot gebackenen Kuchen, um die unreine Nahrung zu versinnbildlichen, die in der Gefangenschaft gegessen wird; er schert sich das Haupthaar und verstreut das Haar, um die Vernichtung des Volkes von Juda zu versinnbildlichen. Seine Frau stirbt. Er trauert nicht. Daß er sich der Trauer enthält, versinnbildlicht den lähmenden Schreck, den die Gefangenen bekommen werden, wenn sie das Ende Jerusalems erfahren. Wenn Jerusalem wiederhergestellt sei, werde das Volk nie wieder die Verachtung und den Spott seiner benachbarten Feinde erdulden müssen. Die Feinde werden alle vernichtet sein. Gott wird Israel retten, selbst wenn er dem Volk seine Gesetze aufzwingen muß. Die Rettung ist eine göttliche Notwendigkeit, mehr um des Namens Gottes willen als um des Wohlergehens seines Volkes willen. Die babylonischen Gefangenen werden gerettet werden, obwohl sie ebenso widerspenstig sind wie die Generation des Auszugs aus Ägypten und der Wanderung durch die Wildnis.

Hesekiel, ein leidenschaftlicher Patriot und theozentrisch und eifrig nach einem reinen Kult strebend, nach völliger Bußfertigkeit und einem gesäuberten Land – Hesekiel drängte das Volk, in sich zu gehen; er verachtete die Welt, er sah die Absonderung und Ausschließlichkeit der Frömmigkeit als den einzigen Weg durch die Wüste der Gefangenschaft. Er scheint mehr Priester als Prophet zu sein. Der Kult ist das Wichtigste, Moral und Ethik sind zweitrangig: das hatten vor ihm schon seit Jahrtausenden Heiden gesagt, nur daß er es in bezug auf den Kult des bildlosen Gottes der Geschichte äußerte.

Unter den Verbannten war ein Mann, der auf das tragische Leiden seines Volkes anders reagierte. Wir wissen nicht, wer er war. Er hat keinen Namen. Aber weil seine Worte von späteren Redaktoren denjenigen des Propheten Jesaja angefügt wurden, wird er der »Zweite Jesaja« oder »Deuterojesaja« genannt. Seine Vision von der Aufgabe seines Volkes und der sich entwickelnden, von Gott für den Menschen geplanten Zukunft ist einer der grandiosesten Träume in der Geschichte der Menschheit. Er schwang sich über die trüben Tage der Scham zu einer Zukunft des Friedens nicht nur für sein Volk, sondern für die ganze Welt auf. Es ist einschüchternd und ernüchternd, wenn man sich klar macht, daß ein neuer Mesopotamier auf dem Boden des toten Sumer diese Vision hatte.

Tröstet euch, tröstet euch, forderte er sein verzweifelndes Volk auf. Jerusalems Schuld sei abgegolten durch seine Heimsuchung; sein Leiden werde bald ein Ende nehmen. Ein Weg werde gebahnt zwischen Babylon und Juda, und die Verbannten würden nach Zion zurückkehren, so wie fliehende Sklaven einst durch eine Wildnis in ein verheißenes Land gebracht wurden. Gott sei es, der die Geschichte lenkt; die Völker seien nichts vor ihm. Er habe Israel auserwählt, ihm zu dienen. »Ich, der Herr, habe dich gerufen in Gerechtigkeit und habe dich bei deiner Hand gefaßt ... und dich für einen Bund des Volkes bestimmt, als eine Leuchte der Völker ...« Dieser kleine Rest eines Volkes werde eines Tages dazu beitragen, einen Friedensvertrag unter den Völkern der Erde aufzustellen. Bald werde Babylonien durch einen Feind aus dem Nordosten vernichtet werden. Die Anbeter der falschen Götter aus Holz und Metall wüßten es nur noch nicht, denn ihre Götzenbilder seien wertlos und könnten ihnen nichts sagen. Jerusalem werde gerettet werden; sein verbanntes Volk werde zurückkehren; alle Völker würden ihm Ehre erweisen und es rühmen. Nicht wegen Jerusalems Wert werde Gott das tun, sondern um seines Namens willen.

Ich sehe den »Zweiten Jesaja« durch das flache Schwemmland Babyloniens wandern, durch alte Städte und entlang an Flüssen und Kanälen, und kleinen Gruppen von Verbannten weissagen. Sie vermögen seine Worte des Trostes nicht gelten zu lassen; ihre Verzweiflung ist ein Sumpf, aus dem sie sich nicht selbst herausziehen können.

Er tadelt sie ärgerlich. Vertraut auf den Namen des Herrn, sonst werdet ihr euch an einem Ort der Qual wiederfinden. Denkt an Abraham und Sara, die Gott segnete und mehrte. Tröstet euch. Das zerstörte Land wird wie Eden werden. Gott hat gesagt: »Du bist mein Volk.« Der Kelch des Schwankens soll dem erschöpften Jerusalem abgenommen und seinen Feinden gegeben werden. Wacht auf, wacht auf, schüttelt den Staub von euch ab. Ägypten hat euch versklavt; Assyrien hat euch erniedrigt; beide sind von Gott gedemütigt worden. So wird jetzt auch Babylon von der aufsteigenden Macht Persiens vernichtet werden.

Mit erlesenen Worten malt er ein Bild von dem triumphalen Zug der Verbannten nach Zion, von der Lieblichkeit der Berge Judas, vom Frohlocken des Volkes. Das verwüstete Land wird in Jubel ausbrechen über die Errettung Jerusalems. Er beschreibt ein strahlendes Jerusalem mit Ausdrücken, die uns fragen lassen, ob für ihn eine wiederaufgebaute Stadt Davids nicht von größerer Bedeutung ist als eine wiederhergestellte Dynastie Davids. Besudelt euch nicht durch Götzendienst und Gottlosigkeit, bittet er flehentlich. Entsagt dem Herrn nicht. Seid gerecht; haltet den Sabbat ein; tut nichts Böses; nehmt den Proselyten und den Fremden an, der die Gesetze Gottes einhält, »denn mein Haus wird heißen ein Bethaus allen Völkern«. Gott belohnt und straft entsprechend den Taten eines Menschen. Judas Feinde werden bald ihre Strafe erhalten. »Und ein Retter wird nach Zion kommen«, und die ganze Welt wird die Herrschaft des Herrn anerkennen. »Und ich mache solchen Bund mit ihnen, spricht der Herr: Mein Geist, der bei dir ist, und meine Worte, die ich in deinen Mund gelegt habe, sollen von deinem Mund nicht weichen noch von dem Munde deines Samens ... von nun an bis in die Ewigkeit ... Und alles Fleisch wird einen Neumond nach dem anderen und einen Sabbat nach dem anderen kommen, anzubeten vor mir, spricht der Herr.«

Was für eine erstaunliche Vision! Was für kühne Worte! Unmöglich zu verwirklichen! Gerade die Unmöglichkeit dieser Vision machte sie zu einer Hoffnung und zu einem Ziel der verzweifelten Gefangenen. Sie hörten zu. Diese strahlende Vision einer zukünftigen Welt verlieh ihrem Leiden einen Sinn. Sie hatten zu den Besten von Juda gehört. Ich sehe sie nicht allzu lange in einem Sumpf der Selbstbemitleidung wegen ihrer in Flammen aufgegangenen Vergangenheit. Sie gingen ihren neuen Aufgaben nach: Handwerk, Handel, Landwirtschaft. Die Folge zeigt, daß sie sich von ihrer Verzweiflung nicht den Gedanken vorschreiben ließen, daß es ihren Gott nicht mehr gebe.

Sie klammerten sich aneinander. Sie hielten an Familien- und Sippenbindungen und an der Treue zu den Vorfahren fest. Sie ließen in der Befolgung des Sabbats nicht nach und sahen die Beschneidung weiterhin als ein Vertragssymbol an; Mischehen waren streng verboten – sonst wären sie von der heidnischen Welt verschlungen worden, in deren Mitte sie jetzt lebten. Sie machten ihre Versammlungsorte zu kleinen Heiligtümern – nicht für Opfer, sondern für Worte.

Alles, was sie jetzt noch hatten, waren Worte, die mündlichen Überlieferungen und die Schriftrollen, die sie mitgebracht hatten – was auch immer für Schriftrollen das gewesen sein mögen; wir wissen es nicht. Aber daß sie mündliche und schriftliche Überlieferungen mitgebracht hatten, dessen können wir sicher sein, sonst wäre, wenn der bedrückende Albtraum der Gefangenschaft endete, nichts dagewesen, um mit der Gestaltung dessen zu beginnen, was jetzt die hebräische Bibel ist. Schreiber, die einst am Hof der Könige von Juda gewirkt hatten, kopierten jetzt Schriftrollen in ihren Wohnungen in Babylon. Einer dieser Schreiber wandte die synchronistische Form der Geschichtsschreibung wie in den babylonischen Chroniken, die nebeneinander die Regierungszeiten assyrischer und babylonischer Könige aufführen, auf die getrennten Annalen von Juda und Israel an, um die Jahrhunderte dieser jetzt dahingegangenen Königreiche zusammenzustellen und zu synchronisieren. Die Schreiber bedienten sich nicht mehr der alten hebräischen, sondern der aramäischen Kursivschrift, der Schrift des babylonischen Reiches. Die Namen der babylonischen Monate des Jahres traten an die Stelle der fortlaufenden Numerierung – erster Monat, zweiter Monat und so weiter –, die zur Zeit des Königtums üblich war.

Einige nahmen babylonische Namen an. Sie wählten Elemente von der Peripherie und vom Zentrum der babylonischen Kultur, die ihr Leben erleichtern und fördern würden; aber nichts Heidnisches aus der Welt Babyloniens beeinflußte sie. Diese kleine Gruppe aus Juda erreichte genügend Kraft, um einen Umwandlungsprozeß in Gang zu setzen, aus dem sich eines Tages eine neue Zivilisation ergeben würde. Dort, in Babylon, umgeben von tausend heidnischen Tempeln und der Macht von Marduk, in der Welt, die die Geburtsstätte der menschlichen Zivilisation war, starb für das Volk von JHVH das Heidentum.

Der neue König von Babylonien war Nabonid. Als er sich 556 v.Z. des Throns bemächtigte, war er sechzig Jahre alt. Nebukadnezar war 562 v.Z. gestorben. In den folgenden sechs Jahren herrschten zwei Könige, ihre jeweilige Regierungszeit war unbedeutend und kurz. Nabonid war vermutlich ein Aramäer, nicht von königlichem Blut. Seine Mutter war eine Priesterin im Tempel des Mondgottes in Haran.

Er war ein verträumter Gelehrter mit einer großen Liebe zu Altertümern. Wann immer er ein Überbleibsel aus der Vergangenheit fand, nachdem er einen Grundstein ausgegraben hatte, war er sehr glücklich. Er verehrte den Mondgott und sorgte für die großartige Wiederherstellung des Tempels in Haran.

Es war eine seltsame Zeit in Babylonien. Die Gegenwart schwand dahin, und es schien keine Zukunft zu geben. Das erschöpfte Land mühte sich um eine neue Vision, die es kaum sehen konnte. Inschriften sagen uns, daß die Götterlisten kürzer wurden. Nabonid versuchte, dem Mondgott die führende Stellung im babylonischen Pantheon zu verschaffen. Das erbitterte die Priester von Marduk. Es gab einen Aufstand. Nabonid zog sich in die Oase Teima in der arabischen Wüste, südöstlich von Edom, zurück und ließ in Babylon den Kronprinzen Belsazar als Regenten.

König Kyros von Anschan war einer der vielen Vasallenherrscher in dem riesigen Großreich der Meder nordöstlich von Babylonien. Kyros war ein Perser, und Anschan lag im heutigen südlichen Iran. Er rebellierte gegen seinen Suzerän. Im Jahr 550 v.Z. besiegte er die Meder und übernahm ihr Reich. Er marschierte durch das nördliche Mesopotamien und eroberte Syrien und einen Großteil von Anatolien. Dann eroberte er Hyrkanien und Parthien, das heutige Afghanistan. Wie eine Schlingpflanze breitete er sich über die Erde aus. Für all das brauchte er weniger als zehn Jahre. In Phönikien, Philistäa und Juda gab es keinerlei Militärmacht von Bedeutung, also eroberte er diese Länder auch, wenngleich nicht feststeht, wann. Sein Sohn Kambyses eroberte dann Ägypten. Das war die Zeit, als der »Zweite Jesaja« in Babylonien weissagte. Hoffnung regte sich unter den Verbannten. Kyros war die Zuchtrute, die JHVH geschickt hatte, um die Babylonier zu vernichten.

Persische Heere überschritten im Sommer 539 v.Z. die babylonische Grenze. Nabonid war nach Babylon zurückgekehrt und gedachte, seine gesamten Ressourcen für die Verteidigung der Stadt aufzubieten. Um die religiöse Gesinnung zu stärken, ließ er aus ganz Südmesopotamien die Bildsäulen aller Stadtgötter nach Babylon bringen. Das führte zur völligen Demoralisierung der Einwohner dieser Städte. Sie öffneten den Persern ihre Tore. Eine Schlacht wurde am Tigris ausgefochten, und die Babylonier wurden vernichtend geschlagen. Kampflos besetzte das persische Heer Babylon. Man nimmt an, daß die Marduk-Priester die Stadt übergaben. Sie hatten genug von ihrem König und seinem Mondgott. Nabonid floh, wurde gefangengenommen und in ein fernes Land geschickt, um dort seine Tage zu beenden.

Die Zivilisation von Sumer und Akkad starb friedlich an Altersschwäche. Sie hinterließ uns Epen, Gesetzeskodizes, Legenden, das Jahr mit zwölf Monaten, die Woche, den Tierkreis, eine düstere Vorstellung von den in Angst und Schrecken lebenden Menschen, ein riesiges Pantheon unsterblicher Götter, eine gewaltige religiöse Literatur von Zauberformeln, Gedichten, Gebeten, Beobachtungen der Sterne, die den Grundstein für die moderne Wissenschaft und die okkulten Bestrebungen der Astrologie legten, eine systematische Praxis der Medizin, ein profundes Wissen von Kräutern und Arzneimitteln und Wörter wie Sack, Kamel, Sesam, Mohn und Stunde. Hier und da trifft man noch auf einen Überrest aus dieser alten Welt; mir ging das so, als ich an einem heißen Sommernachmittag in der Nähe von Antiochia in der südlichen Türkei den Berg der Daphne bestieg mit seinen belaubten Bäumen und den glitzernden Wasserfällen, die aus den Felsen hervorbrechen und sich über die Erde ergießen, und mich inmitten einer fröhlichen Feier befand. Alt und jung hatten sich auf dem Berg eingefunden und genossen ein köstliches Mahl an Tischen, die zwischen den rauschenden Bächen und dem üppigen Grün aufgestellt waren. Einst hatten Heiden auf diesem Berg Daphne verehrt. Jetzt hielten hier Moslems ein Festmahl. Es sei eine Hochzeit, sagten sie. Eine Hochzeit. Aber ich sah weder Braut noch Bräutigam. Wußten sie, daß sie die Wiederauferstehung des mesopotamischen Gottes Tammus feierten?

Am dritten Tag des babylonischen Monats Marcheshvan, unserem Oktober/November, zog König Kyros, der neueste Mesopotamier, in Babylon ein. Das Volk breitete grüne Zweige vor ihm aus und grüßte ihn als seinen wahren König. Der »Zweite Jesaja« nannte ihn den Hirten von JHVH – mit dem Ausdruck Hirt bezeichneten Assyrer und Babylonier ihre Herrscher. Kyros war der Diener von JHVH, sein Freund, sein Gesalbter. Der Prophet versprach einen neuen Exodus. Kyros betete im Tempel des Marduk. Er ordnete an, alle Götter in ihre Städte zurückzubringen, und warnte seine Soldaten vor grausamer Behandlung der Bevölkerung.

Er war tolerant gegen alle Religionen. Er glaubte, wenn das

besiegte Volk seine Andacht verrichten könne, wie es wolle, und im Rahmen seines Reiches kulturelle Autonomie besitze, dann werde das die Last des Regierens erleichtern. Überall in seinem Reich förderte er den Wiederaufbau alter Tempel. Immer wenn er einen Erlaß für einen neuen Tempel herausgab, hielt er sich respektvoll an die üblichen Bräuche und behauptete, der Gott des Tempels habe ihn beauftragt, ihn wiederaufzubauen. Als er 538 v.Z. das Edikt an die Verbannten aus Juda herausgab, das ihnen gestattete, ihren Tempel in Jerusalem wiederaufzubauen, da war er nicht sicher, welchen Teil des Universums ihr Gott ihrer Ansicht nach beherrschte. Er nannte ihn JHVH, den Gott des Himmels.

Zweites Buch

WÄHREND DES KLASSISCHEN HEIDENTUMS

Griechenland

Krieg am Rande der Landkarte

Dann kamen Jahrhunderte der Morgendämmerung, ein Zeitraum, in dem zwei jüdische Zivilisationen einander berührten.

Die babylonische Gefangenschaft war beendet. Fast alle, die etwa fünfzig Jahre zuvor in die Knechtschaft geführt worden waren, lebten nicht mehr. Ihre Söhne und Töchter und einige ganz Alte machten sich durch das mesopotamische Kernland des persischen Reiches auf den beschwerlichen Rückweg nach Jerusalem. Wahrscheinlich waren es ein paar Tausend; die genaue Zahl ist nicht bekannt. Die meisten blieben in Babylonien, wo sie sich ein behagliches Leben geschaffen hatten.

Diejenigen, die die Reise unternahmen, sahen sie als einen zweiten Exodus an. Sie wurden geführt von Sesbazar, einem Mann in den Sechzigern, dessen Vater König Jojachin von Juda gewesen war. Man kann sich ihre traumhafte Begeisterung vorstellen, als sie das Land betraten. Heiden lebten im Norden, Nachkommen derjenigen, die einst von den Assyrern dort angesiedelt worden waren. Bauern lebten im Bergland von Juda; deren Eltern waren von den Babyloniern in das Land gebracht worden. Die Neuankömmlinge aus Babylonien, die sich als das einzige wahre Israel ansahen und stolz waren auf die Reinheit ihrer Abstammung, wollten mit der einheimischen Bevölkerung nichts zu tun haben. Feindseligkeit entstand und verstärkte sich zwischen jenen, die in dem verwüsteten Land gelebt hatten, und jenen, die gekommen waren, um es zurückzufordern. In den folgenden Jahren gab es Mißernten und Hungersnot. Der Versuch, den Tempel wiederaufzubauen, scheiterte.

Eine zweite Welle babylonischer Juden kam unter Führung von Serubabel, einem Neffen Sesbazars. Der Zeitpunkt ihrer Ankunft ist nicht bekannt. Im Jahr 525 v. Z. eroberte Kambyses, Sohn des

Kyros, Ägypten. Als sich 522 v. Z. Dareios, ein Angehöriger der persischen Königsfamilie, seines Throns bemächtigte, verübte er Selbstmord. Aufstände brachen im ganzen Reich aus. In Jerusalem sahen die Propheten Haggai und Sacharja den Tag von JHVH herankommen und ermahnten die Rückkehrer, den Tempel zu bauen. 515 v. Z. wurde ein kleiner Tempel fertiggestellt. Dareios aber unterdrückte die Aufstände und herrschte über das größte Großreich, das die Welt je gekannt hatte.

Serubabel war der letzte aus dem davidischen Geschlecht. Mit seinem Tod verging und verschwand die Dynastie von David.

Diejenigen, die 538 v. Z. mit der ersten Gruppe aus Babylonien nach Jerusalem gekommen waren, sollten nie erfahren, daß ebenso, wie der erste Exodus vor etwa achthundert Jahren einen Kulturkrieg zwischen ihren Vorfahren und den Kanaanitern herbeigeführt hatte, auch dieser zweite Exodus einen ähnlichen Krieg zwischen ihren Nachkommen und der Zivilisation von Stämmen herbeiführen sollte, die sich in einem fernen Land am Nordrand des Mittelmeers angesiedelt hatten – den Stämmen, die in den Dörfern und Stadtstaaten von Griechenland lebten.

In der zweiten Hälfte des 6. Jahrhunderts v. Z. waren sich Athen und Jerusalem und die sie umgebenden Gebiete an Fläche und Bevölkerung mit etwa 2500 Quadratkilometern und dreißig- oder vierzigtausend Einwohnern annähernd gleich. Seit 540 v. Z. gab es in beiden Ländern generationenlang kreative kulturelle Leistungen und bitteres politisches Versagen. Das Verhältnis Griechenlands und seines Eroberers, Rom, zur zweiten Zivilisation meines Volkes – einer Zivilisation, die von Schriftgelehrten und neuen Führern, Rabbi genannt, was »Meister« oder »Lehrer« bedeutet, gestaltet wurde – war ähnlich wie das Verhältnis zwischen Sumer, Ägypten und dann Kanaan und den Zivilisationen der Patriarchen, des Zwölfstämmeverbandes und des Königreichs. Ganze Landschaften dieser zweiten Zivilisation – des rabbinischen Judentums – bleiben Wüsten der Unverständlichkeit, wenn wir es verabsäumen, Griechenland und Rom richtig zu begreifen.

Als ich jung war und mir gewissenhaft den Weg durch labyrinthische Stellen des Talmuds bahnte – der umfangreichen rechtlichen und literarischen Schöpfung der zweiten Zivilisation meines Volkes –, war das kulturelle Schreckgespenst, das mit Abscheu zu betrachten mir beigebracht wurde, das Griechenland von Dionysos und Aristoteles. Keiner meiner Lehrer hat jemals die von dem jüdischen Denker Nachmanides im Mittelalter gebrauchten Worte ausgesprochen, der über Aristoteles schrieb: »Möge sein Name ausgelöscht werden.« Aber ähnliche Worte hallten ausgesprochen oder unausgesprochen durch die Korridore meiner Schule. Griechenland war die heidnische Bedrohung, die wir am meisten verachteten und fürchteten.

Griechenland war für uns Athen, Makedonien und skrupellose Hellenisierer. In späteren Jahren las ich von Nymphen und Faunen, die durch Wälder und Bäche hüpften; von Philosophen, die den Kosmos daraufhin erforschten, ob es eine Permanenz hinter den Erscheinungen gebe; von lieblicher hedonistischer Schönheit; von scharfsinnigem gottlosem Rationalismus; von Städten, die ein Beweis für kluge Selbstverwaltung waren; von einem heroischen Streben nach Vortrefflichkeit, das Ehre und Unsterblichkeit gewährleistet; ich las Poesie und Prosa und lernte eine Kunst kennen, die zum Schönsten gehört, was die Menschen je geschaffen haben – und ich entdeckte, wie verführerisch das heidnische Griechenland sein konnte. Ich mußte mir immer wieder ins Gedächtnis rufen, daß diese Zivilisation einst versucht hatte, mein Volk zu vernichten. Schlimmer war, daß der größte Teil meines Volkes niemals den großartigen Kern von Griechenland kennengelernt hatte, nur die hellenistische Peripherie. Das war das betrüblichste Versäumnis in jener zwielichtigen Zeit zwischen der verschwindenden biblischen und der noch nicht geborenen rabbinischen Zivilisation der Juden.

Wandernde nördliche Stämme brachten eine in ihnen schlummernde Begabung mit in eine Landschaft, die von südlichem Boden und dem Meer geprägt war, und nach Jahrhunderten des Schweigens wurde die griechische Zivilisation geboren. Wir werden nie wissen, ob ein anderes Volk auf demselben mittelmeerischen Boden dieselbe Zivilisation geschaffen hätte.

Die erste Welle der griechisch sprechenden Einwanderer bestand aus halbnomadischen Stämmen, die um 2000 v. Z. die Gebirge des Balkans überschritten. Sie gerieten unter den Einfluß einer Zivilisation, die von etwa 2000 bis 1450 v. Z. ihre Blütezeit auf der Insel Kreta hatte. Der Ursprung dieser Zivilisation ist ebenso mysteriös wie ihr plötzliches Verschwinden. Arthur Evans, der um die Jahrhundertwende die kretische Kunst und ihre Schrift entdeckte, nannte sie die minoische Kultur nach dem legendären König Minos von Kreta, dem Ehemann der Tochter der Sonne, die in Liebe zu einem Stier entbrennt und den Minotauros zur Welt bringt, der ein jährliches Opfer von griechischen Jünglingen und Jungfrauen verschlingt und zu guter Letzt in dem Labyrinth, wo ihn Minos gefangen hält, von Theseus erschlagen wird.

Die Kreter wohnten in Küstenstädten und Dörfern. Dank ihrer Kenntnis von Bronzewerkzeugen bauten sie spektakuläre Paläste; der bemerkenswerteste, der etwa 1900 v. Z. in Knossos gebaut wurde, bleibt bis auf den heutigen Tag ein Wunder.

Der Palast in Knossos wurde etwa 1700 v. Z. zerstört, wahrscheinlich durch ein Erdbeben. Er wurde wieder aufgebaut. Kreta erlebte damals die Blütezeit seiner Zivilisation. Etwa 1450 v. Z. nahm alles mit der Zerstörung der meisten minoischen Kulturzentren ein plötzliches Ende. Ein Vulkanausbruch? Ein Erdbeben? Bemächtigten sich irgendwann nach der Katastrophe von 1450 v. Z. Eindringlinge vom Festland des Palastes und der Stadt und hielten sich dort bis zur endgültigen Zerstörung um das Jahr 1180 v. Z. durch eine neue Einwanderungswelle aus dem Norden? Bis jetzt gibt es keine stichhaltigen Erklärungen über das Ende der alten Zivilisation von Kreta.

Die griechisch sprechenden Stämme, die um 2000 v. Z. nach Attika und auf den Peloponnes einwanderten, gaben ihre Wanderungen bald auf und bauten Dörfer und Städte. Eine dieser Städte, Mykene, wurde die Hochburg der schließlich von diesen Griechen geschaffenen Zivilisation. Die Archäologen ordnen die Entstehung der Akropolis von Mykene der Bronzezeit zu. Der Palast von Mykene wurde um 1600 v. Z. von diesen griechisch sprechenden Einwanderern erbaut. Es war eine kleine Stadt, eingebettet in Hügel am nordöstlichen Rand einer Ebene. Zwei Stunden waren es zu Fuß bis zum Meer. Die Kalksteinmauer der Akropolis war sehr hoch; sie folgte den Konturen eines steilen Felshanges. Der Gipfel war der Mittelpunkt der Akropolis. In der Stadt befand sich eine ummauerte runde Begräbnisstätte, ein Palast mit Nebengebäuden, eine breite Allee, gewaltige Steinblöcke, die als Schwellen und bei der umgebenden Befestigungsanlage verwendet wurden und so riesig waren, daß in späterer Zeit angenommen wurde, sie seien von Kyklopen, einem mythischen Riesengeschlecht, dort hingelegt worden. Die Mykener bestatteten ihre königlichen Toten mit goldenen Brustharnischen und Gesichtsmasken in tief ausgeschachteten Grabkammern. Die Gesichter sind breit und bärtig. An den Wänden der Gebäude waren Fresken: Damen bringen in steifer Prozession Schmuckkästchen, Bäume, die wie

Tennisschläger aussehen; Dämonen mit Eselsköpfen tragen lange Stangen auf den Schultern. Die Mykener liebten es, Kriegs- und Jagdszenen darzustellen. Die Kunst ist kindlich.

Die mykenische Zivilisation erreichte ihren Höhepunkt im 15. Jahrhundert v. Z. Sie war die Schöpfung eines kleinen, durch Handel reich gewordenen Volkes und breitete sich über das griechische Festland und viele der ägäischen Inseln aus. Mykene gründete Kolonien an der Ostküste Kleinasiens, seine Schiffe übernahmen von Kreta die Herrschaft über die Ägäis. Das war die Zeit, als frühe hebräische Sippen, Nachkommen der wandernden Amoriter, friedlich in Kanaan lebten und andere Hebräer im Neuen Reich von Ägypten lebten und bald zu Staatssklaven gemacht werden sollten.

Die mykenische Zivilisation hatte eine Schrift, die wahrscheinlich ursprünglich von kleinasiatischen Kaufleuten entlehnt war. Ihre Keramik war beliebt von der Halbinsel Italien bis zur Küste Kleinasiens. Die mykenische Kultur gehörte zu einem einzigen kulturellen Kontinuum, das sich vom südlichen Mesopotamien durch fruchtbare Flußtäler, bergiges Hinterland, Wüstenränder, Kleinasien, das östliche Mittelmeer und Küsten-Landbrücken bis in das ägyptische Delta erstreckte. Es war eine halbfeudale Gesellschaft von Kriegern, Handwerkern und Sklaven, verwaltet von Bürokraten und regiert von Königen. Aus einem uns immer noch unbekannten Grund scheint Mykene eine Stadt an der Nordküste Kleinasiens überfallen und belagert zu haben, mit der es ausgiebig Handel getrieben hatte. Vielleicht kontrollierte die Stadt den schmalen Schiffahrtsweg zum Schwarzen Meer und hatte den Durchfahrtszoll erhöht. Mykene, das auch unter normalen Umständen gelegentlich zum Brigantentum neigte, hat womöglich den Krieg und die Aussicht auf Beute dem Frieden und der Gewißheit hoher Zölle vorgezogen. Die Stadt war Troja oder Ilion, und der Überfall fand wahrscheinlich 1230 v. Z. statt.

Ungefähr ein Jahrzehnt später kamen große Wellen griechisch sprechender Stämme aus dem Norden, die nicht lesen und schreiben konnten, aber das Eisen kannten. Die Bronzezeit fand in Griechenland und Kleinasien ein Ende. Im »Fruchtbaren Halbmond« hatten israelitische Sippen eine lange Wanderung durch die Wildnis beendet und brannten Städte in Kanaan nieder. In Griechenland wurde um 1200 v. Z. der Palast in Pylos eingeäschert, etwa zu der Zeit, da Josua und die erobernden Israeliten in Sichem mit dem Gott, von dem sie glaubten, daß er sie aus der

Sklaverei errettet und ihnen ein neues Land gegeben habe, einen Bund schlossen.

Dann wurde Mykene zerstört. Das Schreiben hörte in Griechenland auf. Die mediterrane Welt versank in Chaos, als die wandernden Seevölker, ausgehungert und entwurzelt, plünderten und raubten und eine neue Heimat suchten. Dunkelheit senkte sich über Griechenland; was wir von den nächsten vierhundert Jahren dieses Landes wissen, stammt hauptsächlich von Keramikscherben. Die erste Zivilisation der Griechen verschwand und war vergessen, bis Heinrich Schliemann und andere sie in den letzten hundert Jahren wiederentdeckten.

Für die Griechen selbst verwandelten sich diese Zivilisation und ihre Wirklichkeit in Sagen und Mythen. Sänger wanderten durchs Land und berichteten in Dörfern und den kruden Palästen von Stammesführern in packender, rhythmischer Sprache von den seltsam menschlichen Taten der Götter, von heldenhaften Königen, von ihrer leidenschaftlichen Wertschätzung von Ehre und Ruhm, ihrem Streben nach Vortrefflichkeit bei allem, und ganz besonders auf dem Schlachtfeld, ihrer Geringschätzung der Gefahr, ihrer Freundestreue und ihrer festen Überzeugung, daß man seinen Namen allen Menschen für immer einprägen und somit Unsterblichkeit verlangen könne, wenn man durch Heldentum im Kampf Ruhm erwirbt. Diese erst kürzlich eingetroffenen Stämme sahen heroische Größe in der Vergangenheit – die sie mit ihnen ähnlichen Kriegern bevölkerten und in einer anarchischen sozialen Ordnung, etwa wie der ihren, ansiedelten –, weil ihre Gegenwart voller Brutalität und Gewalttätigkeit war. Für die Israeliten war es die Zeit, in der Grenzbevölkerungen und plündernde Nomaden blutige Überfälle auf ihre Dörfer unternahmen, die Zeit der Richter.

Archäologen sehen sich Tonscherben und Ruinen genau an und entdecken eine langsame Beruhigung der Turbulenz in der Ägäis um 1000 v. Z., zu der Zeit, als David König von Juda und Israel wurde. Verstreute Dörfer begannen um hohe, verteidigungsfähige Punkte zusammenzuwachsen, es war der Geburtsprozeß der späteren griechischen Stadtstaaten. Irgendwann im 9. oder frühen 8. Jahrhundert griff der größte der Sänger, dessen Name Homer oder Homeros »Geisel« bedeutet, den Stoff von vier Jahrhunderten mündlicher Überlieferung auf, die in traditioneller Weise unter Verwendung von abgedroschenen Phrasen und Formulierungen immer von neuem erzählten Geschichten, und gestaltete all das zu einem mündlichen Bericht über eine kurze Periode bei der Belagerung von Troja, wobei er einen Brigantenüberfall in einen legendären, zehn Jahre währenden und ehrenvollen Krieg verwandelte. Diese Geschichte, die in den nächsten Jahrhunderten erzählt und ungefähr dreihundert Jahre nach Homer in endgültiger Form aufgeschrieben wurde, ist das Werk, das wir als *Ilias* kennen. Unter Verwendung einer anderen Gruppe mündlicher Berichte schuf Homer oder jemand anderes die *Odyssee*. Die Heldentaten der Männer in diesen Erzählungen spiegeln mehr die Zeit nach dem Verfall der mykenischen Zivilisation als das seßhafte, bürokratische Palastleben jener ersten griechischen Welt wider. Die Belagerung von Troja, wie sie bei Homer beschrieben wird, war die erste historische Erinnerung dieser griechischen Zivilisation, ebenso wie der Ruf Gottes an Abraham das erste erinnerte Bruchstück der Geschichte für den biblischen Verfasser und sein israelitisches Publikum war. Die moderne Wissenschaft hat die Geschichte beider Völker zu ergänzen vermocht.

In der zweiten Hälfte des 8. Jahrhunderts kamen die neuen griechischen Stämme mit der Kultur des »Fruchtbaren Halbmonds« in Berührung. Die starren, geometrischen Muster ihrer Keramik, typisch für bäuerliche Kulturen, wurden naturalistischer. Tiere, geflügelte Geschöpfe, Kampfszenen, Mythen fanden sich jetzt auf ihrer Keramik und befreiten sie von ihrer Starrheit. Die Griechen übernahmen das semitische Alphabet, wahrscheinlich von Kaufleuten in den phönikischen Hafenstädten, und paßten es rasch ihren Bedürfnissen an. Sie erfanden Zeichen für die volltönenden Vokallaute ihrer Sprache und verwandelten das Alphabet zu guter Letzt fast völlig, behielten aber einige der ursprünglichen Namen für die Buchstaben bei: Alpha und Beta sind auf griechisch lediglich Buchstabennamen; *aleph* und *bet* sind semitische Buchstabennamen und bedeuten außerdem »Ochse« und »Haus«. Der Kontakt mit der semitischen Kultur des »Fruchtbaren Halbmonds« scheint die Kreativität dieser nördlichen Stämme beflügelt zu haben. Nun, da sie auf südlichem Boden seßhaft waren, begannen sie, ihr Alphabet nicht nur für den Handel zu verwenden, sondern auch um Poesie zu bewahren und zu erschaffen. Frühe Schriften sind spärlich und fragmentarisch – abgegriffene und angeschlagene Steine, vereinzelte Zitate späterer Schriftsteller aus Werken, die jetzt verloren sind. Doch es ist genug da, um sagen zu können, daß Griechenland im 8. Jahrhundert v. Z. wieder in die Geschichte eintrat.

Für manche beginnt die griechische Geschichte im Jahr 776 v. Z. Ein Grieche mit Namen Hippias aus dem 5. Jahrhundert studierte die Inschriften aus einigen Monumenten und Aufzeichnungen und entdeckte, daß sie bis auf diese Zeit zurückgingen. Die Monumente und Aufzeichnungen, die Hippias studierte, waren Siegerlisten, und laut den Griechen fanden die ersten Olympischen Spiele 776 v. Z. statt. Im alten Israel fällt dieses Jahr in die erfolgreiche Regierungszeit von König Usia von Juda und König Jerobeam von Israel und in die Zeit der Prophezeiungen von Amos.

Das Volk, das sich zu diesen ersten Olympischen Spielen einfand, war durch eine gemeinsame Sprache und Religion geeint. Irgendwann im 8. Jahrhundert hatte eine Bevölkerungszunahme Landhunger zur Folge. Die Griechen begannen am Rand des Mittelmeers Kolonien zu gründen, von Italien bis zur Küste Kleinasiens, von Südfrankreich bis Nordafrika. Sie siedelten sich auf Sizilien, in Libyen, Thrakien und am Schwarzen Meer an. Wir wissen nicht genau, wie diese fernen griechischen Städte gegründet wurden, nach welchen Gesichtspunkten die neuen Siedler ausgewählt und wie die einheimische Bevölkerung der kolonisierten Gebiete behandelt wurde. Wahrscheinlich geschah die Auswahl durch das Los; ein paar hundert Menschen wurden von der Mutterstadt, der Metropolis, ausgesandt, oft unter Zwang. Die Siedler nahmen ihre Familien mit, ebenso die Götter und Institutionen der Stadt und heiliges Feuer und Asche von der öffentlichen Feuerstelle. Die neue Stadt war unabhängig von der Mutterstadt. Die Standorte wurden auf Empfehlung von Seeleuten, Kaufleuten und vorausgeschickten Kundschaftern ausgesucht; sie lagen in fruchtbaren Küstenebenen, in der Nähe eines natürlichen Hafens und in einer Gegend, in der nach Mineralien geschürft werden konnte. Die einheimische Bevölkerung wurde vertrieben, unterdrückt oder durch Mischehen absorbiert.

Zu den Kolonisatoren von Cumae, einer 750 v. Z. gegründeten Stadt nahe dem heutigen Neapel, gehörte der kleine Stamm der Graii. Später nannten die Römer sie Graeci – Griechen. Sie selbst nannten sich Hellenen und ihr Land Hellas nach seinem mythischen Stammvater Hellen. Wenn wir schließlich in der Lage sind, diese Nachkommen von Hellen im vollen Licht der Historie zu betrachten, dann sehen wir ihre Städte über die ganze mittelmeerische Welt verstreut. Es wird sofort deutlich, daß die Heimat dieser griechischen Zivilisation nicht bloß der Peloponnes, Mittelgriechenland und Attika war; das war der westliche Teil Griechenlands, und Kleinasien war der östliche. Die Ägäis war ein großer griechischer See, und die zahlreichen, wie Teile eines Puzzlespiels geformten Inseln – die Gipfel von im Meer versunkenen Gebirgen – waren Zwischenstationen an der Oberfläche. Kreta war die Südgrenze dieses wäßrigen Landes.

Hohe Marmor- und Kalksteingebirge; schmale, harterdige Täler; hier und da Stückchen pflügbaren Landes; ein dominierendes blaugrünes Meer, das fast überall vom Land aus zu sehen war; ein helles, mediterranes Licht, das Entfernungen flächig machte und jede Möglichkeit einer weichen, dunsterfüllten Perspektive und verschwommener Tönigkeit der Formen ausschloß; ununterbrochen heißer Sonnenschein im Sommer; Winter mit Regen und Schnee, die die steinige Erde nicht aufsaugen konnte – das war das rauhe Land des alten Hellas. Die Griechen bedienten sich des Meers wie die Israeliten des Sandes; sie zogen hin und her über das Meer. Die kleinen Inseln waren die Oasen ihrer Schiffe.

Es gab Hunderte griechischer Städte. Mit der Zeit sollte es auch griechische Städte in Ägypten und im ganzen »Fruchtbaren Halbmond« geben. Juden sollten versuchen, Jerusalem in eine griechische Stadt zu verwandeln.

Zuerst waren die Städte klein. Die Straßen waren schmal und gewunden, die Häuser ärmlich. Die Bevölkerung erreichte oder überstieg selten zehntausend. Die Griechen fürchteten sich vor großen Familien, denn sie konnten Verhungern bedeuten. Sitte und Gesetz verziehen Homosexualität, Abtreibung und das Aussetzen von Säuglingen in Wäldern, auf Bergen oder Müllhaufen.

Die Städte beherrschten das umliegende Gebiet, sie waren in Wirklichkeit Stadtstaaten. Sparta eroberte ein Großteil des Peloponnes und war der größte Stadtstaat mit einem Gebiet von 8700 km^2. Argos gebot über ein Gebiet von 1700 km^2; das von Korinth umfaßte 915 km^2 und das von Theben 1000 km^2. Die ägäischen Inseln – viele hatten nur eine Stadt – waren unterschiedlich groß, von Delos mit 3,6 km^2 Fläche bis zu den 806 km^2 von Chios. Auf dem 8200 km^2 großen Kreta gab es mehr als fünfzig Städte.

Oft lagen diese Städte in Tälern und zogen sich hinauf bis zur Kuppe eines Hügels, der Polis oder Akropolis, wie sie bald genannt wurde. Mit der Zeit nahm das Wort Polis die Bedeutung Stadt an, und nur Akropolis bezeichnete die hochgelegene Burg.

Auf der Kuppe befanden sich die Haupttempel; in der Nähe, nicht auf der Akropolis selbst, standen der Palast des Königs mit seiner öffentlichen Halle, wo das heilige Feuer auf dem Gemeinschaftsherd in Gang gehalten wurde, und das Gebäude, in dem sich der Rat versammelte. Eine Mauer schützte den Bereich der Akropolis. Unterhalb der Akropolis lagen die Behausungen von Bürgern und Sklaven, die Hütten der Bauern, die den Boden bestellten, und die Heime derjenigen, die Grundeigentümer und berechtigt waren, für die Stadt in den Krieg zu ziehen. Außerhalb der Stadt lagen Dörfer, Felder, Haine, Ölbäume und oft ein Bach und ein Strand und ein Hafen am Meer. Schiffbare Flüsse gab es nicht. Auf den Burgberg flüchteten sich die Städter im Fall von Angriffen einer anderen Stadt oder von Seeräubern.

In einigen Städten besaß die große Masse der Bürger keine politischen Rechte; in anderen Städten besaßen sie alle Rechte; aber jede Stadt hatte einen öffentlichen Versammlungsplatz, die Agora, wo Nachrichten, Waren, Gedanken und Klatsch ausgetauscht werden konnten. Die Grundeinheit der Stadt waren die Familie und ihr Gott und der Herd und das heilige Feuer, um das sich die Sippe scharte. Pflichten gab es nur Verwandten gegenüber. Das Hab und Gut der Sippe – Vieh, Sklaven und Land – ging von den Toten einer Generation auf die Lebenden einer anderen über in einer Erbfolge, die niemand zu durchbrechen wagte; denn wer es tat, aus welchem Grund auch immer, mußte damit rechnen, in eine Welt hinausgetrieben zu werden, in der ein Mensch ohne Familie eine namenlose Beute des Todes wurde.

Die griechische Stadt war eine Versuchsstation für die praktische Anwendung von Politik – wie lebt man in einer Polis, wo der Eigennutz der Familie und die Bedürfnisse des Volkes in einem ständig gefährdeten Gleichgewicht waren. Um dieses Gleichgewicht aufrechtzuerhalten, wurden in den Jahrhunderten des archaischen Griechenlands (800 bis etwa 490 v. Z.) und des klassischen Griechenlands (490 bis 336 v. Z.) verschiedene Regierungsformen ausprobiert, vom Doppelkönigtum in Sparta bis zur fast ungezügelten Demokratie in Athen. Zu guter Letzt war es die Stadt, das Prunkstück Griechenlands, die zur Zerstörung der griechischen Zivilisation führte: ebenso wie die Sumerer konnten die Griechen nicht über ihre Stadtmauern hinwegblicken und sich als Nation sehen. Sie waren ein stolzes, unabhängiges und unruhiges Volk, das den Begriff Einheit offenbar nicht verstehen konnte. Das alte Griechenland blieb eine Gruppe selbständiger

Städte, verbunden durch Sprache, Bräuche und einen gemeinsamen Glauben an dieselben Götter, vor allem an Zeus, den Gott des Himmels. Zweifellos machten die Berge die schmalen Täler des Landes praktisch zu Gefängnissen, und die Bande von Sprache und Religion vermochten die Höhen nicht zu überwinden, außer bei besonderen Festen und einmal alle vier Jahre, wenn Kriege zeitweilig unterbrochen wurden, damit die Athleten bei den Olympischen Spielen wetteifern konnten.

Es gab noch zwei charakteristische Merkmale der griechischen Stadt: das Theater, zuerst der Schauplatz alter Fruchtbarkeitsrituale, mit denen Geburt und Tod von Dionysos gefeiert wurden, und später die Szene einiger der größten künstlerischen Leistungen der Menschheit – des attischen Dramas und der Komödie. Und das zweite Charakteristikum war das Gymnasion, eine geräumige Anlage, wo Athleten trainierten und Männer hingingen, um sich fit zu erhalten. Die Athleten rieben sich den Körper mit Öl ein und machten ihre Gymnastik nackt. Die Griechen fanden, der nackte Körper eines gesunden Jünglings biete einen besonders schönen Anblick. Gymnasion und Gymnastik leiten sich von dem griechischen Wort *gymnos,* nackt, ab. Ein Gymnasion sollte eine der Ursachen für einen fünfundzwanzigjährigen Krieg zwischen den Zivilisationen von Zeus und JHVH werden.

Als ich sehr jung war, las ich die Sagen des alten Griechenlands. Prometheus stahl den Göttern das Feuer und gab es den Sterblichen; Perseus erschlug die Medusa; Jason machte sich mit dem Schiff Argos auf die Suche nach dem Goldenen Vlies; Herakles vollbrachte seine zwölf Taten; die ganze griechische Sagenwelt erfüllte meinen Geist mit Staunen. Später las ich dann die Vorsokratiker, Platon und Aristoteles. Welch ein Wunder des menschlichen Geistes war doch Griechenland!

Aber es gab noch ein anderes Griechenland, eine beängstigende Welt der magischen Rituale und Zauberei, der Wundertäter und halbverrückten Prophetinnen, der Ekstatiker und wandernden Schamanen, der hysterischen religiösen Rasereien, bei denen Tiere und manchmal auch Kinder zerrissen und gegessen wurden. Über dieses Griechenland hatte mich niemand unterrichtet. Ich wußte nichts von der finsteren Irrationalität im Herzen der griechischen Zivilisation.

Alte religiöse Anschauungen werden selten ausgelöscht, wenn

neue Ideen auftauchen; beide bestehen nebeneinander in derselben Kultur, die ihnen Leben schenkte, oft in derselben Person, wie geologische Schichten von lebendem Gewebe. Gilbert Murray nennt diese Anschauungsschichten »das ererbte Konglomerat«. Spätere Jahrhunderte sahen die Lichtpunkte des rationalen Denkens im klassischen Griechenland und beachteten oder bemerkten die unheimliche Präsenz von Erdreligionen – die Wissenschaftler nennen das chthonischen Glauben – und das Empfinden des Übernatürlichen nicht, das das ganze griechische Leben durchdrang und Reaktionen hervorrief, die kaum logischer waren als jene, die für die von Angst geplagten Zivilisationen des »Fruchtbaren Halbmonds« charakteristisch waren.

Die Griechen waren ein tief religiöses Volk. Ihre Erde und ihr Himmel, Wälder, Felder und Bäche, Städte und Berge wimmelten von Göttern. Ich weiß von keinem Griechen, der die Existenz von Gottheiten leugnete. Protagoras, der 450 v. Z. aus Abdera nach Athen kam und erklärte, der Mensch sei das Maß aller Dinge, sagte: »Was die Götter betrifft, so bin ich weder sicher, daß es sie gibt, noch daß es sie nicht gibt«, Protagoras war bestenfalls ein Agnostiker. Xenophanes, Dichter und Philosoph des 6. Jahrhunderts, der ein gut Teil seines Lebens damit verbrachte, die griechische Welt zu durchwandern, meinte, wenn Rinder und Löwen Hände hätten, würden sie die Götter als ihr Ebenbild darstellen. Dennoch bestätigte er ausdrücklich das Vorhandensein einer übernatürlichen Macht: sein Gott war ein einziges Wesen, konstant, reglos, ohne körperliche Gestalt, das durch sein Denken die materielle Welt mühelos lenkte. Wer eine konventionelle Theologie angreift, muß nicht unbedingt das Dasein einer Gottheit leugnen. Wenn es ausgesprochene Atheisten unter den Griechen gab, dann sind ihre Schriften jedenfalls nicht auf uns gekommen.

Das Pantheon war groß und komplex, die Folge der Verschmelzung vieler Kulturen. Sukzessives Einströmen von Stämmen und deren Zivilisation bescherten den Griechen eine aufgeblähte Götterfamilie, die häufig ein mörderisches Verhältnis zueinander hatte. Wenn in jenen Tagen die Götter eines Siegers an die Stelle derjenigen des Besiegten traten, dann entstanden Mythen, die die Veränderung erklärten – und diese Mythen waren nicht künstlich erschaffen, sondern entstanden durch die Phantasie des Volkes, das die Taten der Götter als die in riesigem Maßstab widergespiegelten Taten der Menschen sah. Durch Kriege brechen Menschen die Macht anderer Menschen. Wie könnten Götter die

Macht anderer Götter erlangen, wenn nicht durch titanische Kämpfe?

Das Volk, das auf der mediterranen Halbinsel Griechenland lebte, ehe die ersten der wandernden hellenischen Stämme in das Land einfielen, scheint eine große Muttergöttin verehrt und eine matriarchalische Gesellschaftsordnung gehabt zu haben. Fruchtbarkeit der Natur und des Menschen war das wichtigste Anliegen dieses prähellenischen Volkes. Die hellenischen Stämme, die aus dem kalten Norden nach Griechenland strömten, brachten eine patriarchalische Gesellschaftsordnung und ihre eigenen Götter mit – Uranos, Kronos, Thea, Zeus.

Die Mythen von diesen Göttern wurden durch Homer verdrängt, als er die ihm zur Verfügung stehenden mündlichen Überlieferungen zur *Ilias* gestaltete. Die olympischen Götter, übersichtlich in einem bescheidenen Pantheon angeordnet und mit klar umrissenen Persönlichkeiten ausgestattet, haben wenig Ähnlichkeit mit den erdverwurzelten, kinderverschlingenden Göttern der Prähistorie, mit einer Gesellschaftsordnung, die nichts als Fruchtbarkeit und die Blutsbande des Stammes im Sinn hatte und von Gefühlen beherrscht war. Die Olympier sind kühl, rational, distanziert. Zeus, Apollon, Athene und die anderen auf diesem hohen Berg sind nicht abscheuliche Ungeheuer, sondern höchst erfreulich anzusehende Männer und Frauen, elegant, wohlerzogen – so vergleichbar den adligen Streitern am Strand von Troja, daß wir uns manchmal mühsam in Erinnerung rufen müssen, wie unüberbrückbar die Kluft zwischen ihnen ist: die Götter sind unsterblich. Die einzige für den Menschen erreichbare Unsterblichkeit ist der durch Vortrefflichkeit erlangte Ruhm.

Die Menschen, die die olympischen Götter verehren, sind sich der menschlichen Fähigkeiten wohl bewußt; sie bekunden Heldentum auf dem Schlachtfeld, einen alles übersteigenden Eigendünkel, ein hohes Ehrgefühl und ein Grauen davor, in den Augen von anderen beschämt zu werden. Öffentliche Anerkennung und Wertschätzung ist das höchste Gut in Homers Welt, nicht die stille Freude, die ein ruhiges Gewissen bereitet. Darum waren die Wut von Achilleus und seine Weigerung, sich seinen Kameraden in der Schlacht anzuschließen – in der heutigen Welt ein Treuebruch –, für die Griechen absolut verständlich: er war von Agamemnon, dem Führer der griechischen Streitkräfte, der ihm seine Konkubine weggenommen hatte, entehrt worden. Oft erkennen wir eine Kultur am besten durch ihre Ängste: der griechische Albtraum war eine feige Tat, die einen in den Augen der Gefährten beschämt; der israelitische Albtraum war eine Sünde, die einen in den Augen Gottes schuldig erscheinen lassen würde. Die homerische Welt wimmelt von tapferen Männern, die die Beschämung fürchten.

Die Werke von Homer galten bei den Griechen als heilige Texte. Als sich die Griechen nach dem Fall von Rom im 5. Jahrhundert zerstreuten und ins Exil gingen, gehörte zu den ersten Einrichtungen, die sie in jeder ihrer neuen Gemeinden gründeten, eine Schule, um Homer zu studieren.

Selbst in die homerische Welt drang das Irrationale ein. Plötzliche unerklärliche Änderungen des normalen Verhaltens – eine unbezähmbare Verlockung, ein geheimnisvoller Ausbruch von Energie, eine ungewöhnlich hervorragende oder törichte Idee, eine unvermutete Erinnerung an ein lange vergessenes Geschehnis, ein plötzlich verstandenes Omen: das waren Anzeichen der Einmischung der Götter in die Angelegenheiten der Menschen.

Die Welt Homers wird bewegt von solchen Abwendungen und Einmischungen. Eine Bogensehne reißt, und der Krieger ruft voll Schrecken aus, ein Dämon stelle sich ihm in den Weg; Penelopes Weigerung, wieder zu heiraten, wird mit den Worten erklärt: »Die Götter geben es ihr ein.« Agamemnon erklärt den Raub der Geliebten des Achilleus mit der Behauptung: »Doch trag' ich dessen die Schuld nicht, sondern Zeus, das Geschick und das nächtliche Schrecken Erinnys, die in der Volksversammlung zum heftigen Fehl mich verblendet jenes Tages, da ich selbst Achilleus' Gab' ihm entwandte. Aber was konnte ich tun? Die Göttin wirkt ja zu allem.«

Die Götter wirkten auf allen Gebieten des griechischen Lebens. Apollon konnte prophetische Verrücktheit herbeiführen, Dionysos rituale Verrücktheit, die Musen poetische Verrücktheit, Aphrodite und Eros erotische Verrücktheit. Geisteskrankheit hatte einen übernatürlichen Grund: ein Mensch wurde von Zeus geschlagen oder von Dämonen ergriffen oder befallen – und daher sagen wir noch heute, jemand werde vom Schlag getroffen oder von einer Krankheit befallen, ein Hinweis auf den alten Glauben, daß Verrücktheit und gewisse Krankheiten die Folge sind, wenn jemand von Göttern oder Dämonen besessen ist. Manche Träume werden von den Göttern geschickt: einem Priester wird von einem Gott befohlen, ihm einen Tempel zu bauen, weil er es leid sei, zur Miete zu wohnen.

Es gab noch andere Elemente des Irrationalen in der griechischen Zivilisation – der Glaube mancher Kulte an die Reinkarnation der Seelen, an die wirkungsvolle Magie von Schamanen, die den Wind anhalten und Tote wieder lebendig machen, den Körper verlassen und in ferne Gegenden der Welten von Menschen und Geistern ziehen konnten, an Menschen, die aus dieser Welt zu verschwinden und Götter zu werden vermochten. Das Irrationale war nicht an der Peripherie der griechischen Zivilisation, sondern erfüllte ihren Kern.

Die Griechen verehrten nicht nur Homer, sondern auch Hesiod, einen Bauern, der kurz nach Homer lebte und die Drangsal der archaischen Periode miterlebte. Er sah nichts Ruhmreiches im Krieg, verachtete Menschen, die von Stolz und Machthunger besessen waren, und fand sein Zeitalter das unbedeutendste von allen – er nannte es das eiserne und glaubte, ihm seien ruhmreiche Zeitalter vorangegangen, das goldene, silberne, bronzene und das der Heroen. Er schärfte den Menschen die Werte von Wahrheit und Gerechtigkeit ein. Er verabscheute bestechliche, völkermordende Könige, die die Welt der Schwachen vernichteten. Zeus habe die Dinge so geordnet, schreibt Hesiod, daß die Tiere sich gegenseitig auffressen; aber der Mensch müsse in Übereinstimmung mit dem Recht handeln. Er stellte sich vor, daß Tausende von Geistern auf Befehl von Zeus auf der Erde umherstreifen. In Nebel gehüllt, behalten sie unsichtbar das Tun der Menschen im Auge. Gerechtigkeit sei die Tochter von Zeus; sie unterrichte ihn über die bösen Taten eines Menschen, und Zeus verhänge die verdiente Strafe. Der Gerechtigkeitssinn des Menschen und die Gerechtigkeit von Zeus stimmten völlig überein – eine Auffassung, die der des Deuteronomisten nicht unähnlich ist. »Oft büßt eine ganze Stadt wegen eines Menschen, der sündigt ..., und der Sohn von Kronos legt dem Volk große Mühsal auf, Hungersnot und Pest zusammen, so daß die Menschen zugrunde gehen ... durch die Ränke des Olympiers Zeus.« So schrieb Hesiod, der Bauer aus einem armen Dorf in Boiotien auf dem griechischen Festland.

Vieles von dem, was wir von den mündlichen Überlieferungen wissen, die Homer verdrängt hatte, kennen wir durch die Gedichte des Hesiod – *Werke und Tage, Theogonia* und die *Katalogdichtungen.* Dieser verarmte Bauer hatte ganz andere Vorstellungen vom Menschen und den Göttern als Homer. Über Zeus schrieb er: »Denn leicht macht er stark, und leicht erniedrigt er den Starken;

leicht demütigt er den Stolzen und erhebt den Unbedeutenden, und leicht macht er den Krummen gerade und vernichtet den Stolzen – Zeus, der Donnerer, der hoch oben wohnt.«

Hesiod war kein einsamer Rufer. Pindar, der aristokratischste unter den griechischen Dichtern des 5. Jahrhunderts v. Z., war ein Dorier, der in Theben lebte. Seine Oden schimmern vom aristokratischen Glanz seiner Welt. Götter, Helden und die mythologische Vergangenheit waren für ihn real; alles gehörte zur lebendigen Welt. Die Begabung des einzelnen sei ein Geschenk der Götter und ein Erbe der Vorfahren; man müsse sich ihrer bedienen bei dem Streben nach Vortrefflichkeit. Doch müsse ein Mensch seine Grenzen kennen. Die Götter bestrafen Arroganz; kein Mensch dürfe versuchen, den Himmel zu erklimmen. Seine Bemühungen sollten ausgewogen sein und nicht zu seinem eigenen Ruhm unternommen werden, sondern zugunsten seiner Familie und der Stadt. Seine wahre Belohnung werde er später erhalten: »... sofort nach dem Tod auf Erden sind es die gesetzlosen Geister, die bestraft werden – und die in diesem Reich von Zeus begangenen Sünden werden von einem gerichtet, der unweigerlich ein strenges Urteil fällt; während die Guten, denen die Sonne für immer scheint, für gleiche Tage und gleiche Nächte, die Gnade eines Lebens der erleichterten Mühsal erhalten ... aber in Gegenwart der verehrten Götter haben alle, die gewohnt sind, sich über die Einhaltung ihrer Eide zu freuen, an einem Leben teil, das keine Tränen kennt ...«

Ein völlig anderer Glauben als der, den die Götter und Helden von Homer bekundeten, äußerte sich in obskuren Kulten in Griechenland. Diese Richtung wird Orphik genannt nach ihrem anscheinend mythischen Begründer, einem Schamanen, der Zauberer, Dichter, Lehrer, Musiker und Orakelverkünder war. Sie vertrat die Ansicht, die Seele sei vom Körper getrennt und in ihm gefangen; sie betonte Schuld und Strafe, das Gute und das Böse in der menschlichen Natur. Die Offenbarungen des Orpheus versprachen, wenn Enthaltsamkeit, Verzicht, Askese und gewisse Riten befolgt würden, daß die Seele aus ihrem Grab des Fleisches befreit und in eine göttliche Welt gebracht werde. Es gab auch geheime Kulte, die Mysterien, deren Riten uns unbekannt sind. Einige verhießen ein persönliches Leben nach dem Tode, das völlig anders war als die grausliche Unterwelt von Homer.

Im Gegensatz zu dem glückseligen Leben des guten Menschen nach dem Tode, wie es Pindar sich vorstellte, war die reale Welt eines Griechen im 5. Jahrhundert v. Z. recht tränenreich. Wir wissen viel über das Leben der Athener in jenem Jahrhundert. Es sprühte vor Magie und Übernatürlichem, vor ekstatischen Festen und Fruchtbarkeitsfeiern, vor den Schrecken des Krieges, der Krankheit und des Todes. Götter und Dämonen waren überall, sie mußten beschwichtigt und angebetet und mit Brandopfern von Fleisch und Fett erfreut werden. Bei alledem unterschieden sich die Athener nicht so sehr von anderen Zivilisationen des Altertums, abgesehen von den Israeliten, die JHVH verehrten.

Als Athener des 5. Jahrhunderts nahm man an vielen offiziellen Festen des Stadt teil. Am zwölften Tag des ersten Monats des Jahres, unserem Juli, feierte man ein Dankfest für die ungefährdet eingebrachte Frühjahrsernte; Familien gaben Festmähler in ihren Häusern für alle Angehörigen des Haushalts, einschließlich der Sklaven. Am sechzehnten Tag desselben Monats nahm man an der Feier zur Erinnerung an die in grauer Vorzeit von dem legendären Theseus vollbrachte Einigung Attikas teil. Am Ende dieses Monats fand das nationale Fest der Schutzgöttin der Stadt, Athene, statt. Mit anderen Festen wurden der Gott Apollon und die Fruchtbarkeitsgöttin Demeter geehrt. Bei den zahlreichen Festen gab es Opfer, Prozessionen, verschiedene Riten und sportliche Wettkämpfe. Bei dem sehr lange währenden Dionysos-Fest waren drei Tage für die Aufführung einer Tragödie im Theater am Südhang der Akropolis vorgesehen. Zu Beginn jeder Vorstellung fand eine Reinigungszeremonie mit dem Blut eines Ferkels statt.

Wenn man nach einem mehr privaten und persönlichen Glauben trachtete, der den Angstgefühlen und dem Wunsch nach Glückseligkeit im Leben nach dem Tode mehr entgegenkam, dann schloß man sich einem der Mysterienkulte an. Man erforschte den Willen der Götter mit Hilfe von Weissagungen. Donner und Regen, die abnorme Geburt eines Tiers oder eines Kindes, ein Niesen, Ohrensausen, das Rauschen des Windes in einer bestimmten, Zeus geweihten Eiche, der Flug und die Schreie von Vögeln, die Eingeweide und die Leber eines frisch geschlachteten Tiers – wohin man sich auch wandte, sah man den Willen der Götter; man brauchte bloß zu einem Seher zu gehen, um die Zeichen richtig erklärt zu bekommen. Manche Träume waren gewiß göttliche Offenbarungen; man ging zu einem erfahrenen Traumdeuter. Um auf wunderbare Weise geheilt zu werden, begab man sich in das große Heiligtum in der Argolis auf dem Peloponnes. Nachts sah man dann in einem Traum, wie der Gott der Heilkunst,

Asklepios, den kranken Körperteil berührte, und hörte ihn eine Behandlung verschreiben. Der Wille von Zeus konnte einem durch Propheten oder Prophetinnen im Zustand der Ekstase offenbart werden. Im Heiligtum des Apollon in Delphi war eine Bauersfrau, die ein einfaches und keusches Leben führte in der Zeit, in der sie die Fragen beantwortete, die ihr von Personen oder Stadtstaaten gestellt wurden. Sie geriet in einen Zustand der Ekstase oder Begeisterung – göttliche Besessenheit – und verkündete lallend den Willen von Zeus, durch seinen Sohn Apollon offenbart. Priester verdolmetschten ihre Worte. Jeder konnte dem Orakel Fragen stellen. Er mußte nur eine Gebühr bezahlen. Zitterte die Ziege, die man gerade opfern wollte, wenn sie mit dem reinigenden Wasser besprengt wurde, dann wußte man, daß Apollon zum Prophezeien bereit war. Die Frau sprach das Orakel des Apollon aus, und ihre Worte waren fast immer zweideutig. Das delphische Orakel hatte einen enormen Einfluß auf das Griechenland des 5. Jahrhunderts v. Z.

Natürlich gab es viel Aberglauben: man ging nicht über ein Grab und nicht in die Nähe einer Leiche oder einer Frau in Wehen; wenn man einen Eulenschrei hörte, dann sagte man sofort: »Athene möge mich beschützen«; traf man einen Geistesgestörten, dann spuckte man in sein Gewand, denn Spucken war eine rasche Form der Wasserreinigung. Es gab auch magische Riten, mit denen man die Götter zwingen konnte, sich für einen zu verwenden. In der klassischen Periode schätzten die Griechen derartige Praktiken nicht; sie hielten die Magie für eine Importware, eine Gabe von zweifelhaftem Wert aus dem barbarischen Osten. Doch nach dem langen Albtraum des peloponnesischen Kriegs und der Eroberung Athens durch Sparta begann sich in der ersten Hälfte des 4. Jahrhunderts v. Z. die Magie in Attika auszubreiten. Damals konnte man einem Feind, besonders einem, mit dem man vor Gericht zu tun hatte, dadurch Schaden zufügen, daß man seinen Namen auf eine Tontafel schrieb und verschiedene seiner Körperteile erwähnte oder aufzeichnete und die Tontafel in einen kleinen Behälter legte. Auf eine zweite Tontafel ritzte man einen Fluch, rollte die Tontafel um einen eisernen Nagel und vergrub sie und den Behälter in der Erde, womit man seinen Feind, indem man ihn festnagelte, den Göttern der Unterwelt weihte. Mittlerweile hat der Feind dann zweifellos denselben Zauber angewandt.

Wir wissen nicht genau, ob sich der Rationalismus in Athen

allein aufgrund von Homer erhalten hätte. Vielleicht ist Vernunft das Geschenk Athens, denn eine tödliche Bedrohung rebellierender griechischer Städte in Kleinasien durch den barbarischen Feind Persien veranlaßte ionische Philosophen, von den Küsten Kleinasiens in das Innere Attikas zu gehen. Es war ein besonderer Hang dieser ionischen Philosophen, nach verständlichen und natürlichen Erklärungen der Erscheinungen zu suchen. Sie waren für Attika, was viele Europäer, die in den dreißiger Jahren vor Hitler flohen, für Amerika waren: das Ferment der Kreativität.

Die Perser gaben dem Rationalismus von Athen indirekt Auftrieb und zwangen Athen, Sparta und neunundzwanzig andere Stadtstaaten zumindest für eine Weile, sich zu einer Liga mit einem einzigen Verwaltungsapparat zusammenzuschließen, der die Befugnis hatte, die allgemeine Strategie zu bestimmen, diejenigen zu bestrafen, die die Sache der Perser begünstigten, Abgesandte zu ernennen, die mit anderen Staaten verhandeln sollten, Truppen einzuziehen und Geld aufzutreiben. Damit kam die griechische Welt der Einheit so nahe wie niemals wieder. Die Perser waren für die Griechen, was die Philister einst für die Israeliten gewesen waren.

Über die Geschichte Athens vor 600 v. Z. ist fast nichts bekannt. Man war ein Bürger von Athen, wenn man der Sohn freier Eltern war, die in Athen geboren worden waren – was bedeutete, daß man von einem der vier alten ionischen Stämme abstammte, die die Stadt gegründet hatten. Jeder andere war ein ortsansässiger Ausländer oder ein Sklave.

Wucher und Schulden folgten wie Aasfresser dem Münzwesen, das die Griechen um 600 v. Z. übernommen hatten, und richteten viele kleine Bauern zugrunde. Oft bezahlten ein Schuldner und seine Familie für einen Kredit nicht nur mit dem Verlust des Landes, sondern wurden auch als Sklaven »nach Übersee« verkauft. Die Unzufriedenheit unter den Bauern bedrohte die Aristokratie, die Familien, die Reichtum, Land und politische Macht besaßen. In einer Bekundung von Klugheit der Art, die Athen mehrmals retten sollte, einigten sich die aristokratischen Familien darauf, einen Mann von königlicher Abstammung und bescheidenem Wohlstand, der als Kaufmann viel gereist war und Gedichte geschrieben hatte, in denen er die gefährliche Habgier der Reichen anprangerte, zum Herrscher zu wählen. Sein Name war Solon; er kam etwa 592 v. Z. an die Macht und erhielt die Befugnis, die Verfassung zu reformieren.

Der Staat wurde wichtiger als Clique und Sippe; alle Bürger sollten an seinen Angelegenheiten beteiligt sein. Die Bürger legten einen Eid ab, Solons Gesetze zu befolgen. Er war ein tief religiöser Mann, der an den gerechten Ratschluß von Zeus glaubte, obwohl göttliche Gerechtigkeit sich von menschlicher Gerechtigkeit unterscheide und oft ganze Gruppen für die Sünden einzelner bestraft würden. Der Zorn von Zeus sei wie ein Unwetter: oft ergieße sich seine Wut gleichermaßen über Schuldige und Unschuldige. Eine Gruppe müsse die harmonische Beziehung zwischen ihren Teilen begreifen, wenn sie überleben und gedeihen soll. So glaubte er, als er die Traurigkeit und die Herrlichkeit des menschlichen Lebens bedachte.

Athen begann zu gedeihen und zu wachsen. Die Sklaverei wegen Nichtbezahlung von Schulden wurde abgeschafft. Diejenigen, die wegen unbezahlter Schulden schon als Sklaven ins Ausland verkauft worden waren, wurden auf Staatskosten zurückgebracht. Alle freien Männer waren jetzt Mitglieder der Volksversammlung, die ermächtigt wurde, auch als Volksgericht zu fungieren und bei Klagen gegen oder für Einzelpersonen Urteile zu fällen. Die Macht begann in die Hände der großen Masse überzugehen.

Solon veranlaßte die Athener, seine Gesetze für hundert Jahre bindend zu machen. Dann verließ er Attika für zehn Jahre. Fast sofort wurden die Aristokraten, Kaufleute und Bauern – die Gruppen, die die Institutionen des griechischen Lebens unterwühlten – munter und begannen mit Klauen und Zähnen um die Macht zu streiten. Die verfassungsmäßige Regierung brach zusammen.

Solon kehrte zurück und tadelte die Athener scharf wegen ihrer Unzuverlässigkeit und Torheit. Nur eine Revolution konnte die Macht der Aristokraten und der sie unterstützenden Sippen brechen, und Solon war ein zu rationaler Mann, um dazu seine Zuflucht zu nehmen. Seine verfassungsrechtlichen Reformen waren ein weiterer der politischen Fehlschläge jener Zeit. Aber die Athener verwendeten seine Ideen auch in Zukunft als Maßstäbe, die sie an ihre Leistungen anlegten.

Städtischer Zwist führte stets zur Tyrannei und oft zum Bürgerkrieg. 561 v. Z. riß in Athen ein Adliger mit Namen Peisistratos, dessen Familie Landgüter im Küstengebiet besaß, die Macht an sich. Er regierte Athen und kontrollierte alle Machtmittel: Waffen,

Söldner, Exekutivposten, die Einnahmen der Flotte. Staatliche Feste und Kulte wurden ausgiebig gefeiert. Der Wettbewerb im tragischen Drama wurde in Athen etwa 534 v. Z. eingeführt. Das Drama sollte die höchste Form der attischen Poesie werden.

Peisistratos herrschte als Tyrann von Athen bis zu seinem Tod im Jahre 528 v. Z. Zehn Jahre zuvor waren die ersten der israelitischen Verbannten aus Babylonien nach Jerusalem zurückgekehrt. Der Tyrann Hipparch, Sohn des Peisistratos, schenkte den Künsten besondere Aufmerksamkeit. Ein endgültiger Text von Homer wurde jetzt in Athen herausgegeben. Hipparch verfügte, daß stets beim Fest der Athene Gedichte rezitiert werden sollten. Bei dem Fest von 514 v. Z. – ein Jahr nach der Einweihung des wiederaufgebauten Tempels in Jerusalem – wurde Hipparch ermordet.

Streit und Gemetzel folgten, als die Herrschaft der Nachkommen von Peisistratos immer härter wurde. Eine rivalisierende Aristokratenfamilie drängte Sparta, das an der Spitze einer Allianz von Stadtstaaten auf dem Peloponnes stand, zu intervenieren. 510 v. Z. drang ein spartanisches Heer in Attika ein. Sechsunddreißig Jahre der Tyrannis in Athen fanden ein Ende.

In diesen Jahren waren viele adlige Familien im Exil gewesen; ihr Einfluß auf ihre Anhänger hatte sich vermindert. Die Tyrannen hatten dem Staat Vorrang vor der Familie eingeräumt, hatten die Zünfte gestärkt, den Seehandel der Stadt ausgeweitet, die Sache des kleinen Mannes, des Demos – des Volkes – gefördert. Sie hatten dem Individuum einen Wert gegeben. Im Jahr 510 v. Z. hatte Athen ein Gefühl der Einheit, das es 600 v. Z. noch nicht besessen hatte. Es war reich an Künstlern und Dichtern. Das Volk war von den Tyrannen entwaffnet worden; das Leben war voller Annehmlichkeiten und ohne Hast. Es war die Zeit, da sich der Mensch seines individuellen Wertes bewußt wurde und dadurch in Widerspruch geriet zu den hartnäckigen Ansprüchen von Familie und Sippe. Das attische Drama sondierte die Dimensionen dieser rivalisierenden Ansprüche mit einem Nachhall und einer Tiefgründigkeit, die niemals zuvor erreicht worden waren und denen später nur selten etwas gleichkam.

Solon hatte Athen persönliche Freiheit und gleiches Recht bei Gerichtsverfahren geschenkt. Ein neuer aristokratischer Herrscher, Kleisthenes, schenkte Athen dieselbe Gleichheit auf dem Gebiet der Wahl. Alle männlichen Athener, ohne Rücksicht auf Reichtum oder Geburt, konnten jetzt ohne ein Gefühl äußerer

Verpflichtung oder Drucks als Einzelpersonen wählen. Die alten Regierungsinstitutionen – Areopag, Rat und Volksversammlung – blieben im Grunde unverändert. Aber das Abstammungskriterium für das Bürgerrecht war abgeschafft. Als das 5. Jahrhundert v. Z. begann, fühlte sich das ganze athenische Volk eng verbunden mit dem Schicksal des Staates. Zehn Jahre später, 490 v. Z., griffen die Perser Attika an.

Sie wollten Griechenland annektieren, um die Westgrenze ihres Großreichs zu sichern, und außerdem wollten sie die Athener dafür bestrafen, daß sie die ionischen Stadtstaaten in Kleinasien bei einer vergeblichen Revolte gegen König Dareios im Jahre 498 v. Z. unterstützt hatten. In der Bucht von Marathon, zweiunddreißig Kilometer nordöstlich von Athen, ankerte 490 v. Z. eine persische Flotte dicht vor der Küste und landete ein aus Reitern und Fußvolk bestehendes Heer. Die Ägäis war jetzt ein persisches Meer. Die Athener Volksversammlung schickte einen Läufer nach dem zweihundertzwanzig Kilometer entfernten Sparta. Der Läufer kehrte mit der Nachricht zurück, daß Sparta gerade ein Fest feiere und vor dem nächsten Vollmond nicht losmarschieren könne, also erst in sechs Tagen. Niemand nahm Sparta das übel; eine Stadt konnte ihre heiligen Dogmen nicht verletzen. Die Athener stellten sich den Persern auf der Ebene von Marathon. Aus irgendeinem Grund ließen die Perser ihre Reiterei wieder auf die Schiffe gehen. Der griechische Heerführer Miltiades reagierte sofort. Den Göttern wurde ein Opfer dargebracht. Die Omina wurden als günstig ausgelegt. Zehntausend griechische Hopliten gingen zum Angriff auf fünfundzwanzigtausend Perser vor. Das dünne griechische Zentrum wich zurück, die Perser stießen nach; aber die starken Flügel der Hopliten machten eine Schwenkung und faßten die Perser im Rücken. Es war eine lange Schlacht. Die Perser wurden zersprengt und flohen auf ihre Schiffe.

Am nächsten Tag kamen die Spartaner. Sie hatten die Strecke in drei Tagen zurückgelegt. Sie besichtigten das Schlachtfeld bei Marathon und zählten die Gefallenen – 192 Athener, 6400 Perser. Sieben persische Schiffe waren zerstört worden. Die Spartaner gratulierten den Athenern und gingen wieder nach Hause.

Zehn Jahre später überquerte eine gewaltige persische Streitmacht von wahrscheinlich hunderttausend Mann den Hellespont auf einer Pontonbrücke aus zwei Reihen von Schiffen, die vorn und achtern verankert und mit einem Zwischenraum von etwa einem Meter hintereinander festgemacht waren. Das Heer, von

König Xerxes geführt, wälzte sich wie ein ungeheurer, aufgeblähter Heuschreckenschwarm über das Land, plünderte Städte, die Widerstand geleistet hatten, und trank die Flüsse trocken. Eine Flotte von etwa sechshundert Schiffen folgte behutsam entlang der verräterischen Küste. Sturm kam auf; Schiffe wurden verloren. Dreihundert Spartaner fielen in dem schmalen Paß bei Thermopylai, als sie versuchten, den persischen Vormarsch aufzuhalten.

Die Athener gaben ihre Stadt auf, gingen auf ihre Schiffe und sahen vom Meer aus, wie die Perser ihre heilige Akropolis und den Tempel der Athene plünderten und niederbrannten. In den Jahren seit der letzten Invasion hatten sie eine große Flotte gebaut, aber sie reichte von der Zahl der Schiffe nicht an die persische heran. In der schmalen Bucht von Salamis wurde eine Seeschlacht ausgefochten. Die griechische Flotte besiegte die dicht gedrängten, schwerfälligen Formationen der Perser, die in der Meerenge keine Manövrierfähigkeit hatten. König Xerxes saß auf seinem goldenen Thron auf einer Bergspitze und sah der Schlacht zu. Es war Ende September. Griechenland war arm und konnte nicht sein gesamtes Heer in einem Winterfeldzug ernähren. Er ließ ein Besatzungsheer zurück und segelte nach Hause. Er ließ auch seinen goldenen Thron zurück, der in der Überraschung und dem Schrecken der Niederlage vergessen wurde. Im Frühling des nächsten Jahres zogen die Perser in Athen ein, das noch evakuiert war, und brannten jedes noch stehende Gebäude bis auf die Grundmauern nieder. Dann vernichteten die Griechen auf dem Schlachtfeld in der Nähe der Stadt Plataiai das persische Heer. Es war der schönste Augenblick griechischer Einheit – und der letzte.

Athen, das die mächtigste Flotte von ganz Griechenland und auch ein gutes Heer besaß, tat jetzt genau das, was Ägypten nach der Vertreibung des Hyksos und die Israeliten nach dem Sieg über die Philister getan hatten: Athen begann ein Großreich aufzubauen. Athenische Schiffe durchstreiften das ganze Mittelmeer.

In der zweiten Hälfte jenes Jahrhunderts begann Sparta sich Sorgen zu machen über Athens expansionistische Ziele. 431 v. Z. begann dann die lange, blutige Folge von Überfällen, Raubzügen und Abnutzungsschlachten, die als der Peloponnesische Krieg bekannt ist. Es war ein Krieg voller Schrecken und Greuel und großer Katastrophen für die Griechen. Beide Bündnisse, das spartanische und das athenische, wandten gegeneinander eine Brutalität von der Art an, wie man sie eigentlich nur aus der Lektüre über Kriege im »Fruchtbaren Halbmond« kennt. Ein besonders scheußliches Beispiel, über das Thukydides berichtet, der griechische Historiker dieses Krieges, war der unprovozierte Angriff Athens auf die neutrale Insel Melos, bei dem die Männer niedergemetzelt und die Frauen und Kinder versklavt wurden. Der Krieg dauerte fast dreißig Jahre und endete schließlich 404 v. Z. Das Heer des spartanischen Bundes besetzte Athen.

Diese Stadt, der Lehrmeister von ganz Hellas, die Heimat von Aischylos, Sophokles, Euripides, Sokrates und so vielen anderen, deren Namen wir mit Stolz aussprechen – diese Stadt wurde von den Eroberern fast zerstört. Die Korinther, die vom Peloponnes gekommen waren und jetzt mit den Spartanern und anderen die Stadt besetzt hielten, dürsteten nach Rache. Der Krieg hatte sie die Besten ihres Volkes gekostet. Seuchen und Mißgeschick hatten dazu beigetragen, Athen zu schwächen. Aber die Athener sollten für all das Grauen bezahlen, das ihr Stolz und ihr Machthunger über Griechenland gebracht hatten. Sie hatten Gefangene abgeschlachtet, männliche Erwachsene massakriert, Frauen und Kinder versklavt. Jetzt sollte Athen dasselbe Schicksal erleiden: alle Männer sollten umgebracht, Frauen und Kinder zu Sklaven gemacht werden. Aber die Spartaner lehnten es ab, die Stadt zu zerstören, die Griechenland in den Perserkriegen so große Dienste geleistet hatte; vielleicht fürchteten die Spartaner den Zorn der Götter. Athen wurde verschont und blieb für ein weiteres Jahrhundert der Kreativität erhalten. Es war das Jahrhundert von Platon und Aristoteles.

In der zweiten Hälfte jenes Jahrhunderts wurde Athen wiederum verschont, und zwar von dem siegreichen Heer des Königs Philipp von Makedonien. Ein paar Jahre später wurde das persische Großreich von Philipps Sohn vernichtet, dem jungen, goldhaarigen Alexander, der die Saat griechischer Städte ausstreute, während er durch die Welt zog, in Babylon auf das Herzstück der persischen Kultur stieß und sich zum verärgerten Erstaunen seiner Truppen in Kleidung und Benehmen in den König verwandelte, dessen Heer er vernichtet hatte.

Noch einer anderen Zivilisation begegnete Alexander auf seinem Eroberungsmarsch, aber nur beiläufig. Im Sommer des Jahres 332 v. Z. war er an der Hügelstadt Jerusalem vorbeigekommen und hatte ihr zweifellos nur einen flüchtigen Blick zugeworfen, so wie man den Rand einer Landkarte betrachtet. Es war eine Bergstadt, abseits der Wege von Heeren und von geringem Interesse für einen vielbeschäftigten Eroberer.

In späteren Jahrhunderten stellte Jerusalem ihn so dar, als habe er sich in einer respektvollen Huldigung für den wahren Gott tief vor der Thora verneigt. Aber das war im Geist einer anderen Zeit, als der Krieg diesen Rand der Landkarte erreicht hatte und man sich danach sehnte, an bessere Botschafter der griechischen Zivilisation zu denken als an jene, die jetzt Juden töteten.

Im Jahr 458 v. Z., als athenische Hopliten auf ägyptischem Boden starben bei dem Versuch, die Rebellion dieses Landes gegen Persien zu unterstützen, machte sich ein Schriftgelehrter mit Namen Esra auf den Weg von Babylon nach Juda. Juda war ein Teil der riesigen persischen Satrapie, die »Jenseits des Wassers« hieß und das Gebiet westlich des Euphrat umfaßte. Es erstreckte sich etwa sechzig Kilometer von Norden nach Süden und vierzig Kilometer von Osten nach Westen. Es war ein bergiges Land und reichte vom Toten Meer bis zum Tiefland am Ufer des Mittelmeers.

Esra wurde von fünfzehnhundert Menschen begleitet – Priestern, Leviten, Sängern und anderen, die sich für die Aufrechterhaltung des Kultes von JHVH einsetzen konnten. Esra hatte eine offizielle Ermächtigung von König Artaxerxes I. von Persien in der Hand, Richter zu ernennen und das Gesetz des Himmelsgottes verbindlich zu machen.

Wir wissen nicht, wie er diese Ermächtigung erhalten hatte; vielleicht war er der höchste Beamte der jüdischen Gemeinde in Babylon gewesen und hatte sein Volk vor dem König vertreten. Moses hatte seine Vollmacht durch die Offenbarung von JHVH am Sinai erhalten. Esra kam nach Jerusalem als Königlicher Sekretär für das Gesetz des Himmelsgottes; heute würden wir ihn vielleicht Minister für jüdische Angelegenheiten nennen. Er brachte ein königliches Schreiben mit, das das Gesetz von JHVH auf dieselbe Stufe stellte wie das Gesetz des persischen Monarchen. Übertretungen wurden mit Gefängnis, Beschlagnahme des Vermögens, Exil und Tod bedroht. Die Vollmacht des jüdischen Schriftgelehrten Esra stammte von einem heidnischen König.

In Babylonien waren er und andere Führer der jüdischen Gemeinde zweifellos für die Erhaltung der Schriftrollen tätig gewesen, auf denen das Gesetz von Moses niedergelegt war, das Gesetz, das die Griechen eines Tages die Verfassung der Juden nennen sollten. Er hatte sich an der Kodifizierung dieses Gesetzes beteiligt und brachte es jetzt wahrscheinlich nach Jerusalem. Er ging durch die Stadt – mit ihren geschleiften Mauern sah sie mehr nach einem ungeschützten Dorf als nach einer Stadt aus – und versuchte diejenigen, die im Exil gewesen waren, zu überreden, sich von der einheimischen Bevölkerung abzusondern, dem Volk des Landes, wie er höhnisch sagte. Er schien Fremde als ein verunreinigendes Element anzusehen. Nur diejenigen, die das Exil erlebt hatten, seien die wahre Gemeinde von Israel.

Die Jerusalemer beschlossen, die Mauern ihrer Stadt wieder aufzubauen. Wie die Bibel berichtet, billigte Esra dieses Vorhaben. Aber den Jerusalemern widersetzte sich eine Gruppe im Norden, Nachkommen von Babyloniern und Elamitern, die zweihundert Jahre zuvor von König Assurbanipal von Assyrien nach Samaria verbannt worden waren. Sie fürchteten ein mauerbewehrtes Jerusalem und schrieben an den persischen Hof, Jerusalem sei immer eine rebellische Stadt gewesen, und sobald das Volk sich hinter neuen Mauern sicher fühle, werde es aufhören, dem König Tribut zu entrichten. Den Leuten aus dem Norden wurde die Erlaubnis erteilt, in Jerusalem zu erscheinen und eine Demonstration der Macht aufzuziehen. Der Bau wurde eingestellt.

Alles deutet darauf hin, daß die Mission Esras mit einem Mißerfolg endete. Vierzehn Jahre vergingen. Aus dieser Zeit erfahren wir nichts über Esra.

Im Jahre 445 kam ein Jude mit Namen Nehemia, einst Mundschenk des Königs von Persien – ein hohes Amt am Hof eines orientalischen Potentaten –, mit der Befugnis nach Jerusalem, die Mauern der Stadt wiederaufzubauen.

In dem Buch, das er schrieb – dem biblischen Werk, das seinen Namen trägt –, sagte er, er habe von Esras Mißerfolg erfahren und mit Angst im Herzen seinen König um Erlaubnis gebeten, in jenes ferne Land seines Volkes zu gehen und die in Trümmern liegende Stadt wiederaufzubauen. Mißtrauisch und zögernd entsandte ihn der König schließlich als Statthalter von Juda mit Truppen und königlichen Vollmachten. Die Perser mögen es weise gefunden haben, Juda zu stärken, damit es als Puffer zwischen Mesopotamien und dem Störenfried Ägypten diene.

Irgendwann nach seiner Ankunft in Juda stand Nehemia des Nachts auf, bestieg seinen Esel und ritt langsam zur Stadt, um die niedergerissenen Mauern und verbrannten Tore in Augenschein zu nehmen. Der Esel bahnte sich nur mühsam seinen Weg durch die Trümmer. Nehemia sagt uns, er habe kurz danach das Volk zusammengerufen, es von seiner Vollmacht verständigt und darauf gedrängt, die Stadtmauern wiederaufzubauen. Das Volk reagierte bereitwillig, bildete Arbeitsgruppen und vollendete das Werk in zweiundfünfzig Tagen.

In den Jahrzehnten, ehe Nehemia nach Juda kam, waren wohlhabende Adlige, Beamte und Priesterfamilien auf Kosten der Bauern noch reicher geworden. Das Land war mehrmals von Dürre und Hungersnot betroffen worden. Die Bauern verpfändeten ihr Land; manche verpfändeten ihren Körper. Der verschuldete Grundbesitz wurde enteignet; die Versklavung war weit verbreitet. Einige beklagten sich jetzt bei Nehemia. Er berief das ganze Volk nach Jerusalem. Eine große Menge versammelte sich. Die Armen übertrafen die Reichen an Zahl. Nehemia sprach überzeugend. Das Volk stimmte seinen Reformen zu: Streichung aller Schulden und Wiederherstellung früherer Eigentumsrechte. Die Adligen legten öffentlich einen Eid ab, daß sie die Reformen durchführen wollten, sobald die Versammlung endete. Es wäre unklug gewesen, sich inmitten dieser Menge von Armen anders zu verhalten. Wir werden ein wenig an die Reformen von Solon erinnert.

Das prekäre Dasein dieser kleinen, wiederhergestellten Gemeinde – ständige Belästigungen durch die Samariter im Norden, sporadische Dürre, immer mehr Mischehen, die zur Folge hatten, daß Kinder nichts von JHVH wußten – hatte eine Stimmung ängstlicher Unsicherheit, eine Scheu vor dem Verkehr mit Außenstehenden und ein Verlangen hervorgerufen, durch strenge Einhaltung des Bundesgesetzes die Gunst von JHVH wiederzugewinnen. Die von den Propheten verheißene goldene Welt wurde eine ferne Vision; die reale Welt war grau, düster. JHVH war immer noch unzufrieden mit seinem Volk. Nur durch die Befolgung seines Befehls konnte das Schweigen zwischen Gott und seinem Volk überbrückt werden.

Plötzlich erschien im Jahre 444 v. Z. Esra, der Schriftgelehrte, nach vierzehnjährigem Schweigen wieder in Jerusalem. Entweder war er die ganze Zeit in Jerusalem gewesen und hatte sich im Hintergrund gehalten, um seine Fassung der heiligen Schriftrollen mit dem Gesetz von Moses zu vollenden, oder er war nach Babylonien zurückgekehrt und kam jetzt nach Jerusalem, nachdem er vom Wiederaufbau der Stadtmauern erfahren hatte. Die Perser unterstützten in ihrem ganzen Reich die Kodifizierung und Veröffentlichung religiöser Gesetze – eine Möglichkeit, im Altertum etwas zu veröffentlichen, bestand darin, es öffentlich vorzulesen; die Perser waren allen Glaubensbekenntnissen gegenüber tolerant, aber sie wollten, daß sie durch Gesetz geregelt seien, um die Möglichkeit von Streitigkeiten und Aufruhr zu vermindern. Sogar die Ägypter, für die der Pharao Gott und Gesetz war, kodifizierten etwa zur selben Zeit ihre Gesetze.

Nun, am ersten Tag des jüdischen neuen Jahres, irgendwann im Spätsommer oder Frühherbst 444 v. Z., versammelte sich eine große Menge Volks vor dem wiederaufgebauten Wassertor von Jerusalem in der Nähe der Quelle Gihon, deren Lauf vor langer Zeit auf Veranlassung von König Hiskia umgeleitet worden war, damit die Stadt einer assyrischen Belagerung standhalten könne. Wir wissen nicht, wer diese Versammlung einberufen hatte; es mag Nehemia gewesen sein.

Am frühen Morgen jenes Tages begann Esra, die Schriftrolle mit dem Gesetz von Moses laut vorzulesen. Er war jetzt vermutlich ein alter Mann, und obwohl er auf einem hölzernen Podium stand, das für diesen Zweck errichtet worden war, werden wohl viele in der Menge ihn nicht haben hören können. Leviten gingen unter den Leuten herum und halfen ihnen, zu verstehen. Uns wird gesagt, daß das Volk stand, während Esra die Schriftrolle vorlas. Er las bis zur Hitze des Mittags. Wir wissen nicht, was er las. Nehemia verkündete: »Dieser Tag ist heilig dem Herrn, eurem Gott.« Das Volk lobte das Gesetz von Moses und verpflichtete sich darauf, indem es den Bund mit JHVH erneuerte. Einige Tage danach schickte es sich an, das siebentägige Sukkot-Fest zu feiern. An jedem Tag dieses Festes las Esra aus der Schriftrolle vor. Fünf Jahre zuvor, 449 v. Z., hatten auch die Römer ihr vorhandenes Recht kodifiziert und veröffentlicht – auf Holztafeln, die als die *Zwölf Tafeln* bekannt sind.

Irgendwann im 4. Jahrhundert v. Z. verfaßte ein Schriftsteller ein Geschichtswerk, das jetzt die *Bücher der Chronik* genannt wird. Er lebte in Juda und scheint der einzige Historiker der alten orientalischen Welt gewesen zu sein, der sich nicht scheute, die Überlieferungen zu ändern, mit denen er arbeitete: er kann es einfach nicht glauben, daß Salomo israelitische Städte an König Hiram von Tyrus gab *(1. Könige 9,11)*, also ändert er den Text und läßt Hiram die Städte Salomo geben *(2. Chronik 8,2)*; er ignoriert das nördliche Königreich und gebraucht den Begriff Israel, wenn er von Juda spricht; das ganze Volk versündigte sich an Gott, nicht nur die Könige und adligen Familien, also wurde das ganze Volk mit dem Exil bestraft. Er berichtet nicht Tatsachen, sondern gebraucht Tatsachen, oft eindeutig entstellt, um uns seine Vorstellung von Gottes Wirken in der Geschichte darzubieten und den Gedanken der persönlichen Verantwortung zu betonen: Väter werden nicht getötet wegen ihrer Kinder, noch Kinder wegen ihrer Väter. Ein Mensch, der bestraft wird, hat gesündigt. Der Prozeß der Umgestaltung der biblischen Geschichte hat jetzt begonnen.

Die Prophetie verblaßte und verging in Israel. Nehemia hatte auf der Einhaltung des Gesetzes von Moses, vor allem des Sabbats, bestanden. Maleachi war der letzte der Propheten. Sein Schlußwort lautete: »Gedenket des Gesetzes Moses, meines Knechts ...« JHVH würde eines Tages das Schweigen zwischen ihm und seinem Volk brechen. Die Prophetie würde wiederaufleben. Bis dahin würde das Gesetz von Moses befolgt werden. Es war das einzige verbliebene Verbindungsglied zwischen dem Volk und seinem Gott.

Wir wissen nichts von dem, was in dem Jahrhundert nach Nehemia im Lande Juda vor sich ging; es gibt keine Aufzeichnungen. In einem Schweigen der Art, wie es nach dem Ende der mykenischen Welt die Griechen einhüllte, entstand in dem bergigen Land Juda eine zweite jüdische Zivilisation – und die frühen Stadien ihrer Entstehung vermögen wir nicht mitzuerleben.

Wir können annehmen, daß immer noch Juden aus dem Exil nach Jerusalem und in die winzige Provinz Juda zurückströmten. Im ganzen Großreich Persien gab es verstreute jüdische Gemeinden. Es war das einzige Mal in seiner Exilgeschichte, daß die vielen Splittergruppen des Volkes sich in einem einzigen Reich befanden, das einem einzigen Herrscher untertan war. Aber es war die Anfangszeit des Exils, und die Einheit des Großreichs ermöglichte dem Volk, ein Gefühl von Einheit in der Zerstreuung zu entwikkeln, das sich verstärkte, als die Zivilisationen von Griechenland und Rom die Welt beherrschten. Jede Gemeinde behielt ihre Autonomie, und gleichzeitig sahen alle Gemeinden Jerusalem als das Zentrum des ganzen Volkes an.

419 v. Z. gab es in der jüdischen Gemeinde von Elephantine in der Nähe von Assuan in Ägypten ein Problem bezüglich des Kultes. Der Ursprung dieser Gemeinde ist unklar. Jetzt bestand sie aus einem Söldnerregiment, das als die jüdische Truppe bekannt war; wahrscheinlich war es im 6. Jahrhundert von einem König von Juda entsandt worden, um im Heer des Pharaos zu dienen. Ihre Nachkommen, nun im Dienste der Perser, schickten eine Anfrage über Einzelheiten der Einhaltung des Passahfestes an die

Tempelbehörden in Jerusalem. So weit es auch von Juda entfernt war, Elephantine betrachtete Jerusalem als das Zentrum des jüdischen Glaubens.

Diese Gemeinde in Elephantine betrieb Handelsgeschäfte, brachte ihre Klagen vor örtliche Gerichte, schloß Mischehen mit einheimischen Frauen und hatte ihren eigenen Tempel, was eine unbekümmerte Verletzung der Verbote in *Deuteronomium* darstellte gegen Opfer, die außerhalb von Jerusalem dargebracht werden. Im Jahre 411 v. Z. erreichten ägyptische Priester durch Bestechung des persischen Statthalters, daß der Tempel zerstört wurde. Einige Historiker sehen das als den ersten Ausbruch von Antisemitismus an. Der Tempel wurde nicht wiederaufgebaut. Das jüdische Regiment wurde schließlich dem Heer von Alexander einverleibt.

332 v. Z. eroberte König Alexander von Makedonien Juda, dessen Name bald Judäa lauten sollte, was einfach Volk der Juden bedeutete. Durch diese Eroberung wurde Juda aus der allumfassenden Zivilisation des heidnischen »Fruchtbaren Halbmonds« herausgenommen. Die jüdische Welt wandte sich jetzt nach Westen und trat in die europäische Zivilisation ein.

Die Juden hatten die toleranten Perser so geschätzt, daß sie auf ein Tempeltor ein Bild von Susa, der Hauptstadt des Großreichs, einmeißelten. Ich kenne keine Aufzeichnung über die jüdische Reaktion auf den Untergang des persischen Reiches. Man fragt sich, wie den Juden in Babylon an jenem heißen Junitag im Jahre 323 v. Z. zumute war, als sie das Wehklagen der vielen Menschen auf den Straßen hörten und erfuhren, daß Alexander gerade im Königspalast der Stadt gestorben war.

Zur Zeit seines Todes schien die ganze Welt mit Ausnahme von Rom friedlich und griechisch zu sein. Was den Griechen selbst kaum gelungen war, hatte ihr kriegerischer Nachbar im Norden großartig vollbracht: griechische Sitten, die griechische Sprache, griechisches Geld, griechische Städte und griechisches Gedankengut hatten sich in den von Alexander eroberten Ländern ausgebreitet.

Er war ein Städtegründer. Kurz vor seinem Tod war er von Babylon aus flußabwärts gefahren. Er wollte sehen, wie der Euphrat, der sich nutzlos durch Sümpfe und stehende Seen schlängelte, für die Bewässerung von Ackerland nutzbar gemacht werden könne. Auf dem Rückweg entdeckte er ein Gelände, das ihm für eine Stadt geeignet erschien. Oft wurden Soldaten, die in seinen Heeren gekämpft hatten, nach ihrer Entlassung aus dem aktiven Dienst in diesen neuen Städten angesiedelt. Die Kanäle, durch die Alexander an jenem Tag fuhr, stanken nach den Abwässern von Babylon. Kurz darauf wurde er krank und starb an einem heftigen Fieber, das wahrscheinlich Malaria war.

Neun Jahre zuvor hatte er die Stadt Samaria zerstört; die Samariter hatten gegen die makedonische Macht revoltiert und den Statthalter Andromachos bei lebendigem Leibe verbrannt. Es wurde angeordnet, daß sich ehemalige makedonische Soldaten auf dem Gebiet vom Samaria ansiedeln sollten. Etwa sechzig Kilometer nördlich von Jerusalem entstand eine griechische Stadt.

Griechische Keramik, phönikische Amulette und ägyptische Götterbilder aus dem 4. Jahrhundert v. Z. sind in Palästina gefunden worden. Ödipus unterhält sich auf einer griechischen Schale mit der Sphinx. Ein Jerusalemer, der in einer Küstenstadt Töpferware einkauft, bringt dann eine Zeichnung aus der griechischen Mythologie auf glasiertem Steingut nach Hause. Münzen aus Athen waren im Palästina des 5. Jahrhunderts die wichtigste Handelswährung. Auf ihnen waren Göttergestalten und heilige Vögel abgebildet. Aber das waren eigentlich nur die peripheren Elemente der griechischen Zivilisation. Weder Pythagoras noch Platon sind je mit Hesekiel zusammengetroffen; der Chronist ist Herodot niemals begegnet; Esra hat Aristoteles nie getroffen; Euripides hätte in Jerusalem keinen Dramatiker gefunden, mit dem er sich hätte unterhalten können, denn das Drama war eine Fortsetzung des heidnischen Rituals, und noch konnte es in der heiligen Stadt kein Drama geben. Mit der Gründung der griechischen Stadt im Norden und der Ansiedlung makedonischer Soldaten begann der kulturelle Zusammenprall der Welten von Zeus und JHVH mit voller Wucht.

Für immer zerstört war jede mögliche Verbindung zwischen Samaria und Jerusalem und zwischen Samaria und der Bevölkerung des umliegenden Landes. Diese Menschen hatten sich den zurückkehrenden Verbannten einst nahe gefühlt, hatten Hilfe beim Wiederaufbau von Jerusalem angeboten, waren aber wiederholt von den Führern der Verbannten abgewiesen worden, die sie als halbe Heiden ansahen. Jetzt wurde die Stadt Sichem ihr Zentrum; sie verehrten den Gott Israels auf ihre Weise – wie sie es noch heute tun –, und nahmen keine Notiz von Jerusalems Behauptung, daß dem Gott Israels nur auf dem Berg Zion Opfer dargebracht werden dürften. Judäa war ein sich selbst verwaltendes Gebilde mit einer Garnison königlicher Truppen, aber ohne königlichen Statthalter; es war eine ethnisch-religiöse Einheit. Die einzige Stadt der Juden war Jerusalem.

Jüdische Soldaten hatten in Alexanders Heer gedient. Als sich Alexanders Großreich nach seinem Tod auflöste und auf seine streitenden Feldherren aufgeteilt wurde, geriet Palästina unter die Herrschaft von Ptolemaios, der in Ägypten regierte; ein jüdisches Reiterregiment diente in seinem Heer. Die politische Einheit der in der Zerstreuung lebenden Juden war gesprengt.

Im Jahre 200 v. Z., etwa zu der Zeit, als die Römer trotz Hannibals erstaunlichem Zug über die Alpen Karthago besiegten, nahm König Antiochos III. von Syrien, ein Nachkomme des makedonischen Heerführers Seleukos, Jerusalem. Bei dem Hin und Her der Kämpfe wurden Teile der Stadt beschädigt. Die Tributzahlungen gingen jetzt nach Syrien.

Jerusalem wurde von einem Ältestenrat regiert, der sich aus Priestern und aristokratischen Laien zusammensetzte. Der Hohepriester war der Vermittler zwischen der königlichen Regierung und den Juden. Er wurde auf Lebenszeit vom König ernannt. Das einfache Volk wurde manchmal in den Tempelhof gerufen, um sich offizielle Berichte und Entscheidungen anzuhören, die es dann durch Zuruf annahm. Es gab politischen Streit zwischen zwei führenden Familien, den Tobiaden und Oniaden. Um das Land hatten die Nachkommen von Ptolemaios und Seleukos gekämpft; es hatte sich als Teil des ptolemäischen Ägypten etwa eines Jahrhunderts der Ruhe und Prosperität erfreut, obwohl es fünfmal in andere Hände übergegangen war. Judäa exportierte Olivenöl und Asphalt vom Toten Meer nach Ägypten. Jetzt, im Jahre 198 v. Z., gehörte es zu Syrien.

175 v. Z. bestieg ein neuer König, Antiochos IV., den Thron von Syrien. Er hatte einige Jahre in Rom verbracht.

Zwei Jahre später begann Jerusalem das Aussehen einer griechischen Stadt anzunehmen. Seit den Tagen von Esra und Nehemia war es eine rückständige Bergstadt und seine Bevölkerung dem Gesetz von Moses treu geblieben, wie es die Propheten und Esra gelehrt hatten. Jetzt trainierten Priester nackt in dem Gymnasion, das auf dem heiligen Berg Gottes in der Nähe des Tempels gebaut worden war.

Der Hohepriester war ein Mann mit Namen Jason, ein Angehöriger der reichen Aristokratenfamilie der Oniaden. Seit Generationen war die Hohepriesterwürde – das mächtigste und angesehenste Amt in dem politisch unbedeutenden Staat Judäa – in dieser Familie vom Vater auf den Sohn übergegangen. Aber Jason, dessen Bruder das Amt innehatte, kaufte die Hohepriesterwürde mit einer hohen Bestechungssumme von König Antiochos IV. Es war das erstemal, daß dieses mächtige erbliche Amt verkauft worden war.

Jason bat dann um die Ehre, ein Gymnasion in Jerusalem gründen zu dürfen, und um das Recht, eine Liste von privilegierten Personen aufzustellen, die Bürger der neuen Polis sein sollten. Er begleitete diese Bitte mit einer versprochenen Zahlung von 150 Talenten Silber zusätzlich zu den 440 Talenten, mit denen er die Priesterwürde gekauft hatte. Damals gab es etwa dreißig griechische Städte in Palästina. Das Privileg wurde gewährt. In Jerusalem wurde ein Gymnasion gebaut. Es lag dicht beim Tempel, auf dem Berg Moria, wo, wie uns in Kommentaren zur *Genesis* gesagt wird, einst Abraham seinen einzigen Sohn fast seinem Gott geopfert hätte.

Jerusalem, die Stadt Davids, war jetzt Gastgeber für griechischen Sport. Nackte jüdische Jünglinge warfen Speere, rangen und rannten um die Wette. Jerusalem schickte junge Athleten zu den internationalen Wettkämpfen nach Tyrus, einst das Königreich von Hiram, der Salomo geholfen hatte, JHVH einen Tempel zu bauen. Die rückständige Bergstadt Jerusalem wurde ein Teil der hellenistischen Welt, der allumfassenden Zivilisation jener Zeit. Mit den Worten Hellenismus und hellenistisch wird die Zivilisation von Griechenland bezeichnet, die Alexander von den Ufern der Ägäis mitbrachte und den Barbaren des »Fruchtbaren Halbmonds« anbot. Diese Begriffe werden aber auch für den Einfluß der griechischen Zivilisation auf Bereiche der Welt gebraucht, die Alexander nicht berührte – Indien, Karthago, Rom.

Was er der alten Welt von Kleinasien, Mesopotamien, Ägypten, Syrien, Phönikien und Judäa anbot, war eine Zivilisation, deren Repräsentanten zum größten Teil makedonische Soldaten, griechische Söldner und geldgierige Kaufleute waren. Wo immer die Griechen hingingen, nahmen sie die Elemente ihrer Zivilisation mit: Sprache und Literatur, Götter und Spiele und die grundlegenden politischen Bestandteile ihrer einzigartigen Erfindung, der Polis. Die Griechen, die aus ihrer Heimat auswanderten – zumeist unverheiratete junge Männer –, fanden sich in einer Welt wieder, die sie verächtlich als kulturlos und ausbeutungsreif ansahen. Sie hatten hart zu kämpfen in dieser neuen Welt, um sich durchzusetzen, und dieser Kampf verwandelte den zivilisierten Griechen in einen habgierigen hellenistischen Menschen. Um sich in einer Welt zu behaupten, in der Macht darüber entschied, ob man am Leben blieb oder starb, mußte man listig, schlau und stark sein. Begehrlich nach Reichtum und Macht lechzend, ein von einer fremden Welt beeinflußter Mensch, fern den Tälern und dem Meer, die seine ersten Lebensjahre geprägt hatten –, das war der Grieche, den die Landeskinder des »Fruchtbaren Halbmonds« am häufigsten sahen.

Auch Gelehrte, Philosophen und Schriftsteller kamen als Einwanderer aus Griechenland in die Welt des »Fruchtbaren Halbmonds«. Die meisten ließen sich in der neuen Stadt Alexandria nieder, die Alexander 332 v. Z. gegründet hatte, der Hauptstadt des ptolemäischen Ägypten, und sie trugen dazu bei, sie zu einem großen Kulturzentrum zu machen. Es gab keine anderen derartigen Zentren in der hellenistischen Welt. Die erste öffentliche Bibliothek in der Geschichte der Menschheit wurde in Alexandria gebaut. Die hebräische Bibel wurde für die große, griechisch sprechende jüdische Gemeinde in Alexandria ins Griechische übersetzt, wahrscheinlich während der Herrschaft von Ptolemaios II., 285 bis 246 v. Z. – das erste große Übersetzungswerk, von dem wir wissen.

Die hellenistische Stadt, deren Einwohner sich aus Makedoniern, Griechen und Ortsansässigen zusammensetzten, diente als Treffpunkt von Ost und West. Griechisch war die offizielle Sprache der Polis. Jeder Stadtbewohner, der mit griechischen Kaufleuten oder Verwaltungsbeamten zu tun hatte, mußte Griechisch lernen. Juden lernten Griechisch. Die Beherrschung der Sprache ermöglichte den Zugang zur griechischen Literatur.

Sport war ein wichtiges Anliegen der Polis, eine Ausdrucksform der Religion Griechenlands. Die großen Spiele waren den Göttern geweiht. Zu Beginn der Spiele wurden Opfer dargebracht. Die besten Jugendlichen einer Polis wurden zu den Spielen entsandt. In einem Gymnasion standen Götterstatuen. Die Wissenschaftler sind nicht sicher, ob sich in dem Jerusalemer Gymnasion welche befanden oder nicht.

Jerusalem war jetzt eine internationale Stadt. Es erhielt Erlaubnis, eigene Münzen zu schlagen. Die fünfzehnhundert Priester der Stadt und die meisten Aristokraten und Kaufleute waren zweifellos erfreut. Prosperität gab den Führern einer Stadt, die an der exportierten Zivilisation von Griechenland teilhatte, Anlaß zu einiger Hoffnung. Aber es gab welche, die den Eifer der Hellenisierer nicht teilten, denen wenig daran lag, daß der Hellenismus als Verbindungsglied zwischen Jerusalem und der Welt diene. Sie verachteten die Greuel des Heidentums. Es waren die frommen Stadtbewohner und die Bauern auf dem Land, die das Gesetz von Moses eifrig befolgten. Andere in der breiten Masse wurden von gewissen Importen dieses neuen Heidentums angezogen: Astrologie, Aberglauben, Magie.

Dann verlor Jason die Hohepriesterwürde an einen gewissen Menelaos, den Angehörigen einer Priesterfamilie, deren Name unbekannt ist. Einige Wissenschaftler glauben, die Stadt sei damals in Antiochia umgetauft worden. Volksführer tauchten auf, die Treue zur Thora predigten. Sie nannten sich Chassidäer, die »Frommen«. Es kam zu Straßenkämpfen in Jerusalem. Jason floh über den Jordan.

Auch in Rom gab es welche, die die griechische Lebensweise verachteten.

Manche fanden es lasterhaft, wenn Jünglinge bei den großen Spielen und in den Gymnasien nackt Wettläufe machten und rangen. Andere vermuteten, in den Worten von Philosophen und bei den Versammlungen eines griechischen Kults, der als dionysische Bacchanalien bekannt war, braue sich ein Aufstand zusammen. Die Angehörigen dieses Kults trafen sich heimlich des Nachts zu ihrem Gottesdienst; Neulinge legten einen Treueid auf den Kult ab, den ihnen der Priester aus einem heiligen Text vorlas. Die Römer fürchteten Kulte, deren Anhänger durch einen Eid auf einen Gott heimlich gebunden waren; solche kultischen Eide konnten womöglich Angehörigen von Verschwörerkreisen auferlegt werden. In Rom hatten die Bacchanalien anziehend auf unzufriedene Elemente der Bevölkerung gewirkt. Rom verfolgte die Verfechter dieses Kults heftig und unterzog sie oft der Folter.

Der syrische König Antiochos hatte in den Jahren, in denen er als Geisel in Rom lebte – von etwa 189 bis 175 v. Z. –, diese Verfolgung miterlebt. Die Legionen von Rom hatten die Einigung Italiens 275 v. Z. vollendet, 201 v. Z. Karthago besiegt und 197 v. Z. das Königreich Makedonien zerschlagen. Die Niederlage des Vaters von Antiochos bei Magnesia im Jahre 191 v. Z. hatte den syrischen Versuchen, die Expansion von Rom aufzuhalten, ein Ende bereitet.

Nach dem Tod seines Vaters und seines Bruders hatte Antiochos den syrischen Thron bestiegen. Er erinnerte sich sehr gut der Macht Roms und des Ausmaßes, in dem sie auf Roms Bündnis mit den verschiedenen italischen Völkern beruhte. Vielen nichtrömischen italischen Städten war das römische Bürgerrecht gewährt worden, aber sie behielten ihre eigenen Regierungsinstitutionen. Es war ein Privileg, das Bürgerrecht eines mächtigen Staates zu erhalten; es brachte aber auch staatsbürgerliche und religiöse Verpflichtungen mit sich: man mußte den Staat bei seinen Kriegen unterstützen, man mußte seine Götter verehren und an den Festen teilnehmen. Antiochos beschloß, sich Rom für sein Königreich zum Vorbild zu nehmen. Dieses Königreich, das sich von Kleinasien bis Babylon, Susa und noch weiter erstreckte, wollte er durch die einigenden Machtfaktoren des Bürgerrechts und der Religion stärken. Das würde seinem Großreich die innere Kraft verleihen, sich Rom zu widersetzen. Er war keineswegs der halbverrückte König, für den ihn manche halten, sondern ein Mann von großem Weitblick. Dieser Weitblick scheiterte an ein paar tausend jüdischen Frommen, den Chassidäern oder Pietisten, im Hinterhof seines Reiches. Sie hatten eine andere Vorstellung von der Realität und waren bereit, dafür zu sterben. Viele starben dafür, sehr viele; sie waren die ersten Glaubensmärtyrer, die der Menschheit bekannt sind.

König Antiochos IV. hielt diese Chassidäer wahrscheinlich für das jüdische Gegenstück zu den Anhängern der Bacchanalien. Sie beteten des Nachts, sie hielten Versammlungen ab, sie legten einen Treueid ab, der als *Schema* bekannt ist, und ein Vorleser las ihnen aus ihrem heiligen Text vor. Sie sprachen ein Gebet über Wein. War nicht Dionysos der Gott des Weins? An einem der Abende eines Festes, das sie »Sukkot« nannten, gaben sie sich in einer besonderen Zeremonie, die mit Wasser zu tun hatte, mit brennenden Fackeln in den Händen unbändigen, fröhlichen Tänzen hin. Tanzten nicht auch die Dionysos-Anbeter in orgiastischer Verzükkung?

Der syrische Monarch wandte ein bei Heiden höchst seltenes Verfahren an: religiöse Verfolgung. Er ging auf diese Weise gegen die Chassidäer vor, weil er sie für verschwörerische Philosophen hielt – sie waren Anhänger von Schriftgelehrten, die mündlich lehrten, aber wie die griechischen Philosophen den Text vor sich liegen hatten und gefährliche Fragen stellten über das Dasein der Götter und das Wesen des Menschen. Er sah diese Chassidäer auch als eine revolutionäre jüdisch-dionysische Bewegung an.

Es folgten Jahrzehnte des Blutvergießens und des Krieges, als Juden mit hellenisierenden Heiden aneinandergerieten in einer religiösen Konfrontation, die die erste erfolgreiche Revolution wurde, von der die Menschheit weiß. Diese Revolution war ein wichtiges auslösendes Moment für die Entstehung der zweiten Zivilisation meines Volkes – des rabbinischen Judentums. Sie war für die zweite Zivilisation der Juden das, was die Kriege, die Saul und David gegen die Philister führten, für die erste gewesen war.

Wer war König? Wer war nicht König? Jetzt, im Spätherbst des Jahres 175 v. Z., nach dem Tod oder der Ermordung von Seleukos IV., war Antiochos IV. König des Seleukidenreiches.

In Nachahmung der römischen Republik – nach einer überzeugenden Rekonstruktion der Ereignisse, die kürzlich von einem Wissenschaftler vorgelegt wurde – proklamierte er eine antiochenische Republik und forderte Einzelpersonen und Gemeinden in seinem Reich auf, das Bürgerrecht anzunehmen. Zu der Zeit kaufte Jason die Hohepriesterwürde vom König und bot zusätzliche Zahlungen für das Privileg an, eine antiochenische Gemeinde in Jerusalem zu gründen. Ein Gymnasion und Schulen wurden gebaut. Bürger der antiochenischen Republik genossen den Schutz des Königs und waren von der Einhaltung des jüdischen Gesetzes befreit, das seit der Zeit der Perser das in Judäa gültige Gesetz gewesen war.

Jason wollte, daß die Stadt ein Teil der Welt jenseits der judäischen Hochebene werde. Die Abschaffung des Gesetzes von Moses wollte er nicht. Er glaubte, Hellenismus und Judentum seien vereinbar.

Etwa zwei Jahre, nachdem Menelaos die Hohepriesterwürde erworben hatte, raubte er den Tempelschatz, um seine versprochene Zahlung an Antiochos IV. leisten zu können.

Die Pietisten sahen das als eine Entweihung an. Sie verachteten die hellenisierte antiochenische Gemeinde von Jerusalem. Sie erinnerten sich des Unheils, mit dem Gott Israel bestraft hatte, als ihre Vorfahren den Bund brachen. »Du darfst keinen anderen Gott anbeten«, war eine Forderung des Bundes, und obwohl es keinen Beweis dafür gibt, daß vor dem Beginn der religiösen Verfolgungen in Jerusalem tatsächlich Götzen angebetet wurden, waren für die Chassidäer die Vorgänge im Gymnasion und der Raub des Tempelschatzes Greuel genug. Und war im Bund nicht auch gefordert worden: »Wenn dich dein Bruder ... oder dein Sohn oder deine Tochter oder das Weib in deinen Armen oder dein bester Freund heimlich überreden würden und sagen: Laß uns gehen und anderen Göttern dienen ..., so willige nicht ein und gehorche ihm nicht. Auch soll dein Auge seiner nicht schonen und sollst dich seiner nicht erbarmen ... sondern sollst ihn erwürgen«? Um zu verhindern, daß Gott die gefürchteten Flüche des Bundes wirksam machte – wie er es in der Vergangenheit getan hatte –, begannen die gesetzestreuen Chassidäer die Hellenisierer umzubringen. Ein Aufstand brach in Jerusalem aus. Einige Mitglieder des jüdischen Ältestenrats erhoben Anklage gegen Menelaos. Er bestach und katzbuckelte, erreichte mit knapper Not den Freispruch und blieb Hoherpriester der Juden.

Im Herbst 170 v. Z. fiel Antiochos IV. in Ägypten ein. Alexandria widerstand der Belagerung. Das ganze übrige Ägypten wurde erobert. Jason hörte ein Gerücht, daß Antiochos im Kampf gefallen sei, kehrte irgendwann Mitte 169 v. Z. aus Transjordanien zurück und versuchte mit seinen Anhängern Jerusalem einzunehmen. Die Chassidäer kämpften gegen die Truppen von Jason und Menelaos. Antiochos kam mit seinem Heer nach Jerusalem. Die Tore der Stadt wurden ihm geöffnet. Antiochos hielt an Menelaos fest. Er bestrafte die Stadt für ihren rebellischen Vertrauensbruch, indem er ihren Schatz plünderte. Alle Gegner von Menelaos wurden jetzt als Rebellen betrachtet.

168 v. Z. erfuhr Antiochos durch Menelaos von fortwährenden Angriffen der Chassidäer auf die Bürgerschaft. Er schickte ein Truppenkontingent von zwanzigtausend Mann unter dem Befehl von Apollonios, dem Heerführer einer seiner Söldnereinheiten, nach Jerusalem. Unter den Chassidäern wurde ein Massaker angerichtet. Der Stadt wurde eine hohe Steuer auferlegt. Die »Akra« genannte Zitadelle nördlich des Tempels wurde befestigt und mit syrischen Truppen bemannt, um die Stadt zu überwachen und ihre antiochenischen Bürger zu schützen.

Die fremden Truppen kamen als Kolonisten. Einzelne Bezirke der Stadt wurden unter die neuen Ansiedler aufgeteilt. Zweifellos brachten die Soldaten ihre Götter mit. Wahrscheinlich gab es Plünderungen und Vergewaltigungen. Die neuen Kolonisten wollten ihre Götter im Tempel der Stadt verehren. Die Unruhe unter den Gesetzestreuen verstärkte sich. Viele fromme Juden flohen in die Wildnis.

Angesichts des Schreckgespensts der Rebellion in Judäa und mehr denn je überzeugt, daß die Chassidäer rebellische Philosophen und dionysische Ekstatiker seien, verfügte Antiochos IV. irgendwann in der Zeit von April bis Dezember 167 v. Z., daß die Juden mit ihrer Thora-Treue aufhören müßten, deren Forderungen nicht mehr einhalten dürften und den heidnischen Kult annehmen sollten, den er ihnen vorschreiben werde. Die Nichtbefolgung dieser Anordnung werde mit dem Tode bestraft. Sein Berater in der Frage, welche Götter den Juden vorgeschrieben werden sollten, war ein Athener, vielleicht ein Anthropologe aus einer der Philosophenschulen; er empfahl einen Kult, der dem der Phöniker nahekam, befreit von dem, was er für Verderbnis durch Propheten und Schriftgelehrte hielt. Es begann eine Zeit, die eine dunkel widerhallende Wiederholung der schrecklichen Jahre von Isebel, Ahab und Elia war.

Selbst antiochenische Juden hatten nicht geglaubt, daß der König so weit gehen würde; auch sie zögerten jetzt, denn sie fürchteten den Zorn ihres Gottes. Königliche Beamte begannen das Dekret durchzuführen. Kultgegenstände, die die Juden Greuel der Verwüstung nannten – Götterbilder oder heilige Steine, die die Götter des heidnischen Kultes repräsentierten –, wurden auf dem Altar im Tempel aufgestellt. Der Opfergottesdienst fand ein Ende. Heilige Prostitution in den Tempelvorhöfen wurde eingeführt. Außerhalb von Jerusalem zwangen königliche Truppen die Juden unter Gewaltanwendung, gegen die Thora zu verstoßen.

Die Rebellion griff auf das platte Land über. Viele Chassidäer wurden zu Tode gemartert; sie kämpften nicht am Sabbat, denn sie interpretierten die Bundesvorschrift, am siebenten Tag zu ruhen, wörtlich.

In dem auf kahlen Bergen gelegenen Dorf Modin, etwa zehn Kilometer östlich der Küstenstadt Lod, tötete ein alter Priester mit Namen Mattathias aus der hochangesehenen Hasmonäerfamilie einen Juden, der im Begriff war, den Befehl eines königlichen Offiziers zu befolgen und Zeus, dem Gott des Himmels, zu opfern. Mattathias floh mit seinen fünf Söhnen in die Berge.

Die Nachricht verbreitete sich rasch. Die sporadischen, planlosen Angriffe der Chassidäer, die Antiochos IV. für Umtriebe einer kleinen Gruppe von Fanatikern gehalten hatte, wurden jetzt ein Massenaufstand, als die Hasmonäerfamilie das Volk zu organisieren begann, das sich um sie scharte. Fromme Dorfbewohner und Bauern schlossen sich an. Sie führten einen Guerillakrieg, überfielen Dörfer, griffen königliche Soldaten an und zerstörten heidnische Altäre. Mattathias ordnete an, daß die Bundesvorschrift hinsichtlich des Sabbats sie nicht davon abhalten sollte, sich gegen Angriffe zu verteidigen. Viele Chassidäer stimmten dieser durch die Gegebenheiten erforderlichen Mißachtung von Gottes Wort zu.

Mattathias starb im Frühjahr 165 v.Z. Sein Sohn Judas übernahm das Kommando über die Rebellengruppe. Erstaunlicherweise besiegten diese schlecht bewaffneten Rebellen ein Heer unter Führung von Apollonios, der damals Statthalter in dem Gebiet war. Er fiel in der Schlacht. Judas nahm das Schwert des toten Statthalters und führte es von jetzt an.

Zwei weitere Versuche, Judas und seine Aufständischen zu überwältigen, wurden mit schweren Verlusten für die Syrer abgewiesen.

Dann wurde der heilige Berg des Tempels von den Rebellen genommen. Das Dekret über die religiöse Verfolgung wurde von den Syrern aufgehoben. Am fünfundzwanzigsten Tag des Monats Kislev – damals der 16. Oktober, denn der hebräische Mondkalender war seit 167 v. Z. ohne Schalttage geblieben – des Jahres 164 v. Z. feierten die Juden die Wiedereinweihung des Tempels mit einem Opferdienst. Ein neuer Opferaltar war gebaut worden; die Götterbilder oder -steine waren zerstört worden. Neue Gefäße waren in Vorbereitung. Der goldene Kandelaber war zweifellos eingeschmolzen und zu Beginn der Verfolgung mehr als drei Jahre zuvor nach Antiochia geschickt worden. Die Truppen von Judas – er wurde Makkabäus genannt, was möglicherweise Hammer bedeutet – haben vielleicht zuerst die hohlen Enden ihrer metallenen Speerschäfte als Kandelaber benutzt, frisches reines Öl in die Höhlungen gegossen und es brennen lassen als behelfsmäßiges Ewiges Licht, bis der neue goldene Kandelaber fertig war. Die Feier dauerte acht Tage und wurde zu einem alljährlichen Brauch – das erste, nicht durch biblisches Gesetz sanktionierte Fest. Es war eine der vielen Änderungen, die der Ansturm der Ereignisse der jüdischen Vorstellung von der Vergangenheit aufzwang.

Dann erlag im Spätherbst des Jahres 164 v. Z. Antiochos IV. in Persien seinen Verwundungen. Die Königswürde ging auf Antiochos V., ein Kind, über. Das seleukidische Großreich begann sich aufzulösen, als Heerführer, Minister und Höflinge um den Thron kämpften. Die innere Schwäche Syriens und mehrere Einfälle eines neuen Feindes im Osten, der Parther, hinderten die Syrer daran, ihre ganze Streitmacht von siebzigtausend Mann auf einmal gegen die Hasmonäer einzusetzen.

Der Befreiungskrieg ging schleppend weiter. Erbitterte Schlachten wurden mit wechselndem Kriegsglück in den Bergen und auf Gebirgspässen ausgefochten, zähe Bauern gegen ausgebildete Truppen und Kriegselefanten. Langsam begannen die Hasmonäer die Grenzen des Landes zu verschieben und sich jüdische Bevölkerungen außerhalb von Judäa einzuverleiben. Götzenbilder verehrende Juden schlossen sich den Makkabäern an, da sie nach Befreiung vom Haus der Seleukiden strebten. Der Kultur- und Religionskrieg war ein politischer und territorialer Kampf geworden. Einmal kämpfte ein jüdisches Heer in Antiochia an der Seite eines Bewerbers um den Seleukidenthron gegen aufrührerische Soldaten und Zivilisten.

Einer nach dem anderen starben die Söhne von Mattathias: zwei, Eleasar und Judas im Kampf; ein dritter, Johannes, wurde von feindseligen Stammesangehörigen erschlagen; der vierte, Jonathan, übernahm das Kommando, wurde 152 v. Z. von einem Bewerber um den Seleukidenthron zum Hohenpriester gemacht und dann von einem anderen Thronprätendenten, der ihn für eine zu große Bedrohung hielt, zu sich gelockt und umgebracht.

Im Jahr 142 v. Z. befreite Demetrios II. von Syrien Judäa von den Tributzahlungen und erkannte seine Unabhängigkeit an, fünfundzwanzig Jahre nach dem Beginn des Krieges. Die Juden betrachteten dieses Jahr als den Beginn ihrer Souveränität. Vierhundertvierundvierzig Jahre waren seit der Zerstörung der davidischen Monarchie durch die Babylonier vergangen. Simon, der letzte der Brüder, wurde auf einer großen Versammlung der Juden im September 140 v. Z. in Jerusalem geehrt. Ihm und seinen Erben wurde die Hohepriester- und die Königswürde übertragen.

Im Osten hatten die Parther, Eindringlinge aus den Steppen Mittelasiens, Medien erobert und ein Jahr zuvor ein Großteil von Babylonien. Das Seleukidenreich löste sich auf. Griechische Städte fielen ab und erlangten politische Unabhängigkeit. Im Westen wartete Rom und sah zu, wie die Juden und Syrer ihren kulturellen und politischen Streit miteinander austrugen. Rom hatte 161 v. Z. mit Judas Makkabäus einen Vertrag unterzeichnet, der die Anerkennung von Judäa zum Ausdruck brachte. Der Vertrag sah gegenseitige Verteidigung und befreundete Neutralität vor.

134 v. Z. wurden in Jericho der betagte Simon und zwei seiner Söhne ermordet. Der Mörder war Simons ehrgeiziger Schwiegersohn, dem es nicht gelang, den dritten Sohn umzubringen, Johannes Hyrkanus.

Wer war König? Wer war nicht König? In Judäa war Johannes Hyrkanus, Simons Sohn, Hoherpriester und König. Er zögerte, sich König zu nennen, und zog den Ausdruck Fürst vor. Er eroberte den größten Teil von Palästina und nahm Idumäa im Süden. Die gesamte heidnische Bevölkerung von Idumäa zwang er, sich zum Judentum zu bekehren, die erste derartige Massenkonversion der Geschichte. Er eroberte Teile von Transjordanien und zerstörte den samaritanischen Tempel in Sichem. Er unterhielt freundschaftliche diplomatische Beziehungen mit Rom, Sparta und Athen. Er starb 104 v. Z.

Sein Sohn, Judas Aristobulus I., eroberte das übrige Galiläa und zwang die Ituräer – Aramäer, die zur Zeit der Richter in das Gebiet südlich des Hermon-Gebirges eingesickert waren –, sich zum Judentum zu bekehren. Er regierte nur ein Jahr. 103 v. Z. ging die Königswürde auf seinen Bruder Alexander Jannäus über, der die Eroberung von palästinischen Gebieten fortsetzte, die seit der Zerstörung des salomonischen Tempels verloren worden waren. Das Land begann zu gedeihen. Der Seehandel florierte. Einfuhrsteuern wurden erhoben. 76 v. Z. starb er, und seine Frau Salome Alexandra wurde Königin von Judäa. Sie herrschte über ein Königreich, das fast so groß war wie das von David und Salomo vor etwa neunhundert Jahren.

Mittlerweile gab es am Hasmonäerhof das ganze Drum und Dran hellenistischer und orientalischer Königreiche: Minister, Höflinge, eine Bürokratie, eine Leibwache zum Schutz des Monarchen. Der Ältestenrat verlor etwas an Bedeutung und erhielt den Namen, den alle hellenistischen Gremien, die den König berieten, trugen: Synedrion oder Sanhedrin.

Art und Ursprung dieses frühen Sanhedrin sind nach wie vor unklar. Antike Quellen geben widersprüchliche Berichte, und die modernen Wissenschaftler legen eine Vielzahl von Theorien vor. Er mag ein einziger Rat mit einer Reihe von Ausschüssen gewesen sein – ein Rat der Priester und Aristokraten, ein zweiter Rat der Schriftgelehrten –, oder er wurde einmal von der einen und dann wieder von einer anderen Gruppe beherrscht. Es mag einen Sanhedrin von Schriftgelehrten und einen zweiten von Priestern gegeben haben. Er mag auch eine sowohl politische als auch legislative und richterliche Körperschaft gewesen sein. Erst nach der Zerstörung des zweiten Tempels gab es einen eindeutig nur aus Schriftgelehrten bestehenden Sanhedrin.

Königin Alexandra starb 67 v. Z. Rom annektierte Syrien. Judäa lag jetzt an einer Grenze des Römischen Reiches – wie Israel und Juda einst an Assyrien gegrenzt hatten.

Bürgerkrieg brach in Judäa aus, als Alexandras Söhne, Hyrkanus II. und Aristobulus II., um den Thron kämpften. Der römische Heerführer Pompeius kam nach Syrien und ließ erkennen, daß er Hyrkanus bevorzugte – den schwächeren der beiden, der daher leichter von Rom in Schach gehalten werden konnte. Aristobulus fügte sich Pompeius widerstrebend. Hyrkanus und seine Anhänger öffneten den römischen Soldaten die Tore von Jerusalem. Der Onkel von Aristobulus, Absalom, wollte sich nicht ergeben und verschanzte sich auf dem heiligen Tempelberg.

Nach dreimonatiger Belagerung wurde der Berg von den Römern genommen. Sie bauten Rampen an den nördlichen und westlichen Abschnitten der Mauer, brachten ihre Katapulte und Belagerungsmaschinen in Stellung und griffen am Sabbat an. Tausende wurden abgeschlachtet. Die Priester, die den Tempeldienst leiteten, wurden an Ort und Stelle erschlagen. Pompeius betrat das dunkle Innere des Tempels, das Allerheiligste, den Wohnort von JHVH. Er ließ den Tempel und seinen Schatz unangetastet.

Judäa wurde die Königswürde entzogen. Den Juden wurden das Gebiet Samaria und andere eroberte Landesteile abgenommen. Das jüdische Galiläa wurde vom jüdischen Judäa getrennt. Aus dem Land wurden zwei Länder.

In den folgenden Jahren herrschten in ganz Judäa Unruhe und Rebellion. Eine kurze Periode des Friedens schloß sich an, solange Julius Caesar in Rom herrschte, denn er schätzte die auf sein ganzes Reich verstreuten Juden hoch – die Juden machten etwa ein Zehntel der Gesamtbevölkerung aus, fünf Millionen von fünfzig oder sechzig Millionen Menschen – und behandelte sie wie Verbündete. Im Jahr 44 v. Z. wurde er ermordet. Bürgerkrieg überflutete das Römische Reich.

Zwei Jahre später waren Caesars Mörder besiegt. Dann fielen die Parther in Syrien ein. Tausende von Juden, die dem Hasmonäerhaus treu waren, schlugen sich auf die Seite der Parther. Die Parther marschierten an der Küste entlang und dann landeinwärts nach Jerusalem.

Damals hielt sich ein junger Mann mit Namen Herodes in Jerusalem auf. Er und sein Bruder Phasael waren 42 v. Z. zu Regenten von Judäa ernannt worden. Ihr Vater Antipas, ein Idumäer, der zum Judentum übergetreten und ein loyaler Anhänger Roms war, war während der Hohenpriesterschaft von Hyrkanus II. Prokurator von Judäa gewesen. Herodes wurde von den Juden verachtet; sie nannten ihn den idumäischen Sklaven. Das Volk von Jerusalem revoltierte gegen die Söhne des Antipas und öffnete den Parthern die Tore der Stadt.

Phasael wurde gefangengenommen und beging anschließend Selbstmord. Herodes und seiner Familie gelang die Flucht in die südliche Wildnis. Herodes ging nach Rom. Die Parther, stolz auf ihre Eroberung, verließen Judäa und kehrten in das Land jenseits des Euphrat zurück.

Im Sommer des Jahres 38 v. Z. marschierten römische Legionen in Judäa ein. Im Winter 38-37 v. Z. begannen sie, Jerusalem zu belagern. Die Stadt fiel im Sommer 37 v. Z. Tausende der Verteidiger wurden erschlagen. Der letzte der Hasmonäer, Antigonus, Sohn von Aristobulus II., wurde auf Befehl von Mark Anton hingerichtet.

Wer war König? Wer war nicht König? Herodes, Sohn des Antipas, des konvertierten Idumäers, war König von Judäa – auf Befehl des Senats von Rom.

Die Peripherie der griechischen Zivilisation hatte sich über die Landkarte des »Fruchtbaren Halbmonds« hinausgeschoben. Die Geographen der alten Welt pflegten auf die Ränder ihrer Landkarten Bemerkungen zu schreiben, die besagten, daß jenseits davon nichts liege als sandige Wüsten voll wilder Tiere, tödliche Sümpfe, Eisberge, ein gefrorenes Meer. Auf einer Kulturkarte jener Welt wäre Judäa an den Rand gedrängt gewesen. Die mächtige hellenistische Zivilisation des Seleukidenreiches prallte auf die verschlafene Bergstadt Jerusalem – und für beide Zivilisationen war nichts wieder wie zuvor.

Die Seleukiden setzten ihre Heere gegen den eisernen Willen frommer Juden ein. Judäa geriet unter den Zivilisationseinfluß des Hellenismus. Von dieser kulturellen Konfrontation wurden zuerst die städtischen Juden der Oberschicht betroffen – Priester, Aristokraten, Regierungsbeamte –, bei denen die Wahrscheinlichkeit am größten war, daß sie mit Außenstehenden aus der Welt des

Hellenismus in Berührung kamen. Sie lernten Griechisch. Der Oberschicht wollte es die Kaufmannschaft gleichtun, und der Kaufmannschaft folgte die breite Masse. Die griechische Sprache breitete sich aus; viele lernten sie gut. Sie wurde in der Synagoge und in Handels- und Wirtschaftskreisen gesprochen. »Herr, laß viel Regen fallen«, auf griechisch, war die erste Verszeile eines Gebets um Regen.

Ehe der Talmud etwa sechshundert Jahre nach den letzten Hasmonäern endgültig redigiert wurde, enthielt auch diese grundlegende Schöpfung der zweiten Zivilisation der Juden ungefähr dreitausend griechische Wörter, obwohl er auf hebräisch und aramäisch geschrieben war. Einer der größten Rabbis, Juda der Fürst, der Redakteur des umfangreichen Kompendiums des mündlich überlieferten jüdischen Rechts, das als »Mischna« bekannt ist, drängte sein Volk, nicht den palästinischen Dialekt des Aramäischen zu benutzen. »Sprecht entweder Hebräisch oder Griechisch«, sagte er. Er lebte gegen Ende des 2. Jahrhunderts unserer Zeitrechnung, als Jerusalem durch römische Legionen in einen Schutthaufen verwandelt worden war und die heidnische Welt triumphierend und unzerstörbar zu sein schien.

In jener Zeit erbaute Synagogen haben Inschriften auf griechisch, und ihre Fußböden und Wände sind oft mit heidnischen Motiven geschmückt. Es läßt sich nicht feststellen, ob ein mesopotamischer Jude des 3. Jahrhunderts n. Z. bei der Betrachtung der Kunst in der Synagoge von Dura-Europos, der alten Stadt am Euphrat, die Masken und Katzen als Elemente des Kults des Dionysos und die Früchte und das Korn als Fruchtbarkeitssymbole sah oder all das als bloße Dekoration empfand.

Hauptsächlich waren es die oberflächlichen, peripheren Elemente von Griechenland, die von den Juden in Judäa aufgenommen wurden. Bei einer kulturellen Konfrontation werden die äußerlichen Elemente – Kleidung, Sprache, Aberglauben, Technologie und dergleichen – zuerst übernommen; die Kernelemente – Denkweisen, Weltanschauung – kommen zuletzt, wenn überhaupt. Platon und Aristoteles wurden von den Rabbis nie erwähnt; sie sprachen nur von Homer. Aber damals kannte fast jeder Homer, selbst die Hausfrau im Dorf, die ihrer Familie das Essen in einem irdenen, mit Zeichnungen geschmückten Gefäß bereitete, die das Klirren von Bronzewaffen am nebligen Strand von Troja widerhallen ließen. Ebenso wie heute fast jeder den Namen Shakespeare kennt, auch wer ihn nie gelesen hat. Wenig, wenn überhaupt etwas von jenem vitalen Herzen Griechenlands berührte den Kern des judäischen Judentums.

Dieses Herz war kalt und abgezehrt. Winzige Stadtstaaten, an denen Bürger partizipiert und wo das Individuum gezählt hatte, gehörten der Vergangenheit an. Die hellenistische Stadt wurde beherrscht von riesigen Monarchien, Söldnerheeren, Berufsbeamten und Palastintrigen. Früheres Wissen wurde gesammelt und in ein System gebracht. An die Stelle der Kulte der Stadtgötter traten die Kulte vergöttlichter Könige. Um sich Gehör zu verschaffen, mußte das Volk randalieren.

Selbst die urbane Intelligenzija, die sich in Jerusalem erging und Reichtum und Gelehrsamkeit zur Schau trug, äffte nur ein blaß und müde gewordenes Griechenland nach, dessen goldene Jahre zu Schlacke geworden waren und dessen alte Größe nur gelegentlich in der Welt von Alexandria wiederaufflackerte, dem größten Zentrum wissenschaftlicher und historischer Studien in den Jahrhunderten nach Alexander. Anderswo verfaßte Euklid sein Werk über die Geometrie und entwickelte Aristarchos seine heliozentrische Theorie von unserem Sonnensystem, die von jedermann ignoriert wurde, bis Kopernikus seine Abhandlung schrieb und Galilei einen neuen Stern am feststehenden Himmel entdeckte. Die Alchimie wurde entdeckt. Astrologie wurde ein blühendes Geschäft. Das Verfahren des Aderlasses fand Eingang in die Medizin und behauptete sich dort bis ins 19. Jahrhundert.

Unter dem Eindruck dieses Echos aus Griechenland spaltete sich die judäische Welt in verschiedene Richtungen auf, als die Juden versuchten, dem kulturellen Schreckgespenst von jenseits des Meeres entgegenzutreten. Die Oberschicht nahm es mit offenen Armen auf; ihr gehörten viele Priester an, die an dem skrupellosen Manipulieren der Geopolitik stark beteiligt waren. Weil die Priesterklasse von Zadok abzustammen behauptete, dem Hohenpriester zur Zeit von David, wurde diese reiche, urbane, aristokratische Splittergruppe, die sich um 220 v. Z. bildete, mit der Zeit Zedukim, Sadduzäer, genannt. Nicht alle Priester waren Sadduzäer, aber alle Sadduzäer waren Priester, Aristokraten oder reiche Kaufleute. Sie waren erpicht darauf, der hellenistischen Welt zu begegnen, ihre Schönheit in sich aufzunehmen, an ihrer Macht teilzuhaben und sich ihr notfalls zu unterwerfen. Sie glaubten voll und ganz an die Thora, das geschriebene Gesetz, und betrachteten die Interpretationen und mündlichen Zusätze, die dem Text durch Generationen von Schriftgelehrten hinzugefügt waren, voll Verachtung. Sie glaubten, Gott könne mit menschlichen Begriffen beschrieben und verehrt werden, wie man einen menschlichen König oder Herrscher verehrt. Sie glaubten, daß das Opfer im Mittelpunkt stehen müsse, und widersetzten sich dem Gottesdienst der Schriftgelehrten und Chassidäer, der nur aus Gebet und Kontemplation bestand. Alles, was wir von den Sadduzäern wissen, stammt von dem klassischen jüdischen Historiker Josephus, der die Zerstörung des zweiten Tempels miterlebte, und von ihren Gegnern. Die Schriften der Sadduzäer sind nicht erhalten.

Aus den Reihen der Schriftgelehrten und Frommen gingen zu der Zeit, als die Hasmonäer-Revolution begann, die ersten religiösen Lehrer einer neuen Art hervor, die sich in Stadt und Land auf die unteren Bevölkerungsschichten stützten. Da sie von Johannes Hyrkanus aus dem Sanhedrin herausgedrängt, von ihm abgesondert wurden, weil sie sich von Heiden fernhielten und dazu neigten, in Fragen der rituellen Reinheit äußerst sorgfältig zu sein und den Kontakt mit jedem zu vermeiden, der im Verdacht stand, rituell beschmutzt zu sein – wenn er, sagen wir, eine menstruierende oder eine Frau im Wochenbett, eine Leiche, ein totes Reptil, einen Aussätzigen oder dergleichen berührt hatte –, wurde diese Splittergruppe Perushim, Pharisäer, genannt nach einem Wort, das »abgesondert« bedeutet.

Die grundlegende Doktrin dieser Abgesonderten war der Glaube, daß Moses am Sinai zugleich mit dem schriftlichen auch ein mündliches Gesetz offenbart worden sei und sie die rechtmäßigen Lehrer und Interpreten dieses mündlichen Gesetzes seien. Sie glaubten, alle Forderungen des Bundes müßten befolgt werden, auch diejenigen, die weniger wichtig erschienen. Sie glaubten, Gott bestimme menschliche Geschehnisse durch göttliche Fügung und ermesse Belohnung und Bestrafung in einer zukünftigen Welt. Sie glaubten an die Wiederauferstehung der Toten und an Engel. Diese Lehren hatten sich in den kritischen Jahrhunderten seit der Rückkehr der Verbannten aus Babylonien entwickelt und wurden jetzt von den Pharisäern als in der heiligen Schrift fest verwurzelt angesehen. Die Sadduzäer glaubten an keine dieser Lehren.

Nach Schätzung der Wissenschaftler gab es zur Zeit von Herodes eine Million Juden in Palästina und vier Millionen in Syrien, Kleinasien, Babylonien und Ägypten. Die Zahl der Pharisäer betrug etwas mehr als sechstausend, die der Sadduzäer noch weniger.

Viele Chassidäer waren verzweifelt über den Hellenismus, der sich am Hasmonäerhof breitmachte, und waren in die Wildnis gegangen, um ein Leben mit Gott zu führen, fern von den lauten Stimmen, dem Hader der Bürger und dem bis ins einzelne ausgefeilten Tempelkult. Sie sehnten sich nach dem Tag Gottes, nach dem Ende des Haders. Viele von ihnen lebten wie Mönche in einer Gemeinde, die sie auf einer felsigen Höhe südlich von Jericho zwischen einem himmelblauen See, dessen Wasser ungenießbar war, und hohen, von Höhlen durchlöcherten Bergen gründeten. Sie wurden als Essäer oder Essener bekannt – das Wort bedeutet wahrscheinlich »Heiler« nach einem aramäischen Wort *asa*, heilen: Sie wollten das heilen, was sie für eine durch die sündigen Leidenschaften des Menschen hervorgerufene Krankheit hielten; oder es mag von *hasin* herrühren, der aramäischen Entsprechung zum hebräischen *hasidim*, die Frommen. Über ihre Welt und ihr Leben erfuhren wir durch die Schriften, die ihre Schreiber hastig in den nahegelegenen Höhlen verbargen, als die Römer nach der Zerstörung Jerusalems des Weges kamen. Diese Schriften sind heute als die Schriftrollen vom Toten Meer bekannt.

Es gab viel inneren Hader in der Hasmonäerzeit. Viele erwarteten ein apokalyptisches Ende der Zeiten, als die Kriege, die jetzt um Territorien, Macht, Handelswege geführt wurden – normale Unterfangen eines Landes, das die Arena des Internationalen Blutvergießens betreten hat – anhielten. Andere, vor allem die Pharisäer, wurden immer verbitterter, als sie mitansehen mußten, wie Alexander Jannäus, der im Jahr 103 v. Z. den Thron bestieg und endlose expansionistische Kriege führte, in dem heiligen stillen Vorhof des Tempels die Pflichten des Hohenpriesters erfüllte, sich an dem riesigen Altar geflissentlich zu schaffen machte und die Opfer darbrachte, die das Volk mit Gott verband. Wie konnten durch Eroberungen blutbefleckte Hände dem Herrn Opfer darbringen? Sie fanden, ihr Land sei einfach in einen weiteren hellenistischen Staat verwandelt, der nach Reichtum und Macht hungerte, dessen Führer gleichgültig waren gegen das Gesetz von Moses, wie es die Schriftgelehrten gelehrt hatten. Einmal, als Jannäus während des Sukkot-Festes ein Trankopfer auf unpassende Weise dargebracht hatte – ob durch Zufall oder in spöttischer Absicht, ist nicht ganz klar –, bewarfen wütende Pharisäer ihren König mit Zitrusfrüchten, einem der Erzeugnisse der Erde, die zum Zeremoniell des Festes gehörten. Das Trankopferritual findet sich nicht in der Bibel und war pharisäischen Ursprungs. Viele bezahlten mit ihrem Leben für diesen Akt empörter Frömmigkeit, als der jüdische König seine kilikischen Söldner, Truppen aus Kleinasien, aufbot, um Juden zu erschlagen. Eine offene Revolte gegen den König unter Führung pharisäischer Extremisten brach aus und dauerte von etwa 90 v. Z. bis 85 v. Z. Jannäus setzte jüdische Truppen ebenso ein wie Söldner, um die Revolte niederzuschlagen. Der jüdische Historiker Josephus berichtet, daß in diesem Bürgerkrieg etwa fünfzigtausend Juden das Leben verloren.

Die Pharisäer wurden wiederholt besiegt, aber sie kämpften hartnäckig weiter; sie wollten die alleinige Macht über das religiöse Geschick ihres Volkes. Sie sahen sich als Märtyrer für den *Namen*. Gott wurde nicht mehr JHVH genannt. Dieser Name war zu heilig, zu ehrfurchtgebietend, um ihn ganz gewöhnlich zu äußern. Sie starben für den Ruhm des Herrn der Welt, um des Himmels willen, für den Bund, den einzuhalten sich das Volk verpflichtet hatte, da sonst die schrecklichen Flüche wieder wirksam gemacht würden.

Eines Tages wollte Jannäus mit den Pharisäern Frieden schließen. Er schickte einen Herold zu ihnen, um zu fragen, welche Bedingungen sie stellten. Sie verlangten seinen Tod – so unversöhnlich war der Haß dieser Juden auf ihren König.

Es ist ein Irrtum, sich die Pharisäer als freundliche alte Männer mit wallenden weißen Bärten vorzustellen; man sollte sie eher als leidenschaftliche Verfechter der Lehren der Schriftgelehrten sehen; viele konnten mit Schwert und Speer ebensogut umgehen wie mit Gesetzestexten und waren durchaus bereit, für ihren Gott zu töten. Wir sprechen von einer Zeit, da die Menschen für das, was ihnen am Herzen lag, leicht zum Schwert griffen. Die Pharisäer töteten für Gott und nicht, um zu plündern. Es ist zu bezweifeln, ob das ein Trost für diejenigen war, die durch pharisäische Schwerter fielen. Die Pharisäer waren für die Hasmonäerkönige, was die Propheten für die Könige von Israel und Juda gewesen waren.

Der erste Schriftgelehrte, der seit der Zeit von Esra aus der Dunkelheit auftaucht, ist Ben Sira, der um 180 v. Z. lebte. Die Persönlichkeit des individuellen Lehrers wurde jetzt erkennbar, eine eindeutige Folge des Einflusses griechischer Bräuche. Die Lehrer-Schüler-Beziehung, die für die jüdische Gelehrsamkeit charakteristisch wurde, scheint ihre Wurzeln in den Akademien in Athen gehabt zu haben, in den Schulen der Stoiker und Epikuräer. So wurde damals systematisches Denken übermittelt – von einem

Lehrer an seine Schüler. Die Lehrer setzten sich mit ihren Schülern zusammen und sprachen über Fragen, die das persönliche und das Gemeinschaftsleben der Juden betrafen. Sie trafen sich im Tempelvorhof oder in besonderen Lehrhäusern. Die Wörter *bet midrash*, »Lehrhaus«, und Jeschiwa, »Sitz«, der Platz des Lehrers oder Meisters, tauchen zuerst in den Schriften von Ben Sira auf. Der Schriftgelehrte, der Lehrer, der Schüler, unabhängig von König und Kult – das war die neue Art der Führung. Sie begann in den Jahrhunderten, in denen der Hellenismus nach Jerusalem kam.

Einige der Meister waren arm und verdienten sich den Lebensunterhalt als Arbeiter; andere waren reich und könnten zusammen mit aristokratischen Grundbesitzern und Priestern Mitglieder des Sanhedrin gewesen sein. Sie bildeten die Elite der frommen Volksmassen und wollten Frieden, denn nur unter geordneten Verhältnissen konnte das Volk erfolgreich zu einem Leben in Gesetzestreue erzogen werden. In der Stille städtischer und ländlicher Häuser, vor dem Hintergrund von Waffengeklirr und blutigen Eroberungen, lehrten sie die Wichtigkeit des Gesetzes und des Studiums. »Laß dein Haus einen Treffpunkt der Weisen sein«, sagte ein Weiser. »Nimm einen Lehrer und suche dir einen Gefährten«, sagte ein anderer. Alle glaubten und lehrten, daß Moses die Thora am Sinai empfing und sie Josua überlieferte, und Josua den Ältesten oder Richtern, und die Ältesten den Propheten, und daß die Propheten sie den Mitgliedern der Großen Versammlung überlieferten, über die wir fast nichts wissen, außer daß sie Zeitgenossen von Esra, dem Schriftgelehrten, gewesen sein sollen. Von den Männern der Großen Versammlung heißt es, sie haben die Wichtigkeit von Sorgfalt und Geduld bei der Rechtsprechung gelehrt, die Notwendigkeit, viele Schüler zu unterrichten, und die Wichtigkeit, die Bundesvorschriften mit einem Zaun von Vorsichtsmaßnahmen zu umgeben, damit die Vertragsbedingungen niemals gebrochen würden.

Die klügsten Köpfe des Landes fühlten sich zu diesen pharisäischen Meistern, den Weisen, hingezogen. Jeder, der mit einem starken Willen und Verstand begabt war – ob er nun reich oder arm oder ein Konvertit war –, konnte in den Rang eines Weisen aufsteigen. Wenn Meister und Schüler sich trafen und zusammen studierten, sprachen sie von Festen, ritueller Reinheit, ehelichen Beziehungen, Zivil- und Strafrecht, Verhalten gegenüber den Armen, Behandlung von Kindern und Eltern, Pflichten der Regierungsbehörden – jeder Aspekt im Leben des Volkes gehörte unter den heiligen Baldachin des Gesetzes. Das mündliche Gesetz war keine Geheimlehre, sondern eine, die die Weisen dem ganzen Volke bekanntmachen wollten. Während Johannes Hyrkanus und Alexander Jannäus große Teile Palästinas mit Schwert und Speer und nichtjüdischen Söldnern eroberten und judaisierten, haben diese Weisen jeden hellen und dunklen Winkel des Daseins geistig durchdrungen.

Die Anfänge des mündlichen Gesetzes gehen auf eine Zeit lange vor diesen Weisen zurück und lassen sich historisch nicht feststellen; aber die wichtigste Ausarbeitung dieses Gesetzes begann, als Jerusalem unter griechischen Einfluß geriet und der Text des Bundes für diese neue Konfrontation mit einer fremden Realität lebendig gemacht werden mußte. Neue Bräuche mußten im Bund verwurzelt werden. Das geschah durch ein neu entwickeltes System der Textinterpretation, von dem angenommen wurde, Moses habe es am Sinai erhalten, das aber vieles mit der Art und Weise gemein hatte, wie griechische Gelehrte damals in Alexandria verwirrende Stellen bei Homer neu interpretierten. Die ganze zivilisierte Welt jener Zeit glaubte an die Heiligkeit alter Schriften; alle wollten diese Heiligkeit erhalten und ein Lebendigbleiben dieser Schriften durch Neuinterpretation gewährleisten. Wir erhalten Schöpfungen der Vergangenheit lebendig, indem wir sie mit Resonanz für die Gegenwart erfüllen.

Zur Zeit von Alexander Jannäus, als Pharisäer gegen ihren König kämpften und Tausende erschlagen wurden, flohen viele Pharisäer aus dem Land. Einige gingen nach Alexandria, wo sie eine Stadt mit geraden, breiten Straßen, Kanälen, Tempeln, Bibliotheken, einem Museum und einem Theater vorfanden – eine glanzvolle griechische Stadt inmitten des Reichtums und der aufgeblähten alluvialen Fäulnis des ptolemäischen Ägypten. Zweifellos trafen sie mit den Juden der Stadt zusammen, die griechisch sprachen und kein Hebräisch verstanden, erpicht darauf waren, das Bürgerrecht zu erhalten, Dichter, Dramatiker und Historiker hervorbrachten, die griechisch schrieben, und bald den Philosophen Philon hervorbringen sollten, der in einer frommen jüdischen Familie aufwuchs, wahrscheinlich nicht Hebräisch konnte und einer der für die Entwicklung der westlichen Zivilisation wichtigsten Denker werden sollte. Den Pharisäern fiel auf, daß es keine jüdischen Schulen für Kinder gab; es gab nur Schulen für jüdische Erwachsene, die am Sabbat abgehalten wurden; Juden bemühten sich um die Aufnahme ihrer Kinder in griechische Gymnasien. Die

Pharisäer werden gesehen haben, daß die alexandrinische jüdische Gemeinde jetzt die griechische Übersetzung der Thora hatte, die sogenannte *Septuaginta*, daß die Juden viele Synagogen gebaut hatten, von denen eine so groß war, daß die Stimme des Vorlesers kaum in den hinteren Reihen zu hören war, daß sie sich der griechischen Lebens- und Denkweise völlig angepaßt hatten und in ihrer Treue zu Jerusalem und dem Tempel fanatisch waren.

Als Salome Alexandra im Jahr 76 v. Z. Königin von Judäa wurde, forderte sie die Pharisäer auf, ins Land und in den königlichen Rat, den Sanhedrin, zurückzukommen. Sie war den inneren Hader leid, der das Land schwächte.

Eine außerordentliche Periode pharisäischer Kreativität folgte. Die Königin leitete die Außenpolitik des Landes; die Pharisäer hatten die religiösen Angelegenheiten unter sich und das, was man heute das Innenministerium nennen würde. Die Sadduzäer wurden wegen der Rolle, die sie gespielt hatten, als sie Jannäus rieten, gegen die Pharisäer Krieg zu führen, aus führenden Stellungen entfernt. Ein Sadduzäer, ein Berater von Jannäus, wurde vor ein pharisäisches Gericht gestellt und zum Tode verurteilt, ebenso wie viele andere hohe Sadduzäer. Heiden hatten kein Monopol auf die brutalisierenden Auswirkungen der Macht.

Zur Zeit der einzigen Königin in der Geschichte der Hasmonäerdynastie war das Land in einen fruchtbaren Nebel wirtschaftlicher Prosperität gehüllt. Es gab Regen und Einkünfte in Hülle und Fülle. In dieser Periode des Überflusses lebte ein armer Mann, ein Flachshändler, der ständig unterwegs war. Sein Name ist Simon ben (Sohn des) Schetach, und er war der einflußreichste Pharisäer seiner Zeit. Legenden rankten sich um ihn. Es hieß, er habe in Askalon in Übereinstimmung mit dem Bundesgesetz achtzig Frauen wegen Hexerei aufgehängt. Aber Askalon war während der Regierung von Salome zu kurz in jüdischer Hand, als daß diese Geschichte der Wahrheit nahekommen könnte. Von seinem Leben ist fast nichts bekannt, abgesehen davon, daß er die Sadduzäer hart behandelte, eine Verfügung erließ, wonach der Grundbesitz eines Ehemannes im Scheidungsfall zugunsten der Ehefrau hypothekarisch belastet werden konnte, um die Interessen der Frau zu wahren, und die öffentliche Schule einführte.

Vor dieser Zeit, von Esra bis zur Hasmonäerperiode, lehrte ein Vater seinen Sohn das Bundesgesetz, denn diese Unterrichtung war selbst ein Bundesgebot: »... und sollst sie deinen Kindern einprägen.« Jetzt schufen die Pharisäer, da sie ja die inneren

Angelegenheiten des Landes kontrollierten, ein öffentliches Schulsystem. »Alle Kinder müssen in die Schule gehen«, bestimmte Simon ben Schetach. Ein späterer Pharisäer, Josua ben Gamala, spezifizierte diese allgemeine Regel, indem er genau darlegte, daß jeder Bezirk und jede Stadt eine Freischule für Kinder haben sollte. Der Bund und seine mündlichen Überlieferungen konnten nur in Schulen am wirkungsvollsten übermittelt werden.

Das war eine kurze, aber wichtige Zeit in der Geschichte des Landes, diese neunjährige Regierung von Königin Salome. Dann zerbrach das Land in zwei Länder, und jetzt, im Jahre 37 v. Z., saß ein König auf dem Thron, der nicht dem Hasmonäergeschlecht angehörte und dessen Macht von den blutbespritzten Standarten der römischen Legionen stammte.

In den Jahrhunderten, in denen ein müdes Athen einem wiedergeborenen Jerusalem begegnete und Juden überall auf der Welt auf die ganze Macht der hellenistischen Zivilisation stießen, mußte sich das Volk, das einst den Pentateuch – die ersten fünf Bücher der Bibel – und geschichtliche und prophetische Werke geschaffen hatte, teilweise als Folge der kulturellen Konfrontation mit dem Heidentum des »Fruchtbaren Halbmonds«, mit dem Einfluß eines neuen Heidentums aus dem Westen auseinandersetzen. Schriftsteller, die zu dieser Zeit lebten und an dieser Konfrontation beteiligt waren, zeichneten ihre Eindrücke davon auf. Ehe die Wirkung des Hellenismus ganz empfunden wurde, und als vielleicht noch eine Resonanz der persischen Periode in der Luft lag, sind die *Bücher Judith* und *Tobias* geschrieben worden, bibelähnliche Geschichten über Mut und Glauben. Um die Mitte des 3. Jahrhunderts v. Z. sprachen Schriftsteller von ihren ideologischen Auseinandersetzungen mit universalen Situationen: Das *Buch Hiob* mit seiner ewig widerhallenden Verdammung der frommen deuteronomistischen Theologie, das einzige Buch der Bibel, das es wagt, den Gott des Bundes anzugreifen; *Jona* mit seiner liebevollen Umarmung aller moralischen Völker; *Prediger*, das sich scheinbar mit halb stoischer, halb orientalischer Resignation mit der Trübsal des Daseins abfindet. *Hiob* und *Prediger* sind Beispiele für eine aggressive Literatur, von Weisheitslehrern geschriebene Werke, die ihre Reaktionen auf das aufzeichneten, was ihrer Ansicht nach die Hohlheit des Lebens und die von der Tradition gelehrte konventionelle Ethik war.

Aus der Konfrontation mit dem Hellenismus entstand dann die apokalyptische Literatur – Apokalypse ist griechisch und bedeutet

»Offenbarung«. Diese Literatur blühte vom 2. Jahrhundert v. Z. bis zum 2. Jahrhundert n. Z. und war ein Ausdruck der jüdischen Sehnsucht nach einer Erneuerung der Prophetie am Ende der Zeiten, das jede Generation von Schriftstellern als sehr bald bevorstehend ansah. Es war eine Zeit, die über die Historie hinausging, in der erschreckende kosmische Kräfte einen entsetzlichen Krieg führen, die natürliche Welt Umwälzungen erleiden und der Erlöser kommen würde, ein übermenschliches Wesen, das den endgültigen Sieg des Guten über das Böse sicherte. Das *Buch Henoch* erzählte von den dienstbaren Engeln, die den Herrn jeden Morgen mit Gesang begrüßen, und von dem präexistenten Erwählten, dem Messias, der am Tag des Jüngsten Gerichts alle Sterblichen richten würde. Es gab noch mehr derartige Werke: *Daniel, Jubiläen, Testamente der zwölf Patriarchen,* die Schriftrollen vom Toten Meer. Wieder andere – darunter die Apokalypse von Abraham, die Himmelfahrt von Moses – wurden in römischer Zeit geschrieben. Die apokalyptische Literatur spiegelt die Qual blutrünstiger Jahrhunderte wider, den Zweifel an der Fähigkeit des Menschen, das Leiden zu beenden, und den absoluten Glauben an das wundertätige, erlösende Eingreifen Gottes. Diese Flut von Literatur, eine einzigartige Schöpfung von Juden in Konfrontation mit dem Hellenismus und später mit Rom, wirkte sich unmittelbar auf die Entwicklung des jüdischen Mystizismus und auf das Weltbild der apokalyptischen Pharisäer aus, die eines Tages das Christentum schaffen sollten.

Es war eine dynamische Periode literarischer Kreativität in Palästina, Alexandria, Antiochia. Juden malten und meißelten die kulturelle Konfrontation ihrer Zeit mit Worten statt mit Farbe und aus Stein. Nur ein Bruchteil dessen, was geschaffen wurde, ist erhalten. Ich habe zum Beispiel wenig Zweifel, daß *Hiob* alles ist, was uns von einer ganzen Literaturgattung geblieben ist, die dem Problem des Bösen in einer Welt, die an einen guten Gott glaubt, auf den Grund geht.

Herodes herrschte in Jerusalem, ein Werkzeug der römischen Außenpolitik. Er tötete fünfundvierzig Mitglieder des Sanhedrin, die die Hasmonäer unterstützt hatten, und der Sanhedrin besaß von nun an nur noch auf religiösem Gebiet richterliche Gewalt. Herodes beherrschte die meisten der Regionen, die vorher den Hasmonäerkönigen untertan gewesen waren. Er war einer der mächtigsten Potentaten des Ostens unter römischer Schirmherrschaft. Bei den inneren Angelegenheiten Palästinas ließ man ihm absolut freie Hand. Er verfuhr mit dem Land, als wäre es sein Privateigentum. Er förderte die Einwanderung aristokratischer babylonischer Familien, deren Reichtum und Stellung von einem dauerhaften Frieden mit Rom abhängig waren, nach Judäa. Er war der Mittelpunkt turbulenter Hofintrigen. Seine vielen Söhne von seinen vielen Frauen wurden zu erbitterten Rivalen um seinen Thron. Unter dem Glanz seines Hofes wuchsen wie ein Schimmelpilz Mißtrauen und Furcht. Drei Söhne ließ er wegen Verschwörung hinrichten. Auf Drängen seiner Schwester Salome und nach einer vagen Beschuldigung der Untreue erschlug er Mariamne, die einzige seiner zehn Frauen, die er wirklich liebte. Nach ihrem Tod war er durch Kummer geschwächt und dem Wahnsinn nahe. Er machte aus Judäa einen hellenistischen Staat: die Diplomatie, das Heer, die Bürokratie, die Erziehung seiner Söhne – alles lag in den Händen von Griechen oder von Menschen, die wie Griechen lebten. Er selbst verstieß niemals öffentlich gegen den jüdischen Glauben. Sein Hof war üppig; die dort herrschende Atmosphäre war griechisch, seine Treue galt Rom.

Von der breiten Masse in Judäa wurde er gehaßt trotz der kostspieligen Verbesserungen, die er dem Tempel und Jerusalem in reichem Maße zukommen ließ. Er liebte es, Paläste, Festungen und Landhäuser zu bauen. Rom schickte ihm Techniker und Konstrukteure. Er genoß es, sein eigener Architekt zu sein. Er baute einen großartigen Palast auf Massada, einer wuchtigen, vierhundert Meter hohen Felskuppe, die das Tote Meer überblickt. Er baute ein Hippodrom und ein Theater in Jerusalem. Er ließ den römischen Adler an der Fassade des Tempels anbringen als Zeichen seiner Loyalität gegenüber Rom. Das empörte das Volk.

Ich stand kürzlich in den Ruinen eines seiner Sommerpaläste in der Nähe von Jericho am schmalen Ausfluß eines hochgelegenen, mit Findlingen übersäten Wadi. Der Bauplan sah vor, daß das Wasser durch den Palast floß. Da war Platz für einen weitläufigen Garten, mit Kolonnaden versehene Wege, Bäume und erlesene Pflanzen. In der Nähe des Gartens lag ein Teich, zu dem Steinstufen hinabführten. Darin war jemand, der sich den Unwillen des Königs zugezogen hatte, von Höflingen ertränkt worden. Er brachte viele ums Leben, dieser despotische König der Juden. Es war höchst gefährlich, ein naher oder entfernter Verwandter von ihm zu sein. »Es ist besser, Herodes' Schwein als sein Sohn zu sein«, soll Augustus gesagt haben.

Die Weisen fuhren fort zu lehren. Der Bereich des jüdischen Denkens war so riesig, daß es für uns schwierig ist, irgendeine Gruppe als maßgebend zu bezeichnen. Der Talmud, der die pharisäische Weltanschauung widerspiegelt, berichtet, daß es vierundzwanzig häretische Sekten gegeben habe. Herodes schützte die Pharisäer und respektierte die Essener, denn er glaubte, dadurch würde er sich bei dem verärgerten Volk beliebt machen. Aber er war zu sehr an Rom gebunden, ein zu grausamer Hedoniker, um das Volk auf seine Seite zu ziehen.

Die Bemühungen der Weisen in dieser Zeit sind etwas in Dunkel gehüllt. Wir wissen, daß an der Spitze des Sanhedrin zwei Weise standen, die sich in die Pflichten der Führung teilten.

Irgendwann während der Herrschaft von Herodes wanderte ein junger Mann aus Babylonien nach Jerusalem und schloß sich einem Lehrhaus an. Mit der Zeit wurde er ein guter Schüler und dann ein großer Lehrer. Sein Name war Hillel. Er wurde Mitglied des Sanhedrin.

Herodes starb im Jahr 4 v. Z. Am Rand der Landkarte wurde es turbulent. Das Volk verlangte eine andere Regierungsform und eine Senkung der drückenden Steuern, die jährlich als Tribut an Rom bezahlt wurden. Den Forderungen wurde nicht entsprochen. In den letzten Monaten jenes Jahrhunderts kam es zu Aufständen im Land. Die Aufstände hielten noch an, als die Menschheit die unsichtbare Zeitgrenze überschritt, die uns in das Jahr 1 der heutigen Zeitrechnung brachte.

Rom

Legionen aus Rom

Das war ein blutiges Jahrhundert des Schreckens und die Geburtsstunde neuer Träume. Der Weise Hillel, Vorsitzender des Sanhedrin, lehrte eine neue Methode, wie das alte Gesetz von Moses auf die Realitäten des täglichen Lebens angewandt werden könne; er war der Stammvater einer Dynastie führender Gelehrter, die vierhundert Jahre Bestand haben sollte. Ein junger Lehrer mit Namen Josua, Sohn des Joseph, wurde von den Römern hingerichtet, weil er die Rebellion schürte; aber so viele Tausende wurden in jenem Jahrhundert hingerichtet, und fast unbemerkt stahl er sich aus dem Leben. Ein Jude mit Namen Saulus, der sich jetzt Paulus nannte, wanderte durch die mittelmeerische Welt, predigte einen neuen Glauben und schrieb Briefe an ferne Gemeinden, was die mißtrauischen Römer beunruhigte. Der Jerusalemer Tempel wurde von römischen Legionen zerstört. Und die langen zwielichtigen Jahrhunderte zwischen den beiden Zivilisationen der Juden fanden ihr Ende, als das rabbinische Judentum voll ins Leben trat.

Ein Zwischenfall, der sich in den letzten Jahren des vorangegangenen Jahrhunderts ereignete, scheint in historischer Sicht eine dunkle Andeutung des Konflikts zwischen Rom und Jerusalem zu sein. Im letzten Jahr der Regierung von Herodes erklommen einige junge Pharisäer die Tempelfassade, an der der Adler der römischen Legionen angebracht war. Sie holten den Adler herunter. Glaubenseifrige Juden griffen die Legionäre der Jerusalemer Garnison an. Die Kurzschwerter der Soldaten erstickten den Aufstand rasch. Herodes, dem Tode nahe und halb verrückt von der Erinnerung an seine Familienangehörigen, die er umgebracht hatte, befahl, die Pharisäer hinzurichten, die den römischen Adler geschändet hatten. Sie wurden lebendig verbrannt.

Herodes starb. Er hinterließ ein Testament. Sein Königreich sollte zwischen drei Söhnen aufgeteilt werden. Einer der Söhne, Archelaos, erbte Judäa, Idumäa und Samaria. Er erwies sich als ein hartherziger und unfähiger Herrscher.

Augustus war damals Kaiser, ein vorsichtiger Mann von schwacher Konstitution, geplagt von chronischen Leiden – Darmkatarrh, Ekzemen, Bronchitis – und gestärkt durch eine hartnäckige Zielstrebigkeit, eine kreative Energie und die Fähigkeit, mit anderen zurechtzukommen, was ihm ermöglicht hatte, seine Feinde zu bezwingen und der erste Kaiser von Rom zu werden. Er hörte sich die bitteren Klagen über Archelaos an, die ihm Juden und Samaritaner vortrugen. Er hielt das Land für zu unbedeutend, um es zu einer kaiserlichen Provinz zu machen, was viele Truppen erfordert hätte, und zu andersartig, was die Religionsausübung und die ethnische Zusammensetzung betraf, um es der Provinz Syria zuzuschlagen. Augustus setzte Archelaos im Jahre 6 n. Z. ab und verwandelte die Gebiete, die der Sohn des Herodes beherrscht hatte, in eine Provinz zweiten Ranges, eine senatorische, die Judaea oder Iudaea genannt wurde. Derartige Provinzen wurden von Präfekten oder Prokuratoren verwaltet, Männern aus dem Ritterstand, die dem niederen Adel angehörten, der Schicht reicher Kaufleute, und nicht der Aristokratie, deren Stammbäume sich oft bis zu den frühen Gründern Roms zurückverfolgen ließen. Galiläa und Peräa – letzteres umfaßte ungefähr die alten Königreiche Moab und Ammon – blieben unter der Vasallenherrschaft des zweiten Sohns, Herodes Antipas, der die Stadt Tiberias baute. Teile des nördlichen Transjordaniens behielt der dritte Sohn Philipp. Das Reich des Herodes, mit Blut erlangt und mit Terror regiert, war zerfallen.

Eine Delegation von Juden hatte Augustus gebeten, Judäa, wie wir es weiter nennen wollen, von der verhaßten Familie des Herodes zu befreien. Jetzt begrüßten die meisten Juden die direkte römische Herrschaft. Aber einige betrachteten die Römer voll Haß; nur Gott konnte ihr Herr sein.

Die Römer nannten die neue Provinz Judäa, weil die Juden die Mehrheit der Bevölkerung ausmachten. Erst in der Regierungszeit Hadrians im 2. Jahrhundert lautete ihr offizieller römischer Name Palaestina, obwohl der Name schon im 1. Jahrhundert von griechischen Schriftstellern und Juden wie dem Philosoph Philon und dem Historiker Josephus, die beide griechisch schrieben, gebraucht worden war.

Die Juden von Judäa sprachen aramäisch und griechisch. Heiden lebten in ihrer Mitte. Die Juden hatten wenig mit ihnen zu tun, betraten ihre Häuser selten, tranken ihren Wein oder ihre Milch nicht, aßen ihr Brot nicht und kauften kein Fleisch bei ihren Metzgern. Drei Tage vor einem heidnischen Fest hörten die Juden auf, Geschäfte mit Heiden zu machen; sie wollten in keiner Weise, weder direkt noch indirekt, zu heidnischen Riten beitragen. Viele Juden gingen während eines heidnischen Festes in keine heidnische Stadt, nicht einmal, um sie zu durchqueren. Jüdische Arbeiter beteiligten sich nicht an Bauten, die in irgendeiner Weise mit heidnischen Kulten verbunden waren, und auch nicht an Regierungsgebäuden. Aufgebrachte und verständnislose Heiden spotteten über den jüdischen Ritus der Beschneidung, die Einhaltung des Sabbats und das Verbot von Schweinefleisch.

Aber eine völlige Trennung von Juden und Heiden ließ sich nicht durchführen. Sie kauften auf denselben Märkten, sie kamen in den Straßen der Stadt miteinander in Berührung, sie reisten auf denselben Routen. »Wir versorgen die Armen der Heiden ebenso wie die Armen Israels, wir besuchen die Kranken der Heiden ebenso wie die Toten Israels, des Friedens wegen«, heißt es im Talmud. »Wir sollten die Heiden an ihren Festtagen grüßen, im Interesse des Friedens«, sagte ein Weiser. »Wer den Heiden bestiehlt, wird schließlich auch den Israeliten bestehlen«, sagte ein anderer. »Es ist verboten, einen Heiden zu täuschen, wegen der Profanierung des Namens Gottes«, heißt es im Talmud. Ein Heide, dem durch einen Juden Unrecht geschah, könnte den Gott der Juden verfluchen. »Die Frommen aller Völker haben Anteil an der zukünftigen Welt«, sagte ein weiterer Weiser. Diese wurden als halbe Proselyten angesehen, Menschen, die dem Heidentum abgeschworen und den Monotheismus und die Moralgesetze angenommen hatten, aber noch nicht zum Judentum übergetreten waren und dessen Riten und Gesetze nicht zu akzeptieren vermochten. Proselyten wurden in jeder Beziehung als Juden willkommen geheißen.

Die Römer respektierten die Götter, deren Völker sie ausplünderten. Oft wurden örtliche Kultstätten von Legionären bewacht. Der Tempel in Jerusalem stand unter dem Schutz des römischen Heers, ebenso die Straßen, über die jüdische Pilger aus dem ganzen Imperium nach Jerusalem kamen, um die Feste zu feiern.

Rom eroberte den Osten mit seinen Legionen; der Osten eroberte Rom mit seinen Göttern. Tausende von Göttern wohnten in Rom, und die Stadt respektierte alle mit Ausnahme derjenigen, die sie verdächtigte, Rebellion zu säen. Asiatische Götter zogen über Land- und Meeresstraßen nach Westen in Begleitung neuer Sklaven aus jüngst verwüsteten Ländern und freier Männer, die Rom als den Mittelpunkt der Welt und eine Goldgrube ansahen.

In den ersten Jahrzehnten nach der Zeitenwende gab es etwa fünfzigtausend Juden in Rom. Die Stadt war reich an Tempeln, Foren, Triumphbögen, Gedenksäulen, Statuen, riesigen Theatern, Amphitheatern, Zirkussen, öffentlichen Bibliotheken und Museen, öffentlichen Bädern, Parks, Sportplätzen, großen Märkten, schönen Geschäften. Die Wissenschaftler schätzen die damalige Bevölkerungszahl auf etwa eine Million. Ungefähr zweihunderttausend Menschen waren arbeitslos und erhielten Lebensmittel von der Regierung. Weil sie die Götter Roms nicht verehren wollten, waren die Juden der Stadt von der Teilnahme an heidnischen Festen und vom Dienst in den Legionen ausgeschlossen. Rom beobachtete nachsichtig, aber nicht ohne Besorgnis den Geldstrom von überall im Reich nach Jerusalem, da die Juden freiwillig ihre jährliche Tempelsteuer zahlten. Zur Zeit von Augustus ließen die römischen Legionäre ihre Standarten in der judäischen Hafenstadt Caesarea, damit die darauf abgebildeten Götzen die empfindlichen Juden nicht beleidigten. Die Juden erwähnten den Kaiser in ihren Gebeten und brachten in seinem Namen täglich ein Opfer in ihrem Tempel dar.

Die Römer wollten Ruhe im Land haben. Zerstörte Städte und ein in Staub verwandeltes Land brachten der Regierung keine Tributzahlungen ein und diebischen Prokuratoren keine Möglichkeit, sich zu bereichern. Aufstände waren lästig und konnten Fragen aufwerfen, wie einflußreich auch immer ein Provinzstatthalter beim Kaiser oder Senat war.

Die Juden arbeiteten schwer auf ihren Feldern und bestellten sie gut. Tonrohre, Aquädukte, künstliche Kanäle sorgten für die Bewässerung des Landes. Das Korn war von hoher Qualität in Judäa. Der Weizen aus Samaria und Galiläa wurde gelobt. Gerste wuchs in großen Mengen. Das Land brachte Obst, Gemüse, Datteln und Feigen hervor. Wein gab es im Überfluß; manche Weinsorten wurden exportiert. Die Juden züchteten Rinder, Schafe und Ziegen. Arbeit war achtbar. Die Weisen drängten jeden Vater, seinen Sohn ein Handwerk zu lehren. Es gab Steinmetzen, Zimmerleute, Schneider, Bäcker, Lohgerber, Köche, Rindermästereien, Bader, Barbiere, Schmiede, Weber, Imker, Fischer,

Jäger, Töpfer, Glasschmelzer. Weder die Bibel noch der Talmud erwähnen Bildhauer in Judäa. Es gab Maler, aber sie malten keine Porträts aus Angst, gegen das zweite Gebot zu verstoßen. Markttage waren montags und donnerstags. Man brachte seine Erzeugnisse, das Werk seiner Hände, auf den Markt der nächsten Stadt oder eines großen Dorfes. Tausende kamen aus der Diaspora – den jüdischen Gemeinden außerhalb des Landes Israel –, um die Pilgerfeste zu feiern. Der Handel wurde gefördert. Jeder Einkauf von landwirtschaftlichen Erzeugnissen, jeder Warenverkehr, jeder Verkauf von Sklaven, jedes Stückchen Land – alles wurde von den Römern besteuert.

Die Steuereintreibung wurde verpachtet. Man bewarb sich bei der Regierung in Rom unter Angabe der Provision, die man für den Einzug der Steuern in einem Gebiet des Imperiums haben wollte. Wer das niedrigste Gebot abgegeben hatte, bekam das Gebiet für die Dauer von fünf Jahren. Was man über die von der Regierung geforderten Steuern hinaus eintreiben konnte, durfte man zusätzlich zur Provision behalten. Man konnte von einem Reichen eine Bestechungssumme annehmen und es ihm erlassen, seinen angemessenen Steueranteil zu bezahlen, und man preßte aus den wehrlosen Armen so viel heraus, wie man nur bekommen konnte, ohne einen Aufstand zu provozieren. Den Steuereinnehmer nannten die Juden einen Sünder, und er war verhaßt. Man konnte reich werden als Steuereinnehmer; viele wurden sehr reich.

Zur Zeit des Augustus herrschte ein langer Frieden. Die Legionen ruhten sich aus. Die Grenzen des Imperiums waren gesichert. Die Barbaren an den fernen Grenzen Galliens verhielten sich ruhig. Rom regierte und hielt die Ordnung aufrecht. »Wäre die Regierung nicht«, bemerkte ein Weiser, »würden sich die Menschen gegenseitig bei lebendigem Leibe auffressen.« Römische Flotten patroullierten auf den Meeren, um die Seeräuberei in Schach zu halten; das Mittelmeer ist ein römischer See genannt worden. Die Straßen wurden in gutem Zustand erhalten. Großen und kleinen Städten in allen Provinzen wurde ein beträchtliches Maß an kommunaler Selbstverwaltung zugestanden.

Der Tempel in Judäa war, durch Herodes' Bautätigkeit vergrößert, ein prächtiges Gebäude. Die Archäologen sagen uns, daß Jerusalem damals eine wohlhabende und ganz bewohnte Stadt war. Der Sanhedrin, der hohe Gerichtshof der Juden, trat regelmäßig zusammen, um Fragen des jüdischen Rechts zu besprechen und zu regeln. Er verhandelte über Zivilfälle, verkündete die Zeit des Neumondes und setzte dadurch die Daten von Feiertagen fest, und verkündete das Schaltjahr, das den jüdischen Kalender mit den Jahreszeiten und der Sonne in Einklang brachte. Seine administrative Befugnis reichte nur bis zu den Landesgrenzen; seine religiöse Autorität wurde von den meisten Juden im ganzen römischen Imperium akzeptiert.

Es gab auch regionale und örtliche Gerichte. Kein jüdisches Gericht war berechtigt, die Todesstrafe zu verhängen; das war den Prokuratoren vorbehalten. Sie taten es oft. Manchmal war das Land um eine Stadt erfüllt von dem Gestank der Toten und der auf jenen gekreuzten Holzbalken Sterbenden, eine Hinrichtungsart, die die Römer von der Stadt gelernt hatten, die sie einst mit brutaler Leidenschaft gehaßt hatten: Karthago. Römische Legionen hatten diese Stadt im Jahr 146 v. Z. dem Erdboden gleichgemacht, ihr Land aufgepflügt und mit Salz besät, ihre Bevölkerung abgeschlachtet oder in die Sklaverei verkauft. Rom war ein Muster an disziplinierter, unermüdlicher Geduld, wenn es sich einem Feind gegenübersah. Es hatte länger als ein Jahrhundert gebraucht, um Karthago zu zerstören.

Die Juden von Judäa wollten Roms Zorn nicht erregen. Sie wollten ihre Steuern bezahlen und sich dem Eroberer unterwerfen, wenn sie nur ungestört ihren Gott anbeten konnten. Die Juden ließen sich viel von den Römern gefallen, nur nicht eine heidnische Maßnahme, die sich zwischen sie und ihren Gott schob.

Tiberius starb 37 n. Z., und sein Nachfolger war Caligula. Der neue Kaiser war in der ständigen Angst aufgewachsen, sein Leben bei den Palastintrigen zu verlieren, die ringsum im Gange waren. Seine Gefährten waren junge hellenistische Fürsten, verweichlicht und äußerst korrupt. Irgendwie gelang es ihm, alle seine Brüder zu überleben. Seine Herrschaft wurde zuerst gut aufgenommen; er schien beliebt zu sein. Dann begannen sich Zeichen von geistiger Verwirrung zu zeigen. Er verlangte, ihm die einem Gott zustehenden Ehren einzuräumen und sein Pferd zum Konsul zu wählen, eines der höchsten Ämter des Imperiums.

Heiden in der Stadt Jamnia, ein wenig südlich von Jaffa, bauten einen Altar, um dem Kaiser Opfer darzubringen. Die Stadt lag auf judäischem Gebiet, wo das alte Verbot des Götzendienstes von allen griechischen und römischen Herrschern mit Ausnahme von Antiochos IV. respektiert worden war. Juden warfen den steinernen Altar um und zertrümmerten ihn. Caligula war wütend, als er von dieser Mißachtung seiner Göttlichkeit erfuhr. Er befahl, eine riesige goldene Statue anzufertigen und im Allerheiligsten im Tempel aufzustellen. Die Kolossalstatue sollte das Gesicht von Caligula haben und Zeus darstellen.

Am Ende des 2. Jahrhunderts v. Z. hatte die römische Republik etwa vierhundert Jahre bestanden. Ihre Siege hatten ihr die heilige Scheu, Furcht und Bewunderung der Welt eingetragen. Rom wimmelte von Sklaven, Freigelassenen, arbeitslosen Bauern, Aristokraten, Kaufleuten im Ritterrang, Handwerkern, Zirkussen, Gladiatoren, Adepten von tausenderlei esoterischen Kulten, Prostituierten, Kriminellen, Astrologen, Magiern, Philosophen und Weissagern. Gleichzeitig schwelte in der Stadt latente Feindschaft zwischen Plebejern und Patriziern, Bürgern und Fremden, Heerführern und Senatoren, die um Macht und Einfluß wetteiferten.

Roms großes Reservoir an Arbeitskräften konnte den Bedarf der Legionen nicht decken, eines gewaltigen Berufsheers, das überall kämpfte und in fernen Provinzen in Garnison lag. 107 v. Z. machte der Konsul Marius die Bestimmung rückgängig, daß Grundbesitz eine Vorbedingung für den Dienst in den Legionen sei. Er schuf ein Freiwilligenheer und kam dann auf die Idee, den Legionen Regimentsfahnen zu verleihen.

Die Umstellung auf ein stehendes Berufsheer führte dazu, daß die Bedeutung der Feldherren zunahm, die über die Loyalität der Truppen verfügten. Einer dieser Heerführer, Sulla, wurde nach einem Jahrzehnt des Bürgerkriegs Diktator von Rom. Er starb 78 v. Z. Pompeius wurde 70 v. Z. Konsul. Er war es, der sich anschickte, das Seeräuberunwesen im Mittelmeer zu beseitigen, und bei dieser Gelegenheit Syrien und Jerusalem eroberte. Bald wurde auch er voll Schrecken als möglicher Diktator betrachtet. In Rom gab es Straßenkämpfe und Mord, Korruption und Käuflichkeit im Senat.

Im Jahr 59 v. Z. wurde Julius Caesar, ein Neffe von Marius, zum Konsul gewählt. Er erhielt auf fünf Jahre den Oberbefehl über die Legionen in Gallien. Er vollendete die Eroberung Galliens in der gewährten Zeit und war jetzt ein reicher Mann mit einem loyalen Heer. Für Pompeius war er natürlich ein Rivale. Caesar wünschte, daß seine konsularische Gewalt um fünf Jahre verlängert werde. Dieser Bitte wurde entsprochen. Ein Konsul durfte laut Gesetz nur ohne das Provinzheer nach Rom zurückkehren. Im

Januar 49 v. Z. überschritt Caesar den Rubicon, den schmalen Fluß, der seine Provinz von Italien trennte. Er überquerte ihn mit einer Legion und beging damit Hochverrat.

Bürgerkrieg war die Folge. Caesar besiegte die Legionen des Pompeius in Spanien, Thessalien und Ägypten. 46 v. Z. ernannte ihn der Senat auf zehn Jahre zum Diktator. Dann wurde er 44 v. Z. zum Diktator auf Lebenszeit ernannt.

Caesar war es, der den Julianischen Kalender mit 365 Tagen und einem zusätzlichen Tag alle vier Jahre einführte. Der Kalender wurde ihm von einem Astronomen aus Alexandria vorgeschlagen und trat am 1. Januar 45 v. Z. in Kraft. Am 15. März 44 v. Z. wurde Julius Caesar ermordet.

Die Juden von Rom betrauerten ihn tief und schlossen sich dem Begräbniszug an, denn er war ein Freund der Juden im ganzen Imperium gewesen. Kurz nach seinem Tod wurde er zum Gott erklärt. Seine Bildsäulen wurden überall verkauft. Das Volk betete zu ihm. Von Staats wegen wurde ihm ein ewiges Leben nach dem Tod zugleich mit den großen Göttern von Rom zugesichert.

Diejenigen, die Caesar ermordeten, taten es in der vagen Hoffnung, die Republik zu erhalten. Aber die Republik starb mit Caesar. Es folgte ein langer Bürgerkrieg, aus dem Octavian, Caesars Neffe, siegreich hervorging. Es dauerte nicht lange, und Octavian war Kaiser, und 27 v. Z. änderte ein eingeschüchterter Senat seinen Namen in Augustus, ein Begriff, der die Vorstellung von Macht auszudrücken schien, die bereitwillig einem übertragen wurde, der in den Augen der Götter und der Menschen das Richtige getan hatte. Dann kam 14 n. Z. Tiberius. Er war ein zurückhaltender, passiver, introvertierter Mann, ein etwas zu zaghafter Kaiser für eine militärische Autokratie wie Rom. Und jetzt, im Jahr 38 n. Z., saß ein geistesgestörter Caligula auf dem Thron von Rom und wartete auf die Nachricht, daß die riesige Statue von ihm als Zeus im Tempel der Juden in Jerusalem aufgestellt sei.

Das Land befand sich in Aufruhr. Es war fast ständig in Aufruhr gewesen seit der Ankunft des ersten Prokurators, Coponius, im Jahre 6 n. Z. Er hatte eine Volkszählung angeordnet. Viele sahen das als den Auftakt zu einer Steuererhöhung an; andere erinnerten sich des biblischen Berichts über das Unheil, das auf Davids Volkszählung gefolgt war, und waren entsetzt. Eine offene Revolte wurde abgewendet durch die Vermittlung des Hohenpriesters. Die Volkszählung wurde durchgeführt, aber Coponius gelang es, die Hochachtung der Juden zu erlangen. Einer der Torwege zum Tempel wurde nach ihm benannt. Es gibt keine Aufzeichnung über irgendeine andere allgemeine Volkszählung in Judäa.

Aus dieser kurzen Konfrontation mit Coponius entstand eine neue Partei: die Zeloten. Sie wurden eine mächtige Partei und waren unbeugsam in ihrem Haß auf Rom.

Coponius kehrte im Jahr 9 nach Rom zurück. In den nächsten zweiunddreißig Jahren regierten sechs Prokuratoren in Judäa. Pontius Pilatus war von 26 bis 36 Prokurator. Käuflichkeit und eine häufige Zuhilfenahme von Hinrichtungen haben ihm eine einmalige Unsterblichkeit eingetragen. Er brachte römische Schilde und Heeresstandarten nach Jerusalem, prägte Münzen mit heidnischen Symbolen und behandelte Juden und Samaritaner gleichermaßen voll höchster Verachtung. Es gab Aufstände. Ein Jahr, ehe Caligula den Kaiserthron bestieg, wurde er abberufen.

Frühere Kaiser waren freundlich zu den Juden gewesen. Caligula selbst hatte diese Politik zuerst fortgesetzt, indem er seinen Freund Herodes Agrippa, den Enkel von Herodes, als König über die Gebiete von Philipp jenseits des Jordans einsetzte und über diejenigen von Antipas, der in Galiläa und Peräa geherrscht hatte. Im Jahr 41 erhielt er dann auch Judäa.

Die Juden waren entzückt. Obwohl er in Rom erzogen worden war und seine Jugend unter den jungen Adligen der römischen Aristokratie verbracht hatte, erweckte Agrippa durchaus den Eindruck, ein frommer Jude zu sein, zumindest innerhalb der Grenzen seines Königreichs. Er respektierte die widerstreitenden Parteien und die religiöse Empfindlichkeit seines Volkes. Besonders rücksichtsvoll war er gegen die Pharisäer.

Wenige Monate, nachdem Caligula Kaiser geworden war, wurde er krank. Nach dieser Krankheit war er von unbezähmbarer Machtgier erfüllt, ein geistesgestörter Tyrann.

Der Statthalter von Syrien war Publius Petronius. Er marschierte an der Spitze einiger syrischer Legionen in die Küstenstadt Ptolemais, etwa dreißig Kilometer nördlich vom Karmelgebirge. Ihm war die Aufgabe übertragen worden, dieses Statuenprojekt durchzuführen. Er kannte die Juden, war tatsächlich ihr Freund und war sich bewußt, daß der Befehl seines Kaisers auf Widerstand stoßen würde. Hätte er sich indessen dem Kaiser widersetzt, wäre es Hochverrat gewesen.

Das Ausmaß des Widerstandes hatte er allerdings nicht erwartet. Aus dem ganzen Land strömten Juden nach Ptolemais und baten um Aufhebung des Dekrets. Es waren keine fanatischen Zeloten. Das ganze Volk war einig im Widerstand gegen die Statue des Kaisers. Als Publius Petronius zur Stadt Tiberias marschierte, verließen die Bauern ihre Felder – es war die Zeit der Herbstsaat – und flehten, den Tempel nicht zu entweihen. Es würde ein Blutbad in Judäa geben.

Agrippa versuchte, Caligula zu einer Sinnesänderung zu bewegen. Petronius zögerte und zauderte und schrieb Caligula von den Schwierigkeiten, die er habe. Beide gefährdeten ihre Stellung und wahrscheinlich auch ihr Leben. Es gibt Hinweise darauf, daß Caligula vorhatte, die Statue in Rom herstellen zu lassen, sie nach Judäa zu verschiffen und rechtzeitig für einen Besuch im Osten, den er für das Frühjahr plante, im Tempel aufstellen zu lassen.

Eines Tages beleidigte Caligula einen Offizier der Palastwache, den er wegen seiner sexuellen Gewohnheiten hänselte. Wütend über die Beleidigung, fing ihn der Offizier in einem entlegenen Winkel des Palastgebäudes ab und erdolchte ihn. Die Bedrohung für den Tempel war abgewendet. Aber die Juden vergaßen sie nicht. Verrückte konnten Rom beherrschen und ihrem Wahnsinn frönen, gestützt auf die ganze Macht des Imperiums.

Agrippa war in Rom, als Caligula ermordet wurde. Claudius, der stotternde, verkrüppelte Onkel von Caligula, wurde von Angehörigen der Wache hinter einem Vorhang gefunden, als sie den Palast plünderten. Er wurde in ihr Lager geschleppt. Sein verstorbener Bruder Germanicus war bei den Legionen beliebt gewesen. Jetzt drängten sie Claudius ihre Unterstützung auf, wenn er sich um den Thron bewerbe. Claudius, der klüger war, als sein idiotisches Stottern vermuten ließ, zögerte, nahm schließlich an und zeigte sich erkenntlich – es war das erste und keineswegs letzte Mal, daß der Kaiserthron mit dem Versprechen von Belohnungen an die Legionen erkauft wurde. Hier spielte Agrippa eine entscheidende Rolle als Vermittler zwischen dem Senat und den Kräften, die Claudius unterstützten, und wahrscheinlich trug er dazu bei, einen weiteren römischen Bürgerkrieg zu vermeiden. Kaiser Claudius war großzügig in seiner Dankbarkeit gegenüber Herodes' Enkel. Er gab ihm Judäa und bestätigte seine Herrschaft über die Territorien, die Caligula ihm verliehen hatte. Agrippa beherrschte jetzt ganz Palästina, sehr zum Mißvergnügen vieler heidnischer Städte in diesem Gebiet. Claudius stellte die Religionsfreiheit der Juden im ganzen Imperium wieder her, aber im Jahr

41 verbot er den Juden in Rom, Proselyten zu machen, und als Folge einiger Unruhen ordnete er im Jahre 49 die Vertreibung der Juden aus Rom an. Bald wurde ihnen die Rückkehr gestattet.

Die Regierungszeit von König Agrippa I. ist von einigen Historikern das letzte Goldene Zeitalter der Juden im Altertum genannt worden. Wir haben so wenig gute Perioden gehabt, daß wir fast jede Zeit der Ruhe und Kreativität als golden bezeichnen. Das von Agrippa beherrschte Königreich war etwa so groß wie das Territorium der Hasmonäerdynastie zur Zeit ihrer größten Macht. Juden in Judäa und überall in der Diaspora betrachteten Agrippa voll Liebe und Stolz. Er sorgte sich sehr um das Wohl seines Volkes, schützte es verläßlich und unterhielt freundschaftliche Beziehungen zu benachbarten heidnischen Städten.

Unter seiner Regierung hatte das Christentum seine langsame frühe Ausbreitung begonnen, und er war hart ihm gegenüber. Er befahl die Hinrichtung von Jakobus, Sohn des Zebedäus, einem der Führer der Sekte, und die Inhaftierung des Apostels Petrus.

Er starb plötzlich in Caesarea während einer Feier zu Ehren des Kaisers. Er hatte sieben Jahre regiert, von 37 bis 44. Er war vierundfünfzig Jahre alt, als er starb. Es mag sein, daß er von Römern vergiftet wurde, die seine Beliebtheit bei den Juden fürchteten. Die Juden betrauerten ihn tief. Die Heiden frohlockten. Römische Truppen in Caesarea verfluchten sein Andenken, brachen in sein Haus ein, vergriffen sich an seinen Töchtern und feierten seinen Tod öffentlich mit Wein und Schlemmermählern; so wird es uns von Josephus berichtet. Claudius machte Judäa, Galiläa und Peräa zu einer römischen Provinz und entsandte einen Prokurator mit Namen Cuspius Fadus, der sie verwalten sollte.

Er regierte von 44 bis 46. Im Land wurde es immer turbulenter. Es gab Zusammenstöße zwischen Juden und Heiden in den hellenistischen Städten der Provinz. Die Römer neigten dazu, die heidnische Bevölkerung zu begünstigen.

Der Nachfolger von Cuspius Fadus war Tiberius Julius Alexander, ein Abtrünniger, der sein Judentum aufgegeben hatte, um in der römischen Welt Karriere zu machen. Er stammte aus einer Familie bekannter alexandrinischer Juden; sein Onkel war der Philosoph Philon. Die Juden in Judäa haßten ihn. Die Unruhen nahmen zu. Wegelagerer machten die Straßen unsicher. Die beiden Söhne eines bekannten galiläischen Juden wurden wegen Unruhestiftung gekreuzigt.

Während der Statthalterschaft von Ventidius Cumanus von 48 bis 52 kam es während eines Festes in Jerusalem fast zum Aufruhr, als ein römischer Soldat seinen Rock hob und, wie Josephus sich ausdrückte, »den Juden seinen Hintern zuwandte und Worte sprach, die man bei einer solchen Körperhaltung erwarten kann«. Steine wurden auf den Soldaten geschleudert. Dann kam es zum Aufstand. Viele starben. Als ein römischer Soldat eine Schriftrolle mit dem Gesetz von Moses fand, zerriß er sie und warf die Stücke ins Feuer. Das ganze Land schien nach Caesarea zu strömen, dem Sitz der römischen Verwaltung, um die Bestrafung des Soldaten zu fordern. Um die Revolte, die gewiß war, zu vermeiden, befahl Cumanus, den Soldaten zu köpfen.

Die Last der römischen Herrschaft wurde unerträglich. Die Unruhen wurden nicht von einer zentralen Führung geleitet – es gab keine –, sondern waren örtlich, spontan. Die Kluft zwischen der Vorstelllung von Israel als dem erwählten Volk Gottes und der bitteren Realität der römischen Unterdrückung gab Anlaß zu apokalyptischen Visionen, messianischen Hoffnungen, Prophezeiungen von plötzlicher Rettung vom Himmel durch die Hand Gottes. Messianisten zogen durch das Land, sammelten Anhänger und predigten den Aufstand. Viele wurden gekreuzigt, sehr viele. Unter den Zeloten bildete sich eine kleine Gruppe politischer Meuchelmörder, die Sikarier hießen – das lateinische Wort *sica* bedeutet »Dolch« –, deren gekonnte, heimliche Tätigkeit gegen jeden, der mit Rom sympathisierte, eine besonders grausige Form des Terrors wurde. Briganten griffen Dörfer an. Die römische Herrschaft in Judäa schien führerlos zu sein, bankrott. Recht und Ordnung begannen im ganzen Land zusammenzubrechen. Meuchelmörder gingen ihren tödlichen Geschäften nach. Messianisten predigten die bevorstehende Erlösung. Jüdische Führer, Priester und Pharisäer mahnten zur Aufrechterhaltung der Ordnung und warnten vor der Vernichtung, die die Folge einer Rebellion sein würde. Zuletzt wurde Cumanus von Judäa abberufen. Im Jahr 52 wurde Antonius Felix zum Prokurator ernannt. Er war Grieche. Der römische Historiker Tacitus sagte von ihm, daß er »jeder Art von Barbarei und Sucht frönte« und »mit der Seele eines Sklaven die Macht eines Königs ausübte«. Zwei Jahre nach der Ernennung von Felix starb Claudius, und Nero wurde Kaiser von Rom.

In den großen Städten drängten sich Schuldner, die ihr Land verloren hatten, und Flüchtlinge aus Grenzgebieten der Provinz, die ihre Dörfer wegen der unaufhörlichen Räubereien und Zusam-

: Palast von König Herodes dem Großen in Jerusalem. Rekonstruktion.

sada, die letzte Festung des jüdischen Widerstandes gegen die Römer, fiel 73 n. Z.

Nach der Zerstörung des zweiten Tempels wird der siebenarmige Leuchter von den Römern Beute weggetragen. Relief am Titusbogen in Rom.

Juden beten an der Klagemauer.

menstöße mit den Heiden verlassen hatten. Sie bildeten eine aufgebrachte Masse, die den Predigten messianischer Führer und politischer Extremisten bereitwillig ihr Ohr lieh. Ihr Zorn richtete sich gegen die Römer und die judäische Oberschicht, die seit Jahren mit der römischen Regierung zusammengearbeitet hatte. Ein Mann, der ein Prophet zu sein behauptete, kam plötzlich aus Ägypten, zog mit Tausenden von Jüngern zum Ölberg und versprach, die Stadtmauern von Jerusalem zu zerstören und die römische Garnison zu überwältigen. Die Schar seiner erwartungsvollen Anhänger war noch auf dem Berg, als die römischen Legionäre angriffen. Ein Blutbad folgte. Der Prophet entkam.

Es gab Unruhen in Caesarea, als sich Juden und Heiden über den Status der Stadt und die Bürgerrechte der Juden stritten. Die Juden behaupteten, es sei eine jüdische Stadt, denn sie sei von einem jüdischen König gebaut worden, Herodes. Die Heiden erklärten, es sei eine heidnische Stadt, denn ihr früherer Name habe »Turm von Strato« gelautet – eine winzige, von den Heiden gegründete Siedlung –, und Herodes könne sie gar nicht als jüdische Stadt vorgesehen haben, denn er habe dort Tempel gebaut und Götterstatuen aufgestellt. Es gab Straßenkämpfe. Die römische Garnison, die aus Syrern bestand, hielt es mit der heidnischen Bevölkerung. Wütende Juden streiften mit Schwertern und Knüppeln durch die Straßen. Felix kam in die Stadt und befahl den Juden, nach Hause zu gehen. Sie weigerten sich. Er ließ seine Soldaten angreifen, viele Juden wurden getötet. Die Unruhen hielten an. Zuletzt wurde der Fall Nero vorgelegt, der gegen die Juden entschied und sie zu Bürgern zweiter Klasse machte. Die Juden schäumten über diese Entscheidung, die eine Folge des syrischen Einflusses an Neros Hof war.

Das Land war in einem annähernd chaotischen Zustand. Jerusalem wurde von den Sikariern terrorisiert. Messianische Visionäre verwirrten die Gemüter. Zeloten predigten Rebellion. Priester bekämpften sich gegenseitig um privilegierte Posten. Die Pharisäer sahen hilflos zu, hin- und hergerissen zwischen ihrem Haß auf die römische Unterdrückung und ihrer Angst vor den Folgen einer Revolte.

Albinus, ein neuer Prokurator, kam im Jahr 62. Vor seiner Ankunft hatte ein Hoherpriester den Vorsitz im Sanhedrin übernommen und sich angeschickt, Fälle unter Anwendung von sadduzäischem Recht zu verhandeln. Eines unter vielen Opfern des plötzlichen Machtverlusts der Pharisäer war Jakobus, der Bruder von Jesus und Führer einer Christengemeinde in Jerusalem. Er wurde zum Tode verurteilt und hingerichtet.

Die Pharisäer protestierten heftig gegen das Verfahren gegen Jakobus und schickten eine Delegation zu Albinus, der zu der Zeit auf dem Weg nach Jerusalem war. Sie erinnerten den neuen Prokurator daran, daß ein Sanhedrin nicht berechtigt sei, ein Todesurteil zu verhängen ohne die Genehmigung eines Prokurators. Der Hohepriester wurde seines Amtes enthoben.

Die Mordjustiz der Sikarier verstärkte sich. Viele wurden von römischen Legionären geschnappt, eingesperrt und hingerichtet. Dann wurde der Sekretär des Sohnes eines früheren Hohenpriesters von Sikariern entführt, die ankündigten, sie würden ihn laufen lassen, wenn zehn Sikarier freigelassen würden. Dieser ehemalige Hohepriester, Ananias, arbeitete eng mit dem neuen Prokurator zusammen und war sein bester Verbündeter unter den Juden. Die Sikarier wurden freigelassen. Diese Methode, die Freilassung von Häftlingen zu erreichen, wurde jetzt häufig angewandt. Albinus erwarb so ein Vermögen; er entließ Häftlinge, die von früheren Prokuratoren eingesperrt worden waren, wenn ihre Verwandten ein Lösegeld bezahlten.

Der letzte Prokurator von Judäa war Gessius Florus, ein ionischer Grieche. Er amtierte von 64 bis 66 n. Z. Vor Agrippa waren alle Prokuratoren von Judäa Italiener gewesen. Judäa, ein unbedeutendes Anhängsel des Imperiums, ein Landzipfel neben der großen Provinz Syria, war seit Agrippa von nicht sehr tüchtigen Männern regiert worden und hatte nur Hilfstruppen in Garnison, syrische Soldaten, die das römische Bürgerrecht erst nach vollendeter Dienstzeit erhielten. Die Garnison bestand aus dreitausend Mann, darunter fünfhundert Reitern. Die Vorgesetzten des Prokurators waren die Statthalter von Syrien. Es waren ehemalige Konsuln, Männer, die einen hohen Rang in der Regierung und eine prominente Stellung in der römischen Gesellschaft hatten. In Syrien standen vier Legionen unter ihrem Kommando – etwa zwanzigtausend vortrefflich ausgebildete Berufssoldaten.

Florus scheint der verderbteste aller Prokuratoren gewesen zu sein. Das römische Recht bot die Möglichkeit, Verwaltungsbeamte der Provinzen wegen Korruption vor Gericht zu bringen, obwohl es ein zeitraubendes und kostspieliges Verfahren war. Josephus sagt uns, daß Florus die Juden direkt zur Rebellion provozierte, um zu verhindern, daß sie einen Antrag auf Untersuchung seiner Verwaltung stellten.

Die drückenden Steuern, die Korruption der Verwaltung, die verbreiteten Straßenkämpfe zwischen Heiden und Juden, die Sikarier und ihre mörderischen Dolche, die apokalyptischen Messiasse, die städtischen Armen, die die Römer, die reichen Grundeigentümer und Kaufleute, voll Haß betrachteten, die Weisen, die ahnten, welche Schrecken eine Rebellion mit sich bringen würde, die Hohenpriester, die nach Frieden mit Rom um fast jeden Preis trachteten, die Zeloten, deren Haß auf Rom über alle Vernunft hinausging, die Essener, die am Rand des Toten Meers ein gelassenes Mönchsleben führten, die Männer und Frauen, die fest daran glaubten, daß Gott sein Volk auf wunderbare Weise von der Versklavung durch Rom erlösen werde – das war Judäa während der Amtszeit von Gessius Florus.

Ich entsinne mich eines Sommertags in Rom vor einigen Jahren. Die Luft war golden von mittelmeerischem Sonnenschein und die Straßen verstopft von der frenetischen Hektik des italienischen Verkehrs. Ich überquerte einen breiten Boulevard, wich den endlosen Scharen dahinflitzender Wagen aus und betrat die gewaltige Ruine des Colosseums. Dort, inmitten der abgenutzten Steinsitze, des ausgeweideten Mauerwerks unter dem verschwundenen Holzfußboden und im tiefen, kühlen Schatten überwölbter Durchgänge hörte ich das Gebrüll der römischen Plebs im Altertum, fünfzigtausend Stimmen in dem steinernen Oval, und malte mir die blutigen Schaustellungen aus, an denen sich das Volk in seinen Mußestunden ergötzte. Wie viele Menschen und Tiere waren hier zum Vergnügen dieser Angehörigen der Menscheit zugrunde gegangen? Ja, ich weiß, viele Römer arbeiteten schwer, und die guten Kaiser am schwersten von allen, sie standen vor Sonnenaufgang auf und plagten sich bis in die Nacht. Julius Caesar und Mark Aurel nahmen sogar Akten mit, um sie bei den Gladiatorenspielen zu studieren.

Später wanderte ich durch den Wirrwarr behauener Steine und gespenstischer Säulen auf dem Forum, dem mit Steinplatten belegten Herz des alten Roms, wo einst Senatoren, Kaiser, Kaufleute und Volksmengen gegangen waren, und blieb unter dem Titusbogen stehen, der zur Erinnerung an den Sieg der Römer über die rebellischen Juden erbaut worden war. »Das jüdische Volk lebt«, hatte jemand auf hebräisch in das Feld eingeritzt, auf dem die Beute aus dem Jerusalemer Tempel abgebildet ist.

Ich weiß, daß Rom Europa geschaffen hat, und daß sein Recht, seine Sprache, Literatur, Architektur und Technik zum Erbe des abendländischen Menschen gehören. Ich weiß, daß es als ein Kanal diente, durch den die von ihrem warmen Klima geprägten Zivilisationen des Mittelmeers und des »Fruchtbaren Halbmonds« in die dunklen Welten jenseits der Alpen gelangten. Aber ich sehe es mit meinen jüdischen Augen; ich habe für Rom nichts übrig. Von allen Völkern in seinem riesigen Reich verstand es die Juden am wenigsten. »Was uns heilig ist«, schreibt Tacitus, »ist ihnen nicht heilig, während sie erlauben, was bei uns verboten ist ... Die jüdische Religion ist geschmacklos und gemein.« Und von den vielen Kulturen, mit denen mein Volk im Lauf seiner Geschichte in Berührung kam, war es die römische, von der wir am wenigsten lernten. Wir lernten, was die Griechen schon wußten; das griechische Wort *rome* bedeutet »Macht«. Rom und Jerusalem trafen sich in einer Konfrontation Peripherie an Peripherie, die mit Blut und Feuer endete.

Kürzlich stieß ich auf eine Passage bei Seneca. Er beschreibt die reichen, zügellosen Römer. »Die Leute begeben sich auf Reisen ohne ein bestimmtes Ziel. Sie wandern an der Küste entlang. Planlos befahren sie das Meer und laufen über Land und wünschen immer, sie würden etwas anderes tun. ›Laßt uns nach Campania gehen.‹ – › Nein, schicke Badeorte sind langweilig. Wüstes Land ist aufregend.‹ ... ›Nein, laßt uns nach Rom zurückgehen.‹ Ihnen ist, als hätten sie den Applaus und das Getöse der Spiele ewig nicht gehört. ›Es könnte auch ganz hübsch sein, mal wieder zu sehen, wie jemand getötet wird.‹«

Es begann an einem Sabbat in Caesarea im Jahre 66. »Ein Mann von aufrührerischer Veranlagung«, schreibt Josephus, »nahm ein irdenes Gefäß, stellte es mit dem Boden nach oben an den Eingang zur Synagoge und opferte Vögel. Das erboste die Juden in unerträglichem Maße, denn ihre Gesetze waren verletzt und der Ort verunreinigt ...« Zwischen Juden und Heiden kam es zu Straßenkämpfen, die die Garnison nicht in Schach halten konnte. Eine Delegation von Juden ging zu Florus, der damals in Sebaste war – es war die Stadt Samaria, die Herodes wiederaufgebaut und umbenannt hatte. Florus nahm keine Notiz von ihrer Bitte um Hilfe.

Nachrichten über den Vorfall gelangten nach Jerusalem. In der

Stadt wurde es turbulent. Florus suchte sich diesen Augenblick aus, um den Tempelschatz um siebzehn Talente zu berauben, die, wie er behauptete, der Kaiser haben wolle. Das Volk strömte zum Tempel. Einige ließen in frechem Spott einen Korb herumgehen und baten um eine Spende für ihren armen Prokurator. Statt nach Caesarea zu marschieren, um die Straßenkämpfe zu unterdrücken, brachte Florus Truppen nach Jerusalem, um die Beleidigung seines Namens zu rächen.

Die Stadt war ruhig, als er kam. Er bestand darauf, daß ihm diejenigen, die ihn beleidigt hatten, zur Bestrafung ausgeliefert werden sollten. Die Hohenpriester und andere einflußreiche Personen in der Stadt baten um Verzeihung. Sie könnten die Schuldigen nicht ausfindig machen, sagten sie, und baten, die unschuldige Bevölkerung nicht für ein paar Missetäter büßen zu lassen. Voll Zorn ließ Florus seine Soldaten auf einen Stadtteil los, der der Obere Marktplatz hieß. Das Gebiet wurde schwer geplündert, seine Einwohner erschlagen – 3600 starben, wie Josephus berichtet.

Die Priester und Ältesten der Stadt versuchten, das Volk zu beruhigen, das über das brutale Morden erbost war. Es gelang ihnen, und das Volk zerstreute sich. Florus befahl dann, daß die Bevölkerung eine militärische Einheit, die er aus Caesarea nach Jerusalem verlegte, respektvoll begrüße. Die Priester brachten das Volk dazu, dem Befehl Folge zu leisten. Die Soldaten wurden mit respektvollem Schweigen empfangen. Im richtigen Augenblick grüßte das Volk. Aufgrund eines boshaften Befehls von Florus erwiderten die Soldaten den Gruß nicht.

Das war eine höhnische Ehrenkränkung für Jerusalem und seine Bevölkerung. Die Stadt war zu dieser Zeit eine dicht besiedelte Metropole, berühmt für ihren prächtigen Tempel. Sie war die Hauptstadt des Weltjudentums, das Zentrum großer pharisäischer Gelehrtenschulen, der Wohnort von Priesterfamilien und der Elite des gesellschaftlichen und geistigen Lebens des Volkes. Hier lebten die besten Kunsthandwerker der jüdischen Bevölkerung von Palästina. Kaufleute von überall kamen und gingen, ebenso Pilger, Konvertiten und fromme Heiden, die sich von dem jüdischen Gott angezogen fühlten. Der römische Staatsmann Plinius hielt Jerusalem für die bekannteste Stadt der östlichen Welt. Tacitus sagt uns, Jerusalem habe sechshunderttausend Einwohner gehabt, »jeden Alters und beider Geschlechter«. Die Richtigkeit von Tacitus' Behauptung läßt sich nicht nachprüfen, denn bis jetzt sind keine

Bevölkerungsunterlagen aus dieser Periode der judäischen Geschichte entdeckt worden.

Das Volk, das die stummen Soldaten vorbeimarschieren sah, murrte verdrossen über die Beleidigung, daß sie den Gruß nicht erwiderten. Einige in der Menge äußerten plötzlich laut ihre Empörung über Florus. Die Soldaten griffen an. Das Volk floh und trampelte sich gegenseitig nieder, als es versuchte, den Knüppeln und Schwertern und Pferdehufen zu entkommen. Die Soldaten begannen sich durch die Menge den Weg zum Tempel zu bahnen. Aber die Menge stellte sich ihnen entgegen, während andere zum Tempel rannten, um eine Verteidigungslinie zu bilden. Dann regneten Steine von den Dächern auf die Soldaten, und sie zogen sich zurück. Florus verließ die Stadt und kehrte nach Caesarea zurück.

Dann eroberten Zeloten die Bergfestung Massada in der Nähe des Südrandes des Toten Meers, erschlugen die römische Besatzung und ließen eine Reihe ihrer Leute zur Bewachung zurück. Zur gleichen Zeit überredete der Sohn des Hohenpriesters, »ein sehr kühner junger Mann«, wie Josephus ihn beschreibt, »der damals Tempelvorstand war, diejenigen, die den Gottesdienst leiteten, kein Geschenk oder Opfer für einen Fremden anzunehmen.« Das Tempelopfer im Namen des Kaisers von Rom wurde eingestellt. »Und das«, fügt Josephus hinzu, »war der wahre Beginn unseres Krieges mit den Römern.«

Der Hohepriester und die Pharisäer konnten den jungen Tempelvorstand und seine vielen Anhänger nicht dazu bewegen, nachzugeben und Nero Opfer darzubringen. Da brachen schwere Kämpfe unter den Juden aus. Der Hohepriester besetzte die obere Stadt, das wohlhabende Viertel auf dem höheren der beiden Hügel der Stadt; es lag westlich des Tempels. Die untere Stadt – der übervölkerte Stadtteil der Armen und das Zentrum von Jerusalems Wirtschaftsleben – südlich vom Tempel und der Tempel selbst waren in der Hand der Zeloten. Die Zeloten und Sikarier steckten das Haus des Hohenpriesters und die Archive in Brand, wo die Schuldnerverzeichnisse aufbewahrt wurden, weil sie hofften, dadurch die Armen der Stadt als Verbündete zu gewinnen. Die römische Garnison ergab sich und wurde abgeschlachtet. Das Volk begann aus der Stadt zu fliehen. Die Jerusalemer Christengemeinde brach im Jahr 68 auf und floh nach Norden in die Stadt Pella, jenseits des Jordans unterhalb von Tiberias.

An dem Tag, an dem die Jerusalemer Garnison niedergemetzelt

wurde, brach in Caesarea ein Aufstand aus. Juden wurden massakriert. Wie ein Lauffeuer breiteten sich in ganz Palästina und in der Provinz Syria Aufstände von den Städten auf die Dörfer aus. Die Unruhen erreichten sogar Alexandria, wo ein ganzer Stadtteil gewaltsam von den Juden genommen wurde. Sie wurden von zwei Legionen zurückgeworfen und erlitten schwere Verluste. Überall brannten Juden und Heiden gegenseitig ihre Dörfer nieder und lieferten sich in den Städten blutige Straßenschlachten. Der Statthalter der Provinz Syria, Cestius Gallus, ließ eine ganze Legion und einige Einheiten aus anderen Legionen durch Palästina nach Jerusalem marschieren. Er stieß nicht auf Widerstand.

Es war Herbst und die Zeit des Sukkotfestes, und in Jerusalem wimmelte es von Pilgern. Die Juden stürzten zu ihren Waffen. Tagelange schwere Kämpfe folgten. Cestius Gallus erkannte, daß er nicht genug Leute für eine Belagerung der Stadt hatte. Die Römer traten einen geordneten Rückzug an und gerieten auf den Bergpässen in der Nähe von Beth-Horon zwischen Jerusalem und Lod in einen Hinterhalt. Ein Hagel von Speeren, Pfeilen und Steinen verwandelte den Rückzug in eine wilde Flucht. Es war die Zwölfte Legion, als »Fulminata«, die Donnernde, bekannt. Josephus sagt uns, daß Cestius Gallus mehr als fünftausend Fußsoldaten und fast vierhundert Reiter verlor. Die Legion ließ ihre ganze Belagerungsausrüstung zurück und verlor ihren Adler.

Die unglaubliche Niederlage dieser Legion verwandelte die Revolte in eine allgemeine Rebellion. Erfreut über ihren Sieg, schlossen die Juden kurz miteinander Frieden, setzten in Jerusalem eine Regierung ein, schlugen Silbermünzen und teilten das Land in sieben Bezirke auf, jeder mit einem eigenen Heerführer. Der Heerführer von Galiläa war Joseph, Sohn des Mattathias aus einer Priesterfamilie. Er ergab sich später den Römern, ging auf ihre Seite über und wurde der Historiker Josephus Flavius. Als er zum Heerführer von Galiläa ernannt wurde, verstand er nichts von organisierter Kriegführung. Viele jüdische Gemeinden in Galiläa standen der Rebellion ablehnend gegenüber.

Früh im nächsten Jahr kehrten die Römer nach Palästina zurück. Statt ein Heer auszubilden, hatten die Juden den größten Teil der dazwischenliegenden Monate damit verbracht, sich gegenseitig zu bekämpfen. Sie kämpften immer noch, als Neros bester Heerführer, T. Flavius Vespasianus, mit drei Legionen in Palästina eintraf. Ende 67 waren ganz Galiläa und der Küstenbereich südlich von Jaffa wieder in der Hand der Römer.

Die Römer begingen nicht den Fehler von Antiochos IV. Sie nahmen die Rebellion der Juden ernst, bereiteten sich geduldig darauf vor, sie niederzuschlagen, marschierten mit schwerfälliger Sorgfalt von einem strategischen Punkt zum nächsten und unterwarfen das Land. Die Juden hatten keinen Führer, um den sich das Volk scharen konnte. Die Zeloten bekämpften sich untereinander und kämpften gemeinsam gegen die Gemäßigten. Viele Pharisäer gingen in das Lager der Zeloten über. Die Sikarier waren völlig hemmungslos und brachten jeden um, den sie der Sympathie für Rom verdächtigten. In Jerusalem häuften sich jüdische Leichen, lange ehe die Legionen von Rom über die staubigen Straßen von Judäa marschierten und im Jahre 70 vor den Mauern der Stadt ihr Lager aufschlugen. Mittlerweile hatte die Empörung über die Mißregierung von Nero das Imperium erfaßt, in Spanien und Gallien hatten Legionen gemeutert, Bürgerkrieg war ausgebrochen, Nero hatte Selbstmord begangen, das Jahr 69 hatte drei Kaiser kommen und gehen sehen, und in Rom selbst herrschte Chaos.

Während der Zeit der Unsicherheit in Rom im Jahr 69 hatte Vespasian seinen Feldzug in Judäa unterbrochen und abgewartet. Irgendwann während dieser Pause gelangte ein Weiser aus Jerusalem – vielleicht in einem Sarg, denn die Zeloten hatten die Stadt abgeriegelt und ließen niemand hinaus – in das Lager von Vespasian, erklärte, er sei gegen seinen Willen in der Stadt festgehalten worden, habe nicht den Wunsch gehabt, am Kampf teilzunehmen, und bat um Asyl. Er wurde in ein Flüchtlingslager in der Stadt Jawne – auch als Jamnia bekannt – geschickt, wo ein Heide einst einen Altar gebaut hatte, um Caligula Opfer darzubringen, und damit einen Aufstand verursacht hatte, der fast zur Aufstellung einer Statue von Caligula im Tempel geführt hätte. Der Name des Weisen war Rabban – »unser Meister« oder »Lehrer« – Jochanan ben Sakkai.

Dann riefen die Legionen des Vespasian ihren Befehlshaber zum Kaiser aus. Nach einem kurzen, blutigen Bürgerkrieg, in dessen Verlauf der Jupitertempel in Rom durch Feuer zerstört wurde, war Vespasian Kaiser von Rom. Das war im Jahr 69, Ende Dezember, 822 Jahre nach dem überlieferten Datum der Gründung der Stadt. Er schickte seinen ältesten Sohn Titus nach Judäa, um den Feldzug zu beenden.

Die Auseinandersetzungen zwischen den Zeloten hörten endlich auf. Die Heere der Juden zählten ungefähr fünfundzwanzigtausend Mann. Die vier Legionen, die um Jerusalem lagerten, stellten zusammen mit ihren Hilfstruppen eine Streitmacht von achtzigtausend Soldaten dar.

Die Mauern des nördlichen Teils der Stadt wurden am 30. Mai durchbrochen. In den ersten Julitagen bauten die Römer eine Belagerungsmauer um die Stadt, um die letzten Verteidiger auszuhungern. In der Stadt herrschten Hungersnot und Tod. Die Toten wurden über die Mauer in die Täler unten geworfen und blieben unbegraben.

Die Legionen hatten Belagerungsmaschinen, die 25 Kilo schwere Steine siebenhundert Meter weit schleudern konnten. Sie hatten Sturmböcke, fahrbare Türme mit Brücken oder Zugbrükken, Mauerbohrer mit eisernen Spitzen, Haken, Brecheisen und eisengepanzerte bewegliche Schirme zum Schutz der Sturmtruppe.

Am 6. August hörte das tägliche Opfer im Tempel auf. Es war seit über fünfhundert Jahren jeden Morgen dargebracht worden, außer während der syrischen Verfolgung, als sich ein »Greuel«, ein Götzenbild, im Allerheiligsten befand. Der Opferdienst pflegte nach dem Morgengrauen mit dem Ruf des Herolds zu beginnen, der die Schläfer weckte: »Priester zum Dienst und Leviten auf das Podium ...«

Mitte August brannte die Säulenhalle des Tempels. In der letzten Augustwoche drangen Legionäre in den Tempel ein. Der jämmerliche Rest der jüdischen Verteidiger wich Schritt für Schritt zurück, überzeugt, daß Gott im letzten Augenblick das rettende Wunder vollbringen werde.

Der Tempel fing Feuer. Es war etwa der neunte Tag des hebräischen Monats Av, ungefähr derselbe Tag, an dem vor fast siebenhundert Jahren der erste Tempel zerstört worden war. Die modernen Historiker wissen nicht, ob das Feuer zufällig entstand oder auf Befehl von Titus gelegt wurde.

Im Tempel befand sich die Gesetzesrolle, die als Vorlage gedient hatte und von Schreibern benutzt wurde, wenn sie Kopien anfertigten oder korrigierten. Schriftrollen der Thora und der Propheten und vieler anderer Bücher wurden im Tempel aufbewahrt. Die Originalrolle gehörte wahrscheinlich zu der Beute, die Titus nach Rom brachte, zusammen mit den heiligen Gefäßen, die bei der Opferung benutzt wurden.

Der Tempel brannte weiter. Es wurde noch einen Monat lang gekämpft, bis die übrige Stadt eingenommen war. Titus befahl, die überlebende Bevölkerung gefangenzunehmen. Die Stadt wurde

Haus für Haus eingeebnet. Titus kehrte nach Rom zurück und erhielt einen Triumph – einen Siegeszug, der zu Ehren eines römischen Feldherrn veranstaltet wurde, der mehr als fünftausend feindliche Soldaten erschlagen und Beute und Gefangene zurückgebracht hatte, die entweder Sklaven wurden oder das Reservoir an Opfern für die Spiele ergänzten. »*Iudaea capta*«, lautete die frohlockende Inschrift auf den Münzen, die Rom zur Feier des Siegers prägte.

Die letzte Festung, Massada, auf der Hochebene am Rand des Toten Meers, fiel im Jahr 73. Ihre Verteidiger – fast tausend Männer, Frauen und Kinder – zogen es vor, Selbstmord zu begehen statt den Römern in die Hände zu fallen. Zwei Frauen und fünf Kinder überlebten.

Die Rebellion war niedergeschlagen. Jerusalem lag schweigend unter einer langen, tödlichen Nacht, und seine Ruinen wurden von der Zehnten Legion bewacht.

Der jüdische Staat hörte auf zu bestehen. Der Sanhedrin wurde abgeschafft. Die Hohepriesterwürde gab es nicht mehr. Die Sadduzäerpartei verschwand. Die Römer gestatteten den Wiederaufbau des Tempels nicht. Die Juden im ganzen Imperium mußten weiterhin die Tempelsteuer bezahlen – für den neuen Jupitertempel auf dem Kapitolhügel in Rom.

In der Stadt Jawne versammelte sich täglich eine Gruppe von Meistern und Schülern, um das Gesetz zu studieren. Sie trafen dort Rabban Jochanan ben Sakkai. »Warum wurde der zweite Tempel zerstört?« fragte jemand. »Aus blindem Haß«, antwortete ein anderer.

Palästina

Rabbis aus Jawne

Die Juden im Land waren wie betäubt vor Kummer und Schrekken. Einige zogen sich in Höhlen zurück, um auf das Weltende zu warten. Andere lehnten es ab, Wein zu trinken oder Fleisch zu essen. Der Schmerz über den Verlust erschien unerträglich.

Die Jahre vergingen. Trotz der großen Opfer stellten die Juden immer noch die Mehrheit der Bevölkerung in Palästina. Es gab viel Armut. In Galiläa und auf den mit Terrassen versehenen Bergen von Judäa bestellten Bauern ihre Felder und bepflanzten ihre Weinberge neu. Von den Berggipfeln in Judäa konnte man die Trümmerhaufen von Jerusalem gespenstisch in der Sommersonne sehen, überwuchert von Unkraut und wilden Blumen nach dem Winterregen. Einige kehrten zurück, um an den Rändern der toten Stadt zu leben.

Könige und Priester waren eine Sache der Vergangenheit. Zeloten und Sikarier gab es nicht mehr. Nur die weltabgewandten pharisäischen Lehrer waren noch da.

Das Volk versammelte sich weiter in Synagogen, »Gemeindehäusern«. Sie versammelten sich dort zum Beten und Studieren und zur öffentlichen Verlesung des Gesetzes, wie es von Esra und Nehemia eingeführt worden war. In der Stadt Jawne traf sich Rabban Jochanan ben Sakkai mit seinen Schülern in einer Dachkammer oder in der Nähe eines Taubenschlags auf einem Weinberg. Er war einer der führenden Pharisäer in Jerusalem und stellvertretendes Oberhaupt des Sanhedrin gewesen. Er mißtraute messianischen und religiösen Schwärmern und soll die Bemerkung gemacht haben: »Wenn du einen Schößling in der Hand hast und jemand sagt dir, der Messias sei da, dann pflanze zuerst den Schößling und heiße den Messias danach willkommen.« Jetzt war er ein alter Mann. Den größten Teil seines Lebens hatte er damit verbracht, die Thora zu studieren und zu lehren. »Wenn du viel Thora gelernt hast, schreibe dir selbst keinerlei Verdienst zu«, hat er einmal gesagt, »denn dafür bist du geschaffen worden.«

Es gab ein Gericht in Jawne und eine Gemeinschaft von Weisen. Auf Anregung von Rabban Jochanan ben Sakkai und seinen Schülern fanden sich in dieser Stadt Weise zusammen und gaben dem Kanon der Bibel die endgültige Form. Die Diskussionen waren hitzig. Entscheidungen wurden mit Stimmenmehrheit getroffen. Bücher der Bibel wurden ausgewählt – und wir lesen sie heute; andere wurden weggelassen und sind verschwunden oder fristen ihr Dasein in der zwielichtigen Welt der marginalen Literatur. Die genaue Zeit dieser Zusammenkünfte ist nicht bekannt.

Erlasse wurden verkündet. Fragen des Gesetzes wurden geregelt. Der Kalender wurde festgelegt. In jenen Jahren war das Gericht, das die Entscheidungen über den jüdischen Kalender traf – die Daten des Neumonds, von Festen und Feiertagen bestimmte –, im wesentlichen die zentrale Gewalt der gesamten Judenheit. Es gab einigen Widerspruch von Weisen, die Rabban Jochanan nicht verzeihen konnten, daß er vor Rom kapituliert hatte. Aber er setzte sich durch. Allmählich begann das Gericht in Jawne den toten Sanhedrin von Jerusalem zu ersetzen. Mit der Zeit sollte es der neue Sanhedrin werden.

Einmal jammerte jemand über die Zerstörung Jerusalems und klagte, daß es ohne das Opfersystem nicht mehr möglich sei, für seine Sünden zu büßen. »Nein, mein Sohn«, erwiderte Rabban Jochanan. »Wir haben eine Möglichkeit, Buße zu leisten. Und worin besteht sie? In Taten der Liebe ...« Mit ihm begann die Blütezeit der rabbinischen Zivilisation, und die Energien des Volkes wurden nicht mehr für vergebliche, haßerfüllte Kriege gegen eine heidnische Welt aufgewandt, sondern für Studium, Frömmigkeit und Vollziehung des Willens Gottes, wie ihn Schriftgelehrte und Weise seit Jahrhunderten interpretiert hatten.

Jawne begann Weise und Pilger anzuziehen. In späteren Jahren, als die Stadt groß geworden war, eine Stadt der Gelehrten und Rabbis, kamen Pilger aus Asien, um dort die Feste zu feiern. Rabban Jochanan ben Sakkai starb etwa zehn Jahre nach der Zerstörung Jerusalems.

Gelehrte aus Jawne zogen durch das ganze Land, lehrten und gründeten Schulen. In den Städten und Dörfern von Judäa und Galiläa hörte das Volk den Gelehrten aus Jawne zu, wenn sie aus der realen oder vermuteten Bedeutung heiliger Texte das Bild einer von Gott widerhallenden Welt entwarfen, auf die das Volk mit Entschlossenheit und Hoffnung reagieren konnte. Allmählich wurde die zweite Zerstörung des Jerusalemer Tempels zu einer schrecklichen Episode in einer langen Geschichte und war nicht mehr eine Finsternis, die das Dasein beendet.

Die Weisen nahmen für sich das Recht in Anspruch, zu urteilen und zu lehren. Die Befugnis, das Wort Gottes zu interpretieren, war von Moses auf sie gekommen über Josua, die Richter, Propheten, Mitglieder der Großen Versammlung zur Zeit Esras und über den gelehrten Hohenpriester Simon den Gerechten, der wahrscheinlich im 3. Jahrhundert v. Z. gelebt hatte. Dann war die Befugnis auf die Sugot übergegangen – das Wort bedeutete »Paare« –, pharisäische Weise, die sich in die Führung des Sanhedrin geteilt hatten, einer als Vorsitzender – oder Patriarch, wie die Römer ihn nannten –, der andere als Oberhaupt des Gerichts. Der größte der Patriarchen vor der Zerstörung des Tempels war Hillel gewesen, der von etwa 10 v. Z. bis 10 n. Z. Patriarch – *nassi* auf hebräisch – war. Dann wurde die Einrichtung der Sugot angeschafft, das Patriarchat wurde erblich, und Hillels Nachkommen lenkten das jüdische Leben mehr als vierhundert Jahre lang.

Hillel war ein sanfter und gedankenreicher Gelehrter, ein geduldiger und taktvoller Mann. Er hielt es für notwendig, das Gesetz auszuweiten und es in neuer Betrachtungsweise auf jede neue Generation anzuwenden. Die Bräuche und Überlieferungen der Vergangenheit seien lebendig; es sei überaus wichtig, daß ein Rechtsgelehrter ein hervorragendes Gedächtnis habe. Aber Vernunft sei ebenso wichtig, genau wie neue Methoden, um einen Sinn in den heiligen Texten zu finden, der ermöglichen würde, das Gesetz auf unvorhergesehene Realitäten anzuwenden. Er war ein armer Mann, dem sein Leben lang die Bedürfnisse der breiten Masse seines Volkes am Herzen lagen. Er gründete eine große Schule – was auch sein Gegner tat, der reiche Gelehrte Schammai, ein sehr korrekter, unduldsamer Konservativer, der mit Hillel praktisch in nichts übereinstimmte und in seiner Rechtsauffassung eher dazu neigte, die besitzenden Klassen zu vertreten. Die geistigen Kontroversen, die durch ihre Schule schallten, waren beispielgebend für eine Lebendigkeit des Lernens, die man noch heute in einer traditionellen Akademie für jüdische Studien findet.

Rabban Jochanan ben Sakkai hatte Jawne vor seinem Tod

verlassen, vielleicht, um den Weg für eine neue Führung freizumachen. Ein Nachkomme von Hillel, Gamaliel II., wurde der Leiter der Akademie in Jawne und Patriarch des wiedergegründeten Sanhedrin. Sein Vater war Simeon ben Gamaliel gewesen, einer der Anführer der Revolte gegen Rom. Das Haus Hillel war verdächtig in den Augen von Rom.

Das Imperium wurde immer noch von der Dynastie der Flavier regiert. Vespasian war im Jahr 79 gestorben, Nachfolger wurde sein Sohn Titus, der Jerusalem zerstört hatte. Titus starb ganz plötzlich nach nur zweijähriger Regierungszeit. Vespasians jüngerer Sohn, T. Flavius Domitianus, wurde Kaiser. Er war ein schweigsamer Mann, überheblich, despotisch, dessen Tyrannei bald nicht nur in Rom empfunden wurde, sondern im ganzen Imperium und im verstümmelten Land der Juden.

Die Flavier wollten die offizielle Wiederherstellung einer das jüdische Leben überwachenden Institution nicht gestatten. Von ihrem Verwaltungssitz in Caesarea aus betrachteten die Prokuratoren das Tun und Treiben in Jawne voll Mißtrauen. Die Weisen taten ihr Werk in der Stille. Solange die Juden politisch unterwürfig waren, erkannte Rom widerwillig Jawne eher als eine notwendige Realität an – ein Volk braucht ein gewisses Maß an innerer Führung –, denn als ein sanktioniertes Zentrum der Obrigkeit. Die Last der römischen Steuern war schwer. Die Juden bezahlten.

Domitian wurde im Jahr 95 von einem Palastdiener ermordet, der ihn erdolchte, als er einen Bericht über eine Verschwörung las. Der Diener hatte auf Anweisung der Kaiserin gehandelt, die Grund zu der Befürchtung hatte, daß ihr verderbter Mann ihr nach dem Leben trachtete. Der Senat ordnete an, daß Domitians Name an öffentlichen Monumenten getilgt werde. Die flavische Dynastie fand ihr Ende.

In all den Jahrzehnten der flavischen Dynastie, deren großer Stolz die Zerstörung Jerusalems und die Niederwerfung der jüdischen Rebellion gewesen waren, gaben die Weisen von Jawne dem Wesen der jüdischen Tradition eine neue Form, lösten sie von der Abhängigkeit vom Jerusalemer Tempel und von dem Opfersystem. Zur Zeit von Rabban Gamaliel II. wurde der Text der obligatorischen und Gemeinschaftsgebete festgelegt. Die Kanonisierung der letzten biblischen Bücher mag in dieser Zeit vollendet worden sein. Christen wurden als eine häretische Sekte angesehen, und der Kontakt mit ihnen war verboten. Es wurde verkündet, daß Passah ohne Opferung des Passahlammes gefeiert werden könne. Die Ordnung – Seder – des Rituals am Abend vor Passah wurde geändert; man durfte ungesäuertes Brot und Bitterkraut ohne das Lammfleisch essen – im Gegensatz zu der eindeutigen Forderung der Bibel. Ein neuer Text wurde ausgearbeitet, der das Ritual am Passah-Abend erklärt und begleitet. Dieser Text wird die Haggada genannt. Das in Jawne aus den Trümmern des zerstörten Tempels neu gestaltete Passah wird noch heute von den Juden gefeiert.

Die wichtigste Tätigkeit des jüdischen Lebens wurde das Studieren. Um einen Anschein von Ordnung nach den Jahrzehnten mündlicher Disputationen zwischen den Schulen von Hillel und Schammai herzustellen, entschied sich Rabban Gamaliel in den meisten Fällen für die Schule von Hillel. Er zog Hillels liberale Menschlichkeit der konservativen Korrektheit von Schammai vor. Damit waren nicht alle Gelehrten in Jawne einverstanden. Es wurde gemurrt. Als er seine selbstherrliche Methode beibehielt, Ordnung zu schaffen, Debatten zu beschneiden und Entscheidungen zu erzwingen, empörten sich die Weisen und setzten ihn ab. Unbeeindruckt nahm er weiterhin an den Sitzungen des Gerichts teil und griff in die Diskussionen ein wie jedes gewöhnliche Mitglied. Jahre später haben ihn die Weisen wieder als Patriarchen eingesetzt.

Die Weisen von Jawne wurden Rabbi genannt – wörtlich: »mein Lehrer« –, ein Titel, der besagte, daß man die Ordination erhalten habe: Smicha, das tatsächliche oder symbolische Auflegen der Hände als öffentliche Anerkennung von Gleichgestellten und Meistern, daß ein Schüler jetzt das mündliche Gesetz lehren, rechtliche Entscheidungen treffen und sogar Mitglied des Sanhedrin werden könne. Nicht alle, die in Jawne studierten, wurden Rabbis; einige blieben Schüler und wurden Wanderlehrer, die durch das Land zogen. Oft unterrichteten sie auf Marktplätzen oder draußen auf den Feldern unter einem Öl- oder Feigenbaum.

Der neue Führer in Krisen war jetzt der Rabbi – unbezahlt, denn er nahm kein Honorar für seine Mühen als Lehrer und Richter; oft war er arm und verdiente sich den Lebensunterhalt mit irgendeinem Handwerk; oft wanderte er von Stadt zu Stadt, lehrte die Bibel und das Gesetz und klärte kommunale Probleme; gelegentlich war er ein wohlhabender Mann, wenn seine Familie reich war; manchmal begab er sich in die Länder der Diaspora: Ägypten, Cyrenaica, Rom, Gallien, Kleinasien, Syrien, Mesopotamien. Vielleicht ging er auch nach Rom und wanderte durch die Stadt, die sein Volk versklavt hatte. Oder er besuchte als Sendbote die jüdischen Gemeinden in Alexandria, Antiochia und Babylon, um Spenden für die Schulen in Judäa und Galiläa zu sammeln. Immer studierte und lehrte er. Er lehrte die Halacha, die festgelegten Regeln, die auf dem Wort Gottes an Moses auf dem Sinai beruhende und von den Weisen interpretierte Lebensweise. Er lehrte religiöses Recht, denn nur, wenn das jüdische Volk nach dem Gesetz Gottes lebte, konnte es zeigen, daß es noch an den Bedingungen des Bundes festhielt. Manchmal erzählte er eine Geschichte, dichtete eine Parabel, predigte eine moralische und ethische Botschaft, indem er heilige Texte auf diese und jene Weise interpretierte, um ihre sämtlichen möglichen Bedeutungen darzulegen.

Der Sanhedrin von Jawne wurde schließlich von Kaiser Nerva, dem Nachfolger Domitians, als offizielle Führung der Juden und der Patriarch als Repräsentant des jüdischen Volkes in Rom anerkannt. Nerva starb im Jahr 98. Sein Nachfolger Trajan setzte seine Politik den Juden gegenüber fort. Das Todesjahr von Rabban Gamaliel II. ist unbekannt. Wahrscheinlich starb er kurz vor 115.

Die Jawne-Ära endete in Strömen von Blut. Die messianischen Hoffnungen der Juden waren nicht ganz begraben. In vielen rabbinischen Schulen wurden sie genährt, und 115, unter der Herrschaft Trajans, entluden sie sich plötzlich. Während der Kaiser damit beschäftigt war, Parthien zu erobern – was eine teilweise Abziehung der römischen Garnisonen aus Palästina erforderte –, erhoben sich die Juden in der ganzen Diaspora und wahrscheinlich in Teilen von Palästina in einem gleichzeitigen Aufstand. Rom brauchte zwei Jahre, um diese Rebellion niederzuschlagen, die römische Truppen in Ägypten und Palästina gebunden hatte. Die jüdische Bevölkerung hatte in den verschiedenen Aufruhrzentren Heiden massakriert; jetzt massakrierten Heiden die Juden. Die Juden in der Diaspora haben Rom nie wieder ernsthafte Schwierigkeiten bereitet.

Im Jahr 117 wurde Hadrian Kaiser. Gegen Ende seiner Regierungszeit glaubte er – wie seinerzeit Antiochos IV. –, er könne sein schwankendes Imperium stärken, wenn er alle seine Untertanen unter einer einzigen, beherrschenden Kultur vereine. Er löste das schwierige, durch das beharrliche Anderssein der Juden aufgeworfene Problem durch Zwangsassimilierung. Im Jahr 131 gab er einen Erlaß gegen die Beschneidung heraus. Er steht in dem Ruf, einer der begabtesten und wendigsten der römischen Kaiser gewesen zu sein; viele fanden, daß er Caesar an Tüchtigkeit am nächsten kam. Die Beschneidung verletzte seinen Sinn für zivilisiertes Verhalten. Bekenntnisse wie das *Schema Jisrael* – »Höre, Israel« – hielt er wahrscheinlich für einen Treueid für eine subversive und barbarische Bruderschaft. Unter Todesstrafe verbot er das öffentliche Vorlesen der Thora, die Einhaltung des Sabbats und der Feste, das Lehren des Gesetzes, die Ordination von Rabbis. Er gründete eine römische Kolonie, Aelia Capitolina – sein Name war Aelius Adrianus –, in Jerusalem und ließ einen Jupiteraltar auf dem Gelände des zerstörten Tempels errichten. Er sah das alles als eine Möglichkeit an, eine kleine, ferne Falte in seinem Reich auszubügeln. Die Juden von Palästina sahen es als das Ende des Judentums an.

Im Jahr 132 brach wieder ein Aufstand aus. Die Juden hoben ein Heer aus. Jüdische Christen, die die Dienstpflicht ablehnten, wurden streng und verächtlich behandelt. Es war der bitterste und blutigste Krieg, den Rom seit langem ausgefochten hatte. Die Juden kämpften ums Überleben; die Römer kämpften um das Prestige ihres Kaisers und seiner Legionen. Aus einer verschwommenen Masse jüdischer Kämpfer, die zu Beginn des Krieges die Rolle des Führers anstrebten, ragte ein gigantischer Mann heraus, den viele, sogar der große Gelehrte Rabbi Akiba, für den Messias hielten. Rabbi Akiba nannte ihn Bar Kochbar, »Sohn des Sterns« – einer der Namen, mit denen damals ein messianischer König bezeichnet wurde.

Zwei Jahre lang wehrten die Juden die Römer ab. Die Zehnte Legion räumte Jerusalem und zog sich nach Caesarea zurück. Die Juden besetzten Jerusalem und führten das Opfersystem wieder ein. Sie schlugen Münzen, um die Befreiung zu feiern. Die Zweiundzwanzigste römische Legion rückte von Ägypten aus ins Landesinnere vor und wurde völlig aufgerieben. Die Juden kämpften nach sorgfältiger Planung und unter dem Kommando von Bar Kochbar, einem dominierenden und manchmal grausamen Führer. Die meisten der großen Gelehrten von Jawne starben in diesem Krieg, entweder im Kampf gegen die Römer, oder sie wurden zu Tode gefoltert, weil sie das Gesetz gelehrt hatten.

Rabbi Akiba wurde verhaftet und eingekerkert. Er war etwa zehn Jahre vor der Zerstörung des Tempels im vorangegangenen Jahrhundert geboren und bis zu seinem 40. Lebensjahr ein unwissender Hirte gewesen; dann hatte er sich, von seiner Frau Rahel dazu ermutigt, mit kleinen Kindern auf die Schulbank gesetzt und Lesen und Schreiben gelernt. Fünfzehn Jahre später war er einer der größten Gelehrten seiner Zeit. Er brachte die riesige Gesamtheit des mündlichen Gesetzes in eine logische Ordnung, um die Weitergabe an die Schüler zu erleichtern; vorher war es durch verschiedene memnotechnische Kniffe, durch künstliche Gedächtnisstützen, geordnet worden. Er beharrte darauf, daß jedes Wort, jeder Buchstabe des heiligen Textes eine tiefe Bedeutung haben könne, wodurch sich der Bereich der Interpretationsmöglichkeiten erweiterte. Er war ein Gelehrter, liebte Gott leidenschaftlich und glaubte daran, daß es dem Menschen freistehe, seinen Weg zu wählen in einer von göttlicher Vorsehung gelenkten Welt. Er war ein Mystiker. Er starb für all das, was er war – mit seinem letzten Atemzug brachte er noch das *Schema Jisrael* heraus, als die eisernen Kämme ihm die Haut vom Leib rissen, und er starb mit einem solchen Ausdruck des Frohlockens, daß ihn der erstaunte Folterknecht voll Scheu fragte: »Bist du ein Zauberer?« Nein, er sei kein Zauberer, antwortete er. Er freue sich nur über die Gelegenheit, durch sein Sterben seine ganze Liebe zu Gott zu bekunden.

Viele Gelehrte wurden verhaftet und gefoltert. Einer wurde lebendig verbrannt, eingewickelt in die Schriftrollen, über die er gelehrt hatte; ein anderer wurde geköpft; wieder ein anderer wurde durchbohrt wie ein Sieb. Diese Toten prägten die römische Brutalität der Erinnerung des Volkes unauslöschlich ein.

Der Krieg zog sich in die Länge. Die Römer verwandelten ihn in eine Menschenjagd, bei der ein Großteil der jüdischen Bevölkerung Palästinas ausgerottet wurde. Wie zur Zeit von Antiochos IV. war wieder einmal das ganze Volk, nicht nur einzelne, dem Märtyrertum ausgeliefert. Als es geschehen war und die aus anderen Teilen des Imperiums hergebrachten Legionen damit fertig waren, methodisch einen Bezirk nach dem anderen abzuriegeln und auszuhungern, als sie ihre Waffen gesäubert und in die Scheide gesteckt hatten – als alles geschehen war, als Bar Kochbar tot war und das Land unter einem Film von Blut lag, da berichteten die Römer, daß 50 Festungen geschleift, 985 Dörfer eingeebnet und 58000 Juden in Scharmützeln und Schlachten gefallen seien zusätzlich zu den unzähligen, die durch Hunger, Feuer und Krankheit zugrunde gegangen waren. Die Legionen hatten so schwere Verluste erlitten, daß Hadrian in seinem Bericht über den Krieg an den Senat die traditionelle Begrüßungsformel ausließ:

»Ich hoffe, euch und euren Kindern geht es gut; mir und meinen Truppen geht es gut ...«

Der Krieg endete im Sommer 135. Die religiösen Verfolgungen gingen weiter. Jerusalem wurde eine römische Stadt, eine strahlende Musterstadt, dem Gott Jupiter geweiht. Es gab eine Reihe derartiger Städte überall im Reich. Eine breite Straße verlief durch die Mitte der wiederaufgebauten Stadt und hatte auf beiden Seiten Wandelgänge mit Kolonnaden. Die Juden, die den Krieg überlebt hatten, durften die Stadt nicht betreten, außer am neunten Tag des Av. Judaea verlor seinen Namen und wurde Syria Palaestina. Zwei Legionen bewachten das Land. Kürzlich wurde von den israelischen Archäologen eine alte Jerusalemer Straße freigelegt. Ich erinnere mich, daß ich auf ihrem Steinpflaster inmitten der Altstadt stand und arabische Jungen auf Eseln und junge bärtige Juden vorbeikamen. Die Straße war vorher schmal gewesen, eingefaßt von arabischen Verkaufsständen. Ein Archäologe hatte einen Schacht gegraben und war auf altes Steinpflaster gestoßen. Die Wissenschaftler glauben, es könnte die breite Straße des römischen Jerusalem sein. Sie wird jetzt auf ihre ursprüngliche Breite und auf einen Teil ihrer Länge ausgegraben. Das alte Pflaster soll erhalten bleiben.

Hadrian starb im Jahr 138. Einige der Erlasse gegen die Juden wurden von seinem Nachfolger Antonius Pius aufgehoben, insbesondere das Verbot der Beschneidung.

Das Land war verwüstet. Die Juden stellten nicht mehr die Mehrheit der Bevölkerung. Heiden begannen aus angrenzenden Gebieten ins Land zu strömen. Die am Leben gebliebenen Rabbis hielten sich zuerst verborgen und trafen sich in Höhlen und verlassenen Dörfern. Dann kamen sie wieder ans Tageslicht und weinten über die Verwüstung des Landes.

Viele Mitglieder des Sanhedrin waren gefallen. In einem großen Teil Judäas gab es keine Juden mehr. Nach einiger Zeit zog der Sanhedrin von Jawne in die galiläische Stadt Uscha.

Die Felder und Weinberge Judäas, wo sich einige der schwersten Kämpfe abgespielt hatten, waren verbrannt und verwüstet. Die Dörfer blieben unbewohnbar. Viele wanderten nach Babylonien aus, wo wohlhabende Juden lebten und eine eigene Gemeinde unter Führung des Exilarchen hatten, dessen Familie vom Haus David abzustammen behauptete.

Rabbi Akiba hatte eine Reihe großer Schüler gehabt, die den Krieg irgendwie überlebt hatten. Trotz der lähmenden Armut wurde das Studium wieder aufgenommen. »Die Gebote wurden nur zu einem Zweck aufgestellt«, sagte im nächsten Jahrhundert ein Rabbi, »nämlich um die Herzen der Menschen zu reinigen.« Die Schüler von Rabbi Akiba – Rabbi Meir, Rabbi Simeon bar Jochai und andere – lehrten weiter trotz der blutbefleckten Dunkelheit ringsum.

Der neue Patriarch war Rabban Simeon ben Gamaliel. In der Akademie seines Vaters hatte es tausend Schüler gegeben. Fünfhundert hatten die Thora studiert und fünfhundert griechische Fächer. Nur zwei hatten den Krieg überlebt – Rabban Simeon und der Sohn seines Bruders. Das Land hatte ein Blutbad durchgemacht; es war endgültig am steinernen Herzen von Rom zerschellt. Nun richtete das Volk seine Energien nach innen und widmete sich ganz dem wichtigsten der Gebote: Studium. Durch die Bemühungen von Rabban Simeon stellte der Sanhedrin allmählich wieder den Kontakt mit den Gemeinden in der Diaspora her und machte seinen Einfluß auf die religiösen Angelegenheiten der Juden von neuem geltend.

In den Jahrzehnten nach der Revolte lag das Land vor Erschöpfung unter einer Decke des Schweigens. Rom hatte aus Judäa eine Wüste gemacht und dadurch Frieden erlangt. Obwohl hier und dort in Judäa noch eine Akademie wirkte, war das Zentrum der Gelehrsamkeit nun für dauernd in das volkreichere Galiläa verlegt, dem viel von den Schrecken des Krieges erspart geblieben war.

Römische Kaiser kamen und gingen – Mark Aurel, Commodus, Septimius Severus. Der Sanhedrin wanderte von Stadt zu Stadt, bis er sich im nächsten Jahrhundert in der Hauptstadt des Bezirks Galiläa, Tiberias, niederließ, der Stadt, die einer der Söhne von Herodes gebaut hatte. Während die severische Dynastie in Rom von 193 bis 235 eine wohlwollende Ostpolitik betrieb – wahrscheinlich infolge der afrikanischen Abstammung von Severus und seiner Ehe mit einer Syrerin –, erlebte Palästina eine beträchtliche wirtschaftliche Erholung. Die Emigration hörte auf. Rabbi Juda der Fürst, der Sohn von Rabban Simeon und sein Nachfolger als Oberhaupt des Sanhedrin, begann die Aufgabe, dem als Mischna bekannten Werk, der jahrhundertalten Sammlung von mündlichem Recht und Überlieferung, eine endgültige Form zu geben. Mischna bedeutet wörtlich »Wiederholung«; sie ist eine Zusammenstellung des größten Teils des rechtlichen Materials aus der Periode der Tannaim oder Tannaiten, der frühesten der Gelehrten, wie die Weisen, die in der Zeit von Hillel bis zu Juda dem Fürsten lebten, genannt werden.

Die genaue Rolle, die Rabbi Juda der Fürst bei der Systematisierung der Mischna spielte, wird durch Forschungen der letzten Zeit allmählich klar. Er wollte einen rechtlichen Kanon schaffen. An Hand von Ausgaben der Mischna, die verschiedene Akademien benutzten, hat er offenbar die Überlieferungen aus der Vergangenheit gesammelt, die richterlichen Entscheidungen aus seiner und seines Vaters Generation hinzugefügt, die ursprüngliche Formulierung geändert, wenn sie eine Rechtsfrage unverständlich machte (er und sein Gericht trafen die Entscheidung über das spezielle Gesetz, und das wurde dann die Formulierung des Textes), und diese gewaltige Materialsammlung in sechs Hauptabteilungen angeordnet: *Saaten* behandelt landwirtschaftliche Fragen; *Festzeit* enthält Gesetze über den Sabbat und die Feiertage; *Frauen* betrifft Familienleben, Ehe, Scheidung; *Schädigungen* bezieht sich auf Käufe, Verkäufe, Beschädigungen, Grundstücke, Gerichte, Zeugen, Götzendienst, die Auswirkungen irriger Rechtsentscheidungen; *Heilige Dinge* behandelt Themen wie Opfer, Speisegesetze, Tempeldienst; *Reinigungen* besteht aus Gesetzen über rituelle Unreinheit. Der Text der Mischna, der einst für ziemlich einfach und unkompliziert gehalten wurde, ist, wie die moderne Wissenschaft nachgewiesen hat, außerordentlich komplex, ein lebendes Gewebe fließender Traditionen. Die Sprache ist ein klares, lakonisches Hebräisch, das Hebräisch der Gelehrten aus der Zeit des zweiten Tempels. Eine Variante aramäischer Dialekte war damals die Umgangssprache, ebenso wie etwas Griechisch (in welchem Ausmaß die Weisen Griechisch verstanden und gebrauchten, ist Gegenstand beträchtlicher Debatten unter den heutigen Gelehrten); aber Hebräisch war die Sprache der sich in den Akademien entwickelnden Gesetzestexte.

Es war eine außerordentliche Leistung, vollbracht von einem Mann, der in seiner Jugend von Akademie zu Akademie wanderte, weil sein Vater sich verbarg und er selbst angesichts der Verfolgung durch die Römer immer unterwegs sein mußte. Infolgedessen beherrschte er die Überlieferungen verschiedener Akademien, lernte, wie die unterschiedlichen Methoden, Recht aus biblischen Versen abzuleiten, von den einzelnen Meistern angewandt wurden, wählte die seiner Ansicht nach besten unter diesen Überlieferungen und Methoden aus und vereinigte sie in seinem eigenen Text.

Aber der Text war keine Schriftrolle, und das Handbuch enthielt kein Pergament. In ganz alter Zeit veröffentlichte man ein Werk, indem man es öffentlich laut vorlas oder den Text auf einen Stein ritzte, den man an einem öffentlichen Platz aufstellte. Zur Zeit der Schriftgelehrten und Rabbis veröffentlichte man einen Text, indem man ihn einem Verleger gab, der berufsmäßige Abschreiber beschäftigte. Der Text wurde diesen Abschreibern diktiert; oder sie machten Abschriften von anderen Abschriften; auf diese Weise konnten Hunderte oder Tausende von Kopien eines Werkes rasch hergestellt werden. Man deponierte das authentische Original in einem besonderen Archiv, einer Bibliothek oder einem Tempel. Dadurch wurde der Text vor Fälschungen geschützt. Wenn eine Kontroverse über die Echtheit eines Textes entstand, konnte das Original zu Rate gezogen werden. Ein Buch, das in einem Tempel deponiert war, galt als veröffentlicht. Wir wissen nicht, wie viele derart veröffentlichte Bücher für immer verlorengingen, als der Tempel niederbrannte.

Die Mischna wurde wahrscheinlich auf andere Weise veröffentlicht. Ein Wiederholer oder Rezitator – auch als Tanna bekannt; derselbe Begriff wird für die frühen großen Weisen gebraucht, aber mit einer völlig anderen Bedeutung – lernte bestimmte Abschnitte der Mischna auswendig. Diese Rezitatoren waren Schüler, die wegen ihres phänomenalen Gedächtnisses ausgewählt wurden. Sie waren nicht immer besonders intelligent; manche ratterten den Text herunter, ohne zu verstehen, was sie sagten. Der Tanna, der Rezitator, war ein lebendes Buch, ein ganzer Korb voll Bücher.

Der Ausdruck Tanna für den Akademie-Rezitator kam wahrscheinlich in der Zeit von Rabbi Akiba auf. Ein Meister wie Akiba hatte seine eigene Mischna. Seine Schüler häuften Notizen über die Diskussionen in der Akademie an. Wenn eine Menge Interpretationen vorlag, überprüfte der Meister die Notizen seiner Schüler und ordnete sie neu. Die neue Mischna prägte er einem Tanna ein, dann einem zweiten, einem dritten und einem vierten. Der erste Tanna rezitierte sie in Gegenwart aller, die sie gelernt hatten, dann der zweite, der dritte und so weiter. Alle, die die Mischna auswendig gelernt hatten, wiederholten sie in der Akademie in Gegenwart des Meisters. Er korrigierte, was sie aufsagten, und gab dem Text damit seine endgültige Form. Das war die Methode der Veröffentlichung der Mischna von Rabbi Akiba, und wahrscheinlich gilt das auch für die von Rabbi Juda dem Fürsten. Die Vervielfältigung der Versionen von Rabbi Akibas Mischna – die Folge davon, daß sich seine Schüler so eifrig voneinander abweichende Notizen gemacht hatten – erforderte eine Neuausgabe.

Rabbi Juda der Fürst starb im Jahr 217. Alexander Severus wurde 222 Kaiser. Drei Jahre später wurde der Enkel von Juda dem Fürsten Patriarch. Während seiner Amtszeit wurde der Sanhedrin nach Tiberias verlegt.

In den meisten halbautonomen Akademien des Landes und in allen Akademien Babyloniens wurde die Mischna von Rabbi Juda dem Fürsten das wichtigste Lehrbuch. Ein lebendes Buch, ein Tanna, sagte eine Passage auf. »Ganz Israel hat Anteil an der zukünftigen Welt, denn es steht geschrieben: ›Dein Volk ist gerecht; es soll das Land für immer erben, den Zweig meines Pflanzens, das Werk meiner Hände, damit ich verherrlicht werde.‹« Dann hielt er inne. Meister und Schüler begannen eine Diskussion. »Wie steht es mit den Gerechten unter den Völkern der Welt?« könnte jemand fragen. »Haben sie keinen Anteil an der zukünftigen Welt?« Der Meister wird vielleicht erklären, daß die Mischna nicht die frommen Heiden ausschließt, sondern uns lehrt, daß selbst Israeliten, die von einem Gerichtshof verurteilt wurden, Anteil an der zukünftigen Welt haben. »Woher wissen wir das?« wird sich gewiß ein Schüler erkundigen. »Weil die Mischna einem ausführlichen Abschnitt folgt, der sich mit vier Arten der Vollstreckung befaßt«, wird der Meister antworten.

Auf ein Zeichen des Meisters wird der Tanna dann eine weitere Passage vortragen. »Aber die Folgenden haben keinen Anteil daran: derjenige, der behauptet, die Auferstehung sei keine biblische Lehre, die Thora sei nicht göttlich offenbart, und ein Epikuros.« Rabbi Akiba fügte hinzu: »Einer, der nichtkanonische Bücher liest.« Der Tanna macht eine Pause. Der Meister wendet sich zu den Schülern. »Wie wird die Auferstehung aus der Thora abgeleitet?« fragt vielleicht jemand. »Was meint Rabbi Akiba?« fragt ein anderer. »Daß nichtkanonische Bücher nicht in der Öffentlichkeit gelesen oder auch nicht allein studiert werden dürfen?« – »Was versteht die Mischna unter Epikuros?« fragt vielleicht ein dritter. »Ist das ein Anhänger der epikuräischen Philosophie oder einer, der die Bibel und ihre Anhänger geringschätzt?«

Gleichzeitig rezitiert vielleicht in einer anderen Akademie ein Tanna einen anderen Mischna-Text: »Von wann an am Abend darf das (Gebet) *Schema* gesprochen werden?« Und die Diskussion über den Text beginnt vielleicht mit der Frage eines aufgeweckten Schülers: »Warum fängt die Mischna mit dem Abend- und nicht mit dem Morgengebet an?«

Wieder häufen sich die Notizen der Schüler.

Während eines Feldzugs gegen die Germanen im Jahr 235 wurde Alexander Severus von Meuterern ermordet. Für das Imperium begannen fünfzig Jahre der Anarchie.

Wer war König? Wer war nicht König? In den nächsten fünfzig Jahren wurde Rom von achtzehn Kaisern regiert, die von verschiedenen Legionen an die Macht gebracht und wieder entmachtet wurden. Drei starben eines natürlichen Todes.

Die Parther bedrängten die östlichen Grenzen; germanische Stämme fielen ein und konnten nicht vertrieben werden. Das Leben in Städten und Dörfern wurde unsicher. Die Wirtschaft des Imperiums verfiel. Die nach Rom führenden großen Straßen wurden gefährlich. Die endlosen Bürgerkriege, Schlachten zwischen Legionen zugunsten der jeweiligen Heerführer und die Kriege an den Grenzen hatten entsetzliche Steuererhöhungen zur Folge. Viele verließen Palästina und gingen in entferntere jüdische Gemeinden.

Es gab große Gelehrte im Land – Simeon ben Lakisch, Hanina, Jannai und andere –, aber der schillernde Glanz originaler Kreativität war vergangen. Das Land wirkte erschöpft und krank. Selbst das Wetter hatte sein Programm geändert. Es gab weniger Regen, dafür Dürre und Hungersnot. In Persien stieg eine neue Dynastie zur Macht auf, die Sasaniden. Um die Mitte des 3. Jahrhunderts führten Rom und Persien jahrzehntelang Krieg. Ein römischer Kaiser, Valerian, wurde von den Persern gefangengenommen und starb in der Gefangenschaft. Antiochia wurde mehrmals geplündert. Die Goten fielen in Thrakien und Kleinasien ein.

Kaiser Aurelian, der nach einer Möglichkeit suchte, das erschöpfte Imperium zu einigen, führte 274 einen rationalen Sonnenkult ein. Er hielt die Sonne für einen universellen Gott und alle lokalen Kulte für individuelle Manifestationen von ihm. Rom tastete sich zum Monotheismus voran. Im Jahr 284 wurde Diokletian Kaiser, brachte dem Imperium einige Stabilität und beendete vorübergehend die Bürgerkriege.

313 wurde das Christentum von Kaiser Konstantin als offizielle

Religion von Rom anerkannt. Sein Sohn und Nachfolger Constantius hielt die Juden für eine »verachtenswerte Sekte«. Dieser Ausdruck sollte bald ein ständiger Bestandteil des Wortschatzes der Menschen im Westen werden.

364 teilten die Brüder Valentinian und Valens freundschaftlich das römische Imperium zwischen sich auf. Valentinian nahm Italien und die Provinzen im Westen; Valens erhielt alle Provinzen im Osten.

Das Patriarchat in Palästina blieb bis zum Ende des 4. Jahrhunderts eine wichtige Institution. Aber es ärgerte die Kirche, daß eine halbautonome jüdische Körperschaft eine ehrenvolle und mächtige Stellung hatte. Der letzte Patriarch war Rabban Gamaliel IV. Als er um 425 starb, wurde das Patriarchat vom Kaiser abgeschafft. Der Sanhedrin fand ein Ende.

Die Masse der palästinischen Diskussionen über die Mischna von Rabbi Juda und deren Interpretationen wurden in den letzten Jahrzehnten des 4. und zu Beginn des 5. Jahrhunderts gesammelt und schriftlich niedergelegt. Ein gut Teil des Zusammenstellens und Edierens wurde von Gelehrten in Tiberias erledigt. Das endgültige Werk enthält das rabbinische Denken in Palästina während zweier Jahrhunderte. Geschichten, Gleichnisse, Predigten und verblüffend einfallsreiche Interpretationen biblischer Verse für den Unterricht in ethischem Verhalten wurden auch etwa zu dieser Zeit gesammelt und in getrennten Bänden herausgegeben. Die Gelehrten dieser Ära sind mittlerweile als Amoraim oder Amoräer bekannt, »Darleger«. Ihre rechtlichen Diskussionen stellen zusammen mit der Mischna den palästinischen oder Jerusalemer Talmud dar. Es geschah alles in großer Eile, als ob sie gewußt hätten, daß ihre Zeit abläuft. Die beiden letzten der sechs Abteilungen der Mischna – *Heilige Dinge* und *Reinigungen* – haben überhaupt kein zusätzliches Material, und Teile von anderen Traktaten fehlen.

Im kalten, fernen Norden stießen die endlosen Wanderungen und Überfälle von Stammesverbänden aus der Dunkelheit des nördlichen Europas und Asiens immer noch auf die Grenzen des Imperiums. Nordgallien wurde zwischen 406 und 419 von den Franken erobert. Ein kleinerer Stamm, die Burgunder, nahm Ostgallien. 408 drang der Westgotenkönig Alarich in Mittelitalien ein und verlangte und erhielt Tribut; 410 plünderte er Rom. 451 schlugen die Römer den beängstigenden Einfall des Hunnenkönigs Attila ab. Es war der letzte große Sieg römischer Waffen.

Britannien fiel an die Sachsen, Pikten und Scoten. Mittelfrankreich und die Provence wurden zwischen den Franken und Goten geteilt. 455 griffen die Wandalen vom Meer aus Rom an und plünderten es so ausgiebig, daß es eine halbe Ruine wurde.

476 meuterte ein deutscher Söldnerführer mit Namen Odoaker, tötete den Regenten in Rom, Orestes, setzte dessen Sohn Romulus Augustulus ab und ernannte sich zum König von Italien. Wenige merkten das damals, denn Italien war schon lange kein Machtfaktor im Westen mehr. Die Historiker bezeichnen dieses Datum jetzt als das Ende des Weströmischen Reiches.

Ostrom herrschte noch in Konstantinopel. Der Gesetzeskodex von Justinian entstand im folgenden Jahrhundert. Das Oströmische Reich wurde ein griechisches Königreich mit einem römischen Gesetzeskodex und einem christlichen Glauben.

Während dieser ganzen chaotischen Zeit hatte es in Rom eine jüdische Gemeinde und eine Akademie gegeben, aber wir wissen fast nichts darüber. Das alexandrinische Judentum, dezimiert durch die Revolte von 115 gegen Trajan, hatte seine alte Vitalität nie wiedererlangt. Auch in Ägypten hatten die Juden das Blutopfer, das die römischen Legionen von ihnen für ihre Teilnahme an derselben Revolte forderten, nicht verwunden. Es mag kleine jüdische Gemeinden in Spanien und Gallien gegeben haben, aber ihr Tun und Treiben ist verborgen hinter verschwommenen Volksmärchen. Das palästinische Judentum war im Niedergang.

Am Euphrat und Tigris, in dem vergessenen Land Sumer, aus dem einst ein Patriarch in ein verheißenes Land gewandert war, lebte die einzige noch übrige vitale jüdische Gemeinde auf der Welt.

Jetzt waren Gelehrte die Wanderer.

Wir wissen sehr wenig über die babylonische jüdische Gemeinde seit der Zeit, als die Verbannten 538 v. Z. zurückkehrten, um den Tempel wiederaufzubauen, bis zum Eintreffen der Parther etwa vierhundert Jahre später. Die Juden wurden von den Parthern gut behandelt, erhielten hohe Regierungsposten und waren eine autonome kulturelle Einheit.

Aus Gründen, die nicht ganz klar sind, haben sich die Juden in Babylonien nicht an den Makkabäerkriegen oder an der Revolte gegen Rom in den Jahren 66 bis 70 beteiligt. Den Brand des Tempels hatten sie nicht erwartet. Der jüdische Historiker Josephus erklärt seinen Lesern vorsichtig, daß das Feuer von einem eifrigen Soldaten gelegt worden sei, »angetrieben von einer gewissen göttlichen Raserei«, und nicht auf Befehl von Titus: die Römer hatten kein Verlangen, daß wütende babylonische Juden einen Aufstand machten.

Bis zur Zerstörung des Tempels waren die meisten babylonischen Juden außerhalb des Einflußbereichs des pharisäischen Judentums gewesen. Infolge des Bar-Kochbar-Aufstands ist eine Reihe von Gelehrten aus Palästina nach Babylonien geflohen. Einige blieben dort und unterrichteten die ersten im Land geborenen und aufgewachsenen Gelehrten von Babylonien. Diese Gelehrten und ihre Schüler unterhielten enge Kontakte mit den Akademien in Palästina. In den meisten babylonischen Städten waren die Juden eine gut organisierte Minderheitsgemeinde. Sie waren stolz auf die Reinheit ihrer Abstammung. Die Gelehrsamkeit war ein wenig seicht; die Traditionen waren diffus, örtlich beschränkt. Der Führer der jüdischen Gemeinde griff den Gedanken eines einzigen, maßgeblichen Werkes gern auf – das offenbarte mündliche Gesetz, kodifiziert in der Mischna von Rabbi Juda dem Fürsten, das allen babylonischen Juden dienlich sein würde. Er hieß palästinische Gelehrte willkommen, die der Thora, wie sie in der pharisäischen Tradition verstanden wurde, Geltung verschaffen wollten. Für ihn war das eine Gelegenheit, eine straffe, zentralistische Verwaltung für die jüdische Gemeinde zu schaffen.

Nach dem Bar-Kochbar-Aufstand waren Palästina und Babylonien nicht nur geographisch verbunden – durch die Bergketten, auf denen Leuchtfeuer entzündet werden konnten, um zu signalisieren, daß der Neumond in Palästina bezeugt worden sei und alle Feste in Babylonien entsprechend gefeiert werden sollten –, sondern auch durch die übermittelte Gelehrsamkeit von Generationen palästinischer Weiser. Wir wissen nicht, wie viele Juden damals in Babylonien lebten. Josephus schreibt, es seien »viele Zehntausende, deren genaue Zahl niemand wissen kann«.

Zur Zeit von Rabbi Juda dem Fürsten gab es wahrscheinlich ungefähr eine Million Juden in Babylonien. Jetzt wurden Boten von Palästina nach Babylonien geschickt, um den Neumond anzukündigen, denn die Samariter hatten sich einfallen lassen, Leuchtfeuer anzuzünden, um die Juden zu täuschen. Acht Jahrhunderte waren seit der Zerstörung des Tempels durch die Babylonier vergangen, und die meisten damals exilierten Juden hatten ihre Identität und die Reinheit ihrer Abstammung aufrechterhalten. Sie hatten eine hochentwickelte und gut organisierte Gemeinde mit Schulen, Synagogen, Gerichten und Wohlfahrtseinrichtungen. Juden hatten Posten in der Regierung und in großen Handelsunternehmen. Der Führer der jüdischen Gemeinde, der Exilarch – dieses Amt war von den Parthern um 100 n. Z. eingeführt worden –, war der politische Vertreter der Juden am Königshof und spielte eine wichtige Rolle in Regierungskreisen. Die meisten Juden waren arm. Aber alle waren damals arm mit Ausnahme der ganz wenigen, die außerordentlich reich waren. Juden waren in der Landwirtschaft und im Handwerk tätig. Sie waren Bauern, Ladeninhaber, kaufmännische Angestellte, Makler, Viehhändler, Matrosen oder Hausierer. Die Steuern waren sehr hoch, und wer sie nicht bezahlte, wurde in die Sklaverei verkauft. Aber das Leben war nicht freudlos, vor allem nicht während der Festtage.

219, etwa zwei Jahre nach dem Tod von Rabbi Juda dem Fürsten, kehrte ein Mann mit Namen Abba aus Palästina nach Babylonien zurück. Er hatte viele Jahre in der Akademie von Rabbi Juda dem Fürsten verbracht und war ein außerordentlich begabter junger Gelehrter. Der Exilarch ernannte ihn zum Marktinspektor. Er begann durch das Land zu reisen. Mit der Zeit nannte ihn das Volk einfach Raw, »Meister«.

Auf seinen Fahrten durch Babylonien wurde ihm klar, daß ein dringender Bedarf an zusätzlichen höheren Schulen bestand. Er wählte eine Region, die von den Gelehrten fast ganz vernachlässigt worden war, und gründete dort eine Schule in einer Stadt, die etwa achtzig Kilometer nördlich der alten sumerischen Stadt Ur lag.

Die Stadt hieß Sura. Sie lag auf dem fruchtbaren Boden des südlichen Babyloniens, wo sich der Euphrat in zwei Arme teilt. Auf den Feldern wuchsen Weizen und Gerste. Es gab Weinberge und Obstgärten. Einige der Bauern aus Sura bestellten ihre Felder und kamen, um den Worten von Raw zu lauschen.

Die Akademie von Sura ist das erste Bet Midrasch, »Lehrhaus«, in Babylonien, von dem wir mit Sicherheit wissen; es mögen andere von Gelehrten gegründet worden sein, die während der Revolte des Jahres 132 aus Palästina geflohen waren, aber wir wissen wenig darüber. Die Bewohner von Sura waren mit den pharisäischen jüdischen Gesetzen nicht vertraut, ehe Raw zu ihnen kam. Er bildete Tausende von Schülern aus. Er setzte ein Gericht ein, dessen Entscheidungen sich stark auf das Leben der Juden in Babylonien auswirkten. Er lehrte das Recht, hielt Predigten, begründete unumstößlich die Autorität der Mischna von Rabbi

Juda dem Fürsten, erschloß der gelehrten Diskussion die Welt dieser Mischna und erzeugte für zukünftige Generationen jüdischer Gelehrsamkeit in Babylonien den Antrieb, eines Tages das außerordentliche, einmalige und ganz undefinierbare literarische Werk zu schaffen, das wir den babylonischen Talmud nennen.

Im Jahr 224 wurde das Herrscherhaus der Parther, die Arsakiden, plötzlich von einer anderen persischen Königsfamilie abgelöst, den Sasaniden. Das jahrhundertealte Bündnis zwischen Persien und dem babylonischen Judentum nahm ein Ende.

Die Sasaniden waren eine Priesterfamilie und stolz darauf, den klassischen Göttern Persiens treu zu sein. Der alte Feuerkult, die Zarathustra-Religion, wurde die offizielle Religion des neuen Staates. Dieser neue Staat war entschlossen, den politischen und religiösen Glanz der Zeit des Dareios wiederherzustellen. »Die Verbindung ist unterbrochen«, bemerkte Raw betrübt, als die Sasaniden an die Macht kamen.

Für die Juden in Babylonien begannen jetzt Jahrhunderte der Unsicherheit, als verschiedene Herrscher widerstreitende und oft widersprüchliche Politik in bezug auf das Maß von Autonomie verfolgten, das den Juden bei der Regelung ihrer religiösen und bürgerrechtlichen Angelegenheiten zugestanden wurde. »Laßt das Gesetz der Regierung bindend sein«, sagte Samuel, ein Gelehrter, der ein Schüler von Rabbi Juda dem Fürsten gewesen sein mochte und eine Akademie in Babylonien gegründet hatte. Er bezog sich auf die kaiserlichen Besteuerungsdekrete, die die palästinischen Juden als nicht rechtmäßig abgelehnt hatten. Er drängte auf politische Unterwürfigkeit als Teil der religiösen Lebensweise. In allen anderen Fragen des bürgerlichen Rechts wurden die Juden angewiesen, sich nur an jüdische Gerichte zu wenden.

Christen und andere religiöse Gruppen wurden von den sasanidischen Priestern streng verfolgt; inwieweit die Juden verfolgt wurden, ist unklar. Oft gewährten die sasanidischen Könige den Juden Schutz gegen ihre eigenen Priester. Wir wissen zumindest von einem Fall eines Massen-Märtyrertodes infolge der Verfolgung durch die Magier, die Priester von Ahura Mazda, dem Gott und Schöpfer des reinen Guten, des überlegenen Wissens. Sein gegnerischer Gott, mit dem er in einen ewigen Kampf verstrickt war, war Ahriman, das reine Böse. Die Zarathustra-Religion scheint sich über den Ausgang des Konflikts zwischen den beiden Göttern nicht klar gewesen zu sein.

Während alledem lehrten die Rabbis weiter, große Akademien

wurden gegründet und zogen Tausende von Schülern an, und es entwickelte sich eine einmalige Institution, die Kalla. Raw wollte mehr als eine Gelehrtenschule; er erkannte die Notwendigkeit, die Masse des Volkes zu erreichen. Alljährlich im frühen Frühjahr und im Herbst, wenn es in der Landwirtschaft nicht viel zu tun gab, hielt er eine Kalla ab, eine Lehrveranstaltung, die einen Monat dauerte und an der Tausende von Juden aus ganz Babylonien teilnahmen. Ehemalige Schüler, deren Arbeit sie das Jahr über lange Zeit von der Akademie fernhielt, verbrachten im Frühjahr und Herbst einen ganzen Monat mit ihrem Lehrer: den Adar (Februar-März) und Elul (August-September). Meistens studierten sie die Mischna; der Text war für alle Juden Babyloniens sakrosankt geworden. Und die Zeit der Feiertage war für die breite Masse der Juden reserviert. Sie strömten dann nach Sura, überfluteten die Stadt, und oft war es nicht möglich, alle unterzubringen. Auch sie studierten die Mischna und hörten sich Vorträge an.

Samuel war der zweite der großen babylonischen Gelehrten, die im Land geboren waren. Er war Astronom, Heilkundiger und Lehrer des Gesetzes. Er gründete eine Akademie in seiner Heimatstadt Nehardea, stromaufwärts von Sura und nicht weit vom heutigen Bagdad. Dort hatte der Exilarch seinen Sitz. Die Juden von Nehardea – die Stadt war fast ausschließlich von Juden bewohnt – glaubten, die Gegenwart Gottes habe sich, als sie den brennenden ersten Tempel verließ, in der Synagoge niedergelassen; diese Synagoge war mit Erde und Steinen aus Jerusalem erbaut, die sie mitgenommen hatten, als sie in die Verbannung gingen. Nach dem Tode von Raw im Jahre 247 wurde Nehardea das wichtigste Gelehrtenzentrum in Babylonien bis zu seiner Zerstörung im Jahre 259.

In der Stadt Pumbedita am Euphrat, nordwestlich von Nehardea, wurde eine Akademie gegründet. Bis zur Mitte des 4. Jahrhunderts waren diese Schule und ihr Gerichtshof die zentrale religiöse Autorität für das ganze babylonische Judentum. Pumbedita war eine große Handelsstadt. Die Gelehrten dieser Akademie waren mit besonderem Scharfsinn und Spitzfindigkeit begabt. »Sie könnten einen Elefanten durch ein Nadelöhr ziehen«, sagt der Talmud.

Zwei dieser Gelehrten, Abbaje und Raba, waren in ihrem Eifer, sich über fast alles zu streiten, die Pendants von Pumbedita zu Hillel und Schammai. In seiner Jugend pflegte Abbaje nachts seine Felder zu wässern, um tagsüber die Thora studieren zu können.

Später wurde er Weinhändler. Raba gründete eine Akademie in Mahoza, einer Stadt am Tigris, und an einer wichtigen Karawanenstraße. Die Juden waren Bauern und Kaufleute. Sie aßen gut, tranken viel Wein und neigten zum Hedonismus. Die Frauen waren etwas indolent und übermäßig mit Schmuck behängt. Raba besaß Felder und Weinberge. Wenn er lehrte, legte er Wert auf logische Beweisführung und Rückschlüsse.

Ich entsinne mich der Stunden, die ich als Kind damit verbrachte, über Abbaje und Raba zu staunen, über die Behendigkeit ihres Verstandes, die Gewandtheit, mit der sie auf unüberwindliche Rechtsprobleme reagierten, auf Widersprüche zwischen verschiedenen Texten einer Mischna, auf grundsätzliche Überlieferungen, die ein und demselben Urheber zugeschrieben wurden. »Abbaje sagte ... Raba sagte ... Abbaje sagte ... Raba sagte ...« Wieviel tausendmal muß ich in den Jeschiwot, die ich besuchte, diese Worte gesprochen haben.

Es gab in diesen Jahrhunderten noch andere Akademien im Land. Aber sie standen im Schatten von Sura und Pumbedita. Schüler wanderten von Schule zu Schule auf der Suche nach Meistern, die ihnen zusagten, blieben eine Weile da, wanderten weiter, bis sie einen fanden, mit dem sie auskommen konnten und aus dessen Händen sie die Ordination erhalten wollten.

Einige der Gelehrten von Sura begannen sich unter Führung von Raw Aschi, dem Leiter der Akademie, zusammenzusetzen und die Masse von Material zu edieren, das sich in den jahrzehntelangen Diskussionen über die Mischna angesammelt hatte. Es gibt auch eine alte Überlieferung – die bei modernen Gelehrten stark umstritten ist –, wonach Raw Aschi mehr als fünfzig Jahre, von 375 bis 427, an diesem Material gearbeitet habe. Bei jeder Kalla-Sitzung wurde das gesammelte Material, das zu einer bestimmten Mischna gehörte, mündlich überprüft und erhielt dann Form und Ordnung. Das ermöglichte ihm im Lauf der Jahre, die gewaltige Sammlung von Interpretationen von früheren Generationen des babylonischen Judentums in ein System zu bringen. Es heißt, er sei das Material zweimal durchgegangen – eine erstaunliche Leistung.

Seine Mühen wurden von dem letzten der babylonischen Amoraim, Rawina II., fortgesetzt, der in den letzten Jahren des 5. Jahrhunderts Oberhaupt der Akademie von Sura war. Die Redaktoren stellten die erinnerte Argumentation von anonymen Schulgelehrten zusammen, die über die Ansichten der großen Meister diskutiert hatten; der gemächliche Fluß der Disputation war mehr durch eine Bewußtseinsstrom-Assoziation zwischen Themen verbunden als durch den Sinn für Gliederung, den wir bei den Schriften der Griechen zu sehen gewöhnt sind – ein rein talmudisches Vergnügen an verschlungenen rechtlichen Gesprächen, was die jüdische Reaktion auf die Starrheit des römischen Rechts gewesen sein mag. Diese Redaktoren hinterließen uns auch scheinbar unzusammenhängende Bemerkungen der Rabbis zu Mischna-Passagen und Brocken von Unterhaltungen der Rabbis, wenn sie eine Straße entlangwanderten, über einen Marktplatz gingen oder sich unter das Volk mischten; die Rabbis erhalten das Aussehen nicht nur von Lehrern, sondern auch von Wundertätern, Heilern, Mystikern – irgendwie ähnlich in der Funktion, wenn auch gewiß nicht dem Glauben nach, wie die Magier.

Wir wissen nicht, wer diese Redaktoren waren oder welche Kriterien sie bei ihrer Auswahl anlegten; auch wissen wir nicht genau, wie die Diskussionen in den Akademien aufbewahrt und an spätere Generationen übermittelt wurden. Man nimmt an, daß zwei weitere Generationen von Rabbis, die Saboraim oder Saboräer genannt werden, »Erklärer«, dann die Aufgabe vollendet haben. Die moderne Wissenschaft hat die komplexe Art dieses jahrhundertelangen Redaktionsprozesses allmählich enthüllt.

Die Babylonier hatten mehr Zeit und litten weniger unter Verfolgung, und deshalb ist ihr Werk lebendiger, reichhaltiger, ausgefeilter, ausführlicher, diffuser – das gesprochene Wort schriftlich niedergelegt – und kasuistischer als sein palästinisches Gegenstück. Seine Sprache ist Ostaramäisch, ein etwas anderer Dialekt als das Westaramäisch des palästinischen Talmud. Abgesehen von wenigen Ausnahmen hinterließen uns die babylonischen Gelehrten keine ihrer Diskussionen über den ersten und sechsten Abschnitt der Mischna: *Saaten* und *Reinigungen.* Vielleicht fanden sie diese Abschnitte nicht so belangvoll für ihre Lebensweise und verwendeten wenig Energie darauf, sie zu analysieren. Die in Palästina geschaffene Mischna von Rabbi Juda dem Fürsten war im Exil geprüft – und das meiste für richtig befunden worden.

Der babylonische Talmud enthält nicht nur Abschnitte über das Recht, sondern auch sehr viel Material, das ein Ausfluß der ungezügelten Phantasie ist, die sich reizvollen und fröhlichen Wanderungen durch Verse der Bibel hingab: Aberglaube, Astrologie, Beschäftigung mit Dämonen, hier und da eine Andeutung über das Tun und Treiben der Magie. Das sind die haggadischen

sidischer Jude beim Gebet.

Siebenarmiger Leu
und Thorarollen.
Marmorrelief aus
Bezirk des jüdisch
Tempels von Prie
3.–4. Jh. n. Z.

Thora-Rolle.

oder Midrasch-Abschnitte des Talmud, von denen ein Großteil aus Palästina stammt – die Haggada macht ein Sechstel des palästinischen Talmud aus –, die nicht-rechtlichen, erzählenden Abschnitte, die wie lichterfüllte Fenster zwischen den massiven Säulen der Beweisführungen sind, nämlich den halachischen Abschnitten des Talmudtextes. Sie bezwecken, den Menschen die Wege Gottes durch die Gabe der Phantasie zu lehren. Sie umfassen etwa ein Drittel des babylonischen Talmud und waren für meine Lehrer immer eine Quelle der Verlegenheit. Wir pflegten sie auszulassen und Gott weiterhin durch die Gabe des Verstandes zu verehren.

Der babylonische Talmud umfaßt etwa zweieinhalb Millionen Wörter auf 5894 Folioseiten. Unser Ziel als Schüler war es, diese ganze wertvolle Literatur, den babylonischen Talmud, zu meistern. Und wer von unserem Volk nicht die Zeit oder geistige Voraussetzung für den Talmud hatte, der konnte andere Schriften studieren: die Mischna ohne die amoräischen Diskussionen oder die vielen Anthologien von Gleichnissen und Predigten. Aus diesen Anthologien würde der Leser von Dingen erfahren, die der Schöpfung der Welt vorangingen: die Thora, der Thron Gottes, Bußfertigkeit, der Garten Eden, Gehenna. Er würde erfahren, daß der Herr der Welt zuerst das Licht schuf und das tat, indem er sich in einen weißen Gebetsschal hüllte, und der strahlende Glanz seiner Herrlichkeit leuchtete von einem Ende der Welt bis zum anderen. Er würde erfahren, daß Bäume und Gräser zur Freude des Menschen erschaffen wurden; daß jedes Geschöpf eine Aufgabe erfüllt, die es von dem Heiligen, gelobt sei er, erhielt, selbst der Frosch, selbst die Mücke. Er würde erfahren, daß der Herr der Welt, ehe er den Menschen schuf, sich mit den Engelsscharen beriet. Sie waren unterschiedlicher Meinung und stritten lange untereinander. Der Heilige, gelobt sei er, ließ sich nicht abhalten und schuf den Menschen, dann sagte er: »Warum diskutiert ihr immer noch darüber? Der Mensch ist schon geschaffen!« Der Leser würde erfahren, daß der Herr der Welt, als er Eva schuf, sie als Braut kleidete und zu Adam brachte. Er würde erfahren, daß die Schlange rasend vor Eifersucht wurde, als sie sah, daß Gottes Engel im Garten Eden Adam behilflich waren, daß die Sonne nach dem Verzehr des Apfels unterging und die Dunkelheit Adam und Eva mit Schrecken erfüllte, bis die Sonne wieder aufging und sie erkannten, daß das der Lauf der Welt sei; daß der Heilige, gelobt sei er, die böse Menschheit hundertzwanzig Jahre lang geduldig warnte, ehe er die Sintflut schickte; daß zehn Generationen zwischen Noah und Abraham lagen und der Heilige, gelobt sei er, bis zu Abraham mit niemandem sprach; daß Abraham sich schon als Kind die ganze Thora selbst beigebracht hatte; daß er in den Jahren, in denen er in Haran lebte, Vorübergehende in sein Zelt einlud, ihnen zu essen gab, ihnen Liebe bekundete und sie bekehrte und unter die Fittiche der heiligen Gegenwart brachte; daß das ganze Universum, Himmel und Erde, Sonne und Mond, Sterne und Konstellationen, sich freuten, als Isaak geboren wurde; daß Sara Hagar und Ismael vertrieb, weil sie eines Tages gesehen hatte, daß Ismael einen Altar baute und Heuschrecken sammelte, um sie Götzen zu opfern; daß Abraham sehr früh aufstand, um seinen einzigen Sohn wegzubringen und ihn zu opfern, damit Sara es nicht merkte; daß Satan auf dem Weg zum Opferberg mehrmals versuchte, ihm in die Quere zu kommen, aber jedesmal an der Entschlossenheit des Patriarchen scheiterte; daß Isaak das Holz für den Altar trug wie einer, der sein eigenes Kreuz auf den Schultern trägt; und daß, als Abraham sich gerade anschickte, seinen Sohn hinzuschlachten, der Heilige, gelobt sei er, seinen Engeln erschien und den Himmel teilte, und Isaak hob die Augen auf und sah die Kammern des Thronwagens und war voll Angst, und die Engel standen in Reihen und klagten und weinten und sprachen zueinander: Siehe, einer schlachtet, und einer wird geschlachtet. Herr der Welt! Was wird aus deinem Versprechen, seinen Samen zu mehren? Sofort sagte der Heilige, gelobt sei er, zum Engel Michael: Warum wartest du? Halte ihn zurück! Und an dem Tag, an dem Abraham, unser Vater, starb, stellten sich alle großen Völker der Welt in einer Reihe auf und sagten: Wehe der Welt, die ihren Lenker verloren hat! Und wehe dem Schiff, das seinen Steuermann verloren hat!

Und wenn der Leser weiterliest, wird er entdecken, daß Jakob und Esau schon im Mutterleib miteinander kämpften. Jedesmal, wenn Rebekka an einer Synagoge oder einem Lehrhaus vorbeiging, versuchte Jakob herauszukommen; jedesmal, wenn sie an einem heidnischen Tempel vorbeiging, versuchte Esau, sich den Weg nach draußen zu bahnen; daß Esau böse wurde, ein Jäger, und in einem Augenblick der Leichtfertigkeit auf sein Erstgeburtsrecht verzichtete, und daß der Heilige, gelobt sei er, Jakob half, den Segen seines alten, blinden Vaters zu erhalten, indem er Satan ausschickte, Esau bei der Jagd nach dem Wildbret, das Isaak verlangt hatte, aufzuhalten. Und der Leser wird von der Flucht des verängstigten Jakob erfahren und von Labans Verschlagenheit, von Leas Schönheit und Rahels Bescheidenheit, von ihren Kindern und Rahels Tod. Warum hat Jakob Rahel in Ephrath begraben? Weil er in einer Vision sah, daß alle Verbannten dort vorbeikommen würden, und er begrub sie an der Straße, damit sie um ihre exilierten Kinder weinen und um Gnade bitten konnte ...

Jetzt, in der zweiten Hälfte des 5. Jahrhunderts, wurde ein großer Teil der jüdischen Bevölkerung von Isfahan abgeschlachtet, weil sie beschuldigt wurde, zwei Magier-Priester ermordet zu haben. Ein Exilarch wurde von einem Sasanidenkönig erschlagen. Im Jahr 468 wurden im ganzen Land viele Synagogen zerstört, Kinder entführt, um sie zu mazdaistischen Priestern zu machen, und das Studium der Thora wurde verboten.

Auch im nächsten Jahrhundert hielten die Verfolgungen an. Es gab eine Pause von fast fünfzig Jahren während der Herrschaft von Anorschawan von 531 bis 579. Dann wurde die sasanidische Dynastie in einen verheerenden Krieg mit dem byzantischen Reich verwickelt, der immer noch intakten hellenistisch-christlichen Schwester des verstümmelten Rom. Im nächsten Jahrhundert gab es einen langjährigen Krieg zwischen den Sasaniden und Byzanz. Die Perser nahmen 624 Jerusalem und fielen in Ägypten ein. Juden dienten in der persischen Armee, die gegen die Byzantiner kämpfte. Palästinische Juden, die unter der byzantinischen Herrschaft verfolgt worden waren, hießen die Perser willkommen. Jerusalem wurde zurückerobert. Vier Jahre später wurden die Sasaniden besiegt.

Zuletzt spielten die unaufhörlichen Versuche der Byzantiner und Perser, ihre Reiche zu erweitern, kaum noch eine Rolle. Tief in der Welt des endlosen Sandes und der Sonne hatten Nomadenstämme aus Mittelarabien die politische Einheit erlangt und wurden die Überbringer einer flammenden religiösen Vision. Jetzt stießen sie nach Norden vor und brachen über die Welt herein. 634 fielen sie in Palästina ein. Zwei Jahre später nahmen sie Syrien. 637 überwältigten sie die Sasaniden. 638 eroberten sie Jerusalem. 641 griffen sie Ägypten an. 647 nahmen sie Alexandria. Es waren arabische Moslems. Sie besaßen bereits die heiligen Worte ihres Propheten Mohammed. Sie brauchten die Schriften von Heiden nicht. Sie brannten die Bibliotheken von Alexandria nieder.

Drittes Buch

WÄHREND DES ISLAMS UND DES CHRISTENTUMS

Islam

Nachtigallen in einem Sandsturm

Als ich jung war, lernte ich, die Araber hätten die Bibliotheken von Alexandria niedergebrannt. So steht es auch heute noch in wissenschaftlichen Werken: Sie zerstörten einen Großteil des aufgezeichneten Erbes von tausend Jahren heidnischer Kreativität.

Wir haben eine Ahnung von den verlorenen Schätzen, weil Autoren, deren Werke die uns von der klassischen Welt trennenden Jahrtausende irgendwie überlebten, ständig Verfasser zitieren, deren Texte nicht erhalten sind. Wir haben Gespenster: die Erwähnung eines Titels, den Namen eines Autors, eine unvollständige Passage, die zitiert wird und ein körperloses Leben erhält in der ewigen Unsicherheit der Schöpfung eines anderen, der sie ihr zufälliges Dasein verdankt. Kummervoll blicken wir auf die Ruinen einer Welt.

Irgendwie erwarten wir von ihnen, daß sie es getan haben; es paßt zu dem Bild, das uns von ihnen gegeben wurde, diesen schwertschwingenden, monotheistischen, fanatischen Nomaden, die aus der glutheißen Mondlandschaft der arabischen Halbinsel kamen und wie ein blind machender Sandsturm über die Welt fegten. Sie hatten ihren Gott Allah; sie hatten ihren Propheten Mohammed; sie hatten ihr heiliges Buch, den Koran. Was brauchten sie die Schriften der barbarischen Ungläubigen? Und so heizten sie sechs Monate lang die Öfen der vielen Bäder in Alexandria mit den siebenhunderttausend Rollen jener Bibliotheken.

Aber etwas ist merkwürdig an dieser Brandgeschichte. Die großen Bibliotheken gehörten nicht mehr zum Stadtbild, als die Araber die Stadt eroberten. Während der Kämpfe, die im Jahr 47 v.Z. zwischen den Heeren von Pompeius und Julius Caesar in Alexandria stattfanden, ging die große ptolemäische Bibliothek in Flammen auf. Eine spätere Bibliothek, die sogenannte Tochterbibliothek, wurde etwa 390 auf Befehl von Kaiser Theodosius I. zerstört – eine fromme Säuberungsmaßnahme in einem Gebiet, das erst neuerdings christlich geworden war. Die Historiker sagen uns jetzt, daß das, was bei den Kämpfen zwischen Caesar und Pompeius Feuer fing, nicht die ptolemäische Bibliothek war, sondern wahrscheinlich im Hafen eingelagerte Schriften, die verschifft werden sollten. Wenn das stimmt, dann war es Theodosius I., der die Bibliothek niederbrannte, möglicherweise mit früherer Unterstützung des Kaisers Aurelian, der um 273 einen von einem griechischen Kaufmann mit Namen Firmus angezettelten Aufstand niederschlug, die Mauern der Stadt schleifte und den Bibliotheken zweifellos einigen Schaden zufügte. Die Mauern wurden wiederaufgebaut.

Eines Morgens im Jahre 641 näherte sich ein arabisches Heer den Mauern und Türmen und staunte über die Tempel der Stadt, die Markus-Kathedrale, die beiden Obelisken aus rotem Granit, die Pharao Thutmosis III. aufgestellt hatte, der Erbauer des Neuen Reiches, der Gaza und Megiddo genommen und mit seinen Heeren bis an die Ufer des Euphrats vorgestoßen war. »Ich habe eine Stadt erobert«, lautet der Bericht des siegreichen arabischen Heerführers an den Kalifen, »die zu beschreiben ich unterlassen werde. Es genügt zu sagen, daß ich darin viertausend Villen mit viertausend Bädern genommen habe, vierzigtausend kopfsteuerzahlende Juden und vierhundert Vergnügungsstätten für die Fürstlichkeiten.«

Die Stadt rebellierte und mußte im Jahr 647 noch einmal erobert werden. Diesmal wurden die Mauern geschleift. Vielleicht haben die wütenden Araber jetzt eine kleine Bibliothek niedergebrannt, die seit der Zeit von Theodosius gebaut worden war. Wir wissen es nicht.

Ein arabischer Historiker mit Namen Abd-al-Latif al-Baghdadi, der 1231 starb, scheint der Urheber der Geschichte von der niedergebrannten Bibliothek gewesen zu sein. Warum? Man weiß es nicht. Vielleicht war er ein frommer moslemischer Chronist, der das schrieb, was seiner Ansicht nach hätte stattfinden sollen. Er erfand einen Augenblick der Historie – wie der hebräische Verfasser der Bücher der Chronik, als er die offenkundige Wahrheit einer Passage im *Buch der Könige* einfach umdrehte und schrieb, Hiram von Tyrus habe Salomo Städte gegeben. Vielleicht waren beide Chronisten bemüht, ihrer tiefsten Einsicht in den Willen Gottes Ausdruck zu verleihen.

Soviel ist sicher: Irgendwann in den ersten Jahrhunderten unserer Zeitrechnung wurde der Geschichte der Menschheit ein neues Thema hinzugefügt. Jetzt wurde die Asche von Büchern zusammen mit den sterblichen Überresten von Menschen ein Teil des Erdreichs unter unseren Füßen.

Eben jene Moslems, denen die Legende das Verbrennen heidnischer Bücher zuschrieb, bauten in der Zeit, die auf den Zusammenbruch des Heidentums folgte, einige der schönsten Bibliotheken. Sie füllten diese Bibliotheken mit heidnischen Werken, die in ihre Sprache übersetzt wurden – Arabisch, die Sprache der Engel, das heilige Medium für das Wort Allahs, das von Mohammed – der Name wird auch Mahomet oder Muhammed geschrieben – offenbart und im Koran niedergelegt wurde. Das Wort Koran bedeutet »Rezitation, Diskurs, Lektüre«.

Als ich sehr jung war, wurde mir von einem weißbärtigen Mann, den ich verehrte, gesagt, die Moslems seien Wüstenbarbaren, die irgendwie auf den Gott unserer Väter gestoßen seien, ihn für sich genommen und seinen Kult entstellt hätten, um ihn ihren Einfällen anzupassen. Dieser Mann, sanft und sehr alt, war außerordentlich fromm und eingesponnen in der Welt der Thora. Jenseits dieser Welt lag die giftige Frucht fremder Zivilisationen. Wie leicht bezeichnen wir unbekannte Welten als barbarisch. Jeder ist für irgendeinen anderen ein Barbar.

Der Islam entstand nicht in den Wüsten der arabischen Halbinsel, sondern in einer ihrer Städte. Mohammed war nicht ein Nomade aus der Wildnis, sondern ein städtischer Kaufmann. Zu Beginn des 7. Jahrhunderts, zur selben Zeit, als er seine Offenbarungen erhielt, wurde in den Akademien von Babylonien die Redaktion des Talmud vollendet. In den folgenden dreihundert Jahren, in denen die Araber einen Großteil der heidnischen und christlichen Welt für den Islam eroberten, eroberten die Oberhäupter der Akademien von Sura und Pumbedita einen Großteil der jüdischen Welt für den babylonischen Talmud.

Der größte dieser Akademieleiter war Saadia Gaon, der 882 in Ägypten geboren und 922 an die Akademie von Sura berufen wurde. Er war ein Gelehrter der Thora und auch der weltlichen Wissenschaften. 928 wurde er Oberhaupt der geschwächten Akademie in Sura. Er war ein Mann von unerhörter Gelehrsamkeit und Energie, den man nicht einschüchtern konnte und der nicht dazu neigte, sich der politischen Autorität des Exilarchen zu beugen, wenn er fand, sie werde falsch ausgeübt. Es gab Streitigkeiten zwischen ihm und dem Exilarchen. In der Zeit seines erzwungenen Rücktritts, der die Folge davon war, schrieb Saadia sein philosophisches Werk, *Glaubenslehren und -ansichten*. Aristoteles, Platon und die Stoiker gehen wie freundliche Gespenster in dieser Abhandlung um, wenn der Autor seine Theorien über das Universum und das Wissen darlegt, seine Lehre von der Seele, seine Auffassung von der göttlichen Offenbarung. Es ist Judaismus, im Lichte der Vernunft interpretiert. »Es mag gefragt werden«, schrieb er, »wie wir es auf uns nehmen können, nach Wissen zu streben vermittels Spekulation und Nachforschung mit dem Ziel, mathematische Gewißheit zu erlangen angesichts der Tatsache, daß unser Volk diese Art der Spekulation ablehnt, da sie zu Unglauben und Übernahme ketzerischer Ansichten führe. Unsere Antwort ist, daß nur der Ignorant so spricht ...« Das Buch war in Arabisch geschrieben, denn das war anstelle des Griechischen und Aramäischen die Umgangssprache geworden.

Vor diesem Buch hatte er ausführlich über das Thema der hebräischen Grammatik geschrieben. Er verfaßte Handbücher über jüdisches Recht. Er übersetzte die Bibel aus dem Hebräischen ins Arabische, oft nicht wörtlich, ganze Kapitel gab er frei wieder, um das Werk für den Durchschnittsleser verständlich zu machen. Er schrieb Kommentare zu einzelnen Büchern der Bibel. Er verfaßte herrliche liturgische Poesie auf hebräisch und auch philosophische Gedichte. Er begründete, könnte man sagen, die Gattungen der gesamten zukünftigen traditionellen jüdischen literarischen Kreativität. Er war der erste große Literat der zweiten Zivilisation der Juden.

Er verbrachte viel Zeit mit dem Polemisieren gegen das explosionsartige Auftreten von Schismatikern, die als Karaiten oder Karäer bekannt sind, Verfechter der Heiligen Schrift, eine Sekte, die zu Beginn des 8. Jahrhunderts entstand. Diese Juden – viele von ihnen waren Gelehrte, Theologen, Grammatiker – erkannten allein die Heilige Schrift als Quelle des religiösen Rechts an und fanden, das rabbinische mündliche Gesetz entbehre jeder Grundlage. Im wesentlichen bestritten sie die Stichhaltigkeit dessen, was die jüdische Kreativität während eines Jahrtausends geschaffen hatte, und Saadia und andere Geonim griffen sie heftig an. (Wir wissen nicht, wann der Titel Gaon, im Plural Geonim, für das Oberhaupt einer Akademie üblich wurde. Das Wort bedeutet

»Vortrefflichkeit«). Die Geonim machten den babylonischen Talmud zum maßgeblichen literarischen Werk des rabbinischen Judentums. Sie waren die höchsten rabbinischen Autoritäten in Babylonien vom Ende des 6. bis zur Mitte des 11. Jahrhunderts. Das Ansehen des geschwächten Rabbinats von Palästina ging auf sie über; überall auf der Welt richteten die Juden ihre Anfragen brieflich an die Akademien in Sura und Pumbedita und schickten ihre Beiträge dorthin. Die Antworten der Geonim auf diese Anfragen bezüglich rechtlicher und ritualer Angelegenheiten – oft wurden sie bei einer Kalla vorgelesen – stellen eine Responsenbibliothek mit Zehntausenden von Briefen dar. Saadia starb im Jahr 942.

Bei den Arabern gab es damals dasselbe Rechtsverfahren durch Briefe. Das noch unentwickelte mohammedanische Recht mit seinen vielen Traditionen erforderte, daß in jeder Gemeinde Fragen an Sachkundige gerichtet wurden. Diese Sachkundigen gaben Responsen heraus, gewöhnlich kurze Antworten auf Fragen, die schriftlich erteilt wurden. Der Sachkundige wurde Mufti genannt.

Es hätte erwartet werden können, daß die jüdische Zivilisation, die seit so vielen Jahrhunderten nach Westen, auf Griechenland und Rom, ausgerichtet gewesen war, sich jetzt wieder ihrer semitischen Heimat zuwandte und sich unter den Schutzschirm der neuen Zivilisation des »Fruchtbaren Halbmonds« begab. Aber das geschah nicht. Die kreativen Energien der babylonischen Juden nahmen nach dem Jahr 1000 ab. Der babylonische Talmud hatte eine Seereise gut überstanden und war jetzt das Geistesgut der beiden Hauptrichtungen des Judentums in Europa. Auf diese beiden Richtungen komme ich später zurück. Die eine war in Spanien entstanden, die andere in Teilen des heutigen Frankreichs und Deutschlands. In den nächsten fünfhundert Jahren sollten diese Juden ein unterschiedliches Schicksal erleben; in vieler Hinsicht entwickelten sie sich ähnlich, gleichzeitig aber wurden sie so sehr von ihrer jeweiligen Geographie und kulturellen Konfrontation geprägt, daß sie fast zwei verschiedene Völker wurden.

Ein großer Teil der zweiten Zivilisation der Juden erlebte die Konfrontation mit dem Islam auf einem Boden, der für die Juden und die Moslems gleichermaßen fremd war. Auf der dritten und fernsten Halbinsel des Mittelmeers, in den prächtigen Schlössern und Villen von Spanien, inmitten privater Bibliotheken, ergiebiger Gespräche und politischer Intrigen, trafen diese beiden Zivilisationen mit voller Wucht aufeinander und sahen sich gleichzeitig gemeinsam mit der griechischen Zivilisation konfrontiert. Aus diesem irisierenden Gemisch entstand Gold, das noch heute geschürft wird.

Sand, Schwerter, Dichter der Wüste und Gesang von Vögeln gehörten zu der Mischung, die das Gold hervorbrachte. All das war in Arabien entstanden, der größten Halbinsel der Welt: etwa 2,7 Millionen Quadratkilometer weißer und roter Sand, riesige vulkanische Flächen zerfurchter Lava, eine schroffe Gebirgskette entlang der Westküste und steile Felshänge, die das Netzwerk der Wadis des Landes sind. Winterregen bedeckt die nördliche Wüste – eine spärlich mit Oasen gesprenkelte Wildnis – gelegentlich mit einem hauchdünnen Flaum jungen Grases, das von den Schafen und Kamelen der Beduinen rasch abgeknabbert wird. Auch in der südlichen Wüste mit ihrem beängstigend rötlichen Sand – mehr als doppelt so groß wie die nördliche Wüste und oasenlos – gibt es kurze Regenfälle, und der Beduine lebt dort in den wenigen grünen Monaten, ehe die Sommersonne den Boden ausdörrt und des Lebens beraubt.

Der Beduine des Nordens, der bis kurz vor Mohammed keine Schrift hatte, scheint ein Ureinwohner der Wüste zu sein, an dessen Ursprünge nicht einmal Mythen, Sagen und Märchen erinnern. Einige der Völker in den südlichen Bereichen der Halbinsel – Sabäer und ihre berühmte Kauffrau, die Königin von Saba; Minäer und andere; Zivilisationen, die Inschriften auf Bronzetafeln und Tempel für Astarte und die Sonne hinterließen; Zivilisationen, die ihrem Wesen nach eher kommerziell als militärisch waren, gegen Ende des 5. Jahrhunderts n. Z. zu bestehen aufhörten und über die wir fast nichts wissen –, einige dieser Völker mögen aus Afrika gekommen sein. Das sagen uns die Archäologen und Anthropologen, wenn sie ihre Schädelform betrachten.

Es ist in so mancher Hinsicht ein höchst grausames Land, trocken, heiß, ohne einen einzigen nennenswerten Fluß, ohne schiffbare Gewässer, dessen Boden nur in den Tälern im südwestlichen Zipfel und hier und dort in einer Oase mit unterirdischen Bächen systematisch bestellt werden kann. Die Meere im Osten und Westen sind zu schmal, um das Land mit so viel Feuchtigkeit zu versorgen, daß seine afrikanische Hitze gemildert würde; und der Ozean im Süden bringt zwar Regen, aber dessen kühlende Wirkung wird aufgehoben durch heiße Monsune.

Die rauhe Wüste bringt verschiedene Bäume hervor, deren Fähigkeit, Wasser zu speichern oder ihre Wurzeln tief in den Boden bis zu unterirdischer Feuchtigkeit abzusenken, mir auf einem Sinai-Treck von einem Israeli erklärt wurde, der eine Vorliebe für die Wüste hat. Es gibt verschiedene Arten Akazien einschließlich der Tamariske. Es gibt Weinstöcke. In den Oasen wachsen Äpfel, Mandeln, Orangen, Wassermelonen, Granatäpfel, Limonen, Bananen. Die Dattelpalme sieht majestätisch aus und steht bei den Arabern in hohem Ansehen. Datteln und Kamelfleisch sind die einzigen festen Hauptnahrungsmittel des Beduinen. Im Land gibt es Leoparden, Panther, Hyänen, Wölfe, Füchse und Eidechsen. Es gibt Adler, Falken und Habichte. Löwen sind ausgestorben. Krähen gibt es in Mengen. Es gibt auch Heuschrekken, die der Beduine brät und mit Genuß ißt. Es gibt Nattern und Schlangen; es gibt Tauben und Lerchen; es gibt Nachtigallen.

Das Dasein in der arabischen Wüste erscheint undenkbar ohne das Kamel. Der Beduine trinkt seine Milch, ißt sein Fleisch, verwendet seinen Mist als Feuerungsmaterial, stellt aus seiner Haut und seinem Haar Kleidung und Zelte her, gebraucht seinen Urin als Medizin und Haarwasser. Das Kamel ist eine Gabe Allahs. Im Winter kommt es etwa fünfundzwanzig Tage und im Sommer fünf Tage ohne Wasser aus. Ein Beduine, der wegen eines heftigen Sandsturms anhalten muß oder in irgendeine Notlage gerät, kann einem Kamel einen Zweig in den Hals stecken und findet das erbrochene Wasser trinkbar, sofern es nicht älter als ein oder zwei Tage ist. Auf arabisch gibt es ungefähr tausend Namen für das Kamel, fast ebenso viele Synonyme wie für das Schwert.

Die Geographie des Landes wirkte sich stark auf die dürftige Kultur seiner Bewohner aus. Wenig in den Wüsten Arabiens ermutigte zu einem seßhaften Dasein; der Wanderer entwickelte seine eigene kulturelle Welt. Juden und Christen, die in den ersten Jahrhunderten nach der Zeitenwende ins Land kamen, siedelten sich in den wenigen Oasen an und bestellten den Boden. Der Beduine blieb ein Wanderer. Sein Ziel war Weideland für die Schaf- und Ziegenherden, die ihn am Leben hielten. Er war so mager und sehnig wie die karge Wüste, durch die er zog. Seine Kleidung war armselig: ein langes Hemd, ein Gürtel, ein wehendes Obergewand, ein Kopftuch, mit einer Kordel über der Stirn festgehalten. Seine Anliegen waren sein eigenes Wohlergehen und die Bedürfnisse seiner Familie, der Sippe und des Stammes. Der Stamm, verbunden durch Blut und den gemeinsamen Vorfahren, dessen Namen er trug, wurde von einem Scheich geführt, der der Älteste war, mit den anderen Alten beratschlagte und beispielhaft an Mut und Großherzigkeit war. Er war kein König. Er blieb Scheich, solange er die Hochachtung des Stammes behielt.

Hunger machte das Brigantentum zu einem festen Brauch der Beduinenkultur; sogenannte Razzien, blitzartige Überfälle auf einen benachbarten Stamm oder ein Dorf, wurden unternommen, um mit möglichst wenig Blutvergießen möglichst viel zu plündern. Auch christliche Stämme in der arabischen Wüste scheuten sich nicht, dieses Verfahren anzuwenden. Ein Dichter, der in der Frühzeit der islamischen Eroberung lebte, schrieb: »Unsere Sache ist es, unsere Feinde und unsere Nachbarn zu überfallen, oder auch unseren Bruder, wenn wir keinen anderen finden als einen Bruder, den wir überfallen können.«

Aber nicht nur die Mannhaftigkeit und der Mut, die zu dem tödlichen Geschäft der Razzien gehörten, waren Eigenschaften der Beduinen, sondern auch ihre großzügige und liebenswürdige Gastfreundschaft. Die Knappheit an Weideland und Wasser splitterte die Wüstenbewohner in kriegerische Stämme auf; aber das Gefühl der Hilflosigkeit bei ihrer täglichen Konfrontation mit der mitleidlosen Natur machte Gastfreundschaft zu einer geheiligten Pflicht. Man gewährte einem anderen Unterkunft und Nahrung, weil man vielleicht eines Tages auch darauf angewiesen war, von einem anderen Unterkunft und Nahrung zu erhalten. In einem Land ohne Wirtshäuser war jedes Mannes Zelt ein lockender Zufluchtsort vor der unbarmherzigen Hitze und Dürre der langen Trockenzeit.

In dem Jahrhundert vor dem Aufkommen des Islams waren die Stämme der Halbinsel in eine Reihe von Kriegen verwickelt, die durch Grenzstreitigkeiten, Auseinandersetzungen über Vieh, Wasserstellen, Weideland oder durch unbedeutende persönliche Beleidigungen hervorgerufen worden waren. Es gab viel Kämpfe Mann gegen Mann, Plünderungen und Überfälle. Legenden und Poesie sprechen von diesem Jahrhundert und seinen Helden in einer Weise, die den Geschichten über die Taten von Achilleus nicht unähnlich ist.

Es war das heroische Zeitalter der arabischen Halbinsel, eine Zeit weit verbreiteter Unruhen, persönlicher Tapferkeit und mündlicher Poesie. Die Araber schufen keine Kunstform außer der Sprache, der Beredsamkeit, der Zungenfertigkeit. Der Sprachschöpfer schien diesen Söhnen der Wüste eine einzigartige Anmut und Begabung zu besitzen. Der Dichter, der Redner oder Stammessprecher und der Wahrsager vermochten mit ihren Worten alle Herzen im Sturm zu erobern und schienen die außerordentliche Gabe zu besitzen, denjenigen, der das Schwert führt oder den Bogen spannt, manchmal stark und manchmal schwach zu machen. Oft war der Dichter auch das Orakel, der Führer, der Sprecher seines Stammes, sein Historiker, der über dessen kollektive Weisheit verfügte. Poesie, Rhythmus, Reim und Musik riefen bei den Stammesangehörigen Wirkungen hervor, die als legitime Magie angesehen wurden. Die Ursprünge der arabischen Poesie sind ungewiß – vielleicht sind sie in der gereimten Prosa von Weissagern und dem Gesang des Kameltreibers, der sich der rhythmischen Gangart des Tiers anpaßt, das ihn über den Sand trägt, zu finden.

Die etwa zweihundert Jahre nach Mohammed schriftlich niedergelegte Beduinenpoesie der arabischen Halbinsel, vor allem die Ode, scheint urplötzlich in dem Jahrhundert der Kriege entstanden zu sein.

Die Kunst des Bogenschießens und des Schwertkampfes, die Reitkunst und die Eloquenz – die Fähigkeit, sich in Prosa und Poesie elegant auszudrücken – waren die Merkmale des vollkommenen Mannes in der Zeit vor Mohammed. Der Islam sollte aus diesen Eigenschaften der Wüste eine Macht schmieden, die ein Reich eroberte, das größer war als das römische Imperium.

Der heidnische Beduine sah Ackerland als eine gütige Gottheit an und fand unfruchtbares Land beängstigend und dämonisch. Quellen und Bäume waren heilig; sie waren lebenerhaltend; sie wurden Gegenstand der Verehrung. Höhlen waren die Wohnorte unterirdischer Gottheiten und ebenfalls heilig. Der Gott der Quellen und unterirdischen Gewässer hieß Baal.

Der Hauptgott des Beduinen war der Mond, in dessen silberweißem Schein er seine Herden weidete, dessen Wohltat die Luft kühlte und den Boden befeuchtete. Einmal sah ich an einem kühlen Aprilabend den Vollmond über Arabien aufgehen; nein, er ging nicht auf, er schien aus seiner unterirdischen Höhle herauszuspringen. Die seltsame Magie optischer Täuschung verlieh ihm eine himmelfüllende Größe, und ich konnte es nachempfinden, daß er einst als ein Gott verehrt wurde, diese belebende Leuchte, die die mörderische Sonne des Tages ablöste.

Seßhafte Ackerbauern verehrten die Sonne; der heidnische Beduine verehrte den Mond. Die Wüste war erfüllt von Dämonen oder Dschinns. Jemand, der verrückt geworden war, wurde *madschnun* genannt, »von einem Dschinn besessen«.

Entlang der Westküste Arabiens liegt eine Hochfläche, Al-Hijaz, bei uns als Hedschas bekannt. Al ist der Artikel und Hijaz bedeutet »Schranke«. Südlich des Hijaz erhebt sich eine Gebirgskette fast 2500 Meter hoch, östlich ragt sie 1000 bis 1200 Meter auf und fällt dort gemächlich ab; im Westen stürzt sie, etwa fünfzehn Kilometer von den blau-grünen Fluten des Roten Meeres entfernt, steil ab. Die Gegend wird häufig von Dürre, wolkenbruchartigen Regenfällen von dämonischer Heftigkeit und von sengender Hitze heimgesucht. Es gibt ein paar Oasen, die größte hat eine Fläche von etwa 25 Quadratkilometern. Fünf Sechstel der Bevölkerung sind Nomaden.

Mekka war damals eine kleine Oasenstadt in Al-Hijaz. Das Wort Mekka bedeutet wahrscheinlich »Heiligtum«. Etwa 500 Kilometer nördlich von Mekka lag die Stadt Jathrib. Zur Zeit Mohammeds erhielt sie den Namen Al-Medina, die Stadt.

Südlich von Al-Hijaz erstreckt sich das Küstengebiet Jemen. Es ist die einzige Gegend der Halbinsel, wo die Bauern einen durch Regen und nicht durch unterirdische Bäche bewässerten Boden bestellen können.

In den Jahrhunderten vor Mohammed hieß der Hauptgott von Mekka Allah. Das Wort Allah, *al-ihla,* bedeutet »der Gott«. Es ist ein alter Name, der schon in südarabischen Inschriften aus dem 5. Jahrhundert v. Z. in der Form HLH auftaucht. Wir können die Verwandtschaft dieses südsemitischen Gottes mit seinem westsemitischen Pendant El erkennen.

Es gab weibliche Gottheiten, die Töchter Allahs. Al-Lat war die Sonnengöttin. Östlich von Mekka wurde Al-Uzza verehrt, die mächtigste Göttin, die bei anderen Venus, der Morgenstern, heißt. Al-Manah war die Schicksalsgöttin. Manche verehrten alte totemistische Gottheiten wie den Geier. Der Beduine bestattete seine Toten in der Wüste in Gräbern, auf die Steine gewälzt wurden. Wir wissen von keinem frühen Beduinenglauben an ein zukünftiges Leben.

In Mekka befand sich die Kaaba, ein schlichtes Gebäude, in dem ein schwarzer Meteorit aufbewahrt wurde, den die Araber als Fetisch verehrten und dem sie auf jährlichen Pilgerfahrten Opfer darbrachten. Manche verehrten in der Kaaba auch Allah und die

Göttinnen. Das Gebäude, in dem der heilige Meteorit aufbewahrt wurde, war würfelförmig; von seinem Namen Kaaba leitet sich das Wort Kubus ab.

Allah war die Schutzgottheit der Koraischiten, eines Stammes, der sich in Mekka niederließ. Sein Heiligtum, in einem kahlen Tal gelegen, machte Al-Hijaz zum bedeutendsten religiösen Zentrum von Nordarabien. Mohammeds Vater hieß Abdallah, *abd-Allah*, »der Sklave oder Anbeter von Allah«.

Die Hauptkarawanenstraße zwischen dem Norden und dem Süden der Arabischen Halbinsel führte über den Hedschas. Das Gebirgsland war ein Pilger- und Handelszentrum. In den nahegelegenen nördlichen Oasen lebten christliche und jüdische Stämme, Nachkommen derjenigen, die im Lauf der Jahrhunderte aus Palästina geflohen waren, und auch eingeborene Araber, die zum Judentum und Christentum übergetreten waren. Damals mißfiel der Götzendienst vielen Arabern, die es jedoch nicht über sich bringen konnten, sich dem Juden- oder Christentum anzuschließen.

Als Stammesangehöriger der Koraischiten wurde Mohammed um 571 in Mekka geboren. Sein ursprünglicher Name ist unbekannt. Sein Stamm nannte ihn Al-Amin, »den Gläubigen«. Mohammed, was »hochgerühmt« bedeutet, wird er im Koran genannt.

Sein Vater starb vor seiner Geburt und seine Mutter, als er sechs war. Er wurde von seinem Großvater und später von einem Onkel aufgezogen. Von seiner Jugend ist nicht viel bekannt. Er war Karawanentreiber. Mit fünfundzwanzig Jahren heiratete er eine wohlhabende Witwe, die fünfzehn Jahre älter war und in deren gutgehendes Geschäft er eintrat. Der Vetter seiner Frau war Christ. Über die nächsten fünfzehn Jahre von Mohammeds Leben wissen wir fast nichts.

In einem Berg außerhalb der Stadt war eine Höhle. Dann und wann zog sich Mohammed dort in die Einsamkeit zurück. Es war eine kleine Höhle in einem kahlen, felsigen Berghang.

Er war fast vierzig Jahre alt, als er seine Berufung erhielt. Uns wird gesagt, daß eine Stimme ihm zurief: »Sage auf!« Der erschreckte Mann konnte nicht antworten und hatte das Gefühl, er würde erwürgt. Er brachte die Kraft auf, zu fragen, was er rezitieren solle. Die befehlende Stimme, die des Engels Gabriel, antwortete dreimal: »Rezitiere!« und sprach dann: »Sag auf im Namen deines Herrn, der alles erschuf, der den Menschen aus geronnenem Blut erschuf ...« Es war Nacht, im Monat Ramadan des Jahres 610 unserer Zeitrechnung. Diese Nacht wurde später die Nacht der Herrlichkeit und Macht genannt.

Der Engel sagte Mohammed, daß Gott der Eine, allmächtige sei, der Schöpfer der Welt. Es gebe einen Tag des Gerichts für alle Menschen. Diejenigen, die die Gebote Gottes befolgen, würden in einem freudevollen Paradies belohnt; diejenigen, die sie nicht befolgen, würden in einer schrecklichen Hölle bestraft.

Weiter wird uns gesagt, daß Mohammed den Drang verspürte, seine Botschaft weiterzugeben. Er begab sich unter das Volk der Stadt und predigte. Er nannte seinen Glauben Islam nach dem arabischen Wort *aslama,* mit dem im Koran die Beinahe-Opferung von Isaak durch Abraham bezeichnet wird. Wissenschaftler sagen über den Islam, er sei die Religion der völligen Hingabe und Unterwerfung unter den Willen Allahs. Mohammed wurde verspottet. Er warnte vor dem Jüngsten Gericht, sprach vom Paradies und der Hölle. Seine Frau und einige seiner Verwandten wurden von seiner Leidenschaft mitgerissen. Einer der Verwandten hieß Abu Bakr. Einige Sklaven und Angehörige der unteren Schichten schlossen sich ihm an.

Er begann gegen die heidnischen Götter zu predigen. Die Sippe der Omajjaden waren die Aristokraten des Koraischitenstammes; ihre heilige Pflicht und das Amt, das ihnen den Lebensunterhalt sicherte, war die Unterhaltung der Kaaba, zu der Pilger aus der ganzen Halbinsel strömten. Als Mohammeds Anhängerschaft wuchs, verwandelte sich ihr Spott in Gewalttätigkeit. Einige Anhänger wurden bedroht und angegriffen; einige flohen nach Abessinien.

Trotz der Verfolgung setzte Mohammed sein Predigen fort. Er erlebte weitere Offenbarungen. In dieser Zeit soll er seine außerordentliche Blitzreise von der Kaaba nach Jerusalem gemacht haben, wo er sich vor seinem Aufstieg, *miraj,* in den siebenten Himmel kurz aufhielt. Jerusalem war damals eine byzantinische Stadt, das religiöse Zentrum der zivilisierten westlichen Welt und der Standort einer Kirche, die auf dem geheiligten Gelände des Kalvarienberges und des Heiligen Grabes errichtet war. Jerusalems Funktion als momentane Station auf dieser Mirakelreisc von Mohammed machte sie zur drittheiligsten Stadt des Islams nach Mekka und Medina.

Fast elf Jahre nach der Nacht in der Höhle, wo er seine Berufung zum Propheten erhalten hatte, trafen sich einige Angehörige des Stammes Chazradsch aus der Stadt Jathrib mit Mohammed und ließen sich von der Wahrheit seiner Botschaft überzeugen. Zwei Jahre später kamen Abgesandte des Stammes nach Mekka und luden ihn ein, in Jathrib zu wohnen. Das Volk von Jathrib versprach Mohammed und seinen Anhängern Schutz. Zu Mohammeds Anhängern gehörten damals etwa sechzig Familien.

In den nächsten zwei Jahren schlichen sich die Familien einzeln aus Mekka und machten sich auf den Weg nach Jathrib. Offenbar fürchtete Mohammed, daß seine Feinde unter den Koraischiten gegen einen Massen-Exodus gewaltsam vorgehen würden. Er selbst traf am 24. September 622 in Jathrib ein. Diese Auswanderung ist die bekannte Hedschra und der Beginn der mohammedanischen Zeitrechnung. Er verließ Mekka als ein verachteter, gehaßter, verspotteter Prophet. Er kam nach Jathrib – ich werde es von jetzt an mit dem Namen bezeichnen, den es bald erhalten sollte: Medina – als ein verehrter Führer, ein Schlichter, ein Richter und bald ein Herrscher mit religiöser und auch militärischer und politischer Macht.

Seine Emigrantengruppe war mit acht größeren Sippen aus Medina verbündet. Juden, die mit einer dieser acht Sippen alliiert waren, fanden sich in dieses Abkommen eingeschlossen. Die Sippen wurden die Anhänger genannt.

Im Jahr 624 führte Mohammed dreihundert Emigranten und Anhänger bei einem Angriff auf eine Sommerkarawane an, die auf dem Weg von Syrien nach Mekka war. Die Schlacht fand etwa hundertvierzig Kilometer südlich von Medina statt. Die Karawane hatte zum Schutz eine Truppe von mehr als tausend Mekkanern. Mohammed erwies sich als ebenso fähig mit dem Schwert wie mit dem Wort. Die Mekkaner-Truppe wurde besiegt. Es scheint ein unbedeutender Überfall, eine Razzia, in einem fernen, sandigen Winkel der Welt zu sein. Aber es war der erste militärische Sieg des Islams und wurde als ein Wunder angesehen und als ein deutlicher Hinweis von Allah auf die Wahrheit seiner Botschaft. In Medina wurde die Botschaft in der Höhle aus einer persönlichen Berufung in eine Staatsreligion umgestaltet, eine militante moslemische Regierungsform.

Zehn Jahre verstrichen. Die Offenbarungen gingen weiter. Sie blieben erhalten dank dem Gedächtnis von Leuten, deren Beruf es war, sie auswendig zu lernen. Zu Mohammeds Lebzeiten wurden Verse auf Steinen, Palmblättern oder was immer zur Hand war aufgezeichnet. Mohammeds zweiter Nachfolger, der Kalif Omar, sammelte die Aufzeichnungen, und der dritte, der Kalif Othman, veröffentlichte irgendwann zwischen 644 und 656 eine Ausgabe des Werks. Die Schrift hatte keine Vokale; abweichende Lesarten von Wörtern werden von Moslems als gleich maßgeblich angesehen. Dem Werk, in dem die einzelnen Kapitel ihrer Länge nach angeordnet sind – die längsten kommen zuerst –, mangelt es an chronologischer Folgerichtigkeit. Über seine literarische Vortrefflichkeit scheint allgemein Übereinstimmung zu herrschen.

Mohammeds Bemühungen, die jüdischen Sippen der Region zu überreden, sich ihm anzuschließen, scheiterten. Um sie günstig zu stimmen, ordnete er an, daß Gebete nach Jerusalem gerichtet werden sollten, und verwandelte den Freitagnachmittag in eine Zeit, da sich die ganze Gemeinde zum Gottesdienst versammeln sollte. Die jüdischen Stämme blieben hartnäckig bei ihrer Ablehnung. Daraufhin wurden die Gebete nicht mehr nach Jerusalem, sondern nach Mekka gerichtet. Das kennzeichnete seinen Bruch mit den Juden. Er behauptete, Abraham sei kein Jude gewesen; der Islam sei die wahre Fortsetzung von Abrahams Religion; Juden und Christen hätten die ursprüngliche Wahrheit, die Abraham von Allah offenbart worden sei, verfälscht.

Im Jahr 624 belagerte er nach einem Streit auf einem Markt, der den Tod eines Moslems und eines Juden zur Folge gehabt hatte, einen jüdischen Stamm. Die Juden ergaben sich und wurden aus der Stadt vertrieben. Sie waren Goldschmiede und verließen die Halbinsel und gingen nach Syrien. Im August 625 griff er den jüdischen Stamm Nadir an, besiegte ihn und vertrieb ihn aus Medina. Der Stamm ging in die Oase Khaybar, etwa hundert Kilometer weiter nördlich. Im Frühjahr 628 eroberte Mohammed diese Oase. Die Juden durften weiter dort leben, mußten aber eine Steuer in halber Höhe ihres Bodenertrags bezahlen. Es war das Jahr, in dem er seinen Streit mit seinem eigenen Stamm, den Koraischiten, beendete: Moslems und Mekkaner sollten jetzt als gleichrangig angesehen werden.

Die von Mohammed angegriffenen jüdischen Stämme hatten sich seinen Feinden angeschlossen und machten aktiv Propaganda gegen den Islam. Juden, die neutral geblieben waren, wurden nicht aus Medina vertrieben.

Etwa zwei Jahre später, im Januar 630, führte Mohammed ein Heer von zehntausend Mann gegen Mekka – alle Stämme und ihre Verbündeten, die sich seit seiner Flucht nach Medina unter das

Banner des Islams geschart hatten. Es gab ein kleineres Scharmützel. Mekka ergab sich. Mohammed zog in seine Geburtsstadt ein, zerschmetterte ihre Götzenbilder – etwa dreihundertsechzig – und verbot das Plündern. Die Kaaba wurde gereinigt und für den Islam geheiligt. Das Gebiet ringsum wurde als sakrosankt erklärt, *haram;* kein Nicht-Moslem durfte sich der Stätte des schwarzen Steins nähern.

In demselben Monat Januar besiegte Mohammed ein Heer von zwanzigtausend Beduinen in einer Schlacht bei Mekka. Er hatte jetzt die mächtigste Armee auf der arabischen Halbinsel.

Später in diesem Jahr schloß er Bündnisse mit dem Anführer eines christlichen Stammes und mit jüdischen Stämmen in einer Reihe südlicher Oasen. Die Juden und Christen wurden gegen Zahlung von *Dschizja,* Tribut, unter den Schutz des Islams gestellt. Nur diejenigen, die Monotheisten waren, durften Tribut zahlen; besiegte Heiden mußten zwischen dem Islam und dem Tod wählen.

Erfolg im Krieg war für viele der Maßstab für die Wahrheit einer Botschaft. Aus verschiedenen Teilen Arabiens begannen Stämme Abgesandte zu Mohammed zu schicken. Sie gaben verbale Glaubensbekenntnisse ab, zahlten *Zakat,* eine Armensteuer, und verbündeten sich mit Mohammed. Sogar aus Jemen kamen welche. Die Beduinen kamen zu Tausenden.

Im März 632 führte Mohammed den Pilgerzug nach Mekka an. Als er nach Medina zurückkehrte, wurde er krank. Am 8. Juni 632 klagte er über heftige Kopfschmerzen. Im Lauf des Tages starb er.

Der Islam verband die Völker der Halbinsel eher durch Glauben als durch Blut. Er ging über Stammesbindungen hinaus. Er bot keine Priesterschaft oder Hierarchie. Wein und Glücksspiele wurden abgeschafft. Götzendienst, Hurerei, falsche Zeugenaussage, Blutvergießen, Ausbeutung von Witwen und Waisen, unerwünschte neugeborene Töchter lebendig zu begraben, seine Familie zu verlassen – all das war nach den Worten des heiligen Buches verboten. Alle Araber waren jetzt entweder Anbeter von Allah oder Verfemte. Das Bekenntnis des Glaubens an die Einheit und Einzigartigkeit Gottes und daß Mohammed Gottes Prophet sei; die Ausrichtung bei Privaten und Gemeinschaftsgebeten nach Mekka; eine Pilgerfahrt zum heiligen Haus des Islams in Mekka – der Kaaba – zumindest einmal im Leben; die Einhaltung bestimmter Fastenzeiten; die Zahlung eines Beitrags an die Gemeinde oder den Staat, der später eine Steuer wurde – das waren die fünf Säulen des Islams, der Aufbau der *Pax islamica.* Ungefähr ein Drittel der Halbinsel war jetzt vereint unter dem Banner von Allah. Die Razzien wurden verboten.

Vor seinem Tod designierte Mohammed seinen Verwandten Abu-Bakr, die Gebete an seiner Statt zu leiten. Mohammed hinterließ keine Söhne. Wenige Dinge sollten im Laufe der Geschichte des Islams eine solche Plage sein wie das Problem der Nachfolge. Die Moslems wurden durch Bürgerkriege und das grausame Abschlachten ganzer Familien zerrissen, wenn das Kalifat vermittels blutbefleckter Schwerter von den Toten auf die Lebenden überging. In dieser Hinsicht war der Glaube an Allah wenig anders als jede andere Religion, die der Menschheit geschenkt wurde.

Abu-Bakr war Mohammeds Nachfolger als Führer des Islams. Er konnte nicht der geistige Nachfolger sein, denn Mohammed war der letzte der Propheten gewesen, derjenige, der der Welt die endgültige, wahre Botschaft von Gott übermittelt hatte. Abu-Bakr war sein Kalif, sein Nachfolger in allem außer der Funktion des Propheten. Er erhielt den Treueid der versammelten Stammesführer.

Er begann, die restlichen zwei Drittel der arabischen Halbinsel für den Islam zu erobern. Innerhalb von sechs Monaten hatte sein Heerführer Khalid ibn al-Walid die Stämme von Zentralarabien unterworfen. Die übrige Halbinsel wurde rasch bezwungen. Medina hatte Mekka erobert; Mekka hatte Al-Hijaz, Al-Hijaz hatte die Halbinsel erobert.

Arabien war jetzt in der Hand eines einzigen riesigen Heeres, vereidigt auf das Wort Allahs, wie es sein Prophet Mohammed übermittelt hatte. Zehntausende von Stammesangehörigen, die die Methoden der organisierten Kriegführung während der Eroberung der Halbinsel gelernt hatten, waren sich jetzt der Macht bewußt, die ihnen zur Verfügung stand. Begierig, für den Islam zu erobern, nach der Beute hungernd, die jenseits ihrer Grenzen lag, wandten sie sich gen Norden der grünen Welt des »Fruchtbaren Halbmonds« zu. Es war das Jahr 633 unserer Zeitrechnung.

Am 20. August 636 stand ein byzantinisches Heer von fünfzigtausend Mann einem arabischen Heer von etwa fünfundzwanzigtausend am Jarmuk gegenüber, dem östlichen Nebenfluß des Jordans. Es war ein heißer Tag. Ein sengender Wind blies Wolken von Staub und Sand durch die Luft. Es war das richtige Wetter für die Soldaten des Islams. Das byzantinische Heer wurde faktisch aufgerieben. Byzanz verlor Syrien und Palästina. Im Frühjahr 637, an einem in unheimlicher Weise ähnlich heißen, windigen, staub-erfüllten Tag, besiegte ein arabisches Heer ein persisches Heer, und der ganze Irak war für Allah erobert.

Kalif war inzwischen Omar, nachdem Abu-Bakr 634 gestorben war. Jerusalem ergab sich im Jahr 638. Helena, die Mutter des Kaisers Konstantin, hatte 326 die Stadt besucht. Der Venustempel war während ihres Besuchs zerstört worden, und die Stadt hatte sich aus der heidnischen Aelia Capitolina in ein christliches Jerusalem verwandelt. Juden durften die Stadt immer noch nicht betreten, außer am neunten Tag des Monats Av. Jetzt ging der bejahrte Kalif durch die Straßen und besuchte die heiligen Stätten. Sein Bart war ungeschnitten und seine Kleidung schäbig. Auf griechisch bemerkte der byzantinische Patriarch der Stadt zu einem seiner Begleiter: »Das ist wirklich das Greuel der Verwüstung im Heiligtum, von dem der Prophet Daniel spricht.«

Die Christen hatten darauf gedrängt, daß keine Juden in die Stadt ziehen dürften. Die Juden baten Omar um die Erlaubnis für zweihundert Familien, sich dort anzusiedeln. Der christliche Patriarch erhob Einwände. Omar ließ siebzig jüdische Familien zu. Sie durften sich eine Synagoge und ein Lehrhaus bauen. Sie ließen sich in dem Viertel südwestlich des Tempelbereichs nieder.

In weniger als zehn Jahren hatten die Heere des Islams das persische Großreich zerschlagen, Byzanz auf die Knie gezwungen und auf einen Bruchteil seiner früheren Größe reduziert und Alexandria erobert – ohne die Bibliotheken zu verbrennen. Die Araber hatten Persien und Byzanz das angetan, was die germanischen Stämme Rom angetan hatten.

711 überquerte ein moslemisches Heer die schmale Wasserstraße, die Nordafrika von Europa trennt, und fiel in Spanien ein.

Das spanische Recht sah damals die Juden als Sklaven an. Wir wissen nicht, wann die ersten Juden nach Spanien kamen. Eine Inschrift auf einem Grabstein aus dem 3. Jahrhundert n. Z. ist in der Küstenstadt Adra gefunden worden, die im Altertum Abdera hieß, etwa 250 Kilometer östlich von Gibraltar. Was vorher war, gehört zur Legende und nicht zur Geschichte.

Das hebräische Wort für Spanien, Sepharad, stammt offenbar aus dem 21. Vers des ein Kapitel umfassenden Buches *Obadja* der Bibel: »... und die Vertriebenen der Stadt Jerusalem, die zu Sepharad sind ...« Dort scheint es sich auf Sardes im fernen Kleinasien zu beziehen. Später wurde der Name für das weit westlich liegende Land gebraucht, das wir jetzt Spanien nennen. Die Juden jenes Landes und ihre Nachkommen stellen das sefardische Judentum dar, einen der beiden Hauptzweige des jüdischen Volkes. Die Moslems nannten das Land Andalus. Das Wort hängt mit dem Namen der Wandalen zusammen, die Spanien vor den Westgoten besetzt hatten.

Zur Zeit der römischen Herrschaft lebten Juden in Spanien als Provinzbewohner mit demselben Bürgerrecht, das Rom der ganzen Bevölkerung der Halbinsel eingeräumt hatte. Juden bestellten den Boden, bauten Wein an, besaßen Ölbäume und trieben Handel. Einheimischen, die Christen wurden, schien es nichts auszumachen, in der Nachbarschaft von Juden zu wohnen.

Irgendwann um das Jahr 305 versammelte sich ein Rat christlicher Geistlicher in Elvira, einer Stadt in Andalusien. Der Hauptzweck der Versammlung war, kirchliche Gesetze aufzustellen, die den weltlichen Einfluß auf die Kirche eindämmen und die Disziplin der Geistlichkeit wiederherstellen sollten. Der Zölibat wurde eingeführt. Es wurden noch andere Fragen besprochen. Dann wandte sich die Aufmerksamkeit des Rats den Juden zu: Christlichen Frauen wurde verboten, einen Juden zu heiraten, sofern der Jude nicht zuerst Christ wurde; Juden durften christlichen Laien und Geistlichen keine Gastfreundschaft gewähren; sie durften keine christlichen Konkubinen haben; sie durften die Felder der Christen nicht segnen. Das waren die ersten antijüdischen Gesetze eines Kirchenrates.

Zu Beginn des 5. Jahrhunderts drangen die Wandalen und Westgoten in Spanien ein. Die Wandalen zogen weiter nach Nordafrika. Unter der Herrschaft der Westgoten galt für Juden, Katholiken und Heiden dasselbe System des römischen Rechts, das vor dem Fall Spaniens in Kraft gewesen war. Im Jahr 587 erklärte der Westgotenkönig Rekarred seinen Übertritt zum römischen Katholizismus. Spanien wurde ein katholischer Staat.

589 ordnete das dritte Kirchenkonzil in Toledo an, daß Kinder aus einer jüdisch-christlichen Mischehe zwangsweise getauft werden sollten. Es begann eine Politik der Zwangskonversion aller Juden im ganzen Königreich. Tausende flohen; Tausende traten über. Viele der Konvertiten kehrten später unter einem toleranteren Herrscher zum Judentum zurück.

In den folgenden Jahrzehnten schwankte der Status der Juden in

Spanien in schwindelerregender Weise zwischen den Extremen wohlwollender Toleranz und der Auflage, zwischen Konversion oder Vertreibung zu wählen. Der Bevölkerung schien die Begeisterung zu mangeln, die die königliche und geistliche Verfolgung der Juden auszeichnete, und so war es schwierig, die Edikte durchzuführen.

680 ordnete König Erwig an, daß jeder Jude im Königreich sich innerhalb eines Jahres taufen lassen müsse oder verbannt werde. Auch die Adligen schienen den Eifer ihrer Könige hinsichtlich der Juden nicht zu teilen, und so warnte sie der König, sie müßten schwerer Geldstrafen gewärtig sein, wenn sie dabei erwischt werden, daß sie den Juden geholfen haben, sich diesen Gesetzen zu entziehen.

Der ihm nachfolgende König hob das Gesetz über die unfreiwillige Taufe auf, zwang aber die Juden im Königreich, die von Christen erworbenen Weinberge, Ländereien, Gebäude und Sklaven zu einem vom König festgesetzten Preis zu verkaufen. Auch diese Politik wurde nicht wirkungsvoll durchgeführt.

Mittlerweile brodelte unter den erschöpften und verfolgten Juden die Unzufriedenheit. Es gab Gerüchte über heimliche Bündnisse zwischen ihnen und den gefürchteten Moslems in Nordafrika. Am 9. November 694 beschuldigte König Egica die Juden des Hochverrats. Ihr Eigentum wurde konfisziert, und alle Juden in Spanien wurden zu Sklaven erklärt und Christen in verschiedenen Provinzen überantwortet. Die Juden durften ihren Glauben nicht mehr praktizieren. Ihre Kinder sollten ihnen im Alter von sieben Jahren weggenommen und von besonderen Lehrern christlich erzogen werden. Viele Juden flohen aus dem Land; viele wurden versklavt. Siebzehn Jahre nach diesem Edikt fielen die Moslems in Spanien ein.

Bis zum heutigen Tag kann niemand mit Gewißheit erklären, warum diese Invasion stattfand. Es gibt Legenden und schwache Theorien. Historische Quellen sind spärlich. Schweigen umgibt das Geschehnis wie ein Meeresnebel. Einige Wissenschaftler glauben, ein byzantinischer Offizier, der zu den Arabern überging und Südspanien gut kannte, habe es angeregt und die Araber mit Versprechungen von Beute zur Invasion verleitet. Ein vorbereitender Überfall im Jahr 710 hatte viel Beute erbracht. Aber die Invasion im drauffolgenden Jahr läßt sich nicht begreifen, sofern wir nicht geheime Verhandlungen und Abmachungen mit einer spanisch-römischen Bevölkerung, die ihre westgotischen Beherrscher satt hatte, unterstellen. Diese Landeskinder der iberischen Halbinsel sind für uns auch heute noch ein gesichtsloses Volk, über das bis zum 10. Jahrhundert fast nichts bekannt ist. Waren Juden an diesen Abmachungen beteiligt? Es gibt keine Beweise. Angesichts ihrer Situation wäre das Gegenteil jedoch unwahrscheinlich.

Das anrückende Heer war klein, etwa siebentausend Mann, in der Hauptsache nordafrikanische Berber. Ihr Heerführer, Tarik ibn (Sohn von) Ziyad, ein berberischer Freigelassener im Dienst des moslemischen Statthalters von Nordafrika, errang unbeabsichtigt dadurch Unsterblichkeit, daß er seine Truppen in der Nähe eines gewaltigen Felsens ausschiffte. Das Wort *jabal* oder Dschebel bedeutet auf arabisch »Berg«. Jabal Tarik ist uns jetzt in der Form Gibraltar vertrauter. In einer Schlacht am 9. Juli 711 vernichteten die Moslems das westgotische Heer. König Roderich fiel. Spanien war frei für die Welt Allahs.

Die Juden, von denen viele ihren Glauben heimlich praktiziert hatten, begrüßten die Invasoren. Die Moslems riefen die Juden jeweils eines eroberten Gebiets zusammen und machten sie zur Garnisonstruppe in den eingenommenen Städten. Das geschah in Córdoba, Granada, Sevilla und Toledo. Aus dem Status der Sklaverei waren die Juden plötzlich in den Stand von Verbündeten der neuen Beherrscher der Halbinsel erhoben. Die westgotischen Adligen waren nach Norden geflohen. Die Juden übernahmen ihre im Stich gelassenen Landgüter. Ebenso wie die Christen mußten die Juden bald die hohe Steuer bezahlen, die der Islam von Monotheisten erhob, die nicht an Mohammed und Allah glaubten.

Bis zum Ende des Sommers war halb Spanien erobert. Die Eroberung ging mit neuen Heeren unter neuen Heerführern weiter. Sie quoll über die spanischen Grenzen hinaus, nachdem sie die Christen in das Bergland im Norden getrieben hatte, und wurde schließlich an einem Samstag im Oktober 732 zum Stehen gebracht. Zwischen Tours und Poitiers wurden die Araber von einem Heer des Frankenreiches unter Karl Martell gestellt und besiegt. Die Araber zogen sich in der Nacht zurück und verschwanden mit ihren Zelten still und heimlich nach Süden.

Hundert Jahre nach Mohammeds Tod hatte die arabische Eroberung ihre Stoßkraft verloren. Mohammeds Anhänger waren Herren eines Großreichs, das sich von den Grenzen des Frankenreiches bis an den Rand von China erstreckte.

Die Dynastie der Omajjaden war 661 an die Macht gekommen, nachdem der letzte der sogenannten »rechtgeleiteten« Kalifen, die alle irgendwie mit Mohammed verwandt gewesen waren, ermordet worden war. Die Omajjaden beherrschten das riesige Reich von einem prachtvollen Palast in Damaskus aus. Diese Herrscher aus den Wüsten Arabiens, Abkömmlinge der Sippe, die sich Mohammed einst widersetzt hatte, konnten die grüne Ebene unter der Stadt sehen und den fernen Schnee auf dem Gebirge Hermon. Sie wurden im Jahr 750 nach viel Blutvergießen von der Dynastie der Abbasiden abgelöst, die das Reich dann von Bagdad aus regierten, das der Abbasiden-Kalif al-Mansur 762 am nördlichen Rand der vergessenen Welt von Akkad gründete. Dann zersplitterte das Kalifat in einzelne, getrennte Kalifate, die gleichzeitig über verschiedene Teile des Reichs herrschten. Die Fatimiden herrschten von 909 bis 1171 in Kairo; ein weiteres Omajjaden-Kalifat herrschte von 929 bis 1031 im spanischen Córdoba. Während dieses neuen Omajjaden-Kalifats wurden Moslems und Juden Nachtigallen in einer regenbogenfarbigen Welt, deren materieller und ästhetischer Glanz noch heute die Augen blendet, wenn man durch die prachtvollen Städte des südlichen Spaniens schlendert.

Ein rastloses, eifriges Wandern befiel die Völker der mittelmeerischen Welt. Sie drängten sich in den Hafenstädten. Viele Juden kehrten in ihre spanische Heimat zurück, aus der sie vor der westgotisch-christlichen Verfolgung geflohen waren. Andere, Juden und Moslems, trachteten nach neuen Gelegenheiten, die sich ihnen gewiß in dem jüngst eroberten moslemischen Gebiet bieten würden.

Einer dieser Wanderer war ein moslemischer Prinz mit Namen Abd ar-Rahman, der letzte des königlichen Hauses der Omajjaden. Seine Familie war 750 von der Familie der Abbasiden, die den Omajjaden das Kalifat abgenommen hatte, abgeschlachtet worden. Die Abbasiden hatten erklärt, sie wollten dem Blutvergießen ein Ende bereiten, und luden die Omajjaden zu einem Fest ein, um eine Amnestie zu feiern. Mehr als siebzig Prinzen kamen aus ihren Verstecken. Während des Festmahls wurden sie massakriert und in Stücke gehackt.

Der Wanderer hatte der Großzügigkeit der Abbasiden mißtraut und dem Fest nicht beigewohnt. Er war fünfundzwanzig Jahre alt, groß und schlank, hatte helles Haar und war auf einem Auge blind. Verkleidet war er fünf Jahre lang durch Mesopotamien, Palästina, Ägypten und Nordafrika gewandert und manchmal den Häschern der Abbasiden nur knapp entronnen. Er wanderte zum Berberstamm seiner Mutter, den Nafza in Marokko. In Spanien gab es Omajjaden und viele Omajjaden-Sympathisanten. Im August 755 landete er in Spanien.

Er hatte das Blut der Omajjaden-Kalifen in den Adern; die Omajjaden und ihre Anhänger scharten sich um ihn. In jenem Winter führte er seine Truppen durch Málaga und Sevilla; viele schlossen sich ihm an.

Im Mai 756 lieferte er dem Heer des Statthalters von Spanien eine Schlacht nahe den Toren der alten römischen Mauer, die Córdoba umgab, die Hauptstadt des moslemischen Spaniens. Der Statthalter wurde besiegt. Der junge Wanderer zog in Córdoba ein und wurde zum Herrscher des moslemischen Spaniens proklamiert.

Das war der Beginn der Omajjaden-Dynastie in Spanien. Abd ar-Rahman war damals fast sechsundzwanzig Jahre alt. Seine Wanderungen hatten ein Ende gefunden. Er regierte zweiunddreißig Jahre lang, von 756 bis 788.

Das Land wurde immer noch durch viele Splitterparteien in Unruhe gehalten. Der neue Herrscher war stark, energisch und hartnäckig. Rebellionen wurden unbarmherzig niedergeschlagen. Zuletzt wurde er ein Despot. Aber seine Dynastie hatte Bestand, und als er starb, setzte sich einer seiner Söhne, Hischam I., gegen zwei Brüder durch und bestieg den Thron.

Jahrzehnte vergingen. Omajjaden-Herrscher hielten das Land zusammen und schlugen die Revolten von Stammesführern und den Oberhäuptern verschiedener Fürstentümer nieder. Von Zeit zu Zeit versuchten christliche Fanatiker, die christlichen Massen zur Rebellion aufzustacheln, indem sie sich zu Märtyrern machten: sie verunglimpften Mohammed öffentlich, worauf die Todesstrafe stand. Es gab viel Unruhe unter den Christen, aber keine Rebellion. Viele Christen waren Regierungsbeamte.

Die Juden im Land waren Bauern, Handwerker, Arbeiter und Kaufleute. Sie nahmen arabische Namen an, sprachen nur arabisch, schrieben arabisch, bedienten sich des Arabischen bei ihrem Gottesdienst und waren arabisch in allen äußeren Dingen und jüdisch in den Kernfragen der Religion. Ihr Judentum war das des Talmuds und seiner Gesetze. Sie waren fast völlig auf die Akademien in Babylonien angewiesen, was ihre heiligen Texte und Antworten auf Fragen des religiösen Gesetzes betraf. Die Gemeindeoberhäupter pflegten Briefe an die Geonim in Babylonien zu schicken. Die Briefe, sorgfältig in Leinen eingeschlagene und versiegelte Schriftrollen, reisten mit Männern, die sich mit dem Überbringen von Botschaften ihren Lebensunterhalt verdienten, von Land zu Land. Monate verstrichen, bis die Antworten eintrafen. Die Führer der Gemeinde versammelten sich in der Synagoge, und die Botschaft wurde ausgewickelt, geöffnet und gelesen. Später wurde sie wieder gelesen und eingehend studiert, denn ihre Sprache war oft das Aramäische des talmudischen Rechts. Dann wurde die Rolle sorgfältig im Synagogenarchiv aufbewahrt.

Die Wissenschaftler schätzen, daß damals etwa dreihunderttausend Juden in Spanien lebten. Einige südspanische Städte wie Lucena und Granada waren vorwiegend jüdisch. Im Land gab es natürlich Lehrhäuser und viele rabbinische Führer, aber an geistiger Größe waren sie den Akademien und Gelehrten von Babylonien nicht vergleichbar.

Im Jahr 912 wurde Abd ar-Rahman III. Herrscher über alles, was der Omajjaden-Dynastie vom moslemischen Spanien noch geblieben war: Córdoba und seine Umgebung. Durch jahrzehntelange Revolten, bei denen sich frühere Herrscher ungeschickt verhalten hatten, war das Land zu einem Sammelsurium sich bekriegender Provinzen geworden. Der neue Herrscher war Anfang Zwanzig. Mit Geduld und Energie machte er sich daran, das Land zurückzuerobern. Er war ein resoluter und kühner Führer. Er ging behutsam vor. Im Jahr 917 war fast das ganze Land wieder vereint. Als Toledo, die große ehemalige Hauptstadt, 932 nach Belagerung und Hungersnot fiel, herrschte Ruhe im Land. Der innere Frieden blieb während der restlichen, langen Regierungszeit dieses tüchtigen Omajjaden-Kalifen erhalten.

In der Hauptstadt Córdoba lebte ein jüdischer Arzt mit Namen Chasdai ibn Schaprut. Er hatte einen großartigen Ruf als Heiler. Er war auch ein brillanter medizinischer Forscher und hatte die Bestandteile des alten Wunderheilmittels Theriak, dessen Geheimrezept verlorengegangen war, wiederentdeckt. Er sprach Arabisch, Hebräisch, Latein und Romanisch, den speziellen Dialekt des Vulgärlateins, aus dem sich die Sprache Spaniens entwickeln sollte. Er kannte die Heilige Schrift und andere jüdische Werke, und obwohl er selbst im Talmud nicht bewandert war, hatte er die größte Hochachtung vor den Gelehrten des rabbinischen Rechts.

Als der Kalif von seinen ärztlichen Qualitäten hörte, forderte er ihn auf, am Kalifenhof in Córdoba zu praktizieren.

Es gab viele Ärzte an seinem Hof. Es war eine glanzvolle Welt, wenngleich die Atmosphäre von Zeit zu Zeit durch orientalische Intrigen verdunkelt wurde. Der jüdische Arzt war ein ruhiger, intelligenter und liebenswürdiger Junggeselle von Anfang Dreißig, der geschickt alle tückischen Fallstricke am Hof umging. Oft kam es vor, daß ein Kalif einen tüchtigen Arzt auf einen Verwaltungsposten berief. Abd ar-Rahman III. ernannte Chasdai ibn Schaprut zum Leiter der Abteilung Zölle und Außenhandel. Er erwies sich als ebenso erfolgreicher Beamter wie als Arzt. Der Kalif begann ihn in staatlichen Angelegenheiten zu konsultieren.

Einmal bediente er sich seiner bei einem schwierigen Übersetzungsprojekt. Der Kaiser von Byzanz hatte ihm als Geschenk ein seltenes medizinisches Buch mit erlesenen Illuminationen geschickt, das griechische Begriffe enthielt. Das Buch – *De materia medica* von Dioskorides – hatten auf Wunsch von Abbasiden-Kalifen Christen ins Arabische übersetzt. Aber die Christen konnten die vielen griechischen Pflanzen- und Kräuternamen nicht übersetzen. Das tat jetzt Chasdai ibn Schaprut in Zusammenarbeit mit einem Mönch, der auf Bitten des Kalifen aus Konstantinopel gekommen war; offenbar konnte im christlichen Spanien niemand Griechisch. Das Werk wurde in das idiomatische Arabisch des moslemischen Spaniens übersetzt. Der Kalif war beeindruckt von den Leistungen seines Arztes, der mittlerweile ein Diplomat geworden war und von Zeit zu Zeit auf heikle Missionen in fremde Königreiche gesandt wurde.

955 reisten Chasdai ibn Schaprut und ein anderer Abgesandter in das christlich-spanische Königreich León im Norden und verhandelten mit König Ordono III. erfolgreich über einen Friedensvertrag. Dann erklärte sich der Herzog von Kastilien bereit, einen Vertrag mit dem Kalifen abzuschließen. An der Nordgrenze des moslemischen Spaniens trat zum erstenmal seit Jahrzehnten Ruhe ein. Irgendwann im Winter 956 oder Frühjahr 957 starb König Ordono III. Sein Bruder Sancho I. weigerte sich, den Vertrag zu erfüllen. Der Grenzkrieg zwischen dem moslemischen Spanien und dem christlichen Spanien begann von neuem.

König Sancho I. war als Sancho der Dicke bekannt. Es gab Leute in seinem Königreich, die glaubten, Korpulenz sei ein Hindernis für erfolgreiches Regieren – offenbar darf ein König grausam, aber nicht fett sein. Die Adligen von León hielten ihn wegen seiner Fettleibigkeit für schwachsinnig. Er wurde abgesetzt und ging nach Pamplona, wo sein Onkel König war. Ein anderer Prinz aus dem Königshaus wurde an seiner Stelle zum Herrscher gemacht.

Sanchos Großmutter Tota, die einst als Königin regiert hatte, war wütend. Sie war eine tyrannische Frau und wollte unbedingt, daß ihr Enkel León beherrsche. Es gab keine Ärzte im christlichen Spanien, die die Krankheit zu heilen vermochten, die Sancho seinen Thron gekostet hatte. Sie erhielt einen Hinweis, daß sie den Kalifen des moslemischen Spaniens um Hilfe bitten könne, der unter seinem Dach eine Reihe großer Ärzte habe. Das tat sie, denn ihre Liebe zur Macht war größer als ihr Haß auf die Moslems.

Der Kalif schickte Chasdai ibn Schaprut nach Pamplona. Der Arzt erklärte sich imstande, den abgesetzten König zu heilen. Aber die Kur würde langwierig sein und könnte am besten in Córdoba angewandt werden. Ob der König und seine Großmutter wohl bereit wären, eine Weile als Ehrengäste des Kalifen in Córdoba zu residieren? Die Frage war eine Zumutung. Der ärztliche Diplomat besaß Überzeugungskraft. Bald konnten die Bewohner Córdobas den erstaunlichen Anblick eines Monarchen und einer Königin aus dem christlichen Spanien genießen, die mit einem großen Gefolge an den Hof des Kalifen kamen, um seine Hilfe zu erhalten.

Der König wurde geheilt. Seinen Thron bekam er zurück. Er erneuerte den von seinem Vorgänger mit dem Kalifen abgeschlossenen Friedensvertrag. Es war ein außerordentlicher diplomatischer Triumph für Chasdai ibn Schaprut.

Der Arzt war nicht nur für seinen Kalifen, sondern auch für sein eigenes Volk ein Diplomat. Er stand mit jüdischen Gemeinden in der ganzen Welt in Verbindung. Wann immer es möglich war, benutzte er die Macht seines Amtes, um Juden zu helfen. Das Volk, selbst diejenigen, die im toleranten moslemischen Spanien lebten, empfand brennende Scham wegen seiner Heimatlosigkeit und sehnte sich nach dem Kommen des Messias. Berechnungen über sein Kommen wurden angestellt, revidiert, von neuem angestellt und wieder revidiert.

Dann erfuhr Chasdai ibn Schaprut, daß es in einem fernen Land jenseits des Schwarzen Meeres ein jüdisches Königreich gebe. Er soll den folgenden Brief dorthin geschickt haben:

»Von Chasdai ibn Schaprut an den König der Chasaren. Die Könige der Franken, die Könige der Gebalim, die Germanen

sind, der König von Konstantinopel und andere bringen dem Kalifen kostbare Geschenke, um sein Wohlwollen zu erlangen. Alle ihre Geschenke gehen durch meine Hände, und ich bin beauftragt, ihnen als Gegenleistung Geschenke zu machen ... Immer frage ich die Botschafter dieser Monarchen, die die Geschenke bringen, nach unseren Brüdern, den Israeliten, den Übriggebliebenen der Gefangenschaft. Schließlich ... sagten mir ... handeltreibende Abgesandte, es gebe ein Königreich von Juden, die Chasaren genannt werden ... Daher möge Eure Majestät geruhen ..., ihrem Schreiber zu befehlen, eine Antwort aus Eurem fernen Land zu senden und mich genau über die Verhältnisse der Israeliten zu unterrichten und wie es kam, daß sie dort wohnen.
Als wir zuerst von dem Ruhm des Herrn Königs hörten und von der Macht seiner Ländereien, hoben wir die Köpfe, und unser Mut erwachte wieder. Das Königreich des Herrn Königs liefert uns eine Antwort auf den Spott: »Jedes andere Volk hat sein Königreich, aber an eures gibt es kein Andenken auf Erden.«

Über die Echtheit dieses Briefes wird von den Wissenschaftlern ebenso hitzig debattiert wie über die der Antwort:

»Von König Joseph, Sohn des Königs Isaak, an Chasdai, Sohn des Isaak, Sohn des Esra. Ich wünsche Dir mitzuteilen, daß Dein schön abgefaßter Brief uns von Isaak, Sohn des Elieser, einem Juden aus Germanien, übergeben wurde, der ihn durch Germanien, Ungarn und Rußland nach Chasarien gebracht hat. Wisse, daß wir von Japhet abstammen durch seinen Sohn Togarma, den Vater aller Türken. Das Land, in dem ich jetzt lebe, war früher von den Bulgaren besetzt. Unsere Vorfahren, die Chasaren, kamen und kämpften mit ihnen ... Sie gingen weg, und die Chasaren verfolgten sie bis zur Donau ...
Viele Generationen vergingen, bis ein gewisser König aufkam, dessen Name Bulan war. Die Könige der Byzantiner und der Araber, die von ihm gehört hatten, schickten ihre Gesandten ... mit dem Ziel, ihn zu ihrer Religion zu bekehren. Aber der König ... schickte nach einem gelehrten Israeliten ...
Der König sagte zu dem christlichen Priester: ›Was meinst du? Welche Religion ist vorzuziehen, die der Juden oder die der Moslems?‹ Der Priester antwortete: ›Die Religion der Israeliten ist besser als die der Moslems.‹

Dann fragte der König den moslemischen Gelehrten: ›Was sagst du? Ist die Religion der Israeliten besser oder die der Christen?‹

Der moslemische Gelehrte antwortete: ›Die Religion der Israeliten ist vorzuziehen.‹

Daraufhin sagte der König: ›Ihr beide habt mit eurem eigenen Mund bestätigt, daß die Religion der Israeliten besser ist. Deshalb wähle ich im Vertrauen auf die Gnade Gottes die Religion von Israel.‹

Seit dieser Zeit hat der Allmächtige Bulan geholfen und ihn gestärkt. Bulan beschnitt sich selbst, seine Diener, sein Gefolge und sein ganzes Volk. Dann holte Bulan von überallher weise Männer, die die Thora für ihn auslegten, und bis zum heutigen Tage sind wir dieser Religion untertan ...

Ich wohne am Delta der Wolga. Ich bewache die Mündung des Flusses und lasse die Russen nicht durch, die mit Schiffen kommen, um ins Kaspische Meer zu fahren und die Moslems anzugreifen. Ich muß mit ihnen Krieg führen, sonst würden sie das ganze Land der Moslems bis Bagdad verwüsten ...«

Historisch? Erfunden? Die Sehnsucht eines staatenlosen Volkes, das sich Legenden zurechtmacht aus den vagen Berichten wandernder jüdischer Kaufleute, die mit Seide aus China und Sklaven aus allen möglichen Kriegen und mit Pelzen und Schwertern handelten? Radhaniter wurden sie genannt, wahrscheinlich nach einem persischen Wort: »einer, der den Weg kennt«. Ein solcher Kaufmann mag dem bekannten jüdischen Arzt in Córdoba von dem Chasaren-Königreich erzählt haben. Aber die Briefe, ihr Stil und das Datum ihrer Abfassung sind immer noch Gegenstand ernsthafter Debatten unter den Wissenschaftlern. Die Chasaren-Korrespondenz befindet sich jetzt in der Bibliothek des Christ Church College in Oxford und in der Universitätsbibliothek von Cambridge.

Das Königreich der Chasaren wurde etwa in der zweiten Hälfte des 10. Jahrhunderts von den Kumanen besiegt, einem Nomadenvolk, das einen türkischen Dialekt sprach und aus dem asiatischen Rußland kam.

Der jüdische Arzt arbeitete weiter in Córdoba und erfreute sich der Gunst seines Kalifen. Córdoba war zusammen mit Bagdad und Konstantinopel eine der drei größten Städte der Welt geworden. Es war eine Stadt der Parks und Springbrunnen, der Paläste und Moscheen. Der Kalif war ein Förderer der Künste. Sein Hof zog Dichter und Gelehrte aus der ganzen Welt an. Die Wissenschaften blühten. Die Stadt hatte eine Akademie für das Studium der Künste und Wissenschaften und freie Schulen für Kinder. Die Bevölkerung zählte eine halbe Million. Der Kalif hatte eine Leibwache von viertausend Slawen und ein stehendes Heer von hunderttausend Mann. Handel und Landwirtschaft erbrachten Überschüsse. Steuern ließen seinen Staatsschatz überquellen. Mit seiner Klugheit und seinem Mut hatte er ein prächtiges Land aufgebaut.

Er starb mit Anfang Siebzig. Die Historiker unterrichten uns davon, er habe eine Erklärung des Inhalts hinterlassen, daß er in seinem ganzen Leben nur vierzehn Tage glücklich gewesen sei.

Ihm folgte sein Sohn al-Hakam II., der von 961 bis 976 herrschte und die kluge Innen- und Außenpolitik seines Vaters fortsetzte. Er liebte Bücher und frönte seiner bibliophilen Leidenschaft, indem er Bevollmächtigte in die ganze Welt schickte, die nach seltenen und wichtigen Werken suchen sollten. Seine Bibliothek enthielt vierhunderttausend Bände. Auch er nahm die Dienste des Arztes Chasdai ibn Schaprut in Anspruch.

Die Juden im moslemischen Spanien hielten die Anwesenheit von Chasdai ibn Schaprut am Hof von zwei Omajjaden-Kalifen für ein Zeichen der Vorsehung Gottes. Der Arzt war der unbestrittene Führer des andalusischen Judentums. Auch er war ein Förderer der Künste und Wissenschaften und schickte Bevollmächtigte in die ganze Welt, um nach Büchern zu suchen. Er unterstützte jüdische Dichter und Gelehrte; die Bücher, die er suchen ließ, waren Texte des Talmuds für die Lehrhäuser im moslemischen Spanien.

Ich staune über den verwunderlichen Lauf der Geschichte. Ein wandernder arabischer Prinz kommt in ein Land und begründet eine Dynastie, die eines Tages die Kultur des antiken Griechenlands an Europa weitergeben soll und diese Kultur noch dadurch lebendiger macht, daß sie die unabhängige Forschung fördert. So wird das Astrolabium, ein altes, einfaches Navigationsinstrument, durch Wissenschaftler in Córdoba vervollkommnet und dann bis zur Erfindung des Sextanten im 18. Jahrhundert von Seeleuten gebraucht; Planimetrie und sphärische Geometrie werden erfunden; Botanik und Pharmakologie werden Wissenschaften; ein moslemischer Chirurg mit Namen Albukasis schreibt eine medizinische Enzyklopädie, deren hebräische und lateinische Übersetzungen die europäische Medizin auf Jahrhunderte hinaus beeinflussen. Und ein jüdischer Arzt, der die Liebe zur Gelehrsamkeit, an der das Herz seiner Kalifen hängt, mit Weisheit und Würde widerspiegelt, wird eine Blüte der jüdischen Kultur in Spanien herbeiführen, die das Wesen des Judentums für immer ändern soll.

Die Araber kamen zur griechischen Kultur durch die Wüstenstämme, die unter dem Banner des Islams die Grenzen Arabiens überschritten und die Welt eroberten. Zerlumpte arabische Fußsoldaten und Berittene bestaunten verblüfft und eingeschüchtert die Pracht der Zivilisationen, die sie unterworfen hatten: Persien, Mesopotamien, Syrien, Palästina, Ägypten. Die Schönheit von Ktesiphon, Damaskus, Alexandria, Jerusalem und anderen Städten war verwirrend für Augen, die an die eintönige Welt der Wildnis und des Sandes gewöhnt waren. Die Araber brachten zu ihren Eroberungen einen scharfen, wißbegierigen Verstand mit und eine latente Neugier, die plötzlich geweckt und herausgefordert wurde.

Sie befaßten sich rasch und energisch mit den Problemen der Juden, Christen und Heiden, die sie besiegt hatten, ehe sie ihre Aufmerksamkeit den Kulturschätzen zuwandten, die jetzt in ihrer Hand waren. Von den monotheistischen Juden und Christen verlangte der Islam Tribut und die Einhaltung gewisser Bedingungen, die allerdings von den Kalifen häufig nicht erzwungen wurden: Synagogen und Kirchen durften nicht größer sein als eine Moschee; der Gottesdienst mußte leise abgehalten werden; Juden und Christen mußten eine Art erkennbare Kleidung tragen, ein Hemd oder einen Gürtel, die sie von den Moslems unterscheiden sollte; in Rechtsfragen, außer wenn ein Moslem beteiligt war, waren Juden und Christen autonom und sollten sich an ihre eigenen Gerichte wenden, denn das Gesetz von Allah war zu heilig, um es auf Nichtgläubige anzuwenden. Neue Moslems – Heiden, die zu Allahs Wegen bekehrt waren – erhielten das volle islamische Bürgerrecht, und sie waren die ersten, die sich den Künsten und Wissenschaften verschrieben, Errungenschaften des Heidentums, dem sie entsagt hatten. In der Frühzeit des Abbasiden-Kalifats, seit etwa 750, begannen die konvertierten Moslems diejenigen von arabischer Abstammung an Zahl zu übertreffen.

Die Araber hatten riesige Gebiete erobert. Die Zivilisationen dieser Gebiete eroberten die Araber. Die Araber hatten diesen Zivilisationen wenig zu bieten außer einem heiligen Buch und der

Sprache, in der das Buch geschrieben war und rezitiert wurde – dem arabischen Dialekt, der zu Mohammeds Zeit im nördlichen Arabien gesprochen wurde. Die Griechen hatten einst die Aufklärung nach Rom gebracht. Jetzt brachten Syrer, Perser, Ägypter und andere als zum Islam Bekehrte oder als Christen und Juden den Arabern die Bildung. Die arabische Zivilisation hatte ihren Ursprung nicht in Arabien oder unter den Arabern. Sie war im Grunde die Zivilisation des Irans und hellenisierter, aramäisch sprechender Völker, die angespornt wurden, unter der Herrschaft neugieriger und kulturhungriger Kalifen weiterhin kreativ zu sein, und die ihren Gedanken nun in der Sprache des Siegers Ausdruck geben mußten: Arabisch.

Die Sprache des Korans und des Siegers wurde die Sprache der eroberten Länder und Zivilisationen. Das griechische Denken wurde arabisiert. Das Heidentum begab sich auf eine Sprachenreise, als Kalifen die Übersetzung von Literatur und Wissenschaft der Antike in die Sprache der nordarabischen Wüste befahlen. Menschen von der arabischen Halbinsel, Anhänger eines rigorosen, hohe Anforderungen stellenden monotheistischen Glaubens, wurden zu Vermittlern einer Kultur, die in der Vergangenheit hauptsächlich von Griechen und hellenisierten Heiden getragen worden war. Das war das bemerkenswerte Ergebnis dieser Kulturkonfrontation. Die Wüstenwelt von Allah war mit der mediterranen Welt von Zeus zusammengestoßen – mit der unerbittlichen Logik der Griechen, ihrer Wißbegierde, ihrem methodischen Forschen, dem gezügelten Eifer, mit dem sie jahrhundertelang Grenzgebiete des Wissens erkundet hatten, bis etwa 200 v. Z. die originäre Kreativität im Hellenismus erlosch. Seit jener Zeit bis 1453, als Konstantinopel den moslemischen Osmanen anheimfiel, brachten die Erben der Zivilisation Griechenlands keinen großen Dichter, politischen Denker oder Wissenschaftler hervor – mit Ausnahme von Ptolemaios. Abgesehen von ein paar bedeutenden Dichtern kann dasselbe von Rom gesagt werden. Die heidnische Welt schien tot zu sein, und ihre Kreativität ging auf Moslems, Christen und Juden über.

Jetzt, im letzten Jahrhundert des ersten Jahrtausends, wimmelte es am Hof des Kalifen in Córdoba von Dichtern und Wissenschaftlern, die darauf brannten, ihre Schöpfungen ihrem Gönner zu zeigen, um sein Wohlwollen zu erlangen. In dieser opulenten orientalischen Welt unter der Sonne des südlichen Spaniens wirkte Chasdai ibn Schaprut. Er tat für sein Volk, was er den

Kalifen für Spanien tun sah. Er brachte ihm Gelehrsamkeit und Kunst.

Er ernannte einen großen Gelehrten zum Haupt der jüdischen Akademie in Córdoba und zum Oberrabbiner der jüdischen Gemeinden im moslemischen Spanien. Der Rabbi, Moses ben Hanoch, kam aus einer Gemeinde in Süditalien und war auf einer Mittelmeerreise, als sein Schiff von Piraten gekapert wurde. Das Piratenschiff wurde dann seinerseits von Kriegsschiffen des Kalifen aufgebracht. Als Chasdai ibn Schaprut hörte, daß sich ein jüdischer Gelehrter auf spanischem Boden aufhalte, ließ er ihn nach Córdoba bringen. Das profunde Wissen des Gelehrten wurde sofort offenbar. Der Arzt überredete ihn, dazubleiben.

Die Anwesenheit dieses Gelehrten verwandelte das Wesen des spanischen Judentums. Er war eine solche Kapazität, daß es nicht mehr nötig war, sich an die Geonim in Babylonien zu wenden, um Antworten auf Fragen über jüdisches Recht zu erhalten. Jüdische Gelehrte in Spanien erkannten sofort die Größe dieses Emigranten aus Italien. Die Schüler drängten sich in seinen Klassen. Die spanischen Juden begannen ihre eigenen großen Gelehrten hervorzubringen. Die Bindungen an die babylonischen Akademien wurden schwächer. Zuletzt hörten sie ganz auf, und das Land stand als ein kräftiger Erwachsener in der Welt der talmudischen Gelehrsamkeit da. Andere Gemeinden in der Diaspora bildeten eigene Gelehrte heran. Die babylonischen Akademien verkümmerten und lösten sich allmählich auf.

Chasdai ibn Schaprut förderte Poesie und Philologie, das Studium der Sprache und des Textes der Bibel. Zu jener Zeit gab es eine Reihe bedeutender arabischer Philologen in Córdoba. Die Heiligkeit des Korans und seiner Sprache hatte das arabische Interesse erweckt, den Aufbau des Arabischen zu studieren. Im christlichen Europa versammelten sich zu dieser Zeit die Gelehrten, um über theologische Fragen zu debattieren; in Córdoba diskutierten arabische Gelehrte über Linguistik.

Die Juden wurden von dieser Begeisterung für Wörter und Grammatik angesteckt. Ein Mann mit Namen Menahem ibn Saruk war im nordöstlichen Spanien geboren. Sehr früh entdeckte er sein Interesse für hebräische Philologie und Bibelkommentare. Er verließ sein ökonomisch und kulturell ärmliches Zuhause und wanderte südwärts durch Spanien. In Córdoba wurde er im Haus eines wohlhabenden Mannes aufgenommen, des Bruders von Chasdai ibn Schaprut. Er übernahm das Amt des Familiendichters.

Besondere Gelegenheiten wurden in Gedichten besungen, die der Familien-Laureat verfaßte. Mit der Zeit wurde der Dichter Chasdai ibn Schapruts hebräischer Sekretär. Das ließ ihm genügend Zeit, zu forschen und ein Wörterbuch der hebräischen Sprache zu verfassen, das bahnbrechend für die hebräische Philologie in Spanien wirkte. Das Werk machte ihn berühmt, trug ihm Feinde ein, und aus Gründen, die noch nicht ganz geklärt sind – es heißt, ihm seien Sympathien für die Karäer vorgeworfen worden –, büßte er das Wohlwollen seines Gönners ein. Chasdai ibn Schaprut war imstande, manchmal despotisch vorzugehen. Er entzog Menahem ibn Saruk seinen Schutz, ließ ihn verprügeln und befahl, sein Haus zu zerstören. Der Dichter und Grammatiker beklagte sich bitterlich über den bestürzenden Verlauf der Dinge und kehrte in seine Heimat zurück.

Die Juden in Spanien schätzten nicht nur das Studium der hebräischen Sprache, sondern auch die Anwendung der Sprache in der Poesie. Sie übernahmen die Liebe der Araber zum Dichter und seinem Werk. Gedichte haben ein eigenes Leben; sobald sie verfaßt sind, reisen sie wie durch Zauber durch Raum und Zeit; Herrscher und Adlige zahlten gut für Lobpreisungen aus der Feder von Dichtern. Das Studium von Sprachen und die Schöpfung von Poesie waren nach arabischer Ansicht eng miteinander verbunden. Jetzt begannen Juden diesen Zusammenhang zu empfinden und erforschten ihn im Dienste des Hebräischen. Die besten jüdischen Schriftsteller im südlichen Spanien kamen oft im Haus von Chasdai ibn Schaprut zusammen. Dort lasen sie ihre neuesten Schöpfungen vor. Der Arzt umgab sich mit hebräischen Poeten, als wollte er damit die mangelnde Wärme seines einsamen Privatlebens wettmachen. Er versorgte sie mit Geld und drängte sie, ihre kreativen Bemühungen fortzusetzen. Manchmal hat man den Eindruck, als wäre er die Hebamme für Gedichte gewesen, die in seinen Augen die Kinder waren, die er selbst nicht gezeugt hatte.

Nach Córdoba wanderte ein Mann, der etwa 920 in der nordafrikanischen Stadt Fez geboren war. Er hatte in Babylonien unter Saadia Gaon studiert. Der Ruhm von Córdoba als eines großen Zentrums jüdischer Gelehrsamkeit hatte sich verbreitet. Er kam nach Córdoba und wurde Kantor. Damals waren die Kantoren oft Dichter; sie verfaßten liturgische Hymnen, die sie bei Festen und zu besonderen Gelegenheiten in der Synagoge vortrugen. Es zeigte sich bald, daß der neue Kantor Dunasch ibn Labrat ein außergewöhnlicher Dichter war.

Er revolutionierte die hebräische Poesie, indem er sie im arabischen Metrum schrieb. Die biblische Poesie hat ihre eigenen Formen, aber ihr fehlt der rhythmische Fluß und Schliff metrischer Verse. Dunasch führte Versgliederung ein, Übergänge, rhetorische Schnörkel, aber auch neue Themen, Gedichte zum Lob der Gönner, Trinklieder, in denen der Wein und der blühende Garten beschrieben werden, wo das Gelage stattfindet, die singenden Vögel, der Knabe, der den Wein einschenkt, die Klänge der Musik – all das ist der arabischen Poesie entlehnt. Es war neu und fremd für die hebräische Poesie, so daß der Dichter, wenn er ein solches Fest schilderte, warnende Zeilen anfügte, die ihn schützen sollten, aber offenkundig nicht von Herzen kamen:

»Laßt uns zechen bei den Blumenbeeten, umhegt von Rosen,
Und die Sorgen verjagen mit allerlei Fröhlichkeit,
Süßigkeiten zu uns nehmen und aus Pokalen trinken …
Barsch hieß ich ihn schweigen: Wie kannst du dich an eitlem Tand ergötzen,
Wenn der heilige Tempel, Gottes Schemel, in der Hand der Heiden ist!«

Gelehrte, Dichter und Grammatiker waren der Herzschlag Córdobas. Ein und derselbe Dichter verfaßte religiöse und weltliche Verse. Talmud-Gelehrte, die ihre Bindungen zu Babylonien gelöst hatten und jetzt ihre eigenen Herren waren; Lehrhäuser voller Schüler; Bibelkommentatoren, die sich der neu entwikkelten linguistischen Werkzeuge bedienten und in aller Redlichkeit das Wesen der heiligen Texte erforschten; Grammatiker, die den Aufbau der hebräischen Sprache untersuchten; Dichter, die Gott und den Menschen und die Liebe und den Wein besangen – das war Córdoba in den letzten Jahren des ersten Jahrtausends.

Im südlichen Spanien stand das rabbinische Judentum unter dem Einfluß einer beglückenden, wärmenden Sonne, der Ästhetik. Es wurde eine reiche Tradition, zwanglos und erfüllt von dem Eifer, alles zu lernen. Und das taten die Kinder, wenn sie in die Schule gingen. Sie lernten nicht nur schreiben, sondern auch schön schreiben; nicht nur die Bibel, die Mischna und die hebräische Grammatik, sondern auch Poesie; nicht nur den Talmud, sondern auch Philologie, Logik, Mathematik, Geometrie, Optik, Astronomie, Musik, Naturwissenschaften und Metaphysik. Viele studierten Medizin.

Chasdai ibn Schaprut starb ungefähr 970 mit fünfundsechzig Jahren. Al-Hakam starb sechs Jahre später, und ihm folgte al-Mansur, der letzte der großen Omajjaden-Kalifen in Spanien. Mit seinem Tod im Jahre 1002 begann das Land auseinanderzubrechen, und das Heer hob Herrscher auf den Thron und setzte sie wieder ab. Berber, Araber, Slawen und Spanier bekämpften einander erbittert. Die durch die Klugheit von Abd ar-Rahman III. und seinen beiden Nachfolgern aufrechterhaltene Einheit ethnischer Gruppen löste sich in ein Konglomerat streitender Kleinstaaten auf. Einundzwanzig Jahre lang folgte ein Kalif auf den anderen, sie waren Marionetten von Slawen, Córdobanern und Berbern. Anarchie war König im sonnigen, südlichen Spanien.

Das Omajjaden-Kalifat endete 1027, als die Córdobaner das Chaos leid waren und beschlossen, sich nicht mehr von Kalifen regieren zu lassen. Sie schafften das Kalifat ab. Der Letzte der Omajjaden wurde mit seiner kleinen Tochter, die er liebte, in ein Zimmer eingeschlossen. Sie wären fast verhungert, ehe sie befreit wurden.

Córdoba wurde eine Republik. Es verlor seine zentrale Stellung im moslemischen Spanien. Das Land war wieder einmal ein buntes Durcheinander von Königreichen. Kultur und Handel verzogen sich in berberische und arabische Fürstentümer. Jüdische Höflinge tauchten in verschiedenen Königreichen auf. Der berühmteste von ihnen war Samuel ha-Nagid, ein rabbinischer Gelehrter und eine Autorität für jüdisches Recht, der aus Córdoba floh und dem kleinen berberischen Königreich Granada von etwa 1030 bis zu seinem Tod im Jahre 1056 als Wesir und Heerführer diente. Die modernen Wissenschaftler halten ihn für den ersten großen Dichter im hebräischen Spanien. Seine Poesie ist erfüllt von Berichten über Intrigen, Verrat, Morde, Kriege und Rebellionen. Seinen Posten übernahm sein Sohn Josef, ein ehrgeiziger und prahlerischer Mann, der die Alhambra entwarf und baute und 1066 ermordet wurde.

Etwa zur selben Zeit, als die Omajjaden-Dynastie im Süden zusammenbrach, schickten sich die Christen im Norden an, Spanien zurückzuerobern. Die jüdischen Gemeinden wurden nervös.

Nach der Ermordung des Sohns von Samuel ha-Nagid durch eifersüchtige Moslems im Jahre 1066 kam es zu einem Massaker der jüdischen Gemeinde in Granada. Die Überlebenden zogen in andere Städte. Es war die erste Judenverfolgung im moslemischen

Spanien. Im Norden wurden kleine moslemische Königreiche von siegreichen christlichen Heeren überrannt.

Jetzt waren Dichter die Wanderer.

Isaak ibn Khalfon wanderte von Córdoba, wo er etwa 970 geboren war, durch die Städte des südlichen Spaniens, suchte wohlhabende jüdische Familien auf und bot seine Dienste als Dichter an. Ungefähr fünfzig seiner Gedichte sind erhalten. Er schrieb fröhliche Gedichte für Familienfeiern und ergreifende Elegien für die Toten. Er schrieb Liebesgedichte und Gedichte über Freundschaft in Nachahmung arabischer Poeten. Er schrieb auf hebräisch über einen Dichter, der zu seiner Geliebten geht und Familienangehörige von ihr trifft, die sie bewachen – ein Thema der alten arabischen Poesie. Er schrieb über aufgegebene Beduinenlager, über die Stunden, die er einst mit seiner Geliebten zwischen Lagerfeuern und stillen Zelten verbracht hatte, über Kamele, von denen das Dasein des Beduinen abhängt. Er rühmte den Stamm und besang schließlich die Verdienste und guten Taten seines Gönners. Er verbrachte sein Leben wandernd. Eine Weile lebte er in Granada, wo er auf Teppichen in den mit Marmorplatten ausgelegten Patios saß, umgeben von Männern, die in weiße Seide gekleidet waren, und rhythmische Verse über die Rechtschaffenheit seines Gastgebers deklamierte: Er kämpfte gegen die Bösen, beschützte die Armen, war bescheiden und gerecht. Ibn Khalfon hatte Erfolg in den Häusern der Reichen in Granada. Sie bezahlten seine Poesie gut.

Salomo ibn Gabirol wurde von Málaga, wo er etwa 1020 geboren war, nach Saragossa gebracht und wuchs dort auf, denn noch als Kind verlor er seine Eltern. Er war jähzornig und litt an einer schweren Hautkrankheit. Mit sechzehn Jahren begann er Poesie zu schreiben; sein Genie erblühte plötzlich. Er kannte seinen Wert als Dichter und war zu jung und zu arrogant, um seinen Dünkel vor anderen zu verbergen. Er schrieb: »Ich bin der Meistersänger, und Gesang ist mein Sklave … Zwar bin ich erst sechzehn, doch habe ich die Weisheit eines Achtzigjährigen.« Und er schrieb: »Zorn erfüllt mich, wenn ich Narren sehe, die sich als weise Männer aufspielen … Sie glauben, ihr Gesang sei dem meinen überlegen, dabei verstehen sie ihn nicht einmal …« Das trug ihm Feinde ein, und er mußte weiterwandern, als sein Gönner bei einer Hofintrige getötet wurde. Er verließ Saragossa und lebte eine

Zeitlang in Granada. Dort wurde der Talmudgelehrte, Wesir und Krieger Samuel ha-Nagid sein Gönner. Die beiden verzankten sich, als Gabirol einige Gedichte von ha-Nagid kritisierte. Der Poet wanderte weiter nach Valencia, wo er starb – einige sagen mit dreißig, andere mit etwa achtunddreißig Jahren. Heinrich Heine nannte Salomo ibn Gabirol »die fromme Nachtigall«.

Er sang während seines ganzen kurzen Lebens. Er war oft krank. Von den zwanzig Büchern Poesie, die geschrieben zu haben er sich rühmt, sind nur zwei erhalten. Er war ein Virtuose in der hebräischen Sprache. Er besang Gönner und Freundschaft, das unerbittliche Walten des Schicksals und der Zeit, seine Einsamkeit in einer geschäftigen Gesellschaft, die gefühllos nur nach materiellem Erfolg strebte – all das sind konventionelle Motive in der arabischen Poesie. Doch die ganze Herrlichkeit dieses Nachtigallengesangs hört man in seiner religiösen Poesie. Hier wurde der stolze Dichter zum traurig klagenden Anbeter, der in erhabener Sprache, lebhaften Bildern und komplizierten Strophen die tiefsten Ängste und Sehnsüchte seiner Seele zum Ausdruck bringt, seinen Traum von der Erlösung, sein Grauen vor einer Welt, die zusammenzubrechen begann, als das Land ringsum der politischen Auflösung verfiel und christliche Heere zur Eroberung antraten. Hauptsächlich wegen dieser Gedichte ist er den Juden in all den Jahrhunderten in Erinnerung geblieben und wird von ihnen geliebt. Er schrieb:

»Herr, sag mir, wann
Kommt zu den Menschen
Der Messias, der gelobte ...«

Er schrieb:

»Im Gebet geneigt vor meinem König,
Beug' ich vor ihm Gesicht und Knie,
Mein Herz ist meine Darbietung,
Meine Träne das Trankopfer ...«

Und er schrieb:

»Wundervoll sind Deine Werke, wie meine Seele sehr wohl weiß.
Dein, o Herr, sind die Größe und die Macht, die Schönheit, der Sieg und die Herrlichkeit.«

Und er schrieb:

»Alle Länder sehen unseren vertriebenen Samen,
Wie wunde Tauben fliehen wir vor ihrem Haß.
Alle Völker jagen und hindern uns
Und lauern in der Wüste im Hinterhalt ...
Wo ist jenes Wohlwollen des Himmels,
Von dem Deine Diener hörten,
Die Gnade Deiner Liebe für die Auserwählten,
Die unser Vater uns verhieß?«

Er hat noch so vieles andere geschrieben, Lyrisches, Ergreifendes, Unvergeßliches – eine Nachtigall, die zu Gott sang, er möge die Schmach und die Wehrlosigkeit in der Zerstreuung beenden.

Er schrieb Werke über Philosophie und Ethik. Christen kennen von ihm vor allem seine philosophische Abhandlung *Die Quelle des Lebens*. Sie war arabisch geschrieben und wurde im 12. Jahrhundert von dem Archidiakon von Segovia und einem konvertierten jüdischen Arzt ins Lateinische übersetzt. Auf diese Weise gelangten viele große arabische Werke in den Kulturstrom des lateinischen Europas: durch die eifrigen Bemühungen von Geistlichen und Juden.

Der Titel der lateinischen Übersetzung lautete *Fons vitae*. Das arabische Original ist verloren. Der Name ibn Gabirol wurde latinisiert zu Avencebrol, Avicembron, Avicebron. Nichts Jüdisches ist in dem Werk zu erkennen. Es wurde in Klöstern und an Universitäten studiert und spielte eine Rolle in der gelehrten und elitären Welt der mittelalterlichen Scholastik. Daß ibn Gabirol der Verfasser war, wurde 1846 durch einen gelehrten Artikel von Salomon Munk bekannt, der in einer deutschen wissenschaftlichen Zeitschrift erschien. Aber die in diesem Buch vertretene Weltanschauung hatte inzwischen ihren Zenit überschritten und war nicht mehr Gegenstand des ernstlichen Interesses christlicher Theologen.

Eine weitere dieser Nachtigallen des spanischen Judentums wurde um 1085 geboren – einige sagen in Toledo, andere in Tudela in der Nähe von Pamplona im Norden. Seine Familie war gebildet und wohlhabend, und seine Kindheit friedlich. Er hieß Juda Halevi und wurde mit der Zeit als »der Sänger von Zion« bekannt.

Er war noch jung, als er zu einer Zeit ins südliche Spanien

wanderte, da die Juden von zwei Seiten bedrängt wurden, von den langsam vorrückenden christlichen Heeren und einer fanatischen moslemischen Sekte, den Almoraviden, die von Nordafrika aus eingefallen war. 1085 nahmen die Christen Toledo ein. Etwa ein Jahr später versuchte der Anführer der siegreichen Almoraviden die Juden von Lucena zu zwingen, zum Islam überzutreten. Er wurde durch eine riesige Bestechungssumme beschwichtigt. Als er starb, ernannte sein Sohn einen Juden zum Hofarzt, dem er auch diplomatische Aufträge erteilte. Die Fanatiker hatten sich rasch dem Hedonismus und den internationalen Schachzügen des zivilisierten Lebens angepaßt.

Die Zersplitterung Spaniens verwischt das Bild und macht es zu einer in Bewegung befindlichen Puzzle-Landkarte: hier ist ein Herrscher seinen Juden gegenüber tolerant; dort unterdrückt sie ein Herrscher. Durch diese unklare Wirrnis wanderte der junge Dichter, beteiligte sich an einem Poetenwettstreit in Córdoba und gewann ihn und freundete sich mit einem Granadaner an, Moses ibn Esra, einem der hervorragendsten Dichter dieses Goldenen Zeitalters der Kultur und des Eisernen Zeitalters der Politik. Sie verbrachten viel Zeit zusammen in Granada, umgeben von Reichtum und Kultur, und Juda Halevi schrieb von Wein und Liebe. Er lernte noch andere Dichter kennen, darunter Abraham ibn Esra aus Tudela.

Fern im Osten war Jerusalem von einem christlichen Kreuzfahrerheer genommen worden. Die moslemische und jüdische Bevölkerung wurde von schwertschwingenden Rittern niedergemetzelt. Das war im Sommer 1099. Chronisten berichten, daß sich Ströme von Blut durch die schmalen Straßen der Stadt ergossen. Während der Gestank unbegrabener Leichen und brennender Gebäude die Jerusalemer Luft verpestete, versammelten sich die Kreuzritter in der Auferstehungskirche, sangen *Te Deum laudamus* und dankten Gott für ihren Sieg.

Als Andalusien den fanatischen Almoraviden anheimfiel und sich die Lage der Juden im südlichen Spanien verschlechterte, zerstreuten sich die Dichter von Granada. Juda Halevi begann zu wandern. Zwanzig Jahre lang wanderte er. Wir hören von ihm in der Gesellschaft des jüdischen Wesirs Meir ibn Kamniel in Sevilla und des berühmten Talmudgelehrten Josef ibn Migasch in Lucena. Er praktizierte Medizin in Toledo und diente dem König und dem Adel dieser neuerdings christlichen Stadt.

Christliche Könige waren in der ersten Zeit nach der Wiedereroberung freundlich zu ihren Juden. Viele Juden kamen aus dem moslemischen Spanien in das christliche Spanien, um der fanatischen Bekehrungspolitik der Almoraviden zu entgehen. Sie erhielten von den christlichen Königen Land und Gärten und Häuser, die früher Moslems gehört hatten, die vor den Christen geflohen waren. Die spanischen Könige sahen die Juden als ein wichtiges, stabilisierendes Element in neu eroberten Gebieten an und bedienten sich ihrer als Regierungsbeamte, Höflinge und Diplomaten. Spanische Priester betrachteten die Juden als abscheuliche, schändliche, halsstarrige Verächter des wahren Glaubens, die Jesus ermordet hatten und jetzt von Gott verworfen seien.

1109 verließ Juda Halevi Toledo und setzte seine Wanderungen fort. In all diesen Jahren hatte seine Poesie ihm Ruhm eingetragen. Er war nicht nur Arzt, sondern auch Kaufmann und brauchte keine Gönner, um zu dichten. Sein bester Freund war Abraham ibn Esra. Zusammen wanderten sie durch das moslemische Spanien und Nordafrika.

Die Jahre vergingen. In Spanien wüteten Fanatismus und Krieg. Im Spätsommer 1140 verließen Abraham ibn Esra und Juda Halevi Spanien; der eine ging nach Rom, der andere in das Land Israel.

Abraham ibn Esra lebte eine Weile in Rom, allein und in Armut. Dann wanderte er nach Lucca und Mantua und Verona. Er schrieb Kommentare zu den Propheten und grammatikalische Werke. Er verließ Italien, wanderte durch die Provence und dann ins nördliche Frankreich. Er schrieb Kommentare zum Pentateuch, hatte Zusammenkünfte mit Gelehrten und zog durch die Gemeinden wie ein strahlendes Licht, das dunkle Winkel der jüdischen Gelehrsamkeit erhellt. Noch nach über einem Jahrhundert wurde sein Besuch in Schriften erwähnt. Er schrieb Poesie, astrologische Werke, Kommentare zu *Daniel,* den Psalmen und den kleinen Propheten. Seine Bibelkommentare sind leuchtende Beispiele der Gelehrsamkeit und Aufrichtigkeit – er äußert Zweifel, ob gewisse Passagen des Pentateuch von Moses stammten; er verachtet Philosophen und mystische Obskuranten; er forscht nach der einfachen Bedeutung eines erzählenden Textes, folgt aber den talmudischen Weisen bei ihren Interpretationen rechtlicher Texte. 1158, etwa ein Jahrzehnt, nachdem die frommen Pöbelhaufen des Zweiten Kreuzzugs die blühenden jüdischen Gemeinden und Lehrhäuser in Speyer, Köln und Prag verwüstet hatten, verließ ibn Esra den Kontinent und ging nach London. Er schrieb weiter. 1161 war er in Narbonne. Er war jetzt alt und einsam. Irgendwann in seiner Vergangenheit hatte er fünf Söhne, von denen vier starben. Einige Leute glauben, der fünfte sei zum Islam übergetreten. Es gibt auch Leute, die glauben, ibn Esras letzte Wanderungen hätten ihn in das Land Israel geführt, dort sei er 1164 gestorben.

Juda Halevi war im Spätsommer 1140 in Alexandria eingetroffen. Er wanderte am Nil entlang nach Kairo. Wo immer er hinkam, empfingen ihn die Juden ehrenvoll. Das Schiff, das er kurz darauf in Alexandria bestieg, lief wegen eines Sturms nicht aus dem Hafen aus. Er kehrte nach Kairo zurück. Einige Monate danach starb er. Oft hatte er in seinem Leben davon geträumt, in das Land Israel zu gehen und sich von der Versklavung des Exils zu befreien. Er wurde in Ägypten begraben.

Seine Stimme war die süßeste und ergreifendste all der Nachtigallen jener Zeit – und wir wissen von ungefähr fünfzig hebräischen Poeten in Spanien, die seine Zeitgenossen waren. Wenige konnten es mit der lyrischen Qualität seiner weltlichen Dichtung aufnehmen, und keiner erreichte die strahlende Verschmelzung von geistigen Bildern und Sprache in seinem kostbarsten Geschenk an sein Volk – seinen *Oden an Zion,* in denen er mit der lieblich-traurigen Stimme eines Dichters spricht, dessen Vorstellung von Kunst seine eigene ist, dessen Träume aber die seines ganzen Volkes sind. Er schrieb über Liebe:

»Neulich sah ich Liebchen heimlich,
Und sie zeigte mir vertraulich
Ihrer Wangen glüh'nde Sonnen,
Und der reichen Locken Pracht,
Die wie ein Opal so glänzend
Decken die kristallne Schläfe.
Und ich schaute die Gestalt an
In der Schöne Zaubermacht:
Schien mir wie die Morgensonne,
Die mit heißen Strahlenspitzen
Früher Dämm'rung weiße Wölkchen
Rötlich krönet, golden macht.«
(Übers.: A. Geiger)

Er schrieb von Gott:

»O wär' ich
Ein Knecht, dem Herrn gehörig!
Mag jeder Freund mich flieh'n,
Nur Er mich zu sich zieh'n!«
(Übers.: M. Sachs)

Er schrieb von Zion:

»Im Osten weilt mein Herz, ich selbst an Westens Rand.
Wie soll mich freu'n, woran ich sonst wohl Lust empfand?
Wie mein Gelübde lösen, wenn in Edoms Haft
Zion – ich selbst in des Arabers Joch gebannt?
Wie gilt Hispaniens Gut mir nichts, wie mir so hoch
Den Staub zu schau'n der Stätte, wo der Tempel stand!«
(Übers.: M. Sachs)

Und er schrieb über Zion: »Ich bin die Harfe für all Deine Lieder ...«

Achthundert seiner Gedichte sind uns erhalten. Er schrieb auch auf arabisch ein philosophisches Werk: *Das Buch des Arguments und Beweises zur Verteidigung des verachteten Glaubens*. Es wurde um die Mitte des 12. Jahrhunderts ins Hebräische übersetzt und ist heute als *Das Buch Kusari* bekannt. Zwanzig Jahre hat er daran gearbeitet. Das Gerüst des Buches ist die Bekehrung des Königs der Chasaren zum Judentum. Ein Moslem, ein Christ und ein Jude diskutieren vor dem König über die Vorzüge ihrer jeweiligen Religionen. Hier hören wir den Gesang der Nachtigall nicht in Poesie, sondern in einer Prosa, die das Denken der Juden bis zum heutigen Tage beeinflußt hat.

Ja, der Tempel ist zerstört und das Volk im Exil. Ja, Völker steigen auf und gehen unter. Aber die Geschichte der Juden ist über Kausalgesetze erhaben. Das traf auf die biblische Zeit zu und trifft auch auf die bittere Zeit des Exils zu. Ebenso wie der Tempel einst der Ort war, an dem die Menschheit für ihre Sünden büßen konnte durch die Opfer, die das jüdische Volk darbrachte, ist in der Zerstreuung das jüdische Volk das Herz der Menschheit, der Diener Gottes, der mit seinem Leiden für alle Sünden der Welt büßt. Niemand aus der alten Welt ist übriggeblieben als die Juden: sie werden von Gott unterstützt. Mit Demut und Geduld zu leiden

– das ist die Aufgabe der Juden in der Zerstreuung. Andere Völker auf der Welt sind stolz auf ihre Fähigkeit, geduldig zu leiden, aber in Wirklichkeit wollen sie nur das Ideal des Kriegers verwirklichen; Ansehen bemessen sie nach Siegen und politischem Erfolg. Eben die elende Lage des Juden ist es, die seine Mission bezeugt. Der Geist des Juden wirkt in der Stille. Er ist wie ein Samenkorn. Es muß scheinbar verrotten und sterben, damit es die Substanz aufnehmen kann, die es umgibt, und sie sich einverleiben, wodurch es sie in sein eigenes Sein und eine höhere Stufe des Daseins verwandelt. Der Bund ist real; er wurde einem ganzen Volk am Sinai gewährt. Das ganze Volk war Zeuge. Volk, Land und Thora sind eine Einheit. Zion ist nicht lediglich eine heilige Stätte für den Juden oder ein Pilgerziel, sondern der Ort, an dem sich in der Vergangenheit kreative jüdische Geschichte abspielte und in Zukunft wieder beginnen wird ...

So machte er sich nach Zion auf und zeigte dadurch, daß selbst eine Nachtigall ihrem Gesang einen konkreten Inhalt geben muß. Aber er starb unterwegs und wurde in Ägypten begraben.

Das Herz kann nicht zulassen, daß ein so eindrucksvoller Traum, eine so ergreifende Sehnsucht nicht in Erfüllung geht. Angesichts der unendlichen Ungerechtigkeit rührt sich die Volksphantasie und trachtet, das bittere Unrecht der realen Welt zu berichtigen. Und so entstand eine Legende um den Sänger von Zion. Er erreichte die Stadt Jerusalem – jetzt eine Kreuzfahrerstadt –, und als er sich niederbeugte, um ihre Steine zu küssen und den Anfang einer seiner Elegien rezitierte: »Zion! Willst Du nicht fragen, ob Frieden sei mit Deinen Gefangenen«, da wurde er von einem arabischen Reiter zu Tode getrampelt ...

Viele andere wanderten zu dieser Zeit, viele. Ein Jude mit Namen Benjamin aus Tudela wanderte aus uns unbekannten Gründen aus seiner Heimat in Nordspanien in die Provence und traf sich dort mit Gelehrten und Kaufleuten und Arbeitern. Zu Schiff gelangt er nach Genua und weiter nach Rom, wo er die Ruinen des Volkes besichtigte, das einst ein Imperium besessen und die heilige Stadt und den Tempel Gottes zerstört hatte. Er wanderte durch das südliche Italien und dann nach Griechenland, über das er schrieb: »Die Juden werden unterdrückt und leben von der Seidenweberei.« Er weilte lange Zeit in Konstantinopel und war berauscht von der Pracht dieser östlichen christlichen Stadt. Aber was er von den Juden sah, ernüchterte ihn wieder: »Die Griechen hassen die Juden, gute und schlechte gleicherma-

balistische Darstellung jüdischer Mystiker aus Jefad, 17. Jh.

Im jüdischen Bethaus (Synagoge) des Rabbi Akiba in Posen. Hinten rechts sein Lehrstuhl.

ßen, und schlagen sie auf der Staße ... Kein Jude darf ein Pferd reiten. Die einzige Ausnahme ist Salomon Hamitzri, der Arzt des Königs, und durch ihn erfreuen sich die Juden einer beträchtlichen Erleichterung von ihrer Unterdrückung.« Dann besuchte er die griechischen Inseln in der Ägäis, die zum alten Großreich Athen gehört hatten, und wanderte nach Antiochia, Sidon, Tyrus und in das Land Israel. Er besichtigte die heiligen Stätten, betrat das Kreuzfahrer-Jerusalem, ging nach Tiberias und Damaskus und weiter nach Bagdad. Er wurde am üppigen Hof des Kalifen empfangen. Er besuchte Talmud-Akademien und den Exilarchen. Er wanderte durch Mesopotamien und Persien und wieder nach Kairo und Alexandria, ehe er nach Spanien zurückkehrte. Über die Juden in Jemen schrieb er: »Sie rauben und machen Beute und ziehen sich in die Berge zurück, und niemand kann etwas gegen sie ausrichten.« Über die Menschen in Quilon am südwestlichen äußersten Zipfel von Indien schrieb er: »Die Einwohner sind schwarz, und die Juden auch.« Über die Juden in den Oasen Teima und Khaybar in der nördlichen Wüste Arabiens schrieb er: »Sie haben viele große befestigte Städte ... Sie machen Ausfälle, um zu plündern und Beute zu erlangen.« Sein *Buch der Reisen* ist eine der wichtigsten Quellen für unser Wissen von der zweiten Hälfte des 12. Jahrhunderts.

Ein dreizehnjähriger Junge mit Namen Moses ben Maimon verließ 1148 mit seiner Familie Córdoba, nachdem die Stadt den Almohaden in die Hände gefallen war, einer weiteren fanatischen moslemischen Sekte aus Afrika, die die früher gekommenen Almoraviden mit viel Gewalttätigkeit und Blutvergießen vertrieben hatten. Die Familie Maimon wanderte acht oder neun Jahre von Stadt zu Stadt, bis sie sich schließlich 1160 in Fez niederließ, der Hauptstadt Marokkos. 1165 verließ sie Fez und landete vier Wochen später in Akko an der Küste des Landes Israel. Sie reiste durch das Land, besuchte Jerusalem, schiffte sich nach Ägypten ein und blieb eine Weile in Alexandria. Der Vater starb im Land Israel oder in Ägypten.

Moses ben Maimon, Maimonides, ließ sich in Fostat nieder, einem Vorort von Kairo. Dort verbrachte er den Rest seines Lebens; er war Leibarzt des Wesirs, Führer der jüdischen Gemeinde von Fostat und Verfasser der 1180 vollendeten monumentalen *Mischne Tora* (das bedeutet »Wiederholung des Gesetzes«), einer Neuordnung und Neufassung der gesamten gesetzlichen Literatur des Talmuds, sowie des Werks *Führer der Verwirr-*

ten, ein Bericht über seine persönliche Kulturkonfrontation mit dem klassischen griechischen Denken, seine Antwort auf die Herausforderung, die Aristoteles für alle gläubigen Menschen darstellte. Thomas von Aquin las diese Erwiderung, ehe er die *Summa Theologica* schrieb. Wir werden auf Maimonides später zurückkommen, wenn sein *Führer* in einen heftigen Konflikt mit einem Teil des Judentums hineingezogen wird, der Aristoteles und alles heidnische Denken verachtet.

Die jüdische Welt war in Unruhe. Das Gemetzel der Kreuzfahrer in Jerusalem hatte einen Schauder des Entsetzens bei allen Juden hervorgerufen. Moslemische Historiker jener Zeit sahen die Kreuzzüge lediglich als einen weiteren Angriff auf den Islam durch die Franken oder Ungläubigen an – bis zur Neuzeit gab es keinen arabischen Ausdruck für Kreuzzüge. Aber die Juden jener Zeit sahen in der Gründung des Kreuzfahrer-Jerusalems eine Verstärkung der Schande des Exils und eine Fortsetzung ihrer Leiden. Der Zerfall Spaniens erfüllte die Juden besonders mit Schrecken, denn viele liebten das Land und sahen es als ihre Heimat an. Jetzt hatten Almoraviden und Almohaden die Sonne des südlichen Spaniens mit einem arabischen Wüstensandsturm verdunkelt.

Vom Norden her setzten christliche Heere die Wiedereroberung des Landes fort. 1230 wurden Kastilien und León, zwei Königreiche im nördlichen Spanien, vereinigt. 1236 fiel Córdoba den Christen in die Hände; Sevilla wurde 1248 genommen. Der trostlose Zyklus, daß jüdische Höflinge bei ihren Herrschern in Gunst standen und sie wieder verloren, wiederholte sich mit entmutigender Regelmäßigkeit. Die Einstellung der Kirche verhärtete sich gegen konvertierte Juden, die womöglich heimlich ihren Glauben weiter praktizierten, und gegen die ärgerliche Anwesenheit störrischer Juden im Lande, die die Konversion hartnäckig verweigerten. Ein Ermittlungsausschuß wurde eingesetzt, der das Leben von vermutlich heimlichen Juden untersuchen sollte. Das war die Inquisition, 1481 aus Frankreich nach Spanien exportiert.

Die Heirat Ferdinands von Aragonien mit Isabella von Kastilien im Jahre 1469 vereinigte die zwei noch übriggebliebenen getrennten Königreiche im christlichen Spanien auf die Dauer. Das Heer Kastiliens marschierte unerbittlich nach Süden. Málaga fiel.

Die einzige noch in moslemischer Hand befindliche Stadt war Granada. Sie wurde belagert und ergab sich. Die Kastilier betraten die Stadt am 2. Januar 1492. Ich kenne keinen Bericht über die Gefühle der Juden, die, aus welchen Gründen auch immer, in

Granada geblieben waren und jetzt das siegreiche Heer des christlichen Spaniens mit seinen Bannern und Kreuzen in die Stadt einziehen sahen. Unter dem Halbmond der spanischen Omajjaden hatten Sonne und Gesang geherrscht, und die Juden hatten dem alten Bund treu bleiben und auch mit neuen Welten der Schönheit und Wahrheit in Berührung kommen können. Jetzt ritt der maurische Sultan mit seiner Königin zum letztenmal aus dem prachtvollen, rot verputzten Palast heraus, der Alhambra, blickte über die Ebene und auf die schöne Stadt, die er verloren hatte, und weinte. Achthundert Jahre der moslemischen Herrschaft in Spanien waren zu Ende.

Die Halbmonde wurden entfernt und durch Kreuze ersetzt. Die wenigen in Granada zurückgebliebenen Juden sollten bald mit allen übrigen spanischen Juden aus dem Land gejagt werden. Innerhalb weniger Jahre waren die Moslems der Stadt zwangsweise zum Christentum übergetreten – entgegen den Bestimmungen der Kapitulationsabmachung. Etwas mehr als hundert Jahre später, im Jahre 1609, wurde die gesamte moslemische Bevölkerung von Spanien deportiert – etwa eine halbe Million Menschen.

1499 wurden in Granada auf Befehl des Kardinals Ximénes de Cisneros, des Beichtvaters der Königin Isabella, arabische Handschriften öffentlich verbrannt.

Wer war König? Wer war nicht König? In Spanien war das Christentum König. Alle Nachtigallen waren zum Schweigen gebracht.

Christentum

Verloren im verwünschten Land

Brände waren häufig im alten Rom. Flammen aus einer umgestürzten Öllampe konnten rasch ein ganzes verwahrlostes Viertel in Schutt und Asche legen. Im Jahr 64, während der Regierungszeit von Nero, brach bei den Läden in der Nähe des Palatins Feuer aus. Es war windig an jenem Tag, und der Wind blies die Flammen zwischen den hölzernen Wohnhäusern in den ebenen Teilen der Stadt hindurch und dann hinauf auf die Hügel. Die Feuersbrunst wälzte sich durch die gewundenen Straßen und die schmalen Durchgänge. »Dazu kam«, schreibt Tacitus, »das Jammern der angsterfüllten Frauen, die Kraftlosigkeit der Alten, die Hilflosigkeit der Kinder, die Menschenmengen, die sich oder andere zu retten versuchten, die die Kranken aus den Häusern zerrten oder auf sie warteten und entweder durch ihre Eile in einem Fall oder durch ihr Zögern in einem anderen das Durcheinander verschlimmerten.«

Nero war nicht in der Stadt. Er kam zurück, als das Feuer seinen Palast zu bedrohen begann. Der Palast und alles ringsum brannte. Ein Gerücht verbreitete sich in der Stadt: Während des Brandes sei der Kaiser auf einer privaten Bühne aufgetreten und habe die Zerstörung Trojas besungen »und jetzige Mißlichkeiten«, wie Tacitus sich ausdrückt, »mit Katastrophen im Altertum verglichen.«

Die Stadt brannte fünf Tage, ehe die Flammen eingedämmt werden konnten. Dann brach ein zweiter Brand aus, diesmal in dem nicht so dicht bebauten Teil der Stadt. Tempel der Götter wurden zerstört. Von den vierzehn Regionen, in die Rom damals unterteilt war, wurden drei dem Erdboden gleichgemacht, vier blieben unberührt, und in sieben standen noch verkohlte, halb verbrannte Gerippe von Gebäuden.

In der gelähmten Stadt lief ein neues Gerücht um: die Brände seien auf Befehl des Kaisers gelegt worden, der eine neue Stadt gründen und ihr seinen Namen geben wolle.

Der halbverrückte Kaiser hielt Ausschau nach einem Sündenbock. »Um das Gerücht loszuwerden«, fährt Tacitus fort, »schob Nero die Schuld einer wegen ihrer Schändlichkeiten verhaßten Gruppe in die Schuhe und unterzog sie höchst brutalen Folterungen. Sie wurde von der Bevölkerung Christen genannt nach Christus, der unter der Regierung von Tiberius von einem unserer Prokuratoren, Pontius Pilatus, zum Tode verurteilt worden war. Dieser verachtenswerte Aberglauben, der vorübergehend unterdrückt war, brach wieder aus, nicht nur in Judäa, woher er stammt, sondern sogar in Rom, wo alle abscheulichen und schändlichen Dinge aus allen Teilen der Welt zusammenkommen und populär werden.«

Einige bekannte Christen wurden verhaftet und gefoltert. Sie gestanden – die Stadt in Brand gesteckt zu haben? Christen zu sein, was damals ein Verbrechen gewesen sein mag? Wir wissen es nicht. Sie nannten andere Christen. Es kam zu Massenverhaftungen.

Tacitus berichtet uns, daß die Christen eigentlich nicht wegen des Verbrechens der Brandstiftung, sondern wegen des Verbrechens, die Menschheit zu hassen, verurteilt wurden. Eine Begründung dieser Beschuldigung erhalten wir nicht. Wahrscheinlich hielten die Römer der damaligen Zeit das Christentum für eine bizarre und lästerliche Sekte: indem sie die Existenz der Götter leugneten und gegen sie predigten, könnten die Christen die Götter erzürnen und Unheil auf die Stadt herabbeschwören. Solche Leute wurden als abscheuliche Menschenhasser angesehen.

Ihre Hinrichtung wurde zu einer Belustigung gemacht. Einige wurden in Tierfelle eingenäht und von Hunden zerrissen. Einige wurden ans Kreuz geschlagen oder verbrannt. Bei einbrechender Nacht dienten andere als Fackeln zur Beleuchtung. Das Schauspiel fand im Garten des Kaisers statt. Nero mischte sich unter das Volk, angetan mit dem Gewand eines Wagenlenkers. Mitleid mit den Opfern kam auf. »Nicht um des Allgemeinwohls willen wurden sie getötet«, befand Tacitus, »sondern um die Grausamkeit eines Mannes zu befriedigen.«

Diese Verfolgung machte den Kaiser noch unbeliebter und erweckte Mitgefühl mit der neugegründeten Christengemeinde in

Rom. Der Gründer der Sekte, der Christos genannt wurde – ein griechisches Wort, das »der Gesalbte« bedeutet und auf den Messias bezogen wurde –, war selbst etwa drei Jahrzehnte vor den Bränden in Rom in Jerusalem durch Kreuzigung hingerichtet worden. Drei Jahre nach den Bränden begannen eifernde Rom-Hasser an der Geburtsstätte des Christentums die Rebellion, die aus Jerusalem und dem Tempel der Juden ein Holocaust machte.

Der Name des Gründers des Christentums lautete Josua, Sohn des Joseph. In dem galiläischen Dialekt des Hebräischen jener Zeit wurde der Name wahrscheinlich Jesua ausgesprochen. Jesus ist die übliche griechische Form des hebräischen Namen Josua.

Die modernen Bibelforscher studieren die heiligen Texte des Christentums auf dieselbe Weise wie die des Judentums, um den historischen Josua, Sohn des Joseph, zu verstehen. Hinter den vielen rätselhaften und widersprüchlichen Überlieferungen und den Hinzufügungen späterer Generationen, nachdem sich das Christentum von seinen jüdischen Anfängen gelöst hatte und in zunehmendem Maße in das Schicksal Roms verwickelt wurde, taucht aus einer unvoreingenommenen Lektüre der Evangelien von Matthäus, Markus und Lukas das Bild eines Juden auf, der wahrscheinlich ein rabbinischer Schüler, ein Pharisäer war, Prediger und Wundertäter wurde, eine friedfertige Ethik ähnlich der von Hillel lehrte und im letzten Jahr seines allzu kurzen Lebens zuerst glaubte, ein Prophet und dann der Messias zu sein – und ein apokalyptischer Pharisäer wurde.

Josuas Vater war Zimmermann. Seine Mutter hieß Maria – Miriam auf hebräisch. Er hatte Brüder und Schwestern. Sie lebten in Nazareth, einer Stadt in Galiläa. Wir wissen fast nichts über seine Jugend, die Jahre, in denen Herodes Antipas in Galiläa herrschte und Prokuratoren in Judäa, als im Land Gewalttätigkeit brodelte und Unrast, weil die Apokalypse erwartet wurde, das verheißene Ende der Zeiten, das den Messias und die Befreiung von Rom bringen würde.

Als er etwa dreißig Jahre alt war, wurde Josua, Sohn des Joseph, im Jordan von Johannes dem Täufer getauft, der wahrscheinlich zu den Essenern gehörte, den jüdischen Sektierern, die am Nordufer des Toten Meers lebten, sorgfältig strenge Regeln der Reinheit und Askese einhielten, sich von der Welt absonderten, die sie verderbt fanden, und auf den letzten Krieg zwischen den Söhnen des Lichts und den Söhnen der Dunkelheit warteten, der mit dem Sieg des Gottes von Israel enden würde.

Im Augenblick der Taufe kam der Heilige Geist über Josua, und eine Stimme vom Himmel verkündete, daß er der Erwählte sei. Er wanderte in die Wildnis. Er blieb vierzig Tage in der Wildnis und kehrte verwandelt zurück. Die Persönlichkeitsveränderung vom pharisäischen Lehrer zum apokalyptischen Pharisäer erhält literarischen Ausdruck in der rätselhaften Geschichte von den höhnischen Versuchungen durch den Teufel, denen Josua widersteht. All diese Vorkommnisse werden in den Evangelien berichtet. *Evangelion* ist griechisch und bedeutet »gute Nachricht« – in diesem Fall die Geburt eines Erlösers. An einem Sabbat zu Beginn seiner priesterlichen Tätigkeit las Josua in einer Synagoge in Nazareth aus einer Schriftrolle die Worte des Propheten Jesaja vor: »Der Geist des Herrn Gottes ist über mir, darum daß mich der Herr gesalbt hat. Er hat mich gesandt, den Elenden gute Nachrichten zu bringen ...« Die Römer gebrauchten das Wort *evangelion,* wenn sie einen neuen Caesar oder die Geburt eines Thronerben ankündigten.

Josua verbrachte die nächsten Monate in Galiläa und lehrte. Er lehrte die Moralgebote der pharisäischen Schule von Hillel. Wenn er die Menschenmengen, die sich um ihn scharten, drängte, ihre Feinde zu lieben, dann fügte er diesen Geboten seine eigenen Gedanken hinzu. Wissenschaftler haben darauf hingewiesen, daß Josua der einzige in der christlichen Bibel ist, der diese Lehre verkündet; sie ist allein die seine.

Er widersetzte sich nicht dem geschriebenen oder mündlichen Gesetz, obwohl er mit gewissen Einzelheiten des Gesetzes nicht übereinstimmte. Aber ein Großteil des Gesetzes war noch nicht festgelegt, und Meinungsunterschiede unter Pharisäern waren damals gang und gäbe. Er bezeichnete die Pharisäer als Heuchler, ein Vorwurf, den die Pharisäer selbst gegen einige unter ihnen erhoben; er findet sich auch in den Schriftrollen der Essener vom Toten Meer. Josua scheint die Zweifel der Schule von Schammai hinsichtlich des Proselytismus geteilt zu haben. Er war ein Wunderheiler – wie andere zu jener Zeit –, aber gelegentlich wollte er keine Nichtjuden heilen. Die Schule von Hillel förderte den Proselytismus. Nirgends in der rabbinischen Literatur gibt es ein Gesetz, das festlegt, ein Nichtjude dürfe nicht geheilt werden.

Seine Lehren lassen eine tiefe Liebe zu den Unterdrückten, den Verfemten erkennen. Er drängte auf Reinheit des Herzens, auf

Demut; Armut und Demut, nicht Stolz und Besitz, sind die Kennzeichen des wahren religiösen Geistes. Er versprach das Himmelreich denen, die geistig arm sind, den Sanftmütigen, denen, die Leid tragen; der Verfasser einer der Schriftrollen vom Toten Meer versichert den Demütigen, den geistig Bedrückten und denen, die trauern, daß sie erlöst werden.

Passah näherte sich. Er machte eine Pilgerfahrt nach Jerusalem. Er wurde begleitet von zwölf Jüngern, die er erwählt hatte, damit sie beim Jüngsten Gericht Richter über die zwölf Stämme Israels sein sollten. Diese Jünger waren eine bunt zusammengewürfelte Schar. Petrus und die Söhne des Zebedäus, Jakobus und Johannes, waren Fischer; Matthäus war Steuereinnehmer, der verachtetste Beruf im Land; alle waren vermutlich Analphabeten mit Ausnahme von Matthäus, der, um Steuern einzuziehen, des Lesens und Schreibens kundig sein mußte. Die schwache Bindung zwischen ihnen beruhte auf ihrer Liebe zu ihrem Meister und dem Glauben an die von ihm versprochene kommende Erlösung.

In der Stadt Jerusalem wimmelte es von Pilgern aus dem ganzen Römischen Reich. Vielen dieser Pilger gab es zweifellos einen Stich ins Herz, als sie Josua die Zerstörung des Tempels und den Tod der Priester voraussagen hörten. Andere sahen mit an, wie er wütend die Tische der Geldwechsler umwarf, deren Buden an den Tempelbereich grenzten und die die ausländischen Münzen der Pilger in die Landeswährung umtauschten. Es gab häufig Krawalle in der Stadt, besonders während der Pilgerfahrten, wenn die Menschenmengen von Zeloten aufgehetzt wurden. Die Sadduzäer-Priester waren wütend über die Prophezeiung von Josua.

Er verbrachte den Passah-Seder – sein letztes Abendmahl – mit seinen zwölf Jüngern. Sie aßen zusammen das Passah-Lamm, das Opfer, das an die Erlösung von der Sklaverei in Ägypten erinnerte. Er sprach den Segen über einen Becher Wein und soll gesagt haben: »Nehmet hin und teilet ihn unter euch; denn ich sage euch: Ich werde nicht trinken von dem Gewächs des Weinstocks, bis das Reich Gottes komme.« Er sprach den Segen über das Brot und sagte: »Das ist mein Leib.« Über die Bedeutung dieser Worte und Taten debattieren seine Anhänger bis zum heutigen Tage.

Das Mahl war beendet. Begleitet von seinen Jüngern, verließ Josua die Stadt und ging zum Ölberg. Im Garten Gethsemane wurde er von der Tempelwache verhaftet, nachdem einer seiner Jünger, Judas Ischariot, auf ihn hingewiesen hatte. Er wurde zum Hohenpriester gebracht. Die Umstände seiner Verhaftung sind unklar. Warum wurde er verraten? Warum war es notwendig, daß Judas auf ihn hinwies?

Er wurde im Haus des Hohenpriesters in Gewahrsam gehalten. Schriftgelehrte und Priester des Tempels waren dorthin gerufen worden. Es waren sadduzäische Angehörige des Ausschusses, der für den Tempeldienst zuständig war. Der sadduzäische Hohepriester lieferte ihn an die Römer aus. Wer Anspruch auf Messianismus erhob, wurde als ein Anstifter zur Rebellion angesehen. Er konnte ohne einen Urteilsspruch des jüdischen Hohen Gerichts den Römern übergeben werden. Die Priester wollten diesen neuesten Unruhestifter los sein, diesen Josua, Sohn des Joseph. Der Prokurator, Pontius Pilatus, ließ ihn durch Kreuzigung hinrichten.

Die Evangelien teilen uns mit, drei Tage nach seiner Kreuzigung sei entdeckt worden, daß sein Grab leer war. Seine Anhänger, die sich nach seinem Tod verstreut hatten, glaubten jetzt, er sei auferstanden und im Himmel.

Zu seinen Lebzeiten wurde er, wenn er über Land ging und lehrte, von vielen verspottet. Aber einige hatten geglaubt, daß er der wahre Messias, Davids Sohn, sei. Der Glaube verstärkte sich nach der Behauptung, daß er nicht wirklich tot sei. Er hatte von sich auch geglaubt, er sei der Menschensohn, der menschenähnliche Richter der Jüngsten Tage, der in dem apokalyptischen *Buch Daniel* vorkommt. Er war ein sanfter apokalyptischer Lehrer gewesen, der sein unterdrücktes Volk und seinen Gott geliebt hatte, und er starb an einem Kreuz wie so viele andere vor ihm. Er hatte etwa dreißig Jahre gelebt. Wir wissen nichts von seiner physischen Erscheinung. In der christlichen Kunst des 2. Jahrhunderts wird er als der Gute Hirte dargestellt, ein bartloser junger Mann. Manchmal ist sein Haar kurz geschnitten und lockig, manchmal ist es lang. Er sieht wie Apollon aus. Im 4. Jahrhundert ist er bärtig – das Kennzeichen des Philosophen und göttlichen Lehrers.

Mit dem Ende des Passah-Festes hatte sich die Volksmenge gelichtet, und die Stadt war weniger unruhig. In manchen Häusern begannen sich kleine Gruppen von Menschen – alle Befolger des mosaischen Gesetzes – zusammenzufinden und über Josua, Sohn des Joseph, zu sprechen, über seine Lehren, die einige auswendig gelernt hatten, über seinen Tod und sein seltsames Verschwinden. Einige berichteten, sie hätten ihn wiedergesehen. Seine Anhänger glaubten, er sei unter ihnen, wenn sie von ihm sprachen und sich zu gemeinsamen Mahlzeiten trafen.

Am fünfzigsten Tag nach Josuas Tod waren die Jünger in einer Dachstube versammelt, als sie plötzlich von einer Verzückung ergriffen wurden und der Geist über sie kam. Seit jenem Tag predigten sie dem Volk und bemühten sich aktiv um Konvertiten. Die Taufe kennzeichnete die Aufnahme in diese neue Glaubensgemeinschaft; sie rief den Geist herab, um die Seele von Sünden zu reinigen. Die jüdischen Behörden betrachteten die Sekte mit zunehmender Verärgerung. »Niemand sollte sich mit diesen Sektierern einlassen«, warnten die Rabbis. »Haltet euch nicht unter ihnen auf, und geht nicht in ihre Häuser.«

Eines der Häuser, in denen sich die Josua-Sekte traf, war das des Jakobus, dessen hebräischer Name Jakob lautete. Er war der jüngere Bruder des hingerichteten Josua. Er und Petrus führten die Gruppe jetzt. Sie trafen sich, um über die Lehren ihres wiederauferstandenen Meisters zu reden, den sie nun für den Menschensohn hielten. Sie erwarteten seine bevorstehende Rückkehr und das Kommen des Reiches Gottes. Die Jahre vergingen.

Ein Jude mit Namen Saul verbrachte ein gut Teil seines Lebens damit, in der mediterranen Welt hin- und herzuwandern, und ihm gelang es, den Begründer des Christentums zu dessen Gegenstand der Anbetung zu machen. Er begann als Pharisäer und verdiente seinen Lebensunterhalt als Zeltmacher; ebenso wie die Rabbis nahm er kein Honorar für das Lehren der Thora. Er hatte beifällig mitangesehen, wie Stephanus, ein nichtjüdischer Konvertit, in Jerusalem zu Tode gesteinigt wurde, weil er die Zerstörung des Tempels prophezeit hatte. »Wir haben ihn sagen hören«, bekundeten Zeugen gegen Stephanus vor dem Jerusalemer Ältestenrat, »daß jener Jesus von Nazareth diesen Ort zerstören und die Sitten ändern wird, die Moses uns überliefert hat.« An diesem Punkt hatte Stephanus vor der versammelten Menge zu predigen begonnen. Offenbar legte er seiner Prophezeiung, daß jene erlöst werden, die auf den Wegen des toten Josua wandeln, und jene verdammt werden, die es nicht tun, die samaritanischen Schriften zugrunde. Empört, daß die Schriften von Heiden auf diese Weise als Zuchtrute verwendet wurden, trieben ihn die Juden aus der Stadt hinaus und steinigten ihn zu Tode.

Nach der Beerdigung von Stephanus, die wahrscheinlich nicht sehr viele Jahre nach der Kreuzigung von Jesus stattfand, wurde die kleine Gruppe der Gläubigen streng verfolgt. Saul schloß sich den Verfolgern an – den Juden, die diesen neuen Glauben als eine ernsthafte Bedrohung des alten Bundes mit Gott ansahen und auf seine zentrale Lehre mit Zorn reagierten. Der Glaube, daß Josua, Sohn des Joseph, der Messias sei, bedeutete, daß die jüdische Geschichte ein Ende hatte und ihre Zukunft als gesonderte Religion ohne Sinn war. Gemeinsam mit anderen eifrigen jungen Juden und offenbar mit Billigung der wichtigsten Priester – so sagt es uns der Verfasser der *Apostelgeschichte* – brach Saul in die Häuser der Anhänger von Josua ein und schleppte Männer und Frauen ins Gefängnis. Viele Angehörige der Sekte gingen ins Ausland und predigten dort weiterhin die Botschaft ihres Meisters.

Saul war in der Stadt Tarsus in Kleinasien aufgewachsen. Er war römischer Bürger; er konnte nicht ohne Gerichtsverfahren ausgepeitscht und auch nicht durch Kreuzigung hingerichtet werden. Er konnte beim Kaiser Berufung einlegen gegen ein Urteil, das ein Provinzgericht oder eine Provinzbehörde wegen eines schweren Vergehens gegen ihn verhängt hatte. In seiner Jugend war er nach Jerusalem gekommen und ein glühender Pharisäer geworden. Nach der Beerdigung von Stephanus wurde er von dem Hohenpriester beauftragt, die Synagoge in Damaskus zu besuchen und herauszufinden, ob diese Synagoge von Angehörigen der Josua-Sekte unterwandert sei oder nicht.

Uns wird gesagt, auf dieser Reise sei ihm Jesus in einer Vision erschienen. Saul wurde krank und blind. Seine Reisegefährten mußten ihn an der Hand nach Damaskus führen. Drei Tage lag er in einem Haus an einer Straße, die »die Gerade« hieß, und konnte weder essen noch trinken. Er wurde geheilt und getauft von Ananias, einem Angehörigen der Josua-Sekte in Damaskus, dem in einer Vision gesagt worden war, er solle ihn ausfindig machen. Saul verwandelte sich aus einem Verfolger des neuen Glaubens in einen Jünger von dessen totem Begründer.

Er ging in die Wildnis von Edom und Moab jenseits des Jordans und des Toten Meers, eine öde Gegend, in der die Nabatäer saßen, ein ehemals nomadischer arabischer Stamm, der etwa 300 v.Z. dort seßhaft geworden war. Uns wird gesagt, daß er drei Jahre durch die Wildnis wanderte. Als er wieder auftauchte, trug er die Überzeugung in sich, er habe den wahren Josua leibhaftig gesehen, den auferstandenen und verklärten Josua. Seitdem glaubte er, die Vision habe ihm dieselbe Befugnis und den Rang der ersten Apostel, die zuerst ausgezogen waren und das Evangelium predigten, gewährt.

Uns wird gesagt, daß er den Juden in der Synagoge von Damaskus über Josua predigte. Die Juden waren wütend. Einige machten Pläne, ihn zu töten. Er floh nach Jerusalem und wollte sich dem kleinen Rest der Josua-Sekte anschließen, deren Reihen zu lichten er selbst beigetragen hatte. Er wurde mit Erstaunen und kühler Zurückhaltung empfangen. Er erfuhr von einem Anschlag auf sein Leben und floh in seine Geburtsstadt Tarsus, wo er einige Jahre blieb, verborgen und stumm. Er hatte keine Proselyten gemacht. Es war ihm nicht gelungen, das volle Vertrauen der Anhänger von Josua zu erlangen. Man weiß nichts von ihm in diesen Jahren in Tarsus. Er schien in Vergessenheit geraten zu sein.

Ein Mann mit Namen Barnabas reiste von Jerusalem nach Antiochia. Er war ein Mitglied der Josua-Sekte, der einzige, der durch Sauls Worte hatte gewonnen werden können; er vermochte die Jerusalemer Gruppe zu überreden, Saul als Jünger aufzunehmen, nachdem sie zuerst auf seine Anwesenheit in ihrer Mitte so feindselig reagiert hatte. Jetzt gelang es ihm, für Saul einen Posten als Lehrer im Gemeindehaus der Anhänger von Josua in Antiochia zu erhalten. Dann wurden er und Saul von der antiochenischen Gruppe gebeten, das Evangelium in Gegenden zu predigen, in denen es noch unbekannt sei. Das war der Beginn der ersten Reise von Saul – oder Paulus, in der lateinischen Form seines Namens. Er und Barnabas reisten in den Jahren 45 bis 49 nach Zypern und in verschiedene Städte Kleinasiens. Gewöhnlich predigte Paulus zuerst in den Synagogen der Städte, die er aufsuchte. In einigen Synagogen gab es einen besonderen Seitenraum für nichtjüdische Gottesfürchtige, Heiden, die den Gott Israels angenommen hatten, aber noch nicht ganz bereit waren, die Einhaltung des Gesetzes auf sich zu nehmen. Das waren die Zuhörer, deren Herzen Paulus jetzt für seine Vision von der Bedeutung Jesu gewann – Zehntausende laut einigen Historikern.

Über sein Äußeres ist wenig bekannt. Wahrscheinlich war er klein von Gestalt, gewiß ein leidenschaftlicher Mann mit einer starken Persönlichkeit, eindeutigen Führereigenschaften und einer oft verdrießlichen Neigung, sich mit Einzelheiten zu befassen. Er war ein Stadtmensch, ganz zu Hause in allen mediterranen Städten, und brachte das Christentum zuerst dorthin. Über das dörfliche Leben schreibt er nichts; die Landbevölkerung nahm die Botschaft des überzeugenden Evangelienpredigers nur zögernd an.

Er hatte den historischen Josua, Sohn des Joseph, nicht gekannt; seine Berufung stammte von dem auferstandenen Jesus, dem Sohn Gottes, der übernatürlich, präexistent ist. Er sagte über den historischen Jesus, er sei ein Jude aus davidischem Geschlecht gewesen, sei verraten, gekreuzigt, begraben worden und sei auferstanden. Weltliche Maßstäbe hatten für Paulus keine Bedeutung mehr bei seiner Beurteilung eines Menschen. Er hatte eine neue Vision von der Welt; sie war ihm von einem übernatürlichen Menschen eingegeben, nicht von einem Menschen, der kurz auf Erden gewandelt war.

Er predigte einen neuen Bund, einen, der nicht in Stein eingemeißelt war, sondern den Herzen von Männern und Frauen eingeprägt wurde: Kein Gesetz kann der Menschheit die Erlösung bringen, denn die ganze Menschheit ist verderbt, steckt auf ewig im Sündenpfuhl als Folge von Adams Ungehorsam und Sündenfall. Wir können nur gerettet werden durch einen Gnadenakt von Gott. Diese Gnade wurde uns in der Tat bekundet, als Gottes Sohn Jesus beschloß, seine Gleichrangigkeit mit seinem Vater aufzugeben, von einer Frau geboren wurde und an einem Kreuz starb – als Sühneopfer für die Menschheit. Der ganze korrupte Kosmos wurde durch diesen Akt erlöst; er, der Kosmos, wurde gekreuzigt und begann zu sterben; bald wird der Messias wieder vom Himmel herabkommen. Wir müssen uns auf ihn vorbereiten. Indem der Mensch seinen Glauben an Jesus bekennt, mag er Gott versöhnen. Aber es muß bald geschehen, ehe das Jüngste Gericht kommt. Die Predigten von Paulus haben etwas Drängendes an sich, ein verzweifeltes Bedürfnis, die Welt zu bekehren, bevor es zu spät ist. Der Glaube bringt Erlösung; das Gesetz tötet das Herz. Wie kommt es, daß so viele nicht auf diese Wahrheit reagieren? Weil Gott in seiner geheimnisvollen Gnade einige dazu ausersehen hat, gerettet zu werden, und andere, auf ewig verdammt zu sein – und den Grund dafür kann der Mensch nie erfahren. Aber indem er sich für Jesus entscheidet, zeigt ein Mensch, daß er von Gott erwählt ist.

Als Paulus mit dem mosaischen Gesetz brach, schaffte er Beschneidung und Einhaltung der Speisegesetze als Vorbedingung für die Bekehrung ab – und bei einer entscheidenden Versammlung im Jahre 49 brachte er die Jerusalemer Gruppe der Anhänger dazu, ihn zumindest in der Frage der Beschneidung zu unterstützen, womit er jede zukünftige Möglichkeit einer Verbindung zwischen dem sich ausbreitenden neuen Glaubensbekenntnis und dem alten Volk von Israel ausschloß. Diese Versammlung in Jerusalem, das erste Kirchenkonzil, war der Wendepunkt in der

Geschichte des Christentums. Die Tochterkirche brach mit ihrer Mutter und schlug ihren eigenen Weg ein. Bald wurden die Speisegesetze abgeschafft; ebenso der siebente Tag der Woche als Sabbat, die Einhaltung der Festtage, die Gesetze über die Reinigung. Daß die Christen nicht bereit waren, sich an den jüdischen Rebellionen der Jahre 67 und 130 zu beteiligen, machte auf dem Gebiet der Politik deutlich, was in der Sphäre des Glaubens schon klar gewesen war. Jede Verbundenheit mit der langen jüdischen Vergangenheit wurde von Paulus abgeschüttelt, als er auf vier Reisen seine Vision durch die mediterrane Welt trug. Immerhin lehrte er, daß der Jude liebevoll behandelt werden sollte, weil er der Bruder des Christen sei und eines Tages Jesus akzeptieren werde.

Während seiner vierten Reise wurde er in Jerusalem unter der Beschuldigung verhaftet, er predige, daß Nichtjuden erlaubt sein solle, den Tempel zu betreten, ein schwerer Verstoß gegen das Gesetz. Als er dem Prokurator zur Bestrafung überstellt wurde, berief er sich darauf, römischer Bürger zu sein, und wurde zu Schiff nach Rom gebracht; dort, so nahm er an, würde sein Fall rasch geklärt werden und er schlimmstenfalls eine leichte Strafe erhalten.

Er wohnte zwei Jahre lang in einem Mietshaus in Rom unter einer leichten Form von Hausarrest und wartete auf sein Verfahren. Allen, die ihn besuchten, predigte er das Evangelium. Er schrieb Briefe. Nero war damals Kaiser.

Im Jahr 64 – einige Wissenschaftler meinen, es könnte auch 67 oder 68 gewesen sein – wurde Paulus enthauptet. Es wird angenommen, daß Petrus in Rom ebenfalls den Märtyrertod starb, wahrscheinlich bei dem Sündenbock-Gemetzel unter den Christen nach dem Brand der Stadt.

In den Jahrhunderten nach Nero erlitt das Christentum neun Verfolgungen durch Rom. Es schien eine unverständliche Sekte zu sein. Die Römer betrachteten deren Anhänger zuerst voll Mißtrauen: sie wurden als Gefolgsleute eines gekreuzigten Rebellen angesehen; sie sollten keine Waffen für Rom tragen. Später wurden sie gehaßt. Das Volk des Imperiums opferte seinen zahlreichen Göttern und war durch die Verehrung des Kaisers religiös geeint. Die römische Geschichte begann mit der Gründung Roms – 753 v.Z. nach einem römischen Historiker der Antike oder 751 v.Z.

nach einem anderen. Die Christen verehrten Christus und wollten sich am Kaiserkult nicht beteiligen. Sie glaubten, die Welt sei in ein neues historisches Zeitalter eingetreten, seit ihr Gründer erschienen war.

Im Gegensatz zu den lästigen Juden gehörten die Christen keinem Volk an, hatten keine Wurzeln in einem Land oder der Geschichte. Sie behaupteten, ihr Land sei der Himmel. Sie lebten in volkreichen Städten, hielten sich aber von allen Heiden ringsum fern. Sie aßen kein Fleisch, das den Göttern geopfert wurde; ihre Bildhauer stellten keine Götzenbilder her; sie schickten ihre Kinder nicht in heidnische Schulen, weil in den Schulbüchern Geschichten von Göttern erzählt wurden: die Poesie von Homer und Vergil. Die römische Obrigkeit – Kaiser, Senatoren, Konsuln und Statthalter – betrachteten das erste Aufflackern der frühen Kirche bestenfalls mit wohlwollender Verachtung und schlimmstenfalls mit gewalttätiger Feindseligkeit.

In den ersten drei Jahrhunderten nach Paulus' Tod kanonisierte das Christentum seine heiligen Schriften und schuf, den Juden nacheifernd, seine eigene Bibel. Die Religion breitete sich über Kleinasien aus und folgte den Handelswegen nach Gallien und Britannien. 177 wurden bei einer Verfolgung Kirchen in Südfrankreich zerstört; tobende Pöbelhaufen beschuldigten die Christen des Kannibalismus und Inzests. Im 2. Jahrhundert gab es eine christliche Kirche im keltischen Britannien.

Es war ein ungeordnetes Christentum in jenen Jahrhunderten, locker organisiert und mit laut ausgetragenem dogmatischem Streit. Im ganzen Imperium geriet es mit einer Vielzahl von Religionen, Doktrinen, Propheten, Lehrern und Mysterienkulten aneinander. Zu diesem wogenden Ozean heidnischer Glaubensbekenntnisse fügte das Christentum zahlreiche Lesarten seines eigenen Wesens und seines Ursprungs hinzu – eine Vielzahl von Christentümern, von denen sich jedes auf ein unterschiedliches Verständnis der Geschehnisse und Lehren stützte, aus denen die neue Religion entstanden war. Die christlichen Führer stritten laut, von Angesicht zu Angesicht oder brieflich und in Abhandlungen über das Wesen von Jesus, sein Verhältnis zu Gott, die Gründe für das verzögerte zweite Kommen, über den Begriff des reinen Geistes und unreinen Fleisches, wie die heiligen Schriften zu lesen und verstehen seien, wie die Kirche aufgebaut werden sollte. Jeder war für einen anderen ein Ketzer; aber da es keine einheitliche, dominierende Kirche mit festgelegten Doktrinen gab, konnte es auch noch keine Ketzer geben. Das Christentum befand sich in einem uranfänglichen Zustand, kreativ, fließend, und entsandte gleichsam wie Quecksilberkügelchen Sekten und Doktrinen in eine heidnische Welt, die nervös war und fast erstickte an der Überwucherung durch Götter, Priester, Astrologen, Wahrsager, Dämonen; durch Hedonisten, zynische Ungläubige, geduldige Stoiker, verweichlichte Aristokraten und abergläubische Volksmassen; durch die Schreckgespenster von Krankheit, Seuchen und wirtschaftlicher Unsicherheit; und während alledem berannten Barbaren unaufhörlich die Grenzen des Imperiums.

Es schien eine darwinische Welt des Glaubens zu sein, und sie brachte seltsame Geschöpfe hervor. Ein Kult betete Bildnisse von Homer, Pythagoras, Platon, Aristoteles, Jesus und Paulus an. Der römische Kaiser Alexander Severus, der von 222 bis 235 regierte, betete in seiner Hauskapelle mit gleicher Verehrung Statuen von Abraham, Orpheus, Jesus und Apollonius von Tyana an, einem pythagoräischen Philosophen, der im Jahr 100 n.Z. starb und über dessen Leben wir nichts mit Sicherheit wissen.

In diese turbulente Welt von Göttern und Kulten, Ungewißheiten und Ängsten kam das Christentum mit seinem Heiland und dessen Auferstehung, mit seiner Betonung der Erlösung durch den Glauben, mit seiner absoluten Überzeugung vom Leben im Jenseits für die von Sünde Gereinigten, mit seiner Behauptung, daß es allein den Weg zum Heil kenne, und der Bereitschaft vieler seiner Anhänger zum Märtyrertod. Im Lauf der Jahrzehnte entwickelte sich allmählich die Organisation der Kirche aus einem lockeren Gefüge selbständiger örtlicher Kirchen mit Predigern, reisenden Evangelisten, Lehrern, Heilern und Verwaltern zu einer zentralisierten Körperschaft unter einem Bischof, einem Aufseher in jeder Gemeinde. Nur eine Person konnte den Ritus des Abendmahls leiten, und wahrscheinlich entstand aus dieser sakramentalen Handlung die zentralisierte Führung. Mit der Zeit wurde das bedeutendste der Bistümer dasjenige in Rom, dem Zentrum des Imperiums, dem Ort des Märtyrertods von Petrus und Paulus und so vielen anderen Gläubigen. Fragen des Dogmas wurden ausgefochten; einige wurden gelöst, andere sollten die Kirche auf Jahrhunderte hinaus plagen.

Im Jahr 249 bestieg ein Heerführer mit Namen Decius den Thron. Ein Jahr später wurden die Christen im ganzen Reich verfolgt. Decius gedachte die römische Welt zu einigen und der überall spürbaren Unruhe und annähernden Anarchie der Zeit ein

Ende zu bereiten, indem er die Verehrung der traditionellen heidnischen Götter Roms erzwang. Er verhaftete höhere Geistliche und ließ sie hinrichten. Den Christen wurde befohlen, den Göttern Roms ein Trank- oder ein anderes Opfer darzubringen; der Kaiser ordnete sich nicht ausdrücklich unter die Götter ein. Diejenigen, die die Opfer verweigerten, wurden hingerichtet oder ins Gefängnis geworfen; diejenigen, die den Vorschriften entsprachen, erhielten Zertifikate. Viele flohen; viele erhielten die Zertifikate durch Bestechung.

Viele erlitten den Märtyrertod. Tertullian, einer der frühesten Denker der Kirche, sah das Blut der Märtyrer als den Samen des Glaubens an. Die Opfer waren meist Geistliche und prominente Laien. Der gewöhnliche Christ, der seinen Glauben nicht an die große Glocke hängte, wurde von der römischen Verfolgung selten erfaßt.

Decius starb im Sommer 251 auf dem Schlachtfeld. Die Verfolgung hörte auf. Die Wissenschaftler sagen uns, daß das Märtyrertum in den folgenden Jahren als eine zweite Taufe angesehen wurde. Es war eine Taufe nicht mit Wasser, sondern mit Blut. Alle seit der ersten Taufe begangenen Sünden waren durch die zweite Taufe vergeben. Einige sehnten sich geradezu nach dem Märtyrertod.

Es gab noch andere Verfolgungen, aber sie vermochten die Kirche nicht auszurotten; sie waren sporadisch, zaghaft. Im ganzen Reich hatte das Volk begonnen, Frieden mit dem Christentum zu schließen. Die Statthalter der Provinzen zogen es vor, die Christen in Ruhe zu lassen; wenige wollten Märtyrer in ihren Grenzen haben.

Die schlimmste und am längsten währende Verfolgung erlitt das Christentum in den Jahren 303 bis 312. Sie begann etwa im zwanzigsten Jahr der Regierung Diokletians und kam völlig unerwartet, denn der Kaiser war als toleranter Mann bekannt und hatte eine christliche Frau. Es wird allgemein angenommen, daß ihn der Mann zu der Verfolgung angestiftet hatte, den er als seinen Nachfolger ausersehen hatte, Galerius, dessen Ansichten über Konformismus sich schließlich für ihn als überzeugend erwiesen. 303 wurde ein Edikt erlassen. Hinrichtungen sollte es nicht geben. Kirchen sollten zerstört werden. Die heiligen Schriften der Christen, ihre Bibel, sollten den Behörden ausgeliefert und verbrannt werden.

Weitere Edikte folgten, nachdem jemand den Palast des Kaisers in Nikomedia in Kleinasien in Brand gesteckt hatte. Es wurde über den Brand von Rom zur Zeit von Nero getuschelt. Geistliche wurden ins Gefängnis geworfen. Sie konnten entweder den Göttern opfern und entlassen werden oder in ihren steinernen Zellen vermodern. Ein viertes Edikt schrieb Opfer vor, deren Verweigerung mit dem Tod bestraft werden sollte. Viele erlitten den Märtyrertod; viele opferten; viele fanden Auswege und vermochten sich dem Gesetz zu entziehen.

Die Verfolgung hielt noch an, nachdem Diokletian im Jahr 305 abgedankt hatte. Hundert Christen starben an einem einzigen Tag in Ägypten. Im Osten zögerten einige Provinzstatthalter, die Unterdrückungsbefehle von Rom auszuführen. Das Christentum hatte jetzt überall im Osten Fuß gefaßt, in den Städten und in den Dörfern auf dem Land. Die Heiden hatten die Brutalitäten satt; jetzt wurde den Christen Sympathie entgegengebracht. Der Versuch, das Imperium unter den alten Göttern zu einen, war fehlgeschlagen. Die römischen Götter schienen dem Tode nahe.

Als Galerius 311 im Sterben lag, erließ er ein Toleranzedikt, bereute die Verfolgungen und gewährte den Christen rechtliche Anerkennung. Eine weitere Verfolgung ordnete 312 Maximinus an, der Nachfolger des Galerius. Auch sie schlug fehl.

Im selben Jahr besiegte Konstantin, nachdem er in den weströmischen Provinzen zum Regenten ausgerufen worden war, den Sohn des Maximinus, Maxentius, den die Prätorianer in Rom zum Kaiser ausgerufen hatten, in der Schlacht an der Milvischen Brücke in der Nähe von Rom. Seit der Abdankung des Diokletian hatte das Reich nichts als Bürgerkrieg erlebt. Konstantins Vater war seit 305 neben Galerius römischer Kaiser gewesen und hatte in Gallien und Britannien geherrscht. Er war ein heidnischer Monotheist gewesen und hatte die »Unbesiegbare Sonne« verehrt. Auch Konstantin verehrte die Sonne. Es heißt zwar, vor der Schlacht habe er seine Soldaten das Kreuz auf ihre Standarten malen lassen. Vielleicht war es die verzweifelte Maßnahme eines Mannes, der bei einer einzigen Kampfhandlung alles einsetzte. Er trachtete nach der Hilfe des christlichen Gottes und der seines eigenen; offenbar waren sie nicht allzuweit auseinander. Die Heere kämpften. Der Sieg schien ein Wunder zu sein, denn Konstantins Truppen waren zahlenmäßig unterlegen.

Er ließ Münzen prägen, die die Sonne und das Kreuz zeigten. Auf einer anderen Münze vernichtet ein Kreuz eine Schlange, ein Symbol für die Vernichtung des Heidentums durch das Christentum. Auf einer dritten Serie von Münzen ist Konstantin in voller Rüstung zu sehen; er trägt ein Kreuz auf dem Helm.

Er führte den Sonntag als obligatorischen Ruhetag ein und verbot den Bau von heidnischen Tempeln in seiner neuen Hauptstadt Konstantinopel. Er lehnte das Heidentum ab, ließ aber dessen Anhänger nicht verfolgen. Erst kurz vor seinem Tod wurde er getauft. Die Gelehrten debattieren immer noch darüber, seit wann und wie stark er sich dem Christentum verbunden fühlte.

Aus dreihundert Jahren des Kampfes war der neue Glaube siegreich hervorgegangen. Die Zerstörung Jerusalems im Jahre 70 hatte die Stadt der jüdischen Anhänger des Christentums beraubt, die nach dem Tod von Paulus die Josua-Sekte vielleicht wieder zum Judentum hätten zurückführen können. Das Christentum wandte sich vom Judentum ab und begab sich in die heidnische Welt. Dort stieß es auf fremde Kulte und Bekenntnisse. Einige nahm es in sich auf; andere bekämpfte es. Die Kirche polemisierte gegen heidnische Intellektuelle. Von den Juden sagte sie, ihr Gesetz sei tot und christianisierte Heiden hätten ihren Platz als Volk Gottes eingenommen. Sie verunglimpfte ihre Synagogen. Sie beschuldigte die Juden, ihren Heiland getötet zu haben – und baute die Bühne für ein Passionsspiel, in dem mein Volk seit fast zweitausend Jahren die Hauptrolle gespielt hat.

Während Rom weiterhin unter Bürgerkrieg und sozialem und wirtschaftlichem Chaos litt, gewann das Christentum immer mehr Anhänger, wurde reich durch Schenkungen, baute große Kirchen, gründete bedeutende Schulen in Rom, Alexandria und Antiochia und brachte die Denker hervor, die als Kirchenväter bekannt wurden – Clemens, Origenes, Tertullian, Justinus und andere. Es half den durch ihre unzähligen Götter verwirrten Heiden, einen Weg zu einem sinnvollen Glauben zu finden, indem es ihnen die unwiderrufliche Möglichkeit bot, das Heil zu wählen, und ihnen zeigte, daß die Gemeinschaft einer Christengemeinde ein wirksamer Schutz gegen die Einsamkeit sein konnte, die der Bauer bitter empfand, der in die Stadt gekommen war, um sich Arbeit zu suchen, oder der aus dem Heer entlassene Soldat, der freigelassene Sklave, der besitzlos gewordene Grundeigentümer, der Rentner, dessen feste Einnahmen durch die Geldentwertung aufgefressen wurden. Die Philanthropie der Christen gegenüber anderen, ihr Eingehen auf deren Interessen, ihre Fürsorge für die Toten, daß sie alle aufnahmen, gleichgültig aus welchem Stamm, welcher Stadt oder welchem Land – das war es, was die frühe Kirche für die breite Masse der Menschen attraktiv machte.

Sie bot allen etwas. Juden konnten an ihrem Monotheismus und ihren strengen moralischen Maßstäben Gefallen finden. In Mysterienkulte Eingeweihte konnten sich in der Vertrautheit der Kirchengemeinde zu Hause fühlen. Intellektuelle Heiden konnten von Origenes lernen, wie man die Bibel durch das Raster allegorischer Interpretation liest. Wer sich für Dogmatik interessierte, konnte über den von Tertullian entwickelten Begriff der Trinität nachdenken. Wer sich für ekstatische Religion begeisterte, konnte die Worte des Clemens von Alexandria hören, der das Christentum in der Sprache der Mysterienreligionen beschrieb. »Wahrlich geheiligte Mysterien!« schrieb er in seinen *Ermahnungen an die Heiden.* »O unbeflecktes Licht! Im Schein der Fackeln sehe ich Gottes Himmel. Da ich eingeweiht bin, werde ich heilig. Der Herr selbst führt mich ein ... Komm, wenn du willst, und laß dich einweihen. Tanze im Chor mit den Engeln um den ewigen und unvergänglichen, den einzig wahren Gott ...«

Das Christentum war jetzt die Religion des römischen Reiches. Immer größer wurde die Zahl derer, die sich zu ihm bekannten. Es mußte sich mit dem Schmutz des täglichen Lebens auseinandersetzen und weniger mit der schillernden Vision von Erbauern und Träumern. Wie sollte es mit den Ketzern in seiner Mitte verfahren? Der Preis für Macht und Ausdehnung war moralische Laxheit. Wie sollten korrupte Geistliche und Könige behandelt werden? Wie sollten Kirche und Staat zu einem christlichen Gemeinwesen verschmelzen?

Augustinus, Bischof von Hippo in Afrika, einer der lateinischen Kirchenväter, gab Antworten auf diese Fragen. Er lebte von 354 bis 430 und war Zeuge der Sterbejahre von Rom. Nach einem ausschweifenden Leben hörte er mit zweiunddreißig Jahren eine Stimme von Gott wiederholt sagen: »Nimm auf und lies; nimm auf und lies.« Die Bibelstelle, die er auf gut Glück aufschlug, lautete: »... nicht in Saus und Braus und Trunkenheit, nicht in Lüsternheit und Wollust, nicht in Hader und Neid, sondern nehmt den Herrn Jesus Christus an und sorgt nicht für das Fleisch ...« Er wurde Christ und verbrachte sein Leben mit Schreiben und Predigen.

Die Regierung habe das Recht, schrieb er, Ketzerei zu unterdrücken. Das Ziel der Kirche sei die Eroberung der Welt. Sie solle sich alle menschlichen Institutionen und Beziehungen einverleiben und sie vervollkommnen. Sie solle eine totale christliche Gesellschaft schaffen, in der die Menschen nicht die Wahl hätten, ob sie ihr angehören wollen oder nicht. Gewalttätigkeit sei zulässig bei geistlichen Dingen. Es sei eine heilige Verantwortung der Kirche, wirkliche und beginnende Ketzerei aufzudecken; es sei die Aufgabe des Staates, diejenigen zu bestrafen, die für schuldig befunden werden. Ohne Disziplin würde Chaos herrschen; der Mensch sei nicht fähig, »der süßen Verlockung der Sünde« zu widerstehen.

Dies und noch vieles mehr in ähnlicher Tonart war die Meinung dieses seltsamen Mannes, der die Verwandlung der jetzt dominierenden Kirche widerspiegelte und zum Theologen des imperialen Christentums erhoben wurde. Er verhüllte das klassische Heidentum mit einem dunklen Schleier. Und über die Juden schrieb er, sie hätten zwar strenge Strafen verdient, weil sie Jesus umbrachten, aber sie würden am Leben erhalten durch einen gnädigen Gott, um zusammen mit ihrer Bibel als lebende Zeugen für die ewige Wahrheit des Christentums zu dienen.

Augustinus lebte lange genug, um noch zu sehen, wie Wandalen im Jahr 429 in Nordafrika einfielen und es verwüsteten, Priester abschlachteten, Mönche folterten und Kirchen niederbrannten. Er starb 430.

An seiner Vorstellung von der Welt hielt die Kirche fünfzehnhundert Jahre fest. Oft übertönte sie die Stimmen der Frömmigkeit und Heiligkeit. Das frühe Christentum hatte das baldige Kommen von Josua, Sohn des Joseph, dem Messias, erwartet. Das paulinische Christentum hatte das Volk gedrängt, sich auf die Ankunft des Sohnes Gottes vorzubereiten. Das augustinische Christentum glaubte, die Menschheit erlebe die letzte Periode zwischen dem ersten und zweiten Kommen von Christus. Es sollte eine lange Periode sein, in der das Christentum die Welt unterwarf.

Das Heidentum verfiel. Die großen klassischen Schulen in Alexandria und Athen schlossen schon zu Beginn des 6. Jahrhunderts ihre Pforten. Viele heidnische Tempel hielten keinen Gottesdienst mehr ab. Einige wurden von Christen niedergebrannt.

In den letzten Jahrzehnten des 5. Jahrhunderts, als Rom unter den Wellen wandernder Barbaren zusammengebrochen war, schickte sich das Christentum an, die Stämme, die sich im Bereich des toten Imperiums angesiedelt hatten, zu christianisieren und zu zivilisieren: Missionare zogen durch die Provence und in die Städte des fruchtbaren Rheintals. Sie bauten Kirchen und Klöster.

Sie bekehrten ganze Stämme. Sie wanderten über die alten Römerstraßen und suchten Stammesführer und Könige auf. Sie gingen auf die Marktplätze von Städten und Dörfern. Oft trafen die Boten Christi auf ihren Wegen Juden.

Wir nennen diese barbarischen Stämme Germanen, weil die Römer diesen Namen von den Kelten übernahmen; er ist ein Sammelbegriff unbekannten Ursprungs für alle möglichen Stämme, unter ihnen Kimbern, Teutonen, Sweben und Alemannen, und nach letzteren werden die Deutschen noch heute von den Franzosen *les Allemands* genannt.

Die Germanen waren eines der Nomadenvölker, die nach Westeuropa wanderten. Zwei andere, die zwischen dem 5. und 8. Jahrhundert kamen, waren die Hunnen und Araber. Die Germanen blieben und besiedelten das Land – und begannen die westliche Zivilisation zu schaffen.

Wenn ich diese Jahrhunderte des Durcheinanders betrachte, weiß ich, daß es dergleichen schon früher gegeben hat, als Amoriter Sumer überfielen und Aramäer in den »Fruchtbaren Halbmond« eindrangen und Dorer der Welt von Mykene ein Ende bereiteten. Auf jede dieser Stammeswanderungen folgten Jahrhunderte der Dunkelheit. Jedesmal kehrt das Licht zurück, und wir können die neue Welt sehen, die auf den Ruinen der alten geschaffen wurde, wir entdecken vertraute Elemente der vernichteten Zivilisation in der Kreativität der neuen. Vielleicht lauschen wir einer fremden Sprache und sehen unbekannte Bräuche. Die Fruchtbarkeit – der Strom originärer Kreativität der alten Zivilisation – ist gewiß erloschen. Aber die Neuankömmlinge haben sich die Sitten, die Kunst und die Vorstellungen dieser Zivilisation einverleibt. Die großen Zivilisationen der Menschheit sind nicht tot. Das Beste an ihnen ist im Lauf der Jahrtausende unsichtbar lebendig geblieben, stumme Hinzufügungen, Schicht auf Schicht in uns und rings um uns, die uns mit bedächtiger Langsamkeit von der dunklen Magie unserer Anfänge wegbringen. Die alte, verfallene Welt verschmilzt mit der jungen, barbarischen – und von neuem entsteht fruchtbare Kreativität. Das geschah, als die germanischen Stämme allmählich seßhaft wurden und ihre Kultur mit der Zivilisation Roms verschmolzen.

Das heidnische Rom ist nicht gestorben. Die Legionen waren tot, aber eine Berufsarmee ist ein höchst peripheres Element einer

Kultur. Die alten Götter schienen tot zu sein – nicht einmal die uralte Göttin des Herdes konnte noch verehrt werden. Die Kirche hatte heidnische Bücher und Orakelsprüche verbrannt. Heidnische Tempel waren zerstört worden. Aber rückblickend betrachtet, wissen wir, daß das alles nur eine oberflächliche Säuberung gewesen war. Gegen christliche Irrlehren war die Kirche weit unbarmherziger als gegen das römische Heidentum. Langsam nahm sie die Welt Roms in sich auf und verwandelte sie. Götterbilder blieben erhalten; ihre Namen und Gesichter änderten sich, ebenso ihre alte Beziehung zu den Kräften der Natur. Heilige traten an die Stelle örtlicher gütiger Gottheiten. Heidnische Feste wurden christliche Feiertage. Das römische Christentum war eine Schöpfung des Römischen Reiches, weil Konstantin es angenommen und Augustinus es neu interpretiert hatte. Die Mönchsorden lasen und bewahrten die Bibel und die reichhaltige theologische Literatur, die von den Kirchenvätern geschaffen worden war. Aber um Rhetorik zu studieren, ein Fach, das Augustinus dringend als ein Werkzeug empfahl, um durch Polemik zu erobern, lasen die Mönche römische Autoren. Lateinisch blieb lebendig, es war die Sprache des Gebets, der Gelehrsamkeit und der gewöhnlichen Kirchenpredigten. Die römischen Kaiser wurden schließlich durch theoretisch allmächtige fränkische und deutsche Kaiser ersetzt, die über eine christianisierte römische Welt herrschten. Was die römische Kirche am meisten begehrte, war die Wiederherstellung der alten Grenzen des Reiches unter der geistlichen Oberherrschaft des jetzt geheiligten Zentrums in Rom. Das Reich des heidnischen Roms war im Jahr 476 besiegt worden, aber das war nicht das Ende des römischen Heidentums.

Etwa fünfzehnhundert Jahre vor dem Fall Roms hatten die Urgermanen begonnen, aus Skandinavien nach Süden zu wandern. Am Ende des 1. Jahrhunderts nach der Zeitenwende saßen Germanen an der Donau; wir kennen sie unter dem Namen Goten. In den nächsten Jahrhunderten sehen wir in Italien und dem ehemaligen Gallien die wechselnden Schicksale dieser unruhigen Germanen bei ihrem Versuch, in der neuen Welt seßhaft zu werden. Die Wikinger oder Normannen, die im 9. Jahrhundert in dieses Gebiet einfielen, kamen ebenfalls aus Skandinavien. Aber mittlerweile waren die Germanen christianisiert, und ihre Dialekte, vermischt mit Spätlatein oder Romanisch, entwickelten sich allmählich in die verschiedenen Sprachen der Völker, die ein spanischer Chronist aus dem 8. Jahrhundert zum erstenmal mit dem Adjektiv »europäisch« bezeichnete. Bis zum 14. Jahrhundert war die aus germanischen Stämmen und römischem Christentum verschmolzene Welt als *christianitas, chrétienté* bekannt – Christenheit.

Ebenso wie die heutige Welt des »Fruchtbaren Halbmonds« im wesentlichen semitisch ist, wenn wir von den verschwundenen Sumerern absehen, so ist Westeuropa einschließlich England im wesentlichen germanisch. Wandalen, Goten, Burgunder, Langobarden, Franken und andere – das waren alles Stammesgruppierungen, geeint durch germanische Sprache und Kultur.

Die germanischen Stämme waren kulturell unterschiedlich entwickelt. Die Franken waren gewalttätig und kaum beleckt von römischer Zivilisation. Andere befanden sich auf derselben Entwicklungsstufe wie das Volk auf der römischen Seite der Grenze. Sie waren Ackerbauern, trieben ausgiebig Handel mit römischen Kaufleuten und waren früh zum Christentum bekehrt worden – dem arianischen Christentum, das die Auffassung vertrat, Jesus sei nicht ewig wie Gott, sondern vom Vater erschaffen worden, um sein Werk zu tun. Jesus sei nicht ganz menschlich und nicht ganz göttlich, sondern ein Halbgott. So mußte das römische Christentum nicht nur Heiden mit unterschiedlichen Graden von Kultur unterwerfen, sondern auch Heiden, die zu einer abweichenden Form des Christentums bekehrt worden waren. Die Franken waren mit dem Arianismus nicht in Berührung gekommen.

Die Germanen waren sehr geschickt in der Metallbearbeitung und Schmuckherstellung und hatten eine hochentwickelte Volkspoesie. Erinnerungen an diese Poesie sind erhalten in dem angelsächsischen Gedicht *Beowulf* und dem deutschen *Nibelungenlied. Beowulf* ist für England, was die homerischen Epen für Griechenland und der Simson-Zyklus für die alten Israeliten waren: Geschichten aus einer halbbarbarischen, heroischen Zeit einer in den Kinderschuhen steckenden Zivilisation.

Die Grundeinheit des germanischen Stammes war die Sippe, das primitive Band der Blutsverwandtschaft. Das änderte sich in der Zeit der Eroberungen, und die Loyalität ging von der Sippe auf das Königtum über. Die Treue galt jetzt dem Krieger, der der beste Kämpfer war und die meiste Beute zurückbrachte. Die Grundeinheit der Germanen waren jetzt der Stammesführer und seine Krieger.

Der König behauptete vielleicht, von Wodan oder Odin abzustammen, dem Gott des Krieges, der Weisheit, Poesie und Magie, der Himmel und Erde aus der Leiche des Urriesen Ymir gestaltet, den ersten Mann und die erste Frau aus einer Esche und einer Erle erschaffen hatte; der König mochte vielleicht herumstolzieren und so tun, als wäre die Königswürde sein Privateigentum, und einen Angehörigen seiner Familie zum Thronerben bestimmen – Dynastien entstanden früh unter einigen der germanischen Stämme; aber wo immer originäre germanische Institutionen nicht mit Rom in Berührung kamen, behielt sich das Volk das Recht vor, seinen König zu wählen. Dieses Prinzip hatte oft Chaos zur Folge, denn in all den Jahrhunderten der europäischen Geschichte kamen und gingen deutsche Dynastien.

Blutfehden waren üblich, ebenso Raufereien, die tödlich endeten. Ein solcher Totschlag wurde nicht als Mord angesehen; wenn man einen Mann im ehrlichen Kampf tötete, mußte man vielleicht mit seinen Verwandten rechnen, aber nicht mit dem Stammesgericht. Mord war etwas, das heimlich geschah, so daß die Person des Mörders nicht bekannt war. Wer im Verdacht stand, einen Mord begangen zu haben, mußte einen Eid schwören in einem komplizierten Verfahren, in dessen Verlauf ein Husten oder Zögern ihn verurteilen konnte. Oder er wurde einer Unschuldsprobe durch heißes Eisen, heißes oder kaltes Wasser unterzogen. Man packte ein rotglühendes Stück Metall und ließ es wieder los; die Hände wurden verbunden; drei Tage später wurde der Verband abgenommen; heilten die Brandwunden ohne Entzündung, war man unschuldig. Oder man mußte den Arm in einen Kessel mit kochendem Wasser halten; er wurde verbunden; heilte er drei Tage später, war man unschuldig. Oder man wurde an Händen und Füßen gebunden und in einen Fluß geworfen; ging man unter, war man unschuldig; trieb man an der Oberfläche, war man schuldig – Wasser war eine Gottheit, die einen nicht annehmen würde, wenn man schuldig war. Jeder glaubte, daß göttliche Kräfte sich in menschliche Angelegenheiten einmischten und Schuld oder Unschuld aufzeigten. Wer durch die Unschuldsprobe überführt war, wurde sofort aufgehängt. Offenbar ist die Hinrichtung durch den Strang von germanischen Stämmen in die Zivilisation eingeführt worden. (Die meisten Wissenschaftler stimmen jetzt darin überein, daß das Erhängen im Altertum nicht üblich war, und wenn das Wort in der Bibel vorkommt, müßte es wahrscheinlich mit »pfählen« übersetzt werden.)

Das waren die Stämme, die Rom bezwangen. Zuerst kamen im Jahr 406 die Burgunder. Sie ließen sich schließlich im Rhonetal nieder. Dann kamen die Wandalen, die durch Frankreich und Spanien nach Nordafrika zogen. Dann traten 480 die Goten auf; die Westgoten eroberten Spanien und Südfrankreich, und die Ostgoten siedelten sich in ganz Italien und auf Sizilien an.

Zu Beginn des 5. Jahrhunderts zogen die Franken in die Gegend von Paris, kolonisierten den Norden und Süden und begründeten die Dynastie der Merowinger. 497 oder 498 ließ sich der Merowingerkönig Chlodwig I. römisch-katholisch taufen und erhielt die Ehrentitel Konsul und Augustus. Dann eroberten die Franken das übrige Gallien.

Zu guter Letzt umfaßte das Königreich das ganze heutige Frankreich und ein gut Teil der südlichen Hälfte des westlichen Deutschlands. Als Chlodwig I. starb, teilte er das Land unter seinen Söhnen auf, die ihre Zeit damit verbrachten, sich gegenseitig auszuplündern. Jahrzehnte des Chaos und Gemetzels folgten.

Im 7. Jahrhundert waren ungefähr sechzig Prozent der Bevölkerung Leibeigene, die an die Landgüter kriegführender und zechender Grundherren gefesselt waren. Diese Leibeigenen lebten wie die Tiere, pflügten ihre Felder und zogen ihre Wagen – arbeiteten, vermehrten sich und starben. Einmal im Jahr kam vielleicht ein Priester aus einer fernen Kathedrale und spendete die Sakramente. Es gab keine Gemeindegeistlichen. Der Leibeigene lebte inmitten beängstigender Naturkräfte, die er eifrig verehrte, um ihre dämonische Macht abzuwehren. Das Taufwasser trocknete rasch in dieser bäuerlichen Welt des heftigen Aberglaubens und der Fruchtbarkeitskulte. Heilige und Reliquien wurden als zusätzliche Waffen gegen wütende Stürme, beängstigende Nächte, wilde Tiere, verheerende Krankheiten und das unbarmherzige Elend des Daseins übernommen.

Es gab keinen Mittelstand mehr. Er war dem wirtschaftlichen Niedergang nach dem Einfall der Franken und ihrer Eroberung Galliens zum Opfer gefallen. Die Städte waren entvölkert; im Jahr 600 lebten nicht mehr als drei Prozent der Bevölkerung Frankreichs in städtischen Gebieten. Eine Stadt mit zweitausend Einwohnern war groß, und es gab deren wenige.

Das war die Welt, in die eine nicht unbeträchtliche Zahl von Juden etwa zu Beginn des 8. Jahrhunderts einwanderte; sie waren zu Schiff über das Mittelmeer gekommen und zogen dann nach Norden in die reichen Täler, die bewaldeten Hügel, in die Städte und Dörfer und unter die christlichen Germanenstämme.

Auch zur Zeit des heidnischen Roms hatten Juden in jenem Land gelebt. In den Sterbejahren des europäischen Judentums in unserem Jahrhundert – in den dreißiger Jahren – war in Köln, das einst eine römische Kolonie mit Namen Colonia Agrippina gewesen war, ein jüdischer Friedhof aus römischer Zeit entdeckt worden. Zwei Edikte des Kaisers Konstantin aus den Jahren 321 und 331 erwähnen die Juden der Stadt. Köln war damals der Sitz der Provinzial- und Militärverwaltung. Die Edikte befahlen den Juden, sie sollten ebenso wie andere Römer die lästigen Pflichten der Kurie auf sich nehmen, der Mitglieder eines Wahlbezirks mit kollektiver Verantwortung für einige Aspekte des bürgerlichen Lebens, zu denen auch die obligatorische Teilnahme an Begräbnissen von nahen und fernen Nachbarn und die Zahlung bestimmter Steuern gehören konnten. Über die Kölner Juden ist weiter nichts bekannt bis zum 11. Jahrhundert, als viele von ihnen zweifellos auf diesem Friedhof begraben wurden, erschlagen von dem frommen Pöbel, der sich zum ersten christlichen Kreuzzug gegen den Islam sammelte.

Im Jahr 888 lebten Juden im Tal der Mosel und im Jahr 1000 überall im Rheinland. Sie trieben Landwirtschaft und Weinbau. Viele waren angesehene internationale Kaufleute, die mit Leichtigkeit die Grenzen überschreiten konnten, von denen die Welt in zwei sich bekriegende Mächte geteilt wurden, Christentum und Islam – weil sie lesen und schreiben konnten, weil sie in beiden Welten Handelsbeziehungen hatten, oft mit anderen Juden, und weil Christen und Moslems ihnen mehr trauten als sich gegenseitig. Aus einem bis jetzt noch unklaren Grund gab es unter diesen frühen deutschen Juden wenig Ärzte.

In Avignon ist ein Siegel aus dem 4. Jahrhundert gefunden worden. Es zeigt eine Menora, einen jüdischen Leuchter, aber mit fünf statt der üblichen sieben Arme. Ein Beweis für die nicht ausreichende Bildung eines Juden? Wir wissen es nicht. In Narbonne fand man einen Grabstein aus dem Jahre 687. Er hat eine lateinische Inschrift mit drei hebräischen Wörtern: *Schalom al Yisrael;* sie bedeuten »Frieden für das Volk Israel«. Die Orthographie ist mangelhaft.

Im Jahr 506 lebten Juden in Agde in Südfrankreich. Wir wissen das, weil ihre Anwesenheit in Kirchenregistern vermerkt ist. Im 6. Jahrhundert gab es Synagogen in Paris und Orléans. Es lebten Juden in Marseille. 576 stellte der Bischof von Clermont-Ferrand die Juden vor die Wahl zwischen Taufe oder Vertreibung. Damals lebten dort mehr als fünfhundert Juden. Ein Jahrhundert zuvor hatte der Bischof einige Briefe geschrieben, in denen er die Anwesenheit von Juden erwähnte; das sind die ältesten schriftlichen Aufzeichnungen über Juden in Frankreich. Viele von ihnen ließen sich taufen; andere flohen nach Marseille. Von 589 bis 711 herrschten neuerdings christianisierte Westgoten in Südfrankreich, und wenige Juden betraten damals das Land. Dann endete die westgotische Herrschaft. Die Juden wanderten ein.

Sie kamen aus den städtischen Elendsquartieren des Ostens, in die die moslemische Eroberung viele getrieben hatte. Das reiche Ackerland hatten sich die Araber angeeignet; abgelegene Gegenden wurden von umherstreifenden Banden von Briganten geplündert. Fast alle palästinischen Juden verließen das Land, nachdem die Araber Jerusalem eingenommen hatten; sie hatten auf den Messias gewartet, nicht auf noch einen weiteren irdischen Eroberer; und das Land war jetzt wirtschaftlich ruiniert, zu oft umkämpft, zu oft geplündert. Juden kamen aus Bagdad, Antiochia, Damaskus, Nordafrika, Spanien, Italien. Sie kamen einzeln oder in kleinen Gruppen, fünf oder zehn kühne Personen, die in das grüne, bewaldete Land Gallien eindrangen, Verbindung zu Stämmen aufnahmen, Sprachen lernten, Handelsfreibriefe erhielten – Eintragungsbescheinigungen, die ihre Rechte umrissen – von Fürsten, die begierig waren, Medikamente und Gewürze zu kaufen und Pelze und Sklaven zu verkaufen. Einige Juden kamen aus Byzanz und gelangten durch das Donautal nach Mitteleuropa; andere landeten mit Schiffen in den süditalienischen Häfen und wanderten dann über die Städte der Halbinsel in die Provence oder über die Alpen ins Rheintal; wieder andere landeten in Südfrankreich und wanderten durch das Rhonetal bis zur Seine und zur Maas. Im 10. Jahrhundert waren sie bis zur Elbe gelangt. Sie waren die Vorhut in einem Kulturkrieg zwischen dem talmudischen Judentum und der europäischen Welt, der zur zweiten der beiden wichtigen Entwicklungen der rabbinischen Zivilisation führen sollte. Dieser Krieg sollte sich weit weg vom sonnigen Mittelmeer und dem »Fruchtbaren Halbmond«, wo diese Zivilisation entstanden war, entspinnen.

Die jüdische Kultur, die durch diesen Krieg geschaffen wurde und ihn widerspiegelte, wurde mit der Zeit Aschkenas genannt. Das Wort Aschkenas kommt mehrfach in der Bibel vor und scheint sich auf ein Volk und ein an den oberen Euphrat und Armenien grenzendes Land zu beziehen. Niemand weiß, wie und wann es zuerst auf die jüdische Gemeinde von Deutschland und Nordfrankreich angewandt wurde. Heute umfaßt der Begriff alle europäischen Juden nördlich von Italien und Spanien einschließlich der Juden und ihrer Nachkommen aus Polen, Litauen und Rußland. Er bezeichnet die Zivilisation der Juden, die jahrhundertelang durch die frostige Welt Europas wanderten, und wird gebraucht, um sie von der sefardischen Form der rabbinischen Zivilisation zu unterscheiden, die sich in Spanien entwickelt hatte.

524 lebten nur ein paar wegbereitende Juden in Valence im Rhonetal. Eine richtig organisierte jüdische Gemeinde gab es in dieser Stadt erst 1323. Im Jahr 1441 erinnerte der Bischof die Juden der Stadt daran, daß sie verpflichtet seien, das Judenabzeichen auf ihrer Kleidung zu tragen, damit »Gäste nicht als Bürger angesehen werden«. Damals lebten achtzehn jüdische Familien in der Stadt.

Diese beiden Daten aus Valence, 524 und 1441, bilden eine Zeitkurve, die in Licht und Hoffnung beginnt und in Dunkelheit, in Blut, hartnäckigen Träumen und der Entschlossenheit eines leidenden Volkes endet, die Wanderungen fortzusetzen und seinen eigenen Vorstellungen von der Welt treu zu bleiben. Einige der Nachkommen jener Juden aus Valence sind vielleicht in die Gashölle gewandert, erfunden von einigen der Nachkommen jener Stämme, die in Gallien einwanderten, bevor und nachdem Missionare ihre Kriegsherren zum römischen Christentum bekehrt hatten.

Mehr als drei Jahrhunderte lang hatten die neuerdings christlichen Germanen und die neuerdings nach Frankreich gekommenen Juden in guter Nachbarschaft gelebt, dieselbe Sprache gesprochen, miteinander Handel getrieben, gemeinsam öffentliche Ämter innegehabt, gegenseitig ihre Häuser betreten, dieselben Berufe und Handwerke ausgeübt, oft identische Namen gehabt – und keine der beiden Seiten schien dabei Schaden genommen zu haben. Juden und Christen unterschieden sich nur in ihren religiösen Überzeugungen und Praktiken. Es war eine harte, oft grausame Welt, in der Neuland erobert wurde; dem Bauern und Kriegsherrn gleichermaßen erschien es wenig sinnvoll, sich über Glaubensfragen zu streiten.

Die Kirche war darüber nicht glücklich und warnte die Christen wiederholt vor engem Kontakt mit Juden. Ein Getöse antijüdischer Gesetzgebung steigt von den Kirchenkonzilen dieser und der vorangegangenen Jahrhunderte auf. Christliche Frauen dürfen keine Juden heiraten. Christliche Leibeigene dürfen nicht an Juden verkauft werden. Christliche Bauern dürfen Juden nicht an ihren Mahlzeiten teilnehmen und sich von ihnen nicht zum Essen einladen lassen und auch den jüdischen Ruhetag nicht einhalten. Die unaufhörliche Neuformulierung dieser und anderer Kirchengesetze scheint vielen Wissenschaftlern ein deutlicher Hinweis darauf zu sein, daß sie weitgehend unbeachtet blieben.

Auf dem Kirchenkonzil von Paris in den Jahren 845-46 verlangten die versammelten Kleriker, daß den Juden verboten werde, ihre Leibeigenen zum Judentum zu bekehren, öffentliche Ämter zu übernehmen und in der Osterzeit in der Öffentlichkeit zu erscheinen; auch sollte ihnen nicht erlaubt werden, neue Synagogen zu bauen. Diese Kirchengesetze wurden dem König von Frankreich, Karl dem Kahlen, zur Veröffentlichung und Durchführung unterbreitet.

Der Großvater Karls des Kahlen war Karl der Große gewesen; sein Urgroßvater, Pippin der Kleine, hatte der Merowinger-Dynastie ein Ende bereitet. Karl der Große hatte grausam erobert, christianisiert und ein riesiges Gebiet spärlich zivilisiert. Er führte das Amt des Kaisers wieder ein. Bei seiner Krönung im Jahre 800 bemerkte Karls religiöser Ratgeber, daß von den drei höchsten Mächten auf der Welt – dem Papsttum in Rom, dem Kaisertum in Konstantinopel und Karls Königtum – die dritte die wichtigste sei. Nach Karls Tod ging das Reich auf seinen Sohn Ludwig I. über, und nach heftigen Kämpfen zwischen ihm und seinen Söhnen wurde es dann 843 geteilt. Ludwig der Deutsche erhielt das Gebiet östlich des Rheins, Lothar Italien mit der Kaiserwürde und das Gebiet zwischen Rhein, Schelde und Rhone und Karl der Kahle das westfränkische Reich. Als er jetzt die Bitte der Kirchenmänner hörte, er möge die Empfehlung des Pariser Konzils akzeptieren, fand Karl der Kahle, die Juden seien ein zu wertvoller Aktivposten, um sie durch Theologie zugrunde richten zu lassen. Er lehnte alle Vorschläge ab.

Ohne die Zustimmung des Volkes und des weltlichen Staats vermochte die Kirche die Verordnungen gegen die Juden nicht durchzuführen. Deshalb versuchte sie in diesen turbulenten Jahrhunderten, die Juden wenigstens daran zu hindern, Proselyten zu machen, und sie zu ermutigen, zum Christentum überzutreten. Offenbar hatte sie Grund zu der Besorgnis, daß sich die Juden bemühten, Heiden zum Judentum zu bekehren. Es war für einen Juden unumgänglich, seine Leibeigenen zum Judentum zu bekehren, denn sonst waren sie für ihn nutzlos: das jüdische Gesetz verbot, Nahrung zu sich zu nehmen und Wein zu trinken, die von Nichtjuden bereitet wurden. Das jüdische Leben übte auch eine wirkliche Anziehungskraft aus, seine Feste, Ruhetage und Feiern fielen schwer arbeitenden Bauern und Handwerkern unweigerlich ins Auge. Eine Reihe hoher Kirchenangehöriger trat in dieser Zeit zum Judentum über: ein Priester am Hof des Kaisers Ludwigs des Frommen bekehrte sich 838 zum Judentum, wahrscheinlich infolge seiner Kontakte mit jüdischen Kaufleuten, die leicht Zutritt zum Hof hatten; ein Kleriker mit Namen Wecelin; ein Erzbischof mit Namen Andreas; und andere. Einige dieser Übertritte erschütterten die ganze Christenheit.

Die polemische Literatur jener Zeit ist auf beiden Seiten oft ungehobelt und aufhetzend. Damals zögerten die Juden nicht, sich unverblümt über das Christentum zu äußern und über die ihrer Ansicht nach käufliche Geistlichkeit, das korrupte Papsttum und die Mönchsorden, die mehr an Reichtum als an Frömmigkeit interessiert waren. Ein von einem Juden im 9. Jahrhundert aus älterem Material zusammengestelltes Buch, *Das Leben Jesu,* ist eine Parodie auf die Evangelien und ein banaler und plumper Bericht über das Priesteramt von Jesus. Ungefähr fünfzig Werke der jüdischen polemischen Literatur – Traktate, Parodien, Gedichte und Dialoge – sind der harten Hand späterer Kirchenzensoren entgangen.

Das Frankenreich löste sich nach dem Tode Karls des Großen politisch auf und zerfiel in einander bekriegende Fürstentümer. Aus Skandinavien kamen die Normannen, brennend und raubend, und ließen sich in dem Teil Frankreichs nieder, der jetzt die Normandie heißt. Moslems überfielen die Provence. Magyaren drangen in Deutschland ein. Es war wie die Zeit der Richter, die die Stämme Juda und Israel einst erlebten – nur, daß es jetzt keine Richter gab. Plünderungen fanden nicht überall gleichzeitig statt, aber ständig wurde irgendwo geplündert; eines Tages mochte eine Bande axtschwingender Wikinger in einem Dorf aufkreuzen und nach einigen Stunden wieder verschwinden, und dann dauerte es eine Weile, bis die Luft nicht mehr mit dem Gestank von Brand und Blut geschwängert war.

Die Schwächung der weltlichen Macht hätte eigentlich zu einer Stärkung des Papsttums führen müssen. Aber das Christentum war in jenen Jahrhunderten auf dem Rückzug. Die Kultur war auf der Seite der islamischen Welt. Zwischen 897 und 955 folgen einander in raschem Wechsel siebzehn Päpste; der apostolische Stuhl war ebenso ein Intrigennest wie der Hof eines Kriegsherrn. Kirchenämter wurden gekauft und verkauft. Bischöfe wurden von weltlichen Herrschern ernannt und führten plündernde Heere an.

Nichts an dieser Kultur konnte den Juden Bewunderung abnötigen, die sich in den Städten Frankreichs und Deutschlands als Arbeiter und Handwerker niederließen, Weingärtner waren oder als internationale Kaufleute alte Straßen entlangzogen, durch königliche Freibriefe vor Belästigungen, ungesetzlichen Zöllen und ungerechter Behandlung bei Gerichtsverfahren geschützt. Wahrscheinlich betrachteten die Juden ihre Umwelt mit kaum verhüllter Verachtung.

Seit der Zeit Karls des Großen vermittelte das Wort Jude das Bild eines vertrauenswürdigen Kaufmanns. Diese jüdischen Kaufleute trafen einander auf den Handelsmessen, die regelmäßig in Köln, Troyes und anderen Städten abgehalten wurden und zu denen sich Kaufleute aus dem ganzen nördlichen Europa einfanden. Undeutlich – weil historische Quellen rar sind – sehen wir, daß die jüdischen Kaufleute diese Messen als einen Treffpunkt benutzten, um Informationen über die auf der ganzen Welt verstreuten jüdischen Gemeinden auszutauschen. Es wurden Entscheidungen getroffen über das jüdische Leben im Gebiet Aschkenas: die Regelung der Geschäftspraktiken, die Förderung von Bildungs- und Wohlfahrtseinrichtungen, die Herstellung von Kontakten zu weltlichen Herrschern und ihren Untergebenen, die Erhebung von Steuern, den Bau von Synagogen, die Durchführung des Gesetzes. Die Neuigkeiten einer Gemeinde wurden hier an alle Gemeinden weitergegeben. Diese Zusammenkünfte jüdischer Kaufleute waren vermutlich der Beginn der Organisation des Judentums in Aschkenas.

Die Stellung der Juden in der Zeit nach Karl dem Großen war unterschiedlich; jedes Herzogtum und jede Grafschaft verfuhr nach eigenen Regeln. Gregor I., Papst von 590 bis 604 und zweifellos einer der größten Päpste des frühen Christentums, hatte geschrieben: »Ebenso, wie es nicht erlaubt sein sollte, daß die Juden sich erdreisten, in ihren Synagogen etwas anderes zu tun als das, was ihnen durch Gesetz genehmigt ist, sollten sie in bezug auf das, was ihnen zugestanden ist, kein Unrecht erleiden.« Er verbot die Zwangsbekehrung von Juden. Die ganze Christenheit nahm seine Worte zur Kenntnis – und jeder König und Kleriker interpretierte sie, wie er es für richtig hielt. In Toulouse wurde alljährlich zur Osterzeit ein Jude zur Strafe für den Verrat von Jesus öffentlich vom Bischof geohrfeigt. 848 wurden die Juden von Bordeaux beschuldigt, irgendwie die Stadt an plündernde Banden von Dänen verraten zu haben. Die Juden von Sens wurden 876 vertrieben. Auf den Messen sprachen die Kaufleute über diese gelegentlichen Ausbrüche christlicher Gehässigkeit, kamen überein, wie einer betroffenen Gemeinde zu helfen und das Wohlwollen dieses oder jenes Fürsten oder Klerikers zu erlangen sei. Besonderes Vergnügen machte es ihnen, über die Weisheit der verschiedenen Entscheidungen der rabbinischen Gelehrten zu debattieren, die begonnen hatten, in das Land einzuwandern.

Es waren keine professionellen Rabbis; die sollte es in den jüdischen Gemeinden im Rheinland erst einige Jahrhunderte später geben. Sie waren Gelehrte wie einst Hillel und Schammai und Akiba, Lehrer der Thora, die ihren Lebensunterhalt als Kaufleute, Handwerker oder Weinbauern verdienten.

Die Juden, die zu Beginn des 8. Jahrhunderts in das Frankenland gekommen waren, hatten die Tradition der Gelehrsamkeit und talmudische Gesetzestreue mitgebracht. Um das Jahr 1000 beginnt sich der Nebel, der diese Gemeinde einhüllte, zu verziehen, und wir erkennen eine kleine, jüdische Welt, fern von der ursprünglichen Heimat des jüdischen Volkes und dennoch völlig nach dem Rechtssystem ausgerichtet, das in dieser Heimat und in ihrer Nähe geschaffen worden war – dem babylonischen Talmud.

Wir haben nun eine weitere der gedachten Zeitenwenden überschritten und befinden uns im jetzigen Jahrtausend. Im Jahr 1000 wurde die Christenheit von Panik ergriffen: es sollte das Jahr des Weltendes und des Jüngsten Gerichts sein. Ein angelsächsischer Geistlicher schrieb das einzige Manuskript des *Beowulf,* das erhalten ist, und verwandte wahrscheinlich Material, das von einem Barden des 8. Jahrhunderts stammte. Der erste Christ soll angeblich nach Amerika gelangt sein – ein Wikinger mit Namen Leif Erikson. Die Chinesen hatten das Schießpulver erfunden.

In der ganzen östlichen Welt fanden sich jüdische Gemeinden – in Byzanz, Mesopotamien, Arabien, Ägypten, Persien, Indien und China. Aber der Osten schien erschöpft und war nicht länger der Ort jüdischer Kreativität.

Im 7. und 8. Jahrhundert gab es eine offenbar blühende jüdische Gemeinde in Süditalien, von der wir nicht viel wissen. Doch die Gelehrten, die sie in verschiedene Teile der jüdischen Welt entsandte, sind ein Beweis für ihre damalige Existenz.

Irgendwann um die Wende des 9. Jahrhunderts wanderte eine Reihe von Familien aus Süditalien nach Frankreich und dann weiter ins Rheintal. Zwei rabbinische Gelehrte ließen sich in Mainz nieder, Rabbi Moses der Ältere und Rabbi Abun der Große. Sie begannen zu lehren. Der Sohn von Rabbi Moses dem Älteren war Rabbi Kalonymos. Etwa ein Dutzend seiner schriftlichen Responsen auf Fragen des jüdischen Gesetzes sind erhalten. Die Wissenschaftler halten sie für die ältesten bekannten rabbinischen Schriften des europäischen Judentums, etwa fünfundzwanzig Jahre älter als die Responsen von Rabbi Moses ben Hanoch aus Córdoba. Um das Jahr 1000, als die jüdische Gemeinde im Rheintal deutlich ins Blickfeld tritt, ist die christliche Stadt Mainz Gastgeber für ein blühendes Zentrum talmudischer Gelehrsamkeit, das sogar aus Italien und Spanien Schüler anlockte.

Der größte dieser Schüler war Rabbenu – »unser Meister« – Gerschom ben Juda, der in Metz geboren war und von etwa 960 bis 1028 lebte. Er gründete eine Talmud-Schule in Mainz. Aus ganz Europa kamen Schüler zu diesem Lehrhaus, studierten dort einige Jahre, kehrten dann in ihre Gemeinden zurück und unterrichteten andere.

Damals wurde, wie auch heute noch in einer Jeschiwa, einem jüdischen Lehrhaus, der babylonische Talmud studiert. Man studierte den Text des Talmuds und den mündlichen Kommentar zu jedem wichtigen Satz. In bestimmten Familien, von denen einige ihre Herkunft bis in die frühen Jahrhunderte des ersten Jahrtausend zurückverfolgen konnten, war dieser Kommentar seit Generationen vom Vater an den Sohn weitergegeben worden. Der Talmud, der als mündliches Gesetz begonnen hatte, lag jetzt schriftlich vor und hatte seine eigene mündliche Tradition. Im Lauf der Überlieferung durch die Generationen hatte der Kommentar in sorgfältig gewählten Erklärungen, die zwischen die Sätze des Talmuds eingefügt wurden, eine feste Form erhalten. Man las den talmudischen Text, hörte den Kommentar des Lehrers, prägte sich ihn ein, fuhr mit dem nächsten Satz des Textes fort, hörte dann den Kommentar dazu und prägte sich ihn ebenfalls ein. Und die Texte wurden nicht nur von den Jungen studiert, sondern auch von den Haushaltungsvorständen – Handwerkern,

Arbeitern und internationalen Kaufleuten mit Macht und Ansehen, deren Thora-fernes Leben sie mit der oft rauhen Welt von Kaisern, Königen, Grafen, Herzögen, Bischöfen und Erzbischöfen in Berührung brachte.

Irgendwann um das Jahr 1000 berief Rabbenu Gerschom eine Synode aller Gelehrter von Aschkenas und der führenden Mitglieder jeder Gemeinde ein. Diese Gemeindeführer waren ausnahmslos wohlhabende Kaufleute. Synoden waren vermutlich schon früher abgehalten worden, aber diese ist die erste, über die wir etwas wissen. Die Gelehrten und Gemeindeführer trafen sich regelmäßig, um *takkanot* einzuführen, Verordnungen, neue Gesetze, die eine Reaktion auf vom Talmud nicht vorausgesehene Situationen sein sollten. Diese Synoden waren eine Nachahmung der Kirchenkonzile und ein Widerhall der alten Kalla-Versammlungen in der talmudischen Periode in Babylonien.

Damit eine Verordnung für alle Juden des Landes rechtsverbindlich wurde, mußte sie von allen bei einer Synode Anwesenden einstimmig angenommen und dann von jeder Gemeinde gutgeheißen werden. Die Synode des Jahres 1000 nahm neue Ehe- und Scheidungsgesetze an. Eines dieser angenommenen und später von allen Gemeinden in Deutschland, Frankreich und Italien bestätigten Gesetze verbot die Polygamie. Ein anderes – möglicherweise von einer späteren Synode angenommenes – Gesetz sah vor, daß eine Frau nicht ohne ihre Einwilligung von ihrem Mann geschieden werden darf. Die Rabbis und Gemeindeführer gaben unmißverständlich ihrer Besorgnis Ausdruck, die Juden könnten die halbbarbarische Welt, in der sie lebten, imitieren, in der polygame Herrscher sich oft nach Lust und Laune ihrer Frauen entledigten. Die Synode setzte die bindende Vertragsbestimmung wieder in Kraft, daß alle Juden der Jurisdiktion örtlicher jüdischer Gerichte unterworfen seien. Wer mit der Überbringung eines Briefes beauftragt war, durfte ihn nach übereinstimmender Ansicht der Synode nicht lesen – ein wichtiger Schritt in Richtung auf Anerkennung des Privatlebens und der Persönlichkeitsrechte in einem Zeitalter, da die meisten Menschen in Knechtschaft lebten, und auch eine Handhabe, um den Diebstahl von geschäftlichen Plänen eines Kaufmanns zu verhindern.

Rabbenu Gerschom werden noch weitere gesetzliche Verfügungen zugeschrieben. Wer neu in eine Gemeinde kam, sollte sorgfältig überprüft werden. Entsprach er nicht den strengen Maßstäben, die an Gläubigkeit und Ehrlichkeit von der örtlichen jüdischen

Kaufmannsgilde und ihren Rabbis angelegt wurden, durfte er nicht in die religiösen Institutionen der Gemeinde aufgenommen werden. Dieser Vorschrift lag der Wunsch zugrunde, übermäßige geschäftliche Konkurrenz einzudämmen. In jenen Tagen hatten alle Städte, Dörfer und Zünfte etwas gegen Fremde. Das Gesetz zwang viele Juden, sich in neuen Landesteilen anzusiedeln.

Rabbenu Gerschom verbot, Abtrünnige, die zum Judentum zurückgekehrt waren, zu beleidigen. Er untersagte, nichtautorisierte Kommentare und Emendationen in talmudischen Texten an den Rand zu schreiben, weil dadurch kostbare Ausgaben, die geduldig mit der Hand abgeschrieben worden waren, verdorben würden und außerdem eine geringe Änderung des Textes zu Verwirrung und falscher Interpretation des Gesetzes führen könnte.

Seine Einstellung zu den Christen erscheint klar: Weil sie Statuen anbeteten, einen Menschen zur Gottheit gemacht hatten und an die Trinität glaubten, waren sie als Götzendiener anzusehen. Aber weil die Juden in der Minderheit waren und nicht leben konnten, ohne sich auf Christen zu stützen, ohne ihre Häuser zu betreten, ohne ihnen Gastfreundschaft zu gewähren, ohne an sie zu verkaufen und von ihnen zu kaufen, wurden viele der talmudischen Gesetze gegen den Umgang mit Heiden neu interpretiert. Zum Beispiel wurden Geschäfte mit Nichtjuden an christlichen Feiertagen erlaubt, weil »Nichtjuden außerhalb des Landes Israel keine Götzendiener sind«, eine unerklärliche Ansicht, die von einer einzigen talmudischen Autorität vertreten wurde. Aber das war eine dringende Notwendigkeit; die Alternative war der wirtschaftliche Ruin der jüdischen Gemeinde. Rabbenu Gerschom schrieb ein Gedicht, in dem er keinen Zweifel an seiner Ansicht über das Christentum ließ. »Sie befehlen uns, den Herrn nicht anzurufen ..., das schändliche Götzenbild als Gott zu akzeptieren, uns vor dem Bild zu verneigen, um es anzubeten ...« In kommenden Jahrhunderten sollten sehr wenige rabbinische Autoritäten dieser Einstellung zum Christentum widersprechen. Die einzige klare abweichende Stimme war die von Menachem Hameiri, einem Rabbi des 14. Jahrhunderts in der Provence. »Der Götzendienst ist aus den meisten Orten verschwunden«, schrieb er. Das Verbot, sich mit Heiden einzulassen, gelte nicht für Christen, die als »hervorgehoben durch ihre Glaubensweise« anzusehen seien.

Spätere Generationen nannten Rabbenu Gerschom »die Leuchte des Exils«. Seine liturgische Poesie gehörte bald zu den

Gebeten aller jüdischen Gemeinden in Deutschland. Dieser talmudische Rechtsgelehrte, der gleichzeitig ein liturgischer Dichter war, wurde zu einem kulturellen Wahrzeichen des aschkenasischen Judentums. Während die Juden im moslemischen Spanien Werke über Linguistik und Philosophie, höchst scharfsinnige und tiefschürfende Bibelkommentare, Liebesgedichte, Weinlieder und Oden an Gott und Zion schrieben, taten die Juden von Aschkenas die ersten Schritte zu einer Talmud-Literatur und zu Bibelkommentaren, Predigten, kabbalistischen Abhandlungen, jubelnder und trauernder Poesie, Gesetzeskodizes und mystischem Pietismus. Diese Literatur entstand fast völlig aus sich selbst heraus. Es gab wenig direkten kulturellen Kontakt zwischen der kleinen, festgefügten Zivilisation des aschkenasischen Judentums und der riesigen christlichen Welt ringsum. Die Juden sahen die Christen als eines der Völker der Welt an und sich selbst als das von Gott auserwählte, und die Christen betrachteten die Juden als Verleugner des wahren Bundes und Mörder von Jesus.

Einige Jahre nach der erwähnten Synode befahl Kaiser Heinrich II. die Vertreibung aller Juden aus Mainz. Einige wollten ihr Leben oder ihren Besitz retten und wurden Christen. Zu ihnen gehörte der Sohn von Rabbenu Gerschom. Kurz darauf starb der Sohn. Sein Vater betrauerte ihn, als ob er als Jude gestorben wäre, und vollzog alle vom talmudischen Gesetz vorgeschriebenen Riten.

Einer der Schüler von Rabbenu Gerschom war Rabbi Jakob ben Jakar, ein frommer Mann, der seinem Meister völlig ergeben war. Er wiederum wurde der Lehrer von Rabbi Salomon ben Isaak – Raschi, bekannt unter diesem aus den Anfangsbuchstaben seines Namens gebildeten Akronym. Raschi trug dazu bei, den grundlegenden Lebensstil des aschkenasischen Judentums zu schaffen, und spiegelte ihn selbst wider. Er war ein armer und hochbegabter Student, der zu früh heiratete und zu früh die Pflichten eines Vaters übernehmen mußte. Er war etwa 1040 in Troyes als Sohn einer Gelehrtenfamilie geboren. In mein Leben trat er, als ich noch ein Kind war, und blieb ein ständiger Vertreter der jüdischen Zivilisation, die ich in mir trage.

Er ging nach Worms und wurde ein Schüler der Jeschiwa von Rabbi Jakob ben Jakar. An dieser Jeschiwa studierten Söhne der bedeutendsten Familien des aschkenasischen Judentums, deren

Väter Kaufleute von internationalem Ruf waren. Das umfassende Wissen dieser Schüler äußerte sich ebenso in müßigem Geplauder wie in ernsthaften Diskussionen über talmudische Texte. Ihre Väter streiften durch die Welt und erzählten daheim von den Sitten anderer Völker, von der Lebensweise von Seeleuten, Soldaten, Bauern und Handwerkern; von Seereisen und dem Überschreiten von Grenzen und den aufregenden Geschäftsabschlüssen auf Handelsmessen; von der Herstellung von Leder und Stoffen, von Wein und Öl, Eisen und Holz; vom Prägen von Münzen, der Zusammenstellung von Karawanen, dem Bau von Schiffen. Viele dieser Kaufleute waren Eigentümer der Schiffe, auf denen sie die Waren transportierten, die sie kauften oder verkauften. Für die Schüler war die Umwelt real: ihre Väter spielten eine entscheidende Rolle darin und verbanden getrennte Segmente der Geographie durch Handelsbrücken. Was der junge Schüler aus Troyes in der Wormser Jeschiwa lernte und hörte, sollte er sein Leben lang in Erinnerung behalten und in seinen Schriften zum Ausdruck bringen.

Ab und zu besuchte er seine Frau und seine Töchter in Troyes und wanderte dann über die Straße, die das Rheintal mit der Champagne verband. In jener Zeit kam die große Mehrheit der Bevölkerung kaum jemals über die nähere Umgebung ihres Geburtsortes hinaus. Dennoch drängten sich auf dieser Straße viele Kaufleute, Kirchenmänner und Adlige. Hier und dort wurden neue Pfarrkirchen auf Grundstücken gebaut, die Herzöge und Grafen gestiftet hatten. Man hörte Kirchenglocken läuten. Das Christentum hatte begonnen, im Land Wurzeln zu schlagen. Ein Jude, der diese Straße entlangzog, wird wohl an die seltenen Fälle von örtlicher Verfolgung gedacht haben und daran, daß 1065 ein kleines französisches Heer nach Spanien aufgebrochen war, um Moslems zu töten, und unterwegs ein paar Juden ermordet hatte.

Raschi verbrachte mehrere Jahre in der Wormser Jeschiwa und mußte schließlich das Leben eines Schülers aufgeben und Kaufmann werden. Er blieb in Troyes und leitete das Weingut seiner Familie. Er hatte kein offizielles Amt in der Stadt; aber es wurde bald jedermann klar, daß er ein ungewöhnlicher Talmudist war, und man wandte sich mit Rechtsfragen an ihn. Seine Töchter heirateten Männer, die große Gelehrte werden sollten. Ich verbrachte Jahre meines Lebens mit dem Studium von Kommentaren, die die Ehemänner und Söhne der Töchter von Raschi geschrieben hatten – und ich komme auch heute noch oft auf sie zurück.

In Troyes bildete sich ein kleiner, gelehrter Kreis um Raschi und studierte unter seiner Leitung den Talmud. Seine Schwiegersöhne waren beteiligt an dieser Insel der Gelehrsamkeit; sie brachten die Thora vom Rheintal in die Champagne. Eine ihrer wichtigsten Bemühungen war die Aufklärung scheinbarer Widersprüche in der gewaltigen rechtlichen Literatur des Talmuds.

In der Zeit, in der Raschi weder mit Lehren noch allzu sehr mit seinen Weinbergen beschäftigt war, schrieb er die Kommentare zur Bibel und zum Talmud, die ihn fast ebenso zu einem Bestandteil des jüdischen Lebens gemacht haben wie die Texte, deren Bedeutungen er überprüfte und seinem Volk darlegte.

Ich weiß nicht, ob der Talmud heute überhaupt noch verständlich wäre, wenn es die Kommentare von Raschi nicht gäbe. Schwierige Wörter und Sätze werden geduldig erklärt, komplizierte Passagen in klarem und einfachem Hebräisch verdeutlicht. Es ist, als wäre er bei einem im Zimmer, sähe die Probleme voraus, die man mit dem Text haben wird, erwarte die Fragen, die man stellt, und beantworte sie kurz, einfach, mit einem deutlichen Abscheu vor gewundenen Gedankengängen. Sein Ziel war, die mündlichen Überlieferungen und Texterklärungen, so wie er sie gelernt hatte, schriftlich niederzulegen und eigene Gedanken hinzuzufügen. Er ist der Meister-Kommentator des Talmuds geblieben, der erste, an den man sich wendet, wenn der Text schwierig und verwickelt wird, wenn man auf ein unbekanntes Wort stößt oder an eine Passage gerät, deren verschlungene Argumentation ein kaum erkennbarer Pfad durch ein Gewirr elliptischer Sätze, komplizierter Querverweise, unklarer Rechtsgrundsätze und scheinbarer Widersprüche ist.

In seinem Bibelkommentar entdeckt man dasselbe Streben nach Klarheit. Aber es nimmt jetzt eine andere Form an und scheint sich fast an einen anderen Leserkreis zu wenden – nicht so sehr an Köpfe, die sich über einen Talmud-Folianten beugten, sondern an die weniger geschulte Mentalität des gebildeten, einfachen Mannes, des geplagten Handwerkers, Arbeiters, Kaufmanns, der zwar das Gesetz studierte, aber mehr interessiert war an den lebendigen Menschen der Bibel, an der buchstäblichen Erklärung der Wörter, an einer moralischen Lehre als an dem strikt theoretischen Aufbau des Textes. Wenn Raschi auf ein Wort stieß, das er nicht verstand, sagte er: »Ich weiß nicht, was es bedeutet.« Dennoch war er ein meisterhafter Linguist – wenn auch nicht so talentiert wie einige der spanischen Juden, über die wir gesprochen haben –, und vieles von dem, was in dem Kommentar originär ist, hat mit philologischen Erklärungen zu tun. Aber oft ist es weniger ein originärer Kommentar als vielmehr seine sorgfältige Auswahl von Lehren aus Anthologien, die von palästinischen Rabbis in den Jahrhunderten nach Juda dem Fürsten herausgegeben wurden. Die Auswahl ist vernünftig und vollkommen; sie ist in einem klaren, einheitlichen Stil abgefaßt; Raschi sucht aus der riesigen Midrasch-Literatur, die ihm vorliegt, diejenigen Geschichten, Bedeutungen und Redewendungen heraus, die seiner Ansicht nach die tiefsten Gefühle der Juden seiner Zeit widerspiegeln und verstärken werden.

Sein Werk war nicht als Kommentar für ungebildete Massen gedacht. Eine grundlegende Vertrautheit mit dem biblischen Text und einigen seiner Schwierigkeiten wird vorausgesetzt. Aber diese Juden waren nicht so intellektuell; sie neigten weniger zu philosophischen Forschungen als die Sefarden. Ihre religiösen Überzeugungen waren schlicht, und Raschi wollte sie durch seinen Bibelkommentar stärken. Israel ist Gottes auserwähltes Volk, denn nur Israel akzeptierte bereitwillig das Joch der Thora, während alle anderen Völker es ablehnten. Raschi wiederholt diese talmudische Version der Erwählung dreimal an verschiedenen Stellen des Kommentars. Israel unterscheidet sich von den anderen Völkern; nur Israel studiert die Thora, eine Beschäftigung, die als die höchste religiöse Tugend angesehen wird; Israel ist daher das Gott nächste und liebste Volk. Die göttliche Gegenwart ruht auch in den Ländern des Exils auf Israel; beide werden zur festgesetzten Zeit zusammen erlöst werden, wenn der Gerechte belohnt und der Böse bestraft wird. Gott und Israel sind eng vereint durch ein Band der Liebe und der gegenseitigen Abhängigkeit, eine untrennbare, mystische, ewige Vereinigung.

In der talmudischen Literatur finden sich unendlich viele Interpretationen des Verhältnisses zwischen Gott und Israel. Die von Raschi vorgenommene sorgfältige Auswahl bestimmter Aspekte des rabbinischen Denkens spiegelt die besonderen Bedürfnisse der aschkenasischen Juden wider – sie brauchten eine Literatur, die ihr Dasein erklärte und es ihnen selbst und einem feindlichen Christentum gegenüber rechtfertigte. Sie spiegelte auch die Vorstellung der jüdischen Zivilisation von sich selbst als der natürlichen Fortsetzung der talmudischen Welt wider. Es gab keinen Bruch in der Geschichte; der Bund hatte seit alter Zeit unverletzt weiterbestanden; es war die Aufgabe der Juden, die Gebote zu befolgen, das Gesetz zu studieren und zu warten, widerstandslos auf das Kommen des Messias zu warten, der das Volk aus der Knechtschaft führen, das Land und den Thron Davids wiederherstellen und die Welt erlösen werde. Hier gab es keine Liebesgedichte, keine Weinlieder; keine Abende in Gärten, wo in Seide gekleidete Männer den Dichtern lauschten, die die Tugenden eines Gönners besangen. Es war eine Welt der Kirchenglocken, kriegführender Könige und Grafen, bekehrender Kleriker und eines barbarischen Bauernstandes, dessen Lehnsherren oft wenig mehr als Raubritter waren. Es war eine jüdische Welt des einfältigen Glaubens, und Raschi gab ihr die geistigen Bilder und das Vokabular, die sie brauchte – durch seinen Bibelkommentar. Er wurde immer wieder abgeschrieben und ging von Hand zu Hand. Das erste datierte hebräische Buch wurde 1475 veröffentlicht, etwa fünfundzwanzig Jahre nach der Erfindung des Buchdrucks; es war Raschis Kommentar zum Pentateuch.

Einer von Raschis Schwiegersöhnen, Rabbi Meir ben Samuel, hatte vier Söhne, die die größten aschkenasischen Talmudisten des 12. Jahrhunderts wurden. Der Kommentar von Raschi führte zu lebhaften Diskussionen und Argumentationen in allen Lehrhäusern in Frankreich und Deutschland. Abschriften des Jerusalemer Talmuds gelangten aus dem Süden nach Aschkenas, ebenso talmudische Werke der großen sefardischen Gelehrten. Die Debatten wurden hitzig und scharf. Kluge Köpfe zogen viele von Raschis Schlußfolgerungen in Zweifel. Meister und Schüler, viele von ihnen anonym, schrieben Kommentare zu Raschis Werk mit messerscharfer und gelegentlich kasuistischer Beweisführung. Diese Kommentare sind als die »Tosafot« bekannt, Zusätze. Ihr Ursprung, literarischer Stil und ihre Ausarbeitung sowie der genaue Ort und die Zeit ihrer Zusammenstellung gehören zu den schwierigsten Problemen der wissenschaftlichen Forschung. Die schlagfertigen Fragen und Antworten der Tosafisten und ihre gelegentliche Neigung zur Kasuistik gaben für die talmudischen Studien aller zukünftigen Generationen den Ton an.

Außerhalb des kleinen Gelehrtenkreises war die Welt des Christentums in Unruhe. Die Normannen waren in Süditalien eingefallen und setzten sich in Apulien und Kalabrien fest. Die Städte Genua und Pisa nahmen den Moslems die Inseln Sardinien und Korsika ab. 1066 eroberten die Normannen England. Juden folgten ihnen, die ersten Juden, von denen man weiß, daß sie den Fuß auf englischen Boden setzten. Auf dem Kontinent waren Papst Gregor VII. und Kaiser Heinrich IV. in einen Machtkampf verstrickt. Um das prekäre Gleichgewicht seines Daseins zu bewahren, war das Christentum auf die Zusammenarbeit seiner beiden Schwerter, des weltlichen und des geistlichen, angewiesen. Seit Jahrhunderten hatten Päpste und Kaiser um Macht und Vorherrschaft gestritten. Der Papst besaß die Waffe der Exkommunikation, der Kaiser gebot über starke Heere. Das Chaos im Christentum hielt an.

Zu Beginn jenes Jahrhunderts hatten nomadische Seldschuken aus Zentralasien die östlichen Staaten des islamischen Abbasiden-Kalifats überfallen. Sie hatten Persien, Irak, Armenien und Kleinasien erobert. Sie waren Moslems. 1070 nahmen sie den Kalifen von Ägypten Jerusalem ab. Ihre Heere bedrohten jetzt Konstantinopel. Der byzantinische Kaiser Alexios Komnenos bat 1095 wiederholt um ein Ritterheer, um sein Reich vor den heidnischen Türken zu retten.

Urban II. war damals Papst. Bitten, das östliche Christentum zu retten, waren dem Volk des römischen Christentums schon früher unterbreitet worden und hatten wenig Begeisterung erweckt. Jetzt ersann Papst Urban II. einen anderen Plan: das Heilige Grab in Jerusalem aus den Händen der Türken zu befreien, die die Stadt für christliche Pilger gesperrt hatten.

Am 26. November 1095 hielt der Papst auf dem Konzil in Clermont-Ferrand eine mitreißende Rede und drängte die Christen, »sich auf den Weg zum Heiligen Grab zu machen, es dem sündhaften Volk zu entreißen und es für das Christentum zu erobern«. Er versprach allen, die das Schwert ergriffen, Sündenerlaß und ewiges Leben. Er stellte den versammelten Fürsten, die auf Drängen des Papstes von ihren Bischöfen auf das Konzil gebracht worden waren, ihre eigenen Königreiche in Palästina in Aussicht. Als er geendet hatte, wurden seine Worte mit donnerndem Beifall begrüßt. *»Deus lo volt!«* riefen die Fürsten und Ritter – »Gott will es!«

Die Nachricht von dem Konzil verbreitete sich rasch. Eine religiöse Hysterie erfaßte Frankreich und Deutschland. Das grausame Elend des Daseins, das bedrückende Schuldgefühl der Sündenlast, der Glanz von Schlacht und Abenteuer fern von einem Land, dessen Fürstentümer festgelegt und wo Kriege selten geworden waren – all das erregte die Phantasie von Herren und Vasallen gleichermaßen. Im Frühjahr 1096 geriet das Land in heftige Erregung, als Bauern eiligst ihre Ernte für die Reise ins Heilige Land zusammenrafften – statt sie für das kommende Jahr aufzusparen – und Wagen, mit Frauen und Kindern beladen, sich nach Süden auf den Weg machten. Sie gehorchten einem Befehl Gottes. Es war der Beginn des zweiten Kommens von Jesus. Der Tag des Jüngsten Gerichts war nahe. Während des ganzen Frühjahrs und Sommers rafften Bauern aus dem Norden ihre Habseligkeiten zusammen und zogen durch das Land. Familien schlossen sich zu Gruppen zusammen; Gruppen wurden Banden; bald zog eine gewaltige, fromme, abergläubische Heerschar zum Rhein. Einige hatten Visionen. Eine Gruppe wurde von einem Ritter angeführt, eine andere von einem Edelmann, eine dritte von einer Ziege mit magischen Kräften. Sie füllten die Straßen und Felder und Wälder des Rheinlandes.

Juden betrachteten diese plötzliche Einigung Europas unter dem Banner des Kreuzes als Außenstehende. Kein Jude durfte an diesem christlichen Kreuzzug teilnehmen. Gerüchte gingen um. Es hieß, die Juden unterstützten heimlich die Sache des Islams.

Auf seinem Weg nach Süden begann das Bauernheer die jüdischen Gemeinden am Rhein anzugreifen und zu plündern. Ungefähr achthundert Juden wurden in Worms nach tagelangen schweren Kämpfen getötet. Mehr als tausend starben in Mainz. Sie wurden in Gräben geworfen. In Köln wurde die Synagoge zerstört. Die Juden wurden vom Erzbischof geschützt, der sie in seinen Burgen aufnahm und sie auf die benachbarten Städte verteilte. Die meisten wurden gefunden und erschlagen. Die Bauernhorde zog weiter nach Süden und stellte die Juden vor die Wahl, entweder ihrem Glauben abtrünnig zu werden oder zu sterben. Die meisten wählten das Märtyrertum. Insgesamt starben fünftausend. Viele wurden von Bischöfen oder Lehnsherren gerettet. Die Gemeinden wurden verwüstet. Das Heer zog weiter, ein christlicher Heuschreckenschwarm, der das Land von Juden kahlfraß.

In Saloniki, damals ein Teil des byzantinischen Reiches, hörten Juden und Christen, daß das Heer sich näherte. Viele hatten Visionen. Die Juden von Byzanz lebten auf einigermaßen freundschaftlichem Fuß mit den Christen. Ihnen kündigte die Befreiung Jerusalems von den verhaßten Moslems eindeutig das Kommen des Messias an. Mit Billigung des Erzbischofs und des Statthalters hörten sie auf zu arbeiten, legten ihre Gebetsmäntel an und warteten. Ich weiß nicht, wie lange sie warteten.

Im Frühjahr 1097 traf sich ein Heer von hundertfünfzigtausend Mann – Franken, Normannen und Pöbel – in Konstantinopel. Sie bahnten sich den Weg nach Süden. Zwei Jahre später, am 7. Juni 1099, standen etwa vierzigtausend Kreuzfahrer vor den Toren Jerusalems. Es schien ihnen gleichgültig zu sein, daß Ägypten 1098 Jerusalem zurückerobert und für christliche Pilger wieder freigegeben hatte. Am 15. Juli stürmten die Kreuzfahrer die Stadt. Ein Massaker folgte. Köpfe und Hände häuften sich überall auf Straßen und Plätzen. Die Juden der Stadt, die die Kämpfe überlebt hatten, suchten Zuflucht in ihren Synagogen. Die Kreuzfahrer steckten die Synagogen in Brand, während die Juden noch drinnen waren. Die wenigen, die das Gemetzel und die Brände überlebt hatten, wurden in die Sklaverei verkauft. Während des größten Teils des folgenden Jahrhunderts gab es keine Juden in Jerusalem.

Die Juden im Rheinland, die dem tobenden Pöbel entgangen waren, begannen, ihr Leben wieder aufzubauen. Seit fast achthundert Jahren lebten jetzt Juden in Deutschland. Raschi starb 1105, zweiundvierzig Jahre vor dem zweiten Kreuzzug. Auf diesen Kreuzzug waren die Juden vorbereitet. Sie erkauften sich den Schutz von Bischöfen und Adligen. Immerhin erlitten nur ungefähr tausend den Märtyrertod.

Die Juden hatten nie geglaubt, daß sie so verletzlich wären, wie sich jetzt bei den Kreuzzügen herausstellte. Die plötzlich militante feudale Welt des Christentums – in der der Leibeigene und der lehnspflichtige Ritter ihrem Lehnsherrn Loyalität schuldeten und der Lehnsherr zumindest theoretisch dem König und der Geistlichkeit Loyalität schuldete und alle untereinander durch kirchliche Eide gebunden waren –, diese festgefügte christliche Welt schien den Juden verschlossen zu sein.

Sie waren internationale Kaufleute gewesen, Grundbesitzer und Handwerker, vage beschützt von Königen und Geistlichen. Jetzt waren Ost und West miteinander verbunden, und die besonderen Fähigkeiten des jüdischen Kaufmanns wurden nicht mehr gebraucht. Christliche Kaufleute konnten jetzt mit Gewürzen und Medikamenten handeln, denn es gab keine moslemischen Grenzen mehr, die überschritten werden mußten. Die östliche Zivilisation gelangte über das Mittelmeer in die Provence und die Häfen der wachsenden italienischen Handelsstädte. Arabische Übersetzungen aristotelischer Manuskripte fuhren über das Meer zusammen mit Salben und Seide und arabischen Pferden, die dann mit den kleinen Reittieren der Ritter gekreuzt wurden – die selbst schlecht ernährt und selten größer als ein Meter 60 waren. Jahrhundertelang war den Juden erlaubt worden, Waffen zu tragen – ein Zeichen von ritterlichem Rang in jener Welt. Aber ihre Waffen nützten ihnen wenig gegen die Horden abergläubischer Bauern, bei denen die Lehren der Kirche Wurzeln zu schlagen begannen und die ihr Land von Juden säubern wollten, ehe sie das Heilige Land von Moslems säuberten.

Ungefähr dreihundert Jahre lang wurden Kreuzzüge unternommen. Sie bieten uns ein Porträt des Christentums von seiner besten und seiner schlechtesten Seite: Frömmigkeit und Mordlust waren Gefährten, zusammengeschweißt durch religiöse Sanktion. 1204 plünderten die Kreuzfahrer Konstantinopel mit entsetzlicher Grausamkeit und ersetzten das byzantinische Kaisertum durch ein »Lateinisches Kaisertum«; 1261 eroberte Byzanz die Stadt zurück. 1212 gab es einen Kinderkreuzzug. Tausende von Knaben und Mädchen zogen nach Marseille. Niemand schien zu wissen, was man mit ihnen tun sollte. Kapitäne lockten sie auf ihre Schiffe und verkauften sie im moslemischen Nordafrika als Sklaven. Am Ende des 13. Jahrhunderts, als das Heilige Land wieder in der Hand der Moslems war, war das christliche Europa eine Festung und schlachtete Ketzer innerhalb seiner eigenen Grenzen ab, in Südfrankreich war die Inquisition begründet worden, und Stellung und Charakter der aschkenasischen Juden hatten sich völlig verwandelt. Sie wurden als verächtliche Wucherer und dämonische Verschwörer gegen die Welt des Christentums angesehen.

Es waren seltsame Jahrhunderte, die Jahrhunderte der Kreuzzüge und die darauf folgenden. Prediger streiften durch das Land und riefen zu Askese, Armut und Nachahmung Christi auf. Ein Prediger pflegte als anschaulichen Beweis für die Vergänglichkeit des Lebens einen grinsenden Totenschädel aus seiner Kutte herauszuziehen. Manche sprachen von der Heilkraft des Blutes. Ein dürrer Baum werde wieder lebendig, wenn seine Wurzeln mit Blut begossen werden. Das Blut von einem, der von einer Krankheit genesen sei, sollte zum Einreiben benutzt werden und dadurch einen anderen heilen, der von dieser Krankheit befallen ist. Die letzte Krankheit, der Tod, könne durch Jesu Blut überwunden werden. Kreuze besaßen wunderbare Eigenschaften. Überall wurden welche aufgestellt, auf Feldern und Straßen und Marktplätzen. Friedhöfe waren heilig, ebenso Altarschmuck und Heiligenstatuen. Dämonische Bildwerke – verzerrte Körper, satanische Wesen, monströse Köpfe – umgaben die Gläubigen, wenn sie den Schmuck in ihren Kirchen betrachteten. Das Leben war tragisch und voller Willkür; Gottes Wege waren unbegreiflich. Das Land war vom Tod besessen, und diese Besessenheit verstärkte sich. Prediger, die von Stadt zu Stadt zogen, wurden von Scharen von Büßern begleitet. Ein gespenstischer Tanz kam auf, ein Totentanz, und er war oft in den Städten zu sehen – *danse macabre* heißt er auf französisch nach dem arabischen Wort für Totengräber, *mekaber*, ein tanzendes Skelett, das seine Opfer wegführt zu einer grausigen Zukunft: Verwesung, Staub und Würmer. Alle Menschen, arm und reich gleichermaßen, sind vergänglich. Alle Menschen sterben.

Epidemien, Kriege, Plünderung und Diebstahl hüllten das Land in ein Leichentuch und erfüllten das Dasein mit dem Gefühl der Allgegenwärtigkeit von Unglück, von Bösem, von der Gewalt plötzlicher Katastrophen. Das Unsichtbare war real. Feindselige Geister waren überall. Glocken konnten Dämonen verscheuchen. Ringe konnten Wunden heilen. Gegen Dämonen wandte man Beschwörungen an, Zauberformeln, Hexerei durch die Toten, verschiedene Formen von Wahrsagerei. Astrologische Panik ergriff das Land immer wieder; eine bestimmte Konjunktion von Planeten und Sternen bedeutete Erdbeben, Katastrophen, Morde.

Das waren die Jahrhunderte, in denen die aschkenasischen Juden lernten, für ihre Lebensauffassung zu sterben. Einige entschieden sich für die Abtrünnigkeit und wurden Apostaten, wenn sie die Wahl zwischen Taufe und Tod hatten. Aber die meisten glaubten, die Verfolgungen seien das erste Anzeichen des messianischen Zeitalters. Außerdem sahen Konvertiten einer düsteren sozialen Zukunft entgegen, wenn sie ihre unmittelbare Welt verließen und Christen wurden; das Willkommen, das ihnen die Kirche vielleicht entbot, wurde unfreundlich auf den feindseligen Gesichtern von Laien, da sie die wirtschaftliche Konkurrenz der Konvertiten fürchteten, die sie nicht länger als Juden verfolgen konnten. Die meisten Juden sahen das Christentum als Götzendienst an. Wenn der Pöbel kam, versuchten sie alles, um dem Tod zu entgehen. Niemand erstrebte das Märtyrertum. Sie fasteten zur Buße für wirkliche oder eingebildete Sünden. Sie bemühten sich um den Schutz von Bischöfen und Fürsten. Sie bedienten sich ihrer Waffen, um den Pöbel abzuwehren. Aber wenn sich zeigte, daß die

Niederlage nahe war, dann akzeptierten sie das als ein Zeichen von Gott, daß ihr Tod verfügt sei. Es gab vielleicht eine Pause im Kampf. Die Männer versammelten sich, um eine endgültige Entscheidung zu treffen. Sich und ihre Familien solchem Pöbel lebend in die Hand zu geben, war undenkbar. Das jüdische Gesetz sah eine Benediktion für den Märtyrertod vor. Die Väter sprachen die Worte, schnitten ihren Frauen und Kindern die Kehle durch, sagten dann laut: »Höre, Israel, der Herr unser Gott, der Herr ist einzig« – und begingen Selbstmord.

Sie starben, ohne an der unbegreiflichen Entscheidung des Himmels zu zweifeln. Sie fühlten sich verbunden mit dem Patriarchen Abraham und seiner Glaubenstat, als er Isaak fast geopfert hätte; in einem liturgischen Gedicht aus jener Zeit opfert Abraham Isaak tatsächlich – denn wie hätte der Patriarch weniger getan haben können, als jüdische Eltern jetzt täglich taten –, und Isaak wird von Gott wieder lebendig gemacht. Sie hatten den Eindruck, daß sie die Tradition der Chassidäer fortsetzten, die im Kampf gegen die Hellenisten gestorben waren. Es war eine emotionale, leidenschaftliche Entscheidung, und sie wurde in der Gewißheit getroffen, daß die kommende Welt eine lebendige Realität sei und ihre Belohnungen sie erwarteten, wenn sie ihre letzte Pflicht als Juden erfüllten.

Die von Chronisten der Kreuzzüge geschriebenen Berichte über Massenselbstmord lassen erkennen, daß die Juden, die den Märtyrertod wählten, sich ihrer Haltung voll bewußt waren: Sie bezeugten die Wahrheit und fortbestehende Realität des ursprünglichen Bundes und die Grausamkeit und Hohlheit des Christentums, das sie zu einer solchen Entscheidung zwang. Der Märtyrertod war eine aggressive Verweigerung, eine öffentlich vollzogene Heiligung des Namens Gottes. In der Hitze des Gefechts und vor dem Selbstmord riefen manche Juden höhnische und spöttische Worte über Jesus. Einige ließen sich gefangennehmen, erklärten sich mit der Taufe einverstanden und spuckten dann auf das Kruzifix, weil sie wußten, die wütende Menge werde sie in Stücke reißen.

1171 wurde die von Dämonen verfolgte Welt des Christentums von einer neuen Furcht ergriffen. Die Juden von Blois wurden des Ritualmords beschuldigt. Von Menschen, deren Abscheu vor heidnischen Blutopfern und dem Verzehr von Blut auf die biblische Zeit zurückging, hieß es jetzt, sie hätten einen Christen umgebracht, um Blut für das ungesäuerte Passah-Brot und andere Rituale zu erhalten. Juden, wurde getuschelt, seien keine Men-

'olgung von spanischen Juden durch die Inquisition. Holzstich nach einem Gemälde von
von Zichy, 19. Jh.

Flugblatt auf eine »Hostienschändung« (Blutbeschuldigung) in Preußen 1591. Holzschnitt, anonym.

Plünderung der Judengasse in Frankfurt 1614. Kupferstich von H. Merian, 1642.

schen und brauchten die Wirksamkeit des Blutes, um menschliche Gestalt anzunehmen und beizubehalten. Auch den frühen Christen war vorgeworfen worden, Blut zu verwenden; in ähnlicher Weise wurden christliche Häretiker beschuldigt. Es war die erste Blutbeschuldigung in Frankreich; einige Jahrzehnte zuvor, und zwar 1144, war die erste Blutbeschuldigung der Geschichte in Norwich erhoben worden. In Blois lebten damals dreiunddreißig Juden, Männer, Kinder und Frauen. Am 26. Mai 1171 wurden sie auf dem Scheiterhaufen verbrannt. In den kommenden Jahrhunderten sollte es noch Hunderte von Blutbeschuldigungen geben. Tausende starben. Päpste verurteilten die Beschuldigungen und die Massaker, aber sie hörten nicht auf.

In diesen Jahrhunderten der Kreuzzüge verschwanden die geachteten internationalen jüdischen Kaufleute von der Bildfläche. Christliche Kaufleute reisten jetzt zwischen Ost und West. Die Zünfte schlossen Juden von der Mitgliedschaft aus. Juden, die Kapital besaßen, überlegten sich, wie sie es anwenden könnten, um sich den Lebensunterhalt zu verdienen. Das römische Christentum hatte den Christen verboten, anderen Christen Geld gegen Zinsen zu leihen; diese Entscheidung beruhte auf einem Vers in der hebräischen Bibel und der folgenden Passage im 6. Kapitel des Lukas-Evangeliums: »Vielmehr liebet eure Feinde, tut wohl und leihet, daß ihr nichts dafür hoffet, so wird euer Lohn groß sein ...« In der lateinischen Bibel lauten die Worte *nihil inde sperantes,* »daß ihr nichts dafür hoffet«, was etwa bedeuten könnte: leihe, ohne die Hoffnung aufzugeben, daß du dein Darlehen zurückerhältst. Aber das römische Christentum las daraus ein Verbot von Zinsdarlehen. Das byzantinische Christentum hatte offenbar keine Schwierigkeit mit den hebräischen und lateinischen Versen, denn die Kirche selbst war im Kreditgeschäft stark engagiert, und die Zinssätze wurden von der Regierung festgesetzt.

Den Juden war es nicht verboten, Nichtjuden Geld gegen Zinsen zu leihen. Sie begaben sich auf dieses noch freie Wirtschaftsgebiet und wurden Geldverleiher für christliche Bürger, Handwerker und Ritter und Bankiers für Adlige und Könige. Es war ein gefährliches Gebiet, denn die Rückzahlung von Krediten war nie sicher – Juden hatten vor Gericht nicht denselben Status wie Christen –, und Verfolgung oder Vertreibung konnte verhängnisvoll sein. Daher kam es vor, daß die Zinssätze, die zuerst in den meisten Fürstentümern nicht festgelegt waren, sich auf jährlich fünfzig Prozent beliefen.

Viele Juden blieben Handwerker und kleine Händler. Aber der Jude, der am deutlichsten in Erscheinung trat, war der Geldverleiher. Das Image des Juden begann sich zu ändern: einst der angesehene internationale Kaufmann, jetzt der dämonische Wucherer.

In späteren Jahrhunderten, als die Kirche ihr Verbot der Zinsdarlehen lockerte und große christliche Banken entstanden, wurden die Juden auf ein weiteres freies Wirtschaftsgebiet getrieben, den düsteren Bereich von Kleinkrediten an die Armen, auf dem weder die Kirche noch irgendeine Regierung tätig werden wollte. Der Jude wurde Pfandleiher.

Während des ganzen 12. Jahrhunderts, dem ersten Jahrhundert der Kreuzzüge, war die aschkenasische Judenheit hilflos dem heftigen Antisemitismus ausgesetzt, der im Land umging. Die Gefahren breiteten sich über das europäische Festland und die Halbinseln hinaus aus. 1190 griff eine Bande englischer Kreuzfahrer die wohlhabende jüdische Gemeinde in York an. Die Juden flüchteten sich in das Königsschloß und begingen Massenselbstmord. Niemand schien zu wissen, was mit den Juden geschehen solle. Sie gehörten nirgendwohin. Die jüdischen Gemeinden – Händler und Handwerker, angeführt von rabbinischen Gelehrten und reichen Familien – suchten Schutz bei den Königen.

Die möglichen Einnahmen für das königliche Schatzamt aus Steuern, die von einer jüdischen Gemeinde erhoben werden konnten, und aus einer Beteiligung an den Gewinnen, die die Juden erzielten, machten sie attraktiv für Könige, die ständig Geld für ihre Höfe und ihre Heere brauchten. Der Status der Juden begann sich zu wandeln. Am Ende des ersten Jahrhunderts der Kreuzzüge waren die Juden *servi camerae regis,* Knechte der königlichen Kammer oder einfach Kammerknechte. Im Heiligen Römischen Reich wurde dieser Status als die direkte Folge der Rebellion gegen Rom in den Jahren 66-70 erklärt, die zur Zerstörung Jerusalems und zur Versklavung der Juden durch die Römer geführt hatte.

In einem englischen Gesetz aus jener Zeit heißt es: »Alle Juden, wo immer im Reich sie sind, müssen unter dem Lehensschutz und der Obhut des Königs stehen und dürfen sich ohne Genehmigung des Königs nicht unter den Schutz irgendeiner anderen mächtigen Person stellen, denn die Juden und all ihr Hab und Gut gehören dem König. Wenn daher irgend jemand sie oder ihr Geld widerrechtlich zurückhält, kann der König, wenn er es wünscht oder vermag, sie als sein Eigentum beanspruchen.«

Die Juden waren jetzt die geschützten Sklaven von Königen.

Papst Innozenz III., der den päpstlichen Stuhl von 1198 bis 1216 innehatte, war erfreut, daß die Juden unter der Herrschaft von Christen standen, und drängte die christlichen Herrscher, ihre Macht auf eine Weise auszuüben, »daß die Juden nicht wagen, den Nacken zu heben, der unter dem Joch ständiger Sklaverei gebeugt ist im Gegensatz zur Verbeugung des christlichen Glaubens«. 1215 wurde auf dem vierten Laterankonzil angeordnet, daß Juden und Moslems eine Kleidung tragen, die sie von den Christen unterscheidet, weil »es manchmal vorkommt, daß Christen aus Versehen mit jüdischen oder sarazenischen Frauen Geschlechtsverkehr haben oder Juden oder Sarazenen mit christlichen Frauen«. Juden durften keine öffentlichen Ämter mehr innehaben, »denn das bietet ihnen einen Vorwand, ihrem Zorn auf die Christen Luft zu machen«.

1227 wurde auf dem Konzil von Narbonne verkündet: »Damit Juden von anderen unterschieden werden können, verfügen und befehlen wir ausdrücklich, daß sie mitten auf der Brust (des Gewands) ein ovales Abzeichen tragen sollen, das einen Finger breit und eine halbe Handfläche hoch sein soll«, ferner, »daß sie sich in der Heiligen Woche überhaupt nicht aus ihren Häusern herauswagen sollen außer in dringenden Notfällen und daß die Prälaten sie vor Belästigungen durch Christen schützen sollen, vor allem in der genannten Woche.«

Die Juden im Königreich Kastilien weigerten sich, dem Dekret über das Abzeichen Folge zu leisten, und begannen in moslemische Länder auszuwandern. König und Papst wurden darauf hingewiesen, daß dadurch die Wirtschaftskraft des Islams gestärkt würde. Die Durchführung des Dekrets wurde auf eine günstigere Zeit verschoben.

1233 wurde von jedem Archidiakonat im englischen Lincoln eine Untersuchung – »Inquisition« – vorgenommen. Eine der Fragen lautete: »Leben Juden an irgendeinem Ort, wo sie vorher nicht gewohnt haben?« Offenbar war der Zweck der Erkundigung, ihre Wohnorte zu beschränken. Es war eine der ersten Maßnahmen zur Gettoisierung der Juden.

Im selben Jahr wurde die päpstliche Inquisition offiziell begründet. Sie richtete sich gegen die Sekte der Albigenser in Südfrankreich. Die Albigenser glaubten, es gebe zwei Götter, einen Gott des Guten und einen des Bösen, die um den Sieg stritten. Der Mensch, eine Mischung von beiden, müsse sich bemühen, reine Geistigkeit zu erlangen. Sie waren gegen die Fortpflanzung, denn sie verlängerte das Dasein der menschlichen Rasse, die ungeheuerlich sei und das Gute in bösem Fleisch eingeschlossen halte. Sie setzten neugeborene Kinder aus und befürworteten Einzel- und Massenselbstmord. Die römische Kirche förderte ihre Ziele, indem sie sie abschlachtete. Die Inquisition folgte dem römischen Kirchenrecht. Man wurde für schuldig gehalten und mußte seine Unschuld beweisen. Folter war erlaubt. Diese Inquisition sollte eines Tages die Pyrenäen überschreiten auf der Suche nach heimlichen Juden – zum Christentum Übergetretene, die insgeheim ihr Judentum praktizierten – im christlichen Spanien.

Das Konzil von Tours verfügte am 10. Juni 1236: »Wir … verbieten ausdrücklich jedem Kreuzfahrer oder anderen Christen, Juden zu töten, sie auszupeitschen oder in ihre Grundstücke einzudringen … Denn die Kirche duldet die Juden, weil sie nicht den Tod des Sünders will, sondern vielmehr, daß er umkehrt und lebt.« Etwa zwei Jahrzehnte später verfügte das Konzil von Albi gegen die Juden, »daß sie das Fleisch, das sie privat in ihren Häusern bereiten, nicht auf christlichen Märkten verkaufen sollen. Und da die Juden aus Hochmut unsere Speisen und Getränke nicht zu sich nehmen, verbieten wir ausdrücklich, daß Christen die ihren zu sich nehmen … Auch sollen diejenigen Christen exkommuniziert werden, die sich Juden zur ärztlichen Behandlung anvertrauen.«

Am 25. Juni 1240 fand in Paris ein öffentliches Gerichtsverfahren gegen den Talmud statt. In diesem verwünschten Land, wo eine Gans ein Symbol der Zauberei war und ein Schwein wegen Mordes verurteilt werden konnte, konnte auch ein Buch vor Gericht gestellt werden. Der Ankläger war Nicolas Donin, ein getaufter Jude. Er hatte Papst Gregor IX. dringend empfohlen, den Talmud zu vernichten. Er sei die Quelle der jüdischen Dickköpfigkeit. Die Heiligkeit, die die Juden ihm zuschrieben, sei eine Beleidigung der Bibel und der Propheten. Er sei voller törichter Irrtümer und enthalte Blasphemien gegen die Kirche. Im Gerichtssaal saßen viele Adlige und Kirchenmänner. Vier jüdische Gelehrte verteidigten den Talmud. Kurz zuvor hatte ein Judenmassaker stattgefunden, und sie waren mit der Erinnerung an den Tod hergekommen. Richter waren ein Erzbischof, ein Bischof, der Kaplan des Königs und der Kanzler der neugegründeten Universität Paris. Der Prozeß dauerte mehrere Tage.

Der Apostat Donin war ein hervorragender Talmudist. Es

konnte wenig Zweifel am Ausgang des Verfahrens bestehen. Der Talmud wurde verurteilt. Zwei Jahre lang versuchten die Juden, sich einen Ausweg zu erkaufen und das Unheil abzuwenden. Doch am 6. Juni 1242 wurden vierundzwanzig Wagenladungen jüdischer Bücher öffentlich verbrannt, darunter die Kommentare von Raschi. Die Juden schmuggelten weitere Exemplare nach Paris. Ein weiteres Verfahren wurde abgehalten. 1248 brannte der Talmud wieder.

Sechzehn Jahre zuvor, 1232, waren in Südfrankreich die Bücher von Maimonides verbrannt worden – Nachwirkung einer heftigen Kontroverse unter Juden.

Maimonides war 1204 in Äygpten gestorben, und die ganze jüdische Welt hatte seinen Verlust betrauert. Er war fast siebzig Jahre alt geworden und wurde in Tiberias in der Nähe des Sees Genezareth begraben. Juden ist er als der Rambam bekannt nach dem Akronym aus den ersten Buchstaben seines Namens, Rabbi Moses ben Maimon. Etwa fünfundzwanzig Jahre nach seinem Tod brach in der Provence ein Streit aus über die möglichen Ketzereien in seinen Schriften.

Die Provence, ein grünes, sonniges Land, in das klare Licht und die Wärme der mittelmeerischen Welt getaucht, beherbergte in jenen Jahrhunderten eine große Schule rabbinischer Gelehrsamkeit, wo der Talmud zusammen mit alten Abhandlungen über Mystizismus studiert wurde. Ihre Nähe zum Islam hatte Bücher und Männer aus der sich auflösenden Kultur des moslemischen Spaniens hergebracht. Das ursprünglich arabisch geschriebene philosophische Werk von Maimonides *Führer der Verwirrten* war ins Hebräische übersetzt worden. Das Werk fand den Weg über die Gebirge ins christliche Spanien, das damals noch mit seinem jahrhundertelangen Kreuzzug, der Reconquista, beschäftigt war. Viele Juden in der Provence und in Spanien, die das Buch lasen, waren entsetzt.

Sie entdeckten in Maimonides einen Mann, dessen Ruf als rabbinischer Gelehrter sehr wenige in Frage zu stellen wagten, obwohl er ohne Zögern erklärte, daß »der Intellekt des Aristoteles den Gipfel des menschlichen Intellekts darstellt« und die Schriften des Aristoteles die Grundlage aller Wissenschaften seien. Er hatte seinen *Führer* nicht für den Mann des einfältigen Glaubens geschrieben, für Neulinge in der Spekulation. Er sprach diejenigen an, für die die Stichhaltigkeit des Gesetzes feststand; aber auch sie hatten die Wissenschaft der Philosophen studiert und waren jetzt beunruhigt durch Fragen bezüglich des Gesetzes und der Bücher der Propheten. So jemand könnte dazu veranlaßt werden, dem Gesetz abzuschwören und von seinem Intellekt angezogen werden, oder er wird sich vielleicht um seinen Intellekt nicht kümmern und sein Leben mit imaginären Überzeugungen verbringen, die nicht aufhören würden, ihm Kummer und Verwirrung zu bereiten. Keiner der beiden Wege muß eingeschlagen werden, behauptete dieser Gelehrte – der der Arzt des Sultans und seiner Familie und der vielen Reichen und Armen war, die sich in seinem Wartezimmer drängten, wenn er nach einem Tag am königlichen Hof müde nach Hause kam, der nur eine frugale Mahlzeit am Tag zu sich nahm und oft der Erschöpfung nahe war, der der Führer der jüdischen Gemeinde in Kairo war und an seinen Ruhetagen unterrichtete –, keiner der beiden Wege, behauptete dieser Rabbi-Philosoph, ist für denjenigen notwendig, der den *Führer* studiert.

Er kannte die Gefahren der Philosophie und war sich bewußt, daß er für die wenigen elitären Intellektuellen schrieb, die sich über diese Fragen vielleicht Gedanken machten, und daß die einfältig Gläubigen, die große Masse des Volkes, voll Mißtrauen auf seine Bemühungen reagierten. Er trachtete danach, das Beste aus zwei Welten zu verschmelzen, der griechischen und der jüdischen: Wir akzeptieren die Tradition und versuchen dann, sie zu verstehen und ihre Dogmen zu testen und durch die Vernunft zu erproben. Die rabbinischen Gelehrten in Frankreich und Spanien hatten andere Sorgen. Da sie inmitten des militanten Christentums lebten, fürchteten sie, diesem kleinen Volk könnte vorgeworfen werden, durch das Werk des Juden von jenseits des Mittelmeers häretisches Gedankengut einzuführen. Viele von ihnen waren echt empört über gewisse Aspekte von Maimonides' Denken und hielten sie im Grunde für eine Ketzerei am Judentum. Wie kann man die Unsterblichkeit von Körper und Seele des Einzelnen leugnen und dennoch ein Angehöriger des Bundes bleiben? Wie kann man es wagen, vom Opfersystem zu sagen, es sei bloß ein Schritt zu einer höheren Entwicklung des Glaubens? Welches Recht hat man, die biblischen Beschreibungen Gottes einfach als Allegorie abzutun? Und warum gibt man sich mit den Griechen ab? Warum muß man die Werke eines heidnischen Denkers studieren? Zu jener Zeit hatten mystische Werke Eingang in die jüdische Welt im Christentum gefunden. Die Rabbis empfanden kein Bedürfnis, die Welt wissenschaftlich zu verstehen; die ganze Welt war ein Wunder, das Werk des Gottes von Israel, erfüllt von seiner Güte, aufrechterhalten durch göttliches Dekret und die gewisse Erlösung. Die Vorstellung, Gott habe ein System von Naturgesetzen verfügt, das der Mensch mit dem Verstand bewundern sollte, war absolute Häresie. Dieser Mystizismus war dem Rationalismus von Maimonides völlig entgegengesetzt. Einer der größten unter den spanischen Rabbis, Nachmanides, beschrieb Maimonides scheinbar mitleidig als einen Mann, der in einer kulturellen Welt, die er nicht selbst geschaffen habe, gefangen sei und versuche, durch seine philosophischen Schriften jüdische Seelen zu retten. »Sie haben sich den Bauch mit der Torheit der Griechen vollgeschlagen ...«

Maimonides hatte aber auch leidenschaftliche Anhänger in der Provence. Es war eine erbitterte öffentliche Kontroverse, wobei sich beide Seiten gegenseitig mit Polemiken und Exkommunikationsedikten bombardierten. Das sind die beiden im Grunde unversöhnlichen Elemente im Herzen des Judentums; das eine ist rational, nach außen auf die Welt und die allgemeine Kultur gerichtet, nach allem lohnenden Wissen strebend, bereit, sich am universellen Gedankenaustausch zu beteiligen; das andere mystisch, nach innen auf die eigenen Ursprünge gerichtet, besessen von seiner ungetrübten Vision des jüdischen Schicksals, von seiner inneren Stärke zehrend, das heftig und mit einem nicht geringen Maß an Verachtung jede Verzerrung seiner Wirklichkeitsvorstellung durch Zivilisationen zurückweist, die es als dem reinen Wesen des Judentums fremd ansieht. Diese beiden Elemente im Kern der jüdischen Tradition, die gelegentlich aufeinanderprallen, erzeugen die Spannungen und Erbitterung in der Kontroverse und hoffentlich die Funken der Kreativität.

1232 wurde die Inquisition in der Provence über den häretischen Charakter der Schriften von Maimonides unterrichtet. Seine Bücher wurden verbrannt. Es wird angenommen, daß Rabbis des Anti-Maimonides-Lagers die Informanten waren. In Tiberias schändete jemand sein Grab.

Papst Innozenz III. hatte geschrieben, die Schuld der Juden an der Kreuzigung Jesu bestimme sie zu ständiger Knechtschaft, und wie Kain müßten sie Wanderer und Flüchtlinge sein.

Die fünftausend Juden in England wurden 1290 ausgewiesen; sie wurden von den Herzögen in Mittelfrankreich aufgenommen. Die Juden in Frankreich wurden wiederholt vertrieben und wieder aufgenommen – bis sie schließlich 1394 endgültig ausgewiesen wurden; viele wanderten nach Spanien.

Die Juden in Spanien waren Eigentum der Könige. Im 11. und 12. Jahrhundert waren sie Höflinge und Steuereinnehmer und übernahmen diplomatische Aufträge. Sie verwalteten den Besitz von Adligen. Einige waren Geldverleiher. Jüdische Gemeinden waren autonom und zahlten ihre Steuern an das Schatzamt des Königs. In Barcelona gehörte den Juden ein Drittel des Grundbesitzes der Gegend. Es gab Schulen und Synagogen und große rabbinische Gelehrte. Es war eine reiche, mächtige und gebildete Judengemeinde – und alles begann sich zu Anfang des 13. Jahrhunderts aufzulösen, als die Kolonisierung ihrem Ende zuging und der Einfluß der Kirche die Nützlichkeit der Juden überwog. Das christliche Spanien führte im Süden immer noch Krieg mit den Moslems, aber es war ein Krieg, den nur der Islam verlieren konnte. 1250 kam es zu einer Blutbeschuldigung in Spanien, und sie richtete sich gegen die Juden von Saragossa. Die Spanier folgten jetzt dem Beispiel der schikanierenden Könige und Geistlichen Frankreichs.

Im Sommer 1236 fand in Barcelona eine bedeutende Disputation statt. Das Thema war die Wahrheit des Christentums und das Kommen des Messias. Die Disputanten waren Pablo Christiani – ein konvertierter Christ, der wahrscheinlich in Südfrankreich geboren war und den eine Reihe hoher Geistlicher unterstützte – und Nachmanides, den wir aus der Kontroverse um Maimonides kennen. Der König führte den Vorsitz. Im Saal saßen viele Bischöfe. Christiani versuchte zu beweisen, daß der Talmud selbst zugebe, daß der Messias erschienen sei, daß er sowohl menschlich als auch göttlich war und starb, um für die Sünden der Menschheit zu büßen. Daher, schloß er, habe das Judentum keine Gültigkeit, und alle Juden sollten den wahren Glauben annehmen. Nachmanides widerlegte die Bedeutung, die Christiani den Talmud-Passagen zugeschrieben hatte, und disputierte unverblümt über das unlogische Wesen des Christentums. Er sprach geringschätzig vom Tod Jesu. Wie hätte der Messias gekommen sein können? »Seit der Zeit Jesu bis heute«, sagte er, »hat die Welt nur Gewalttätigkeit und Ungerechtigkeit erlebt, und die Christen haben mehr Blut vergossen als alle anderen Völker.«

Einige der Geistlichen waren wütend über seine Worte und verlangten, den Disput zu beenden. Er wurde nach dem vierten Tag unterbrochen und nicht wieder aufgenommen. In jenem August wurde den Juden in Spanien befohlen, aus sämtlichen Exemplaren des Talmud alle ungebührlichen Hinweise auf Jesus und Maria zu entfernen. 1265 wurde Nachmanides der Blasphemie angeklagt. Er verließ Spanien und verbrachte den Rest seines Lebens im Land Israel. In der Altstadt von Jerusalem wird einem die Synagoge gezeigt, in der er betete; man stellt ihn sich von wütenden Gesichtern umgeben und seinen Glauben verteidigend vor. Es war das letzte Mal, daß ein Jude bei einer Disputation so offen reden durfte.

Um die Mitte des 14. Jahrhunderts erreichte der Schwarze Tod Spanien. Europa war damals von einem hysterischen Krampf wegen der Juden befallen; sie wurden beschuldigt, die Brunnen vergiftet zu haben. Aus Deutschland wurden die Juden vertrieben; sie flohen nach Norden und nach Osten in die kalten Länder der slawischen Stämme. Im spanischen Königreich Kastilien hielt König Pedro der Grausame, der von 1350 bis 1369 herrschte, den Frieden aufrecht, holte die Juden wieder in den Dienst des Hofes zurück und erlaubte seinem Schatzmeister, einem Juden mit Namen Don Samuel Halevi Abulafia, in Toledo eine Synagoge zu bauen, eine herrliche Synagoge, die die Jahrhunderte überdauert hat und eine Kirche und ein Museum wurde. Samuel Halevi wohnte in einem schönen Haus, nicht weit von der Synagoge. 1360 ließ ihn König Pedro plötzlich verhaften und nach Sevilla bringen. Der Grund für die Verhaftung ist unbekannt. Er wurde zu Tode gefoltert. Jahrhunderte später wohnte El Greco in seinem Haus in Toledo. Heute ist es das El-Greco-Museum. Ich besuchte es einmal und konnte nichts darin finden, das darauf hinwies, daß es einstmals das Heim des jüdischen Schatzmeisters eines christlichen Königs gewesen war.

Das Schicksal der Juden in Spanien war einem ständigen Wechsel unterworfen je nach den Bedürfnissen und Launen der Könige. Die dem Volk gehaltenen Predigten über jüdische Niedertracht und die Warnungen und Ermahnungen an Fürstlichkeiten hatten zuletzt Erfolg. Es kam zu Übergriffen, es gab Massaker und Märtyrertode und Konversionen. 1412 ordnete die Regierung von Kastilien an, daß Juden in Städten und Dörfern in getrennten Vierteln wohnen müßten. Um sie von Christen zu unterscheiden, sollten sie lange Haare und Bärte tragen. Damals lebten in Kastilien etwa dreißigtausend jüdische Familien. Diese Zahl schließt die Konvertiten nicht ein. Conversos wurden sie genannt, und viele von ihnen waren heimliche Juden.

Die Inquisition kam aus Südfrankreich nach Spanien mit dem Ziel, diese heimlichen Juden auszurotten. Als Isabella von Kastilien und Ferdinand von Aragonien 1469 heirateten, war das christliche Spanien geeint. Es beschäftigte Juden als Steuereinnehmer. Der Oberrabbiner von Kastilien war auch der Steuereinnehmer für das Königreich. Dann wurde den jüdischen Gemeinden 1476 das Recht der Strafgerichtsbarkeit genommen; die jüdische religiöse Autonomie fand ein Ende. Die Inquisition verstärkte ihre Tätigkeit, untersuchte, verurteilte und lieferte Menschen dem Feuertod aus. Mehr als siebenhundert Conversos wurden zwischen 1481 und 1488 verbrannt. Im Herbst 1483 wurde Tomás de Torquemada, der Beichtvater der Königin, zum Großinquisitor ernannt. Terror breitete sich im Land aus. Torquemada zog methodisch, unerbittlich wie einst die römischen Legionen von Stadt zu Stadt. In zwölf Jahren entdeckte die Inquisition mehr als dreizehntausend Männer und Frauen, die zum römischen Christentum übergetreten waren und heimlich das Judentum praktizierten, und verurteilte sie zum Scheiterhaufen.

Mit dem Fall des moslemischen Spaniens waren das Verlangen nach religiöser Einheit und der Wunsch aufgekommen, keine fremden Gesichter mehr zu sehen. Spanien hatte fünfhundert Jahre lang Krieg gegen den Islam geführt. Es wollte sich von dem Abschaum reinigen. Am 31. März 1492 wurde in Granada ein Edikt über die Ausweisung der Juden unterzeichnet. Am 1. Mai jenes Jahres begann Spanien alle Juden zu vertreiben, die nicht zum Christentum übertraten. Etwa hundertsiebzigtausend verließen das Land. Sie machten sich auf die Wanderschaft durch Europa, gingen nach Portugal, Nordafrika, in die Türkei. Zehntausende ließen sich taufen. Der letzte Jude verließ Spanien am 31. Juli 1492, dem siebten Tag des hebräischen Monats Av. Spanien war offiziell judenfrei. Papst Innozenz III. hatte gesiegt. Alle Juden waren Wanderer, verloren in einer riesigen, verwünschten Welt.

Die Torquemadas waren Conversos gewesen. Dieser Ansicht sind die meisten Wissenschaftler.

Die Zahl der Conversos war nach einer Welle antijüdischer Krawalle im Jahr 1391 gewachsen. Die Vertreibung hatte sie zusätzlich erhöht. Jetzt, da die Juden fort waren, gab es ungefähr dreihunderttausend Conversos im Land. Sie stellten die gebildete städtische Mittelschicht Spaniens. Die Reicheren unter ihnen heirateten in die spanische Aristokratie ein.

Die Spanier machten einen Unterschied zwischen sich und den Nachkommen der Conversos: die letzteren wurden Neuchristen genannt im Gegensatz zu den Altchristen, die keine jüdischen Vorfahren hatten. Die unteren Schichten des spanischen Volkes betrachteten die Conversos mit Mißtrauen und Animosität und bezeichneten sie als *marranos*, Marranen, ein Wort, das nach Ansicht mancher Wissenschaftler »Schwein« bedeutet. Torquemada wurde durch Diego Deza ersetzt, den Freund und Gönner von Kolumbus.

Nach der Vertreibung fuhr die Inquisition fort, diejenigen ausfindig zu machen, die heimlich das Judentum praktizierten. Es hatte heimliche Juden im Land gegeben seit der Zeit der Zwangsbekehrungen unter den Westgoten im 7. Jahrhundert. Sie bildeten ihre eigene stille Welt und riskierten ihr Leben für das, was sie für den wahren Glauben hielten.

In Spanien gab es keine jüdischen Bücher mehr. Aber diesen Conversos stand – wie kürzlich von einem Wissenschaftler nachgewiesen wurde – nicht nur die Bibel auf lateinisch zur Verfügung, sondern auch vieles vom Talmud, der Haggada, hebräische Literatur und Grammatik, Bibelkommentare und jüdische Geschichte, und zwar in Zitaten, auf lateinisch oder in der Landessprache, in Werken von christlichen Theologen, Grammatikern, Naturwissenschaftlern und Historikern. Und durch die Reisen der neuchristlichen Kaufleute konnten die Conversos in Kontakt mit jüdischen Gemeinden jenseits der spanischen Grenzen bleiben.

Ihr Leben war erfüllt von ständiger Furcht, entdeckt zu werden. Ein Widerstreben, Schweinefleisch zu essen, das Anzünden von Kerzen am Freitagabend, die Einhaltung bestimmter Fastentage, der am Sabbat nicht aus dem Schornstein aufsteigende Rauch – das jüdische Gesetz verbietet das Feuermachen am Ruhetag –, das waren die verräterischen Anzeichen, daß jemand womöglich ein heimlicher Jude sei. Die Inquisitoren sammelten ihre Beweise mit großer Sorgfalt. Dem Verdächtigen, der vor einem Inquisitionsausschuß erscheinen mußte, wurden Beweise vorgelegt. Dann wurde er aufgefordert zu gestehen. Eine Weigerung hatte Haft und weitere Vernehmungen zur Folge. Ein Angeklagter konnte Monate oder Jahre im Gefängnis schmachten, ehe der Prozeß eröffnet wurde. Wurden die Antworten als unbefriedigend empfunden oder ließen die Beweise eine Verurteilung als gerechtfertigt erscheinen, dann wurde der Angeklagte gefoltert. Das war alles ganz legal und wurde sorgfältig und wohlbedacht durchgeführt. Die Folter wurde angewandt, um zu erhärten, was die Inquisitoren schon wußten. Alles wurde schriftlich niedergelegt.

Reue und Bestrafung fanden in einem öffentlichen Akt statt, der, nach dem Portugiesischen Autodafé heißt, »Glaubensakt«. Solche Zeremonien wurden auf einem großen Platz der Stadt oder in einer Kirche in Anwesenheit von Würdenträgern und Volksmassen abgehalten. Verschiedene Strafen konnten gegen einen geständigen heimlichen Juden verhängt werden: sechs Monate lang jeden Freitag fasten, mit entblößtem Oberkörper durch die Stadt geführt werden und ein Schild mit der Bekanntgabe des Vergehens tragen oder – für Männer – drei Jahre Galeerendienst. Diejenigen, die nicht gestanden, wurden den weltlichen Behörden überantwortet und auf einem besonderen Verbrennungsplatz, manchmal außerhalb der Stadt, lebendig verbrannt. Das Eigentum des Verurteilten wurde von der Inquisition eingezogen. Zuerst wurden die Erlöse dem König übergeben. Allmählich blieb aber der größte Teil des beschlagnahmten Vermögens in den Schatzkammern der Inquisition. Die Motive dieser heiligen Institution waren Frömmigkeit und Besitz. Mehr als dreißigtausend Menschen fielen der Inquisition zum Opfer: heimliche Juden, Protestanten, heimliche Moslems und andere.

Die meisten jüdischen Konvertiten blieben fromme Christen. Aber die Spanier schienen ihre Anwesenheit nicht verwinden zu können. Die Conversos trugen viel zu Spaniens außerordentlichem 16. Jahrhundert bei, dem Goldenen Zeitalter der spanischen Zivilisation. Aus ihren Reihen stammten die heilige Teresa von Avila, Mystikerin und Gründerin von Klöstern; Fernando de Rojas, Verfasser des ersten großen literarischen Werks der spanischen Renaissance; Diego Laínez, ein Freund des heiligen Ignatius von Loyola und zweiter General des Jesuitenordens; Francisco de Vitoria, der größte Jurist des 16. Jahrhunderts, sowie Dichter, Humanisten und Romanschriftsteller. Die meisten Spanier fanden die aristokratischen Conversos unerträglich.

1547 erließ ein Mann von einfacher und daher makelloser Herkunft – ein Erzbischof mit Namen Siliceo – eine Vorschrift über die *limpieza de sangre*, die »Reinheit des Blutes«, und machte sie für Toledo bindend. In Zukunft konnten nur diejenigen ein kirchliches Amt erhalten, die nicht von Conversos abstammten. 1556 billigte König Philipp II. die Vorschrift. »Alle Ketzereien in Deutschland, Frankreich und Spanien«, bemerkte er, »sind von Nachkommen der Juden gesät worden.« Das war ein Hirngespinst, soweit es sich um die Juden in Frankreich und Deutschland handelte. Seltsamerweise war Philipp II. selbst ein Nachkomme von Juden.

Die *limpieza*-Vorschriften verbreiteten sich über ganz Spanien. Conversos wurden von Zünften und Hochschulen ausgeschlossen und durften in bestimmten Städten nicht wohnen. Religiöse und weltliche Organisationen machten Reinheit des Blutes zur Vorbedingung für die Mitgliedschaft. Man mußte den Nachweis eines makellosen Stammbaums erbringen.

Diese Obsession hielt während des 16. und 17. Jahrhunderts an. Die Gemeinden wetteiferten miteinander, um ihre Blutgesetze zu verschärfen. Das leiseste Gerücht von jüdischer Abstammung wurde ein nicht zu beseitigender Makel. Die Ehre eines Mannes hing nicht von seinen Leistungen ab, sondern von beklemmendem Gemunkel, auf das er keinen Einfluß hatte. Dann merkten die Altchristen mit einemmal, daß sie in ständiger Furcht lebten, durch Klatsch und Tratsch ihren guten Namen zu verlieren. Niemand konnte die Reinheit seines Blutes seit undenklichen Zeiten nachweisen. Zuletzt begründete man seine *limpieza de sangre*, indem man einen Stammbaum erfand, Unterlagen fälschte und Zeugen bestach. Jahrhundertelang zerfleischte sich Spanien selbst mit seinem Haß auf die jüdischen Fremden.

Ich erinnere mich, daß ich eines Tages vor nicht langer Zeit auf der Plaza Mayor in Madrid stand, einem riesigen, gepflasterten Platz, umgeben von alten Häusern mit Balkonen. Es war ein sonniger, kühler Tag. Ich hatte in alten Berichten und den Büchern von Historikern über ein Autodafé gelesen, das hier einst stattgefunden hatte. Ich sah im Geist die Tribünen und Gerüste und die mit Girlanden geschmückten Zimmerfluchten, in denen der König und die Königin und ihr Hofstaat speisten und ruhten. Baldachine schirmten die Balkone und Tribünen ab, wo Fürstlichkeiten und Adelige saßen, um das Verfahren mitanzusehen. Bogenschützen sorgten für die Sicherheit des Königs. Ein Gardekorps hielt die Ordnung aufrecht. Die Volksmenge war groß. Jeder Gefangene hielt eine gelbe Kerze und trug einen spitzen Papierhut. Eine Predigt wurde gehalten. Die Urteile wurden verlesen. Vierundzwanzig Gefangene erhielten Strafen für verschiedene Verbrechen:

Magie, Zauberei, Pakte mit Dämonen, Bigamie, Blasphemie. Neun geständige Judengläubige erhielten Strafen. Sieben Gefangene sollten auf dem Scheiterhaufen verbrannt werden: sechs verurteilte Judengläubige und ein der Ketzerei und des Sakrilegs überführter Mönch. Diejenigen, die verbrannt werden sollten, hielten ein grünes Kreuz in den Händen. Sie wurden den weltlichen Behörden überantwortet und von Soldaten vom Platz geführt. Die Menge überschüttete sie mit beleidigenden Zurufen. Das Autodafé ging weiter. Gebete wurden gesprochen. Der königliche Chor sang einen Psalm. Am Abend wurden die sieben Verurteilten, unter ihnen drei Frauen, an den Brandpfählen auf einem entlegenen Hinrichtungsplatz festgebunden und in einem gewaltigen Feuer verbrannt.

Es gibt jetzt viele schöne Cafés und Geschäfte an diesem Platz. Man sieht Tauben und Kinder. Ein alter Mann verkaufte Spielsachen.

Am 27. Oktober 1765 fand die letzte, von der Inquisition veranlaßte Verbrennung eines portugiesischen geheimen Juden statt. 1836 traf ein britischer Reisender einen geheimen Juden in Talavera, einer Stadt westlich von Toledo. Dieser Jude praktizierte sein Judentum wahrscheinlich heimlich, um nicht vertrieben zu werden; die Inquisition war zwei Jahre zuvor in Spanien abgeschafft worden.

So hätte es der europäischen Zivilisation ergehen können, wäre das Verhältnis zwischen Christen und Juden anders gewesen ...

Es war einmal, und es war eine sehr reale Zeit, da gab es ein Land, in dem Juden und Christen in relativer Freundschaft lebten. Die Mönche hielten ihre Fastenpredigten, und die Volksmenge geriet in Raserei. Aber die Gemüter beruhigten sich rasch, die Juden reparierten ihre zerbrochenen Fenster und wagten sich hinaus, um sich mit ihren christlichen Freunden zu treffen und mit ihnen auf den Straßen ein Glas zu trinken. Es war eine kurze Zeit: vom 14. bis zum 16. Jahrhundert. Es war ein kleines Land; von Rom bis Mailand und von Genua bis Venedig, ein Land mit Hügeln und Bergen und fruchtbaren Tälern unter einem mediterranen Himmel.

Das Land bestand aus vielen Kleinstaaten: dem Herzogtum Ferrara, Florenz, der Republik Siena, Pisa, dem Herzogtum Mailand, Piemont, Mantua, Venedig. Zwischen diesen italienischen

Stadtstaaten bestanden Rivalitäten und Konkurrenzneid, die manchmal in Krieg ausarteten. Kleine jüdische Gemeinden waren über das ganze Land verstreut; seit der Römerzeit hatten dort Juden gelebt. Jetzt kamen viele als Flüchtlinge aus Deutschland, Frankreich, Spanien und Portugal. Sie schufen eine internationale Atmosphäre, die das Denken belebte.

Jede der jüdischen Gemeinden zählte nicht mehr als ein paar hundert Menschen. Den Mittelpunkt jeder Gemeinde bildeten wohlhabende Familien, die seit eh und je Darlehensgeschäfte gemacht hatten. Ihr Geld vermehrte sich von selbst und ließ ihnen reichlich Zeit zu Muße und kulturellen Beschäftigungen. Die großen christlichen Handelsfürsten der Stadtstaaten besaßen Macht und Reichtum. Die Verbindung von Reichtum, Gelehrsamkeit und Kunst begann aus diesem kleinen Land ein Zentrum kulturellen Glanzes zu machen.

Aus dem Osten kamen byzantinische Gelehrte, nachdem Konstantinopel 1453 an die Türken gefallen war. Sie brachten die Kenntnis der Literatur des klassischen Griechenlands in der Originalsprache mit. Der Westen hatte diese Literatur schon zwei Jahrhunderte vor der Ankunft der Byzantiner in Übersetzungen kennengelernt. Jetzt verstärkte sich ein schon in Gang befindlicher Prozeß: nicht nur der Inhalt, sondern auch die Literatur, die Wörter und sprachlichen Formen, mit denen die Griechen sich ausgedrückt hatten, stand der westlichen Wissenschaft nun zur Verfügung. Die literarische Sensibilität wurde wachgerufen, ein stärkerer Sinn für Ästhetik.

In den goldenen Jahren von Florenz, als die Medici herrschten und Botticelli, Donatello, Ghirlandaio und Leonardo da Vinci die kahlen Wände von Kirchen und Palästen mit einer Schönheit bedeckten, die immer wieder Erstaunen hervorruft, gingen Juden völlig zwanglos durch die Straßen und gehörten zur alltäglichen Szene dieser prachtvollen Stadt. Im Palast der Medici versammelte sich zu regelmäßigem Studium die kleine Gruppe von Gelehrten, die als die platonische Akademie bekannt ist.

Eines Tages erschienen ein Jude und ein Graf in der Akademie. Der Jude war Elia del Medigo, ein brillanter Philosoph, der Hebräisch, Griechisch und Latein konnte. Er hielt Vorlesungen an der Universität Padua ohne offiziellen Titel oder öffentlich anerkannte Stellung. Der Graf war Giovanni Pico della Mirandola. Er war damals etwa zwanzig Jahre alt, der Jude etwa siebenundzwanzig. Der Graf hatte an der Universität Padua studiert, den

Juden dort kennengelernt und ihn beauftragt, eine Reihe von Werken über Aristoteles für ihn zu übersetzen. Als der junge Graf 1485 nach Florenz ging, bat er del Medigo mitzukommen. Die beiden Männer wurden gute Freunde.

Der Gelehrte übersetzte für den Grafen eine ganze Bibliothek philosophischer Werke aus dem Hebräischen ins Lateinische. Sie schlossen sich den Gelehrten der platonischen Akademie an. Der Jude hielt öffentliche Vorlesungen. Er hatte kein offizielles Amt. Die beiden Männer trennten sich 1486 und sahen sich nicht wieder.

Der Jude schrieb philosophische Werke und starb jung. Der Graf wurde einer der großen Gelehrten jener Zeit. Eines Tages erwarb er zufällig ein Exemplar des *Sohar*, eines alten Werks jüdischer Mystiker, und war von dieser Lehre gefesselt. Die Entdeckung einer unbekannten jüdischen mystischen Überlieferung rief eine Sensation in der intellektuellen Welt des Christentums hervor und leitete ein ernsthaftes Studium der Kabbala durch Christen ein.

Noch andere Juden nahmen teil an dieser Begegnung von Christen mit dem griechischen Heidentum auf italienischem Boden. Juda Abrabanel – auch als Leone Ebreo bekannt – schrieb 1501 die *Dialoge der Liebe*. Er war Arzt. Das Werk war italienisch geschrieben und wurde 1535 nach seinem Tod veröffentlicht. Auch er hatte sich wahrscheinlich an den Diskussionen der christlichen Humanisten in Florenz beteiligt. Es ist ein Werk über Liebe – die Liebe Gottes, die das Universum erfüllt, von Gott ausgeht und auch das kleinste Geschöpf erreicht. Die Seele kehrt zu Gott zurück durch die geistige Liebe Gottes. Es war eines der bestbekannten Bücher jener Zeit. Montaigne las es in einer französischen Übersetzung. Giordano Bruno und Francis Bacon waren stark davon beeinflußt. Spinoza hatte die spanische Ausgabe in seiner Bibliothek. Stammt daher sein Begriff *amor dei intellectualis*? Wir können nicht sicher sein.

Ein anderer Wanderer schrieb ein Buch – das größte Werk der jüdischen Gelehrsamkeit jener Zeit. Er hieß Asarja dei Rossi und war Arzt. Er schrieb das Buch wegen eines Erdbebens.

Ferrara wurde 1571 von einem heftigen Erdstoß erschüttert. Die Bewohner flohen voll Schrecken, der wandernde Arzt mit ihnen. Vor der Stadt traf er einen christlichen Gelehrten, und sie kamen ins Gespräch über ein griechisches Werk, den *Aristeasbrief*, der die Geschehnisse beschreibt, die zur Übersetzung der hebräischen Bibel ins Griechische führten. Nachdem seine Neugier geweckt war, begann der Arzt, ein außerordentlich gebildeter Mann, sich mit der Frage eines angeblichen hebräischen Originals dieses griechischen Werks zu beschäftigen. Das Ergebnis seiner Forschungen ist ein Buch mit dem Titel *Meor Enajim*, was »Augenlicht« bedeutet.

Die ganze Literatur der antiken Welt, die heidnische und hebräische, war sein Werkzeug, als er die Bibel, die hellenistische Periode und den Talmud untersuchte. Er zitiert die griechischen Philosophen und auch Homer, Äsop und Euklid. Er zitiert die Römer. Er zitiert – erstaunlicherweise! – die Kirchenväter und Thomas von Aquin. Seine Methode ist objektiv, kritisch, wissenschaftlich. Er ist auf der Suche nach der Wahrheit. Er war stark beeinflußt von der wissenschaftlichen Methodologie des Pico della Mirandola, des Schülers von Elia del Medigo. Er suchte außerhalb seiner hebräischen Quellen nach Fakten. Er schrieb über Philon, der fünfzehnhundert Jahre lang in Vergessenheit geraten war, und rückte ihn wieder ins Blickfeld der Philosophie. Er wies nach, daß das Zählen der Jahre seit der Erschaffung der Welt und die Verwendung einer solchen Berechnung als Grundlage für einen Kalender eine ziemlich junge Tradition hatte; der Talmud hatte keinen derartigen Kalender verwendet. Er bezweifelte die Glaubwürdigkeit verschiedener Geschichten im Talmud. Er stellte noch viele andere Behauptungen auf und machte weitere Entdeckungen dieser Art, und all das schockierte die Rabbis in Italien, und sie belegten sein Buch mit dem Bann. Die Kontroverse griff um sich. In Safed, der Stadt der Mystiker in Galiläa, unterzeichneten die Rabbis ein Exkommunikationsedikt gegen das Buch. Niemand griff den Arzt selbst an, denn er führte ein beispielhaft frommes Leben. Das Buch war in Acht und Bann getan und blieb fast zweihundert Jahre ungelesen und unbesprochen, bis es im 18. Jahrhundert von hochgebildeten jüdischen Gelehrten wiederentdeckt wurde, die feststellten, daß sie eine ähnliche Methodologie anwandten, wie sie von einem Renaissance-Juden entwickelt worden war.

Ein anderer Wanderer, ein Converso, der 1506 aus Portugal nach Italien kam, schrieb eine Geschichte der Juden, in der er die Ursache für das jüdische Leiden zu erklären versuchte. Sein Name war Salomo ibn Verga, und sein Buch mit dem Titel *Schewet Jehuda*, der so viele Nuancen enthält, daß er praktisch unübersetzbar ist, gewährt einen bestürzenden Einblick in das bekümmerte

Herz eines Conversos. Die Zerstreuung ist eine natürliche Erscheinung, nicht durch Sünde bewirkt, sondern durch die Gesetze von Ursache und Wirkung herbeigeführt. Er akzeptiert das Leiden nicht, lehnt die Vorstellung vom Willen Gottes als dem entscheidenden Faktor in der Geschichte ab und stimmt auch nicht dem Gedanken zu, daß Leid ein Zeichen von Überlegenheit sei. Die Juden werden gehaßt, weil die Menschen falsch erzogen sind; ihnen wird der Haß beigebracht. Die Gründe für den Haß können beseitigt werden, wenn sich der Jude seinem christlichen Nachbarn gegenüber bescheiden aufführt und zu Toleranz und Verständnis ermahnt, um die Mauer zu durchdringen, die zwischen den Glaubensbekenntnissen aufgerichtet wurde. Er glaubt nicht an Messiasse und bezweifelt, daß die Erlösung nahe bevorsteht. Das Buch war hebräisch geschrieben und wurde viel gelesen und bewundert. Ibn Verga blieb seinem Volk treu. Er vertraute auf die Gnade Gottes.

Es war einmal ... Nicht jeder war damals ein Gelehrter. Einige waren Künstler, obwohl wir ihrer Namen nicht sicher sind. Die Juden genossen den Luxus des Reichtums. Die Frauen waren elegant gekleidet, mit Schmuck behängt und parfümiert. Ganz Italien war damals stark parfümiert. In Rom pflegten die Juden am Sabbatnachmittag aus ihrem Viertel herauszuschlendern und Michelangelo bei der Arbeit an dem Bildwerk zuzusehen, das sein Moses werden sollte. Alle aufgeklärten Menschen verstanden damals, daß die Hörner ein Zeichen von Majestät und Größe sein sollten und nicht ein Merkmal der Erniedrigung, wie die Ignoranten annahmen. Einige Juden trugen Waffen, sie spielten Karten und Tennis – das in Frankreich schon lange beliebte *jeu de paume*. In der Hitze des Sommers verließen sie die Stadt und gingen in ihre Landhäuser. Viele schätzten die Jagd. Sie studierten den Talmud und lasen Cicero. Rabbis zitierten Dante und Petrarca in ihren Predigten. Die Kinder lernten hebräische Grammatik und Stilübungen, Musik und Tanz, Talmud und Bibel. Juden machten Reisen ins Land Israel und führten unterwegs sorgfältig Tagebuch. Sie hatten private Bibliotheken, viele der Bücher waren italienisch oder lateinisch geschrieben und behandelten alle möglichen Wissensgebiete. Viele studierten an italienischen Universitäten. In den literarischen Salons mancher Häuser trafen sich Patrizier und Kaufleute, Rabbis und Kleriker. Die Menschen glaubten an Omina, Träume, Visionen, Alchimie und Satyrn. Jüdische Frauen sagten in den Häusern von Adligen wahr und bereiteten Liebestränke für schmachtende Damen. Jeder trug ein Amulett gegen böse Geister. In Venedig, wo Juden 1516 mit der Maßgabe zugelassen worden waren, daß sie nur in der Gegend des *geto nuovo*, der »neuen Gießerei«, wohnen dürften –, in Venedig gaben jüdische Sänger und Musiker Hauskonzerte in den Adelspalästen. Es war eine kleine italienisch-jüdische Welt voll zarter Knospen, die zu einem köstlichen Blumengarten hätte werden können. Es war einmal ...

Im August 1553 verdammte der Papst den Talmud als blasphemisches Werk. Einen Monat später, am jüdischen Neujahrstag, wurde ein Berg jüdischer Bücher bei einem Autodafé in Rom verbrannt. Im Juli 1555 ordnete ein anderer Papst an, daß die Juden im Kirchenstaat in Gettos leben müssen. Sie durften keinen Grundbesitz erwerben und mußten gelbe Hüte tragen. Die Juden in Rom wurden in ein neues Viertel auf dem linken Tiberufer umgesiedelt und das Gebiet sofort mit einer Mauer umgeben. Um 1612 lebten alle Juden in der Toskana, in Padua, Verona und Mantua in Gettos. Die Mauern hatten zwei oder drei Tore. Die Torwächter waren Christen. Die Juden mußten ihren Lohn bezahlen.

Es war einmal ... eine reale und schreckliche Zeit.

Wer war König? Wer war nicht König? Im Europa des 14. Jahrhunderts waren Ratten, Pest und Tod König.

Die Ratten waren schwarz und hatten ein seidiges Fell. Sie lebten eher in Häusern und auf Schiffen als auf Feldern und in Abwässerkanälen. Seit Jahren waren sie aus der Mongolei auf den Karawanenrouten nach Westen gezogen. Sie hatten Flöhe. Die Flöhe übertrugen den Bazillus *pasteurella pestis*, den sie sich zuzogen, wenn sie eine infizierte Ratte stachen.

Das war der Bazillus, der in der letzten Dezemberwoche des Jahres 1347 auf einem Handelsschiff von der Krim nach Genua gelangte. Italienische Kaufleute brachten ihn mit, die auf der Krim von einer mongolischen Horde belagert worden waren. Als viele Mongolen starben, wurde die Belagerung abgebrochen, und die Überlebenden flohen. Zwei Tage, nachdem das Schiff im Hafen angelegt hatte, brach die Pest aus. Andere Schiffe, die von der Krim kamen, brachten sie nach Konstantinopel, Venedig und in mehrere andere europäische Häfen. Damals waren die Städte übervölkert, die engen Straßen und Gassen voller Unrat und Müll, der aus den Fenstern geworfen wurde, und voll Urin und Kot. Die schwarzen Ratten kamen von den Schiffen und vermehrten sich in den Städten. Die Seuche breitete sich in Italien, Frankreich, Deutschland und den skandinavischen Ländern aus. Sie erreichte England und Rußland. Ungefähr ein Drittel der Bevölkerung Europas starb daran. Die Engländer nannten sie den »Massentod«, die Deutschen sprachen vom »großen Sterben«; die Franzosen nannten sie *la peste noire*. Die Historiker bezeichneten sie als den »Schwarzen Tod«.

Niemand verstand, was geschah. Den Zusammenhang zwischen dem Sterben und den Ratten und Flöhen konnte sich keiner vorstellen. Das Volk starrte voll Schrecken auf plötzlich menschenleere Dörfer. Schweigen senkte sich auf die Straßen der heimgesuchten Städte. Tote Ratten lagen an den Mauern von Gassen und Gärten. Karren rumpelten durch die Straßen und sammelten die Leichen zur Massenbestattung ein. Hysterie griff um sich; manche flehten zu Gott, geißelten sich, beteten, sie mögen verschont werden; andere verfielen in Grausamkeit und Unzucht. Die Menschen starben an Fieber und scheußlichen Beulen in den Achselhöhlen oder in der Leistengegend. Viele husteten und spuckten Blut. Die Ärzte waren ratlos. Petrarca schrieb, zukünftige Generationen würden es nicht glauben, daß es so etwas gegeben habe, und sich die Verzweiflung über die entsetzliche und bestürzende Vertrautheit mit dem sich rasch ausbreitenden Tod nicht vorstellen können.

Jeder suchte nach einem Grund für das Grauen. Papst Klemens VI. bezeichnete die Seuche als *morbus letalis*, die »tödliche Krankheit«, sah sie als eine Strafe für Sünden an und sprach von der »Pestilenz, mit der Gott das christliche Volk heimsucht.« Andere forschten nach handfesteren Erklärungen. Sicherlich lag dieser Katastrophe eine dämonische Böswilligkeit zugrunde. Die Menschen wurden mißtrauisch gegen Fremde. Der verletzlichste Fremde von allen war der Jude. Seit etwa anderthalb Jahrhunderten hatte es Blutbeschuldigungen gegeben, und es war behauptet worden, die beim Abendmahl verwendeten Oblaten würden auf teuflische Weise entheiligt: Die Juden stahlen sie und in der Annahme, sie seien wirklich der leidende Körper Jesu, zerstachen und verbrannten sie sie, um ihm einen weiteren Todeskampf zuzufügen – das wurde allgemein geglaubt.

Eine Geschichte machte die Runde von einem Juden, der von einem Rabbi einen Beutel Gift bekommen habe mit der Anweisung, den Inhalt in Brunnen, Zisternen und Flüsse zu schütten. Die Juden wollten die Welt vergiften, um sich für all die Jahrhunderte der Verfolgung zu rächen. Die ganze Christenheit sei in Gefahr, durch die Juden vernichtet zu werden.

Im September 1348 wurden in Chillon am Genfer See Juden gefoltert, und es wurde ihnen das Geständnis abgepreßt, sie hätten Brunnen vergiftet. Berichte über diese Geständnisse unter der Folter wurden an deutsche Städte gesandt. Eine Reihe führender Deutscher verteidigte die Juden. Aber die Bevölkerung war aufgeschreckt. Es gab Massaker und Vertreibungen. Niemand weiß, wie viele Tausende erschlagen wurden. In Mainz starben sechstausend. In Straßburg errichtete man ein Gerüst über einer riesigen Grube, und zweitausend wurden lebendig verbrannt. Die Männer durften ihre Gebetsmäntel tragen.

Das Gemetzel griff auf Frankreich und dann auf Spanien über. Papst Klemens VI. bezeichnete es als »schrecklich« und befahl, die Übergriffe einzustellen. Sie gingen weiter. In Wien erweiterten die Juden ihren Friedhof, weil sie mehr Platz brauchten, um alle zu beerdigen, die an der Pest gestorben waren.

Um die Mitte des Jahres 1350 ließ das große Sterben nach, dann begann es wieder. Ungefähr fünfzig Jahre lang kam und ging es in Wellen. Klöster standen leer. Heere waren dezimiert. Die allgemeine Gesetzlosigkeit nahm überhand. Es gab Bauernaufstände, die gewaltsam unterdrückt wurden. Die Angriffe auf die Juden hielten an.

Viele Juden wanderten gen Osten nach Polen und Litauen. Das waren damals junge Länder, vor noch nicht allzu langer Zeit von westlichen und östlichen slawischen Stämmen besiedelt, unter ihnen ein Stamm mit Namen Polanie, was »Feldbewohner« bedeutet. Die Juden nahmen ihre Bücher, ihr Hab und Gut und ihr Jiddisch mit – die Sprache, die sie aus einer Mischung von Mittelhochdeutsch und Hebräisch entwickelt hatten – und ihre bitteren Erinnerungen an die langen Jahrhunderte des deutschen Hasses.

Auch nach dem Abflauen der Pest lebten noch Juden in Deutschland. Sie lebten getrennt von den Christen in jüdischen Vierteln. Es hatte Jahrhunderte gedauert, die Trennung zu vollziehen; jetzt, im 16. Jahrhundert, war es in ganz Westeuropa die Regel. Sie mußten besondere Hüte und das jüdische Abzeichen tragen. Einige Hüte waren spitz. In vielen deutschen Städten durften die Juden keine neuen Synagogen bauen.

Sie hatten immer dazu geneigt, für sich zu bleiben. Jetzt mußten sie es. Viele Juden waren dankbar, daß keine Christen mehr in ihrer Mitte lebten. Die Herausforderungen der christlichen Welt, ihre Verderbtheit und ihre Verlockungen, wurden geringer. Die Spannungen und Aggressionen der bahnbrechenden Jahrhunderte legten sich, an ihre Stelle trat Apathie. Die Juden wurden dem Christentum gegenüber gleichgültig. Vierzehn Jahrhunderte der Polemik gegen das Christentum nahmen nun ein Ende.

Einige hatten von Martin Luther gehört und geglaubt, er sei ein Rebell gegen das Christentum und im Begriff, Jude zu werden. Andere meinten, die Beeinträchtigung der päpstlichen Macht durch die Reformation kündige das Kommen des Messias an. Wahrscheinlich haben diejenigen, die das glaubten, niemals Luthers Pamphlet gelesen: » … daß man ihre Synagogen oder Schulen mit Feuer anstecke und, was nicht verbrennen will, mit Erde überhäufe und beschütte … Und das sollte zur Ehre Gottes und der Christenheit geschehen, damit Gott sehe, daß wir Christen sind und daß wir nicht wissentlich solch öffentliches Lügen, Fluchen und Lästern über seinen Sohn und seine Christen geduldet oder gebilligt haben …«

Die Juden verloren das Interesse an Luther. Das Blut und die Kämpfe in Europa berührten sie nur, wenn Fürsten die Steuern erhöhten, um ihre Heere zu finanzieren. Die Juden verdienten ihren Lebensunterhalt mit dem Verkauf von Weiß- und Kurzwaren, mit Hausieren, Geldverleih und Pfandleihgeschäften. Die Geldgierigen unter ihnen, die nicht gezögert hätten, einen Christen zu betrügen, wurden von Predigern immer wieder an die rabbinische Aussage erinnert: »Es ist tadelnswerter, einen Nichtjuden als einen Juden zu bestehlen wegen der Entweihung des heiligen Namens.« Sie wurden gewarnt, daß solche Praktiken von einzelnen das Wohlergehen der ganzen Gemeinde gefährde. Ihnen wurde gesagt, wer einen Christen betrüge, werde zu guter Letzt einen Juden betrügen. Es gab korrekte Geschäftsabwicklungen zwischen Juden und Christen; aber auf beiden Seiten gab es auch Betrug und Habgier.

Einige deutsche Städte bauten Mauern um ihre Judenviertel. Die Juden konnten Genehmigungen erhalten, ihr Viertel zu verlassen und anderswo Geschäfte zu machen; aber abends und zum Sabbat kamen sie zurück, begierig, talmudische Texte zu studieren und den Tumult der Außenwelt zu vergessen und die Jagd nach dem Geld, das sie brauchten, um ihre Familien zu ernähren. In ihren Häusern und Synagogen und Akademien empfanden sich die Juden von Aschkenas in religiöser und moralischer Hinsicht als der mörderischen Welt überlegen, an deren Peripherie sie lebten. Sie glaubten an ihren höheren Wert, nicht weil sie die Thora akzeptiert hatten; vielmehr wußten sie, daß die Juden die Thora erhalten hatten, weil sie von Anfang an besser waren als alle Völker der Welt.

Viele der Gettos befanden sich in großen Städten und hatten breite Straßen. Manchmal grenzte das Judenviertel an verkommene, schmutzige Gassen oder den Bordellbezirk. Oft waren Gettos enge und sonnenlose Teile alter Städte. Sie konnten sich nicht zu ebener Erde ausdehnen, denn zusätzlicher Grund und Boden durfte von Juden nicht erworben werden; sie dehnten sich himmelwärts aus. Neue Stockwerke wurden auf alte Häuser gesetzt und sperrten die Sonne aus.

Es war keine düstere Welt. Es gab fröhliche Hochzeiten und Feiern. Die Juden fanden ein besonderes Vergnügen an Sabbat-Spaziergängen. An Festtagen gingen sie an einen nahegelegenen Fluß; die Kinder beobachteten die Fische und das Spiel der Sonnenstrahlen auf dem Wasser, die Männer unterhielten sich oder diskutierten ernsthaft über Fragen der Thora, die Frauen lachten und plauderten. Purim war die fröhlichste Zeit mit viel Getöse und Geschenken und Strömen von starken Getränken. Sie sorgten für die Armen, Kranken und Sterbenden mit einem wohldurchdachten Aufgebot freiwilliger Organisationen und Unterstützungsfonds. Sie sammelten Geldspenden für das Heilige Land. Es war ein autonomes Gemeinwesen mit eigenen Gerichten und Gemeindeführern. Es gab die üblichen abergläubischen Vorstellungen, die Amulette und Zauberformeln, die Angst vor Geistern und Dämonen, die Besorgnis um astrologische Vorzeichen.

Gelegentlich wurde ein wohlhabender und erfolgreicher Jude von einem Fürsten aufgefordert, sein Schatzmeister, Bankier oder Verwalter und Lieferant für sein Heer zu werden. Die Fürsten zogen reiche Juden reichen Christen vor, weil sie die Juden nach Belieben entlassen und ihr Vermögen beschlagnahmen konnten. Diese Hofjuden wurden oft sehr mächtig und waren in Zeiten der Verfolgung eine große Hilfe. Oft blieb ihnen das Glück nicht treu, und sie waren rasch um Hab und Gut gebracht.

Das Exil dauerte im 16. und 17. Jahrhundert fort wie eh und je. Es gab endlose Umbildungen von Allianzen und ständige Kriege. Ferne Kontinente wurden von Kolonisatoren aufgeteilt. 1663 erklärten die Türken dem Heiligen Römischen Reich den Krieg. Im Juli 1683 begann die Belagerung von Wien. 1704 nahmen die Engländer Gibraltar.

In den Synagogen und Lehrhäusern der Gettos saßen einige Fromme bis spät in die Nacht in kabbalistische Texte vertieft. Sie erfuhren, daß die Schöpfung durch ein unvorhergesehenes Zerbrechen der heiligen Gefäße und durch Adams Sünde gespalten worden war. Die Funken der göttlichen Gegenwart wurden zerstreut. Nichts auf der Welt war an seinem richtigen Platz. Die Funken zu sammeln und den Schaden wiedergutzumachen, war jetzt die Aufgabe der Juden. Das Exil war wie ein verlassener Garten, von Unkraut überwuchert. Das Volk Israel sollte der Gärtner sein. Die Zerstreuung war nicht nur eine Strafe, sondern auch eine Gelegenheit. Sie übertrug Israel die Mission, die Welt zu erlösen von der Trennung der Funken von ihrer Schale durch das Böse. Die Erlösung würde nicht vom Messias kommen. Durch die Einhaltung der Gebote und durch Gebet, das die Seele zum unendlichen Gott hinaufführt, würde das Volk Israel die ursprüngliche Ordnung im Kosmos wiederherstellen. Das würde unweigerlich den Messias herbeibringen, dessen Kommen bedeuten würde, daß der Prozeß der Erlösung vollendet sei. Sie studierten und beteten.

Anfang des 17. Jahrhunderts wurde das Frankfurter Getto von einem Pöbelhaufen geplündert. Es gab wiederholt Blutbeschuldigungen und Beschuldigungen der Hostienentweihung. In Mysterienspielen wurden die Juden als Christusmörder, dämonische Verbündete Satans und blutgierige Geldverleiher dargestellt – das ständige Erbe des verwünschten Landes.

Viertes Buch

INMITTEN DES MODERNEN HEIDENTUMS

Säkularismus

Erlöser für eine brüchige Welt

Am 31. Mai 1665 kam der Messias.

Sein Kommen stand mit keinem besonderen Ereignis jener Zeit in Zusammenhang. Er benahm sich merkwürdig – verstieß gegen eine Reihe jüdischer Ritualgesetze und zeigte ein seltsames Sexualverhalten. Niemand wußte es damals, aber das Kommen dieses Messias kennzeichnete nicht die Erlösung der rabbinischen Zivilisation, sondern den Beginn ihres Niedergangs.

Die deutsche Judenheit merkte es gar nicht, als er kam. Sie war getrennt von ihrer Umwelt durch das Jiddisch, das sie sprach, durch die Bärte und Schläfenlocken, die ihre Männer trugen, durch die Perücken ihrer verheirateten Frauen, durch ihr eingepferchtes Wohnen und ihre geringe Zahl – etwa fünfzigtausend Seelen zu Beginn des 17. Jahrhunderts. Erniedrigt und zur Ader gelassen durch Kleriker, Fürsten und Pöbelhaufen, voll Verachtung für die sie umgebende Kultur, das Christentum, nicht bereit, fremde Kunst und fremdes Denken kennenzulernen, und zu originärer Kreativität nicht mehr imstande, brachten die Juden in West- und Mitteleuropa in diesen Getto-Jahrhunderten nur noch einen Denker von einiger Bedeutung hervor. Rabbi Juda Löw aus Prag war ein frommer Asket, ein Talmudist und großer Mathematiker. Er ist als der »Maharal« bekannt, ein Akronym aus den ersten hebräischen Buchstaben seines Titels und Namens. Er glaubte, Gott habe Israel seines inneren Wertes wegen erwählt. Die Völker der Welt wirkten durch Gewalt; im Volk Israel habe die Seele die Oberhand. Er war ein Kabbalist.

Rabbi Juda Löw wurde Oberrabbiner von Prag und unterrichtete in dem Lehrhaus, das er dort gründete. Er schrieb rätselhafte Werke über Philosophie und Erziehung, deren Wert erst in jüngster Zeit gewürdigt worden ist. Juden und Nichtjuden empfanden

Ehrfurcht vor seinen wissenschaftlichen Kenntnissen. Er war mit dem Astronomen Tycho Brahe befreundet. Er kannte Kopernikus, wollte aber dessen System nicht akzeptieren, weil es dem der Rabbis widersprach. Aristoteles und Maimonides schätzte er nicht: intellektuelle Perfektion sei nicht das höchste Ziel des Menschen. Das Studium der Thora ermögliche dem Menschen den Gedankenaustausch mit Gott. Die Einhaltung der Gebote bringe ihn Gott näher.

Er schrieb, das Exil der Judenheit sei eine Panne in der Ordnung des Universums. Jedes Volk habe sein eigenes Land; jedes Volk habe das Recht, frei zu sein; Zerstreuung und Versklavung seien Abweichungen von der natürlichen Ordnung. Die messianische Erlösung sei unvermeidlich, durch den Willen Gottes verfügt. Er sagt uns, daß aber noch vor der Erlösung »die Erniedrigung Israels grösser sein wird als je zuvor.« Wir dürfen das Kommen des Messias nicht beschleunigen, warnte er. Er wird kommen, er wird kommen; es ist verfügt. Er wußte, daß Amerika entdeckt war. Er hoffte, eines Tages würden auch die zehn Stämme entdeckt werden. Gelegentlich äußerte er sich barsch über das Verhalten der Juden von Prag; mit seinem Mantel, dem Vollbart und dem hohen Hut pflegte er durch das Judenviertel der Stadt zu wandern – ein Ziel des Zorns der Kaufleute, den er mit seinen Predigten hervorrief. Ein späteres Jahrhundert schrieb ihm die Erschaffung eines Golem zu, eines Menschen aus Erde und Lehm, den er angeblich durch die Zauberkräfte der Kabbala zum Leben erweckte. Dieser Golem soll durch seine übernatürlichen Fähigkeiten die Juden von Prag vor Blutbeschuldigungen gerettet haben. Rabbi Löw war 1525 geboren und starb 1609, so daß er fast die ganze Zeitspanne des 16. Jahrhunderts erlebte.

Während die deutsche Judenheit langsam verfiel, waren die Juden von Polen und Litauen Königen und Adligen behilflich, das neue Land zu erschließen. Diese Juden empfanden sich als die Träger der aschkenasischen Tradition. Schon im 11. Jahrhundert hatte ihre Wanderung aus Aschkenas begonnen, aber in großer Zahl waren sie erst nach den Jahren des Schwarzen Todes gekommen. Ende des 15. Jahrhunderts lebten etwa fünfundzwanzigtausend Juden in Polen. Bis 1648 war diese Zahl durch Einwanderung und natürliche Vermehrung auf etwa dreihunderttausend angewachsen, fast drei Prozent der gesamten Bevölkerung Polens und fast fünfzehn Prozent der städtischen Bevölkerung. Die Theorie, daß ein Großteil der polnischen Juden ursprünglich aus bekehrten Chasaren bestand, kann bis jetzt noch nicht befriedigend bewiesen werden, obwohl sie nicht völlig von der Hand zu weisen ist.

Polen und Litauen waren im Jahr 1600 praktisch vereint. Das polnische Reich erstreckte sich von der Ostsee im Norden bis zum Dnjestr im Süden, an den das türkische Reich grenzte, und von der Oder im Westen bis zum Dnjepr und dem russischen Schwarzerde- oder Tschernosem-Gebiet. Es war ein Land der Seen und Flüsse, der Sümpfe und Hügel und riesiger Kiefernwälder.

Die Juden lebten in Städten und Dörfern, hatten den Export- und Importhandel des Königs in der Hand und veranstalteten die inländischen Handelsmessen. Polen war eine erstarrte Welt reicher Adliger und armer Leibeigener. Fürsten und Adlige suchten nach Mitteln und Wegen, um die Lehenseinnahmen – ihren Anteil am Bodenertrag und den Diensten eines Vasallen – sofort zu Geld zu machen. Diese Einnahmen einzutreiben war eine schwierige und mühselige Aufgabe. Gelegentlich war ein Beauftragter interessiert, eine feste Summe für diese Einnahmen zu bieten, und der Lehnsherr nahm das gern an; der Beauftragte konnte die eingezogenen Beträge dann für sich behalten, und sein Gewinn war die Differenz zwischen dem, was er dem Lehensherrn bezahlte, und dem, was er eintrieb.

Es war ein reiner Zufall der Geschichte, der dem jüdischen Kapital diese Rolle zuschrieb. Juden waren besonders geeignet für diese Aufgabe, nicht nur wegen einer erworbenen Fähigkeit, große Geldbeträge zu verwalten und mit ihnen umzugehen, sondern auch, weil sie politisch machtlos waren und sich nie in die Kämpfe zwischen Herrschern und Beherrschten einmischen würden. Politische Stabilität war entscheidend wichtig für die soziale und wirtschaftliche Existenz der Juden. Die Juden unterstützten immer die Fürsten und Adligen, unter deren Schutz sie lebten.

Juden verwalteten die Ländereien des Adels, sie handelten mit Bekleidung, Farbstoffen und Luxusartikeln. Juden verkauften Bauholz; sie bauten Getreide an; sie pachteten die Wirtshäuser, in denen die Bauern ihr Elend in Alkohol ertränkten. Sie waren Viehzüchter, brannten Schnaps und waren Mühlenbesitzer. Sie waren das Schmiermittel eines Wirtschaftssystems von gleichgültigen Adligen und versklavten Hörigen, das ohne sie nicht funktioniert hätte, und ihre Rechte waren in königlichen Freibriefen gesichert. Sie konnten wohnen, wo sie wollten, und durften ihre Religion ungehindert praktizieren; nur etwa zwanzig der ungefähr tausend Städte in Litauen-Polen verschlossen den Juden ihre Tore. Viele dieser verschlossenen Städte waren im Besitz von christlichen religiösen Institutionen.

Die Richtlinien für das Leben der Juden wurden von einem Rat aus Rabbis und wohlhabenden Laien festgelegt, der sich auf den großen Messen traf und sich um wirtschaftliche, religiöse und Fragen der Sicherheit kümmerte, denn viele Juden bildeten in christlichen Dörfern und Landstädten eine kleine Minderheit.

In allen religiösen, moralischen und kulturellen Dingen stand die jüdische Gemeinde in Polen völlig unter der Leitung der Rabbis. Das Schulsystem begann mit der Grundschule und setzte sich bis zu den Gelehrtenakademien fort, wo Meister und Schüler ihr Leben mit dem Talmud und seinen Kommentaren verbrachten. In Litauen war 1721 Vorschrift, daß man nach der Heirat zwölf Jahre studiert haben mußte, ehe man Lehrer des Rechts oder Richter werden konnte. Jüdische Druckereien brachten Gebetsbücher, Bibeln, den Talmud, Bücher mit Talmud-Legenden als leichte Lektüre und eine Übersetzung des Pentateuch ins Jiddische mit einem Kommentar heraus, in den Geschichten und Morallehren eingeflochten waren und der sehr viel Anklang bei Frauen fand. Die rabbinische Zivilisation erreichte ihren Höhepunkt mit der jüdischen Welt in Polen und Litauen.

Die Juden waren eine wohlhabende und mächtige selbständige Einheit innerhalb einer Gesamtheit von slawischen Stämmen, deren Religion das römische Christentum war. Die Geistlichen hörten nie auf, polnische Bauern und Adlige an die dämonische Natur der Juden zu erinnern. Es war eine rauhe Welt. Oft kam es zu Gewalttätigkeiten. Die Straßen waren unsicher. Wie jeder andere auch, griffen die Juden leicht zur Waffe.

Irgendwann in den ersten Jahrzehnten des 16. Jahrhunderts annektierte Polen ein Großteil der heutigen Ukraine. Das Wort Ukraine bedeutet »Grenzland« – in diesem Fall die Wälder und das fruchtbare Wiesenland östlich von Polen. In diesem Grenzland lebten Bauern und Kosaken, Scharen vortrefflicher Reitertrupps, zu denen sich Bauern zum Selbstschutz zusammenschlossen, aber auch um Beute zu machen und aus schierer Kampflust. Die Kosaken waren gute Soldaten, auf Freiheit erpicht, widerstandsfähig gegen Hitze und Kälte, Hunger und Durst, mutig im Krieg und furchtlos angesichts des Todes. Sie waren bekannt für ihre Robustheit; wenige starben an Krankheiten, es sei denn im hohen Alter; die meisten opferten ihr Leben auf dem Altar des Ruhms –

auf dem Schlachtfeld. Einige Kosaken hatten sich beim polnischen Heer verdungen und dienten als Grenztruppe. Die meisten haßten die Polen und die Juden. Das Wort Kosak ist türkischen Ursprungs und bedeutet »unabhängiger Abenteurer.«

Die Bauern der Ukraine gehörten der griechisch-orthodoxen Kirche an. Die polnische Herrschaft über die Ukraine war hart – die ukrainisch-byzantinische Kultur war in den Augen der polnischen Katholiken verächtlich. Die Bauern wurden vom polnischen Adel wirtschaftlich ausgebeutet und unbarmherzig besteuert. Juden trieben die Steuern ein. Sie zogen in die Wildnis der Ukraine, siedelten sich in den Dörfern an und waren die Agenten der polnischen Adligen. Gelegentlich gab es Kosakenaufstände. Die Rabbis warnten vor den Gefahren der Steuereintreibung in der Ukraine.

1648 war ein Kosakenhäuptling oder Hetman mit Namen Bogdan Chmjelnizki der Anführer eines Massenaufstandes gegen die Polen. Sein Grundbesitz war von einem polnischen Adligen beschlagnahmt worden, möglicherweise auf Betreiben eines Juden. Mehrere tausend Kosaken verwüsteten das Land, brannten Städte und Dörfer nieder, schlachteten Polen und Juden ab. Für die Ukrainer war es ein Befreiungskrieg. Für die Polen war es eine Rebellion. Für die Juden war es das katastrophale Ende einer Welt, die zu erschließen und zu verwalten sie im Auftrag polnischer Adliger und Könige beigetragen hatten. Den Ukrainern schlossen sich tatarische Horden an, die mehr an Beute und Sklaven für sich als an Freiheit und Gerechtigkeit für die Ukrainer interessiert waren.

Die Kämpfe gingen weiter, sporadisch, grausam. Ein in jener Zeit geschriebener Brief berichtet von der Einnahme einiger Städte durch die Kosaken: »Sie metzelten achthundert Adlige mit ihren Frauen und Kindern nieder und auch siebenhundert Juden, ebenso mit Frauen und Kindern. Einige wurden in Stücke gehackt, andere mußten Gräber ausheben, in die jüdische Frauen und Kinder geworfen und lebendig begraben wurden. Juden erhielten Gewehre und den Befehl, sich gegenseitig zu erschießen.«

1654 griffen die Russen auf Seiten der Ukrainer in den Krieg ein. Dann fielen die Schweden ein und verwüsteten Nordpolen. Polnische Historiker sprechen von jener Zeit als der Sintflut.

Die Juden setzten sich zur Wehr, oft Seite an Seite mit den Polen. Viele Juden und Polen flohen aus den Grenzgebieten ins Landesinnere und verteidigten sich dann in den Städten gegen die

Kosakenheere. Die Juden starrten auf die Trümmer ihrer Leistungen aus zwei Jahrhunderten. Witwen und Waisen mußten versorgt, Sklaven freigekauft werden. Das Gemetzel breitete sich aus und wurde allgemein, als die angreifenden Heere durch das Land streiften, sich eine Zeitlang zurückzogen und dann wiederkamen. Man schätzt, daß etwa ein Viertel der jüdischen Bevölkerung in Polen und Zehntausende von Polen bei dieser Rebellion ums Leben kamen.

Etwa zwei Jahre, ehe der Aufstand mit einem 1667 unterzeichneten Friedensvertrag endete, der die Ukraine zwischen den Russen und den Polen aufteilte, erhielten die Juden Nachricht, daß der Messias gekommen sei.

Er kam als ein sefardischer Rabbi.

Ein Kupferstich, den ein Holländer von ihm nach dem Leben anfertigte, zeigt einen Mann mit kurzgeschnittenem Bart, rundlichem Gesicht und hellen, verträumten Augen. Der Mund ist klein, die Lippen voll. Er sieht würdig aus, feierlich; nichts an ihm deutet auf messianisches Charisma hin. Der Zeigefinger der rechten Hand deutet auf ein Wort oder eine Passage auf der Seite eines Buches. Vielleicht ist es das *Buch Hesekiel*, das siebenunddreißigste Kapitel, in dem von Israels verdorrtem Gebein die Rede ist. Vielleicht ist es der *Sohar*, das Kompendium jüdischer mystischer Werke, das in Abschnitten von Moses ben Schemtow aus León, einem spanischen Kabbalisten des 14. Jahrhunderts, geschrieben und veröffentlicht wurde. Der *Sohar* ist für den jüdischen Mystizismus, was der Talmud für den jüdischen Legalismus ist. Das Wort Sohar bedeutet »Licht, Erleuchtung, Glanz.«

Anfänglich war seine mystische Botschaft für die wenigen bestimmt, die das kontemplative Leben in Gemeinschaft mit Gott zu erreichen wünschten. Diese Form des Mystizismus enthielt kein messianisches Element; durch gebührende Konzentration beim Gebet und die Erfüllung eines Gebots erlebte der Kabbalist ein Aufsteigen der Seele und vereinigte sich mit dem göttlichen Willen und den zehn Stufen oder Attributen des unendlichen Gottes; dadurch erlangte er die persönliche Erlösung.

Nach der Vernichtung des spanischen Judentums und dem zunehmenden Grauen des Exils verband sich der jüdische Mystizismus mit dem jüdischen Messianismus durch Mystiker, die sich in Safed niederließen. Sie waren von fast überall aus dem Exil gekommen. Das bedrückende Leiden ihres Volkes, das Bedürfnis, das Wesen des Exils zu begreifen, die Beziehung zwischen der endlos hinausgeschobenen Erlösung und einem gütigen Gott, die Rolle des Volkes Israel in einer mörderischen Welt – all das bewirkte einen radikalen Wandel im kabbalistischen Denken, wozu ein junger Kabbalist mit Namen Rabbi Isaak Luria beträchtlich beitrug, der 1572 mit achtunddreißig Jahren starb. Er war 1570 aus Ägypten nach Safed gekommen.

Er lehrte, daß Gott, um Platz für die Welt zu schaffen, Raum abgab, den seine Gegenwart ausgefüllt hatte; er ging ins Exil. Seine Attribute oder Emanationen oder Kräfte füllten immer noch die Formen, die Gefäße der weltlichen Erscheinungen. Aber die Gefäße vermochten das göttliche Licht nicht zu halten. Sie zerbrachen. Die Funken sanken herab und zerstreuten sich und mischten sich mit dem Unrat des irdischen Daseins. Der ganze Kosmos war in Unordnung; alles war jetzt in einem einzigen riesigen Exil, sogar Gott. Die Schöpfung selbst war durch eine entsetzliche Katastrophe fehlgeschlagen.

Aber die Katastrophe konnte behoben werden; der ursprüngliche Fehler konnte berichtigt werden. Das war die besondere Aufgabe von Israel. Indem Israel sich selbst korrigierte, vermochte es auch das kosmische Chaos zu korrigieren. Das konnte durch die richtige Befolgung des Gesetzes geschehen. Eine solche Befolgung hatte kosmische Bedeutung: dadurch wurden die eingeschlossenen Funken befreit, die Erlösung und das Kommen des Messias gesichert. Die Funken waren jetzt fast frei, lehrten die Kabbalisten. Bald, bald würde das Ende der Dunkelheit kommen.

Einige rabbinische Autoritäten betrachteten den Messianismus mit Argwohn; er besaß eine vulkanische Kraft, die die vom Gesetz aufgestellten Schranken durchbrechen konnte. Und sie konnte eine für das Recht bedrohliche und problematische Frage aufwerfen: Was ist das Wesen des Judentums in einer neuen und erlösten Welt? Aber die erschöpfte jüdische Welt war jetzt bereit für den Messias.

Sein Name war Sabbatai Zwi. Uns wird gesagt, er sei am Neunten des Av im Jahre 1626 in Smyrna in Kleinasien geboren. Mit achtzehn Jahren wurde er als sefardischer Rabbi ordiniert. Sein Vater und seine beiden Brüder waren wohlhabende Kaufleute. Er hing sehr an seiner Mutter.

Seit er zwanzig war, wurde er abwechselnd von Stimmungen der Depression und Exaltation befallen. Wenn ihn die Melancholie packte, zog er sich abrupt von jedem menschlichen Kontakt zurück und führte ein Einsiedlerleben. Verflüchtigte sich die Melancholie, geriet er unvermittelt in einen Zustand der Exaltation und Ekstase und beging manchmal Taten, die das mosaische Gesetz verbietet. Er sprach laut den geheiligten Namen Gottes aus, und zwar auf die verbotene Art, wie er in der Bibel geschrieben und vokalisiert wird. Seine Mitbürger in Smyrna hielten ihn für einen verrückten Narren.

In der Jugend hatte er begonnen, die Kabbala zu studieren. Er hatte eine schöne Stimme und war musikalisch begabt. Er komponierte Lieder. In seinen Perioden der Exaltation sprach er manchmal von einer bestimmten Offenbarung, die ihm der Gott seines Glaubens gewährt habe. Er sei der Messias, sagte er. Etwa 1654 verbannten ihn die über seine Behauptungen und rituellen Verstöße erbosten Rabbis aus der Gemeinde.

Er wurde ein Wanderer. Er wanderte durch Griechenland und den Balkan. In Saloniki nahm er bei einer Hochzeitsfeier eine Thorarolle zur Braut und wurde von den Rabbis aus der Stadt gewiesen. In Konstantinopel feierte er drei Pilgerfeste in einer einzigen Woche, verkündete die Abschaffung der Gebote und brachte einen blasphemischen Segensspruch aus: »Gesegnet seiest du, o Herr, unser Gott, der du das Verbotene erlaubst.« Er wurde ausgewiesen, verzog sich still und leise nach Smyrna und lebte dort eine Weile, tief in Melancholie versunken.

1662 brach er zu einer Reise nach Jerusalem auf. Er erreichte die Stadt Ende des Jahres und wanderte durch die heiligen Stätten. Sein Verstand war klar zu dieser Zeit, und er war ein stattlicher und würdevoller Mann. Ungefähr ein Jahr lebte er in Kairo, und die Anfälle von Melancholie kehrten wieder. Er heiratete ein aschkenasisches Mädchen mit Namen Sara, ein verwaistes Opfer der Massaker in Osteuropa von 1648. Sie war eine Hure, und er nahm sie, um es dem Propheten Hosea gleichzutun. Der Zustand der Melancholie hielt an. Er hatte das Gefühl, von Dämonen besessen zu sein.

Er erfuhr, daß in der Stadt Gaza im Heiligen Land plötzlich ein außerordentlicher Gottesmann erschienen sei. Sein Name war Nathan, und es hieß von ihm, er könne in den Seelen anderer lesen und Dämonen vertreiben. Sabbatai Zwi wanderte nach Gaza.

Im April 1665 traf er in der Stadt ein. Nathan, ein junger Rabbi von makellosem Ruf, hatte Sabbatai Zwi in einer Vision als Messias gesehen. Geschichten von dem seltsamen sefardischen

Rabbi hatten in Jerusalem die Runde gemacht, als Nathan 1663 dort studierte. Die beiden Männer trafen sich. Nathan versicherte Sabbatai Zwi, in seiner Seele sei kein Dämon, und er sei wirklich der Messias. Seine seltsamen Taten seien der Ausdruck seines ständigen Krieges gegen das Reich der Schalen, den Abgrund des Bösen, den Golem oder die formlose Masse, die nur durch besondere heimliche Reinigungs- und Berichtigungsakte durch den Messias selbst erlöst werden könne.

Der sefardische Rabbi wollte nichts davon hören und lehnte es ab, sich zu den Worten des jungen Rabbi zu bekennen. Sie wanderten zusammen zu den heiligen Stätten in Hebron und Jerusalem und kehrten dann nach Gaza zurück. Dort wurde Sabbatai Zwi am 31. Mai 1665 plötzlich von einem Gefühl der Exaltation befallen. Von Nathan dazu angespornt, gab sich der sefardische Rabbi öffentlich als Messias zu erkennen. Er war damals fast vierzig Jahre alt.

Die ganze jüdische Gemeinde von Gaza wurde von Erregung gepackt. In den folgenden Wochen ritt Sabbatai Zwi zu Pferde durch die Gegend und sammelte Anhänger. Er ernannte zwölf Männer zu Aposteln und Richtern der bald wiederhergestellten zwölf Stämme Israel. Eine Reihe führender Jerusalemer Rabbis hielt das alles für gefährlichen Unsinn und verbannte ihn aus der Heiligen Stadt.

Der junge Rabbi Nathan von Gaza – erst Anfang Zwanzig, asketisch, gelehrt und über jeden Tadel erhaben – wurde der Prophet des neuen Messias. Er verkündete, daß Massenbuße nötig sei, um das Kommen der Erlösung zu beschleunigen. Er schickte Briefe an verschiedene jüdische Gemeinden und empfahl Fasten und asketische Akte. Kein Rabbi konnte sich einem Aufruf zur Buße widersetzen.

Unabhängig von den Geschehnissen im Heiligen Land ging plötzlich wie ein Lauffeuer ein Gerücht durch die jüdischen Gemeinden in Europa: ein Heer der zehn verlorenen Stämme Israel habe Mekka erobert und marschiere nach Persien. Das war im Sommer 1665 – ehe irgend jemand in Europa von Sabbatai Zwi gehört hatte.

Im Herbst 1665 schickte Nathan von Gaza Briefe nach Italien, Holland, Deutschland und Polen und kündigte den Messias an. Vier Monate waren seit dem Tag vergangen, an dem Sabbatai Zwi sich als Messias proklamiert hatte; es ist nicht bekannt, warum Nathan von Gaza mit dem Schreiben dieser Briefe so lange wartete. Sabbatai Zwi hatte diese Monate benutzt, um nach Safed und dann weiter nach Aleppo zu wandern, wo eine Reihe talmudischer Gelehrter erklärten, daß sie an ihn glaubten. Von dort aus ging er nach Smyrna. Nathan von Gaza war im Heiligen Land geblieben.

An einem Tag Anfang Dezember, während des Chanukkafestes, erschien Sabbatai Zwi in der Synagoge, in ein königliches Gewand gekleidet. Ekstatisch sang er die Morgengebete. Er sprach den Namen Gottes aus. Sein seltsames Verhalten, einmal das würdevolle Gebaren eines gelehrten sefardischen Rabbi, dann wieder das exzentrische Benehmen des apokalyptischen Erlösers, wirkte auf viele anziehend und auf einige wenige abstoßend. Arm und reich gleichermaßen und auch hochgeachtete Rechtsgelehrte wurden verzückte Anhänger. Aber es gab viele, die sich ihm widersetzten.

Am 11. Dezember erzwang sich Sabbatai Zwi den Zugang zur Synagoge seiner Gegner in Smyrna. Vor der verblüfften Gemeinde las er den Thora-Abschnitt aus einem Buch statt aus einer Rolle. Dann nahm er die Thora-Rolle in die Arme und sang dazu ein kastilisches Liebeslied, seine Lieblingsmelodie, in der er profunde kabbalistische Hinweise zu erkennen glaubte. Er bezeichnete sich als den Gesalbten des Gottes von Jakob. Er sprach den Namen Gottes aus und befahl anderen, ihn auch auszusprechen.

Ein paar Tage vergingen. Bei dem öffentlichen Gebet am Sabbatmorgen, in das der Herrscher eingeschlossen war, wurde der Name des türkischen Sultans durch den Namen von Sabbatai Zwi, des messianischen Königs von Israel, ersetzt. In den nächsten Tagen tanzten die Menschen, von Freude hingerissen, auf den Straßen. Viele gerieten in Verzückung. Propheten wanderten durch Smyrna und schilderten Sabbatai Zwi, wie er auf einem Thron saß. Der Handel hörte auf. Die ganze jüdische Gemeinde von Smyrna war von Hysterie gepackt; reich und arm, Gebildete und Ungebildete, alle waren davon erfaßt. Am 30. Dezember 1665 schiffte sich Sabbatai Zwi von Smyrna aus nach Konstantinopel ein. Briefe gingen kreuz und quer durch die Welt, berichteten von den Geschehnissen in Smyrna, ergänzten Fakten durch Phantasie und schürten das Feuer. Endlich, endlich, nach fünfzehnhundert Jahren der Scham und des Wanderns war der Messias gekommen!

Er kam nach Konstantinopel und wurde von den türkischen Behörden verhaftet. Sein Tun und Treiben hatte ihr Mißtrauen erweckt, und sie waren besorgt über die Uneinigkeit unter den Juden im Reich, die seine Anwesenheit hervorgerufen hatte.

Rebellen wurden von den Türken im allgemeinen rasch hingerichtet. Aber Sabbatai Zwi vermochte offenbar auf den Großwesir einen guten Eindruck zu machen. Er kam ins Gefängnis von Gallipoli. Er lebte einigermaßen behaglich in einer Festung – seine Wächter waren von seinen Anhängern bestochen worden – und durfte Besuche erhalten. Unter den Besuchern waren die Rabbis von Konstantinopel. Sein Zustand war zu jener Zeit normal, er trat wie ein Gelehrter auf. Die Rabbis schienen nicht zu wissen, was sie von ihm halten sollten; einige schlugen sich auf seine Seite.

Während der ganzen letzten Monate des Jahres 1665 waren Briefe aus Palästina, Ägypten, Aleppo und Smyrna gekommen und hatten von Sabbatai Zwi und dem Propheten Nathan berichtet. In ganz Europa brach eine messianische Begeisterung aus. In öffentlichen Freudenprozessionen trugen die Juden Porträts von Sabbatai Zwi herum. Skeptische Rabbis bewahrten vorsichtig Stillschweigen, denn sie fürchteten, den rachsüchtigen Ärger der Sabbatianer in ihren Gemeinden zu erregen. Die beiden unerbittlichsten Gegner der Bewegung waren Joseph Halevi, der Prediger der jüdischen Gemeinde von Livorno, und Rabbi Jakob Sasportas, der ohne offizielles Amt in Hamburg lebte und ständig Briefe an Freunde und Bekannte schickte, in denen er seine Zweifel an der Messianität von Sabbatai Zwi äußerte.

Weder Sabbatai Zwi noch Nathan von Gaza waren Scharlatane. Beide waren geachtete und gelehrte Rabbis; beide sahen ihre Rollen als von Gott stammend an, der eine als prophezeiter Messias, der andere als der vorausgesehene Prophet, der das Kommen des Messias ankündigt. Jahrhundertelange Isolierung vom Kontakt mit der Welt hatte die Menschen für den Glauben konditioniert, die Zukunft des Volkes und der Welt hänge allein vom Juden und davon ab, daß er das Irdische reinige durch peinlich genaue Einhaltung der Gebote, begleitet von inbrünstiger Frömmigkeit und höchst konzentrierter Hingabe des Herzens; dazu kamen die jahrhundertelange Erwartung und die volkstümlichen kabbalistischen Vorstellungen, daß die Befolgung des mosaischen Gesetzes unermeßliche Bedeutung habe und das Kommen des Messias das letzte Stadium im Erlösungsprozeß sei – all das machte es möglich, daß Sabbatai Zwi so begeistert aufgenommen wurde.

Die Nachricht von dem jüdischen Messias verbreitete sich auch in christlichen Kreisen. Pamphlete und Flugblätter erschienen 1666 auf englisch, holländisch, deutsch und italienisch. In Polen und Litauen, auf den Straßen von Pinsk, Wilna und Lublin sahen verärgerte Christen Juden mit Bildern von Sabbatai Zwi herumziehen. Es gab Aufstände. Im Mai 1666 verbot der polnische König diese Demonstrationen.

In Gallipoli begann Sabbatai Zwi, dessen Gefängnis jetzt ein königlicher Hof war, da die bestochenen Wächter beide Augen zudrückten, seine Briefe mit »Ich bin der Herr, euer Gott Sabbatai Zwi« zu unterzeichnen.

Zwei polnische Rabbis besuchten ihn im Sommer 1666. Nach einer kurzen Vorbesprechung schickte er sie zu einem seiner Stellvertreter in Konstantinopel. Die Rabbis stellten viele Fragen. Bei einer zweiten Audienz fanden sie Sabbatai Zwi ganz in Rot gekleidet. Auch das Mäntelchen der Thora, die er bei sich hatte, war rot. Der Messias erbrachte symbolische Beweise für seine Vertrautheit mit den Schrecken der Kosaken-Massaker von 1648. Er versprach, die Grausamkeiten zu rächen, die an der polnischen Judenheit verübt worden waren. Er sang ihnen aus den Psalmen vor. Die Rabbis waren gerührt und beeindruckt. In Briefen nach Polen rühmten sie den Messias Sabbatai Zwi.

Etwa einen Monat nach der Abreise der Rabbis aus Gallipoli kam ein Kabbalist mit Namen Nehemia Hacohen aus Polen. Der Wunsch von Sabbatai Zwi, ihn kommen zu lassen, war in einem der Briefe übermittelt worden, die die polnischen Rabbis geschrieben hatten. Der aschkenasische Kabbalist wollte die Echtheit des sefardischen Messias nicht anerkennen. Ein vorbereitender Messias, Sohn des Joseph, müsse kommen und getötet werden, sagte der polnische Kabbalist, damit der wahre Messias, Sohn des David, erscheinen könne. Sabbatai Zwis Versuche, an Hand kabbalistischer Texte das Gegenteil zu beweisen, überzeugten den einflußreichen polnischen Mystiker nicht. Keiner dieser beiden Männer war sich auch nur im entferntesten der Jahrtausende der jüdischen Geschichte bewußt, die in ihrer persönlichen Kontroverse widerhallten. Die Sippen des Hauses Joseph, einst die mächtigsten der nördlichen Stämme Israels, waren dem Volk stark in Erinnerung geblieben, und in einigen kabbalistischen Schriften wurde ihnen eine Rolle in dem Drama der Erlösung zugewiesen: Sie würden dem Volk einen Messias schenken, der einen Befreiungskrieg führe und vernichtet werde – wie die nördlichen Stämme; kurz darauf würde aus Juda der zweite Messias kommen, der das Volk eine und zum Sieg führe – wie David, Sohn des Isai, König der vereinten Stämme von Juda und Israel.

Der Streit zwischen den beiden Männern zog sich drei Tage hin und wurde immer hitziger. Den polnischen Kabbalisten überkam das Gefühl, daß sein Leben bedroht sei. Er hatte gehört, daß Nichtgläubige terrorisiert und Gewalttätigkeiten unterworfen worden seien. Er informierte die türkischen Behörden von den Vorgängen im Gefängnis in Gallipoli, trat zum Islam über, um den möglichen Verdacht, er stecke mit den Messianisten unter einer Decke, auszuräumen, und entfloh nach Polen, wo er sofort wieder zum Judentum zurückkehrte.

In einem Zustand tiefer Melancholie wurde Sabbatai Zwi nach Konstantinopel gebracht. Am 15. September 1666 wurde ihm in Gegenwart des Sultans der Prozeß gemacht und ihm die Wahl gelassen zwischen dem sofortigen Tod und der Bekehrung zum Islam. Er entschied sich für den Islam und erhielt bis an sein Lebensende eine Staatspension.

Seine Anhänger wollten es nicht glauben. Der Messias ein Apostat! Nathan von Gaza erfuhr es im November. Es sei alles höchst mysteriös, meinte er. Es werde sich mit der Zeit aufklären. Er verließ Gaza und ging nach Smyrna, wo er den März und April in Gesellschaft von Anhängern verbrachte, die immer noch fest an die Messianität von Sabbatai Zwi glaubten. Nathan entwickelte den Gedanken, daß die Apostasie des Messias das letzte Stadium in der Erfüllung seiner Erlösungsmission sei. Er sei hinabgestiegen in die Tiefen des Bösen, in den Bereich der Schalen, um die letzten der heiligen Funken heraufzuholen. Das seltsame Benehmen des Messias im Laufe der Jahre – seine Verstöße gegen das mosaische Gesetz, sein unzüchtiges hetero- und homosexuelles Verhalten – das seien die sichtbaren Manifestationen seines Kampfes mit dem Bösen gewesen; diese Apostasie sei der letzte Kampf. Der Messias habe bereitwillig die Schande dieser letzten seiner seltsamen Taten auf sich genommen, um die reinigende Erlösung der Welt zu vollenden; er besiege den Bereich des Bösen von innen.

Der Prophet und der Messias trafen sich 1667 und 1668 mehrmals. Nathan verbrachte den Rest seines Lebens damit, zwischen griechischen und Balkanstädten – Adrianopel, Sofia, Kastoria, Saloniki – hin und her zu wandern, wo Anhänger von Sabbatai Zwi an ihrem Glauben festhielten und auf seine Rückkehr zum Judentum warteten.

In den jüdischen Gemeinden gaben Rabbis, die einst überzeugt gewesen waren, stillschweigend ihren leidenschaftlichen Glauben an die sofortige Erlösung auf und wollten nicht von den seltsamen

Jahren reden, in denen die Hoffnung von Jahrhunderten ihrer Erfüllung so nahe gewesen zu sein schien. Zweifel an der akzeptierten Weisheit der rabbinischen Führung schlichen sich in das kritische jüdische Denken ein. Das System selbst hatte die Sehnsucht hervorgerufen, hatte Sabbatai Zwi überprüft und gebilligt und hatte sich als unzuverlässig erwiesen. Um die kollektive Schande des Volkes in den Augen zukünftiger Generationen zu vermindern, wurden Gemeindeaufzeichnungen, die auch nur den schwächsten Widerhall des messianischen Debakels enthielten, entfernt und vernichtet – auf Befehl der Rabbis und Ältesten. Schweigen senkte sich auf die messianische Bewegung von Sabbatai Zwi. Aber viele hatten schriftliche biographische Skizzen über ihn und Nathan von Gaza; unzählige Briefe, Traktate und Pamphlete über die messianische Bewegung waren in der christlichen und jüdischen Welt im Umlauf gewesen – nicht alles konnte unterdrückt werden. Die Forschungen von Gerschom Scholem und anderen haben uns Einblick in die tragischen und pikanten Ereignisse in dem seltsamen Leben des Sabbatai Zwi und seines leidenschaftlichen Propheten gewährt.

Sabbatai Zwi starb plötzlich am 17. September 1676, am Versöhnungstag. Er war fünfzig Jahre alt. Etwas über drei Jahre später, am 11. Januar 1680, starb Nathan von Gaza. Nur ihre Anhänger bemerkten ihr Hinscheiden.

Kleine, geheime Gruppen dieser Anhänger hielten sich in Kleinasien und Europa – Juden im Untergrund, die dem rabbinischen Judentum treu waren und sich verstohlen trafen, um von ihrem Messias zu sprechen, und ein seltsames Verhalten, zum Teil auch, was die Sexualität betraf, an den Tag legten. Sie wollten das Böse von der Sünde reinigen und die endgültige Erlösung herbeiführen; in einer erlösten Welt, die kein Gesetz mehr brauche, sei selbst die Sünde heilig. Die Bewegung hielt sich etwa hundert Jahre, und zu ihren Mitgliedern gehörten einige große rabbinische Familien.

Heute sprechen nur noch wenige gern davon. Rabbinische und rationalistische Gelehrte spielen die Sache herunter. In der jüdischen Geschichte hat es zahlreiche falsche Messiasse gegeben; keiner hatte das gesamte Volk so beeinflußt, keine messianische Bewegung die vulkanische apokalyptische Turbulenz unter der starren Oberfläche des rabbinischen Legalismus so sichtbar werden lassen wie die von Nathan von Gaza und Sabbatai Zwi.

Das Volk kehrte zum traurigen Normalzustand des endlosen Exils zurück. Aber zu viele Erwartungen waren geweckt worden, als daß es jetzt leicht gewesen wäre, das passive Leiden wieder hinzunehmen. Die Historiker sagen uns, daß die Zahl der Juden, die zum Christentum übertraten, im 18. Jahrhundert zunahm. Die Rabbis, die nun vor Ketzereien auf der Hut waren, spürten verdächtige Anhänger von Sabbatai Zwi in Deutschland, Italien, Polen und Afrika auf und exkommunizierten sie.

Um die Mitte des 18. Jahrhunderts verkündete ein Mann mit Namen Jakob Frank, der 1726 in einer kleinen Stadt im südlichen Polen geboren war, er sei der Erlöser der Juden. Er war ein Mann von großer körperlicher Kraft, unerhört selbstbewußt, machthungrig und mit unersättlichen erotischen Trieben. Während einer ziellosen Wanderung durch die Türkei traf er Anhänger von Sabbatai Zwi. Er kehrte nach Polen zurück, erklärte seine Absicht, ein jüdisches Heer aufzustellen und ein jüdisches Königreich auf polnischem Boden zu schaffen. Er war ein ungeschliffener, ungebildeter Mann und setzte sich unverfroren dafür ein, das Gesetz zu mißachten. Ungefähr tausend Menschen schlossen sich ihm an. Gerüchte waren im Umlauf über seltsame Rituale und sexuelle Orgien.

Die Frankisten – von den Rabbis und der breiten Masse der Juden wurden sie für Anhänger der Sekte von Sabbatai Zwi gehalten; der Name Frankisten kam erst im 19. Jahrhundert auf –, diese Frankisten wurden von einer Versammlung von Rabbis, die 1756 in der Stadt Brody zusammentrat, exkommuniziert. Doch ihr bloßes Dasein wurde als eine Bedrohung des Judentums angesehen. Einige Führer der polnischen jüdischen Gemeinde meinten, sie könnten sich dadurch von den Frankisten befreien, daß die christliche Kirche sie als Ketzer auf dem Scheiterhaufen verbrenne. Die Frage wurde Jakob Israel Emden vorgelegt, einem der großen Rabbis des aschkenasischen Judentums. »Ihr werdet gesegnet sein«, antwortete er, »wenn ihr dieses Übel in eurer Mitte ausrottet ...« Aber er bezweifelte, daß das Vorhaben durchführbar sei; es würde zu kostspielig sein, es durch Rom zu bewerkstelligen; es würde zu lange dauern.

Zu guter Letzt traten Frank und seine Anhänger zum Christentum über und verschwanden zusammen mit ihrem merkwürdigen Messianismus aus der jüdischen Geschichte. Man erinnert sich an sie als einer weiteren peinlichen apokalyptischen Bewegung unter den sich häufenden Eruptionen messianischen, antilegalistischen Eifers, der begonnen hatte, die zweite Zivilisation der Juden zu bedrohen.

Einige Jahre vor dem Verschwinden der Frankisten im Christentum erschien eine andere Art von Messias – ein Gesundbeter, der in Südpolen über Land wanderte und in den Bergen und Dörfern von Galizien, Wolynien, Podolien und der Ukraine an Juden und Nichtjuden Kräuter und Zaubersprüche ausgab. Die Ukraine war durch den Vertrag von 1667 in zwei Länder geteilt worden. Das Gebiet östlich des Dnjepr war zu Rußland gekommen; das rechte Ufer blieb polnisches Gebiet. In dem russischen Teil lebten weniger als tausend Juden; die meisten waren Pächter oder trieben Handel. Sie wurden bald ausgewiesen; Rußland wollte keine Juden auf seinem Territorium haben.

Die polnische Ukraine mit ihren Steppen und dicht bewaldeten Ebenen blieb ein lukratives Grenzland, bevölkert von Bauern und beherrscht von Adligen. Juden strömten dorthin und halfen, die Ruinen wiederaufzubauen. Die Wissenschaftler sind sich nicht einig über das Ausmaß, in dem die Juden in der Zeit vor und nach dem Aufstand von 1648 in der Ukraine kolonisierten und bahnbrechende Arbeit leisteten. Aber alle scheinen darin übereinzustimmen, daß die jüdische Bevölkerung der Ukraine – und ganz allgemein in Polen – in dem Jahrhundert nach dem Aufstand stark zunahm. Überall in Europa wuchsen damals die Bevölkerungen.

Die Juden auf dem Westufer des Dnjepr nahmen trotz der Grenzverletzungen, die immer wieder vorkamen, an Zahl zu. Die Kosaken-Bruderschaft war von den Russen und Polen aufgelöst worden. Das Land wimmelte von russischen Soldaten, die auf Kosten der Ukrainer unterhalten werden mußten. Es gab häufig Überfälle von der russischen Seite des Dnjepr durch kleine Banden von Haidamaken, Rebellengruppen, zu denen sich ukrainische Bauern und Kosaken zusammenschlossen. Polen und Juden wurden auf den Straßen angegriffen, verprügelt, ausgeraubt, manchmal umgebracht oder gefangengenommen und an die Tataren verkauft, die sie dann als Sklaven an die Türken verkauften. Diese Haidamaken sahen sich als die stolzen Erben von Chmjelnizki an. Aber offenbar hatten sie mehr das Plündern im Sinn als die Sache der Freiheit, und die Russen fanden sie ebenso lästig wie die Polen.

Die Juden fuhren fort, als Partner des polnischen Adels zu kolonisieren, zu zivilisieren und die Bauern am Westufer des Dnjepr zu polonisieren. Sie pachteten die großen Güter der Adligen, betrieben Gastwirtschaften, zogen Steuern ein. Aber der Kosakenaufstand von 1648 hatte für Polen und seine Juden einen unwiderruflichen Wandel zur Folge. Das Schicksal beider Völker änderte sich für immer.

Polens Verletzlichkeit blieb seinen Nachbarn nicht verborgen. Der polnische Adel schätzte seine Privilegien und Unabhängigkeit so hoch, daß er zuließ, daß ein einziges Veto die Annahme von Gesetzen und Budgets in den gesetzgebenden Körperschaften verhinderte. Das legte die polnischen Könige praktisch lahm und unterband die Aufstellung großer Heere. Zuletzt sollte die polnische Leidenschaft für Freiheit dazu führen, daß Polen für mehr als hundert Jahre als geopolitische Einheit verschwand.

Für die Juden von Polen hatte der Aufstand von 1648 eine lange, schleichende Periode des Niedergangs eingeleitet, von der sie sich nie erholten. Die Auswanderung aus Polen hatte sofort mit dem Beginn der Massaker eingesetzt. Die Juden flohen westwärts nach Deutschland und Preußen und südwärts nach Mähren. Ihre Verwandten und Freunde folgten ihnen. Die Flucht einiger Intellektueller vor den Morden und Erschütterungen, die das polnische Judentum erlitt, reichte aus, um die talmudische Gelehrsamkeit in Polen zu schwächen. In wenig mehr als zwei Jahrhunderten, als die Welt des osteuropäischen Judentums durch die Feuerbrände einer besonderen Hölle immer gespenstischer wurde, verwandelte sich diese frühe Auswanderung in eine Flut, die den Planeten überschwemmte und Juden fast überallhin brachte – nach Deutschland, Frankreich, England, Palästina, Nord- und Südamerika, Südafrika, Australien. Der größte Teil des heutigen Weltjudentums besteht aus Nachkommen der osteuropäischen Juden.

Die polnischen Juden hatten von den Königen Wohnrechte erhalten, die sie von der städtischen Jurisdiktion und Besteuerung unabhängig machten; ihr Status war exterritorial. Sie bildeten eine Art Staat im Staat. Ihre Regierung war die Vierländersynode, der Kahal, in den die verschiedenen jüdischen Gemeinden ihre Vertreter entsandten, wenn er regelmäßig auf den großen Messen zusammentrat. Ihr Gesetzbuch war der *Schulchan Aruch* – die Wörter bedeuten »gedeckter Tisch«: ein passender Titel für ein Werk, dessen Knappheit, Klarheit und Form es für Schüler und Gelehrte gleichermaßen zugänglich machte. Es war von Joseph Karo, einem sefardischen Rabbi des 16. Jahrhunderts, zusammengestellt und von Moses Isserles ergänzt worden, einem aschkenasischen polnischen Rabbi ebenfalls des 16. Jahrhunderts, der die Gesetze und Bräuche der deutschen und polnischen Juden hinzugefügt und dadurch dazu beigetragen hatte, das Werk zum maßgeblichen

Kodex des Weltjudentums zu machen. Die Chmjelnizki-Massaker von 1648 hatten die Vierländersynode vieler ihrer großen Führer beraubt und sie finanziell gelähmt. Die polnischen Herrscher verlangten von den Juden immer höhere Steuern, um die Kriege gegen die Russen, Schweden, Kosaken und Türken zu finanzieren. Die verwüsteten jüdischen Gemeinden konnten diesen Forderungen nicht entsprechen. Die Synode begann Geld von polnischen Adligen und katholischen Orden zu leihen. Dann belegte sie die Juden mit einer erdrückenden Steuerlast, um die Kredite zurückzuzahlen. Die Last war unerträglich, vor allem für die Armen. Es gab Opposition und erbitterten Streit. Die Vierländersynode und die litauische Synode mußten 1764 von den Polen abgeschafft werden; die Juden sollten ihre Kopfsteuer direkt an den polnischen Staat bezahlen.

Oberflächlich betrachtet, schien es in den Jahrzehnten nach den Massakern und Kriegen, als ob sich die polnischen Juden von den Verheerungen der Sintflut erholten. Neue Städte wurden gebaut. Viele Juden hörten mit dem Geldverleih auf und borgten statt dessen große Summen für geschäftliche Investitionen. Die Talmud-Schulen blühten nach wie vor. Aber wenn ein Viertel eines Volkes umgebracht wird, kann es seinen Weg in der Geschichte nicht fortsetzen, als wäre nichts geschehen. Rückblickend können wir das vertrocknete, tote Gewebe sehen, das sich im ganzen Körper des rabbinischen Judentums zu bilden begonnen hatte.

Wenige sahen es damals. Sie erkannten natürlich, daß dem Chmjelnizki-Gemetzel eher wirtschaftliche und politische als religiöse Ursachen zugrunde lagen. Es hat in der jüdischen Geschichte viele Fälle gegeben, bei denen die Religion als bequeme Begründung diente, um die wirtschaftliche Konkurrenz der Juden auszuschalten. Aber selten waren die wirtschaftlichen und politischen Faktoren offenkundiger gewesen als in der langen Dunkelheit der Chmjelnizki-Periode. Einige Juden nahmen das gelegentliche Angebot der Kosaken an, zur griechischen Orthodoxie überzutreten, und ihnen blieb der Tod erspart; aber die meisten Juden flohen oder kämpften. Dieses Angebot wurde den Polen nicht gemacht; sie wurden unbarmherzig abgeschlachtet. Es war ein blutiger Bauernkrieg, und die Juden waren einfach mitgegangen, mitgehangen. Vielleicht fragten sie sich, wie man eigentlich den Namen Gottes heiligt, wenn man von einem berittenen, schwertschwingenden Kosaken umgebracht wird, weil man der Steuereinnehmer für einen polnischen Großgrundbesitzer war. Die Kosaken erschlugen Polen und Juden unterschiedslos. Zum erstenmal in der Geschichte des aschkenasischen Judentums schien es möglich zu sein, daß Juden einen schrecklichen Tod erlitten nicht nur um des Himmels willen, sondern auch wegen eines historischen Zufalls. Bedenkt man außerdem den gescheiterten Messianismus von Sabbatai Zwi und die Wanderungen von Zehntausenden entwurzelter Menschen, dann erkennt man die schwachen Anfänge des Verfalls der rabbinischen Zivilisation.

Sie waren nach Westen geflohen vor den vorrückenden Kosaken und nach Süden vor den schwedischen Heeren, und manchmal bestiegen sie sogar am Sabbat ihre Wagen, was nach dem religiösen Gesetz verboten ist. Diejenigen, die kein Beförderungsmittel hatten oder sich am Sabbat nicht auf den Weg machen wollten, blieben zurück und bezahlten dafür oft mit dem Leben. Tausende wanderten von Stadt zu Stadt und von Provinz zu Provinz. Damals unterschieden die europäischen Städte noch streng zwischen ortsansässigen Bürgern und Fremden. Diese Unterscheidung war nicht nur sozial, sondern auch gesetzlich begründet. Man konnte nicht einfach aus einer Stadt in eine andere ziehen, sich dort ständig niederlassen und sich nach einer Möglichkeit umsehen, seinen Lebensunterhalt zu verdienen. Fremde waren gewöhnlich gesetzlich von der ständigen Niederlassung und von vielen Handwerkerzünften und Handelsgilden ausgeschlossen; es war eben nur ein bestimmtes Maß an wirtschaftlichem Wohlstand erreichbar, und wenige wollten Fremde daran teilhaben lassen. Neuankömmlinge erhielten vielleicht das Recht, sich gegen Zahlung einer beträchtlichen Summe Geldes in einem neuen Gebiet ständig niederzulassen; dort konnten sie sich dann aktiv um wirtschaftliche Möglichkeiten bemühen. Aber die Zahlung von Gebühren für das legale Wohnrecht trug dem Fremden nicht immer soziale Anerkennung ein. Die Aufstände und Kriege und die darauf folgenden Wanderungen von Flüchtlingen führten zu Klassentrennung und sozialer Schichtenbildung – zu einer dem Judentum entfremdeten und immer unruhigeren Masse von Juden.

Oft kehrte ein Jude in der Ukraine zu dem Gasthaus oder der Mühle zurück, die er verlassen hatte, und stellte fest, daß sie von einem anderen Juden übernommen worden war. Erbitterte Streitigkeiten und Prozesse folgten dann. Die Bevölkerungszunahme verstärkte den wirtschaftlichen Wettbewerb und die Uneinigkeit in der Gemeinde. Wenn ich das polnische Judentum in den ersten Jahrzehnten des 18. Jahrhunderts betrachte, sehe ich ein einst vitales und geeintes Volk in zunehmend verzweifelter Unordnung. Die Gemeindeorganisationen sind in der Hand von ungeschliffenen Nichtskönnern, denn viele der besten jüdischen Familien in Polen sind umgekommen oder nach Westen gewandert. Die Rabbis scheinen weniger geneigt zu sein, sich dem Getriebe der rauhen Wirklichkeit zu stellen, sondern ziehen es vor, in den Mauern ihrer Lehrhäuser und bei ihren abgegriffenen Talmud-Folianten zu bleiben. Man kann jetzt eine führende Stellung in der jüdischen Gemeinde von seinem polnischen Grundbesitzer kaufen. Man kann die Zulassung zu einem Lehrhaus dadurch erlangen, daß man einen Lehrer bezahlt. Man kann eine rabbinische Position von örtlichen Behörden kaufen. Man kann nicht länger sicher sein, daß ein Rabbi auch ein Gelehrter ist: In Litauen wurde 1761 von einem Mann, der Rabbi werden wollte, nichts weiter verlangt, als daß er mindestens zwanzig Jahre alt sein mußte. In jeder Gemeinde gab es die ganz Reichen und die ganz Armen und die dem Judentum Entfremdeten. In der Ukraine sind die Juden eine kleine Minderheit unter der bäuerlichen Bevölkerung, weit entfernt von Stätten der Gelehrsamkeit und nach wie vor das Ziel der Rebellenüberfälle von jenseits des Dnjepr.

In ganz Polen ziehen Wanderprediger von Stadt zu Stadt, betonen die Wichtigkeit des Thora-Studiums und erläutern kabbalistische Lehren über die »Andere Seite«, die dämonische Dunkelheit der Welt, und die Notwendigkeit, einen endlosen Krieg gegen diese schrecklichen Mächte zu führen. Von allen Lehren des kabbalistischen Denkens – dem Rückzug Gottes, um Platz für den Kosmos zu schaffen, dem Zerbrechen der Gefäße, dem Verschütten der Funken, den Mitteln und Wegen, um die Welt wiederherzustellen – befaßten sich diese Prediger vor allem mit dem Kampf des einzelnen Juden mit den Scherben des Bösen, den unreinen Schalen von dämonischem Grauen, die von feindseligem Leben pulsieren, jede mit ihrem eigenen Namen und Wesen, und jede kann nur vernichtet werden, wenn sie genau bekannt ist. Diese Präokkupation der polnischen Kabbalisten mit dem Bereich der »Anderen Seite« zeigte sich deutlich in der Periode vor den Katastrophen von 1648.

Die Kabbalisten hatten errechnet, daß das Jahr 1648 die Erlösung bringen würde; statt dessen brachte es Chmjelnizki. Fast zwei Jahrzehnte später hatten Rabbis und Kabbalisten in der ganzen jüdischen Welt ihren Glauben verkündet, daß Sabbatai Zwi der Messias sei – wenngleich die Gelehrten noch darüber streiten, inwieweit er von der polnischen Judenheit akzeptiert wurde; Sabbatai Zwi war ein Apostat geworden. Das Land war verwüstet, das Volk brutalisiert worden. Unter der heilenden Oberfläche gab es im frühen 18. Jahrhundert viele innere Blutungen. Große Teile der polnischen Judenheit, vor allem die entfremdeten Elemente im Süden und jene, die in der von Gewalttätigkeit geplagten, von Aberglauben erfüllten bäuerlichen Wildnis der Ukraine hilflos ihrem Schicksal ausgeliefert waren, fühlten sich den fernen Zentren der Thora immer weniger verbunden. Wenn man dem Gott der Juden nur durch das Studium der Thora nahekommen kann, dann war er für einen Großteil der polnischen Juden wahrlich ein ferner Gott. Unter denjenigen, die wirklich studierten, griff ein Gefühl der Enttäuschung über weltabgewandte Gelehrte und hohlköpfige Gemeindeführer um sich. Diese eng gefugte Zivilisation des rabbinischen Judentums in ihrer aschkenasischen Erscheinungsform, diese kleine jüdische Insel in einem christlichen Meer, die in der Vergangenheit so standfest gewesen war, daß sie nur die klar erkennbare Unterstützung von Menschen brauchte, die sich ihren Grundprinzipien verbunden fühlten, damit die jüdische Gesellschaft nach jeder Sintflut wieder aufgebaut wurde – diese Zivilisation war so mißhandelt worden und jetzt so erfüllt von zersplitternder Unzufriedenheit, daß sie zu zerfallen begann. Der vernachlässigte Garten der Welt, den Kabbalisten einst von Unkraut befreien und neu bepflanzen wollten, griff jetzt auf das Judentum über. Der Messias erschien als ein vager und ferner Traum, überwuchert von verdorrtem Unkraut und Nesseln.

In diesen ersten drei oder vier Jahrzehnten des 18. Jahrhunderts setzte eine pietistische Gegenbewegung gegen den starren Formalismus der russischen Kirche ein. Ähnliche Phänomene zeigten sich in Deutschland, der Schweiz und anderen europäischen Ländern. Auf beiden Ufern des Dnjepr nahmen russisch-ukrainische christliche Sekten überhand: fanatische Asketen, Flagellanten, Ekstatiker. Den Juden in der Ukraine blieb der christliche Überschwang nicht verborgen: Duchoborzen oder »Streiter des Geistes«, Männer, die sich selbst kastrierten, Gläubige in langen, weißen Gewändern mit breiten Gürteln und Hemden mit weiten Ärmeln, Gruppen, deren Führer als Propheten galten und die ihre Kräfte angeblich auf ihre Kinder übertragen konnten, lauter Menschen, die tanzten, sangen, sprangen und umherwirbelten, während sie beteten.

In diesen Jahrzehnten drangen Gerüchte über merkwürdige Geschehnisse unter den Juden in Südpolen und in der Ukraine in die großen jüdischen Gemeinden in den Städten der nördlichen Landesteile. Es hieß, Juden überließen sich beim Beten Ausbrüchen von ekstatischem Verhalten. Dieser Verzicht auf emotionale Zurückhaltung mache sich auch bei ihren tagtäglichen Angelegenheiten bemerkbar; ihr Leben offenbare ein Gefühl der Befreiung von der Verstrickung in den irdischen Bereich. Ihre ständigen ekstatischen Erlebnisse widersprächen insbesondere der emotionalen Zurückhaltung, die von den anerkannten Wertmaßstäben des rabbinischen Judentums vorgeschrieben wird.

Irgendwann um die Mitte des dritten Jahrzehnts dieses Jahrhunderts tauchte ein jüdischer Mystiker und Gesundbeter aus den Bergen des südlichen Polens auf und brachte den entfremdeten Elementen des polnischen Judentums etwas, das er für eine neue Vision von Gott und dem Menschen und einen neuen Messianismus hielt. Er gründete die jüdische pietistische Bewegung, die Chassidismus genannt wird. Damit zerstörte er die Einheit der zweiten Zivilisation der Juden und die absolute Autorität ihrer rabbinischen Führer.

Er war ein Waisenkind und ein schlechter Schüler gewesen. Er entfloh der Schule und wanderte durch die Wälder. Geboren war er in Okopy, einer kleinen Stadt im südlichen Polen. Fast alles, was wir von ihm wissen, sind mündliche Überlieferungen, die mehr als fünfzig Jahre nach seinem Tod aufgeschrieben wurden. Er selbst schrieb nichts. Er war im Jahr 1700 geboren, und sein Name war Israel. Um seinen Lebensunterhalt zu verdienen, wurde er Hilfslehrer. Er holte die Kinder zu Hause ab und brachte sie in die Schule. Oft ging er mit ihnen in den Wald und lehrte sie, dem Vogelsang zu lauschen. Er wurde Nachtwächter im örtlichen Lehrhaus. Uns wird gesagt, daß er sich des Nachts in kabbalistische Werke vertiefte. An der talmudischen Gelehrsamkeit schien ihm nicht viel gelegen zu haben – obwohl viele seiner Anhänger behaupten, er habe sich im Talmud gut ausgekannt. Er heiratete und führte mit seiner Frau ein Einsiedlerleben in einer Hütte in den Karpaten. Sie gruben Kalk aus und verkauften ihn in der nahe gelegenen Stadt. Von halbheidnischen Frauen im Dorf lernte er, welche Heilkräfte bestimmte Kräuter haben. Er streifte durch die dichtbewaldeten Hügel, in tiefes Nachdenken versunken.

Er wurde Gastwirt. Seine Frau führte die Gastwirtschaft, während er durch die Berge wanderte. Sie lebten in grenzenloser Armut. Dann kamen sie herab von den Bergen und ließen sich in einer kleinen Stadt nieder. Den Stadtbewohnern stellte er sich als Heiler und Exorzist vor.

Solche Gesundbeter waren damals gang und gäbe und bekannt unter dem Titel Baal Schem, »Herr des Namens«. Man glaubte, wenn die richtige Reihenfolge der Buchstaben, die die verschiedenen Namen Gottes enthalten, irgendwie manipuliert und ausgesprochen werden, dann könnten sie die Dämonen vertreiben, die die Krankheiten verursachen. Gesundbeter waren die Ärzte des Volkes in Deutschland und Polen. Sie beschrifteten Amulette. Wir können ihre Anfänge bis ins 16. Jahrhundert zurückverfolgen. Einige waren rabbinische Gelehrte; andere waren Kabbalisten. Im 17. und 18. Jahrhundert stammte eine immer größere Zahl dieser Gesundbeter aus dem Volk. Sie versuchten, ihre Heilungen durch Beschwörungen, Amulette, Gebete und die Anwendung von Heilmitteln aus Kräutern und tierischen Substanzen zu bewerkstelligen. Man glaubte, sie könnten die Dämonen austreiben, die in einen Menschen eindrangen und Geisteskrankheit bewirkten. Eine Variation des Namens Baal Schem war Baal Schem Tow, »Herr des guten Namens«. Die Wörter Baal Schem Tow ergeben das Akronym Bescht. Später sahen aufgeklärte Juden sie alle als unwissend oder als ausgemachte Scharlatane an. Israel war sechsunddreißig Jahre alt, als er behauptete, ein Baal Schem zu sein.

Er wurde ein Wanderer. Er zog durch die Weiler und Dörfer des südlichen Polens und heilte die Krankheiten von Gastwirten, Arbeitern, Steuereinnehmern und Gutspächtern. Gelegentlich behandelte er auch nichtjüdische Bauern oder Adlige. Er bereitete Pflaster und Salben und gab sie zusammen mit Amuletten und Gebeten ab; er setzte Blutegel, er ließ zur Ader; er wirkte als Wundertäter. Mit den Einnahmen, die er auf seinen Wanderungen erzielte, bezahlte er seine Schulden; was übrig blieb, spendete er den Armen.

Er rauchte Pfeife wie die meisten Männer. Er hatte eine angenehme Stimme. Er liebte es, Geschichten zu erzählen. Er schlief nur zwei Stunden täglich. Mindestens einmal am Tag und vor jedem Versuch einer Wunderheilung unterzog er sich einem Ritualbad. Bei Juden und Nichtjuden war er beliebt. Uns wird gesagt, er habe hellseherische Fähigkeiten besessen; er habe die Vergangenheit eines Menschen enthüllen und seine Zukunft voraussagen können. Er war ein Ekstatiker. Beim Beten wurde er von unbezähmbarer Schwärmerei befallen. Er tanzte in freudiger Verzükkung. Einmal behauptete er, der Messias habe ihm bei einer besonders schwierigen Heilung geholfen. Er erhielt keine rabbinische Ordination. Aber seine späteren Anhänger nannten ihn oft Rabbi Israel Baal Schem Tow – oder einfach Bescht.

Er war ein charismatischer Lehrer. Wenn er durch die Dörfer des südlichen Polens wanderte, lehrte er durch Wort und Tat den Wert des Gefühls bei der Anbetung Gottes. Die Erfüllung eines Gebotes sei für den Herrn der Welt weniger wichtig als die Leidenschaft, die damit einhergeht. Er lehrte, daß die Funken der Göttlichkeit, die während des Schöpfungsaktes aus den zerbrochenen Gefäßen verstreut worden waren, jetzt die Welt mit Heiligkeit erfüllten. Das war eine entscheidende Neuinterpretation der kabbalistischen Weltanschauung. Die Kabbalisten glaubten, das Herabfallen der Funken in den Bereich der »Anderen Seite« sei eine kosmische Katastrophe gewesen und mache die Aufgabe der Erlösung notwendig, die die heilige Mission der Juden sei. Der Bescht lehrte, daß diese herabgefallenen Funken das ganze Dasein mit Heiligkeit durchdringen. Kein Winkel der Welt sei ohne die Gegenwart des Herrn der Welt. Der wahrhaft fromme Mensch erlebe Gott selbst bei den irdischsten Tätigkeiten: Essen, Trinken, Geschlechtsverkehr. Der Mensch sei nicht von schwärmenden Scharen unsichtbarer Dämonen umgeben, wie die Gelehrten und Prediger lehrten. Die Welt sei nicht voller Sünde und Sünder. Man brauche nicht Schutz zu suchen vor Satan, bösen Geistern und Gespenstern durch endloses Studium, Gebet, Buße, Kasteiung und Fasten. Nein, lehrte er, der Herr der Welt ist ein mitleidiger Gott, der sein Volk liebt und nicht will, daß es in ewiger Angst lebe. Er ist überall, in jedem Grashalm, in jedem Wolkenfetzen. Er wünscht, daß der Mensch ihm nahe sei. Die mit Liebe und tiefer Frömmigkeit erfüllte Einhaltung auch nur eines einzigen Gebotes genügt, um einem Menschen Verdienst einzutragen. Wir erfüllen die Gebote nicht, um den Kosmos wiederherzustellen, sondern um die Ekstase zu empfinden, die dem Gefühl entspringt, sich der Gegenwart Gottes zu nähern. Nicht das geheimnisvolle Universum außerhalb von uns sollte das Anliegen des Menschen sein, sondern die persönliche Welt unserer Gefühle. Wir sind mit dem Herrn der Welt verbunden durch unser inneres Wesen. Es ist falsch, unnötig zu klagen oder zu fasten oder das Fleisch zu kasteien. Schwer arbeiten, um sich den Lebensunterhalt zu erwerben, sich um materiellen Gewinn bemühen – ein solches Tun hat Wert, denn es verschafft uns unser Auskommen, deckt unsere körperlichen Bedürfnisse und trägt dazu bei, Fröhlichkeit in unser Leben zu bringen. Der Herr der Welt freut sich über die Fröhlichkeit seines Volkes. Tanzt – Gott sieht zu; singt – Gott hört es; seid vergnügt – Gott hat es gern, wenn sein Volk fröhlich ist. Betet aus ganzem Herzen und seid dabei aufgeschlossen, denn nichts kann einen Menschen dem Herrn der Welt so nahe bringen wie ein aufrichtiges Gebet. Wir sind nicht auf die Welt gebracht worden, um bloß die Gebote zu erfüllen. Nein, Gott braucht sein Volk. Was nützt ein König ohne Volk? Der Jude bringt den Herrn der Welt auf diese Welt durch seine Gefühle und Taten, durch sein Gewahrsein, daß alles von Gott stammt, selbst die Sünde. Wofür sollte man beten, wenn es keine Sünde auf der Welt gäbe? Und Sünde ist nicht der Greuel, für den die Talmudisten und Prediger sie halten. Wenn man seinen Blick auf eine schöne Frau richtet – ein schweres Vergehen –, dann braucht man sich bloß daran zu erinnern, daß ihr der Herr der Welt die Schönheit verliehen hat, und schon wird eine sündige Tat zu einer, die Gott lobpreist. Der Herr der Welt weiß, daß sein Volk unmöglich alle Gebote erfüllen kann. Es ist unvorstellbar, daß er die Menschen für ihre Vergehen bestrafen würde. Bestraft ein liebevoller Vater ein strauchelndes Kind?

Diese Worte fanden bereitwillig Gehör bei den Arbeitern, Gastwirten und entfremdeten Juden im südlichen Polen. Hier und dort schlossen sich einige zusammen und bildeten eigene Gemeinden, um über die Lehren dieses sanften und überzeugenden Heilers zu reden. Sie tanzten und sangen und versuchten, seinen ekstatischen Zuständen nahezukommen. Einige unter ihren hielten ihn für den Messias, der nicht das Weltende und die Rückkehr nach Zion predige, sondern den Glanz des gewöhnlichen Lebens lehre.

Um 1745 gab der Bescht seine Wanderungen auf und ließ sich in der südpolnischen Stadt Miedzyborz nieder. Er hatte nicht das Ambiente des Pietismus geschaffen, sondern trat als dessen höchst charismatische Persönlichkeit in Erscheinung und zog jetzt viele bereits vorhandene pietistische Elemente an. Gelegentlich wurde er von Rabbis aus dem Norden besucht. Einige ließen sich von seinen Lehren überzeugen. Ehe er 1760 starb, hatte er einen kleinen, vertrauten Kreis von Jüngern um sich geschart, darunter einige Rabbis und Prediger. Nach sechs Jahren der Unsicherheit und des inneren Haders trat ein großer Prediger aus der Stadt Meshirjitschi, nördlich von Miedzyborz, die Nachfolge des Bescht an. Sein Name war Dow Bär. Er hatte viele Jünger. Sie begannen nun ihrerseits zu wandern.

Die Bewegung breitete sich rasch in Wolhynien aus, wo Meshirjitschi lag, dann westwärts nach Galizien und Mittelpolen und nordwärts nach Litauen. Die Missionare, die Dow Bär aussandte, zogen über die polnischen Winter- und Sommerstraßen, durch die gefährlichen Steppen und Wälder der Ukraine und predigten den Pietismus des Baal Schem Tow. Überall entstanden chassidische Gemeinden, die sich um kleine Gebetsgruppen bildeten. Wahrscheinlich ist es ein Maßstab für die Unfruchtbarkeit der rabbinischen Zivilisation, daß eine solche chassidische Gruppe 1722 in Wilna in Litauen entstehen konnte. Wilna war die Hochburg des Rabbinismus und die Heimat des größten rabbinischen Gelehrten jenes Jahrhunderts, Rabbi Elia ben Salomon Salman. Er war ein intellektueller Einsiedler, ein fanatischer Beschützer des Gesetzes. Jeder Angriff auf das Gesetz, und sei es auch auf die kleinste Einzelheit, schwächte die Gesamtstruktur der Thora und war in seinen Augen eine Sünde. Die Thora war ewig; das Studium der weltlichen Wissenschaften half dem Juden, die Thora zu verstehen. Daher beklagte Rabbi Elia – der auch als der Wilnaer Gaon bekannt ist – den an den Talmud-Hochschulen vorherrschenden Mangel an Interesse für die Wissenschaften. Er studierte wissenschaftliche Werke, die ins Hebräische übersetzt waren, denn er konnte keine Fremdsprachen. Newton war ihm unbekannt. Er war an Medizin und Musik interessiert. Er schrieb mathematische und astronomische Werke und viele Kommentare. Er verabscheute Kasuistik und wandte auf das Studium talmudischer Texte eine rigorose, unkomplizierte Erklärungsmethode an. Jahrhundertealte liturgische Poesie hat er aus dem Gebetsbuch gestrichen und den gottesdienstlichen Gesang eingeführt. Um munter zu bleiben, hat er gelegentlich beim Talmudstudium die Füße in eine Schüssel mit eiskaltem Wasser gestellt. Die chassidische Ekstase und Verzückung, die Berichte über Wunder und Visionen der chassidischen Führer sah er als einen bedrohlichen Irrglauben an, nicht unähnlich der heidnischen Anbetung von sterblichen Wesen. Er lehnte es ab, die Führer der Bewegung zu empfangen, die darum gebeten hatten. Er glaubte, daß die Bedeutung des Thora-Studiums durch das Gewicht, das die Chassidim auf das Gebet legten, in gefährlicher Weise gemindert werde. Daß sie bestimmte sefardische Gebete übernommen hatten und darauf bestanden, besonders geschärfte Messer für das rituelle Schlachten zu verwenden – die

Chassidim aßen kein Fleisch von Tieren, die von rabbinisch anerkannten Metzgern geschlachtet worden waren –, all das betrachtete Rabbi Elia von Wilna als eine Mißachtung der rabbinischen Autorität. Er hatte natürlich recht; die Chassidim schufen ihre eigenen, unabhängigen Gemeinden. 1772 erließ er ein Aufenthaltsverbot in Wilna gegen sie. Chassidische Werke wurden verbrannt. Die Chassidim erließen ihrerseits ein Verbot und verbrannten ein polemisches Werk, das gegen sie geschrieben worden war. Eine weitere Exkommunikation der Chassidim wurde 1781 erlassen. »Sie müssen mit ihren Frauen und Kindern unsere Gemeinden verlassen«, hieß es darin. »Sie sollten nicht über Nacht beherbergt werden; ihr rituelles Schlachten ist verboten. Es ist verboten, mit ihnen Geschäfte zu machen, in ihre Familien einzuheiraten oder an ihren Beerdigungen teilzunehmen ...« Aber die Bewegung konnte nicht unterdrückt werden.

Rabbi Elia starb 1797. Das Gerücht besagt, die Chassidim hätten vor Freude an seinem Grab getanzt.

1795 wurde Polen zum drittenmal zwischen Preußen, Österreich und Rußland geteilt. Ungefähr eine dreiviertel Million Juden lebte damals in Polen und stellte etwa zehn Prozent der Gesamtbevölkerung dar. Polen sollte die Unabhängigkeit erst nach dem ersten Weltkrieg wiedererlangen.

Durch die Teilung Polens wurde die Einheit des rabbinischen Judentums weiter geschwächt und der Chassidismus dezentralisiert, so daß er sich später unterschiedlich entwickelte. Eine chassidische Gruppe in Rußland, bekannt als die Ljubawitscher, legte wieder mehr Wert auf Intellektualismus und dämpfte das ekstatische Element. Aber charakteristisch für sämtliche chassidischen Gemeinden war die einzigartige Rolle des Rebben, des Zaddik, des Gerechten, des heiligen Führers, um den alle Aktivitäten kreisten.

Diese Führer leiteten ihre Autorität von ihrer Verbindung mit dem Bescht oder einem Angehörigen jenes inneren Kreises von Anhängern des Bescht her, die seine Verzückungen und Meditationen miterlebt hatten, seine Seelenflüge, seine Lehren und die Berichte über seine Visionen gehört und selbst die leidenschaftliche Gemeinschaft mit dem Herrn der Welt empfunden hatten, das erlösende Aufheben der göttlichen Funken und die Wiederherstellung der Seele. Wo immer ein Mitglied dieser inneren Gruppe oder ihre Jünger sich niederließen, scharten sie einen Kreis fanatisch loyaler Anhänger um sich.

Der Zaddik war die reine Seele ihres Gemeinwesens, der hingebungsvoll geliebt, dem blindlings gehorcht wurde. Er war für den einzelnen Chassid das numinose Verbindungsglied zum Herrn der Welt; durch die mystische Gemeinschaft des Zaddik mit Gott kam auch der Chassid dem unendlichen Einen nahe. Der Zaddik war für seine Anhänger Lehrer, Moralist, Prediger, Beichtvater, Wundertäter und Wunderheiler. Verzückt sang er das Lied der Lieder oder das liturgische Begrüßungslied am Vorabend des Sabbats. Am Sabbatnachmittag, in der anbrechenden Dämmerung eines polnischen Wintertages, saß er dann am oberen Ende eines verschrammten Tischs in einem schäbigen Bethaus, seine Anhänger um ihn geschart – Arbeiter, Holzhacker, Wasserträger, Fuhrknechte, Metzger, Kaufleute –, die seinen Worten lauschten. Vielleicht erzählte er eine Geschichte mit moralischem Hintergrund, gab einen Ausspruch des Baal Schem zum besten oder erläuterte einen Vers des Thora-Abschnittes jener Woche – und die rauhe, unbarmherzige Welt löste sich langsam auf, und sie versuchten dann, sich an ihn zu klammern, wenn er Stufe um Stufe zu dem blendenden Leuchten hinaufstieg, das oft nur schweigend oder mit einer wortlosen Melodie angedeutet werden konnte. Der Zaddik vermochte Weltliches in Heiliges zu verwandeln; aber das konnte nur in der Gruppe empfunden werden; ein Chassid vermochte nur zusammen mit seinen chassidischen Genossen die mystische Gemeinschaft mit dem Herrn der Welt zu erreichen, und zwar durch kollektive Freude, Tanz, Gesang, Gebet und durch Fürsorge für den Zaddik.

Hätten Sie damals in Osteuropa gelebt, wären Sie vielleicht eines Tages an einem baufälligen Haus vorbeigekommen, in dem sich die Chassidim versammelten. Vielleicht hätten Sie bei ihnen hineingeschaut und einen zerlumpten Haufen gesehen, der auf Bänken an einem uralten Tisch saß; und hätten Sie dem Rationalismus zugeneigt und sich für einen ihrer Gegner gehalten, einen Mitnagged, dann hätten Sie sich wohl über ihren angeblichen Mystizismus lustig gemacht, ihre Ungebildetheit, ihre mangelnde Kenntnis des Talmud, ihre verwässerte Kabbalistik, ihre Vertrautheit mit der Schnapsflasche und ihren Hang zu alkoholseliger Fröhlichkeit; oder Sie hätten sich gefragt, ob da wirklich etwas dran sei, nicht greifbar, doch nichtsdestoweniger sehr real, so unfaßbar und so lebhaft wie die Träume, die Sie, wie Sie wußten, tief in Ihrem Inneren hegten.

Die Chassidim wohnten vielleicht meilenweit, viele Tagereisen entfernt von ihrem Zaddik. Dennoch waren sie mit ihm verbunden durch die Geschichten über seine Wundertaten, die sie sich gegenseitig erzählten, durch die Erinnerung an seine Predigten, durch ihre Besuche bei ihm zu Festen und an Feiertagen, wenn alle Männer einer chassidischen Gemeinde sich mit ihrem Zaddik der Ekstase von Gebet, Gesang und Tanz hingaben, während die Frauen mit den Kindern zu Hause blieben; der Chassidismus war – gewiß im Anfangsstadium – eine Männerwelt.

Der Zaddik, nicht der ortsansässige, in einer Jeschiwa ausgebildete Rabbi, war die höchste Autorität in einer chassidischen Gemeinde. An seinen Zaddik wandte sich ein Chassid mit Fragen über das jüdische Recht und auch in ganz persönlichen Angelegenheiten. Der Zaddik konnte ordiniert sein oder auch nicht; die Ordination war belanglos. Der Zaddik fragte vielleicht eine ausgebildete juristische Autorität um Rat, aber diese Autorität war dem Zaddik untergeordnet. So gelang es dem Chassidismus, die absolute Macht der Rabbis über das Volk zu brechen. Rabbi Chaim von Woloschin, ein Schüler des Wilnaer Gaon, sah diesen Versuch der Chassidim, das Joch der Gemeinde-Autorität abzuschütteln, als einen abscheulichen Akt sozialer Amoralität an. Ein anderer großer Rabbi, Israel von Zamość, beschuldigte die Chassidim, die Mauern der Thora einzureißen.

Die Chassidim zerstörten auch aktive messianische Hoffnungen auf die Erlösung Israels und die Beendigung des Exils. Dieser Punkt ist bei den Gelehrten sehr umstritten, aber mir fällt es schwer, ihn nicht für wahr zu halten. Die Hoffnung auf das Kommen des Messias und die Erlösung verschwand nicht aus den Herzen der Chassidim. Sie waren orthodoxe Juden. Sie akzeptierten die ganze jüdische Lehre, auch den Glaubensartikel über den Messias: »Ich glaube an das Kommen des Messias; und selbst wenn er zögert, glaube ich immer noch.« Aber sie ordneten dieses Kommen einer fernen Zukunft zu und machten es zum Werk Gottes, nicht zu ihrem eigenen.

Als sich seine Seele einmal zum Himmel aufschwang, traf der Baal Schem den Messias. Das war im September 1746. So wird uns in einem Brief gesagt, den der Baal Schem an seinen Schwager schrieb, der sich im Land Israel niedergelassen hatte. Wann wirst du kommen? fragte der Baal Schem den Messias. Wenn deine Lehre weit und breit bekannt und in der ganzen Welt offenbart ist, lautete die Erwiderung. Und der Baal Schem war bestürzt über die Antwort und sehr betrübt über die gewaltige Zeitspanne, ehe das vollbracht werden könnte.

Der Baal Schem erwartete den Messias nicht zu seinen Lebzeiten. Dieses Kommen durfte nicht übereilt werden. Es lag alles in Gottes Hand. Derweil würde der Chassid am Herrn der Welt festhalten und dadurch das Exil von innen zerstören. Nicht die Wiederherstellung des Kosmos und der gierige Wunsch, den Messias herzubringen, sind das Anliegen des Chassid; es ist seine eigene, persönliche Beziehung zu Gott. Von Anfang an betonte der Chassidismus die individuelle Seele.

Viele Chassidim ließen sich im Land Israel nieder; dieser Schritt hatte wenig mit aktivem Messianismus zu tun. Sie wollten sich ihr Leben nicht verkürzen lassen und in dem Land begraben werden, das Gott den Patriarchen verheißen hatte, dem Land der Richter, Könige, Propheten, Priester, Mystiker und Heiligen. Manche der heutigen Chassidim glauben, ihr Zaddik sei der Messias, der geduldig daran arbeite, den irdischen Normalzustand des täglichen Lebens von Sünde zu reinigen und die Realität nicht durch ein apokalyptisches Blutbad zu ändern. Die Apokalypse überlassen sie Gott. Sie scheinen es nicht eilig zu haben, das Ende der Historie zu erleben. Der Chassidismus hat den aktiven Messianismus neutralisiert, indem er dessen Zeitzünder an Gott zurückgab.

In den Jahrzehnten nach dem Entstehen des Chassidismus gehörten einige der größten Heiligen und auch üble Scharlatane zu seinen Führern. Einige schrieben Bücher oder ließen ihre Aussprüche und Geschichten von ihren fanatischen Anhängern niederschreiben; der Chassidismus hat eine Literatur von etwa dreitausend Werken hervorgebracht. Einige lebten unter dem Volk, verschweißten es zu Seelengemeinschaften und nahmen ihm das quälende Gefühl der Entfremdung vom Judentum. Sie schleppten sich auf müden Beinen über gefrorene oder morastige Straßen, um ihren Anhängern Trost zu spenden, mit ihnen in einer verräucherten Wirtsstube einen Schluck zu trinken, einem Hufschmied beim Beschlagen eines Pferdes zu helfen, um ihnen ihren Kummer abzunehmen, ihnen zuzureden, sie sollten nicht verzweifeln und ihr Leid in Freude verwandeln. Man hat den Eindruck, daß sie sich nicht erlaubten, das Leiden ihres Volkes unter den russischen Zaren richtig ins Auge zu fassen, weil sie fürchteten, verrückt zu werden. Tatsächlich scheinen sich einige am Rande der Verrücktheit befunden zu haben; einer schloß sich ein und ließ sich zwanzig Jahre lang bei seinen Leuten nicht sehen, weil er die Kluft zwischen Traum und Wirklichkeit nicht ertragen konnte.

Einige überbrückten die Kluft durch die Geschichten, die sie erzählten; andere schwangen sich durch die Wörter und Gedanken von Gebeten, eine mystische Versenkung in die Schriften und eine Entleerung des Geistes in die Stille auf, die die Verbindung mit der göttlichen Welt des Denkens ist. Sie lehrten ihre Anhänger das Beten und Singen und Lieben. Einige unter ihnen benutzten das Geld, das ihnen die Einfältigen, die sie führten, gaben, um sich eine prunkvolle Hofhaltung einzurichten. Ein Zaddik sollte wie ein König leben, sagten sie. Warum sollten nur die Nichtjuden Könige haben?

Bald wurde das Zaddikat erblich. Der revolutionäre Glaubenseifer des Chassidismus nahm ab. Die Spontaneität seiner ersten Jahre verblaßte. Er näherte sich den traditionellen Arten des jüdischen Gebets und Studiums. Er begann seine eigenen Talmud-Hochschulen zu gründen, den Akademien nacheifernd, die während der vom Wilnaer Gaon herbeigeführten Renaissance der jüdischen Gelehrsamkeit in Osteuropa entstanden. Der Chassidismus wurde der unversöhnliche Feind der neuen Vorstellungen und der Verheißung einer besseren Welt, die das Europa der Aufklärung überfluteten.

Im Jahre 1807 drängte ein chassidischer Zaddik, Schneur Salman aus Ljady, seine Anhänger, zugunsten von Rußland Spionage gegen Napoleon zu treiben. »Wenn Bonaparte gewinnt«, sagte er, »würden sich die Reichen unter Israel vermehren, und die Größe von Israel würde zunehmen, aber sie würden weggehen und das Herz Israels weit von unserem Vater im Himmel entfernen.«

Die Chassidim reagierten mit Mißtrauen auf den napoleonischen Befehl, die Gettos in den von Frankreich eroberten Ländern zu beseitigen. Sie wollten nicht teilhaben an der gottlosen Welt der entstehenden Nationalstaaten. In der zweiten Hälfte des 19. Jahrhunderts nahm die Bewegung nicht mehr zu.

Der Baal Schem Tow hatte versucht, dem erschöpften Leib der talmudischen Zivilisation Funken von Licht und Seele zu bringen. Er verschaffte dieser Zivilisation ihren letzten Augenblick originärer Kreativität um den Preis ihres ersten erfolglosen Kampfes gegen eine konkurrierende Sekte innerhalb des Judentums seit der Zeit des zweiten Jerusalemer Tempels. Nachdem der Streit drei Generationen gewährt hatte, wurde der Chassidismus widerwillig als Teil des orthodoxen Judentums akzeptiert, obwohl er seinen eigenen Lebensstil, getrennte Gemeinden und einige Abweichungen in seinem gottesdienstlichen Ritus hatte. Jetzt führten der Rabbi und der Rebbe – der rabbinische Gelehrte und der mystische Vermittler – gemeinsam das Regiment über die Gesamtheit des orthodoxen Judentums. Ein prekärer Waffenstillstand war zwischen ihnen vereinbart worden, als sie sich einem gemeinsamen Feind gegenüber sahen: dem Säkularismus.

Wer war König? Wer war nicht König? Unter den Juden Osteuropas im 19. Jahrhundert waren Rabbis und Rebben König. Der aktive Messianismus hatte aufgehört. Der Messias wurde davongetragen zum westlichen Judentum, zu Gelehrten, Säkularisten und Zionisten in der Welt des modernen Heidentums.

Es war eine griechische Welt, obwohl sie Französisch, Englisch, Deutsch und etwas Latein sprach. Der obskure Irrationalismus im Kern des griechischen Heidentums war abgefiltert, ebenso dessen unbarmherzige Naturgötter und die erhabenen olympischen Gottheiten. Das Filtern wurde von Voltaire, Hume, Rousseau, Kant und vielen anderen besorgt, die im 18. Jahrhundert lebten und die geistigen Väter der Aufklärung waren. In den Vordergrund der menschlichen Aufmerksamkeit rückten sie wieder die kühle Leidenschaft für Wahrheit, die Liebe zur Natur, das Formgefühl, die Geringschätzung des blinden Glaubens, den Wert des Individuums vor den Bedürfnissen der Gemeinschaft – Vorstellungen, die in der Vergangenheit dann und wann durch die alles bedeckende Erde der christlichen Zivilisation hervorgebrochen und die besten der Gaben des alten Griechenlands und Roms gewesen waren. Diese neue Welt war bald mit Juden bevölkert, von denen viele von neuem messianischem Fieber befallen wurden.

»*Sapere aude!*« Habe Mut, deine Vernunft zu gebrauchen! Kant übernahm diese Worte von dem lateinischen Dichter Horaz, der während des langen römischen Friedens von Augustus lebte, als die Künste eifrig gepflegt wurden und die Straßen und Meere sicher waren und Herodes in Judäa herrschte und der Begriff Messias eine feste Form erhielt in der Vorstellung von einem Menschen, einem Nachkommen von König David, der die Herrschaft Roms brechen, das Königreich Israel wiederherstellen und die zerstreute Judenheit nach Zion zurückbringen würde. Der Messias würde ein charismatischer Prophet sein, Krieger, Richter, König und Lehrer des Gesetzes. Er würde am Ende der menschlichen Geschichte erscheinen, Israel erlösen und beherrschen und das Königreich Gottes errichten. Keine derartige Vorstellung vom

Messias findet sich in der Bibel; dort bedeutet der Begriff einfach »der Gesalbte« und bezieht sich auf David und seine dynastischen Nachkommen. Nach dem Untergang der vereinigten Monarchie begannen die Israeliten der Hoffnung Ausdruck zu geben, das Haus David werde eines Tages von neuem über ein wiedervereintes Israel und Juda herrschen. Dann hatte Jesaja eine Vision von einem zukünftigen König, der die Gerechtigkeit liebte und die von Gott verliehene Fähigkeit besaß, Recht von Unrecht zu unterscheiden. Das sollte das entscheidende Bindeglied zwischen den einzelnen biblischen Vorstellungen von einer wiederhergestellten davidischen Dynastie und dem Tag des Herrn sein, an dem JHVH die ganze Welt beherrschen würde. Die bitteren Konfrontationen mit Griechenland und Rom verschmolzen den Traum von einem zukünftigen gerechten König mit der Sehnsucht nach einer wunderbaren Befreiung von der Tyrannis der heidnischen Herrschaft; und der Schrecken der Vertreibung aus Spanien führte zu dem wilden, kosmischen, kabbalistischen Messianismus von Isaak Luria – und dann zu den getäuschten Hoffnungen fast des ganzen Volkes zur Zeit von Sabbatai Zwi und Nathan von Gaza. Jetzt bahnte sich eine neue Konfrontation zwischen dem Juden und der ihn umgebenden Kultur an. »Habe Mut, deine Vernunft zu gebrauchen!« Kant sah in diesen Worten das Thema der Aufklärung. Riskiere es! Vielleicht entdecken wir Leere im Herzen des Kosmos. Wir sind es uns schuldig, der Wahrheit ins Auge zu blicken.

Die Männer und Frauen der Aufklärung – in Frankreich wurden sie Philosophen genannt – erbten die klassischen Schriften der Stoiker und Epikuräer von Griechenland und Rom, die die Kirche aufbewahrt hatte. Sie bedienten sich dieses Wissensschatzes, um die Hemmschuhe des Christentums abzuschütteln. Einige hatten eine stark vereinfachende Auffassung von der Geschichte der Menschheit: Zuerst habe es die Stromkulturen gegeben, das Zeitalter der Angst und des Mythos, die Kindheit des Menschen; dann sei die Periode von Griechenland und Rom gekommen, die goldene Zeit meisterhafter Kunst und rationalen Denkens; Dunkelheit habe sich herabgesenkt mit dem Kommen des Christentums, das sie als einen katastrophalen Fehltritt in der Entwicklung des Menschen ansahen; jetzt stehe die Menschheit an der Schwelle einer neuen Ära, in der das Denken von Griechenland und Rom von neuem widerhalle und die sich von den Ketten der Offenbarungsreligion befreie. Das Judentum verachteten sie ebenso wie das Christentum. David Hume war der Meinung, der Mensch habe die Fähigkeit, die Wahrheiten über sich und die Welt gelassen hinzunehmen und der Wahrscheinlichkeit ins Auge zu sehen, daß weder dem gestirnten Himmel noch der geschundenen Erde absolute Gerechtigkeit inhärent sei.

In den letzten dreihundert Jahren war die allumfassende Zivilisation des westlichen Menschen das moderne Heidentum oder der weltliche Humanismus – weltlich, weil er auf das Übernatürliche verzichtete, humanistisch wegen seiner Betonung klassischer Studien oder humanistischer Bildung und der Aufmerksamkeit, die er der Naturwissenschaft und dem Wert des Individuums schenkte. Wahrscheinlich ist es die kreativste, freieste, wohlhabendste, am stärksten entmenschlichende und mörderischste Zivilisation in der Geschichte der Menschheit. Zu denen, die unter ihren Exzessen am meisten gelitten haben, gehörten die Juden. Ironischerweise haben sie dazu beigetragen, diese allumfassende Zivilisation zu schaffen.

Schon im 17. Jahrhundert taten die Juden die ersten Schritte in Richtung Säkularismus, und sie waren von Düsternis und Verbitterung überschattet. 1640, ungefähr fünfzig Jahre vor Voltaires Geburt, beging ein Jude mit Namen Uriel da Costa in Amsterdam Selbstmord. Er war in Portugal als Sohn einer Familie von Conversos, die dem Adel angehörte, geboren. Sein Vater war ein frommer Katholik. Da Costa studierte an einer Jesuiten-Hochschule, wurde Geistlicher und fand im römischen Christentum keinen Erlösungssinn. Er studierte die Bibel und gelangte zu der Überzeugung, das Judentum sei eine Religion, die frei von tyrannischen Geistlichen und für alles Denken aufgeschlossen sei. Er bekehrte seine Familie zu seiner Vorstellung vom Judentum. Sie flohen nach Amsterdam, um der Inquisition zu entgehen und ihren neuen Glauben offen zu praktizieren.

In Amsterdam fand da Costa ein sefardisches Judentum vor, das tyrannischer war als das Christentum, das er aufgegeben hatte. Andere Converso-Familien stellten dasselbe fest. In Spanien und Portugal hatten sie das Gefühl gehabt, sie könnten offen oder heimlich die Gesetze, Geschichten und Geistlichen des römischen Christentums kritisieren. Aber sie hatten sich danach gesehnt, zum Glauben ihrer Väter zurückzukehren. Viele waren nach Nord- oder Südamerika und nach England gegangen, wo sie bald einflußreiche Kaufleute und Bankiers wurden, in den höchsten aristokratischen Kreisen Aufnahme fanden, sich mit der Zeit als Juden bekannten und als Keimzellen für zukünftige jüdische Wanderungen dienten. Aber diejenigen, die nach Amsterdam kamen, fanden Rabbis und Gemeindeführer vor, die sich so vor dem Kontakt mit der Außenwelt fürchteten, daß das ganze jüdische Leben und Denken streng überwacht wurde. Diese Amsterdamer Juden waren Nachkommen von Flüchtlingen aus Spanien, sie erinnerten sich nur zu lebhaft der Geschichten, die ihnen Eltern und Großeltern darüber erzählt hatten, wie verhängnisvoll solche Kontakte für die spanische Judenheit gewesen waren.

Da Costa war erbittert über die Rabbis und den Würgegriff, in dem sie, wie er fand, die jüdische Gemeinde hielten. Er nannte sie die Pharisäer von Amsterdam. Er schrieb ein Buch, in dem er darlegte, daß die Lehre von der Unsterblichkeit der Seele nicht biblischen Ursprungs sei. Er wurde exkommuniziert und das Buch verbrannt.

Er lebte eine Weile in Hamburg, kehrte nach Amsterdam zurück, schloß sich der Synagoge wieder an, nachdem er Reue bekundet hatte, und begann bald darauf, am göttlichen Ursprung des mosaischen Gesetzes zu zweifeln. Religion sei eine Schöpfung des Menschen, behauptete er, und deshalb höre er auf, sein Judentum zu praktizieren. Er wurde wiederum exkommuniziert.

Er lebte noch sieben Jahre in Amsterdam, einsam, von Juden und Christen gemieden. Die Einsamkeit wurde unerträglich. 1640 bat er um die Erlaubnis, sich der jüdischen Gemeinde wieder anzuschließen. Er müsse öffentlich Buße tun, wurde ihm von den Ältesten gesagt. Er müsse seine Ansichten vor der gesamten Gemeinde widerrufen.

Das tat er. Dann erhielt er neununddreißig Peitschenhiebe, die übliche Strafe für gewisse Sünden, und mußte sich auf der Synagogenschwelle niederwerfen. Die Gemeindemitglieder schritten über ihn hinweg. Er war ein stolzer, rebellischer, zorniger Mann auf der Suche nach einem Glauben, den es nicht gab, verloren in einer Welt, die die auf ihrer Wahrheitssuche zwanglos durch Doktrinen wandernden religiösen Hapirus noch nicht ertragen konnte. Die demütigende Bestrafung, der er unterworfen wurde, erschütterte und quälte ihn. Er nahm sich das Leben.

Die Denker der Aufklärung sahen ihn als eine heldenhafte Gestalt im Kampf gegen die unnachgiebige Orthodoxie. Die Amsterdamer Synagoge, in der er öffentlich Buße tat, steht noch heute: Juden beten regelmäßig darin. Einige Wissenschaftler glauben, er könnte Spinoza beeinflußt haben.

Ebenso wie Uriel da Costa war Spinozas Vater aus Portugal nach Amsterdam geflohen. Aber im Gegensatz zu da Costa wurde er ein wohlhabender Kaufmann, führte ein frommes jüdisches Leben und starb als traditionsgetreuer Jude – zwei Jahre, ehe sein Sohn Baruch, der damals Anfang Zwanzig war, wegen »abscheulicher Ketzereien« und »gräßlicher Taten« exkommuniziert wurde; so steht es in der rabbinischen Entscheidung, die am 27. Juli 1656 gegen ihn erlassen wurde.

Der junge Mann, ein hervorragender rabbinischer Schüler, hatte den Talmud studiert, Maimonides gelesen, war rasch zu den Grenzlinien der jüdischen Literatur und des jüdischen Denkens vorgestoßen und hatte festgestellt, daß sein Wissensdurst nicht gestillt war. Man kann die Grenzen seiner eigenen Kultur nicht wirklich überschreiten, ehe man nicht die Sprache einer anderen beherrscht. In einer Schule, die ein freidenkerischer ehemaliger Jesuit ins Leben gerufen hatte, begann er Latein zu lernen. Die Juden in seiner Umgebung verachteten die Sprache, die sie mit der verhaßten Inquisition in Verbindung brachten und abfällig »die Priestersprache« nannten. Er hatte auch ein offenes Ohr für die lautstarke religiöse Kontroverse in Amsterdam zwischen Conversos und dem talmudischen Judentum. Dann äußerte er Zweifel an der mosaischen Urheberschaft des Pentateuch und daran, daß Adam der erste Mensch gewesen sei. Wegen dieser und ähnlicher »üblen Meinungen ... beschloß der Rat auf Anraten der Rabbis, daß der besagte Spinoza exkommuniziert und aus dem Volk Israel ausgeschlossen werden soll.«

Ungefähr sechzig Jahre zuvor hatte der italienische Philosoph Giordano Bruno Einwände gegen alle Formen von Dogmatismus erhoben und behauptet, unsere Weltauffassung sei abhängig von unserer Stellung in Zeit und Raum, und es gebe ebensoviele Möglichkeiten, die Welt aufzufassen, wie es Stellungen gebe. Daher, schloß er, können wir unmöglich sagen, dieses oder jenes Postulat sei absolut wahr, und es gebe eine Grenze für den Fortschritt des menschlichen Wissens. Wegen dieser Ansichten wurde er im Jahre 1600 von der Kirche auf dem Scheiterhaufen verbrannt. Jetzt, sechzig Jahre später, gab es in Amsterdam Juden, die Spinoza töten wollten. Er verließ Amsterdam, änderte seinen Namen in Benedictus – die lateinische Form von Baruch – und ließ sich schließlich im Haag nieder, wo er einen kleinen Freundeskreis hatte und seinen Lebensunterhalt mit dem Schleifen von Linsen, die als Hilfsmittel für die menschliche Sehkraft dienten, verdiente.

In jenem Jahr erschien sein *Tractatus theologico-politicus*. Das Hauptziel des Buches war die Verteidigung der Meinungsfreiheit. Er hatte mehr als vier Jahre daran gearbeitet. Es erschien in sehr kurzer Zeit in fünf Auflagen und machte ihn bekannt. Es war ohne seinen Namen auf der Titelseite erschienen; aber es erforderte wenig Scharfsinn, den Autor zu erkennen, denn Spinozas Ansichten waren mittlerweile durch Briefe und Weitergabe von Mund zu Mund weithin bekannt. Er wurde ständig verleumdet und des Atheismus beschuldigt. Das Buch wurde überall verboten. Die Buchhändler verkauften es mit falschen Titelseiten.

Spinoza wurde ein Lehrstuhl für Philosophie in Heidelberg angeboten. Er grübelte sechs Wochen über den Ruf, dann lehnte er ab. Er ziehe Einsamkeit und Forschung, sagte er, dem Lehren und der Wahrscheinlichkeit gefährlicher Kontroversen vor. Er lebte ruhig in der bescheidenen Wohnung eines Künstlers, versorgte seinen Haushalt selbst, setzte seine philosophischen Spekulationen fort und schliff Linsen.

Sein Leben lang blieb er ein asketischer und eifriger Verfechter der Wahrheit und des Geistigen. Er schrieb über einen immanenten, nicht einen transzendenten Gott; alles ist Gott und ein Aspekt von Gott; alles ist durch Gesetz bestimmt; Gott befaßt sich nicht mit den Angelegenheiten der Menschen; ein zielbewußter Kosmos ist eine Fiktion, erfunden von denjenigen, die nicht fähig sind, das wahre Wesen des Universums zu verstehen. Die Vorstellung vom Willen Gottes ist die Zuflucht des Ignoranten. Um das Wesen des Göttlichen zu beweisen, bediente sich Spinoza der geometrischen Methode, einer Schöpfung des Geistes, anstatt der Tradition oder Offenbarung. Ein gut Teil der Kraft des griechischen Denkens fand Eingang bei diesem zurückhaltenden holländischen Juden, der zusammen mit Hobbes, Locke und einigen anderen Zeitgenossen die Art und Weise beeinflußte, wie unsere Augen die Welt strukturieren – nicht nur die Welt Gottes und der Natur, sondern auch die Welt des Menschen und einer seiner bemerkenswertesten Schöpfungen, der Bibel.

So sah Spinoza die Bibel: ganz und gar als eine Schöpfung des Menschen. Wir können sie nur im Lichte ihres historischen Hintergrunds und der Absicht ihrer Verfasser interpretieren; und jeder hat das Recht, eine Interpretation zu versuchen – dazu bedarf es keiner vorherigen Erlaubnis von übergeordneter Stelle. Ein regelrechtes Bibelstudium erfordert das Verständnis und die Analyse der hebräischen Sprache und die Erforschung der Identität des

Verfassers jedes Buches. Die Bibel zeigt uns, daß die Propheten Männer mit einer lebhaften Phantasie und einem starken moralischen Empfinden waren, im Grunde ungebildete Männer, die in einer vorwissenschaftlichen Zeit bei einem primitiven Volk Anklang fanden. Sie hatten eine außerordentliche Begabung, durch Geschichten und Mythen Glauben und Gehorsam zu erwecken; sie waren keine Philosophen; in ihren Ansichten über Gott widersprachen sie sich; ihre Anziehungskraft wirkte auf die Phantasie, nicht auf den Verstand.

Die Erwählung der Juden bedeutete nicht, daß sie sich, was Tugend und intellektuelle Fähigkeit betrifft, von anderen Völkern unterschieden; sie galt lediglich für ihre Monarchie, und sie hörte auf, als die Monarchie zerbrach. Die Gesetze der Bibel waren nur auf diese monarchische Periode anwendbar und hätten danach überhaupt nicht beibehalten werden dürfen. Nichts kann im Widerspruch zum Naturgesetz geschehen, und alle Berichte in der Bibel über Wunder müssen als moralische Geschichten, die ungebildete Menschen belehren sollen, erklärt oder auf andere Weise abgetan werden. Die Bibel kann uns nichts lehren in bezug auf die Dinge, über die sie widersprüchliche Aussagen macht. Nur Verstand und Philosophie können uns etwas über das Wesen Gottes sagen. Nichts von alledem verstößt gegen die grundlegende Idee der Religion: Es gibt einen Gott, der Gerechtigkeit verlangt, der wünscht, daß die Menschheit in nachbarlicher Liebe lebt, und der Bußfertigen verzeiht. Die Bibel bietet uns die Grundlage für Frömmigkeit; die Philosophie bietet uns Wahrheit.

In den Weisen von Jerusalem sah er Widerspiegelungen der Amsterdamer Rabbis und kam zu der Schlußfolgerung, daß die Pharisäer nach der Vernichtung des jüdischen Staates und der Zerstörung des zweiten Tempels das Gesetz zwar weiterhin einhielten, aber nicht so sehr, um Gott zu gefallen, sondern um das Christentum zu bekämpfen. Die Gelehrten des Judentums beharrten nur auf der Befolgung der Thora, weil sie ihre Herrschaft erhalten wollten. Die Juden lieben sich und hassen alle anderen Völker, und daher hassen alle anderen Völker sie. Verfolgung macht sie stark; freundliche Behandlung könnte eines Tages ihr Verschwinden bewirken. Er hielt es für möglich, daß die Juden zu guter Letzt in ihr eigenes Land zurückkehren.

Er setzte sich für eine rational regierte, freie Gesellschaft ein, in der »jeder denken darf, was er will, und sagen, was er denkt.« Sein idealer Staat war die Kaufmannsgemeinde von Amsterdam, in der

Menschen vieler Glaubensrichtungen toleriert wurden; sie mußten nur bereit sein, die öffentliche Ordnung aufrechtzuerhalten.

Er ist der einzige Jude vor Beginn der Moderne, von dem wir wissen, daß er das Judentum aufgab und nicht Christ wurde. Es ist kein großer Gedankensprung, wenn man unterstellt, daß seine Kritik an der hebräischen Bibel auch auf die christliche Bibel anwendbar ist. Er schuf sich eine kleine säkulare Insel in einer Welt, die noch ein Meer des Glaubens war, und er überlebte und schrieb – obwohl er sein Hauptwerk, die *Ethik,* nicht veröffentlichen durfte; er führte eine lebhafte Korrespondenz mit einigen der größten Geister seiner Zeit, ihm wurde Ehrfurcht und Liebe und Haß entgegengebracht, er schliff Linsen für die Augen der Menschen und starb eines Sonntagmorgens im Februar 1677 friedlich an der Schwindsucht. Seine *Ethik* erschien nach seinem Tod zusammen mit einer Auswahl seiner Briefe, zwei weiteren philosophischen Werken und einer hebräischen Grammatik, die es seinen christlichen Freunden ermöglichen sollte, die Sprache und Literatur des Volkes zu meistern, das ihn verstoßen hatte. Es wird angenommen, daß das Linsenschleifen seine Schwindsucht verschlimmert und sein Leben verkürzt hatte.

Ein Jahrhundert nach seinem Tod waren viele seiner Gedanken über Wahrheit und Freiheit Allgemeingut der Aufklärung geworden. Zwei Jahrhunderte nach seinem Tod wandte die neue Disziplin der wissenschaftlichen Bibelforschung ein gut Teil seiner Methodologie an. Aber zu der Zeit war die jüdische Aufklärung schon hundert Jahre alt. Sie hatte sich als eine explosive kulturelle Reaktion auf die Konfrontation zwischen Judentum und modernem Heidentum entwickelt. Es war eine Bewegung, die sich auf die ganze Judenheit auswirkte; in ihr pulsierte das messianische Sendungsbewußtsein, um das ganze Volk aus krummrückigen Talmudisten und Gettobewohnern in rundum gebildete und emanzipierte Menschen zu verwandeln, die in den sonnigen neuen Nationalstaaten der westlichen Welt zu Hause sind. Das Axiom der Bewegung war Spinozas rational-philosophische Wahrheit, daß Vernunft der Maßstab aller Dinge sei. Das Exkommunikationsedikt gegen Spinoza ist bis heute nicht aufgehoben worden.

Jetzt möchte ich über die zweieinhalb Jahrhunderte schreiben, die ungefähr 1700 begannen und etwa 1950 endeten, erst vor einem Augenblick, wenn man die Zeit nach der jüdischen

Geschichte bemißt. Ich kenne keinen Historiker, der diese Spanne der jüdischen Geschichte erfaßt, sie heraushebt und als selbständige Einheit behandelt. Aber ich sehe in diesen Jahrhunderten eine düstere und dennoch strahlende Poesie.

Es begann mit einer winzigen Apokalypse, dem Tod eines achtzehnjährigen Mädchens in Portugal. Im ersten Jahrzehnt des 18. Jahrhunderts wurden von der portugiesischen Inquisition mehr als hundert Menschen verbrannt. Dann sank die Zahl beträchtlich. Aber von 1721 bis 1761 wurden in Portugal 139 Menschen verbrannt, in der Mehrzahl Frauen. Weitere zwanzig wurden *in effigie* verbrannt, und mehr als dreitausend mußten Buße tun. Unter den zu Anfang des Jahrhunderts Verbrannten war das achtzehnjährige Mädchen. Von panischem Schrecken gepackt, flohen Conversos nach Frankreich, England, Amsterdam, Nord- und Südamerika und berichteten dort von entsetzlichen Greueln.

Der französische Staatsphilosoph Montesquieu erfuhr von dem Tod des Mädchens. In einem 1748 veröffentlichten Werk richtete er folgende Worte, die er listigerweise einem Juden in den Mund legte, an die Inquisition: »Vor einem müssen wir euch warnen: Wenn in zukünftigen Zeiten jemand zu sagen wagt, daß in dem Jahrhundert, in dem wir lebten, die Völker Europas zivilisiert waren, dann werdet ihr als Beweis dafür angeführt werden, daß sie barbarisch waren; ihr werdet euch einen Ruf erwerben, der eurem Zeitalter Schande macht und euren Zeitgenossen Haß einträgt.«

Das war das Jahrhundert, in dem zivilisierte Europäer nicht umhin konnten, die Veränderungen zu bemerken, die mit den Juden vorgingen. 1753 unternahm die englische Regierung den Versuch, allen Juden im Lande die Bürgerrechte zu verleihen; um die Mitte des 17. Jahrhunderts waren sie unter Cromwell in England wieder zugelassen worden. Der Versuch erregte antijüdische Agitation, aber keine Gewalttätigkeit. Er schlug fehl, doch wurde viel über ihn gesprochen in den intellektuellen Kreisen, die die Salons in Europa zierten. Was sollte denn eigentlich mit den Juden geschehen? Ja, alle Menschen waren frei und sollten gleiche Chancen haben. Aber waren die Juden als Menschen anzusehen? Waren sie fähig, erlöst zu werden?

Jenseits des Ozeans lebten Juden in den englischen Kolonien in Freiheit, und die dortige Gesellschaft schien ihre Anwesenheit unversehrt zu überleben. Sie nahmen an der amerikanischen Revolution teil und besaßen die Gleichberechtigung, schon ehe das

Land seine Verfassung niedergelegt hatte. Die Europäer wußten das und fragten sich, was sie davon halten sollten, während sie von dem erwachenden Geist der Toleranz schrieben und sprachen. Sollte der Jude einbezogen werden in diese neue Welt, der bärtige, geldgierige, ungepflegte Jude mit seinem geheimen, feindseligen Talmudismus, seinen geräuschvollen Synagogen und seinem halsstarrigen, stolzen Anderssein, das er vor der Menschheit zur Schau trug? Sollte dem Juden erlaubt werden, er selbst zu sein, oder sollte man ihm deshalb Freiheit zugestehen, weil das die einzige Möglichkeit ist, seinen Charakter zu verbessern? Selbst Montesquieu, offiziell ein Freund der Juden, schwankte in seinen veröffentlichten Schriften zwischen diesen beiden Einstellungen – und konnte die düstere Erbschaft des verwünschten Landes nicht ganz abschütteln. Er starb in den Armen der Kirche.

Der gehässigste Antisemit zur Zeit der Aufklärung war Voltaire. Dieser Mann mit der breiten Nase, der dünnen, knochigen Gestalt, dem erfundenen Adel und schlau erworbenen Reichtum, und begabt mit einem brillanten, scharfen Verstand, beeinflußte das Frankreich des 18. Jahrhunderts durch seinen unbeugsamen Willen, seine feine, vernichtende Ironie und Schlagfertigkeit und verhehlte niemals seinen Widerwillen gegen zeitgenössische Institutionen, seinen Abscheu vor der Kirche und seinen Haß auf die Juden.

Voltaires Antisemitismus war ein Widerhall der vertrauten Rhetorik der Kirche. Viele Gelehrte haben behauptet, sein Angriff auf das Judentum sei ein durchsichtiger Versuch gewesen, das Fundament zu unterminieren, auf dem die Kirche ihr Gebäude errichtet hat. Vor kurzem hat ein Wissenschaftler die sehr überzeugende Ansicht vertreten, Voltaire habe die Kirche und ihre Lehren über die Juden weit hinter sich gelassen; sein Antisemitismus sei von viel mörderischerer Art als der in den offiziellen Kirchendoktrinen; er habe seinen Haß auf die Juden von denjenigen übernommen, die ihn den Wert der Freiheit und der Menschenwürde lehrten: gewisse griechische und römische Heiden.

Das zentrale Drama in der Geschichte des Menschen war für Voltaire nicht die Periode der Bibel, sondern die Welt des alten Griechenlands und Roms. Er sehnte sich danach, dieses goldene Zeitalter der wahren Philosophie und Kultur wiederherzustellen. Die europäische Zivilisation habe einen falschen Weg eingeschlagen, als sie unter den Einfluß jüdischer und christlicher Ideen geriet; sie wurde durch eine orientalische Denkweise verseucht.

Das neue Zeitalter des Menschen würde Europa zu seinen reinen Ursprüngen zurückbringen, seine auf dem griechischen und römischen Altertum beruhenden Fundamente wiederherstellen.

Die antike Welt hatte die Juden gehaßt. Dieses dickköpfige, sich absondernde Volk, das einen unsichtbaren Gott anbetete, sich weigerte, an öffentlichen Riten teilzunehmen, an den Spielen, am Kult des Kaisers, das die Gastfreundschaft von anderen ablehnte, das Essen oder den Wein, die als Zeichen der Herzlichkeit angeboten wurden, das sich brüstete, von seinem Gott erwählt zu sein, jeden siebenten Tag die Arbeit niederlegte – was konnte dieses Volk anderes sein als Verächter der Menschheit, faul, boshaft, von Grund auf böse? Voltaire wußte, daß das die Ansicht vieler Heiden über die Juden gewesen war; er nahm sie auf als eine Fackel, die in all seinen Schriften eine Leuchtspur der Feindseligkeit hinterließ.

Der Jude seiner Zeit, glaubte er, habe denselben Charakter wie der Jude im Altertum. Ciceros Antisemitismus fand sein Lob; den Worten des römischen Redners fügte er seinen eigenen Zorn hinzu: »Sie wurden allesamt mit rasendem Fanatismus im Herzen geboren, ebenso wie die Bretonen und Deutschen mit blondem Haar geboren werden. Ich wäre nicht im mindesten überrascht, wenn dieses Volk eines Tages gefährlich für das Menschengeschlecht würde.«

Als Literatur gefielen ihm einige Schriften der Propheten und ein paar pastorale Erzählungen aus dem Pentateuch, aber er kam zu dem Schluß, der alte Israelit habe wirklich kein ästhetisches Gefühl gehabt, keine Ahnung von Geschmack und Proportion. Alles in der jüdischen Kultur sei von anderen entlehnt; einzig und allein echt jüdisch seien »ihre Halsstarrigkeit, ihre neuen abergläubischen Bräuche und ihr geheiligter Wucher.« Keine Seite in irgendeinem der angeblich von Juden geschriebenen Bücher sei nicht irgendwo gestohlen, vor allem von Homer. Die Moral von Griechenland und Rom sei eindeutig derjenigen der Juden überlegen gewesen.

Voltaire warf den Juden nicht vor, Jesus ermordet oder ihn abgelehnt zu haben; er griff nicht auf die antijüdische Einstellung der christlichen Zivilisation zurück, die er selbst verlassen hatte. Er modelte den Judenhaß um, legte den alten Gedanken von Tacitus, Juvenal, Horaz und anderen das neue Mäntelchen der Aufklärung um: Alle Menschen haben die Freiheit verdient, nur nicht die Juden, weil sie nicht von derselben Art seien wie die übrige Menschheit. Die Juden seien korrupt und böse; ihr Charakter sei verschroben; ihre Anwesenheit sei für die wahre europäische Zivilisation verderblich, weil sie die Fremden, die hartnäckig, hoffnungslos und radikal Anderen seien; ihr Wesen ändere sich nicht; selbst wenn sie dazu gebracht werden könnten, ihre Religion aufzugeben, würde ihr inhärenter Charakter unberührt bleiben. Sich an die Juden wendend, schrieb er: »Ihr habt alle Völker mit euren unverschämten Märchen, mit schlechtem Benehmen und Barbarei übertroffen. Ihr verdient, bestraft zu werden, denn das ist euer Schicksal.« Er hielt die Juden für ein »völlig ignorantes Volk«, besessen von »verächtlichem Geiz und höchst abstoßendem Aberglauben«. Aber er fügte hinzu: »Dennoch sollten sie nicht auf dem Scheiterhaufen verbrannt werden.«

Diese Verachtung und der Abscheu vor der Zivilisation der Juden wurde von der Hauptströmung der Aufklärung geteilt. Edward Gibbon schrieb von dem »unversöhnlichen Haß« der Juden auf die Menschheit; der Gelehrte Jean-Baptiste de Mirabaud sammelte die antijüdischen Ansichten griechischer und römischer Schriftsteller und veröffentlichte sie 1769; und Paul David Dietrich d'Holbach forderte Europa auf, »das unerträgliche Joch der Vorurteile, von denen ihr befallen seid, abzuschütteln. Überlaßt den dummen Hebräern, den tollen Schwachsinnigen und den feigen und degenerierten Asiaten diese abergläubischen Bräuche, die ebenso abstoßend wie verrückt sind; sie waren nicht für Bewohner unseres Klimas gedacht.«

Einige Vertreter der Aufklärung glaubten, der Jude könne umgewandelt werden, so daß er sich dem neuen Geist des Menschen anpasse; die meisten waren sich nicht sicher. Nach der Französischen Revolution, als es Zeit war, sich für oder gegen die Emanzipation der Juden zu entscheiden, forderten die Logik und der ungestüme Freiheitsdrang ihre Emanzipation. Die vierzigtausend Juden in Frankreich wurden in zwei Etappen emanzipiert: am 28. Janaur 1790 die sefardischen Juden im Süden, unter denen viele Nachkommen von Conversos waren, und am 27. September 1791 die aschkenasischen Juden im Norden, deren Vorfahren vor den Chmjelnizki-Massakern ins Elsaß und nach Lothringen geflohen waren. Aber die Lehren von Voltaire waren mittlerweile von der Luft, die die Menschen der neuen Zeit atmeten, weitergetragen worden. Die Guillotine der Aufklärung beseitigte den Absolutismus der Vergangenheit und ersetzte ihn durch ihren eigenen. Alle konnten diese neue, helle Landschaft betreten außer den Juden.

Eine tragische Bitternis überlagert die leidenschaftlichen Bemühungen der europäischen Juden, in die von den Philosophen geschaffene belebte und erhellte Welt hoher Kultur einzudringen. Hier war eine von den verwünschten Jahren angeblich befreite Welt. Die Juden brauchten sie bloß zu betreten, ihre Erkenntnisse und Möglichkeiten zu akzeptieren. Der nachhallende Antisemitismus würde nachlassen und verschwinden. Damals scheint sich niemand darüber klar gewesen zu sein, daß dieser Antisemitismus seinen Ursprung in einem wiederbelebten Heidentum hatte und sich wie eine dichte, dauerhafte, befruchtende Staubschicht auf dem Antisemitismus eines geschwächten, aber noch lebendigen Christentums ablagerte.

In ganz Europa nahmen die Juden bereitwillig die hohe Kultur der Aufklärung an, wie ihre Vorfahren einst die Bünde mit JHVH bereitwillig angenommen hatten. Sie konnten nicht wissen, daß sie in einem heidnischen Totentanz herumwirbelten und pirouettierten.

Der Tanz begann gemächlich mit einem gemessenen Menuett, angeführt von den Frauen und Töchtern reicher deutscher, jüdischer Kaufleute und Hofjuden und von einem jungen, hervorragenden jüdischen Denker, der 1729 in Deutschland geboren wurde, etwa zu der Zeit, als das achtzehnjährige Converso-Mädchen in Portugal auf dem Scheiterhaufen verbrannt wurde.

Die Hofjuden lebten in zwei Kulturen. Die Welt der Thora-Gelehrsamkeit hatte für sie den höchsten religiösen und sozialen Wert. Aber sie gehörten auch einer Welt der Fürsten und der Macht, des Reichtums, der Waffen und kriegführender Heere an. Ihre Aufgabe war es, den Fürsten Geld zu verschaffen, das Metall für die Münze zu besorgen, das Heer zu beliefern, Handel und Industrie zu fördern. Es gab Juden an den Höfen protestantischer und katholischer Fürsten in allen deutschen Kleinstaaten, und ebenso in Österreich, Dänemark und anderswo, nur nicht im katholischen Frankreich, wo die Aufgabe, die Heere mit Proviant und die Könige mit Geld zu versorgen, weitgehend in den Händen ausländischer protestantischer Bankiers lag. Rastlose, schwer arbeitende, nach Erfolg strebende deutsche Hofjuden unterstützten absolutistische Herrscher bei dem Versuch, die Staatsmacht zu zentralisieren. Sie arbeiteten Seite an Seite mit christlichen Bankiers und Heereslieferanten. Sie konnten dieser Machtelite nicht angehören, ohne einen Lebensstil zu pflegen, der sie von den Getto-Juden trennte. Sie paßten sich rasch den Gewohnheiten und der Kleidung der deutschen Gesellschaft an. Sie bewohnten mit ihren Familien prächtige Herrenhäuser und waren ständig in Kontakt mit der gebildeten deutschen Aristokratie. Bei der Hochzeit der Tochter eines Hofjuden war die fürstliche Familie fast immer anwesend. Es gab Musik und Tanz und zivilisierte Unterhaltung. Die Männer sprachen von Politik und Geschäften, die Frauen von den Büchern, die damals von diesen Franzosen mit den seltsamen Vorstellungen von Freiheit und Gleichheit geschrieben wurden. Jüdische Frauen lernten Französisch und gehörten zu den ersten, die die Verbindung zur Welt der Aufklärung herstellten.

Für seinen Eintritt in diese neue Welt wurde der Jude des 18. Jahrhunderts bereitgemacht durch die Politik der absolutistischen Herrscher in Deutschland, Österreich und Rußland. Bestrebt, ihrer Macht bei allen Schichten in ihren Reichen Geltung zu verschaffen, wirkten diese Herrscher – Fürst, König oder Kaiser – stark auf die autonomen jüdischen Gemeinden ein, übernahmen die Kontrolle über bestimmte innere Angelegenheiten – wie Konkursverfahren und Wechselinkasso – und beschnitten auch die Befugnisse der Führer der jüdischen Gemeinden, Zwangsmaßnahmen zu ergreifen, indem sie ihnen das Recht absprachen, Exkommunikationsedikte zu erlassen. Die Schwächung des kirchlichen Einflusses, die Ausbreitung säkularen Denkens, der kultivierte Lebensstil der sefardischen Juden, von denen viele aus Converso-Familien stammten und die sich in Amsterdam, England, Italien, Frankreich und anderswo mühelos der nichtjüdischen Welt anpaßten – all das ebnete den Weg für die aschkenasischen Juden, die jetzt das muffige Getto-Dasein des jüdischen Volkes mit den neuen Ideen erfüllen wollten, die vom Zentrum der europäischen Kultur ausgingen: Frankreich.

Der Tanz bekam allmählich mehr Schwung. Äußerliche Elemente der jüdischen Zivilisation wurden abgelegt, um es äußerlich der umgebenden Kultur gleichzutun. Juden rasierten sich die Bärte ab und trugen die Perücken und Kleidung ihrer Gastzivilisationen. Daß die Unterschiede in der Tracht verschwanden, führte zu gesellschaftlicher Anerkennung, man spielte viel Karten, und Familien fanden sich zusammen, um freudige Anlässe zu feiern. Dieser kulturelle Kontakt fand zuerst nur unter Familien der Oberschicht statt, aber er konnte anderen jüdischen Schichten nicht verborgen bleiben. Die Kenntnis der Landessprache wurde entscheidend wichtig. Eine Brücke der Toleranz wurde auf der jüdischen Seite der Trennungslinie gebaut: die Juden begannen, das Christentum nicht als Götzendienst anzusehen, sondern als die richtige und zweckmäßige Religion der nichtjüdischen Welt.

Jetzt drang die Kulturkonfrontation bis zum Kern des Judentums vor: Einige Juden in West- und Mitteleuropa stellten sich Fragen über den Begriff des auserwählten Volkes, empfanden ein geringeres Bedürfnis, das rabbinische Gesetz zu befolgen, bekamen Zweifel, ob es sinnvoll sei, auf den Messias zu warten, und dachten eher an ein messianisches Zeitalter – vielleicht war es in der Tat eben dieses Zeitalter, das bald anbrechen sollte, diese Ära der Brüderlichkeit und Freiheit und bürgerlichen Gleichheit. Sie begannen in der Sprache ihrer jeweiligen Gastländer zu schreiben. Aber es wurde jetzt anders geschrieben als in der Vergangenheit. Juden hatten Literatur geschaffen, angeregt durch die Kulturkonfrontation mit dem Hellenismus, dem Islam, Spanien und dem Italien der Renaissance, aber sie hatten dabei das Gewicht auf die Wahrheiten des Judentums gelegt, auf die Offenbarung, den Bund, das Gesetz und das sichere Kommen des Messias. Die neuen Schriften stimmten eifrig den grundlegenden Ansichten der allumfassenden Zivilisation zu, ihrem Rationalismus, ihrer Vorstellung vom Menschen als Maß aller Dinge, ihrer Geringschätzung der übernatürlichen Offenbarung, ihrer deistischen Auffassung von Gott als Schöpfer des ewigen Räderwerks des Universums und zukünftigem Richter der Menschheit, der aber jetzt für den Menschen unerreichbar sei und sich um seine Schöpfung nicht mehr kümmere. Diese jüdischen Männer und Frauen, die in der Landessprache oder in biblischem Hebräisch schrieben, das sie wiederzubeleben versuchten, und die mit rasch erworbener Weltgewandtheit in den Salons der Aristokratie und Intelligenzija verkehrten, waren die Schöpfer der als Haskala bekannten Bewegung, der jüdischen Aufklärung. Sie spiegelten bereitwillig, beflissen, die intellektuellen Feuer von Frankreich wider. Für sie war die nichtjüdische Welt weniger eine Szene geschäftlicher Aktivität als ein neuer Schauplatz gesellschaftlicher und ästhetischer Vergnügungen. Zusammen mit ihren nichtjüdischen Pendants bildeten sie eine unabhängige Intellektuellenschicht, die nicht an die Höfe von Königen, die Familien von Gönnern, die Herrschaft von Klerikern gebunden war.

Die Angehörigen dieser neuen jüdischen Intelligenzija wurden Maskilim genannt, »die Aufgeklärten«. Ihr Vorfahr, der Vater der jüdischen Aufklärung, war ein deutscher Jude, der 1729 geboren wurde, ein Mann von schwacher Konstitution, bucklig infolge einer Kinderkrankheit. Sein Name war Moses Mendelssohn. Sein Vater war Thora-Schreiber in Dessau. 1743 ging Moses Mendelssohn nach Berlin, um seine Studien fortzusetzen; er hatte eine traditionelle jüdische Erziehung erhalten. Er beherrschte Deutsch und Hebräisch und erwarb einige Kenntnisse im Lateinischen, Griechischen, Englischen, Französischen und Italienischen. Er arbeitete als Buchhalter in einer Seidenfabrik. Er lernte Gotthold Ephraim Lessing kennen und wurde von ihm in die Kreise der deutschen Aufklärung eingeführt. 1754 begann er, mit Lessings Hilfe philosophische Werke zu veröffentlichen.

Er lebte als traditionsgetreuer Jude in Berlin. Eines seiner ersten Werke behandelte das Wesen der Schönheit und beeinflußte Schiller, Goethe und Kant. Er war ein Philosoph der Aufklärung. Er glaubte an die Existenz Gottes und die Unsterblichkeit der Seele und meinte, die Offenbarung am Sinai habe den Zweck gehabt, den Juden ein Rechtssystem zu geben, eine Verfassung, die der ganzen Menschheit als Beispiel dienen könne. Das Judentum sei der Naturreligion näher als das Christentum oder irgendein anderer Glaube, weil es auf praktischen Geboten beruhe statt auf Dogmen und Meinungen. Zu allen Zeiten hätten Juden über Glaubensfragen debattiert und sich stets dazu bekannt, daß die Einhaltung der Gebote die Pflicht aller Juden sei, was immer sie auch glaubten. Glaubensfreiheit sei nicht unvereinbar mit traditioneller Observanz – eine tolerante und aufgeklärte Ansicht.

Die deutsche Literatur begann damals wiederaufzuleben; die deutsche Kultur wurde vom Französischen und Lateinischen beherrscht. Mendelssohn fand Voltaire seicht. Voltaire erwähnte ihn nie. Lessing, Herder und einige andere – Dichter, Dramatiker und Philosophen – hatten Deutsch als ihre literarische Sprache erwählt. Mendelssohn schloß sich ihnen bei ihrem Kreuzzug an und wurde ein so eifriger Krieger für die Sprache, daß er Friedrich II. von Preußen tadelte, weil er einen Gedichtband auf französisch veröffentlicht hatte. »Werden sich die Deutschen nie ihres eigenen Wertes bewußt?« fragte er. 1761 erhielt er den ersten Preis der Preußischen Akademie der Wissenschaften für einen philosophischen Aufsatz. Einer der beiden Kandidaten, die durchfielen, war Immanuel Kant. Mendelssohn erlangte Ruhm. Er wurde der Liebling der reichen preußischen Juden und das Vorbild für Lessings *Nathan der Weise.*

Ein protestantischer Theologe, Johann Kaspar Lavater, der Mendelssohn seit Jahren kannte, warf plötzlich öffentlich die Frage auf, warum der Jude Mendelssohn nicht zum Christentum übertrete. Der Jude war erschüttert. Er hatte sich für einen Philosophen in einer aufgeklärten Welt gehalten und geglaubt, er habe es nicht nötig, sich gegen eine Aufforderung, die aus einem unaufgeklärten Zeitalter stammte, zu verteidigen. Er schrieb in höflicher und zurückhaltender Form, daß er dem Judentum treu bleibe aufgrund seiner jahrelangen Studien und Kontemplation. Darüber hinaus wolle er sich nicht auf Polemik einlassen – weil die Thora nur den Juden gegeben worden sei, und von keinem anderen Volk verlangt werde, ihre Gesetze einzuhalten; weil das Judentum es ablehne, zu missionieren; und weil er einem sich in der Minderheit befindenden Volke angehöre, dessen Freiheit gefährdet sei, ziehe er es vor, die Religion der Mehrheit nicht zur Debatte zu stellen. Aber die Kontroverse zwischen Mendelssohn und Lavater zog sich durch den ganzen Winter 1769/70 hin, und als sie schließlich – auf Drängen von Lavaters protestantischen Kollegen – beendet wurde, erkrankte Mendelssohn an einer Art Nervenleiden und war mehr als sieben Jahre lang zu keiner ernsthaften philosophischen Arbeit fähig.

Seit dieser Auseinandersetzung mit Lavater wandte Mendelssohn seine Aufmerksamkeit der jüdischen Gemeinde zu. Er beteiligte sich an dem qualvollen Kampf um die bürgerlichen Rechte für deutsche Juden. Die meisten Juden lebten in bedrückender und erniedrigender Ungleichheit, hatten keine Freizügigkeit, durften sich also nicht niederlassen, wo sie wollten, und waren von bestimmten Erwerbszweigen ausgeschlossen. Er bestritt, daß Juden bürgerliche Pflichten wie den Militärdienst deshalb nicht übernehmen könnten, weil sie auf den Messias warteten; dieser Traum gehöre in das Reich ihrer Gebote und beeinträchtige ihre Verpflichtungen dem Land gegenüber in keiner Weise. Er selbst stimmte denjenigen nicht zu, die anstelle von Toleranz eine Vereinigung aller Glaubensbekenntnisse befürworteten. Eine solche Vereinigung, sagte er, sei dem Ende der Zeiten vorbehalten; er wolle nicht das mosaische Gesetz übertreten, um die bürgerlichen Rechte zu erhalten. Er wußte von den Bestrebungen in den Vereinigten Staaten, Kirche und Staat zu trennen, und befürwortete die Idee, wodurch er die Autorität der rabbinischen Führung noch mehr unterminierte. Nur der Staat sollte Zwangsmittel anwenden dürfen, schrieb er. Die Religion sollte durch Überzeugung wirken.

Für das Hebräische setzte er sich ebenso eifrig ein wie für die deutsche Sprache. Jiddisch mißfiel ihm, er sah es als Kauderwelsch an. Er übersetzte die Bibel ins Deutsche und schrieb einen ziemlich traditionellen Kommentar zum Pentateuch. Den Rabbis lag nichts an seiner Übersetzung. Seine Absicht war gewesen, daß sie der Jugend den Zugang zur deutschen Kultur erleichtern sollte. Eine Generation später hatte fast jeder gebildete Jude in West- und Mitteleuropa die Mendelssohn-Bibel im Haus.

Er war das lebende Beispiel für die Möglichkeit profunder Identifizierung von deutscher Judenheit mit deutscher Kultur, er verkörperte die jüdische Leidenschaft für die deutsche Sprache und teilte die Verachtung der deutschen Juden für das Jiddische und die abgeschlossene, unaufgeklärte Welt der osteuropäischen Juden. Er zeigte den Juden und den Deutschen, daß ein Jude in beiden Kulturen gleichzeitig leben kann. In sein Haus kam die deutsche intellektuelle Elite, es kamen aber auch aufgeklärte Juden, die seine Sanftheit, Geduld und Bescheidenheit, seinen scharfen Verstand und sein großes Wissen, seinen Witz und seine Warmherzigkeit schätzten. Gleichzeitig verkörperte er alle Widersprüche des Juden, der nach Emanzipation trachtete und dennoch seine jüdische Identität zu behalten wünschte. Er vermochte diesen Widerspruch durch das Wesen seiner Persönlichkeit zu überwinden und dank der Aufgeschlossenheit der deutschen intellektuellen Gesellschaft zu der Zeit, als er seine philosophischen Studien begann. Andere hatten weder seine Begabung noch sein Glück. Er starb 1786, nachdem er sich in einer Druckschrift gegen den enervierenden Vorwurf gewehrt hatte, ein Spinozist zu sein.

Jetzt beschleunigte sich das Tempo des Tanzes. Jüdische Intellektuelle hatten 1778 eine neue Schule in Berlin gegründet. Deutsch, Französisch, Arithmetik, Geographie, Geschichte, Bibel, Hebräisch und das Erlernen eines Handwerks oder der Landwirtschaft – das war der Lehrplan. Diese Intellektuellen wußten, daß die Verwandlung des Juden aus einem Gettobewohner in einen aktiv an der aufgeklärten Welt Beteiligten nur durch Erziehung bewerkstelligt werden könne. Die Schule war sofort ein Erfolg.

In späteren Jahren wurden auch in anderen Städten ähnliche Schulen gegründet, ebenso Lehrerseminare. Die Rabbis bekämpften die Schulen und einen Lehrplan, der weltliche Fächer vorsah und das Talmud-Studium untergrub. »Wir sind nicht alle dafür geschaffen, Talmudisten zu werden«, erwiderte Naftali Herz Wessely, der Pionier dieser neuen Erziehung.

Verzweifelt über die endlosen Angriffe von Traditionalisten, verlangten die Verfechter der Haskala-Erziehung ein Eingreifen des Staates. Aufgeklärte absolutistische Herrscher gaben Edikte heraus, die den Juden befahlen, ihre Kinder auf staatliche Schulen zu schicken oder normale Schulen zu gründen. Einige Staaten bestanden darauf, daß Rabbis eine allgemeine Erziehung erhalten sollten und in Talmud-Akademien Philosophie gelehrt werde. Das erste rabbinische Seminar wurde 1829 in Padua gegründet, der Stadt, die ein Zentrum talmudischer Gelehrsamkeit und der Haskala war. Einer der ersten Lehrer dort war Samuel David Luzzatto, ein großer Talmudist und Hebräist. Aber zu der Zeit gab es fast überall in Europa, wo Juden lebten, neue Schulen. Der ganze straffe Zusammenhalt der rabbinischen Jahrhunderte löste sich im neuen Messianismus der Aufklärungsjahre auf.

Die deutschen Juden sehnten sich fieberhaft nach der Emanzipation. Die Gettobeschränkungen waren gelockert worden. In den letzten Jahrzehnten des 18. Jahrhunderts gab es viele Konversionen unter der jüdischen intellektuellen Elite; das war immer noch der Geleitbrief, um in die deutsche Welt zu gelangen, und die Wissenschaftler schätzen, daß ungefähr zehn Prozent der Berliner Juden diesen Weg einschlugen. Ihre Nachkommen, die Urenkel ihrer Kinder, haben vielleicht in Hitlers Armeen gekämpft.

In diesen letzten Jahrzehnten des 18. Jahrhunderts waren aufgeklärte deutsche Juden überzeugt, daß ihre Bemühungen eine neue Art von Erlösung für ihr Volk herbeiführen würden. Sie gründeten eine hebräische Zeitschrift, eine Gesellschaft der Studenten der hebräischen Sprache und verschiedene andere Vereine, um die Ausbreitung ihrer Ideen zu fördern. Ich sehe sie, wie sie sich in den Berliner Salons treffen, eifrig von der Zukunft sprechen – Schriftsteller, Philosophen, Lehrer, Kaufleute und ihre Familien. Sie gewähren einander Hilfe, sorgen für die Kranken, übernehmen die notwendigen Aufgaben für die Beerdigung von Gefährten und Geliebten. Sie lesen sich gegenseitig ihre Schriften vor, führen in der Heimlichkeit eines Salons hebräische Theaterstücke auf. Sie unterminieren geschickt die Fundamente der traditionellen jüdischen Gesellschaft, indem sie die alten, akzeptierten Assoziationen durch ihre eigenen ersetzten. Sie empfinden immer mehr eine völlige Übereinstimmung mit der nichtjüdischen Welt. Ebenso wie in der übrigen Gesellschaft finden bei diesen aufgeklärten Juden Ehen, die von der Familie arrangiert werden, keinen Anklang mehr. An ihre Stelle tritt die romantische Liebe, als die Menschen lernten, sich auf sich selbst zu verlassen. Das rabbinische Recht ist nicht mehr die höchste Autorität und Verhaltensrichtschnur; sie lassen sich jetzt von Kriterien des Geschmacks und Gefühls leiten, die der allumfassenden Zivilisation entstammen.

In den ersten Jahrzehnten des 19. Jahrhunderts waren Dutzende von antisemitischen Pamphleten in Deutschland im Umlauf. Im Sommer 1819 kam es zu antijüdischen Unruhen. »Hepp! Hepp!« schrie ein bayrischer Pöbel, als er die Wohnungen und Geschäfte von Juden plünderte. Diesen Ruf hatten sie von Ziegenhirten übernommen. Die jüdische Emanzipation verlangsamte sich. Eine sich verstärkende neurotische Unsicherheit befiel die deutschen Juden, als sie einen sich über Jahrzehnte erstreckenden Kampf um die Emanzipation begannen. Allmählich fielen die gesetzlichen Schranken, und ein deutscher Staat nach dem anderen emanzipierte seine Juden.

Welche Begeisterung empfinden die Juden doch für die deutsche Kultur! Sie stürzen sich mit demselben Eifer auf die deutsche Welt, mit dem ihre Vorfahren einst Kanaan eroberten. Sie schreiben Bücher und Theaterstücke und Werke über Ästhetik. Ihr deutscher Stil ist vortrefflich. Sie setzen Maßstäbe in Fragen des Geschmacks. Heinrich Heine, 1797 als deutscher Jude geboren, hat eine katholische Schule besucht und tritt 1825 zum Luthertum über; er wird einer der größten deutschen Dichter, verabscheut sich selbst immer mehr wegen seiner Konversion, beginnt sorgfältig die Bibel zu studieren, entdeckt in ihr einen ewigen Schatz, »ein tragbares Vaterland«, und stirbt 1856 als »armer, todkranker Jude«.

Rabbis predigen in makellosem Deutsch; in Synagogen wird die Kirchenstille des lutherischen Gottesdienstes üblich. Traditionalisten suchen verzweifelt nach Mitteln und Wegen, um dem Assimilationstanz Einhalt zu gebieten, dem Herumwirbeln des deutschen Juden in den Armen seiner neuen Geliebten. Einige Rabbis, wie Abraham Geiger, empfahlen dringend eine radikale Glaubensreform als einzige Möglichkeit, den Tanz aufzuhalten; andere, wie Samson Raphael Hirsch, suchten nach neuen Methoden, um alte Orthodoxien zu erklären; wieder andere, wie Zacharias Frankel, wollten einen Mittelweg einschlagen. Diese vitalen religiösen Reaktionen auf den qualvollen Kampf um Emanzipation werden dann von Einwanderern nach Amerika gebracht und werden zum Reform-, zum orthodoxen und zum konservativen Judentum der Neuen Welt.

Nach Napoleons Niederlage 1815 bei Waterloo und der endgültigen Befreiung Deutschlands von französischer Besatzung unterstützten die Juden eifrig das deutsche Streben nach Einheit und Macht eines Nationalstaates. Sie waren aufs äußerste überrascht, als sie auf heftigen Antisemitismus unter deutschen Studenten stießen. Bei ihrem aggressiven Drang nach deutscher Kultur schienen sie die Abwehrhaltung der Deutschen, deren Zurückschrecken vor der neuerlichen überhitzten Teilnahme der Juden an der kulturellen Konfrontation nach Jahrhunderten der Latenz nicht bemerkt zu haben. Offenbar erkannten die Juden nicht, daß eben jene elitären Deutschen, die den Übertritt als Preis für die Aufnahme in die deutsche Welt gefordert hatten, sie auch als verächtliche Renegaten ansahen, weil sie allzu bereitwillig einen vermoderten Glauben aufgegeben hatten.

Der größte jüdische Gelehrte in Deutschland in jenem Jahrhundert – dem Jahrhundert, in dem praktisch die gesamte heutige wissenschaftliche Methodologie der westlichen Zivilisation entstand – war Leopold Zunz. Er legte das Fundament für die Wissenschaft des Judentums, das Studium der jüdischen Geschichte, Religion und Literatur durch rigorosen objektiven Kritizismus und moderne Forschungsmethoden. Er schrieb großartig und versuchte, den antisemitischen Deutschen den Wert der jüdischen Erfahrung zu beweisen. Als 1848 Volksmengen durch die Straßen deutscher Städte zogen und Freiheit forderten, bezeichnete Zunz mehrmals die Revolution als den Messias. Nach dem Scheitern der Revolution verzweifelten viele deutsche Juden an diesem deutschen Tanz; sie begannen eine neue Wanderung, nach Amerika, und nahmen ihre neuen Vorstellungen von der Notwendigkeit eines reformierten Glaubens mit. Das Hebräische verblaßte als Sprache für die aufgeklärten deutschen Juden: die Anziehungskraft dieser übersprudelnden bürgerlichen Kultur, die mit Kant und Hegel, mit Schiller und Goethe, mit ihren Gelehrten, Dichtern, Dramatikern, Komponisten, Zeitschriften und Zeitungen damals den Zenit erreicht hatte, war zu verwirrend; und ihre eigene jüdische Gelehrsamkeit war zu seicht. Aber die neuen politischen Parteien mit ihren unverhüllt antisemitischen Programmen sind bestürzend. Wie soll man auf *Das Judentum in der Fremde* von Bruno Bauer reagieren, ein Werk, das 1869 erschien und den ganzen schändlichen Haß enthielt, der später von Adolf Hitlers Deutschland gepredigt werden sollte? Die einzig mögliche Reaktion ist, das Tempo des Gleichberechtigungstanzes noch mehr zu beschleunigen, den Geliebten zu zeigen, wie groß unsere Liebe ist, die Deutschen zu überzeugen, daß es uns ernst ist, daß wir Deutschland aus ganzem Herzen lieben.

All die alten Gesichtspunkte für die Verbundenheit mit der jüdischen Vergangenheit entfielen: die Sehnsucht nach einer fernen Heimat, die Treue zum Bund, die einst gemeinsame und erinnerte Geschichte. In den Jahrzehnten vor und nach dem Ersten Weltkrieg wurden die westeuropäischen und osteuropäischen Juden in verschiedene Richtungen getrieben; die einen führten den Emanzipationstanz auf; für die anderen, die im Sumpf despotischer Herrschaft steckten, war Emanzipation nur ein ferner, irrlichternder Traum. Die beiden Zweige des Judentums sollten sich dann zum letzten Tanz in den plombierten Kammern eines gemeinsamen Schicksals wieder treffen.

Gegen Ende des 18. Jahrhunderts gab es auf der Welt etwa zweieinviertel Millionen Juden; in Europa lebten ungefähr zwei Millionen. Acht Jahrzehnte später waren es in Europa fast sieben Millionen und eine weitere halbe Million in anderen Teilen der Welt. Die jüdische Bevölkerung war doppelt so schnell gewachsen wie die nichtjüdische.

Bis 1914 hatten sich die siebeneinhalb Millionen auf über dreizehn Millionen vermehrt. Während die Säuglingssterblichkeit in der Gesamtbevölkerung vierzig Prozent betrug, lag sie bei Juden unter fünfundzwanzig Prozent. Die höhere Bevölkerungszunahme der Juden war vermutlich das Ergebnis alter Wohltätigkeitstraditionen, der freiwilligen Vereine, deren Aufgabe es war, sich um die Kranken zu kümmern, der aufopfernden Fürsorge, die Kindern zuteil wurde, und der Seltenheit von Alkoholismus und Geschlechtskrankheiten. In den Jahren nach dem Ersten Weltkrieg sank die Sterblichkeitsziffer bei Nichtjuden, und der Umfang der jüdischen Familien nahm zu. Zu Beginn des Zweiten Weltkrieges gab es ungefähr fünfzehn Millionen Juden auf der Welt.

1850 lebten in Rußland 2.350.000 Juden. Fünfzig Jahre später war die Zahl trotz starker jüdischer Auswanderung auf fünf Millionen gestiegen. In ganz Westeuropa war inzwischen der jüdische Emanzipationsprozeß beendet: in Frankreich, Holland und Belgien 1831; in Dänemark 1849; in Österreich und Ungarn 1867; in Italien 1870; in Deutschland und England 1871; in der Schweiz 1874. Der Antisemitismus blieb ein düsteres Hintergrundgeräusch des jüdischen Lebens in Westeuropa, und oft erhielt er einen Anstrich von Wissenschaftlichkeit durch Ausführungen über die angeborenen Eigenschaften von Semiten und Ariern. Indes war der Jude jetzt frei; er besaß das Wahlrecht, konnte für ein Amt kandidieren, jeden beliebigen Beruf ergreifen, ins Heer eintreten. Er war überall ein Bürger, außer in Osteuropa. (In der Welt des Islams gab es keine Emanzipationsbestrebungen der Juden. Viele islamische Staaten hatten in der Zeit von Mitte des 19. Jahrhunderts bis zum Zweiten Weltkrieg ihren Juden und Christen verschiedene Bürgerrechte gewährt; fast alle entzogen den Juden diese Rechte nach der Gründung des Staates Israel.)

Die Russen wußten nicht, was sie mit ihren Juden machen sollten. Sie waren mißtrauisch gegen Fremde, teils abgestoßen von westlichen Ideen und teils von ihnen angezogen, und hielten Ausländer für Feinde des heiligen Vaterlands. Als sich nach der Teilung Polens eine dreiviertel Million Juden auf russischem Boden befand, sahen Zaren und Zarinnen die Juden als ein Problem an, das nur durch Assimilation oder Vertreibung gelöst werden könne. Aber Juden, die sich assimilierten, wurde dann von den Russen vorgeworfen, sie wollten die Herrschaft im Vaterland übernehmen, und wenn Juden auswanderten, wurde das als ein schwerer wirtschaftlicher Verlust beklagt, oder man bezeichnete sie als hochverräterische Revolutionäre. Rußland wußte einfach nicht, was es mit seinen Juden machen sollte.

Es wollte sie nicht im ganzen Land verstreut haben und beschränkte sie deshalb auf den sogenannten Pale-Distrikt, der im Jahr 1815 aus fünfundzwanzig Gebieten vom Schwarzen Meer bis zur Ostsee bestand, mit einer Fläche von etwa zweieinhalb Millionen Quadratkilometern, wo die Juden ungefähr ein Neuntel der Bevölkerung ausmachten. Sie mußten besondere Genehmigungen haben, um in größeren Städten zu leben; diese Genehmigungen wurden hauptsächlich solchen Juden gewährt, die für die russische Volkswirtschaft nützlich waren: Bankiers, Holzhändler, Fabrikbesitzer, Eisenbahnkonstrukteure. Von Zeit zu Zeit wurden diese Privilegierten ausgewiesen und mußten mit allen anderen Juden im Pale-Distrikt oder Ansiedlungsrayon wohnen. Die griechisch-orthodoxen Bauern des Gebiets lebten im Elend. Die Russen fanden es einfacher, die Ausbeutung der Bauern den Juden anzulasten statt den katholischen Adligen. In der christlichen feudalen Welt Rußlands war der Jude ein fremdes Geschöpf, schutzlos, verachtet, gehaßt und gefürchtet.

Illustrirte Zeitung.

2034. | Erscheint jeden Sonnabend im Umfang von circa 20 Folioseiten. | Leipzig, 24. Juni 1882. | Quartalpreis 6 Mark. Einzelpreis einer Nummer 1 Mark. | 78. Band.

Russische Juden auf einem Auswandererschiff im hamburger Hafen. (S. 519.)

Nach einer Skizze von H. Petersen gezeichnet von G. Broling.

sische Juden auf einem Auswandererschiff im Hamburger Hafen. Holzschnitt nach einer
chnung von G. Broling.

Exekution polnischer Juden im Getto von Warschau. Das Foto wurde 1942 von einem SS-Ma
aufgenommen.

Abtransport von Juden in das Konzentrationslager Auschwitz 1942/43.

1804 leiteten die Russen ein Programm der Assimilation und Vertreibung ein. Grund-, Mittel- und höhere Schulen durften Juden aufnehmen. Die Juden konnten auch eigene Schulen gründen, aber die Unterrichtssprache mußte Russisch, Polnisch oder Deutsch sein. Juden durften nicht mehr in Dörfern leben, sich nicht mit dem Verpachten befassen oder alkoholische Getränke an Bauern verkaufen. Tausende von jüdischen Familien waren plötzlich erwerbslos. Die Regierung gestattete ihnen, als Bauern das Land zu bestellen, Fabrikarbeiter zu werden oder ein Handwerk zu ergreifen.

Mit einer Armee von siebenhunderttausend Mann marschierte Napoleon im Juni 1812 in Rußland ein. Ekstatische osteuropäische Juden begrüßten ihn als den Messias, hängten sein Bild an die Wände ihrer Häuser und halfen, seine Armeen mit Proviant zu versorgen. Am 14. September zog er in Moskau ein. Am nächsten Tag begann die Stadt zu brennen. Nachdem das Feuer bis zum 19. September gewütet hatte, war Moskau eine ausgebrannte Ruine. Die Russen hatten ihre Felder und ihr Getreide vor den anrückenden Truppen verbrannt. Napoleon hatte keine Winterquartiere und keine Lebensmittel für seine Soldaten. Er kehrte nach Frankreich zurück durch den weißen Albtraum eines russischen Winters. Weniger als ein Fünftel seiner Armee überlebte den Feldzug.

Die Vertreibung der Juden aus den Dörfern der Ansiedlungsrayons, die durch Napoleons Einmarsch unterbrochen worden war, wurde 1822 wieder aufgenommen. Nikolaus I., Zar von 1825 bis 1855, führte ein System der Zwangsrekrutierung junger Juden für das russische Heer ein. Jungen zwischen zwölf und fünfundzwanzig Jahren konnten zu fünfundzwanzigjährigem Militärdienst gepreßt werden. Sofern sie unter achtzehn waren, wurden sie zusammen mit den Kindern anderer Soldaten auf Heeresschulen geschickt. Das Gesetz galt für die jüdischen Gemeinden in Litauen und in der Ukraine. Jede Gemeinde mußte ein bestimmtes Soll erfüllen. Natürlich wollten die jüdischen Eltern nicht, daß ihre Söhne unter solchen Bedingungen im Heer des Zaren dienten. Sie fälschten Geburtsurkunden, versteckten ihre Kinder oder verstümmelten sie, damit sie bei der militärärztlichen Untersuchung zurückgewiesen würden. Den Juden, die für die Erfüllung der Kontingente verantwortlich waren, blieb nichts anderes übrig, als sich der Hilfe von Verbrechern zu bedienen, die die Kinder raubten – begleitet von den Schreien der Eltern und Nachbarn. Diese Kinder, von denen manche noch unter zwölf waren, sahen sie wahrscheinlich nie wieder. Es war eine entsetzliche Zeit.

1844 führte die russische Regierung eine Kerzensteuer ein. Alle Kerzen, die die Juden für rituelle Zwecke benutzten, mußten besteuert werden, einschließlich der Totenlichter und Hochzeitskerzen. Jüdische Gemeinden in Polen, deren Finanzen durch das Chmjelnizki-Blutbad und die Kriege mit Rußland und Schweden zerrüttet waren, hatten diese Steuer zu Beginn des 18. Jahrhunderts erhoben. Die Juden haßten die Steuer, vor allem arme Juden. In Galizien wurde sie 1848 abgeschafft. Die Russen führten sie ein, um staatliche Schulen zu finanzieren, in denen jüdische Kinder auf eine Weise unterrichtet werden sollten, die ihre Anpassung an die russische Welt beschleunigen würde. Jedesmal, wenn ein Jude eine Ritualkerze kaufte und anzündete, unterstützte er damit die Politik der Regierung, Rußland von Juden zu befreien. Es gab auch eine Steuer auf rituell geschlachtetes Fleisch.

Die Schulen waren auf Anregung aufgeklärter Juden gegründet worden. Bücher über Mathematik und Astronomie begannen zu erscheinen. Die aufgeklärten Juden glaubten die mißliche Lage ihres Volkes zu verbessern, wenn die Jugendlichen für Handwerk und Landwirtschaft ausgebildet und moderne Schulen geschaffen würden. Die jüdischen Kaufleute und Ärzte, die Kontakt zu russischen Behörden hatten, drängten die Regierung zu diesen Maßnahmen. Aber einige dieser frühen aufgeklärten russischen Juden wurden Apostaten, und die große Masse der russischen Juden wollte von der jüdischen Aufklärung und ihrem Reformprogramm nichts wissen. Nur wenige besuchten die neuen Schulen. Juden, die sich den Ideen der Aufklärung verschrieben hatten, trafen sich in kleinen Gruppen in den Städten der Ansiedlungsrayons. Eine neue hebräische Literatur kam auf: in Wilna erschien 1841 die erste hebräische literarische Zeitschrift, 1842 die ersten modernen hebräischen Gedichte von Abraham Dow Lebensohn, 1853 der erste hebräische Roman von Abraham Mapu. Manche schrieben Geschichten und Artikel auf Jiddisch, um ihre Gedanken unter dem Volk zu verbreiten. Die aufgeklärten Juden der neuen Generation hatten russisch-jüdische Schulen besucht. Sie waren sich bewußt, wie weit sie sich von den Traditionalisten entfernt hatten, vor allem von den Chassidim, die sie als Bewohner einer unaufgeklärten Welt ansahen.

Der Tod von Nikolaus I. im Jahre 1855 und eine Milderung der Beschränkungen, denen Juden unterworfen waren, insbesondere die Abschaffung der Zwangsrekrutierung für langfristigen Heeresdienst, unter Zar Alexander II. erweckten bei den Verfechtern der russisch-jüdischen Aufklärung die Überzeugung, daß die Emanzipation nun nahe sei. Bedeutende jüdische Kaufleute, Intellektuelle, Ärzte, Apotheker und Handwerker erhielten jetzt gewisse Rechte. Sie durften sich überall in Rußland niederlassen.

1861 wurden die russischen Bauern von der Leibeigenschaft befreit. Westliche Wissenschaft und Philosophie fanden in Rußland Eingang. Die Werke von Spencer, Darwin, Mill, Comte und anderen wurden auf englisch und in deutschen und russischen Übersetzungen gelesen. Studenten begeisterten sich für den Positivismus. Die Wellen der Überzeugung von den Wahrheiten des Atheismus, der Natur und des Sozialismus unter der Jugend des Landes gingen hoch und erreichten sogar die Talmud-Hochschulen in Litauen. Die Studenten lasen verbotene Bücher und malten sich eine bessere Welt aus als die, in der sie jetzt lebten. Viele junge russische Juden wurden von einem messianischen Glauben an die bevorstehende Umwandlung der Gesellschaft befallen und schlossen sich revolutionären Gruppen an. Sie wurden gejagt, verbannt, erschossen, aufgehängt; sie schmachteten in Gefängnissen – wegen ihrer Visionen von einer neuen Zeit für das Vaterland.

1874 wurden Juden zu einer vierjährigen Dienstzeit in die russische Armee aufgenommen; Offiziere konnten sie nicht werden. Diejenigen, die eine russische höhere Schulbildung genossen hatten, wurden vom Wehrdienst freigestellt. Die Juden strömten in die russischen Schulen.

Jetzt begann auch in Rußland der Tanz, langsam zuerst, als der unbarmherzige Druck der Regierung nachließ und die Juden sich am Kulturleben des Landes beteiligten. Sie wurden Journalisten, Rechtsanwälte, Dramatiker, Romanschriftsteller, Dichter, Kritiker, Komponisten, Maler, Bildhauer. Plötzlich schienen sie überall auf der wirtschaftlichen, politischen und kulturellen Szene zu sein. Einige Russen schreckten zurück, unter ihnen Fjodor Dostojewskij. Selbst die liberalen und revolutionären Gruppen waren nicht entzückt von der begeisterten Teilnahme der Juden am russischen Leben. Ich kenne keinen russischen Dichter oder Romanschriftsteller – Lermontow, Turgenjew, Gogol, Puschkin –, der über Juden auf eine Weise geschrieben hätte, die sie zu mehr als einer Abscheu erregenden Karikatur machte. Ausgesprochen liberale und sozialistische Denker jener Zeit – Marx, obwohl selbst aus einer Rabbinerfamilie stammend, Bakunin und andere – betrachteten die Juden mit unverhüllter Verachtung. Sie wurden als ein fremdes Element geschildert, das das russische Leben vergifte, ein Staat im Staat. Aber der Tanz ging weiter. Künstlerisch oder musikalisch begabte Kinder durften Akademien und Konservatorien außerhalb der Ansiedlungsrayons besuchen und ihre Familien mitbringen, damit sie zu Hause wohnen konnten. Geigen wurden die ständigen Begleiter jüdischer Jugendlicher, die von ihren Eltern angespornt und ermutigt wurden, weil sie erpicht darauf waren, den anscheinend endlosen Zyklus von Armut und Verfolgung zu durchbrechen. Das kulturelle Leben der russischen Juden blühte.

Odessa wurde ein wichtiges Zentrum der russischen Haskala. Dichter, Wissenschaftler, Romanschriftsteller, Novellisten, Essayisten schrieben hebräisch und jiddisch; jüdische Kreativität pulsierte in der Stadt. Der Tanz ging weiter. Wartet nur noch ein wenig, ein ganz klein wenig, dann wird der Antisemitismus verstummen und allen Juden die volle Emanzipation zugestanden werden, und die Juden werden Rußland zeigen, wie sehr sie das Vaterland lieben, wie patriotisch sie sein können, wieviel sie dazu beitragen könnten, Rußland zu einer großen Nation zu machen.

Ende der 1870er Jahre gab es eine Hungersnot in Litauen. Die Juden begannen nach Westeuropa und in die Vereinigten Staaten auszuwandern.

Dann warf jemand im März 1881 eine Bombe, die Zar Alexander II. zerriß. Revolutionäre riefen zur Rebellion auf. Es kam zu Unruhen. Alexander III. wurde Zar. Das verängstigte Regime scharte das Volk hinter sich, indem es den Juden die Schuld am Mord zuschob.

Der Tanz fand in einem Blutbad der von der Regierung angeregten Pogrome (russisch für »Verwüstung«) und in den Gesetzen vom Mai 1882 ein plötzliches Ende, Juden durften jetzt nur in Kleinstädtchen leben. Dem Strom jüdischer Schüler in die höheren Schulen wurde durch einen Numerus clausus Einhalt geboten: zehn Prozent in den Ansiedlungsrayons und drei bis fünf Prozent anderswo waren zugelassen. Dieses Gesetz hat die jüdische Jugend mehr als jedes andere verbittert und radikalisiert. Aufgeklärte, assimilierte Juden ließen sich wieder in Synagogen sehen.

Der Vorstandsvorsitzende der russischen Orthodoxen Kirche, Konstantin Pobjedonoßzew, sagte klipp und klar, welches Ziel die russische Regierung mit ihrer Judenpolitik verfolgte: Er äußerte die Hoffnung, daß »ein Drittel der Juden übertreten, ein Drittel sterben und ein Drittel aus dem Land fliehen wird.«

Die Welle jüdischer Flüchtlinge schwoll an.

1882 veröffentlichte ein Arzt mit Namen Leo Pinsker ein Buch mit dem Titel *Autoemanzipation*. Es erschien anonym auf deutsch. Der Arzt war mutlos geworden. Er hatte sich für die Aufklärung eingesetzt, denn er hatte geglaubt, sie könne das Leiden der russischen Juden beenden. Die Pogrome und der unverhüllte Antisemitismus der russischen Regierung brachten ihn zu der Erkenntnis, daß Europas Haß auf die Juden nicht durch humanistische Träume ausgetrieben werden könne. In dem Buch griff er die modernen westlichen Juden an, die glaubten, die jüdische Zerstreuung sei eine messianische Mission für die Welt; er griff die traditionellen Juden an, die widerspruchslos litten und auf den Messias warteten. Ein jüdisches Problem gebe es deshalb, schrieb er, weil die Juden immer noch als getrennte ethnische Einheit lebten, die die Welt nicht assimilieren könne. Das körperlose Wesen des jüdischen Daseins veranlasse die Menschen, die Juden zu fürchten, wie sie Gespenster fürchten. Im Konkurrenzkampf werde natürlich für das eigene Volk gesorgt, und Fremde würden diskriminiert. Jedes Land habe in bezug auf die Juden einen Sättigungspunkt; sei dieser Punkt erreicht oder überschritten, würden die Juden verfolgt. Die einzige Lösung für die Juden sei, sich dadurch selbst zu emanzipieren, daß sie sich ein eigenes Land schafften, eine Zufluchtsstätte. Dieses Land müsse nicht unbedingt Palästina sein.

Das Buch übte großen Einfluß auf das Denken der russischen Juden aus und wurde in Deutschland ignoriert. Pinsker trat der Bewegung Hibbat Zion, »Liebe zu Zion«, bei, die nach den Pogromen von 1881 von russischen Juden, Intellektuellen und Studenten gegründet worden war. Vereinzelte zionistische Gruppen mit vagen Ideologien hatten sich um die Jahrhundertmitte in Rußland und Deutschland gebildet. Sie vereinigten sich jetzt mit der Hibbat-Zion-Bewegung. Etwa zur selben Zeit verspürten andere junge Juden das dringende Bedürfnis, etwas zu unternehmen; sie gingen nach Palästina, um sich auf dem Land niederzulassen, Ackerbau zu treiben und dem verschwommenen intellektuellen Gerede bei den zionistischen Versammlungen zu entfliehen. Statt dessen kämpften sie gegen Mücken und Malaria.

Die Mitglieder der Hibbat-Zion-Bewegung glaubten, die Juden könnten nicht länger in Europa leben. Sie hatten im Sinn, Juden in landwirtschaftlichen Enklaven im Land Israel anzusiedeln, das damals zum Herrschaftsgebiet des Osmanischen Reiches gehörte, und meinten, sie könnten die Zustimmung der Großmächte für dieses Vorhaben erhalten. Aber sie wußten nicht so recht, wie das zu erreichen sei. Sie waren verbunden durch ihre Liebe zur hebräischen Sprache, und sie waren sich der Heiligkeit des Landes Israel im rabbinischen und kabbalistischen Denken bewußt.

Diese ersten, hart ringenden landwirtschaftlichen Siedlungen wurden finanziell durch Baron Edmond de Rothschild ermöglicht. Er half, Petach Tikva zu gründen – die Wörter bedeuten »Hoffnungstor« –, einen Streifen Sumpfland am Rande der Welt; es war das erste Dorf im modernen Land Israel, das Landwirtschaft betrieb. Juden hatten begonnen, den Gesang von Vögeln zurückzubringen, der seit Jahrhunderten aus den Sümpfen und Sanddünen des ausgelaugten Gelobten Landes verschwunden war.

1891 wurden Juden aus Moskau ausgewiesen, um »die heilige historische Hauptstadt zu säubern«. 1894 wurde Nikolaus II. Zar. Er reagierte auf die Beteiligung von Juden an der revolutionären Bewegung damit, daß er die Schimpfkanonaden der antisemitischen russischen Presse unterstützte.

Am 6. April 1903, am Ostersonntag, brach in der Stadt Kischinew ein Pogrom aus. In jenem Jahr fiel Ostern mit Passah zusammen. Der Pogrom wütete zwei Tage. Wer war König? Wer war nicht König? Der Pöbel war König. Neunundvierzig Juden wurden erschlagen, fünfhundert verletzt; zweitausend Familien wurden obdachlos. Tolstoj ließ wissen, daß er mit den Opfern sympathisierte. Der russische jüdische Dichter Chaim Nachman Bialik schrieb auf Hebräisch über den Pogrom von Kischinew. Ich werde das erste Mal, als ich dieses Gedicht, *Am Ort des Mordes,* las, nie vergessen. Ich war noch ein Teenager. Ich konnte die Brände riechen und den Gestank des Todes. Ich glaube, damals begann ich auf eine Weise, die mir vorher nie klar gewesen war, das seltsame Schicksal der Juden einigermaßen zu begreifen.

In jenen Jahren des Blutes und des Feuers blühte in Osteuropa die hebräische und jiddische weltliche Literatur. Es gab eine jüdische Presse in drei Sprachen: Hebräisch, Jiddisch und Russisch. Ein junger wandernder Jude, Uri Gnessin, schrieb über seine Gefühle der Entfremdung und bediente sich eines Stils des inneren Monologs, der Joyce ankündigte; ein älterer Jude, Mendele Mocher Sefarim, schrieb satirische Werke über das jüdische Leben in der Kleinstadt, dem *schtetl;* ein dritter, Isaak Leib Perez, ein mitfühlender Ästhet, schrieb subtile Geschichten über den Chassidismus; ein vierter, Achad Haam, schrieb in einem meisterhaft ausgefeilten essayistischen Stil über die Lage der Juden, die er sich an einem Scheideweg der Geschichte vorstellte, und er setzte sich dafür ein, daß Zion das geistige Zentrum für ein erneuertes Volk werde; ein fünfter, Saul Tschernichowski, schrieb heidnische Gedichte über die Macht der Kunst und seine Liebe zur hellenischen Schönheit; ein sechster, Schalom Alejchem, schrieb warmherzige und humorvolle Geschichten über das Leben in den Dörfern, über Jungen, die jüdische Huckleberry Finns waren, über einen Milchmann, der von Gott sprach.

Es gab noch andere, viele andere. Sie waren meine hebräische und jiddische Lektüre, als ich in den Straßen von New York aufwuchs, wohin der bärtige junge Mann, der Polen und Russen haßte, und die schöne junge Frau, die fast von Kosaken vergewaltigt worden wäre – die beiden Menschen, die meine Eltern werden sollten –, aus der Apokalypse gewandert waren, die Osteuropa nach der bolschewistischen Revolution und dem Ersten Weltkrieg war.

Die Pogrome in Rußland machten Leo Pinsker und andere aufgeklärte jüdische Russifizierer zu Liebenden von Zion. Der Prozeß eines jüdischen Offiziers in Frankreich, der des Landesverrats, den er nicht begangen hatte, schuldig gesprochen und zur Deportation auf die Teufelsinsel verurteilt wurde, machte Theodor Herzl, einen feschen Wiener Juden, einen assimilierten und höchst kultivierten Journalisten, zum leidenschaftlichen Propheten des politischen Zionismus. Bulgarische Juden begrüßten ihn als den Messias. In Wien hatte er Essays und Feuilletons geschrieben, auch Lustspiele, die in deutschen und österreichischen Theatern aufgeführt wurden. Er hatte zum Doktor juris promoviert, aber dann beschlossen, das Schreiben zu seinem Beruf zu machen. »Ich war dann«, wie er in seinen Tagebüchern schreibt, »schlecht und recht ein Literat mit kleinem Ehrgeiz und geringen Eitelkeiten.« Er beherrschte viele Sprachen und reiste durch ganz Europa. Seine Ehe war nicht glücklich. An dem Tag im Januar 1895, an dem Dreyfus degradiert und öffentlich gedemütigt wurde, hörte Herzl den Pariser Pöbel brüllen: »Tod den Juden!« Er war damals Pariser Korrespondent der liberalen Wiener *Neuen Freien Presse*. Er hatte nie geglaubt, daß er jemals Zeuge eines solchen Antisemitismus sein würde – nicht in Paris. Er war Schriftsteller. Was er sah und empfand, nahm er ernst.

Er wurde von einem Gedanken gepackt, dessen Ausmaß er sich kaum vorstellen konnte. In seinem Tagebuch nannte er ihn »ein Werk, das von unendlicher Größe ist. Es sieht aus wie ein mächtiger Traum.« Und er fügte hinzu: »Was daraus wird, ist jetzt noch nicht zu ahnen ... Wird aus dem Roman keine Tat, so kann doch aus der Tat ein Roman werden. Titel: Das Gelobte Land. Ich weiß wahrhaftig heute nicht mehr, ob nicht überhaupt der Roman das erste war, woran ich dachte.«

Der Gedanke, einen Roman zu schreiben, trat in den Hintergrund. »Wie ich von den Romanideen zu den praktischen kam, ist mir jetzt schon ein Rätsel ... Vielleicht sind es übrigens gar keine praktischen Ideen, und ich mache mich zum Gespött der Leute, mit denen ich ernst rede. Und ich wandle nur im Roman?«

Plötzlich setzte er sich hin und schrieb einen Brief an Baron Maurice de Hirsch. Der Baron war ein französischer Jude, der als Bankier ein Vermögen verdient und als Philanthrop Ruhm erworben hatte. Ob der Philanthrop wohl dem Journalisten ein oder zwei ungestörte Stunden opfern könne, »um die jüdische Frage zu besprechen«?

Der Philanthrop wohnte in einem Palast in der Rue de l'Élysée. Der Journalist wurde von einem Kammerdiener zum nächsten weitergereicht. Er ging etwas verstört durch den großen Innenhof, die breite Treppe hinauf und durch eine Flucht von reich ausgestatteten Räumen. »Alles hatte wirklich großen Stil.«

Der Philanthrop empfing den Journalisten im Billardzimmer. Der Journalist zog seine Notizen heraus. Er wolle die Sache klar und deutlich darlegen, sagte er. Er habe seine Gedanken vorher schriftlich niedergelegt.

Er erklärte, daß er ursprünglich nicht vorgehabt habe, sich mit dem Problem der Juden zu befassen. Er sei Schriftsteller und Journalist. Aber seine Erlebnisse und Beobachtungen, der zunehmende Antisemitismus, den er überall sehe, hätten ihn gezwungen, sich für das Problem zu interessieren.

»Dies zu meiner Legitimation«, sagte er.

Auf die Geschichte der Juden, mit der er eigentlich habe anfangen wollen, gehe er nicht ein, nur eines müsse er hervorheben. »Durch unsere zweitausendjährige Verstreuung sind wir ohne einheitliche Leitung unserer Politik gewesen. Das aber halte ich für unser Hauptunglück. Das hat uns mehr geschadet als alle Verfolgungen. Daran sind wir innerlich zugrunde gegangen, verlumpt. Denn es war niemand da, der uns ... zu rechten Männern erzogen hätte. Im Gegenteil. Zu allen schlechten Gewerben wurden wir hineingedrängt, im Getto festgehalten, wo wir aneinander verkamen; und als man uns herausließ, wollte man plötzlich, daß wir gleich die Gewohnheiten der Freiheit hätten.«

Dann sprach der Journalist von der Notwendigkeit, das jüdische Volk politisch zu einen, den Armen sollten keine Almosen gegeben werden, die nur demoralisieren, sondern das Volk müßte erzogen werden. »Setzen Sie Riesenprämien aus für *actions d'éclats,* für Handlungen von großer moralischer Schönheit, für Mut, Selbstaufopferung, sittliches Verhalten, große Leistungen in Kunst und Wissenschaft – kurz, für alles Große.« Dann werde sich die Moral des Volkes heben.

Der Philanthrop warf ein, die Juden hätten zu viele Intellektuelle. Sie wollten zu hoch hinaus, und das bringe allen Unglück.

Der Journalist erwiderte, er habe seine Darlegung noch nicht beendet und sei unterbrochen worden. Er erkenne aber, daß es jetzt keinen Sinn habe fortzufahren. Er stand auf, um zu gehen.

Der Philanthrop, der eine neue jüdische Kolonie in Argentinien finanzierte, meinte, die einzige Lösung sei Auswanderung.

Der Journalist reagierte hitzig: »Ja, wer sagt Ihnen denn, daß ich nicht auswandern will? Da steht es, in diesen Notizen. Ich werde zum Deutschen Kaiser gehen; und der wird mich verstehen, denn er ist dazu erzogen, große Dinge zu beurteilen.«

Der Philanthrop war verblüfft.

Der Journalist fuhr fort: »Dem Deutschen Kaiser werde ich sagen: Lassen Sie uns ziehen! Wir sind Fremde; man läßt uns nicht im Volk aufgehen, wir können es auch nicht. Lassen Sie uns ziehen! Ich will Ihnen Mittel und Wege angeben, deren ich mich für den Auszug bedienen will, damit keine wirtschaftliche Störung, keine Leere hinter uns eintrete.«

Der Philanthrop fragte, woher der Journalist die finanziellen Mittel für dieses Wagnis zu erhalten gedenke.

»Ich werde eine jüdische Nationalanleihe von zehn Millionen Mark aufbringen«, erklärte der Journalist kühn.

Der Philanthrop lächelte und nannte den Plan eine Phantasie. »Die reichen Juden geben nichts her. Die Reichen sind schlecht, interessieren sich nicht für die Leiden der Armen.« Er sei allerdings, fügte er hinzu, bereit, alles herzugeben, wenn es die anderen auch tun müssten. Er stellte dem Journalisten ein weiteres Gespräch in Aussicht.

Der Journalist ging die schöne Treppe hinunter und durch den vornehmen Hof. Er war nicht enttäuscht, sondern angeregt. Kaum zu Hause, stürzte er an seinen Schreibtisch.

Er machte sich weiter Notizen auf Zetteln. Er fühlte sich von einer übernatürlichen Kraft beflügelt. Die Sache werde durch ihn zu einem guten Ende geführt werden, schrieb er in seinem Tagebuch. Es wäre wie eine Obsession, wenn es nicht von Anfang bis Ende so vernünftig wäre.

Die Zettel wurden der Entwurf für einen Vortrag, den er eines Tages vor dem Familienrat der Rothschilds zu halten hoffte, um seine Gedanken über einen Judenstaat darzulegen. Das riesige Vermögen der Rothschilds erwecke bereits den Neid der nichtjüdischen Welt. Es müsse auf eine breitere Basis gestellt und einem heiligen Zweck nutzbar gemacht werden. Es gebe nur eine Lösung für das jüdische Problem. »Wir reden von einer ganz einfachen alten Angelegenheit – dem Auszug aus Ägypten.« Das Vermögen der Rothschilds sollte das finanzielle Fundament einer großen Auswanderung und Ansiedlung von Juden werden. Herzl umriß seinen Plan in allen Einzelheiten. Er las den Vortrag einem guten Freund vor, einem aufgeklärten Arzt und Journalisten, dessen Urteil er schätzte. Der Freund erwiderte, Herzl brauche Ruhe und ärztliche Behandlung, er habe einen Nervenzusammenbruch erlitten.

Herzl war erschüttert und niedergeschlagen über die Reaktion seines Freundes; er schrieb impulsiv an Baron de Hirsch: »Den Juden ist vorläufig nicht zu helfen. Wenn einer ihnen das Gelobte Land zeigte, würden sie ihn verhöhnen. Denn sie sind verkommen ... Aber wir müssen noch tiefer herunterkommen, noch mehr beschimpft, angespuckt, geprügelt, geplündert und erschlagen werden, bis wir für diese Idee reif sind.«

Sechs Monate waren seit dem Tag im Januar vergangen, an dem Herzl den Pariser Mob hatte schreien hören: »Tod den Juden!« Im Juli hatte er den Posten des Pariser Korrespondenten seiner Zeitung aufgegeben und war ihr Feuilletonredakteur geworden. Er wohnte in Wien. Er reiste nach Berlin und München, um die Rothschild-Denkschrift prominenten Juden vorzulesen. Auch in Wien, Paris und London las er sie Juden vor. Sie versammelten sich in schönen Häusern, und dann stand er vor ihnen, ein gutaussehender, dunkelbärtiger Mann mit einer markanten Nase und dichtem, schwarzem Haar, dessen Gebaren Würde und Kultiviertheit verriet und der die dunklen Augen eines Träumers auf sie richtete. Sie kannten seinen Namen als Schriftsteller und Journalist und Feuilletonredakteur einer der bedeutendsten Zeitungen in Europa. Sie hörten zu, als er die Denkschrift vorlas, was ungefähr zwei Stunden dauerte, aber sie nahmen seinen Plan nicht ernst. »Heute bin ich ein einzelner und einsamer Mann«, hatte er im Juni geschrieben. »Morgen vielleicht der geistige Führer von Hunderttausenden ...«

Er beschloß, den Plan in einem Buch darzulegen. Er überarbeitete die Denkschrift, fügte ein paar Gedanken hinzu, die ihm in den Monaten gekommen waren, in denen er vor verschiedenen Gruppen gesprochen hatte. Das Buch wurde am 14. Februar 1896 – etwas mehr als ein Jahr nach dem Geschrei des Pariser Pöbels – in Wien veröffentlicht. Der Titel lautete *Der Judenstaat*. Noch im selben Jahr wurde es ins Hebräische, Englische, Französische, Russische und Rumänische übersetzt. Seitdem ist es in achtzehn Sprachen und achtzig Sonderausgaben erschienen.

Es sei unmöglich, schrieb er, die jüdische Frage durch Assimilation zu lösen. Die Juden wünschten nicht zu verschwinden, und die Nichtjuden wollten nicht Gastgeber für Juden sein. Nur eine politische Lösung sei möglich: mit Zustimmung der Großmächte einen selbständigen Judenstaat gründen. Er finde es wünschenswert, daß dieser Staat im Land Israel liege. Der Staat werde nach einem sorgfältig ausgearbeiteten Plan entstehen. Zwei Gruppen müßten gegründet werden: eine, die als autorisierte Vertretung des jüdischen Volkes fungiert, die andere solle die Finanzen und den Aufbau in der Hand haben. Die reichen Juden, große und kleine Bankiers, würden das Unternehmen finanzieren.

Orthodoxe und assimilierte Juden in Westeuropa nahmen den Plan kühl auf. Er erschien zu unwirklich, das Projekt eines fanatischen Träumers. Die sich seit fünfzehn Jahren mühsam dahinschleppende Hibbat-Zion-Bewegung begrüßte das Buch begeistert. Zionistische Studenten in Österreich und anderswo drängten Herzl, die Führung dieser Hibbat-Zion-Gruppen zu übernehmen, die sich für seinen Plan einsetzten. »Unsere ganze Jugend, alle, die jetzt zwischen zwanzig und dreißig Jahre alt sind, werden von unklaren sozialistischen Richtungen ab- und mir zufallen«, hatte er in seinem Tagebuch geschrieben. »Sie werden als Wanderprediger in ihre Familien und ins Land hinausgehen.« Er entsprach ihrer Bitte und wurde tatsächlich der Führer der zionistischen Bewegung.

Als er die leidenden, in Armut lebenden jüdischen Massen in Osteuropa aufsuchte, erkannte er, wie sehr sich das Volk dem

Land Israel verbunden fühlte und daß dieses Gefühl in eine messianische politische Aktion verwandelt werden könnte. Seitdem war der Judenstaat für ihn gleichbedeutend mit dem Land Israel.

Er hatte nun Anhänger hinter sich. Er wurde ein Wanderer für die Zehntausende von Juden in der Hibbat-Zion-Bewegung. Im April 1896 wurde er vom Großherzog von Baden empfangen, dem Onkel Kaiser Wilhelms II. Der Großherzog brachte seine Bereitschaft zum Ausdruck, die zionistische Sache zu unterstützen. Herzl reiste nach Konstantinopel und erhielt mit Hilfe eines polnischen Diplomaten eine Audienz beim Großwesir. Wenn der Sultan der Gründung eines selbständigen jüdischen Staates im Land Israel zustimme, sagte Herzl, würden die Juden das Geld aufbringen, das nötig sei, um die katastrophale Finanzkrise zu bereinigen, in der sich das Osmanische Reich befinde. Das Angebot wurde abgelehnt. Er reiste nach London. Die jüdischen Massen jubelten ihm zu, aber die jüdischen Führer versagten ihre Unterstützung. Baron Edmond de Rothschild glaubte nicht, daß es möglich sei, die jüdischen Massen für einen solchen Plan zu gewinnen.

Herzl beschloß, seine Aufmerksamkeit den Massen zuzuwenden. Am 6. März 1897 schlug er auf einer Hibbat-Zion-Konferenz einen allgemeinen Zionistenkongreß vor. Er sollte eine Nationalversammlung des jüdischen Volkes sein. Einige lachten; andere hielten es für eine vergebliche Geste. Die Hibbat-Zion-Konferenz, an der Delegierte aus Polen, Österreich und Deutschland teilnahmen, akzeptierten den Vorschlag. Die Delegierten fuhren nach Hause. Herzl gründete eine zionistische Wochenzeitschrift, *Die Welt,* um seine Ideen zu verbreiten.

Der erste Zionistenkongreß fand vom 29. bis 31. August 1897 – etwa zweieinhalb Jahre nach der Dreyfus-Affäre – in Basel statt. Herzl bestand darauf, daß die Delegierten dunkle Anzüge trugen; er war ein Mann des Theaters; er wußte, wie wichtig das Kostüm war. Im Leben sei es nicht anders als in der Kunst; die Delegierten würden sich und ihre Sache ernst nehmen, wenn sie feierlich, formell gekleidet seien.

Der Kongreß gründete die *Zionistische Vereinigung* und nahm das Programm der zionistischen Bewegung an, Herzls Programm. Herzl führte den Vorsitz. Er wurde zum Präsidenten der Zionistischen Vereinigung gewählt. Jetzt vertrat er das jüdische Volk. Er sagte voraus, in fünfzig Jahren werde es einen Judenstaat geben.

Er war ein westlicher, weltlicher Mann, ein Journalist. Er verstand das hinterhältige Wesen der Diplomatie und die Grausamkeit der Macht. Er kannte die Sprache und das Protokoll von Königen und Diplomaten. Vielleicht würden sie mit seinem Plan für das jüdische Volk nicht einverstanden sein, aber er wußte, daß sie seine Darstellung ernst nehmen und sich über das bei den Juden wachsende Gefühl von politischer Macht mit einiger Verwunderung allmählich klar werden würden.

Jüdische Bankiers verweigerten ihre Unterstützung. Das wurde zum schwersten Hindernis für seinen Plan, dieser Mangel an Anteilnahme unter den jüdischen Kapitalisten.

Im Herbst 1898 reiste er in das Land Israel. In der heißen mediterranen Sonne wurde er von den Juden begrüßt, die die neuen Kolonien im Land gegründet hatten. Er sah braungebrannte jüdische Kinder und Männer, die auf galoppierenden Pferden fest im Sattel saßen. Er sah neu gepflanzte Gehölze, neue Häuser und Gras auf Sanddünen. Er war hergekommen, um mit dem Deutschen Kaiser zu sprechen. Sie trafen sich am Zelt des Kaisers außerhalb von Jerusalem.

»Das Land kann eine große Zukunft haben«, sagte der Kaiser.

»Vorläufig ist es noch krank«, erwiderte der Zionist.

»Wasser braucht es, viel Wasser«, fand der Kaiser. »Und Schatten.«

»Ja, Majestät. Kanalisierung in großem Maßstab.«

»Es ist das Land der Zukunft«, wiederholte der Kaiser. Er hatte die ganze Zeit zu Pferde gesessen. Jetzt reichte er dem Zionisten die Hand und trabte davon. Mehr Interesse für den Zionismus bekundete er nicht.

Herzl besuchte Jerusalem. Der Schmutz in der alten Stadt und das Elend und die Unreinlichkeit im jüdischen Krankenhaus widerten ihn an. »Ich bin ganz fest überzeugt«, schrieb er, »daß sich außerhalb der alten Stadtmauern ein prachtvolles Neu-Jerusalem errichten ließe.«

Wir überschreiten jetzt eine weitere Zeitenschwelle und betreten unser Jahrhundert.

Am 12. Januar 1900 wurde ein Theaterstück von Herzl im Wiener Burgtheater aufgeführt. Am nächsten Tag schrieb er in sein Tagebuch: »Am Schluß des harmlosen Stückes wurde stark gezischt, was offenbar nicht durch das anspruchslose Lustspiel verschuldet sein konnte. Vom Zionismus darf ich nicht leben, von der Literatur soll ich nicht leben. Ein Problem!«

Im Jahr 1902 bot das Osmanische Reich Herzl Mesopotamien, aber nicht das Land Israel, gegen einen Geldbetrag an, der die jämmerlichen türkischen Finanzen aufbessern sollte. Der Zionist lehnte das Angebot ab.

Er veröffentlichte *Altneuland*, einen visionären Roman, in dem er das rauhe Ödland von Palästina schilderte, wie es ein Jude und ein Nichtjude auf ihrer Reise zu einer fernen Insel sahen und es dann einige Jahrzehnte später wiedersahen, nachdem das Land der Judenstaat geworden war. Mit den Hilfsmitteln der modernen Wissenschaft und durch kooperative Arbeit hatten die Juden daraus eine grüne Welt mit Kanälen, Farmen, schimmernden Städten, Eisenbahnen und Straßen gemacht. Jericho ist ein Winterkurort. Altjerusalem ist gesäubert, seine Straßen und Gassen neu gepflastert. Die Altstadt ist umgeben von modernen Vororten mit Parks, baumbestandenen Boulevards, Schulen und Hochschulen, Märkten, hübschen Wohnhäusern. Araber und Juden leben in Freundschaft Seite an Seite. Die Errichtung des Judenstaates hat in der ganzen Welt den Antisemitismus beseitigt. »Wenn Ihr wollt, ist es kein Märchen«, war das Motto des Buches. Im Nachwort schrieb Herzl: »Traum ist von Tat nicht so verschieden, wie mancher glaubt. Alles Tun der Menschen war vorher Traum und wird später zum Traume.«

Er nahm wiederholt Verhandlungen mit der britischen Regierung auf. Die Engländer boten ihm ein fälschlich als Uganda bezeichnetes Gebiet im heutigen Kenia an. Herzl legte das Angebot im August 1903 dem 6. Zionistenkongreß vor. Die zionistische Bewegung brach fast auseinander in dem darauf folgenden Kampf zwischen denen, die bereit waren, dieses Stück Afrika zu akzeptieren, und denen, die die Zukunft des Volkes nur in seinem eigenen Land sahen. Das Angebot wurde schließlich 1905 vom 7. Zionistenkongreß abgelehnt.

Nach dem Pogrom von Kischinew im Jahre 1903 besuchte Herzl Rußland. Er wurde von den Massen stürmisch als »Herzl, der König« begrüßt. Sie waren sein Volk, diese osteuropäischen Juden, die Armee des Zionismus. Er sah ihre entsetzliche Entwürdigung unter dem Regime von Zar Nikolaus II. Er setzte seine Wanderungen zu Königen und Bankiers fort. Im Januar 1904 wurde er vom Papst empfangen.

»Zwei Fälle sind möglich«, sagte der Papst. »Entweder die Juden bleiben bei ihrem Glauben und erwarten noch den Messias, der für uns schon gekommen ist. Dann leugnen sie die Gottheit

Jesu, und wir können ihnen nicht helfen. Oder sie gehen ohne jede Religion hin, dann können wir erst recht nicht für sie sein.«

Seit Jahren hatte Herzl an Herzschwäche gelitten. Seine Arbeit und seine Wanderungen begannen seine Gesundheit ernstlich zu untergraben. Er werde sich zurückhalten müssen, schrieb er. Die Bewegung war nicht ohne bittere innere Rivalitäten: weltliche Zionisten, religiöse Zionisten, sozialistische Zionisten; jene, die glaubten, jedes Stück Land sei für einen jüdischen Staat annehmbar; jene, die darauf bestanden, es müsse das Land der Patriarchen und Davids und Rabbi Akibas und Bar Kochbars sein. Jüdische Bundisten – Mitglieder des 1897 gegründeten Allgemeinen Jüdischen Arbeiterbundes für Litauen, Rußland und Polen – hielten einen nichtzionistischen Sozialismus für einen lebensfähigen Traum, sammelten für einen Streikfonds und organisierten Streiks, Demonstrationen am 1. Mai und Selbstschutzeinheiten gegen den Pöbel, der Pogrome verübte. Das war ihre messianische Tätigkeit, die Befreiung des Proletariats vom Joch der reichen Chefs. Der Bund war die einzige weltliche russisch-jüdische Bewegung, die der Kraft des Zionismus widerstand. Dann gab es jene, die Herzl Mangel an Engagement für die jüdische Tradition und die hebräische Sprache vorwarfen. Er glaubte, die Sprache des neuen Judenstaates werde wahrscheinlich deutsch sein. Es gebe Mißhelligkeiten, schrieb er 1898. Man wolle ihn schon absetzen.

Die Kontroverse über »Uganda« zerrüttete seine Gesundheit endgültig. Sein Herzleiden verschlimmerte sich. Als er an einer Lungenentzündung erkrankte, versagte sein Herz, und am 3. Juli 1904 starb er. Er war vierundvierzig Jahre alt.

Herzl hatte mit spärlichen Mitteln einen Kolonisationsfonds und eine verschwommene, internationale, jüdische politische Organisation gegründet. Nichts von dem, was er getan hatte, schien auf die Dauer bedeutsam zu sein.

Juden kolonisierten das Land weiter.

Durch die erste Einwanderungswelle nach Palästina, die 1881 eingesetzt hatte, waren landwirtschaftliche Kolonien zur Grundlage der Wiederbesiedlung des Landes geworden. Diese Kolonisten, junge Männer und Frauen, waren aus Rußland und Rumänien gekommen und verstanden nichts von der Landwirtschaft unter der brennenden Sonne des mediterranen Himmels. 1882 gründeten sie ihre ersten landwirtschaftlichen Siedlungen –

Rischon le-Zion, Sichron Jaakow, Rosch Pina –, und in diesem ersten Sommer verdorrten in der glühenden Hitze die Saaten. Die Kolonisation brach zusammen. Daß sie dann doch am Leben blieb, verdankte sie der Philanthropie des Barons Rothschild, der im Lauf von fünfzehn Jahren mehr als anderthalb Millionen Pfund im Land investierte. Diese Kolonien gibt es heute noch – grün, groß, wohlhabend.

Die Türken wurden argwöhnisch, als die Zahl der Juden im Land zunahm. Im Mai 1882 verboten sie die weitere Einwanderung von Juden nach Palästina. Die Juden wanderten illegal ein. Ende des Jahrhunderts begannen die Anstrengungen dieser ersten Einwanderungswelle zu erlahmen. Die Kinder der Siedler zogen in die Städte. Der Traum von der Kolonisierung siechte in der Hitze und den Sümpfen des Landes dahin.

1904 setzte eine zweite Einwanderungswelle als Folge des Schocks durch den Pogrom von Kischinew ein. Die gescheiterte Revolution von 1905 brachte einen weiteren kleinen Strom russischer Juden ins Land. Sie waren hart arbeitende Träumer, beseelt von dem Wunsch, sich für die Wiedergeburt ihres Volkes einzusetzen. Viele sahen Landwirtschaft und körperliche Arbeit als die ideale neue Triebkraft an, die das Volk verwandeln und das Land gesunden lassen würde. Die Juden würden wieder in die Geschichte eintreten, indem sie das Land grün machten.

Sie zogen politische Parteien auf, richteten Schulen ein und gründeten eine Krankenkasse für Arbeiter. Sie schufen eine hebräische Presse. Hebräisch wurde die Landessprache. Träumer schwitzten in der mediterranen Hitze und bearbeiteten den harten Boden mit ihren Händen. Sie stellten Wachmannschaften zusammen, um die Siedlungen vor Überfällen der Araber und Beduinen zu schützen.

Der Widerstand der Araber gegen die neuerliche Anwesenheit von Juden hatte sich um die Jahrhundertwende verstärkt. 1908 gestatteten die Türken den Arabern, Waffen zu erwerben. Die jüdischen Siedlungen wurden immer häufiger angegriffen. Bemühungen der Zionisten, mit den Arabern zu verhandeln, schlugen fehl. 1914 lebten fünfundachtzigtausend Juden im Land.

Während des Ersten Weltkriegs wurden die jüdischen Siedler von den Türken, die ja Verbündete der Mittelmächte waren, schwer drangsaliert. Es gab Vertreibungen, Einkerkerungen und Morde. Einige Juden richteten ein Spionagenetz für die Engländer ein. Im September 1917 wurden sie entdeckt, verhaftet, gefoltert.

eodor Herzl (1860-1904) auf der Reise nach Palästina 1898.

ionistenkongreß in Basel 1898. Theodor Herzl bei seiner Eröffnungsrede.

Britisches Mandat über Palästina 1920 – 1948. Kämpfe zwischen Arabern und Juden.

Israelische Kibbuzniks und Angehörige der Haganah bei der Feldarbeit im Norden Palästinas 1936.

Die Juden wurden nach Galiläa evakuiert, denn die Türken fürchteten eine unmittelbar bevorstehende britische Invasion. Lebensmittel waren knapp. Galiläa war dem Verhungern nahe.

Auf unsichtbare Weise wurden die von Herzl in Gang gesetzten Kräfte allmählich wirksam. Das Vorhandensein der Juden als einer internationalen politischen Einheit wurde von den Engländern erkannt, die sich bei ihrer Kriegsanstrengung um die Hilfe des Weltjudentums bemühten. Am 2. November 1917 erließ England die Balfour-Deklaration, in der es hieß, daß die englische Regierung »mit Wohlwollen die Errichtung einer nationalen Heimstätte für das jüdische Volk in Palästina betrachtet.« Das Land gehörte noch zum Osmanischen Reich.

Am 31. Oktober 1917 marschierten die Engländer in Palästina ein. Im Dezember, während des Chanukka-Festes, das an den Befreiungskrieg der Makkabäer vor mehr als zweitausend Jahren erinnert, zog General Allenby mit einer britischen Armee in Jerusalem ein. Fromme Juden hielten ihn für den Messias.

1918 war ganz Palästina in britischer Hand. Bis Kriegsende war die Zahl der Juden im Land auf etwas unter sechzigtausend gesunken. Bei der Verteilung der Beute nach dem Krieg wurde Palästina britisches Mandatsgebiet.

Die jüdische Bevölkerung begann sich in den zwanziger Jahren – der Zeit der dritten Einwanderungswelle, hauptsächlich aus Polen – trotz arabischer Aufstände und der allmählichen Änderung der britischen Einstellung zum Zionismus stetig zu vermehren. Die Juden befanden sich jetzt in der blutbespritzten Gladiatorenarena der internationalen Politik. Ich frage mich oft, wie diese Männer – Chaim Weizmann, David ben Gurion und andere – im Lauf einer einzigen Generation aus Pogromverfolgten zu Staatsmännern wurden.

Am 30. Januar 1933 kam Adolf Hitler an die Macht. Er war dreiundvierzig Jahre alt. Die Wirtschaftskrise der dreißiger Jahre hatte sich auf Palästina kaum ausgewirkt. Über hunderttausend Juden waren als Einwanderer aus Deutschland gekommen – das schließlich seinem Tanz mit den Angehörigen des mosaischen Glaubens ein Ende bereitet hatte. Sie brachten industrielle Erfahrungen und die vielen Fertigkeiten der deutschen Judenheit mit. Die meisten polnischen Juden blieben in Europa und warteten auf den Messias. Die arabischen Unruhen verstärkten sich gegen Ende der dreißiger Jahre. Am 1. September 1939 marschierten die Legionen aus Deutschland in Polen ein.

Die Flüsse waren rot von Blut. Wilde Tiere streiften durch das Land. Männer erschlugen Kinder. Menschen flohen aus den Städten in die Sicherheit der Wälder. Blut und Feuer und Rauchsäulen verhüllten die Sonne und verschmolzen zu einer gewaltigen Apokalypse, einem Autodafé, in dem die Seele der Welt verbrannte.

Wer war König? Wer war nicht König? Jahrhundertealter christlicher und römischer Haß, als teutonische Heiden verkleidet, war König. Die Welt schwieg so still wie einst der Nil. Und die Wanderungen der europäischen Juden fanden ein Ende.

Ich erinnere mich an die Bilder in den Zeitungen, die Gedenkfeiern, die fassungslosen Gesichter von Freunden, an den Schock, als die Todesnachrichten und immer mehr Todesnachrichten kamen. Meine Eltern stammten beide aus alten chassidischen Familien. Alle waren umgekommen – Onkel und Tanten, Vettern, Schwestern, Brüder, Eltern. Ich erinnere mich an meines Vaters Zorn, an das leise, endlose Weinen meiner Mutter. Mein Vater war ein Anhänger des militanten, kapitalistischen Zionismus – der Revisionisten-Partei – von Wladimir Jabotinsky, dessen Gefolgsleute die militärische Untergrundorganisation Irgun unter Führung von Menachem Begin aufzogen und den britischen Truppen in Palästina den Krieg erklärten. Mein Vater reagierte auf die Überfälle der Irgun mit finsterer und schweigender Befriedigung.

Die meisten sanften Juden seien tot, sagte er einmal zu mir. Die Gaskammern und Verbrennungsöfen hätten eine neue Art Juden auf die Welt gebracht. Selbst die Chassidim seien nicht mehr sanft.

Als polnischer Soldat in der österreichischen Armee hatte er im Ersten Weltkrieg Russen getötet. Oft sah ich ihn krampfhaft seine jiddische Zeitung packen, wenn er die Berichte über die Geschehnisse des Tages las, und ich konnte mir vorstellen, wie er während des Krieges mit seinen geäderten, harten Händen das Maschinengewehr gehalten und abgefeuert hatte.

Ich war achtzehn Jahre alt im November 1947, als die Großmächte in den Vereinten Nationen den sechshunderttausend Juden, die damals im Land Israel lebten, den Status einer Nation zuerkannten – fünfzig Jahre, nachdem von dem Wiener Journalisten ein Judenstaat vorausgesagt worden war, der nach der Konfrontation mit einem antisemitischen Pöbel einen Roman hatte schreiben wollen und statt dessen etwas einleitete, das eines Tages die dritte Zivilisation der Juden sein mag.

Ich bin Jude und Amerikaner. Anfang des Jahrhunderts kam mein Schwiegervater aus Rußland nach Amerika. Er hatte einer zionistischen Gruppe angehört. Zionistische Betätigung war nach der gescheiterten Revolution von 1905 in Rußland illegal. Er traf sich mit seinen Freunden in einem Wald, und sie sprachen von ihren Träumen von einer neuen Gesellschaft in einem Judenstaat im Land Israel und von ihren Plänen, aus Rußland auszuwandern. Sie machten sich sorgfältig Notizen über ihre Ideen und Pläne.

Eines Tages entdeckte ein Bauer den Namen meines Schwiegervaters auf der Verhaftungsliste der Polizei und verständigte freundlicherweise sofort dessen Vater. In derselben Nacht begann der junge Zionist eine lange, heimliche Wanderung in ungeheizten Zügen durch die Schneemassen von Rußland und Polen, und der Judenhaß der Zugschaffner wurde mit reichlichen Bestechungssummen eingelullt. Von Hamburg aus brachte ihn ein Schiff nach New York – vier Monate, nachdem er Rußland verlassen hatte. Er sah seine Eltern nie wieder. Er war sechzehn Jahre alt.

Seine Familie war eine von Millionen, die in der Katastrophe von Hunger und Haß, die um die Jahrhundertwende Europa erschütterte, auseinanderbrachen. Zu jener Zeit wanderten viele Mitteleuropäer nach England und Amerika aus, und auch osteuropäische Juden, die Eltern und Großeltern der Mehrheit der heutigen amerikanischen Juden. Damit begann eine Kette von Ereignissen, die bedeutsam für die Geschichte der gesamten Judenheit und vielleicht der Welt war. Viele haben in dieser neuen Wanderung der Juden eine Fügung Gottes gesehen.

Von 1881 bis 1914 sind ungefähr zwei Millionen Juden aus Rußland geflohen. Etwa dreihunderttausend ließen sich in England nieder und schufen sich eine kleine, vitale Insel des Judentums mit offenen Brücken zur Kultur des Gastlandes. Andere gingen nach Australien und leben jetzt in Melbourne, Sydney, Perth, Adelaide und anderswo auf diesem ausgedehnten Kontinent, empfinden sich als der städtischen und Buschlandschaft zugehörig und leiden, ebenso wie andere Australier, unter der großen Entfernung, die sie von den Zentren der westlichen Zivilisation trennt. Wieder andere gingen nach Kanada, als die Vereinigten Staaten begannen, ihre Tore zu verschließen, und gründeten große städtische Zentren des traditionellen Judentums. Einige begaben sich an Bord von Schiffen, die sie nach Südafrika brachten, entdeckten ein unverdorbenes, grünes Land, ließen sich dort nieder, holten ihre Familien und Freunde nach – ganze Kleinstädte in vielen Fällen. Sie und ihre Kinder leben jetzt in Johannesburg und Kapstadt und anderen Städten dieses Landes, haben eine wohlhabende und gut organisierte jüdische Gemeinde aufgebaut, befinden sich zwischen Hammer und Amboß der zunehmenden Angst in diesem Land und wissen nicht recht, was sie tun sollen. Mehr als anderthalb Millionen ließen sich in den Vereinigten Staaten nieder. Die jüdische Bevölkerung von Rußland ergänzte sich durch ihre hohe Geburtenrate rasch wieder.

Die Juden, die aus den Zwischendecks der den Atlantik überquerenden Dampfer herausströmten, kamen in ein Land, das schon zwei jüdische Einwanderungswellen aufgenommen hatte, eine kleine sefardische in der Kolonialzeit – die Sefardim hielten sich für die Aristokraten unter den amerikanischen Juden – und eine sehr viel größere aus Deutschland um die Mitte des 19. Jahrhunderts.

Nachdem die handeltreibenden europäischen Nationen im 16. und 17. Jahrhundert das neue Land zur Ausbeutung unter sich aufgeteilt hatten, wurde dann im 18. Jahrhundert durch eine Revolution die Verbindung zwischen den Siedlern und dem Mutterland gelöst. Die Vereinigten Staaten gingen nun ihren eigenen Weg, stürmisch, hektisch, oft rauhbeinig, manchmal skrupellos stießen sie ins Neuland vor. In der Kolonialzeit waren die Juden eine exotische Minderheit, die mit einigem Argwohn betrachtet, aber niemals grausam verfolgt wurde. Die Zahl der deutschen Juden war nicht groß genug, um eine störende antisemitische Reaktion hervorzurufen. Sie hatten sich als fleißig erwiesen, hatten den schwer arbeitenden Hausierer im Land eingeführt, der Kleidung und Bücher und Medikamente in abgelegene Bauerngehöfte und Dörfer brachte, und waren Geschäftsinhaber, internationale Händler, Grundstücksspekulanten, Kleiderfabrikanten und Finanziers. Sie bauten Reform-Synagogen und -gemeinden auf in Pittsburgh, Cincinnati, Cleveland, Albany, Rochester, Syracuse, Boston, Hartford, New Haven, Baltimore, New Orleans, Mobile, Galveston, Indianapolis, Columbus, Chicago und anderswo. 1854 gab es in Kalifornien zehn Synagogen. Die Reformgemeinden hielten ihren Gottesdienst meist auf Englisch ab und bekannten sich zu absoluter Loyalität Amerika gegenüber ohne Bindung an Zion und das jüdische Gesetz. Diese zweite Welle jüdischer Einwanderer begann die Selbsthilfe-Organisationen zu gründen, Pflegeheime, Krankenhäuser, Klubs, literarische Gesellschaften und Vereine zur Förderung gemeinsamer Interessen, die der amerikanischen Judenheit in späteren Jahrzehnten eine einmalige Struktur verleihen sollte.

In den ersten Jahren des 20. Jahrhunderts kamen osteuropäische Juden im Völkerwanderungsmaßstab ins Land und ließen sich in den großen Städten nieder, hauptsächlich in den übelriechenden Mietshäusern – erstickend heiß im Sommer, eiskalt im Winter – der Lower East Side, dem südöstlichen Stadtteil von New York, einem von Menschen und Schubkarren wimmelnden Viertel. Dort, inmitten der beklemmenden Ängste anderer einsamer, entwurzelter Europäer, die ebenfalls ihrer Familien beraubt und statuslos waren, alle einander unerfreulich nahe durch gemeinsame Toiletten, schmale Korridore, dünne Wände, mit den durch Müll verstopften Luftschächten und Fenstern, die vom Erdgeschoß bis zum Dach einander gegenüber lagen – in dieser lärmerfüllten, entmenschlichten Mietshauswelt gewöhnten sich die Immigranten allmählich an ihr neues Land und versuchten, etwas aus ihrem Leben zu machen. Viele hatten die religiöse Orthodoxie ihrer osteuropäischen Heimat mitgebracht; andere waren Sozialisten, Anarchisten und ausgesprochen antireligiös. Fast alle waren sehr arm. Oft wurde ihnen von den wohlhabenden deutschen Juden in den besseren Wohnvierteln geholfen, die den Wunsch hatten, daß sich ihre Glaubensbrüder möglichst rasch der landesüblichen Kultur anpaßten, einmal, weil sie Mitleid empfanden, und zum anderen, weil sie sich die Peinlichkeit ersparen wollten, daß Nichtjuden sie womöglich als irgendwie mit diesen Osteuropäern verwandt ansehen könnten.

Diese dritte Einwanderungswelle von Juden war es, die das amerikanische jiddische Theater und die jiddische Presse schuf, jüdische Gewerkschaften und die orthodoxen Synagogen gründete, die die Macht des Reform-Judentums schwächten. Mit der Zeit spielten sie in den meisten der von den deutschen Juden gegründeten Gemeinden eine führende Rolle. Aus ihren Reihen rekrutierten sich die religiös gemäßigten Massen, die aus dem konservativen Judentum (das dem liberalen europäischen Judentum entspricht) die größte der drei amerikanisch-jüdischen Gemeindegruppierungen machten. Ihre stark empfundene Anwesenheit rief bei manchen Amerikanern eine antisemitische Reaktion hervor, die sich in Schildern wie »Für Hunde und Juden verboten«, in beruflicher Diskriminierung und Ausschließung von bestimmten Klubs und Hotels äußerte, kurz, dem Antisemitismus, der manchmal grob und unverhüllt, aber meist hinter scheinbarer

Höflichkeit verborgen war. Henry Fords Zeitung, *The Dearborn Independent,* eiferte gegen den internationalen Juden, den Feind der angelsächsischen Zivilisation, gegen die jüdischen Bolschewiken, die darauf aus seien, die christliche Welt zu erobern. Einige Priester und Pastoren predigten Antisemitismus, ein Echo dessen, was Juden einst in Spanien, Frankreich und Polen erlebt hatten. Die Einwanderergeneration und die amerikanischen Juden, die aus Deutschland gekommen waren, organisierten sich, um in der Presse und vor Gericht offen gegen den Antisemitismus zu kämpfen, und gelegentlich auch durch die mehr versteckten Methoden des wirtschaftlichen Drucks.

Diese Generation von Juden setzte sich tapfer mit ihrer neuen Welt auseinander. Ich staune über ihren verzweifelten Mut. Viele Juden brachten ihn nicht auf; wir können über ihre Ängste in der jiddischen Presse jener Zeit lesen. Andere nahmen den Konkurrenzkampf auf und bahnten sich den Weg zum Erfolg. Wieder andere erkannten rasch, daß Bildung den Einstieg in die amerikanische Szene erleichtert. Sie studierten. Die heutige amerikanische Judenheit wurde in dieser einen Generation geboren, als sich die letzte Welle der großen Wanderungen unseres Volkes über die Städte, Berge und Täler der neuen Welt ergoß.

Die Kinder und Enkel dieser osteuropäischen Juden sind jetzt an der Gestaltung der jüdischen und weltlichen Kultur des Landes beteiligt. Viele dieser Juden empfinden sich kaum als Juden und schaffen tatsächlich ein Großteil der heutigen amerikanischen Kultur. Sie haben nicht das Gefühl, daß die anderen Amerikaner ihnen gegenüber Widerstreben oder Vorbehalte hegen. In Amerika gab es niemals einen langwährenden, qualvollen Kampf um Emanzipation, es wurden niemals Rechte gewährt und wieder entzogen, es gab nicht alle möglichen unterschiedlichen Rechtsordnungen, die das Verhalten und den Status verschiedener jüdischer Gemeinden regelten, das Judentum war niemals als eine unerträgliche Last empfunden worden, eine fürchterliche Schranke, die die Gleichheit verhindert und dadurch große Unsicherheit und bitteren Selbsthaß verursacht, und es gab keine ausgesprochen antisemitischen Parteien wie in Deutschland vor und nach der Bismarck-Zeit. Die amerikanischen Juden schwimmen mit dem Strom der amerikanischen Zivilisation.

In den dreißiger Jahren brachte eine neue Welle deutsch-jüdischer Emigranten, die vor Hitler geflohen waren, literarische, künstlerische und wissenschaftliche Fähigkeiten in die Neue Welt

– und verstärkte den säkularen jüdischen Anteil an der amerikanischen Kultur. Nach dem Zweiten Weltkrieg kamen etwa 150 000 osteuropäische Juden in die Vereinigten Staaten, fast alle Überlebende der Todeslager. Sie haben in einigen Großstädten eine kleine orthodox-jüdische Renaissance ausgelöst. Sie sind eine Mahnung an die Anfänge des Volkes und ein Kontrapunkt zum Wirken der Säkularisten. Der amerikanische Jude spiegelt in kleinem Maßstab die anhaltende Spannung in der westlichen Zivilisation zwischen alten Loyalitäten und neuen Ideen wider, die Ambivalenz, die in dem Bestreben zutage tritt, am säkularen Abenteuer des modernen Menschen teilzuhaben und gleichzeitig als Minderheitengruppe nicht zu verschwinden.

Der sechzehnjährige Junge, der vor der russischen Polizei geflohen war und eines Tages mein Schwiegervater werden sollte, brachte es irgendwie fertig, kreativ und aufgeschlossen für die Dinge der Welt und als traditioneller Jude zu leben. In den ersten Jahren seines Aufenthalts in den Vereinigten Staaten schuftete er in den Ausbeutungsbetrieben der Bekleidungsindustrie. Dann bekam er einen Job als Zimmermann bei einer Baufirma. Er besuchte eine Abendschule und setzte sich bereitwillig mit der neuen Kultur auseinander. Er war beteiligt an der Gründung der zionistischen Arbeiterbewegung in Amerika. Das waren die sozialistischen Zionisten, aus deren Reihen in Amerika und im Land Israel David ben-Gurion, Golda Meir und andere hervorgingen. Er wurde Journalist bei einer jiddischen Zeitung. Er führte eine gute Feder – auf hebräisch und jiddisch. Er schrieb auch russisch und englisch, veröffentlichte aber nicht in diesen Sprachen. Während des Ersten Weltkriegs war er an der Rekrutierung amerikanischer Freiwilliger für die Jüdische Legion beteiligt, die in der britischen Armee kämpfte. Er wäre selbst hinübergegangen, wenn er nicht am Abend, ehe das letzte Schiff fuhr, an Grippe erkrankt wäre. Er war ein kleiner, magerer und gebrechlich aussehender Mann, und in ihm brannte die Kraft, die aus Träumen stammt.

Als ich ihn kennenlernte, war er in den Sechzigern und gab Bibelunterricht in einer New Yorker Gemeindeschule, in der die Unterrichtssprache Hebräisch war. Er war sehr aktiv in zionistischen Angelegenheiten. Es fiel mir überhaupt nicht schwer, ihn sofort zu lieben. Stundenlang saß ich bei ihm in der Wohnung in Brooklyn mit den Möbeln aus den zwanziger Jahren und den vielen Bücherregalen und den Bildern von Bialik und Weizmann und Herzl an den Wänden, manchmal wir beide allein, manchmal zusammen mit meiner Frau, die seine jüngere Tochter war, und mit meiner Schwiegermutter, und wir sprachen von den frühen Jahren des Zionismus.

Eines Abends sprachen wir lange von Moses Hess, einem assimilierten deutschen Juden des 19. Jahrhunderts, der philosophische Werke und viele Artikel und Essays über politische Themen veröffentlicht hatte. Er war Sozialist und Anhänger von Hegel. Dann hatte er 1862 ein Buch mit dem Titel *Rom und Jerusalem* veröffentlicht. Er hatte festgestellt, daß sich eine Verbindung zwischen den Befreiungsversuchen unterdrückter Nationalitäten – insbesondere dem Krieg der Italiener gegen Österreich im Jahre 1859 und den Schriften von Mazzini, dem italienischen Revolutionär – und seinen anthropologischen Forschungen herstellen ließ. Nach seiner Überzeugung, schrieb er, sei es das Schicksal des Menschen, die rassische Vorherrschaft zu beenden. Alle Völker würden dann eine Wiedergeburt erleben, auch das jüdische Volk. Der Jude sei das letzte nationale Problem. Es gebe zwei historische Hauptrassen: die arische und die semitische. Die arische Rasse habe einen Traum: sie wolle das Leben erklären und verschönern. Auch die semitische Rasse habe einen Traum: sie trachte danach, das Leben sittlich und sündenfrei zu machen. Die Anthropologie habe ihn gelehrt, daß es weder minderwertige noch überlegene Rassen gebe, nur unterschiedliche. Die Geschichte strebe nach Harmonie unter den Nationen, nach der Zusammenarbeit aller Völker. Die Juden sollten ihr möglichstes tun, um ihre Identität in der Zerstreuung zu erhalten und die politische Wiederherstellung des Landes Israel zu erreichen. Die Religion werde das Volk erhalten. Die Basis des zukünftigen Judenstaates müsse ein Land sein, das das ganze Volk erworben habe, und ein Rechtssystem, das den Arbeitern fruchtbare Entfaltung sichere, ebenso landwirtschaftliche, Handels- und Industriegenossenschaften, die mosaischen oder sozialistischen Grundsätzen entsprechen. Das sei der Messianismus dieses assimilierten Juden gewesen, sagte mein Schwiegervater. Er sei seiner Zeit voraus gewesen. Ein weltlicher Amos. Niemand hörte auf ihn. Nur zweihundert Exemplare des Buches waren verkauft worden. Vielleicht wisse ich, daß Herzl im Frühjahr 1901 *Rom und Jerusalem* gelesen und in seinem Tagebuch vermerkt habe, daß »alles, was wir versucht haben, schon in diesem Buch steht«. Seit Spinoza habe das Judentum keinen größeren Geist hervorgebracht als diesen vergessenen Moses Hess. Vielleicht wisse ich das.

Nein, ich hatte es nicht gewußt.

Vielleicht wisse ich, daß Hess von Zwi Hirsch Kalischer beeinflußt worden war, einem Rabbi aus Westpreußen, der in seinen Werken die Juden aufforderte, die traditionelle Auffassung vom Messias aufzugeben und sich um die Einwilligung der Nationen zur Wiederbesiedlung des Landes Israel durch die Juden zu bemühen. Vielleicht wisse ich auch, daß ein anderer rabbinischer Zionist des frühen 18. Jahrhunderts, ein sefardischer Rabbi, Juda Alkali, Herzls Großvater beeinflußt hatte.

Nichts von alledem hatte ich gewußt. Ich saß an jenem Abend lange da und staunte über das geheime Leben von Ideen.

Oft erzählte er mir von den Männern, die er gekannt hatte, den frühen Träumern, von Nachman Syrkin, dem ersten Ideologen des sozialistischen Zionismus, von Schmarjahu Levin, einem zionistischen Schriftsteller, und Chaim Greenberg, einem späteren sozialistisch-zionistischen Theoretiker. Er sprach von Achad Haam, Bär Borochow, A.D. Gordon und anderen Zionisten, den geistigen Vätern der Bewegung, die das Land grün gemacht und das Volk durch Aufstände und einen blutigen Unabhängigkeitskrieg geführt hatten und jetzt versuchten, aus den harten Realitäten der Normalität einen lebensfähigen Staat zu schaffen. Ich erinnere mich, daß ich von einem tiefen Gefühl der Ernüchterung befallen wurde nach einem terroristischen Überfall und einer blutigen Vergeltung.

»Träumen ist sauberer als leben«, sagte er sanft zu mir. »Bedeutet das, daß wir keine Träume haben sollten?«

Er liebte Amerika. Auf dem Sofa im Wohnzimmer oder in der Küche bei einem Glas Tee tauschten wir ein paar Kenntnisse von der amerikanischen Geschichte aus. In meinem letzten Jahr in der Mittelschule war ich einer von einer Handvoll Siegern bei einem für das ganze Land ausgeschriebenen Schüler-Wettbewerb in amerikanischer Geschichte gewesen. Ich war im Bus nach Hause gefahren und hatte auf mein Bild im New Yorker *Journal-American* gestarrt. Ich war unter Tausenden einer der Besten gewesen.

»Warum konntest du nicht der Beste sein?« hatte mein Vater gefragt. »Ein Talmud-Schüler sollte der Beste sein.«

Ich glaubte die amerikanische Geschichte zu kennen, aber es gab Dinge, die mein Schwiegervater wußte, vor allem über die Juden in Amerika, die mich überraschten. Er wußte, daß Juden Bürgermeister von vielen neugegründeten Städten geworden waren, weil sie oft die einzigen waren, die lesen und schreiben konnten; daß 1915 im Bezirk Lower East Side von New York

350 000 Juden auf einer Fläche von weniger als fünf Quadratkilometern lebten – fast ebenso viele wie die gesamte jüdische Bevölkerung von Warschau und Wilna; und daß, als zum verabredeten Beginn des berühmten Streiks der Konfektionsarbeiter von New York im Jahre 1910 sechzigtausend Juden aus den Fabriken herausströmten, der Streikleiter sagte, es erinnere ihn an den Auszug der Juden aus Ägypten.

Nein, von alledem wußte ich nichts.

Natürlich wußte ich von den ersten sefardischen Juden, die im September 1654 in Neu-Amsterdam gelandet waren und die Peter Stuyvesant als »betrügerische Rasse« bezeichnet hatte. Dreiundzwanzig Juden, die zu Schiff aus Brasilien geflohen waren, als die portugiesischen Eroberer begonnen hatten, Conversos zu verbrennen. Ja, das wußte ich. Ob ich wisse, daß es während der Kolonialzeit keine jüdischen Rechtsanwälte gab, weil Rechtsanwälte damals übel beleumdet waren und als korrupte Vollstrecker schlechter Gesetze angesehen wurden? Das machen wir jetzt wieder gut, erwiderte ich. Er erzählte mir von den deutschen Juden, die in Güterzügen gen Westen gefahren waren, sich überall angesiedelt und Läden aufgemacht hatten – aus einigen waren die großen Warenhäuser geworden, die wir heute sehen – und daß sie Neuland erschlossen hatten, wie Juden es einst im Frankenreich und in der Ukraine getan hatten. Das war mir nicht neu. Er fragte, ob ich wisse, daß es im Jahr 1700 in Amerika ungefähr dreihundert Juden gegeben hat und daß sie oder ihre Familien sich bis zur Revolution fast alle assimiliert hatten; 1826 lebten sechstausend Juden im Land; 1840 waren es fünfzehntausend; 1860 hundertfünfzigtausend; 1880 zweihundertachtzigtausend; 1925 viereinhalb Millionen bei einer Gesamtbevölkerung von 115 Millionen. Das habe ich irgendwo gelesen, sagte ich.

Er sei erstaunt gewesen über die starke Zunahme der jüdischen Bevölkerung, fügte er hinzu.

Es habe auch viele Amerikaner verwundert, erwiderte ich.

Er kannte die Namen der Bürgermeister von Großstädten und vieler Senatoren und die Wahlergebnisse, die sie erzielten. Er kannte auch den Talmud und hebräische Literatur und war ein thoratreuer Jude. Er war aus einer Welt gekommen, in der sich das Geistliche und das Weltliche offenbar mühelos hatten verbinden lassen.

Er war in beiden Kulturen völlig zu Hause und gut bewandert in einer dritten, der russischen. Er liebte ihre großen Schriftsteller und haßte ihren Despotismus. Als das russische Judentum nach Stalins Tod wieder lebendig wurde, sprachen wir oft darüber, und seine Augen hinter der Nickelbrille strahlten. Er habe gewußt, sagte er, daß das russische Judentum nicht tot sei. Er habe den Kommunisten und ihren Geschichten nie Glauben geschenkt, wonach das russische Judentum freiwillig zu bestehen aufgehört habe.

Er meinte, wir könnten aus dem Judentum in Amerika etwas machen. Aber es könne nie dasselbe Judentum sein wie einst in Europa. Diese Zivilisation sei tot. Sie halle noch wider, aber ihre Kreativität sei dahin. Wir würden etwas Neues schaffen müssen. Der Hauptgedanke der biblischen Zivilisation sei der Bund, sagte er. Der Hauptgedanke der rabbinischen Zivilisation sei der Messias. Er wisse nicht, was der Hauptgedanke, die treibende Kraft dieses neuen Judentums sein werde. Aber das werde sich herausstellen. Trotz der Oberflächlichkeit der amerikanischen Juden, ihres Materialismus, ihrer Unwissenheit, trotz der zersplitterten Hoffnungen der säkularen Zivilisation, der Trostlosigkeit und Einsamkeit des modernen Lebens – vielleicht gerade wegen alledem – werde es sich herausstellen. Wir werden es schaffen, sagte er immer wieder. Israel und das amerikanische Judentum werden es gemeinsam schaffen. Amerika habe nicht den üblen Geruch von Europa an sich; es habe nicht seine Geschichte, nicht den jahrhundertelangen Haß gehabt. Es sei ein freundliches Land, trotz seiner entsetzlichen Fehler und zerstörten Träume. Israel und Amerika werden für sich und die Welt etwas Neues schaffen. »Wenn Ihr wollt, ist es kein Märchen«, zitierte er einen anderen Träumer aus einer anderen Zeit, als wollte er sich selbst Mut machen.

Er wußte von dem in Amerika latenten Antisemitismus, der wie ein störendes Hintergrundgeräusch ist, kaum zu hören, kaum zu spüren, doch stets vorhanden. Wir müssen vorsichtig sein, erwiderte er immer, wenn ich es erwähnte. Wir sollten nichts als selbstverständlich ansehen. Wer sagt, daß es einfach sein werde? Wo steht geschrieben, daß die Welt uns lieben werde? Wer sagt, Amerika sei schlecht, der weiß nichts von Europa. Ich träume davon, daß wir es schaffen, gemeinsam mit Israel – wo die Funken eines Tages herkommen werden. Er war ein gebildeter, rationaler Mann, aber es gab Augenblicke, da schien er seltsam beflügelt von der strahlenden Phantasie der Kabbalisten. Sieh nur, wie kreativ unsere Säkularisten sind, sagte er einmal. Vielleicht wird die Geschichte das als unseren Neubeginn betrachten.

In diesen letzten Jahrzehnten des 20. Jahrhunderts unternimmt mein Volk, ob es sich darüber klar ist oder nicht, den Versuch, sich eine dritte Zivilisation zu schaffen. Ich bin mir bewußt, daß ich an diesem Unterfangen teilhabe. Ich denke an Sumer und seine reißenden Ströme, an Ägypten und den steigenden Nil, an Kanaan und seine terrassierten Berge und Fruchtbarkeitskulte, an Griechenland und Rom, an den Islam und ans Christentum, an Jerusalem, Babylon, Córdoba, Toledo, das Rheintal, die Ukraine, Wilna, Odessa, Kischinew. Was wird das Judentum in den nächsten tausend Jahren aus sich machen?

Es fällt Juden nicht schwer, sich an die historischen Traumata ihrer Vergangenheit zu erinnern: die Kreuzzüge, die Verfolgungen zur Zeit des Schwarzen Todes, die Inquisition, die Vertreibung aus Spanien, die Jahrhunderte des entwürdigenden Gettodaseins, den Chmjelnizki-Aufstand, die russischen Pogrome, die Massaker während des Ersten Weltkriegs und schließlich den Holocaust, dem der europäische Zweig des Judentums zum Opfer fiel – der Kern, das Herzstück des Geistlichen und Säkularen im jüdischen Leben, der Zweig, der die großen Talmudisten hervorbrachte, die ich einst studierte, und auch Sigmund Freud, Franz Kafka, Martin Buber, Henri Bergson, Marcel Proust, Albert Einstein. Irgendwann in der Zukunft werden uns andere Augen betrachten, wie wir in diesem Buch Welten der Vergangenheit betrachtet haben. Zweierlei könnten sie von uns sagen. Entweder, daß wir unsere neue Freiheit – die Freiheit, nach der wir trachteten, die uns aber von Europa nie gewährt wurde – dazu benutzt haben, um unser Dasein als Volk aufzugeben. Oder aber, daß wir uns die Gelegenheit zunutze machen, die sich hinter dem anhaltenden, aber versteckten Trauma verbirgt, das wir jetzt erleben – eine Judenheit und ein Judentum, die sich infolge der Konfrontation mit dem modernen Heidentum entscheidend ändern –, daß wir uns diese Gelegenheit zunutze machen, um uns umzuerziehen, unser Inneres aus den Schätzen unserer Vergangenheit wiederaufzubauen, es mit dem Besten am Säkularismus zu verbinden und eine neue Philosophie zu schaffen, eine neue Literatur, eine neue Welt der jüdischen Kunst, eine neue Gemeinschaft, und daß wir die Bedeutung des Wortes Emanzipation ernst nehmen – Befreiung von der Autorität des Vaters, um eigenständige Erwachsene zu werden.

Alles scheint in Trümmern zu liegen: Judentum, Christentum, Sozialismus, der säkulare Traum von Hume, daß der Mensch alles allein bewerkstelligen kann – alles ringsum ist zusammengebro-

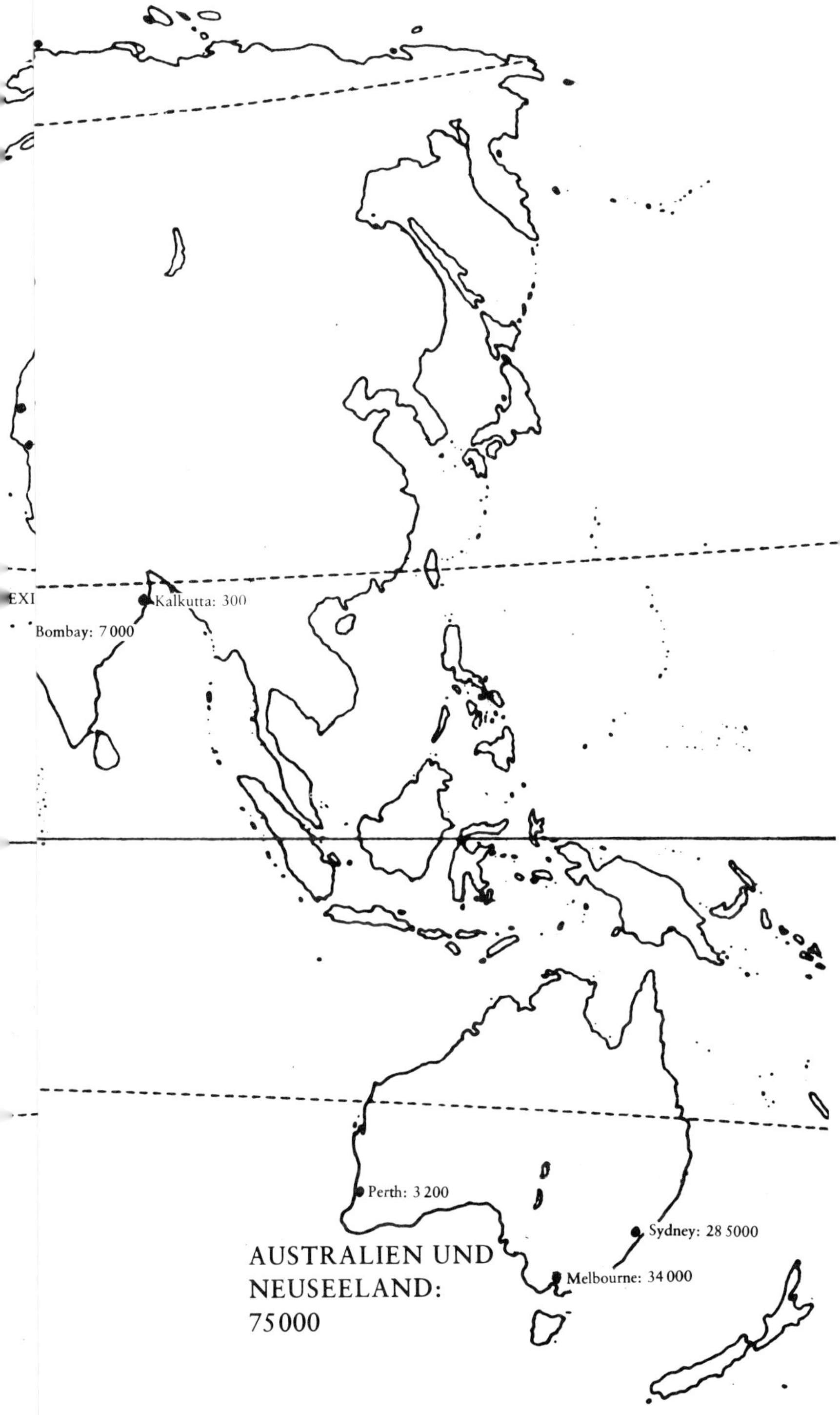

EXI
Kalkutta: 300
Bombay: 7 000
Perth: 3 200
Sydney: 28 5000
Melbourne: 34 000
AUSTRALIEN UND
NEUSEELAND:
75 000

chen. Wir befinden uns in einem Interregnum zwischen Welten, wir tappen herum, starren auf die Zukunft und sehen nur unser eigenes Bild, undeutlich in dem dunklen Spiegel reflektiert. Viele Juden verspüren einen ständigen Kampf mit erschreckenden Echos der Vergangenheit, sie sind vorsichtig, und das ist der Reflex eines geschlagenen Volkes, eine Abwehrhaltung nach Jahrtausenden des Antisemitismus, denn sie befürchten, daß wir noch einmal Hunderttausende, vielleicht Millionen unseres Volkes verlieren könnten, wenn wir uns während dieser Konfrontation mit dem Säkularismus ganz offen am universellen Gedankenaustausch beteiligen. Der Jude sieht seine gesamte zeitgenössische Geschichte durch die Optik des Holocaust, dieses Meeres von Blut. Aber er verspürt auch eine Erneuerung, eine erzwungene Verschärfung unserer Identität, er hat das Gefühl, wir näherten uns einer fernen, fruchtbaren Ebene, obwohl wir die Wege, die dorthin führen, noch nicht genau erkennen können.

Es ist ein früher, unruhiger Frühling für das jüdische Volk in den Vereinigten Staaten und Israel, in England, Kanada, Australien, Südamerika, in fast allen nichteuropäischen Ländern, in die Juden in den letzten zweihundert Jahren gewandert sind. Die Todeskälte des Winters liegt noch in der Luft.

Aber Israel wärmt allen Juden das Herz, trotz Mißerfolgen und Enttäuschungen, die empfunden werden, wenn Träume durch den Schmutz der Realitäten und menschliche Schwäche befleckt werden. Welchen Preis haben wir für dieses Land bezahlt: siebentausend Gefallene im Unabhängigkeitskrieg; weitere tausend im Sinai-Feldzug von 1956 und dem Sechs-Tage-Krieg von 1967; dreitausend Gefallene im Oktoberkrieg 1973; Hunderte fielen terroristischen Überfällen zum Opfer. Es ist ein bitterer Trost für uns, daß uns alle diese Kriege weniger gekostet haben als drei Tage in Auschwitz.

In den letzten Jahren habe ich in allen Richtungen Ozeane überquert. Wohin ich auch gehe, überall treffe ich Juden, die auf Israel stolz sind. Sie bangen um das Land, zittern, wenn dem Volk ein Leid geschieht, unterstützen es, sind noch nicht sicher, welche Form von Nationalstaat sie sich dafür wünschen, sind besorgt über die ständige Inanspruchnahme kreativer Energien und die Verhärtung des Charakters infolge der endlosen militärischen Wachsamkeit, und sie können es kaum fassen und sind ganz benommen vor Freude über einen Erfolg wie Entebbe. Von Auschwitz nach Entebbe in einer einzigen Generation.

Ja, die meisten sanften Juden sind verschwunden. Ja, der Jude steht jetzt mit beiden Beinen fest auf der Erde. Ja, wir sind uns des Widerhalls von Haß bewußt, der wie ein Gestank über der westlichen Zivilisation lagert. Ja, wir werden weiterhin anders sein, unsere eigenen Ansichten haben. Ja, wir sind ein einmaliges Volk und vermögen unsere jeweiligen Länder ebenso zu lieben wie Israel – wie man einen Vater und eine Mutter lieben kann. Ja, eines Tages wird Frieden sein. Ja, wir werden unser Volk erneuern. Ja, wir sind mit Jahrtausenden unschätzbarer Geschichte in Berührung, wenn wir durch die Straßen von Jerusalem gehen, auf die Berge steigen und durch die Sandwüsten des Landes wandern. Ja, Blumen müssen gepflanzt, Sämlinge gesetzt, junge Bäume gepflegt werden, alte Erde muß erhalten und neue Erde muß bearbeitet werden – damit ein Garten neuer Träume entsteht, den wir den alten Bünden und messianischen Hoffnungen hinzufügen und uns und unserer brüchigen und geliebten Welt darbringen.

Quellen

Die hier aufgeführten Werke waren meine Lehrer. Ich verwendete ihre Texte als Ausgangsmaterial – so wie ein Maler Farben und ein Bildhauer Ton verwendet. Für ihre Mühen bin ich den Autoren zu Dank verpflichtet. Ich las hebräische, französische, deutsche und spanische Werke und Monographien, lasse sie aber in dieser Liste fast alle weg. An englischen Werken las ich weit mehr als die hier aufgeführten und erwähne nur diejenigen, die ich mir immer wieder vorgenommen und mit größtem Nutzen gelesen habe.

Abrahams, Israel. *Jewish Life in the Middle Ages.* New York: Atheneum, 1969.

Agus, Irving A. »Rabbinic Scholarship in Northern Europe« and »Rashi and His School.« In Cecil Roth, ed., *The Dark Ages. World History of the Jewish People.* Second series. Vol. 2. Tel-Aviv: Massada Publishing Co., 1966.

Aharoni, Yohanan. *The Land of the Bible: A Historical Geography.* Philadelphia: Westminster Press, 1967.

Aharoni, Yohanan, and Michael Avi-Yonah. *The Macmillan Bible Atlas.* New York: Macmillan, 1976.

Albright, W. F. *The Archaeology of Palestine.* Baltimore: Penguin Books, 1963.

– *From the Stone Age to Christianity.* New York: Doubleday & Co., 1957

– *Yahweh and the Gods of Canaan.* New York: Doubleday & Co., 1968.

Aldred, Cyril. *The Egyptians.* London: Thames & Hudson, 1961.

Alt, A. *Essays on Old Testament History and Religion.* Oxford: Blackwell and Mott, Ltd., 1966.

Altmann, Alexander. *Moses Mendelssohn.* Tuscaloosa, Ala.: University of Alabama Press, 1973.

Arnott, Peter. *The Byzantines and Their World.* London: Macmillan, 1973.

Ashtor, Eliyahu. *The Jews of Moslem Spain.* Translated by Aaron Klein and Jenny Machlowitz Klein. Philadelphia: Jewish Publication Society of America, 1973.

Avi-Yonah, Michael. *Carta's Atlas of the Period of the Second Temple, the Mishnah, and the Talmud.* Jerusalem: Carta, 1966.

Badian, E. *Studies in Greek and Roman History.* Oxford: Blackwell, 1964.
Baer, Yitzhak. *A History of the Jews in Christian Spain.* 2 vols. Translated by Louis Schoffman. Philadelphia: Jewish Publication Society of America, 1961.
– *Galut.* Translated by Robert Warshaw. New York: Schocken Books, 1947.
Bainton, Roland H. *Christendom.* 2 vols. New York: Harper & Row, 1966.
Bakir, Abd el-Mohsen. *Slavery in Pharaonic Egypt.* Cairo: Imprimerie de l'Institut Français d'Archéologie Orientale, 1952.
Baldson, J. P. V. D., ed. *The Romans.* New York: Basic Books, 1966.
Barcia, José Rubio, ed. *Américo Castro and the Meaning of Spanish Civilization.* Berkeley and Los Angeles: University of California Press, 1976.
Baron, Salo W. *A Social and Religious History of the Jews.* 16 vols. New York: Columbia University Press, Philadelphia: Jewish Publication Society of America, 1952–1976.
Barraclough, Geoffrey. *The Crucible of Europe.* Berkeley and Los Angeles: University of California Press, 1976.
Bein, Alex. *Theodor Herzl.* New York: Atheneum, 1970.
Ben-Sasson, H. H., ed. *A History of the Jewish People.* 2 vols. Cambridge, Mass.: Harvard University Press, 1976.
Benvenisti, Meron. *The Crusades in the Holy Land.* Jerusalem: Israel Universities Press, 1970.
Bibby, Geoffrey. *Looking for Dilmun.* New York: Alfred A. Knopf, 1969.
The Bible. Philadelphia: Jewish Publication Society of America, 1917, 1962.
Bickerman, Elias. *From Ezra to the Last of the Maccabees.* New York: Schocken Books, 1962.
Bloch, Marc. *Feudal Society.* 2 vols. London: Routledge & Kegan Paul, Ltd., 1971.
Blumenkranz, Bernhard. »Germany 843–1096.« In Cecil Roth, ed., *The Dark Ages. World History of the Jewish People.* Second series. Vol. 2. Tel-Aviv: Massada Publishing Co., 1966.
Bouquet, A. C. *Everyday Life in New Testament Times.* New York: Charles Scribner's Sons, 1953.
Bowra, C. M. *The Greek Experience.* Cleveland: World Publishing, 1958.
Bradford, Ernie. *Paul the Traveller.* New York: Macmillan, 1976.
Braude, Morris. *Conscience on Trial.* New York: Exposition Press, 1952.
Braudel, Fernand. *The Mediterranean.* 2 vols. Translated by Siân Reynolds. New York: Harper & Row, 1972.
Breasted, James Henry. *Ancient Records of Egypt.* 5 vols. Chicago: University of Chicago Press, 1906–7.
– *A History of Egypt.* New York: Charles Scribner's Sons, 1905.
Bright, John. *A History of Israel.* Philadelphia: Westminster Press, 1959.
Burn, A. R. *The Warring States of Greece.* New York: McGraw-Hill, 1968.

The Cambridge Ancient History. Vols. 1 and 2, 3rd ed., London: Cambridge University Press, 1970–75. Vol. 3, rev. ed., London: Cambridge University Press, 1976.
Cantor, Norman F. *Medieval History.* New York: Macmillan, 1969.

Cartwright, Frederick F. *Disease and History.* New York: Thomas Y. Crowell, 1972.
Cary, M. *The Geographic Background of Greek and Roman History.* London: Oxford University Press, 1967.
Cary, M., and H. H. Scullard. *A History of Rome.* 3rd ed. London: Macmillan, 1975.
Chadwick, John. *The Mycenaean World.* Cambridge: Cambridge University Press, 1976.
Childe, V. Gordon. *New Light on the Most Ancient East.* 4th ed. London: Routledge & Kegan Paul, Ltd., 1953.
Cohen, Gerson D. »The Blessing of Assimilation in Jewish History.« Commencement address delivered at Hebrew Teachers College, Boston, 1966.
– *The Book of Tradition of Abraham ibn Daud.* Philadelphia: Jewish Publication Society of America, 1967.
The Columbia Encyclopedia. 3rd ed. William Bridgwater and Seymour Kurtz., eds. New York: Columbia University Press, 1963.
Cottrell, Leonard. *The Bull of Minos.* London: Pan Books, 1955.

Dawidowicz, Lucy S. *The Golden Tradition.* New York: Holt, Rinehart and Winston, 1967.
Dawood, N. J., ed. and translator. *The Koran.* London: Penguin Books, 1977.
Demsky, Aaron. *Literacy in Israel and Among Neighboring Peoples in the Biblical Period.* Ph.D. dissertation, Hebrew University, Jerusalem, 1976.
Dodds, E. R. *The Greeks and he Irrational.* Berkeley: University of California Press, 1951, 1973.
– *Pagan and Christian in an Age of Anxiety.* New York: W. W. Norton & Co., 1970.
Dubnow, Simon. *History of the Jews in Russia and Poland.* 3 vols. Philadelphia: Jewish Publication Society of America, 1916–20.
Duruy, Victor. *The World of Legendary Greece.* New York: Leon Amiel Publishers, 1975.

Edwards, I. E. S. *The Pyramids of Egypt.* Rev. ed. London: Penguin Books, 1961.
Elazar, Daniel J. *Community and Polity.* Philadelphia: Jewish Publication Society of America, 1976.
Emery, W. B. *Archaic Egypt.* Baltimore: Penguin Books, 1972.
Encyclopaedia Britannica. Chicago: Encyclopaedia Britannica, Inc., 1976.
Encyclopaedia Judaica. Jerusalem: Keter, 1974.
Erickson, Carolly. *The Medieval Vision.* New York: Oxford University Press, 1976.
Erman, Adolf. *The Ancient Egyptians.* New York: Harper & Row, 1966.
– *Life in Ancient Egypt.* New York: Macmillan, 1894.

al Fārūqī, Isma'īl, and David E. Sopher, eds. *Historical Atlas of the Religions of the World.* New York: Macmillan, 1974.

Finkelstein, Louis, ed. *The Jews.* 2nd ed. New York: Harper & Brothers, 1955.
Flacelière, Robert. *Daily Life in Greece at the Time of Pericles.* New York: Macmillan, 1965.
Flusser, David. *Jesus.* Translated by Ronald Walls. New York: Herder & Herder, 1969.
Frankena, R. »The Vassal-Treaties of Esarhaddon.« *Alttestamentarische Studien,* 14 (1965).
Frankfort, Henri. *Ancient Egyptian Religion.* New York: Harper & Row, 1961.
– *The Birth of Civilization in the Near East.* Bloomington, Ind.: Indiana University Press, 1951.
– *The Intellectual Adventure of Ancient Man.* Chicago: University of Chicago Press, 1946.
– *Kingship and the Gods.* Chicago: University of Chicago Press, 1955.
Freehoff, Solomon B. *The Responsa Literature.* Philadelphia: Jewish Publication Society of America, 1955.

Gardiner, Alan. »Attitude of the Ancient Egyptians to Death and the Dead.« Frazier Lecture at the University of Cambridge, May 14, 1935. Cambridge: Cambridge University Press, 1935.
– *Egypt of the Pharaohs.* Oxford: Oxford University Press, 1961.
Garraty, John A., and Peter Gay, eds. *The Columbia History of the World.* New York: Harper & Row, 1972.
Gaubert, Henri. *David and the Foundation of Jerusalem.* New York: Hastings House, 1969.
Gay, Peter. *The Enlightenment.* 2 vols. New York: Alfred A. Knopf, 1966, 1969.
Gelb, L. J. *A Study of Writing.* Chicago: University of Chicago Press, 1963.
Gilbert, Martin. *Jewish History Atlas.* New York: Macmillan, 1969.
Ginsberg, H. L. »New Light on Tannaïtic Jewry and on the State of Israel of the Years 132–135 C.E.« *Rabbinical Assembly Proceedings.* New York: Rabbinical Assembly, 1961.
Glotz, G. *The Greek City.* London: Routledge & Kegan Paul, Ltd., 1969.
Goitein, S. D. *Letters of Medieval Jewish Traders.* Princeton, N.J.: Princeton University Press, 1973.
Goldin, Judah. *The Living Talmud.* New York: New American Library, 1957.
– »The Period of the Talmud (135 B.C.E.–1035 C.E.).« In Louis Finkelstein, ed., *The Jews.* 2nd ed. Vol. 1. New York: Harper & Brothers, 1955.
Goldstein, Jonathan A. *Maccabees.* Anchor Bible Series. New York: Doubleday & Co., 1976.
Graetz, Heinrich. *History of the Jews.* 6 vols. Philadelphia: Jewish Publication Society of America, 1891–98.
Grant, Michael. *The Army of the Caesars.* New York: Charles Scribner's Sons, 1974.
Grant, Michael, and Don Pottinger. *Greeks.* London: Thomas Nelson & Sons, 1958.
Graves, Robert. *The Greek Myths.* New York: George Braziller, 1955.

Gray, J. *The Canaanites.* London: Thames & Hudson, 1964.
Grayzel, Solomon. *The Church and the Jews in the XIIIth Century.* New York: Hermon Press, 1966.
– *A History of the Jews.* Philadelphia: Jewish Publication Society of America, 1947.
Greenberg, Moshe. *Hap/biru.* New Haven: American Oriental Society, 1955.
– »Some Postulates of Biblical Criminal Law.« In Menahem Haran, ed., *Yehezkel Kaufmann Jubilee Volume.* Jerusalem: Magnes Press, 1960.
Greenfield, Jonas. »Through the land of the Hittites.« A private archaeological exploration through Turkey. July 1977.
Gurney, Oliver. *The Hittites.* Baltimore: Penguin Books, 1952.
Güterbock, Hans G., and Thorkild Jacobsen, eds. *Studies in Honor of Benno Landsberger on His Seventy-fifth Birthday.* Chicago: University of Chicago Press, 1965.
Guttman, Julius. *Philosophies of Judaism.* New York: Holt, Rinehart and Winston, 1964.

Hadas, Moses. *Humanism: The Greek Ideal and Its Survival.* New York: Harper & Brothers, 1960.
Halevi, Jehuda. *Selected Poems.* Translated by Nina Salaman. Philadelphia: Jewish Publication Society of America, 1974.
Hallo, William W., and William Kelly Simpson. *The Ancient Near East.* New York: Harcourt, Brace, 1971.
Hammond, N. G. L. *The Classical Age of Greece.* London: Weidenfeld & Nicolson, 1975.
– *A History of Greece to 322 B.C.* Oxford: Oxford University Press, 1967.
Hampshire, Stuart. *Spinoza.* Baltimore: Penguin Books, 1962.
Hawkes, Jacquetta, ed. *Atlas of Ancient Archaeology.* New York: McGraw-Hill, 1974.
Hay, Denys. *The Medieval Centuries.* New York: Harper & Row, 1965.
Heaton, E. W. *Everyday Life in Old Testament Times.* London: B. T. Batsford, 1956.
– *The Hebrew Kingdoms.* Oxford: Oxford University Press, 1968.
– *Solomon's New Men.* London: Thames & Hudson, 1974.
Hengel, Martin. *Judaism and Hellenism.* 2 vols. Translated by John Bowden. Philadelphia: Fortress Press, 1974.
Hertzberg, Arthur. *The French Enlightenment and the Jews.* New York: Columbia University Press, 1968.
– *The Zionist Idea.* New York: Atheneum, 1977.
Herzl, Theodor. *Diaries.* 5 vols. Edited by Raphael Patai, translated by Harry Zohn. New York: The Herzl Press and Thomas Yoseloff, 1960.
Hillers, Delbert R. *Covenant.* Baltimore: Johns Hopkins University Press, 1969.
Hindus, Milton, ed. *The Old East Side.* Philadelphia: Jewish Publication Society of America, 1969.
Hitti, Philip K. *History of the Arabs.* London: Macmillan, 1974.

Hopper, R. J. *The Early Greeks.* London: Weidenfeld & Nicolson, 1976.
Hrushevsky, Michael. *A History of the Ukraine.* New Haven: Yale University Press, 1941.
Huizinga, J. *The Waning of the Middle Ages.* New York: Doubleday & Co., 1954.
Hyatt, J. Philip. »The Writing of an Old Testament Book.« The American School of Oriental Research, *The Biblical Archaeologist,* VII, 1 (February 1944).

Ibn Gabirol, Solomon. *Selected Religious Poems.* Translated by Israel Zangwill. Philadelphia: Jewish Publication Society of America, 1974.

Jacobsen, Thorkild. »Class lectures on archaeology and ancient Mesopotamia.« Hebrew University, Jerusalem, January–May 1977.
– Review of »Lamentation over the Destruction of Ur.« by Samuel N. Kramer. In *The American Journal of Semitic Languages,* 58 (January–October 1941).
– »Toward the Image of Tammuz and Other Essays on Mesopotamian History and Culture.« In William L. Moran, ed., *Harvard Semitic Series.* Vol. 21. Cambridge, Mass.: Harvard University Press, 1970.
– *Treasures of Darkness.* New Haven: Yale University Press, 1976.
Johnson, Paul. *A History of Christianity.* New York: Atheneum, 1976.
Joinville and Villehardouin. *Chronicles of the Crusades.* Translated by M. R. B. Shaw. Harmondsworth: Penguin Books, 1973.
Jones, A. H. M. *The Greek City.* Oxford: Oxford University Press, 1940.
Josephus. *Complete Works.* Translated by William Whiston. Grand Rapids, Mich.: Kregel Publications, 1976.

Kadushin, Max. *The Rabbinic Mind.* New York: Bloch Publishing Co., 1972.
Karp, Abraham J. *Golden Door to America.* New York: Penguin Books, 1977.
Katz, Jacob. *Exclusiveness and Tolerance.* New York: Schocken Books, 1962.
– *Tradition and Crisis.* New York: Schocken Books, 1971.
Katzenstein, H. Jacob. *The History of Tyre.* Jerusalem: Schocken Institute, 1973.
Kaufmann, Yehezkel. *The Religion of Israel From Its Beginnings to the Babylonian Exile.* Translated by Moshe Greenberg. Abridged from original 8 vols. Chicago: University of Chicago Press, 1960.
Kenyon, Kathleen M. *Digging Up Jerusalem.* London: Ernest Benn Ltd., 1974.
Klausner, Joseph. *Jesus of Nazareth.* Translated by Herbert Danby. New York: Macmillan, 1959.
Koenigsberger, H. G., and G. L. Mosse. *Europe in the Sixteenth Century. A General History of Europe.* Denys Hay, ed. London: Longman Group, Ltd., 1968.
Kramer, Samuel Noah. »Lamentation over the Destruction of Ur.« *Oriental Institute of the University of Chicago Assyriological Studies,* 12 (1940).
– *The Sumerians: Their History, Culture, and Character.* Chicago: University of Chicago Press, 1964.

Langmuir, Gavin I. »Majority History and Post-Biblical Jews.« *Journal of the History of Ideas,* 27 (1966).

Laqueur, Walter. *A History of Zionism.* London: Weidenfeld & Nicolson, 1972.
Lasker, Daniel J. *Jewish Philosophical Polemics Against Christianity in the Middle Ages.* New York: Ktav Publishing House, 1977.
Lewis, Bernard. *History.* Princeton, N.J.: Princeton University Press, 1975.
– ed. *Islam and the Arab World.* New York: Alfred A. Knopf, 1976.
Lewy, Hans, Alexander Altmann, and Isaak Heinemann, eds. *Three Jewish Philosophers.* New York: Meridian Books, Philadelphia: Jewish Publication Society of America, 1960.
Lieberman, Saul. *Greek in Jewish Palestine.* New York: Jewish Theological Seminary of America, 1942.
– *Hellenism in Jewish Palestine.* New York: Jewish Theological Seminary of America, 1950.
Liebman, Charles S. *The Ambivalent American Jew.* Philadelphia: Jewish Publication Society of America, 1973.
Littell, Franklin H. *Atlas History of Christianity.* New York: Macmillan, 1976.
Lot, Ferdinand. *The End of the Ancient World and the Beginning of the Middle Ages.* New York: Harper & Row, 1961.

McCarthy, D. J. *Treaty and Covenant.* Rome: Pontifical Biblical Institute, 1963.
McKenzie, John L. *Dictionary of the Bible.* New York: Macmillan, 1965.
MacMullen, Ramsey. *Enemies of the Roman Order.* Cambridge, Mass.: Harvard University Press, 1975.
– *Roman Social Relations.* New Haven: Yale University Press, 1974.
McNeill, William H. *Plagues and Peoples.* New York: Doubleday & Co., 1976.
Maimonides. *The Guide of the Perplexed.* Translated by Shlomo Pines. Chicago: University of Chicago Press, 1963.
Malamat, Avram. »The Egyptian Decline in Canaan and the Sea Peoples.« In B. Mazar, ed., *Judges. World History of the Jewish People.* First series. Vol. 3. Jerusalem: Massada Publishing Co., New Brunswick, N.J.: Rutgers University Press, 1971.
Mallowan, M. E. L. *Early Mesopotamia and Iran.* London: Thames & Hudson, 1965.
Marcus, J. R. *The Jews in the Medieval World.* New York: Harper & Row, 1965.
Margolis, M., and A. Marx. *A History of the Jewish People.* Philadelphia: Jewish Publication Society of America, 1947.
Mattingly, H. *The Man in the Roman Street.* New York: W. W. Norton & Co., 1966.
Mendelsohn, I. »On Corvée Labor in Ancient Canaan and Israel.« *Bulletin of the American School of Oriental Research,* 167 (October 1962).
– »State Slavery in Ancient Palestine.« *Bulletin of the American School of Research,* 85 (February 1942).
Mendenhall, George E. »Law and Covenant in Israel and the Ancient Near East.« *The Biblical Archaeologist,* XVII, 2 (May 1954) and 3 (September 1954).
Moore, G. F. *Judaism.* 3 vols. Cambridge, Mass.: Harvard University Press, 1927–30.

Netanyahu, B. *The Marranos of Spain.* New York: American Academy for Jewish Research, 1966.
Neusner, Jacob. *A History of the Jews in Babylonia.* 5 vols. Leiden: Brill, 1955–70.
– ed. *The Formation of the Babylonian Talmud.* Leiden: Brill, 1970.
– ed. *The Modern Study of the Mishnah.* Leiden: Brill, 1973.
The New Cambridge Modern History. 2 vols. Cambridge: Cambridge University Press, 1975.
The New Testament. The authorized (King James) version.
Noth, Martin. *The History of Israel.* New York: Harper & Brothers, 1960.
– *The Old Testament World.* Philadelphia: Fortress Press, 1966.

Oppenheim, A. Leo. *Ancient Mesopotamia.* Chicago: University of Chicago Press, 1964.

Pallis, S. A. *The Antiquity of Iraq: A Handbook of Assyriology.* Copenhagen: E. Munksgaard, 1956.
Parkes, James. *The Conflict of the Church and the Synagogue.* New York: Hermon Press, 1974.
Parrot, André. *Sumer. The Dawn of Art.* Translated by Stuart Gilbert and James Emmons. New York: Golden Press, 1961.
Pfeiffer, Charles F., ed. *The Biblical World: A Dictionary of Biblical Archaeology.* Grand Rapids, Mich.: Baker Book House, 1966.
Prawer, Joshua. *The World of the Crusades.* New York: Quadrangle Books, 1972.
Pritchard, J. B. *The Ancient Near East. Supplementary Texts and Pictures Relating to the Old Testament.* Princeton, N.J.: Princeton University Press, 1969.
– ed. *Ancient Near Eastern Texts Relating to the Old Testament.* Princeton, N.J.: Princeton University Press, 1950.

Renault, Mary. *The Nature of Alexander.* New York: Pantheon Books, 1975.
Ringgren, H. *Israelite Religion.* London: S.P.C.K., 1966.
Roberts, J. M. *History of the World.* New York: Alfred A. Knopf, 1976.
Robinson, Charles Alexander, Jr. *Athens in the Age of Pericles.* Norman, Okla.: University of Oklahoma Press, 1959.
Rostovtzeff, M. *Rome.* Oxford: Oxford University Press, 1960.
Roth, Cecil. *A History of the Jews.* New York: Schocken Books, 1971.
– *History of the Marranos.* New York: Schocken Books, 1974.
– *The Jews in the Renaissance.* Philadelphia: Jewish Publication Society of America, 1959. Reprint, New York: Harper & Row, 1965.
Roux, Georges. *Ancient Iraq.* Harmondsworth: Penguin Books, 1966.
Rowley, H. H. *Worship in Ancient Israel.* London: S.P.C.K., 1967.
Runciman, S. *Byzantine Civilization.* London: Methuen & Company, Ltd., 1975.

Sachar, Howard M. *A History of Israel.* New York: Alfred A. Knopf, 1976.
Saggs, H. W. F. *The Greatness That Was Babylon.* London: Sidgwick & Jackson, 1962.

Sarna, Nahum M. »Paganism and Biblical Judaism.« In Stanley M. Wagner and Allen D. Breck, eds., *The J. M. Goodstein Lecture Series on Judaica.* Denver: University of Denver, 1977.
– *Understanding Genesis.* New York: McGraw-Hill, 1966.
Savory, R. M., ed. *Introduction to Islamic Civilization.* Cambridge: Cambridge University Press, 1976.
Scholem, Gershom. *On Jews and Judaism in Crisis.* New York: Schocken Books, 1976.
– *Major Trends in Jewish Mysticism.* New York: Schocken Books, 1961.
– *The Messianic Idea in Judaism.* New York: Schocken Books, 1971.
– *Sabbatai Sevi.* Princeton, N.J.: Princeton University Press, 1973.
Schorsch, Ismar. *Jewish Reactions to German Anti-Semitism, 1870–1914.* New York: Columbia University Press, Philadelphia: Jewish Publication Society of America, 1972.
Sealey, Raphael. *A History of the Greek City-States, ca. 700–338 B.C.* Berkeley: University of California Press, 1976.
The Shorter Cambridge Medieval History. 2 vols. Cambridge: Cambridge University Press, 1971.
Sidorsky, David, ed. *The Future of the Jewish Community in America.* Philadelphia: Jewish Publication Society of America, 1973.
Speiser, Ephraim A. »The Biblical Idea of History in Its Common Near East Setting.« *Israel Exploration Journal,* VII, 4 (1957).
– *Genesis.* Anchor Bible Series. New York: Doubleday & Co., 1976.
– *Oriental and Biblical Studies, Collected Writings of E. A. Speiser.* Edited and introduced by J. J. Finkelstein and Moshe Greenberg. Philadelphia: University of Pennsylvania Press, 1967.
Spiegel, Shalom. *Amos vs. Amaziah.* New York: Jewish Theological Seminary of America, 1957.
– *The Last Trial.* Translated by Judah Goldin. Philadelphia: Jewish Publication Society of America, 1967.
– »On Medieval Hebrew Poetry.« In Louis Finkelstein, ed., *The Jews.* New York: Harper & Row, 1955.
Starr, Chester G. *A History of the Ancient World.* New York: Oxford University Press, 1965.
Stern, Menahem. *Greek and Latin Authors on Jews and Judaism.* Vol. 1. Jerusalem: The Israel Academy of Sciences and Humanities, 1976.
Stobart, J. C. *The Grandeur That Was Rome.* 4th ed. New York: Hawthorn Books, 1961.
Strauss, Leo. *Spinoza's Critique of Religion.* New York: Schocken Books, 1965.

Tcherikover, Victor. *Hellenistic Civilization and the Jews.* Philadelphia: Jewish Publication Society of America, 1959.
Thompson, Thomas L. *The Historicity of the Patriarchal Narratives.* Berlin and New York: Walter de Gruyter, 1974.

Trachtenberg, Joshua. *The Devil and the Jews.* Cleveland and New York: Meridian Books, Philadelphia: Jewish Publication Society of America, 1961.
– *Jewish Magic and Superstition.* Cleveland and New York: Meridian Books, Philadelphia: Jewish Publication Society of America, 1961.
Twersky, Isadore. *A Maimonides Reader.* New York: Behrman House, 1972.

Van Seters, John. *The Hyksos: A New Investigation.* New Haven: Yale University Press, 1966.
de Vaux, Roland. *Ancient Israel: Its Life and Institutions.* Translated by John McHugh. New York: McGraw-Hill, 1961.

Weinfeld, Moshe. *Deuteronomy.* Oxford: Oxford University Press 1972.
– »Deuteronomy–The Present State of Inquiry.« *Journal of Biblical Literature,* LXXXVI, part III (1967).
– »Traces of Assyrian Treaty Formulae in Deuteronomy.« *Biblica,* 46 (1965).
– »The Worship of Molech and of the Queen of Heaven and Its Background.« *Ugarit-Forschungen,* IV (1972).
Weinryb, Bernard D. *The Jews of Poland.* Philadelphia: Jewish Publication Society of America, 1972.
Wellesley, Kenneth. *The Long Year A.D. 69.* Boulder, Colo.: Westview Press, 1976.
Wilson, J. A. *The Culture of Ancient Egypt.* Chicago: University of Chicago Press, 1951.
Winter, Paul. *On the Trial of Jesus.* 2nd ed. Revised and edited by T. A. Burkill and Geza Vermes. Berlin and New York: Walter de Gruyter, 1974.
Wolfson, Harry A. *The Philosophy of the Church Fathers.* Cambridge, Mass.: Harvard University Press, 1956.
The World History of the Jewish People. Jerusalem and Tel-Aviv: Massada Publishing Co., 1964–75.
Wright, G. E. *Biblical Archaeology.* Philadelphia: Westminster Press, 1962.
– ed. *The Bible and the Ancient Near East, Essays in Honor of William Foxwell Albright.* New York: Doubleday & Co., 1961.
Wright, G. E., and F. V. Filson. *The Westminster Historical Atlas to the Bible.* Philadelphia: Westminster Press, 1956.

Yadin, Yigal. *Art of Warfare in Biblical Lands.* New York: McGraw-Hill, 1963.
Hazor. New York: Random House, 1975.
Yerushalmi, Yosef Hayim. *The Lisbon Massacre of 1506 and the Royal Image in the Shebet Yehudah.* Hebrew Union College Annual Supplements, 1. Cincinnati: Hebrew Union College, 1976.
– »Professing Jews in Post-Expulsion Spain and Portugal.« In Saul Lieberman and Arthur Hyman, eds., *Salo Wittmayer Baron Jubilee Volume.* New York and Jerusalem: American Academy for Jewish Research, 1975.
– *From Spanish Court to Italian Ghetto.* New York: Columbia University Press, 1971.

Zur deutschen Übersetzung: Die Bibelzitate sind in der Luther-Übersetzung wiedergegeben und nur dort leicht verändert, wo sie mit der King-James-Bibel bzw. dem von Potok angeführten englischen Text nicht übereinstimmen.

Außerdem wurden für die Übersetzung folgende deutsche Ausgaben verwendet:

Bein, Alex. *Theodor Herzl.* Wien 1934.
Ben-Sasson, H.H. *Geschichte des jüdischen Volkes.* München 1978–1980.
Breasted, James, Henry. *Geschichte Ägyptens.* Berlin 1910.
Halevi, Jehuda. *Divan des Jehuda Halevi.* Berlin 1893.
Herzl, Theodor. *Tagebücher.* Berlin 1922–1933.

Bildnachweis

»Im Sinai« und »Midbar-Gebirge« (zwischen den Seiten 32 und 33): Anthony-Verlag, Bildarchiv, Starnberg.

Alle übrigen Abbildungen wurden mit freundlicher Genehmigung des Bildarchivs Preußischer Kulturbesitz, Berlin, wiedergegeben.

Zeichnungen der Karten von Roman Geisler.

Personenregister